브랜드만족
1위
박문각

2025

근거자료
후면표기

1차

기본서

이준희
행정법

박문각 행정사연구소 편_이준희

동영상강의 www.pmg.co.kr

박문각

박문각 행정사

머리말

행정사 시험에 합격하기 위해서 가장 중요한 과목은 바로 행정법입니다. 행정법은 단순히 1차 시험 과목으로 끝나지 않으며, 2차 시험에서의 행정절차론, 사무관리론, 행정사실무법이 행정법을 기반으로 하기 때문입니다.

단순히 행정사 1차 합격에 그치는 것이 아니라 행정사 자격을 취득하기 위해서는 모든 수험생들이 2차 시험까지 최종합격을 하여야 합니다.

따라서 처음 시작부터 효율적으로 전략적인 접근이 필요합니다. 그리고 바로 그 전략적 접근이 가능하도록 본 교재를 구성하였습니다.

본 교재는 다음과 같은 특징을 가지고 있습니다.

첫째, 행정사 1차 시험에 적합한 내용만으로 구성하였습니다.

행정사 1차 시험은 역대 기출을 분석하여 보면 기본적인 개념과 중요 판례에서 출제되고 있습니다. 그리고 100점으로 합격해야 하는 시험이 아닌 60점 이상의 점수를 획득하면 충분한 시험이므로 이에 맞는 대비가 필요합니다. 기출 논점이더라도 버릴 부분은 버리고, 아직 출제되지 않았다고 하더라도 필요한 부분은 포함하였습니다.

둘째, 행정사 2차 시험 대비를 위해 관련 법령과 흐름을 체계적으로 이해할 수 있도록 구성하였습니다.

사실 행정사 2차 시험과 관련한 부분은 1차 시험에서의 출제 비중은 낮은 편입니다. 하지만 해당 부분의 법령을 모두 정리하여 수업에 상당한 시간을 투자하려고 합니다. 별도의 2차 선행학습을 신경쓰지 않아도 자연스럽게 선행학습이 이루어지도록, 그러나 절대 1차 학습에 지장을 주지 않도록 하는 선에서 수업을 계획하겠습니다.

행정사 시험을 앞두고 이 교재를 반복하여 회독한다면 합격을 위한 효율적인 공부방법이 될 것이라고 확신합니다. 이 교재로 공부하는 수험생 여러분들께서 최종합격의 결실을 맺기를 기원합니다.

2024년 8월 2일

이준희 행정사 드림

행정사 개요

| 국가자격시험 "행정사" |

행정사 자격시험을 통과하면 국민 누구나 행정사 사무소 영업이 가능합니다.

행정사란?

행정사는 행정업무의 원활한 운영과 국민의 권리구제를 목적으로 행정기관에 제출하는 서류의 작성·번역 및 제출 대행, 행정 관계법령 및 행정에 대한 상담 및 자문, 법령으로 위탁받은 사무의 사실조사 및 확인의 업무를 하는 등 대국민행정서비스를 통한 국민의 편의를 도모하기 위한 자격사제도이다. 행정사 자격증은 지난 1961년에 도입되었고, 1995년도 '행정서사'에서 '행정사'로 명칭이 변경되었다. 과거 행정사 자격시험은 퇴직 공무원들이 독점해 왔으나 헌재의 위헌판결로 일반인도 행정사 자격시험을 통해서 행정사 자격증을 취득할 수 있게 되었다.

행정사가 하는 일

행정사는 다른 사람의 위임을 받아 다음 각 호의 업무를 수행한다. 다만, 다른 법률에 따라 제한된 업무는 할 수 없다. 행정사가 아닌 사람은 다른 법률에 따라 허용되는 경우를 제외하고는 다음의 업무를 업(業)으로 하지 못한다.

1. 행정기관에 제출하는 서류의 작성
   ① 진정·건의·질의·청원 및 이의신청에 관한 서류
   ② 출생·혼인·사망 등 가족관계의 발생 및 변동사항에 관한 신고 등의 각종 서류

2. 권리·의무나 사실증명에 관한 서류의 작성
   ① 각종 계약·협약·확약 및 청구 등 거래에 관한 서류
   ② 그 밖에 권리관계에 관한 각종 서류 또는 일정한 사실관계가 존재함을 증명하는 각종 서류

3. 행정기관의 업무에 관련된 서류의 번역

4. 제1호부터 제3호까지의 규정에 따라 작성된 서류의 제출 대행

5. 인가·허가 및 면허 등을 받기 위하여 행정기관에 하는 신청·청구 및 신고 등의 대리

6. 행정 관계 법령 및 행정에 대한 상담 또는 자문에 대한 응답

7. 법령에 따라 위탁받은 사무의 사실 조사 및 확인

행정사의 종류 및 소관업무

종류	의의	업무 영역
일반행정사	민원인의 부탁을 받고 행정기관에 제출하는 서류 작성, 또는 주민의 권리·의무 사실의 증명에 관한 서류 작성 및 대리 제출 등을 업무로 하는 전문자격사	• 행정기관에 제출하는 서류의 작성 및 제출 대행 • 권리·의무나 사실증명에 관한 서류의 작성 및 제출 대행 • 인가·허가 및 면허 등을 받기 위하여 행정기관에 하는 신청·청구 및 신고 등의 대리(代理) • 행정 관계 법령 및 행정에 대한 상담 또는 자문에 대한 응답 • 법령에 따라 위탁받은 사무의 사실 조사 및 확인
해사행정사	일반행성사의 업부뿐 아니라 해운 및 해양안전심판과 관련한 업무를 겸하는 전문자격사	• 일반행정사와 동일한 업무 • 해운 또는 해양안전심판에 관한 업무
외국어 번역행정사	행정기관의 업무에 관련된 서류의 번역 및 제출을 대행하는 전문자격사	• 행정기관의 업무에 관련된 서류의 번역 • 다른 사람의 위임에 따라 행정사가 작성하거나 번역한 서류를 위임자를 대행하여 행정기관에 제출하는 일 • 외국 서류의 번역과 관련된 인·허가 및 면허 등 행정기관에 제출하는 신고, 신청, 청구 등의 대리행위 • 외국의 행정 업무와 관련된 법령 및 행정에 대한 상담 또는 자문

행정사 시험 정보

1. **자격 분류:** 국가 전문 자격증
2. **시험 기관 소관부처:** 행정안전부(주민과)
3. **실시 기관:** 한국산업인력공단
4. **시험 일정:** 매년 1차, 2차 실시

구분	원서 접수	시험 일정	합격자 발표
1차	2024년 4월 22일~4월 26일	2024년 6월 1일	2024년 7월 3일
2차	2024년 7월 29일~8월 2일	2024년 10월 5일	2024년 12월 4일

〈2024년 제12회 행정사 시험 기준〉

5. **응시자격:** 제한 없음. 다만, 행정사법 제5·6조의 결격사유가 있는 자와 행정사법 시행령 제19조에 따라 부정행위자로 처리되어, 그 처분이 있은 날부터 5년이 지나지 않은 자는 시험에 응시할 수 없다.

6. 시험 면제대상
- 1차 시험에 합격한 사람에 대하여는 다음 회의 시험에서만 1차 시험을 면제한다(단, 경력서류 제출로 1차 시험이 면제된 자는 행정사법이 개정되지 않는 한 계속 면제).
- 행정사 자격이 있는 사람으로서 다른 종류의 행정사 자격시험에 응시하는 사람은 1차 시험을 면제한다.
- 행정사법 제9조 및 동법 부칙 제3조에 따라, 공무원으로 재직하였거나 외국어 전공 학위를 받고 외국어 번역 업무에 종사한 경력이 있는 사람 등은 행정사 자격시험의 전부 또는 일부가 면제된다(1차 시험 면제, 1차 시험 전부와 2차 시험 일부 면제, 1·2차 시험 전부 면제).

7. 시험 과목 및 시간
● 1차 시험(공통)

교시	입실 시간	시험 시간	시험 과목	문항 수	시험 방법
1교시	09:00	09:30~10:45 (75분)	① 민법(총칙) ② 행정법 ③ 행정학개론(지방자치행정 포함)	과목당 25문항	5지택일

● **2차 시험**

교시	입실시간	시험 시간	시험 과목	문항 수	시험 방법
1교시	09:00	09:30~11:10 (100분)	**[공통]** ① 민법(계약) ② 행정절차론(행정절차법 포함)	과목당 4문항 (논술 1문제, 약술 3문제)	논술형 및 약술형 혼합
2교시	11:30	• 일반·해사행정사 11:40~13:20 (100분) • 외국어번역행정사 11:40~12:30 (50분)	**[공통]** ③ 사무관리론 (민원 처리에 관한 법률 및 행정업무의 운영 및 혁신에 관한 규정 포함) **[일반행정사]** ④ 행정사실무법 (행정심판사례, 비송사건절차법) **[해사행정사]** ④ 해사실무법 (선박안전법, 해운법, 해사안전기본법, 해양사고의 조사 및 심판에 관한 법률) **[외국어번역행정사]** ④ 해당 외국어(외국어능력검정시험으로 대체하며 영어, 중국어, 일본어, 프랑스어, 독일어, 스페인어, 러시아어의 7개 언어에 한함)		

8. 합격 기준

- 과목당 100점을 만점으로 하여 모든 과목의 점수가 40점 이상이고, 전 과목의 평균 점수가 60점 이상인 사람(2차 시험의 해당 외국어시험 제외)
- 단, 제2차 시험 합격자가 최소선발인원보다 적은 경우, 최소선발인원이 될 때까지 전 과목의 점수가 40점 이상인 사람 중에서 전 과목 평균 점수가 높은 순으로 합격자를 추가로 결정한다. 동점자로 인해 최소선발인원을 초과하는 경우 동점자 모두를 합격자로 한다.

9. 외국어능력검정시험 성적표 제출(외국어번역행정사)

외국어번역행정사 2차 시험의 '해당 외국어' 과목은 원서접수 마감일부터 거꾸로 계산하여 5년이 되는 날이 속하는 해의 1월 1일 이후에 실시된 외국어능력검정시험에서 취득한 성적으로 대체(행정사법 시행령 제9조 제3항, 별표 2)

● **외국어 과목을 대체하는 외국어능력검정시험 종류 및 기준점수**

시험명	기준점수	시험명	기준점수
TOEFL	쓰기 시험 부문 25점 이상	IELTS	쓰기 시험 부문 6.5점 이상
TOEIC	쓰기 시험 부문 150점 이상	신HSK	6급 또는 5급 쓰기 영역 60점 이상
		DELE	C1 또는 B2 작문 영역 15점 이상
TEPS	쓰기 시험 부문 71점 이상 ※ 청각장애인: 쓰기 시험 부문 64점 이상	DELF/DALF	• C2 독해와 작문 영역 25점 이상 • C1 또는 B2 작문 영역 12.5점 이상
G-TELP	GWT 작문 시험 3등급 이상	괴테어학	• C2 또는 B2 쓰기 모듈 60점 이상 • C1 쓰기 영역 15점 이상
FLEX	쓰기 시험 부문 200점 이상	TORFL	4단계 또는 3단계 또는 2단계 또는 1단계 쓰기 영역 66% 이상

행정법 1차 시험 총평

출제 경향

행정사 1차 시험은 행정사 자격을 최종적으로 취득하기 위한 하나의 관문입니다. 최종합격이 2차 시험에서 결정되는 만큼 1차 시험의 난도는 합격자를 선별하기 위함이 아닌 기본적인 소양을 측정하는 데 그 목적이 있습니다. 매년 실시되는 1차 시험의 난도를 분석하면서 드는 생각입니다.

올해 역시 예년과 비슷한 난도와 단원별 출제 비율로 시험이 출제되었습니다. 행정작용편과 행정구제편의 행정쟁송 파트에서 전체의 과반이 넘는 13문항이 출제되었고, 그 외에는 파트별로 1문항 정도씩 출제되었습니다.

행정법각론 부분은 작년과 동일하게 올해도 7문항이 출제되었습니다. 또 기존에 주로 출제되고 있는 조직·지방자치·공무원·공물 파트에서만 출제되었습니다. 따라서 향후 시험을 준비할 수험전략에는 큰 변화가 없습니다.

수험전략

행정사 시험은 판례 문제의 비중보다는 조문과 개념에 대한 정확한 이해 여부를 묻는 문제의 비중이 높은 편입니다. 따라서 판례는 기존의 주요 판례들 위주로 꼼꼼히 학습하시는 것을 추천합니다. 이것이 행정법을 이해하고 기본적 소양을 갖추는 데 가장 큰 효율적인 학습법입니다. 그러나 이때 모든 판례를 이해하고 암기하려고 접근하면 안 됩니다. 다시 말씀드리지만 주요 판례 위주의 학습을 추천합니다. 그리고 나머지 판례들은 객관식 시험에 맞게 결론만을 단순 암기해야 합니다.

2차 시험과 관련이 있으면서 1차 시험에서도 출제 비율이 높은 행정작용편, 행정절차편 그리고 행정구제편의 행정쟁송 파트는 이론과 법령의 철저한 암기가 필요합니다. 이는 향후 1차 시험을 합격하고 바로 2차 시험을 준비해야 할 수험생들에게 큰 도움이 됩니다.

각론 파트는 기출 중심으로 출제가능성이 높은 부분(조직·지방자치·공무원·공물)만을 학습하시길 권합니다. 나머지 부분에 대한 학습은 1~2문제의 정답을 찾기 위해 투자하는 시간이 너무 많을 수 있습니다. 행정사 1차 시험에서는 버릴 부분에 대해서는 과감히 버리는 결단이 필요합니다.

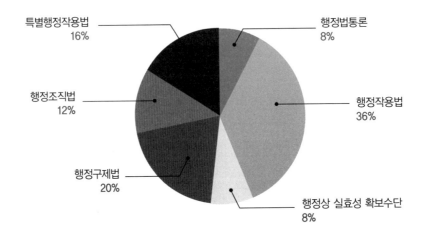

행정법 출제 경향 분석

◁ 2013~2024 행정법 출제 경향 분석

구분		출제 비율
행정법통론	행정	1.4%
	행정법	4.6%
	행정상 법률관계	3.2%
행정작용법	행정입법	4.6%
	행정행위	13.6%
	기타의 행정작용	5.7%
	행정절차·정보공개·개인정보보호	12.1%
행정상 실효성 확보수단	행정강제	4.6%
	행정벌	3.2%
	새로운 의무이행확보수단	0.7%
행정구제법	청원 및 고충민원처리제도	0.0%
	행정상 손해전보제도	5.0%
	행정쟁송	15.4%
행정조직법	행정조직법 개관	6.1%
	지방자치법	5.4%
	공무원법	3.6%
특별행정 작용법	경찰행정법	2.9%
	급부행정법(공물법)	3.9%
	공용부담법	1.4%
	국토개발행정법(토지행정법)	0.7%
	환경행정법	0.0%
	재무행정법	1.8%
총계		100.0%

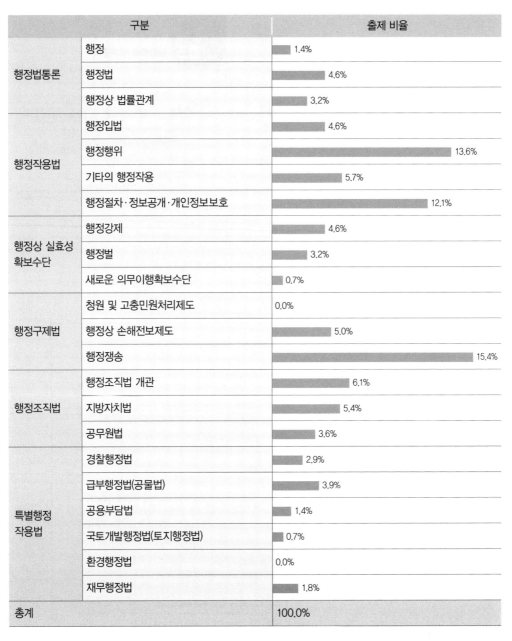

구성 및 활용법

1

합격으로 이끄는 체계적인 교재 구성

방대한 학습내용 중 행정사 1차 시험에 적합한 내용만을 선별하여 알차고 자세하게 서술하였다. 또한 자연스러운 흐름에 따라 목차를 체계적으로 구성하고 내용을 깔끔하게 배치하여 가독성을 높임으로써 보다 효율적인 학습이 가능하도록 하였다.

2

이해를 돕기 위한 장치들

독자들의 이해를 돕고자 몇 가지 장치를 마련하였는데, 우선 반드시 기억해야 할 핵심 내용을 핵심체크로 표시하여 확실히 짚고 넘어갈 수 있도록 하였다. 또한 본문 내용과 대조되는 부분은 비교로 표시하여 참고할 수 있도록 하였고, 본문에서 예시가 필요한 부분은 예로 표시하여 내용을 이해하는 데 도움이 될 수 있도록 하였다.

Chapter **05** 행정법의 일반원칙

1. 비례의 원칙(과잉금지의 원칙)

> **헌법 제37조** ② 국민의 모든 자유와 권리는 국가안전보장·질서유지 또는 공공복리를 위하여 필요한 경우에 한하여 법률로써 제한할 수 있으며, 제한하는 경우에도 자유와 권리의 본질적인 내용을 침해할 수 없다.
> **행정기본법 제10조 【비례의 원칙】** 행정작용은 다음 각 호의 원칙에 따라야 한다.
> 1. 행정목적을 달성하는 데 유효하고 적절할 것
> 2. 행정목적을 달성하는 데 필요한 최소한도에 그칠 것
> 3. 행정작용으로 인한 국민의 이익 침해가 그 행정작용이 의도하는 공익보다 크지 아니할 것

판례
비례의 원칙의 의미
헌법 제37조 제2항에 의하면 국민의 기본권을 법률로써 제한하는 것이 가능하다고 하더라도 그 본질적인 내용을 침해할 수 없고 또한 과잉금지의 원칙에도 위배되어서는 아니되는 바, 과잉금지의 원칙이라 함은 국민의 기본권을 제한함에 있어서 국가작용의 한계를 명시한 것으로서 목적의 정당성·방법의 적정성·피해의 최소성·법익의 균형성 등을 의미하며 그 어느 하나에라도 저촉이 되면 위헌이 된다는 헌법상의 원칙을 말한다(현재 1997. 3. 27. 95헌가17).

1) 개념
행정목적과 이를 실현하는 수단 사이에는 합리적인 비례관계가 있어야 한다는 원칙으로서 행정기본법 제10조를 근거로 한다.

2) 내용
(1) 적합성의 원칙
행정작용은 행정목적을 달성하는 데 유효하고 적절하여야 한다.

---

www.pmg.co.kr

5. 수리

1) 개념
행정청이 타인의 행위를 유효한 행위로 받아들이는 행위를 말한다. 수리는 행정청이 타인의 행위를 유효한 것으로 수령하는 의사 작용이라는 점에서 단순한 사실행위인 도달이나 접수와는 다르다.

핵심체크
수리에 해당하는 경우
· 혼인신고서의 수리
· 공직선거에서 입후보자등록의 수리
· 원서의 수리
· 영업허가명의변경신고 수리
· 행정심판청구서의 수리

2) 성질
법정의 요건을 갖춘 신고는 수리되어야 하므로 수리는 원칙적으로 기속행위이다.

판례
지위승계신고의 수리대상인 사업양도·양수가 존재하지 아니하거나 무효인 때에는 수리를 하였더라도 그 수리는 당연히 무효이다.
사업양도·양수에 따른 허가관청의 지위승계신고의 수리는 적법한 사업의 양도·양수가 있었음을 전제로 하는 것이므로 그 수리대상인 사업양도·양수가 존재하지 아니하거나 무효인 때에는 수리를 하였다 하더라도 그 수리는 유효한 대상이 없는 것으로서 당연히 무효라 할 것이고, 사업의 양도행위가 무효라고 주장하는 양도자는 민사쟁송으로 양도·양수행위의 무효를 구함이 없이 막바로 허가관청을 상대로 하여 행정소송으로 위 신고수리처분의 무효확인을 구할 법률상 이익이 있다(대법원 2005. 12. 23. 2005두3554).

3) 수리의 거부와 처분성
(1) 처분성이 인정되는 경우(수리를 요하는 신고)
행위요건적 공법행위의 경우에는 행정청이 수리를 해야 할 의무가 있기 때문에 그 거부는 처분성이 인정된다(⑩ 건축주 명의변경신고, 수산업법의 어업신고 등).

(2) 처분성이 부정되는 경우(수리를 요하지 않는 신고)
자체완성적 공법행위에 대해서는 행정청의 별도의 수리를 요하지 않는다. 따라서 이에 대한 거부에 대해서는 처분성이 인정되지 않는다(⑩ 사망신고 등).

3

관련 판례와 조문 수록

본문 내용과 관련한 판례, 조문 등을 함께 수록하여 보다 체계적이고 효율적인 학습이 가능하도록 하였다. 그 중에서도 출제 가능성이 높은 판례를 엄선해 수록하여 내용을 좀 더 깊이 있고 정확하게 파악할 수 있도록 하였다.

4

실전 대비를 위한 확인학습

학습상황을 점검해 볼 수 있는 OX 문제들을 수록하였다. 행정사 행정법 시험에 대비한 예상문제와 그 아래 명쾌한 해설을 함께 실어 독자들이 스스로 실력을 확인해 볼 수 있도록 하였다.

CONTENTS

차 례

행정사
이준희 행정법

Chapter 01 행정

1. 의의

행정은 국가권력을 입법권, 사법권, 행정권으로 분류하는 전통적인 권력분립원리와 함께 등장하였다. 국가권력 중에서 사법권과 입법권이 먼저 분리하고 남은 국가기능을 행정이라고 말하며, 이는 국가기관에 의해 법을 집행하는 작용에 해당한다.

행정은 적극적이고 미래지향적인 성격을 가진다.

2. 형식적 의미의 행정

형식적 의미의 행정이란 행정기관이 행사하는 것은 그 내용이나 실질에 관계없이 모두 행정이라고 보는 것을 말한다. 따라서 성질상 입법(행정입법 등)이나 성질상 사법(행정심판에 있어서의 재결 등)에 속하는 작용도 모두 행정에 해당한다.

3. 실질적 의미의 행정

실질적 의미의 행정은 국가작용의 성질과 기능을 중심으로 행정의 본질을 파악한다. 따라서 법령 등의 제정·개정행위는 입법으로, 행위나 그 행위자에 대한 법적 판단은 사법으로 보고 그 외의 국가작용을 행정(법집행행위)으로 분류한다.

형식적 행정		
실질적 행정	실질적 입법	실질적 사법
• 영업허가 • 행정대집행 • 지방공무원의 임명 • 집회의 금지통보 • 양도소득세 부과처분 • 조세체납처분	• 대통령령 등 법규명령의 제정 • 조례의 제정 • 긴급명령의 제정	• 행정심판 재결 • 통고처분

형식적 입법		
실질적 행정	실질적 입법	실질적 사법
국회 사무총장의 직원 임명	국회의 법률제정, 국회규칙의 제정	국회의원의 징계의결

형식적 사법		
실질적 행정	실질적 입법	실질적 사법
• 대법원장의 일반법관 임명 및 연임발령 • 대법원장 및 법원행정처장의 일반직원 임명 • 등기사무	• 대법원의 규칙 제정 • 법무사 시행규칙 제정	법원의 재판

확인학습

1 행정법의 대상이 되는 행정은 실질적 행정에 한한다. ☒

　해설　행정법의 대상이 되는 행정은 행정입법 등과 같이 실질적 의미의 입법이나 형식적 의미의 행정도 포함한다.

2 법관, 대법관, 대법원장 임명은 형식적 의미의 사법에 해당한다. ☒

　해설　법관 임명 ⟶ 실질적 의미의 행정, 형식적 의미의 사법
대법관, 대법원장 임명 ⟶ 실질적 의미의 행정, 형식적 의미의 행정

Chapter 02 통치행위

1. 의의

통치행위란 고도의 정치적인 국가행위 내지는 국가적 이익에 직접 관계되는 사항을 대상으로 하는 국가기관의 행위를 의미한다. 통치행위는 정치적 성격이 강하므로 행정법이 적용되는 행정은 아니다.

국민의 권리·의무와 관계되는 국가의 모든 작용에 대해 원칙상으로는 사법심사가 가능하다(개괄주의). 그러나 통치행위는 예외적으로 사법심사가 제한된다.

근거로는 다른 국가작용처럼 사법부의 법적인 판단이 가능함에도 불구하고 사법부가 스스로 판단을 자제하는 것이 바람직하다는 견해(사법자제설)와 권력분립 원칙상 사법부는 행정부의 고도의 정치적 결정을 판단할 수 없다고 보는 견해(내재적한계설·권력분립설) 등이 있다.

2. 대법원의 입장

통치행위 긍정	통치행위 부정
• 남북정상회담 개최 여부 • 비상계엄 선포 • 군사시설보호구역 • 대통령의 서훈 수여	• 대북송금행위 • 국헌문란의 목적으로 행해진 비상계엄 • 유신헌법 긴급조치 • 대통령의 서훈취소

3. 헌법재판소의 입장

통치행위 긍정	통치행위 긍정 (기본권 침해 → 사법심사 대상)	통치행위 부정
• 이라크파병 • 사면	• 긴급재정경제명령 • 신행정수도건설이나 수도이전의 문제를 국민투표에 부칠지의 여부 • 개성공단 전면중단 조치	• 한미연합군사훈련 • 신행정수도건설이나 수도이전의 문제

4. 통치행위 주체

통치행위는 주로 정부(대통령)의 행위와 관련해서 문제가 된다. 그리고 국무총리·국무위원의 해임건의, 국회의원의 자격심사·징계·제명 등 국회의 자율권 행사와 관련해서 국회도 통치행위의 주체가 될 수 있다. 한편 지방의회의원의 징계는 행정행위에 해당하여 사법심사가 전면적으로 이루어진다.

그러나 법원은 통치행위의 판단주체이므로 사법부의 통치행위는 인정할 수 없다.

5. 판단주체

통치행위 여부의 판단은 오로지 사법부에 의해서만 이루어져야 한다.

확인학습

1 남북정상회담의 개최는 물론 남북정상회담의 과정에서 법적 절차를 거치지 아니하고 북한으로 송금한 행위도 사법심사의 대상으로 보기 어렵다. ☒

   해설 대북송금행위는 사법심사의 대상이 된다.

2 신행정수도건설이나 수도이전의 문제를 국민투표에 붙일지 여부에 관한 대통령의 의사결정이 사법심사의 대상이 될 경우 위 의사결정은 고도의 정치적 결단을 요하는 사안이라고 볼 수 없으며, 국민의 기본권 침해와 직접 관련되는 문제이므로 헌법재판소의 심판대상이 될 수 있다. ☒

   해설 신행정수도건설이나 수도이전의 문제가 정치적 성격을 가지고 있는 것은 인정할 수 있지만, 그 자체로 고도의 정치적 결단을 요하여 사법심사의 대상으로 하기에는 부적절한 문제라고까지는 할 수 없다. 다만, 이 사건 법률의 위헌 여부를 판단하기 위한 선결문제로서 신행정수도건설이나 수도이전의 문제를 국민투표에 붙일지 여부에 관한 대통령의 의사결정은 고도의 정치적 결단을 요하는 문제여서 사법심사를 자제함이 바람직하다고는 할 수 있으나, 국민의 기본권 침해와 직접 관련되는 경우에는 헌법재판소의 심판대상이 될 수 있다(헌재 2004. 10. 21. 2004헌마554).

3 대통령의 사면권 행사는 국가원수의 고유한 권한에 해당하며, 권력분립원리의 예외로서 사법부의 판단을 변경하는 제도이다. ◯

03 법치행정

1. 법치행정의 원칙

> **행정기본법 제8조 【법치행정의 원칙】** 행정작용은 법률에 위반되어서는 아니 되며, 국민의 권리를 제한하거나 의무를 부과하는 경우와 그 밖에 국민생활에 중요한 영향을 미치는 경우에는 법률에 근거하여야 한다.

법치행정의 원칙은 법률의 법규창조력, 법률우위의 원칙, 법률유보의 원칙을 내용으로 한다.

2. 법률의 법규창조력

1) 의의

법규란 국민의 권리를 제한하거나 의무를 부과하는 규범을 말한다. 법률의 법규창조력이란 법규를 창조하는 것은 국민의 대표기관인 국회의 전속적 권한이며, 국회에서 제정한 법률만이 법규로서 국민에 대한 구속력이 있다는 것을 의미한다.

2) 한계

① 입법에 있어 행정부의 역할 증대, ② 행정규칙의 기능 확대, ③ 현대국가의 행정수요의 다양성 등의 원인으로 행정입법이 등장하였다.

3. 법률우위의 원칙

1) 의의

모든 행정작용은 법률에 위반하여 행해져서는 안 된다.

2) 법률의 범위

법률우위의 원칙에서 말하는 법률은 헌법, 법률, 그 밖에 성문법·불문법을 포함한 모든 법규를 말하는 것으로서 행정법의 일반원칙도 포함한다. 즉, 국회가 제정한 형식적 의미의 법률만을 의미하는 것은 아니다. 단, 행정규칙은 포함되지 아니한다.

3) 적용영역

법률우위의 원칙은 모든 행정작용에 적용된다. 즉, 공법적 행위, 사법적 행위, 수익적·침익적 행위, 법적 행위, 사실적 행위 등 행정의 모든 영역에 적용된다(국가와 사인 간의 사법상 계약에도 적용된다).

4) 위반의 효과

법률우위의 원칙에 위반되는 행정작용은 위법하다. 따라서 중대·명백설에 따라 무효 또는 취소의 대상이 된다. 그러나 행정입법과 공법상 계약은 특별한 사정이 없는 한 무효이다.

4. 법률유보의 원칙

1) 의의

행정작용은 개별적인 법률의 근거를 요한다는 것을 말한다.

2) 법률의 의미

법률유보의 원칙에서 말하는 법률은 형식적 의미의 법률을 말한다. 따라서 불문법인 관습법이나 판례법은 법률에 해당하지 않기 때문에 관습법이나 판례법을 근거로 기본권을 제한할 수 없다. 그러나 법률의 위임에 의한 법규명령은 법률에 포함된다.

> **판례**
>
> **법률유보의 원칙은 '법률에 의한 규율'을 의미하는 것이 아니라 '법률에 근거한 규율'을 의미하는 것이다.**
> 기본권은 헌법 제37조 제2항에 의하여 국가안전보장·질서유지 또는 공공복리를 위하여 필요한 경우에 한하여 이를 제한할 수 있으나, 그 제한의 방법은 원칙적으로 법률로써만 가능하고 제한의 정도도 기본권의 본질적 내용을 침해할 수 없고 필요한 최소한도에 그쳐야 한다. 그런데 위 조항에서 규정하고 있는 기본권제한에 관한 법률유보의 원칙은 '법률에 의한 규율'을 요청하는 것이 아니라 '법률에 근거한 규율'을 요청하는 것이므로, 기본권의 제한에는 법률의 근거가 필요할 뿐이고 기본권 제한의 형식이 반드시 법률의 형식일 필요는 없다(헌재 2005. 5. 26. 99헌마513).
>
> **예산은 법률유보의 원칙에서 말하는 법률에 해당하지 않는다.**
> 예산은 일종의 법규범이고 법률과 마찬가지로 국회의 의결을 거쳐 제정되지만 법률과 달리 국가기관만을 구속할 뿐 일반국민을 구속하지 않는다(헌재 2006. 4. 25. 2006헌마409).

3) 법률우위와의 비교

법률유보의 원칙	법률우위의 원칙
• 적극적 원칙 • 형식적 의미의 법률(위임 법규명령 포함) • 일정한 영역(중요사항유보설)	• 소극적 원칙 • 모든 법(불문법 포함, 행정규칙 제외) • 모든 영역

4) 적용범위

판례

기본권 실현과 관련된 본질적인 사항은 법률에서 직접 규정하여야 한다.

법률유보원칙은 단순히 행정작용이 법률에 근거를 두기만 하면 충분한 것이 아니라, 국가공동체와 그 구성원에게 기본적이고도 중요한 의미를 갖는 영역, 특히 국민의 기본권실현과 관련된 영역에 있어서는 국민의 대표자인 입법자가 그 본질적 사항에 대해서 스스로 결정하여야 한다(헌재 1999. 5. 27. 98헌바70).

중요사항 ○	중요사항 ×
• 병의 복무기간 • 방송수신료 금액 · 납부의무자 • 중학교 의무교육 실시 여부 자체 • 사업시행인가 신청에 필요한 토지소유자의 동의정족수 • 지방의회의원에 유급보좌인력을 두는 것 • 토지초과이득세법상 기준시가 • 법외노조 통보	• 방송수신료 징수 주체 • 중학교 의무교육의 실시 시기와 범위 • 사업시행인가 신청에 필요한 토지소유자의 동의정족수를 설립조합의 정관에 정하는 것 • 국가유공자단체의 대의원 선출방법

판례

사업시행인가 신청시 요구되는 토지등소유자의 동의정족수를 정하는 것은 본질적인 사항이다.

사업시행인가 신청시 요구되는 토지등소유자의 동의정족수를 정하는 것은 국민의 권리와 의무의 형성에 관한 기본적이고 본질적인 사항으로 법률유보 내지 의회유보의 원칙이 지켜져야 할 영역이다(헌재 2011. 8. 30. 2009헌바128).

사업시행인가 신청시 요구되는 토지등소유자의 동의정족수를 설립조합의 정관에 정하는 것은 포괄위임이 가능하다.

법률이 공법적 단체 등의 정관에 자치법적 사항을 위임한 경우에는 헌법 제75조가 정하는 포괄적인 위임입법의 금지는 원칙적으로 적용되지 않는다고 봄이 상당하고, 그렇다 하더라도 그 사항이 국민의 권리 · 의무에 관련되는 것일 경우에는 적어도 국민의 권리 · 의무에 관한 기본적이고 본질적인 사항은 국회가 정하여야 한다.

구 도시 및 주거환경정비법상 사업시행자에게 사업시행계획의 작성권이 있고 행정청은 단지 이에 대한 인가권만을 가지고 있으므로 사업시행자인 조합의 사업시행계획 작성은 자치법적 요소를 가지고 있는 사항이라 할 것이고, 이와 같이 사업시행계획의 작성이 자치법적 요소를 가지고 있는 이상, 조합의 사업시행인가 신청시의 토지 등 소유자의 동의요건 역시 자치법적 사항이라 할 것이며, 따라서 사업시행인가 신청시의 동의요건을 조합의 정관에 포괄적으로 위임하고 있다고 하더라도 헌법 제75조가 정하는 포괄위임입법금지의 원칙이 적용되지 아니하므로 이에 위배된다고 할 수 없다(대법원 2007. 10. 12. 2006두14476).

조례 제정권의 범위와 한계

지방자치단체는 그 고유사무인 자치사무와 개별법령에 의하여 지방자치단체에 위임된 단체위임사무에 관하여 자치조례를 제정할 수 있지만 그 경우라도 주민의 권리제한 또는 의무부과에 관한 사항이나 벌칙은 법률의 위임이 있어야 하며, 기관위임사무에 관하여 제정되는 이른바 위임조례는 개별법령에서 일정한 사항을 조례로 정하도록 위임하고 있는 경우에 한하여 제정할 수 있으므로, 주민의 권리제한 또는 의무부과에 관한 사항이나 벌칙에 해당하는 조례를 제정할 경우에는 그 조례의 성질을 묻지 아니하고 법률의 위임이 있어야 하고 그러한 위임 없이 제정된 조례는 효력이 없다(대법원 2007. 12. 13. 2006추52).

확인학습

1 법률유보원칙에서 요구되는 법적 근거는 작용법적 근거를 의미하며, 조직법적 근거는 모든 행정권 행사에 있어서 당연히 요구된다. Ⓞ

2 법률유보의 원칙에서 요구되는 행정권 행사의 법적 근거는 작용법적 근거를 말하며 원칙적으로 개별적 근거를 의미한다. Ⓞ

3 오늘날 법률유보원칙은 국민의 기본권 실현과 관련된 영역에 있어서는 국민의 대표자인 입법자가 그 본질적 사항에 대해서 스스로 결정하여야 한다는 요구까지 내포하고 있다. Ⓞ

　해설　헌재 1999. 5. 27. 98헌바70

4 법률유보원칙에서의 '법률'에는 국회가 제정하는 형식적 의미의 법률뿐만 아니라 법률의 위임에 따라 제정된 법규명령도 포함된다. ↺

　해설　기본권 제한에 관한 법률유보원칙은 '법률에 의한 규율'을 요청하는 것이 아니라 '법률에 근거한 규율'을 요청하는 것이므로 기본권 제한에는 법률의 근거가 필요할 뿐이고 기본권 제한의 형식이 반드시 법률의 형식일 필요는 없으므로, 법규명령, 규칙, 조례 등 실질적 의미의 법률을 통해서도 기본권 제한이 가능하다(헌재 2013. 7. 25. 2012헌마167).

5 법률유보원칙에서 말하는 법률에는 예산은 포함되지 않는다. Ⓞ

　해설　예산은 일종의 법규범이고 법률과 마찬가지로 국회의 의결을 거쳐 제정되지만 법률과 달리 국가기관만을 구속할 뿐 일반국민을 구속하지 않는다(헌재 2006. 4. 25. 2006헌마409).

6 법률우위의 원칙에서 말하는 법률은 모든 법규를 말하는 것으로서 행정법의 일반원칙과 행정규칙도 포함한다. ✕

　해설　행정규칙은 포함되지 아니한다.

7 법률우위의 원칙에 위반되는 행정작용은 무효이다. ✕

　해설　법률우위의 원칙에 위반되는 행정작용은 위법하다. 따라서 중대·명백설에 따라 무효 또는 취소의 대상이 된다.

행정법의 법원

1. 행정법의 의의

행정법은 행정의 조직과 작용 및 구제에 관한 국내공법이다.

2. 행정법의 법원

행정법의 법원은 행정에 관한 법의 존재형식을 말한다. 성문법주의를 원칙으로 하고 있으나 모든 행정을 성문법으로 규율하는 것이 곤란하므로 불문법은 특정 행정영역에 있어서의 성문법의 흠결상태를 보완하는 역할을 수행한다.

현재 행정법에는 단일 법전이 없으며, 행정관련 법령의 집합으로 구성되어 있다.

3. 성문법원

1) 헌법

헌법은 국가의 최고법으로 행정법의 가장 기본적인 법원이 된다. 헌법은 주로 행정법의 해석에 관한 지침 내지 기준의 역할을 한다.

2) 법률

국회에서 제정한 형식적 의미의 법률은 행정법의 가장 중요한 법원이 된다.

3) 국제법(국제조약과 일반적으로 승인된 국제법규)

(1) 헌법에 의하여 체결·공포된 조약과 일반적으로 승인된 국제법규는 국내법과 같은 효력을 가진다(헌법 제6조 제1항).

(2) 우리나라가 가입한 조약과 일반적으로 승인된 국제법규는 그 내용이 행정법에 관한 것인 때는 행정법의 법원이 된다. 조약은 체결된 것만으로는 법원이 되지 않고 공포되어야 행정법의 법원이 된다.

(3) 일반적으로 승인된 국제법규는 우리나라에서 별도로 승인을 하지 않아도 국내법과 동일한 효력을 가진다.

(4) 헌법에 의하여 체결·공포된 조약과 일반적으로 승인된 국제법규가 동일한 효력을 가진 국내의 법률, 명령과 충돌하는 경우에는 신법우위의 원칙 및 특별법우위의 원칙이 적용된다.

판례

북한은 대한민국 헌법상 국가가 아니다(남북합의서는 조약이 아니다).

남북 사이의 화해와 불가침 및 교류협력에 관한 합의서는 남북관계가 '나라와 나라 사이의 관계가 아닌 통일을 지향하는 과정에서 잠정적으로 형성되는 특수관계'임을 전제로, 조국의 평화적 통일을 이룩해야 할 공동의 정치적 책무를 지는 남북한 당국이 특수관계인 남북관계에 관하여 채택한 합의문서로서, 남북한 당국이 각기 정치적인 책임을 지고 상호간에 그 성의 있는 이행을 약속한 것이기는 하나 법적 구속력이 있는 것은 아니어서 이를 국가 간의 조약 또는 이에 준하는 것으로 볼 수 없고, 따라서 국내법과 동일한 효력이 인정되는 것도 아니다(대법원 1999. 7. 23. 98두14525).

GATT에 위반된 조례안은 그 효력이 없다.

특정 지방자치단체의 초·중·고등학교에서 실시하는 학교급식을 위해 위 지방자치단체에서 생산되는 우수 농수축산물과 이를 재료로 사용하는 가공식품(이하 '우수농산물'이라고 한다)을 우선적으로 사용하도록 하고 그러한 우수농산물을 사용하는 자를 선별하여 식재료나 식재료 구입비의 일부를 지원하며 지원을 받은 학교는 지원금을 반드시 우수농산물을 구입하는 데 사용하도록 하는 것을 내용으로 하는 위 지방자치단체의 조례안이 내국민대우원칙을 규정한 '1994년 관세 및 무역에 관한 일반협정(General Agreement on Tariffs and Trade 1994)'에 위반되어 그 효력이 없다(대법원 2005. 9. 9. 2004추10).

조약위반을 이유로 사인이 상대 국가에 대한 소송을 제기할 수는 없다.

회원국 정부의 반덤핑부과처분이 WTO 협정위반이라는 이유만으로 사인이 직접 국내 법원에 회원국 정부를 상대로 그 처분의 취소를 구하는 소를 제기하거나 위 협정위반을 처분의 독립된 취소사유로 주장할 수는 없다(대법원 2009. 1. 30. 2008두17936).

4) 법규명령과 행정규칙

행정기본법 제2조【정의】 이 법에서 사용하는 용어의 뜻은 다음과 같다.
1. "법령등"이란 다음 각 목의 것을 말한다.
　가. 법령 : 다음의 어느 하나에 해당하는 것
　　1) 법률 및 대통령령·총리령·부령
　　2) 국회규칙·대법원규칙·헌법재판소규칙·중앙선거관리위원회규칙 및 감사원규칙
　　3) 1) 또는 2)의 위임을 받아 중앙행정기관(「정부조직법」 및 그 밖의 법률에 따라 설치된 중앙행정기관을 말한다. 이하 같다)의 장이 정한 훈령·예규 및 고시 등 행정규칙
　나. 자치법규 : 지방자치단체의 조례 및 규칙

(1) **제정주체**

법규명령과 행정규칙은 행정기관에 의해 정립된 법형식이다. 법규명령은 법률의 위임에 의해서 제정되는 것으로 위임명령과 집행명령이 있으며 대통령령·총리령·부령, 대법원규칙 등이 있다. 행정규칙은 상위법령의 위임 없이 제정된 행정조직 내부의 활동을 규율하는 각종의 훈령·고시·지침 등을 말한다.

(2) **법원성**

법규명령의 법원성에 대해서는 인정하고 있으나, 행정규칙의 법원성에 대해서 판례는 원칙적으로 부정하는 입장이다.

5) 자치법규

자치법규란 지방자치단체가 자치입법권에 의해 법령의 범위 안에서 제정하는 것으로 행정법의 법원이 된다. 지방자치단체장이 제정하는 규칙과 지방의회가 제정하는 조례가 있다.

4. 불문법원

1) 관습법

관습법이란 국민들 사이에 다년간 계속하여 같은 사실이 관행으로 반복됨으로써 일반국민의 법적 확신을 얻어 법적 규범으로 승인받은 것을 말한다. 한편, 국민의 법적 확신에 이르지 못한 관습을 사실인 관습이라고 한다.
관습법은 성문법이 존재하지 않는 경우에만 성립되며, 이 경우에도 성문법을 개폐하는 효력은 없다.

판례

관습법의 요건
관습법이란 사회의 거듭된 관행으로 생성한 사회생활규범이 사회의 법적 확신과 인식에 의하여 법적 규범으로 승인·강행되기에 이른 것을 말하고, 그러한 관습법은 법원(法源)으로서 법령에 저촉되지 아니하는 한 법칙으로서의 효력이 있는 것이고, 또 사회의 거듭된 관행으로 생성한 어떤 사회생활규범이 법적 규범으로 승인되기에 이르렀다고 하기 위하여는 헌법을 최상위 규범으로 하는 전체 법질서에 반하지 아니하는 것으로서 정당성과 합리성이 있다고 인정될 수 있는 것이어야 하고, 그렇지 아니한 사회생활규범은 비록 그것이 사회의 거듭된 관행으로 생성된 것이라고 할지라도 이를 법적 규범으로 삼아 관습법으로서의 효력을 인정할 수 없다(대법원 2005. 7. 21. 2002다1178 전원합의체).

관습헌법의 성립요건은 성립요건인 동시에 효력유지의 요건이기도 하다.
관습헌법이 성립하기 위하여서는 관습법의 성립에서 요구되는 일반적 성립 요건이 충족되어야 한다. 첫째, 기본적 헌법사항에 관하여 어떠한 관행 내지 관례가 존재하고, 둘째, 그 관행은 국민이 그 존재를 인식하고 사라지지 않을 관행이라고 인정할 만큼 충분한 기간 동안 반복 내지 계속되어야 하며, 셋째, 관행은 지속성을 가져야 하는 것으로서 그 중간에 반대되는 관행이 이루어져서는 아니 되고, 넷째, 관행은 여러 가지 해석이 가능할 정도로 모호한 것이 아닌 명확한 내용을 가진 것이어야 한다. 또한 다섯째, 이러한 관행이 헌법관습으로서 국민들의 승인 내지 확신 또는 폭넓은 컨센서스를 얻어 국민이 강제력을 가진다고 믿고 있어야 한다(헌재 2004. 10. 21. 2004헌마554).

관습헌법

서울이 우리나라의 수도인 점은 불문의 관습헌법이므로 헌법개정절차에 의하여 새로운 수도 설정의 헌법조항을 신설함으로써 실효되지 아니하는 한 헌법으로서의 효력을 가진다(헌재 2004. 10. 21. 2004헌마554).

(1) 행정선례법

행정기관이 취급한 선례가 오랫동안 반복 시행됨으로써 국민들 간에 그것에 대한 법적 확신이 생긴 경우를 말한다. 국세기본법(소급과세의 금지)과 행정절차법(신뢰보호)은 행정선례법의 존재를 명문으로 인정하고 있다. 판례는 국세행정상 비과세의 관행을 일종의 행정선례법으로 보고 있다.

판례

일반적으로 납세자에게 받아들여진 국세행정의 비과세관행

보세운송면허세의 부과근거규정이던 지방세법시행령이 1973. 10. 1.에 제정되어 폐지될 때까지 근 4년간 위 면허세가 단 한건도 부과된 적이 없고, 그 주무관청인 관세청장도 수출확대라는 공익상의 필요 등에서 관계법조문의 삭제를 건의하였었다면 그로써 위 면허세의 비과세의 관행이 이루어졌다고 보아야 하고, 과세근거법법규가 폐지된지 1년 3개월이나 지난 뒤에 행한 4년간의 위 면허세의 부과처분은 신의성실의 원칙과 위의 관행을 무시한 위법한 처분이다(대법원 1982. 6. 8. 81누38).

착오로 인한 장기간의 과세누락은 국세행정의 관행으로 되었다 할 수 없다.

구 국세기본법제18조 제2항 소정의 비과세의 관행이 성립되었다고 하려면 장기간에 걸쳐 그 사항에 대하여 과세하지 아니하였다는 객관적 사실이 존재할 뿐 아니라 과세관청 자신이 그 사항에 대하여 과세할 수 있음을 알면서도 어떤 특별한 사정에 의하여 과세하지 않는다는 의사가 있고 이와 같은 의사가 명시적 또는 묵시적으로 표시되어야 할 것이므로 과세할 수 있는 어느 사항에 대하여 비록 장기간에 걸쳐 과세하지 아니한 상태가 계속되었다 하더라도 그것이 착오로 인한 것이라면 그와 같은 비과세는 일반적으로 납세자에게 받아들여진 국세행정의 관행으로 되었다 할 수 없다(대법원 1985. 3. 12. 84누398).

(2) 민중적 관습법

민중 사이의 오랜 기간의 관행에 의해 성립되는 관습법을 말한다.

수산업법은 "입어자"란 어업신고를 한 자로서 마을어업권이 설정되기 전부터 해당 수면에서 계속하여 수산동식물을 포획·채취하여 온 사실이 대다수 사람들에게 인정되는 자 중 대통령령으로 정하는 바에 따라 어업권원부에 등록된 자를 말한다고 규정하여 민중적 관습법에 해당하는 입어권을 인정하는 명문 규정을 두고 있다.

2) 판례의 법원성

우리나라는 선례구속성의 원칙을 채택하고 있지 않다는 점, 법원조직법 제8조는 상급법원의 판결은 '당해 사건'에 한하여 하급심을 기속하는 효력만 인정하고 있으므로 다른 동종사건(유사사건)에는 기속력이 미치지 않는다는 점을 볼 때 판례의 법원성을 부정하는 것이 타당하다.

> **판례**
>
> **판례가 사안이 서로 다른 사건을 재판하는 하급심법원을 직접 기속하는 효력은 없다.**
> 대법원의 판례가 법률해석의 일반적인 기준을 제시한 경우에 유사한 사건을 재판하는 하급심법원의 법관은 판례의 견해를 존중하여 재판하여야 하는 것이나, 판례가 사안이 서로 다른 사건을 재판하는 하급심법원을 직접 기속하는 효력이 있는 것은 아니므로, 하급심법원이 판례와 다른 견해를 취하여 재판할 수 있다(대법원 1996. 10. 25. 96다31307).
>
> **다른 가능한 견해에 의하여 환송 전의 판결과 동일한 결론을 가져온다고 하여도 적법하다.**
> 상고법원으로부터 사건을 환송받은 하급심 법원은 그 사건을 다시 재판함에 있어서 상고법원이 파기이유로 한 사실상과 법률상의 판단에 기속을 받는 것이나, 파기의 이유로 된 잘못된 견해만 피하면 다른 가능한 견해에 의하여 환송 전의 판결과 동일한 결론을 가져온다고 하여도 환송판결의 기속을 받지 아니한 위법을 범한 것이라고는 할 수 없다(대법원 2001. 6. 15. 99두5566).

3) 헌법재판소 위헌결정의 법원성

헌법재판소의 위헌결정은 법원 기타 모든 국가기관을 기속하는 힘을 가진다(헌법재판소법 제47조 제1항). 따라서 헌법재판소의 위헌결정은 법원성을 인정할 수 있다. 헌법재판소의 결정에 대한 기속력은 위헌결정에 인정되는 것이며 합헌결정에는 인정되지 않는다.

4) 조리의 법원성

조리란 '사물의 본질적 법칙' 또는 '일반 사회의 정의감에 비추어 반드시 그렇게 되어야만 할 것'을 말한다. 조리의 내용은 영구불변적인 것은 아니고 시대와 사회에 따라 변동이 있을 수 있다.
조리는 법해석의 기본원리로서 성문법·불문법이 모두 없는 경우에 최후의 보충적 법원으로서 그 중요성을 가진다.

5) 사실인 관습

사실인 관습이란 법원으로 인정되는 관습법과 달리 아직 국민의 법적 확신에 의하여 법규범으로 승인될 정도에 이르지 않은 것을 의미한다. 따라서 사실인 관습은 행정법의 법원에 해당하지 않는다.

5. 행정법의 일반원칙

행정법의 일반원칙은 법원성이 인정된다.

확인학습

1 헌법에 의하여 체결·공포된 조약과 일반적으로 승인된 국제법규는 국내법과 같은 효력을 가진다.
〔O〕

   해설 헌법 제6조 제1항. 따라서 국제법규는 별도의 편입절차 없이 국내법으로 수용된다.

2 '1994년 관세 및 무역에 관한 일반협정(GATT)'이나 '정부조달에 관한 협정(AGP)'에 위반되는 조례는 그 효력이 없다.
〔O〕

3 행정선례법의 존재를 인정하는 명문의 규정이 있다.
〔O〕

   해설 국세기본법, 행정절차법에 해당한다.

4 상급법원 재판에서의 판단은 동종사건에 관하여 하급심을 기속한다.
〔X〕

   해설 상급법원 재판에서의 판단은 해당 사건에 관하여 하급심을 기속한다(법원조직법 제8조).

5 사회의 거듭된 관행으로 생성된 규범이 관습법으로 승인되었다고 하더라도 사회 구성원들이 그러한 관행의 법적 구속력에 대하여 확신을 갖지 않게 되었다면 그러한 관습법은 법적 규범으로서의 효력이 부정될 수밖에 없다.
〔O〕

행정법의 일반원칙

1. 비례의 원칙(과잉금지의 원칙)

> **헌법 제37조** ② 국민의 모든 자유와 권리는 국가안전보장·질서유지 또는 공공복리를 위하여 필요한 경우에 한하여 법률로써 제한할 수 있으며, 제한하는 경우에도 자유와 권리의 본질적인 내용을 침해할 수 없다.
>
> **행정기본법 제10조【비례의 원칙】** 행정작용은 다음 각 호의 원칙에 따라야 한다.
> 1. 행정목적을 달성하는 데 유효하고 적절할 것
> 2. 행정목적을 달성하는 데 필요한 최소한도에 그칠 것
> 3. 행정작용으로 인한 국민의 이익 침해가 그 행정작용이 의도하는 공익보다 크지 아니할 것

판례

비례의 원칙의 의미

헌법 제37조 제2항에 의하면 국민의 기본권을 법률로써 제한하는 것이 가능하다고 하더라도 그 본질적인 내용을 침해할 수 없고 또한 과잉금지의 원칙에도 위배되어서는 아니되는 바, 과잉금지의 원칙이라 함은 국민의 기본권을 제한함에 있어서 국가작용의 한계를 명시한 것으로서 목적의 정당성·방법의 적정성·피해의 최소성·법익의 균형성 등을 의미하며 그 어느 하나에라도 저촉이 되면 위헌이 된다는 헌법상의 원칙을 말한다(헌재 1997. 3. 27. 95헌가17).

1) 개념

행정목적과 이를 실현하는 수단 사이에는 합리적인 비례관계가 있어야 한다는 원칙으로서 행정기본법 제10조를 근거로 한다.

2) 내용

(1) 적합성의 원칙

행정작용은 행정목적을 달성하는 데 유효하고 적절하여야 한다.

교통사고의 발생원인을 불문하고 졸업생이 낸 교통사고 비율에 따라 운전전문학원에게 운영정지 등을 할 수 있도록 한 것은 행정목적을 달성하기 위한 수단으로서 부적절하다.

이 사건 조항은 운전전문학원의 귀책사유를 불문하고 수료생이 낸 교통사고를 자동적으로 운전전문학원의 법적 책임으로 연관시키고 있다. 통상 운전전문학원의 졸업과 운전면허의 취득 후에는 운전전문학원과 그 졸업생과의 계약관계가 종료되고 운전전문학원으로서는 졸업생에 대한 사후 교습이나 통제수단이 없는 것을 감안할 때, 운전자에게 수강시 올바른 운전교육을 시키는 것 외에 수료생이 여하한 교통사고도 발생시키지 않을 것을 운전전문학원에게 요구하는 것은 사리에 맞지 않는다(헌재 2005. 7. 21. 2004헌가30).

(2) 필요성의 원칙(최소침해의 원칙)

행정작용은 행정목적을 달성하는 데 필요한 최소한도에 그쳐야 한다.

선택된 수단보다 완화된 수단이 있다고 하더라도 선택된 수단이 입법목적 달성에 유효적절한 수단인 경우에는 최소침해의 원칙에 위반되는 것은 아니다.

청소년유해매체물임을 모르고 청소년에게 대여한 업주에게 과징금을 부과하는 것은 위법하다.

청소년유해매체물로 결정·고시된 만화인 사실을 모르고 있던 도서대여업자가 그 고시일로부터 8일 후에 청소년에게 그 만화를 대여한 것을 사유로 그 도서대여업자에게 금 700만 원의 과징금이 부과된 경우, 그 도서대여업자에게 청소년유해매체물인 만화를 청소년에게 대여하여서는 아니된다는 금지의무의 해태를 탓하기는 가혹하다는 이유로 그 과징금부과처분은 재량권을 일탈·남용한 것으로서 위법하다고 본 사례 (대법원 2001. 7. 27. 99두9490)

형사사건으로 기소되면 필요적으로 직위해제처분을 하도록 한 국가공무원법규정은 비례의 원칙에 위반된다.

형사사건으로 기소되기만 하면 그가 국가공무원법 제33조 제1항 제3호 내지 제6호에 해당하는 유죄판결을 받을 고도의 개연성이 있는가의 여부에 무관하게 경우에 따라서는 벌금형이나 무죄가 선고될 가능성이 큰 사건인 경우에 대해서까지도 당해 공무원에게 일률적으로 직위해제처분을 하지 않을 수 없도록 한 이 사건 규정은 헌법 제37조 제2항의 비례의 원칙에 위반되어 직업의 자유를 과도하게 침해하고 헌법 제27조 제4항의 무죄추정의 원칙에도 위반된다(헌재 1998. 5. 28. 96헌가12).

기부금품 모집에 관하여 '방법'에 관한 규제로써 공익을 실현할 수 있음에도 '여부'에 관한 수단을 사용하는 것은 비례원칙에 위반된다.

입법자는 공익실현을 위하여 기본권을 제한하는 경우에도 입법목적을 실현하기에 적합한 여러 수단 중에서 되도록 국민의 기본권을 가장 존중하고 기본권을 최소로 침해하는 수단을 선택해야 한다. 기본권을 제한하는 규정은 기본권행사의 '방법'에 관한 규정과 기본권행사의 '여부'에 관한 규정으로 구분할 수 있다. 침해의 최소성의 관점에서, 입법자는 그가 의도하는 공익을 달성하기 위하여 우선 기본권을 보다 적게 제한하는 단계인 기본권행사의 '방법'에 관한 규제로써 공익을 실현할 수 있는가를 시도하고 이러한 방법으로는 공익달성이 어렵다고 판단되는 경우에 비로소 그 다음 단계인 기본권행사의 '여부'에 관한 규제를 선택해야 한다(헌재 1998. 5. 28. 96헌가5).

(3) 상당성의 원칙(협의의 비례의 원칙)

행정작용으로 인한 국민의 이익 침해가 그 행정작용이 의도하는 공익보다 크지 아니하여야 한다. 협의의 비례원칙인 상당성의 원칙은 제재적 행정처분이 재량권의 범위를 일탈하였거나 남용하였는지 여부를 비교·형량으로 판단한다.

> **판례**
>
> **음주운전으로 인한 운전면허의 취소는 일반예방적 측면이 더욱 강조되어야 한다.**
>
> 자동차가 대중적인 교통수단이고 그에 따라 자동차운전면허가 대량으로 발급되어 교통상황이 날로 혼잡해짐에 따라 교통법규를 엄격히 지켜야 할 필요성은 더욱 커지는 점, 음주운전으로 인한 교통사고 역시 빈번하고 그 결과가 참혹한 경우가 많아 대다수의 선량한 운전자 및 보행자를 보호하기 위하여 음주운전을 엄격하게 단속하여야 할 필요가 절실한 점 등에 비추어 보면, 음주운전으로 인한 교통사고를 방지할 공익상의 필요는 더욱 중시되어야 하고 운전면허의 취소는 일반의 수익적 행정행위의 취소와는 달리 그 취소로 인하여 입게 될 당사자의 불이익보다는 이를 방지하여야 하는 일반예방적 측면이 더욱 강조되어야 한다 (대법원 2019. 1. 17. 2017두59949).

3) 적용범위

비례의 원칙은 법치국가 원리에서 당연히 파생되는 헌법상의 기본원리로서, 모든 국가작용에 적용된다. 따라서 행정의 모든 영역, 즉 침익적 영역은 물론이고 수익적 영역에도 적용된다. 그러나 사법관계에는 사적 자치가 적용되므로 비례의 원칙이 적용되지 않는다.

4) 위반의 효과

비례의 원칙은 헌법상의 법치국가 원리에서 나온 헌법원칙이므로 이 원칙을 위반한 행정작용은 위법인 동시에 위헌에 해당한다.

> **판례**
>
> | 비례원칙에 위반되는 사례 |
> **주유소 영업의 양도인이 등유가 섞인 유사휘발유를 판매한 위법사유를 들어 그 양수인에 대하여 한 6월의 석유판매업영업정지처분이 재량권 일탈로서 위법하다.**
>
> 주유소 영업의 양도인이 등유가 섞인 유사휘발유를 판매한 바를 모르고 이를 양수한 석유판매영업자에게 전 운영자인 양도인의 위법사유를 들어 사업정지기간 중 최장기인 6월의 사업정지에 처한 영업정지처분이 석유사업법에 의하여 실현시키고자 하는 공익목적의 실현보다는 양수인이 입게 될 손실이 훨씬 커서 재량권을 일탈한 것으로서 위법하다(대법원 1992. 2. 25. 91누13106).

미결수용자에게 구치소 밖에서 재소자용 의류를 입게 하는 것은 비례의 원칙에 위배되지만 구치소 내에서 재소자용 의류를 입게 하는 것은 비례의 원칙에 위배되지 아니한다.

수사 및 재판단계에서 유죄가 확정되지 아니한 미결수용자에게 재소자용 의류를 입게 하는 것은 미결수용자로 하여금 모욕감이나 수치심을 느끼게 하고, 심리적인 위축으로 방어권을 제대로 행사할 수 없게 하여 실체적 진실의 발견을 저해할 우려가 있으므로, 도주 방지 등 어떠한 이유를 내세우더라도 그 제한은 정당화될 수 없어 헌법 제37조 제2항의 기본권 제한에서의 비례원칙에 위반되는 것으로서, 무죄추정의 원칙에 반하고 인간으로서의 존엄과 가치에서 유래하는 인격권과 행복추구권, 공정한 재판을 받을 권리를 침해하는 것이다(헌재 1999. 5. 27. 97헌마137).

응시연령 상한규정은 기본권을 제한한다.

이 사건 시행령조항은 32세가 넘은 사람의 공직취임권을 직접적으로 제한하는 것이므로, 그러한 제한을 정당화하려면 헌법 제37조 제2항이 요구하는 과잉금지의 원칙에 부합하여야 한다. 그런데 32세까지는 5급 공무원의 직무수행에 필요한 최소한도의 자격요건을 갖추고, 32세가 넘으면 그러한 자격요건을 상실한다고 보기 어렵고, 6급 및 7급 공무원 공채시험의 응시연령 상한을 35세까지로 규정하면서 그 상급자인 5급 공무원의 채용연령을 32세까지로 제한한 것은 합리적이라고 볼 수 없으므로, 이 사건 시행령조항이 5급 공채시험 응시연령의 상한을 '32세까지'로 제한하고 있는 것은 기본권 제한을 최소한도에 그치도록 요구하는 헌법 제37조 제2항에 부합된다고 보기 어렵다(헌재 2008. 5. 29. 2007헌마1105).

음주운전행위 사이에 아무런 시간적 제한을 두지 않고 있는 것은 비례원칙에 위반된다.

심판대상조항은 음주운전 금지규정을 반복하여 위반하는 사람에 대한 처벌을 강화하기 위한 규정인데, 가중요건이 되는 과거 위반행위와 처벌대상이 되는 재범 음주운전행위 사이에 아무런 시간적 제한을 두지 않고 있다. 그런데 과거 위반행위가 예컨대 10년 이상 전에 발생한 것이라면 처벌대상이 되는 재범 음주운전이 준법정신이 현저히 부족한 상태에서 이루어진 행위라거나 교통안전 등을 '반복적으로' 위협하는 행위라고 평가하기 어려워 이를 일반적 음주운전 금지규정 위반행위와 구별하여 가중처벌할 필요가 있다고 보기 어렵다. 따라서 심판대상조항은 책임과 형벌 간의 비례원칙에 위반된다(헌재 2021. 11. 25. 2019헌바446).

│ 비례원칙에 위반되지 않는다고 본 사례 │

위반횟수에 따른 처벌을 규정하면서 법개정 전의 음주운전 적발도 포함시킨 것은 비례원칙에 위반되지 않는다.

도로교통법 제148조의2 제1항 제1호에서 정하고 있는 '도로교통법 제44조 제1항을 2회 이상 위반한' 것에 개정된 도로교통법이 시행된 2011. 12. 9. 이전에 구 도로교통법(2011. 6. 8. 법률 제10790호로 개정되기 전의 것) 제44조 제1항을 위반한 음주운전 전과까지 포함되는 것으로 해석하는 것이 형벌불소급의 원칙이나 일사부재리의 원칙 또는 비례의 원칙에 위배된다고 할 수 없다(대법원 2012. 11. 29. 2012도10269).

음주운전의 경우 개인택시운송사업에 종사하여 가족의 생계를 유지하고 있는 사정이 있다 하더라도 면허취소처분은 비례의 원칙에 반하지 않는다.

운전면허를 받은 사람이 음주운전을 하다가 고의 또는 과실로 교통사고를 일으킨 경우에 운전면허의 취소여부가 행정청의 재량행위라고 하여도 오늘날 자동차가 대중적인 교통수단이고 그에 따라 대량으로 자동차운전면허가 발급되고 있는 상황이나 음주운전으로 인한 교통사고의 증가 및 그 결과의 참혹성 등에 비추어 볼 때, 음주운전으로 인한 교통사고를 방지할 공익상의 필요는 더욱 강조되어야 하고 운전면허 취소에 있어서는 일반의 수익적 행정행위의 취소와는 달리 그 취소로 인하여 입게 될 당사자의 불이익보다는 이를 방지하여야 하는 일반예방적 측면이 더욱 강조되어야 할 것이고, 특히 당해 운전자가 자동차운전을 업으로 삼고 있는 자인 경우에는 더욱더 그러하다(대법원 1995. 9. 29. 95누8126).

2. 평등의 원칙

행정기본법 제9조【평등의 원칙】 행정청은 합리적 이유 없이 국민을 차별하여서는 아니 된다.

평등의 원칙은 일체의 차별적 대우를 부정하는 절대적 평등이 아니라 합리적인 근거가 없는 차별을 배제하는 상대적 평등을 뜻한다. 평등의 원칙은 위법한 행정작용에서는 적용되지 않는다.

평등원칙은 행정법 영역에서 재량권 행사의 한계를 설정하는 기능을 수행한다. 또한 법규가 아닌 행정규칙이 평등원칙을 매개로 법규로 전환되는 기능을 한다. 따라서 행정규칙 위반의 경우에도 평등원칙 위반이 있으면 행정소송을 제기할 수 있다.

평등원칙은 헌법 제11조에 명시적으로 규정된 원칙이다. 따라서 평등원칙에 위배되는 행위는 위법인 동시에 위헌이 된다.

평등원칙 위반 ○	평등원칙 위반 ×
• 동일한 징계사유에 해당하는 수인 중 1인에게만 파면 처분한 것 • 지방의회의 조사·감사를 위해 채택된 증인의 불출석 등에 대한 과태료의 액수를 증인의 사회적 지위에 따라 차등 부과하는 것 • 청원경찰의 인원감축을 위한 면직처분대상자를 선정함에 있어서 학력수준에 따라 감원비율을 달리 정한 것(취소사유) • 개인택시운송사업면허의 우선순위 기준으로 무사고운전 등의 성실의무를 반드시 동일회사에서 이행하였을 것을 정하고 있는 규정 • 국·공립사범대학 등의 출신자를 교육공무원인 국·공립학교 교사로 우선하여 채용하도록 한 규정 • 국유잡종재산에 대한 시효취득을 부인하는 규정 • 제대군인에 대한 가산점 제도 • 국·공립학교의 채용 시험에 국가유공자와 그 가족이 응시하는 경우 만점의 10%를 가산하는 것 • 해외근무자들의 자녀를 대상으로 하는 특별전형에서 외교관, 공무원의 자녀에 대하여 20%의 가산점을 부여하는 것	• 일반직 직원의 정년을 58세로 규정하면서 전화교환직렬 직원만은 정년을 53세로 규정하여 5년간의 정년차등을 둔 것 • 중등교사 임용시험에서 동일 지역 사범대학을 졸업한 교원경력이 없는 자에게 가산점(2%)을 부여하는 것 • 국·공립학교 채용시험의 동점자처리에서 국가유공자 및 그 유족·가족에게 우선권을 주는 것 • 다양한 지하수 사용자 중에서 특별히 먹는 샘물제조업자에 대해서만 수질개선부담금을 부과하는 것 • 대법원장(70세), 대법관(65세), 법관(63세)의 정년을 달리 정하는 것 • 국회의원과 달리 지방의원에게 개인후원회를 금지하는 규정 • 원주시 내에 건설되는 혁신도시, 기업도시의 주민 등에게만 일정한 지원을 하도록 하고 있는 조례안 • 반성 여부에 따라 징계의 종류와 양정에 있어서 차등을 두는 것 • 무단점유자에 대한 변상금을 일반적인 사용료보다 20% 가산하여 징수하는 것

3. 자기구속의 원칙

1) 개념

재량행위의 영역에서 행정청은 같은 사안에서 이미 제3자에게 행한 결정과 같은 결정을 상대방에게 하여야 한다. 행정기본법상 명문으로 규정되어 있는 것은 아니나, 평등의 원칙이나 신뢰보호의 원칙에서 그 근거가 도출된다.

이는 ① 국민의 권리보호기능(행정권의 재량권 행사에 대한 사후적 사법통제의 확대)과 ② 행정규칙의 법규로의 전환기능을 수행한다.

2) 요건

① 재량영역에서의 행정작용일 것, ② 동일 행정청이 동종 사안에 대하여 재량준칙을 적용할 것, ③ 선례가 존재할 것, ④ 행정관행이 적법할 것이 요구된다.

> **판례**
>
> **위법한 행정처분에는 자기구속력이 발생하지 않는다.**
>
> 위법한 행정처분이 수차례에 걸쳐 반복적으로 행하여졌다 하더라도 그러한 처분이 위법한 것인 때에는 행정청에 대하여 자기구속력을 갖게 된다고 할 수 없다(대법원 2009. 6. 25. 2008두13132).

3) 위반의 효과

행정의 자기구속에 위반한 처분 등은 위헌·위법이 된다. 다만, 중대한 사정변경시에는 적용하지 않는다.

> **판례**
>
> **재량범위 내의 행위는 부당의 문제밖에 생기지 않으나 자기구속의 법리에 위반되면 위법한 행위로서 행정쟁송의 대상이 된다.**
>
> 상급행정기관이 하급행정기관에 대하여 업무처리지침이나 법령의 해석적용에 관한 기준을 정하여 발하는 이른바 '행정규칙이나 내부지침'은 일반적으로 행정조직 내부에서만 효력을 가질 뿐 대외적인 구속력을 갖는 것은 아니므로 행정처분이 그에 위반하였다고 하여 그러한 사정만으로 곧바로 위법하게 되는 것은 아니다. 다만, 재량권 행사의 준칙인 행정규칙이 그 정한 바에 따라 되풀이 시행되어 행정관행이 이루어지게 되면 평등의 원칙이나 신뢰보호의 원칙에 따라 행정기관은 그 상대방에 대한 관계에서 그 규칙에 따라야 할 자기구속을 받게 되므로, 이러한 경우에는 특별한 사정이 없는 한 그를 위반하는 처분은 평등의 원칙이나 신뢰보호의 원칙에 위배되어 재량권을 일탈·남용한 위법한 처분이 된다(대법원 2009. 12. 24. 2009두7967).

4. 신뢰보호의 원칙

> **행정기본법 제12조 【신뢰보호의 원칙】** ① 행정청은 공익 또는 제3자의 이익을 현저히 해칠 우려가 있는 경우를 제외하고는 행정에 대한 국민의 정당하고 합리적인 신뢰를 보호하여야 한다.
> ② 행정청은 권한 행사의 기회가 있음에도 불구하고 장기간 권한을 행사하지 아니하여 국민이 그 권한이 행사되지 아니할 것으로 믿을 만한 정당한 사유가 있는 경우에는 그 권한을 행사해서는 아니 된다. 다만, 공익 또는 제3자의 이익을 현저히 해칠 우려가 있는 경우는 예외로 한다.

판례

법령의 개정에서 신뢰보호원칙이 적용되어야 하는 이유는 법적 안정성을 확보하기 위함이다.

법령의 개정에서 신뢰보호원칙이 적용되어야 하는 이유는, 어떤 법령이 장래에도 그대로 존속할 것이라는 합리적이고 정당한 신뢰를 바탕으로 국민이 그 법령에 상응하는 구체적 행위로 나아가 일정한 법적 지위나 생활관계를 형성하여 왔음에도 국가가 이를 전혀 보호하지 않는다면 법질서에 대한 국민의 신뢰는 무너지고 현재의 행위에 대한 장래의 법적 효과를 예견할 수 없게 되어 법적 안정성이 크게 저해되기 때문이다(대법원 2007. 10. 29. 2005두4649 전원합의체).

1) 개념

신뢰보호원칙이란 행정기관의 일정한 행위에 대해 국민이 이를 신뢰하게 된 경우 이러한 신뢰는 국민에게 귀책사유가 없는 한 보호되어야 한다는 것이다.

판례

임용 당시 공무원임용결격사유가 있었다면 비록 국가의 과실에 의하여 임용결격자임을 밝혀내지 못하였다 하더라도 그 임용행위는 당연무효로 보아야 한다.

국가가 공무원임용결격사유가 있는 자에 대하여 결격사유가 있는 것을 알지 못하고 공무원으로 임용하였다가 사후에 결격사유가 있는 자임을 발견하고 공무원 임용행위를 취소하는 것은 당사자에게 원래의 임용행위가 당초부터 당연무효이었음을 통지하여 확인시켜 주는 행위에 지나지 아니하는 것이므로, 그러한 의미에서 당초의 임용처분을 취소함에 있어서는 신의칙 내지 신뢰의 원칙을 적용할 수 없고 또 그러한 의미의 취소권은 시효로 소멸하는 것도 아니다(대법원 1987. 4. 14. 86누459).

무효인 경우에는 신의칙 내지 신뢰의 원칙을 적용할 수 없다.

대학원 석사학위과정에 입학할 수 있는 자격을 갖추지 못한 자는 학칙이 정하는 과정을 이수하여 석사학위를 수여받았다고 하더라도 이는 당연무효이고, 이와 같은 당연무효의 행위를 학교법인이 취소하는 것은 석사학위수여의 행위가 처음부터 무효이었음을 당사자에게 통지하여 확인시켜 주는 것에 지나지 않으므로 여기에 신의칙 내지 신뢰의 원칙을 적용할 수 없다(대법원 2007. 7. 27. 2005다22671).

2) 요건

판례

신뢰보호원칙의 요건

일반적으로 행정상의 법률관계에 있어서 행정청의 행위에 대하여 신뢰보호의 원칙이 적용되기 위해서는, 첫째 행정청이 개인에 대하여 신뢰의 대상이 되는 공적인 견해표명을 하여야 하고, 둘째 행정청의 견해표명이 정당하다고 신뢰한 데에 대하여 그 개인에게 귀책사유가 없어야 하며, 셋째 그 개인이 그 견해표명을 신뢰하고 이에 상응하는 어떠한 행위를 하였어야 하고, 넷째 행정청이 위 견해표명에 반하는 처분을 함으로써 그 견해표명을 신뢰한 개인의 이익이 침해되는 결과가 초래되어야 하며, 마지막으로 위 견해표명에 따른 행정처분을 할 경우 이로 인하여 공익 또는 제3자의 정당한 이익을 현저히 해할 우려가 있는 경우가 아니어야 한다(대법원 2006. 2. 24. 2004두13592).

(1) 공적인 견해표명

공적인 견해표명으로는 법령·행정규칙·행정처분·확약·행정지도(사실행위) 등 일체의 조치가 포함되며, 명시적·적극적 언동에 국한하지 않고 묵시적·소극적 언동을 포함한다. 공적인 견해표명을 판단할 때는 행정조직상의 형식적인 권한분쟁에 구애될 것은 아니고 실질에 의하여 판단하여야 한다.

그리고 법률도 공적인 견해표명이 될 수 있으므로 신뢰보호의 대상은 특정 개인에 대한 행정작용에 한정되는 것이 아니다.

또한 위법한 행정행위도 행정청의 선행조치가 될 수 있다(단, 무효인 경우는 제외).

판례

묵시적인 견해표명이 공적인 견해표명으로 인정되기 위한 요건

국세기본법 제18조 제3항에 규정된 비과세관행이 성립하려면, 상당한 기간에 걸쳐 과세를 하지 아니한 객관적 사실이 존재할 뿐만 아니라, 과세관청 자신이 그 사항에 관하여 과세할 수 있음을 알면서도 어떤 특별한 사정 때문에 과세하지 않는다는 의사가 있어야 하며, 위와 같은 공적 견해나 의사는 명시적 또는 묵시적으로 표시되어야 하지만 묵시적 표시가 있다고 하기 위하여는 단순한 과세누락과는 달리 과세관청이 상당기간의 불과세 상태에 대하여 과세하지 않겠다는 의사표시를 한 것으로 볼 수 있는 사정이 있어야 한다(대법원 2003. 9. 5. 2001두7855).

종교회관 건립을 이용목적으로 하는 토지거래계약의 허가는 공적인 견해표명에 해당한다.

토지거래계약의 허가과정에서 그 이용목적이 토지형질변경을 거쳐 건축물을 건축하는 것인 경우 그러한 이용목적이 관계 법령상 허용되는 것인지를 개별적·구체적으로 검토하여 그것이 가능할 경우에만 거래계약허가를 하여 주도록 하는 것이 당시 피고 시청의 실무처리 관행이거나 내부업무처리지침이어서 그에 따라 이루어진 것으로 볼 여지가 더 많고, 나아가 위 토지거래허가신청 과정에서 그 허가담당공무원으로부터 이용목적대로 토지를 이용하겠다는 각서까지 제출할 것을 요구받아 이를 제출한 원고로서는 피고측의 위와 같은 견해표명에 대하여 보다 고도의 신뢰를 갖게 되었다고 할 것이다(대법원 1997. 9. 12. 96누18380).

▎**공적인 견해표명에 해당한다고 본 사례**▎

폐기물처리업에 대한 관할 관청의 적정통보

폐기물처리업에 대하여 사전에 관할 관청으로부터 적정통보를 받고 막대한 비용을 들여 허가요건을 갖춘 다음 허가신청을 하였음에도 다수 청소업자의 난립으로 안정적이고 효율적인 청소업무의 수행에 지장이 있다는 이유로 한 불허가처분이 신뢰보호의 원칙 및 비례의 원칙에 반하는 것으로서 재량권을 남용한 위법한 처분이다(대법원 1998. 5. 8. 98두4061).

과세관청이 아닌 보건사회부장관의 비과세 표명도 신뢰보호의 대상이 된다.

보건사회부장관이 "의료취약지 병원설립운영자 신청공고"를 하면서 국세 및 지방세를 비과세하겠다고 발표하였고, 그 후 내무부장관이나 시·도지사가 도 또는 시·군에 대하여 지방세 감면조례제정을 지시하여 그 조례에 대한 승인의 의사를 미리 표명하였다면, 보건사회부장관에 의하여 이루어진 위 비과세의 견해표명은 당해 과세관청의 그것과 마찬가지로 볼 여지가 충분하다고 할 것이고, 또한 납세자로서는 위와 같은 정부의 일정한 절차를 거친 공고에 대하여서는 보다 고도의 신뢰를 갖는 것이 일반적이라고 판단한 사례(대법원 1996. 1. 23. 95누13746)

대통령의 담화와 국방부장관이 피해신고 공고

대통령이 담화를 발표하고 이에 따라 국방부장관이 삼청교육 관련 피해자들에게 그 피해를 보상하겠다고 공고하고 피해신고까지 받은 것은, 대통령이 정부의 수반인 지위에서 피해자들인 국민에 대하여 향후 입법조치 등을 통하여 그 피해를 보상해 주겠다고 구체적 사안에 관하여 종국적으로 약속한 것으로서, 거기에 채무의 승인이나 시효이익의 포기와 같은 사법상의 효과는 없더라도, 그 상대방은 약속이 이행될 것에 대한 강한 신뢰를 가지게 되고, 이러한 신뢰는 단순한 사실상의 기대를 넘어 법적으로 보호받아야 할 이익이라고 보아야 하므로, 국가로서는 정당한 이유 없이 이 신뢰를 깨뜨려서는 아니 되는바, 국가가 그 약속을 어기고 후속조치를 취하지 아니함으로써 위 담화 및 피해신고 공고에 따라 피해신고를 마친 피해자의 신뢰를 깨뜨린 경우, 그 신뢰의 상실에 따르는 손해를 배상할 의무가 있고, 이러한 손해에는 정신적 손해도 포함된다(대법원 2001. 7. 10. 98다38364).

수출확대라는 공익상 필요에서 4년 동안 그 면허세를 부과하지 않았다면 신뢰보호의 대상이 된다.

국세기본법 제18조 제2항의 규정은 납세자의 권리보호와 과세관청에 대한 납세자의 신뢰보호에 그 목적이 있는 것이므로 이 사건 보세운송면허세의 부과근거이던 지방세법시행령이 1973. 10. 1. 제정되어 1977. 9. 20.에 폐지될 때까지 4년 동안 그 면허세를 부과할 수 있는 점을 알면서도 피고가 수출확대라는 공익상 필요에서 한 건도 이를 부과한 일이 없었다면 그로써 비과세의 관행이 이루어졌다고 보아도 무방하다(대법원 1980. 6. 10. 80누6 전원합의체).

▎**공적인 견해표명에 해당하지 않는다고 본 사례**▎

단순한 과세 누락이나 과세관청의 일반론적인 견해표명은 공적인 견해표명을 한 것이라고 할 수 없다.

비과세관행이 성립하려면 상당한 기간에 걸쳐 과세를 하지 아니한 객관적 사실이 존재할 뿐만 아니라 과세관청 자신이 그 사항에 관하여 과세할 수 있음을 알면서도 어떤 특별한 사정 때문에 과세하지 않는다는 의사가 있어야 하며 위와 같은 공적 견해나 의사는 명시적 또는 묵시적으로 표시되어야 하지만, 묵시적 표시가 있다고 하기 위하여는 단순한 과세 누락과는 달리 과세관청이 상당기간 불과세 상태에 대하여 과세하지 않겠다는 의사표시를 한 것으로 볼 수 있는 사정이 있어야 하고, 이 경우 특히 과세관청의 의사표시가 일반론적인 견해표명에 불과한 경우에는 위 원칙의 적용을 부정하여야 한다(대법원 2001. 4. 24. 2000두5203).

행정계획의 발표는 공적인 견해표명을 한 것이라고 할 수 없다.

당초 정구장 시설을 설치한다는 도시계획결정을 하였다가 정구장 대신 청소년 수련시설을 설치한다는 도시계획 변경결정 및 지적승인을 한 경우, 당초의 도시계획결정만으로는 도시계획사업의 시행자 지정을 받게 된다는 공적인 견해를 표명하였다고 할 수 없다는 이유로 그 후의 도시계획 변경결정 및 지적승인이 도시계획사업의 시행자로 지정받을 것을 예상하고 정구장 설계 비용 등을 지출한 자의 신뢰이익을 침해한 것으로 볼 수 없다(대법원 2000. 11. 10. 2000두727).

면세사업자등록증의 교부는 공적인 견해표명을 한 것이라고 할 수 없다.

부가가치세법상의 사업자등록은 과세관청으로 하여금 부가가치세의 납세의무자를 파악하고 그 과세자료를 확보케 하려는 데 입법 취지가 있는 것으로서, 이는 단순한 사업사실의 신고로서 사업자가 소관 세무서장에게 소정의 사업자등록신청서를 제출함으로써 성립되는 것이고, 사업자등록증의 교부는 이와 같은 등록사실을 증명하는 증서의 교부행위에 불과한 것으로 과세관청이 납세의무자에게 면세사업자등록증을 교부하고 수년간 면세사업자로서 한 부가가치세 예정신고 및 확정신고를 받은 행위만으로는 과세관청이 납세의무자에게 그가 영위하는 사업에 관하여 부가가치세를 과세하지 아니함을 시사하는 언동이나 공적인 견해를 표명한 것이라 할 수 없다(대법원 2002. 9. 4. 2001두9370).

헌법재판소의 위헌결정은 공적인 견해표명이라 할 수 없다.

헌법재판소의 위헌결정은 행정청이 개인에 대하여 신뢰의 대상이 되는 공적인 견해를 표명한 것이라고 할 수 없으므로 그 결정에 관련한 개인의 행위에 대하여는 신뢰보호의 원칙이 적용되지 아니한다(대법원 2003. 6. 27. 2002두6965).

담당이 아닌 민원 공무원의 단순 상담은 공적인 견해표명이라 할 수 없다.

병무청 담당부서의 담당공무원에게 공적 견해의 표명을 구하는 정식의 서면질의 등을 하지 아니한 채 총무과 민원팀장에 불과한 공무원이 민원봉사차원에서 상담에 응하여 안내한 것을 신뢰한 경우, 신뢰보호원칙이 적용되지 아니한다(대법원 2003. 12. 26. 2003두1875).

폐기물처리업 사업계획에 대한 적정통보는 국토이용계획변경신청을 승인하여 주겠다는 취지의 공적인 견해표명을 한 것으로 볼 수 없다.

폐기물관리법령에 의한 폐기물처리업 사업계획에 대한 적정통보와 국토이용관리법령에 의한 국토이용계획변경은 각기 그 제도적 취지와 결정단계에서 고려해야 할 사항들이 다르다는 이유로, 폐기물처리업 사업계획에 대하여 적정통보를 한 것만으로 그 사업부지 토지에 대한 국토이용계획변경신청을 승인하여 주겠다는 취지의 공적인 견해표명을 한 것으로 볼 수 없다(대법원 2005. 4. 28. 2004두8828).

민원예비심사 단계에서 한 개발이익환수에 대한 답변은 공적인 견해표명을 한 것으로 볼 수 없다.

개발이익환수에 관한 법률에 정한 개발사업을 시행하기 전에, 행정청이 토지 지상에 예식장 등을 건축하는 것이 관계 법령상 가능한지 여부를 질의하는 민원예비심사에 대하여 관련부서 의견으로 개발이익환수에 관한 법률에 '저촉사항 없음'이라고 기재하였다고 하더라도, 이후의 개발부담금부과처분에 관하여 신뢰보호의 원칙을 적용하기 위한 요건인 개인에 대하여 신뢰의 대상이 되는 공적인 견해표명을 한 것이라고는 보기 어렵다(대법원 2006. 6. 9. 2004두46).

(2) 보호가치 있는 사인의 신뢰

행정기관의 공적인 견해표명을 사실상 신뢰하여야 하고, 그 신뢰가 보호받을 가치가 있어야 한다.

> **판례**
>
> **처분의 하자가 당사자의 사실은폐나 기타 사위의 방법에 의한 신청행위에 기인한 것이라면 보호가치 있는 신뢰가 아니다.**
>
> 행정처분에 하자가 있음을 이유로 처분청이 이를 취소하는 경우에도 그 처분이 국민에게 권리나 이익을 부여하는 수익적 처분인 때에는 그 처분을 취소하여야 할 공익상의 필요와 그 취소로 인하여 당사자가 입게 될 불이익을 비교교량한 후 공익상의 필요가 당사자가 입을 불이익을 정당화할 만큼 강한 경우에 한하여 취소할 수 있는 것이지만, 그 처분의 하자가 당사자의 사실은폐나 기타 사위의 방법에 의한 신청행위에 기인한 것이라면 당사자는 그 처분에 의한 이익이 위법하게 취득되었음을 알아 그 취소가능성도 예상하고 있었다고 할 것이므로, 그 자신이 위 처분에 관한 신뢰이익을 원용할 수 없음은 물론 행정청이 이를 고려하지 아니하였다고 하여도 재량권의 남용이 되지 아니한다(대법원 1996. 10. 25. 95누14190).
>
> **귀책사유의 유무는 상대방과 그로부터 신청행위를 위임받은 수임인 등 관계자 모두를 기준으로 판단하여야 한다.**
>
> 귀책사유라 함은 행정청의 견해표명의 하자가 상대방 등 관계자의 사실은폐나 기타 사위의 방법에 의한 신청행위 등 부정행위에 기인한 것이거나 그러한 부정행위가 없다고 하더라도 하자가 있음을 알았거나 중대한 과실로 알지 못한 경우 등을 의미한다고 해석함이 상당하고, 귀책사유의 유무는 상대방과 그로부터 신청행위를 위임받은 수임인 등 관계자 모두를 기준으로 판단하여야 한다(대법원 2002. 11. 8. 2001두1512).

(3) 신뢰에 기초한 상대방의 조치

신뢰보호는 행정기관의 공적인 견해표명을 신뢰하여 그 상대방이 일정한 조치를 한 경우에만 인정된다.

(4) 인과관계

행정기관의 공적인 견해표명과 상대방의 행위 사이에는 인과관계가 존재하여야 한다.

(5) 공적인 견해표명에 위반한 행정작용

> **판례**
>
> **국가가 과거사정리법의 적용 대상인 피해자의 진실규명신청을 받은 경우 피해자 등에 대하여 소멸시효의 완성을 주장하는 것은 신의성실원칙에 반한다(권리남용에 해당).**
>
> 국가(피고)가 과거사정리법의 적용 대상인 피해자의 진실규명신청을 받아 피고 산하 정리위원회에서 희생자로 확인 또는 추정하는 진실규명결정을 하였다면, 그 결정에 기초하여 피해자나 그 유족이 상당한 기간 내에 권리를 행사할 경우에, 피고가 적어도 소멸시효의 완성을 들어 권리소멸을 주장하지 아니할 것이라는 데 대한 신뢰를 가질 만한 특별한 사정이 있다고 봄이 타당하고, 그럼에도 불구하고 피고가 피해자 등에 대하여 소멸시효의 완성을 주장하는 것은 신의성실 원칙에 반하는 권리남용에 해당하여 허용될 수 없다(대법원 2014. 5. 29. 2013다217467·217474).

(6) 공익 또는 제3자의 이익을 현저히 해하지 않아야 한다.

3) 실권 또는 실효의 법리

판례

실권 또는 실효의 법리의 의미

실권 또는 실효의 법리는 법의 일반원리인 신의성실의 원칙에 바탕을 둔 파생원칙인 것이므로 공법관계 가운데 관리관계는 물론이고 권력관계에도 적용되어야 함을 배제할 수는 없다 하겠으나 그것은 본래 권리 행사의 기회가 있음에도 불구하고 권리자가 장기간에 걸쳐 그의 권리를 행사하지 아니하였기 때문에 의무 자인 상대방은 이미 그의 권리를 행사하지 아니할 것으로 믿을 만한 정당한 사유가 있게 되거나 행사하지 아니할 것으로 추인케 할 경우에 새삼스럽게 그 권리를 행사하는 것이 신의성실의 원칙에 반하는 결과가 될 때 그 권리행사를 허용하지 않는 것을 의미한다(대법원 1988. 4. 27. 87누915).

택시운전사가 운전면허정지기간 중 운전행위를 하다가 적발되어 행정청으로부터 아무런 행정조치가 없다가 3년여가 지난 후에 이를 이유로 행정제재를 운전면허취소로 한 경우

택시운전사가 1983. 4. 5 운전면허정지기간중의 운전행위를 하다가 적발되어 형사처벌을 받았으나 행정청 으로부터 아무런 행정조치가 없어 안심하고 계속 운업무에 종사하고 있던중 행정청이 위 위반행위가 있 은 이후에 장기간에 걸쳐 아무런 행정조치를 취하지 않은 채 방치하고 있다가 3년여가 지난 1986. 7. 7.에 와서 이를 이유로 행정제재를 하면서 가장 무거운 운전면허를 취소하는 행정처분을 하였다면 이는 행정청 이 그간 별다른 행정조치가 없을 것이라고 믿은 신뢰의 이익과 그 법적안정성을 빼앗는 것이 되어 매우 가혹할 뿐만 아니라 비록 그 위반행위가 운전면허취소사유에 해당한다 할지라도 그와 같은 공익상의 목적 만으로는 위 운전사가 입게 될 불이익에 견줄바 못된다 할 것이다(대법원 1987. 9. 8. 87누373).

자동차운수사업법 소정의 "중대한 교통사고"를 이유로 사고로부터 1년 10개월 후 사고택시에 대하여 한 운송사업면허의 취소는 재량권 일탈이 아니다.

교통사고가 일어난 지 1년 10개월이 지난 뒤 그 교통사고를 일으킨 택시에 대하여 운송사업면허를 취소하 였더라도 처분관할관청이 위반행위를 적발한 날로부터 10일 이내에 처분을 하여야 한다는 교통부령인 자 동차운수사업법제31조등의규정에의한사업면허의취소등의처분에관한규칙 제4조 제2항 본문을 강행규정으 로 볼 수 없을 뿐만 아니라 택시운송사업자로서는 자동차운수사업법의 내용을 잘 알고 있어 교통사고를 낸 택시에 대하여 운송사업면허가 취소될 가능성을 예상할 수도 있었을 터이니, 자신이 별다른 행정조치가 없을 것으로 믿고 있었다 하여 바로 신뢰의 이익을 주장할 수는 없으므로 그 교통사고가 자동차운수사업법 제31조 제1항 제5호 소정의 "중대한 교통사고로 인하여 많은 사상자를 발생하게 한 때"에 해당한다면 그 운송사업면허의 취소가 행정에 대한 국민의 신뢰를 저버리고 국민의 법생활의 안정을 해치는 것이어서 재 량권의 범위를 일탈한 것이라고 보기는 어렵다(대법원 1989. 6. 27. 88누6283).

4) 신뢰보호의 한계

(1) 신뢰보호와 법률적합성의 충돌

법률적합성과 신뢰보호는 동등한 가치를 가지는 법치주의의 구성요소이므로 개별적·구체적인 경우에 있어 적법상태의 실현이라는 공익과 행정작용의 존속에 대한 신뢰의 보호라는 사익을 비교·형량하여 결정하여야 한다.

(2) 사정변경의 원칙

> **판례**
>
> **법령에 대한 신뢰도 보호되어야 한다.**
>
> 한약사 국가시험의 응시자격에 관하여 개정 전의 약사법 시행령 제3조의2에서 '필수 한약관련 과목과 학점을 이수하고 대학을 졸업한 자'로 규정하고 있던 것을 '한약학과를 졸업한 자'로 응시자격을 변경하면서, 그 개정 이전에 이미 한약자원학과에 입학하여 대학에 재학 중인 자에게도 개정 시행령이 적용되게 한 개정 시행령 부칙은 헌법상 신뢰보호의 원칙과 평등의 원칙에 위배되어 허용될 수 없다(대법원 2007. 10. 29. 2005두4649 전원합의체).
>
> **신뢰형성의 기초가 된 사실관계가 사후에 변경되었다면 신뢰보호의 원칙을 주장할 수 없다.**
>
> 행정청이 상대방에게 장차 어떤 처분을 하겠다고 확약 또는 공적인 의사표명을 하였다고 하더라도, 그 자체에서 상대방으로 하여금 언제까지 처분의 발령을 신청을 하도록 유효기간을 두었는데도 그 기간 내에 상대방의 신청이 없었다거나 확약 또는 공적인 의사표명이 있은 후에 사실적·법률적 상태가 변경되었다면, 그와 같은 확약 또는 공적인 의사표명은 행정청의 별다른 의사표시를 기다리지 않고 실효된다(대법원 1996. 8. 20. 95누10877).
>
> **단순히 착오로 처분을 반복한 경우에는 신뢰보호원칙이 적용되지 않는다.**
>
> 특정 사항에 관하여 신뢰보호원칙상 행정청이 그와 배치되는 조치를 할 수 없다고 할 수 있을 정도의 행정관행이 성립되었다고 하려면 상당한 기간에 걸쳐 그 사항에 관하여 동일한 처분을 하였다는 객관적 사실이 존재할 뿐만 아니라, 행정청이 그 사항에 관하여 다른 내용의 처분을 할 수 있음을 알면서도 어떤 특별한 사정 때문에 그러한 처분을 하지 않는다는 의사가 있고 이와 같은 의사가 명시적 또는 묵시적으로 표시되어야 한다. 단순히 착오로 어떠한 처분을 계속한 경우는 이에 해당되지 않고, 따라서 처분청이 추후 오류를 발견하여 합리적인 방법으로 변경하는 것은 신뢰보호원칙에 위배되지 않는다(대법원 2020. 7. 23. 2020두33824).

5) 위반의 효과

신뢰보호원칙은 헌법적 효력을 가지는 원칙이기 때문에 이를 위반하면 위헌·위법에 해당한다.

5. 성실의무 및 권한남용금지의 원칙(신의성실의 원칙)

> **행정기본법 제11조【성실의무 및 권한남용금지의 원칙】** ① 행정청은 법령등에 따른 의무를 성실히 수행하여야 한다.
> ② 행정청은 행정권한을 남용하거나 그 권한의 범위를 넘어서는 아니 된다.

판례

근로복지공단의 요양불승인처분으로 사실상의 장애사유가 있었다면 근로복지공단의 소멸시효 항변은 신의성실의 원칙에 반하여 허용될 수 없다.

근로복지공단의 요양불승인처분의 적법 여부는 사실상 근로자의 휴업급여청구권 발생의 전제가 된다고 볼 수 있는 점 등에 비추어, 근로자가 요양불승인에 대한 취소소송의 판결확정시까지 근로복지공단에 휴업급여를 청구하지 않았던 것은 이를 행사할 수 없는 사실상의 장애사유가 있었기 때문이라고 보아야 하므로, 근로복지공단의 소멸시효 항변은 신의성실의 원칙에 반하여 허용될 수 없다(대법원 2008. 9. 18. 2007두2173 전원합의체).

정년을 1년 3개월 앞두고 호적상 출생연월일을 정정한 후 그 출생연월일을 기준으로 정년의 연장을 요구하는 것은 신의성실의 원칙에 반하지 않는다.

지방공무원 임용신청 당시 잘못 기재된 호적상 출생연월일을 생년월일로 기재하고, 이에 근거한 공무원인사기록카드의 생년월일 기재에 대하여 처음 임용된 때부터 약 36년 동안 전혀 이의를 제기하지 않다가, 정년을 1년 3개월 앞두고 호적상 출생연월일을 정정한 후 그 출생연월일을 기준으로 정년의 연장을 요구하는 것이 신의성실의 원칙에 반하지 않는다(대법원 2009. 3. 26. 2008두21300).

6. 부당결부금지의 원칙

> **행정기본법 제13조【부당결부금지의 원칙】** 행정청은 행정작용을 할 때 상대방에게 해당 행정작용과 실질적인 관련이 없는 의무를 부과해서는 아니 된다.

판례

주택사업과는 아무런 관련이 없는 토지를 기부채납하도록 하는 부관을 주택사업계획승인에 붙인 경우, 그 부관은 부당결부금지의 원칙에 위반되어 위법하다.

지방자치단체장이 사업자에게 주택사업계획승인을 하면서 그 주택사업과는 아무런 관련이 없는 토지를 기부채납하도록 하는 부관을 주택사업계획승인에 붙인 경우, 그 부관은 부당결부금지의 원칙에 위반되어 위법하지만, 지방자치단체장이 승인한 사업자의 주택사업계획은 상당히 큰 규모의 사업임에 반하여, 사업자가 기부채납한 토지 가액은 그 100분의 1 상당의 금액에 불과한 데다가, 사업자가 그동안 그 부관에 대하여 아무런 이의를 제기하지 아니하다가 지방자치단체장이 업무착오로 기부채납한 토지에 대하여 보상협조요청서를 보내자 그때서야 비로소 부관의 하자를 들고 나온 사정에 비추어 볼 때 부관의 하자가 중대하고 명백하여 당연무효라고는 볼 수 없다고 한 사례(대법원 1997. 3. 11. 96다49650)

주택건설사업에 대한 사업계획승인시 '인근주민의 기존 통행로 폐쇄에 따른 대체 통행로 설치 후 그 부지 일부 기부채납'을 조건으로 붙인 것은 위법한 부관에 해당하지 않는다.

사업주체(지역주택조합)에게 주택건설촉진법 제33조에 의한 주택건설사업계획의 승인처분을 함에 있어 그 주택단지의 진입도로 부지의 소유권을 확보하여 진입도로 등 간선시설을 설치하고 그 부지 소유권 등을 기부채납하며 그 주택건설사업 시행에 따라 폐쇄되는 인근 주민들의 기존 통행로를 대체하는 통행로를 설치하고 그 부지 일부를 기부채납하도록 조건을 붙인 경우, 주택건설촉진법과 같은법시행령 및 주택건설기준등에관한규정 등 관련 법령의 관계 규정에 의하면 그와 같은 조건을 붙였다 하여도 다른 특별한 사정이 없는 한 필요한 범위를 넘어 과중한 부담을 지우는 것으로서 형평의 원칙 등에 위배되는 위법한 부관이라 할 수 없다(대법원 1997. 3. 14. 96누16698).

복수의 운전면허 전부 취소

[1] 운전면허를 받은 사람이 음주운전을 한 경우에 운전면허의 취소 여부는 행정청의 재량행위이나, 음주운전으로 인한 교통사고의 증가와 그 결과의 참혹성 등에 비추어 보면 음주운전으로 인한 교통사고를 방지할 공익상의 필요는 더욱 중시되어야 하고, 운전면허의 취소에서는 일반의 수익적 행정행위의 취소와는 달리 취소로 인하여 입게 될 당사자의 불이익보다는 이를 방지하여야 하는 일반예방적 측면이 더욱 강조되어야 한다.

[2] 갑이 혈중알코올농도 0.140%의 주취상태로 배기량 125cc 이륜자동차를 운전하였다는 이유로 관할 지방경찰청장이 갑의 자동차운전면허[제1종 대형, 제1종 보통, 제1종 특수(대형견인·구난), 제2종 소형]를 취소하는 처분을 한 사안에서, 갑에 대하여 제1종 대형, 제1종 보통, 제1종 특수(대형견인·구난) 운전면허를 취소하지 않는다면, 갑이 각 운전면허로 배기량 125cc 이하 이륜자동차를 계속 운전할 수 있어 실질적으로는 아무런 불이익을 받지 않게 되는 점, 갑의 혈중알코올농도는 0.140%로서 도로교통법령에서 정하고 있는 운전면허 취소처분 기준인 0.100%를 훨씬 초과하고 있고 갑에 대하여 특별히 감경해야 할 만한 사정을 찾아볼 수 없는 점, 갑이 음주상태에서 운전을 하지 않으면 안 되는 부득이한 사정이 있었다고 보이지 않는 점, 처분에 의하여 달성하려는 행정목적 등에 비추어 볼 때, 처분이 사회통념상 현저하게 타당성을 잃어 재량권을 남용하거나 한계를 일탈한 것이라고 단정하기에 충분하지 않음에도, 이와 달리 위 처분 중 제1종 대형, 제1종 보통, 제1종 특수(대형견인·구난) 운전면허를 취소한 부분에 재량권을 일탈·남용한 위법이 있다고 본 원심판단에 재량권 일탈·남용에 관한 법리 등을 오해한 위법이 있다(대법원 2018. 2. 28. 2017두67476).

복수의 운전면허 중 일부 취소

1. 한 사람이 여러 종류의 자동차운전면허를 취득하는 경우뿐 아니라 이를 취소 또는 정지함에 있어서도 서로 별개의 것으로 취급하는 것이 원칙이라 할 것이고 그 취소나 정지의 사유가 특정의 면허에 관한 것이 아니고 다른 면허와 공통된 것이거나 운전면허를 받은 사람에 관한 경우에는 여러 운전면허 전부를 취소 또는 정지할 수도 있다고 보는 것이 상당할 것이지만, 이륜자동차로서 제2종 소형면허를 가진 사람만이 운전할 수 있는 오토바이는 제1종 대형면허나 보통면허를 가지고서도 이를 운전할 수 없는 것이어서 이와 같은 이륜자동차의 운전은 제1종 대형면허나 보통면허와는 아무런 관련이 없는 것이므로 이륜자동차를 음주운전한 사유만 가지고서는 제1종 대형면허나 보통면허의 취소나 정지를 할 수 없다(대법원 1992. 9. 22. 91누8289).

2. 제1종 보통, 대형 및 특수 면허를 가지고 있는 자가 레이카크레인을 음주운전한 행위는 제1종 특수면허의 취소사유에 해당될 뿐 제1종 보통 및 대형 면허의 취소사유는 아니다(대법원 1995. 11. 16. 95누8850 전원합의체).

확인학습

1 행정법의 일반원칙 위반 시 위법은 아니며 부당에 그친다. ☒

해설 행정법의 일반원칙은 다른 법원과의 관계에서 보충적 역할에 그치지 않으며 헌법적 효력을 갖기도 한다. 따라서 행정법의 일반원칙 위반 시 위법이며 동시에 위헌에 해당한다.

2 행정법의 일반원칙은 명문 규정이 있는 경우에 인정된다. ☒

해설 자기구속의 원칙은 명문 규정이 없다.

3 행정규제기본법과 행정절차법은 각각 규제의 원칙과 행정지도의 원칙으로 비례원칙을 정하고 있다. ⭕

4 비례의 원칙은 침익적 행정행위에 한하여 적용되고 수익적 행정행위에는 적용되지 않는다. ☒

해설 수익적 행정행위에도 적용된다.

5 위법한 행정처분에 대하여는 평등원칙(자기구속의 원칙)을 적용하지 않는다. ⭕

6 위법한 선행조치에 대하여는 신뢰보호원칙을 적용하지 않는다. ☒

해설 단, 무효는 적용하지 않는다.

7 평등원칙(자기구속의 원칙)은 재량준칙을 법규로 전환시킨다. ⭕

해설 행정규칙이 법령의 규정에 의하여 행정관청에 법령의 구체적 내용을 보충할 권한을 부여한 경우, 또는 재량권 행사의 준칙인 규칙이 그 정한 바에 따라 되풀이 시행되어 행정관행이 이룩되게 되면, 평등의 원칙이나 신뢰보호의 원칙에 따라 행정기관은 그 상대방에 대한 관계에서 그 규칙에 따라야 할 자기구속을 당하게 되고, 그러한 경우에는 대외적인 구속력을 가지게 된다 할 것이다(헌재 1990. 9. 3. 90헌마13).

8 신뢰보호원칙은 행정청의 적법한 선행조치, 보호가치가 있는 사인의 신뢰, 신뢰에 기한 사인의 처리, 인과관계, 선행행위에 반하는 후행처분을 요건으로 한다. ☒

해설 위법한 선행조치도 가능하다(무효인 선행조치는 불가).

9 신뢰보호의 원칙과 법률적합성의 원칙이 충돌하는 경우 법률적합성의 원칙이 우위에 있다. ☒

해설 신뢰보호의 원칙과 법률적합성의 원칙을 비교·형량하여야 한다.

10 행정조직상 권한을 가진 처분청 자신의 공적 견해가 아니라 보조기관에 불과한 담당 공무원의 공적 견해표명이라도 보호의 대상이 될 수 있다. ⭕

해설 행정기관의 선행조치가 있었는지의 여부는 행정조직법상의 형식적인 권한분쟁에 구애될 것은 아니고 실질에 의하여 판단하여야 한다.

11 추상적 질의에 대한 일반적 견해표명은 공적 견해의 표명이 아니다. ⭕

12 법령에 따른 개인의 행위가 국가에 의하여 일정한 방향으로 유인된 경우에 특별히 보호가치가 있는 신뢰이익이 인정될 수 있다. ⭕

13 과세관청이 납세의무자에게 부가가치세 면세사업자용 사업자등록증을 교부하거나 고유번호를 부여하였다고 하더라도 그가 영위하는 사업에 관하여 부가가치세를 과세하지 않겠다는 언동이나 공적 견해를 표명한 것으로 볼 수 없다. ⭕

14 청원경찰의 인원감축을 위한 면직처분대상자를 선정함에 있어서 학력수준에 따라 감원비율을 달리 정한 것은 평등원칙을 위반한 것으로 무효이다. ☒

> 해설 취소사유에 해당한다.

15 신뢰형성의 기초가 된 사실관계가 사후에 변경되었다면 신뢰보호의 원칙을 주장할 수 없다. ◎

16 행정절차법은 국세기본법과는 달리 행정청에 대해서만 신의성실의 원칙을 규정하고 있다. ◎

> 해설 행정절차법 제4조(신의성실 및 신뢰보호) ① 행정청은 직무를 수행할 때 신의에 따라 성실하여야 한다. 국세기본법 제15조(신의·성실) 납세자가 그 의무를 이행할 때에는 신의에 따라 성실하게 하여야 한다. 세무공무원이 직무를 수행할 때에도 또한 같다.

17 공적 견해표명은 특정 개인에 대한 행정작용으로 한정하며, 법률에 대한 신뢰는 그 대상이 아니다. ☒

> 해설 공적인 견해표명으로는 법령·행정규칙·행정처분·확약·행정지도(사실행위) 등 일체의 조치가 포함되며, 명시적·적극적 언동에 국한하지 않고 묵시적·소극적 언동을 포함한다.

18 신뢰보호원칙을 적용하기 위해서는 귀책사유가 없어야 한다. 이때 귀책사유의 유무는 그 상대방을 기준으로 판단한다. ☒

> 해설 귀책사유의 유무는 상대방과 그로부터 신청행위를 위임받은 수임인 등 관계자 모두를 기준으로 판단하여야 한다.

Chapter 06 행정법의 효력

1. 시간적 효력

1) 효력발생시기

⑴ 법령(법률·대통령령·총리령·부령·조례·규칙)의 효력발생

> **법령 등 공포에 관한 법률**
>
> **제13조【시행일】** 대통령령, 총리령 및 부령은 특별한 규정이 없으면 공포한 날부터 20일이 경과함으로써 효력을 발생한다.
>
> **제13조의2【법령의 시행유예기간】** 국민의 권리 제한 또는 의무 부과와 직접 관련되는 법률, 대통령령, 총리령 및 부령은 긴급히 시행하여야 할 특별한 사유가 있는 경우를 제외하고는 공포일부터 적어도 30일이 경과한 날부터 시행되도록 하여야 한다.

⑵ 공포한 날의 의미

법령 등의 공포일은 법령 등을 게재한 관보 또는 신문을 발행한 날을 말한다.

⑶ 절차

① 일반적인 공포는 관보에 게재해야 한다.

② 국회의장이 법률을 공포하고자 할 때에는 서울특별시에서 발행되는 일간신문 2개 이상에 게재해야 한다.

③ 조례와 규칙 등 자치법규의 공포는 해당 지방자치단체의 공보에 게재하는 방법으로 한다. 다만 지방의회의장이 공표하는 경우에는 공보 또는 일간신문에 게재하거나 게시판에 게시한다.

2) 소급입법금지의 원칙

> **행정기본법 제14조【법 적용의 기준】** ① 새로운 법령등은 법령등에 특별한 규정이 있는 경우를 제외하고는 그 법령등의 효력 발생 전에 완성되거나 종결된 사실관계 또는 법률관계에 대해서는 적용되지 아니한다.
>
> ② 당사자의 신청에 따른 처분은 법령등에 특별한 규정이 있거나 처분 당시의 법령등을 적용하기 곤란한 특별한 사정이 있는 경우를 제외하고는 처분 당시의 법령등에 따른다.

③ 법령등을 위반한 행위의 성립과 이에 대한 제재처분은 법령등에 특별한 규정이 있는 경우를 제외하고는 법령등을 위반한 행위 당시의 법령등에 따른다. 다만, 법령등을 위반한 행위 후 법령등의 변경에 의하여 그 행위가 법령등을 위반한 행위에 해당하지 아니하거나 제재처분 기준이 가벼워진 경우로서 해당 법령등에 특별한 규정이 없는 경우에는 변경된 법령등을 적용한다.

(1) 소급입법의 종류와 개념

소급입법에는 진정소급입법과 부진정소급입법이 있다.

진정소급입법은 현재를 기준으로 이미 종료된 과거의 사항을 규율대상으로 하는 입법형식을 말하며, 부진정소급입법은 과거에 시작하였으나 아직 완성되지 않고 현재에도 진행 중인 사실 또는 법률관계를 규율대상으로 하는 입법형식을 말한다.

(2) 진정소급입법

진정소급입법은 원칙적으로 허용되지 않는다.

다만, 진정소급입법이라 하더라도 이를 허용할 공익적 필요성이 있는 경우에는 예외적으로 허용될 수 있다. 헌법재판소도 '진정소급입법이 허용되는 예외적인 경우로서 ① 일반적으로 국민이 소급입법을 예상할 수 있었거나, ② 법적 상태가 불확실하고 혼란스러워 보호할 만한 신뢰이익이 적은 경우와, ③ 소급입법에 의한 당사자의 손실이 없거나 아주 경미한 경우, 그리고 ④ 신뢰보호의 요청에 우선하는 심히 중대한 공익상의 사유가 소급입법을 정당화하는 경우 등이 있다'고 판시하였다.

> **판례**
>
> **진정소급입법이 허용되는 경우**
>
> 친일재산은 취득·증여 등 원인행위 시에 국가의 소유로 한다고 규정하고 있는 '친일반민족행위자 재산의 국가귀속에 관한 특별법' 제3조 제1항 본문은 진정소급입법에 해당하지만, 진정소급입법이라 하더라도 예외적으로 국민이 소급입법을 예상할 수 있었거나 신뢰보호 요청에 우선하는 심히 중대한 공익상 사유가 소급입법을 정당화하는 경우 등에는 허용될 수 있는데, 친일재산의 소급적 박탈은 일반적으로 소급입법을 예상할 수 있었던 예외적인 사안이고, 진정소급입법을 통해 침해되는 법적 신뢰는 심각하다고 볼 수 없는데 반해 이를 통해 달성되는 공익적 중대성은 압도적이라고 할 수 있으므로 진정소급입법이 허용되는 경우에 해당하고, 따라서 위 귀속조항이 진정소급입법이라는 이유만으로 헌법 제13조 제2항에 위배된다고 할 수 없다(대법원 2011. 5. 13. 2009다26831·26848·26855·26862).

(3) 부진정소급입법

현재 진행 중인 법률관계를 사회의 변동에 따라 변경하는 것은 당연한 것이므로 부진정소급입법은 원칙적으로 허용된다.

다만, 개정 전 법령의 존속에 대한 국민의 신뢰가 개정 법령의 적용에 관한 공익상의 요구보다 더 보호가치가 있다고 인정되는 경우에 그러한 국민의 신뢰를 보호하기 위하여 적용이 제한될 수 있다.

판례

이미 연금사유가 발생한 후에 개정 공무원연금법을 적용하여 장래 이행기가 도래하는 퇴직연금수급권의 내용만을 변경하는 퇴직연금제한 처분은 허용된다.

공무원연금법(이하 '신법'이라 한다) 시행 직후 퇴직연금 급여제한처분을 하였고, 위 처분은 퇴직연금수급권의 기초가 되는 급여의 사유가 이미 발생한 후에 그 퇴직연금수급권을 대상으로 하지만, 이미 발생하여 이행기에 도달한 퇴직연금수급권의 내용을 변경함이 없이 장래 이행기가 도래하는 퇴직연금수급권의 내용만을 변경하는 것에 불과하여, 이미 완성 또는 종료된 과거 사실 또는 법률관계에 새로운 법률을 소급적으로 적용하여 과거를 법적으로 새로이 평가하는 것이 아니므로 소급입법에 의한 재산권 침해가 될 수 없다(대법원 2014. 4. 24. 2013두26552).

성적불량을 이유로 한 학생징계처분에 있어서 수강신청 이후 징계요건을 완화한 개정학칙을 소급적용할 수 있다.

소급효는 이미 과거에 완성된 사실관계를 규율의 대상으로 하는 이른바 진정소급효와 과거에 시작하였으나 아직 완성되지 아니하고 진행과정에 있는 사실관계를 규율대상으로 하는 이른바 부진정소급효를 상정할 수 있는 바, 대학이 성적불량을 이유로 학생에 대하여 징계처분을 하는 경우에 있어서 수강신청이 있은 후 징계요건을 완화하는 학칙개정이 이루어지고 이어 당해 시험이 실시되어 그 개정학칙에 따라 징계처분을 한 경우라면 이는 이른바 부진정소급효에 관한 것으로서 구 학칙의 존속에 관한 학생의 신뢰보호가 대학당국의 학칙개정의 목적달성보다 더 중요하다고 인정되는 특별한 사정이 없는 한 위법이라고 할 수 없다(대법원 1989. 7. 11. 87누1123).

과세연도 진행 중에 세율을 인상하는 것은 이른바 부진정소급효에 해당하므로 그 과세연도 개시 시에 소급적용이 허용된다.

과세단위가 시간적으로 정해지는 조세에 있어 과세표준기간인 과세연도 진행 중에 세율인상 등 납세의무를 가중하는 세법의 제정이 있는 경우에는 이미 충족되지 아니한 과세요건을 대상으로 하는 강학상 이른바 부진정 소급효의 경우이므로 그 과세연도 개시 시에 소급적용이 허용된다(대법원 1983. 4. 26. 81누423).

소급적용 여부와 소급적용의 범위는 입법자의 재량이다.

어떠한 법률조항에 대하여 헌법재판소가 헌법불합치결정을 하여 그 법률조항을 합헌적으로 개정 또는 폐지하는 임무를 입법자의 형성 재량에 맡긴 이상, 그 개선입법의 소급적용 여부와 소급적용의 범위는 원칙적으로 입법자의 재량에 달린 것이다(대법원 2008. 1. 17. 2007두21563).

변리사 제1차 시험을 절대평가제에서 상대평가제로 환원하는 내용의 변리사법 시행령 개정조항의 부칙 부분은 헌법에 위반되어 무효이다.

합리적이고 정당한 신뢰에 기하여 절대평가제가 요구하는 합격기준에 맞추어 시험준비를 한 수험생들은 제1차 시험 실시를 불과 2개월밖에 남겨놓지 않은 시점에서 개정 시행령의 즉시 시행으로 합격기준이 변경됨으로 인하여 시험준비에 막대한 차질을 입게 되어 위 신뢰가 크게 손상되었고, 그 반면 개정 시행령에 의하여 상대평가제를 도입함으로써 거둘 수 있는 공익적 목적은 개정 시행령을 즉시 시행하여 바로 임박해 있는 2002년의 변리사 제1차 시험에 적용하면서까지 이를 실현하여야 할 합리적인 이유가 있다고 보기 어려우므로, 결국 개정 시행령의 즉시 시행으로 인한 수험생들의 신뢰이익 침해는 개정 시행령의 즉시 시행에 의하여 달성하려는 공익적 목적을 고려하더라도 정당화될 수 없을 정도로 과도하다. 따라서 변리사 제1차 시험의 상대평가제를 2002년의 제1차 시험에 시행하는 것은 헌법상 신뢰보호의 원칙에 비추어 허용될 수 없으므로, 즉시 2002년의 변리사 제1차 시험에 대하여 시행하도록 그 시행시기를 정한 부분은 헌법에 위반되어 무효이다.

새로운 법령에 의한 신뢰이익의 침해는 새로운 법령이 과거의 사실 또는 법률관계에 소급적용되는 경우에 한하여 문제되는 것은 아니고, 과거에 발생하였지만 완성되지 않고 진행중인 사실 또는 법률관계 등을 새로운 법령이 규율함으로써 종전에 시행되던 법령의 존속에 대한 신뢰이익을 침해하게 되는 경우에도 신뢰보호의 원칙이 적용될 수 있다(대법원 2006. 11. 16. 2003두12899 전원합의체).

3) 효력의 소멸

(1) 한시법

유효기간이 경과하면 자동으로 효력이 소멸된다.

(2) 헌법재판소의 위헌결정

위헌으로 결정된 법률은 그 결정이 있는 날로부터 효력을 상실한다. 다만 형벌에 관한 조항은 소급하여 효력을 상실한다.

(3) 대법원의 명령·규칙에 대한 위헌·위법 결정은 해당 사건에만 적용하는 개별적 효력을 가질 뿐이고 일반적으로 무효가 되는 것은 아니다.

2. 지역적 효력

1) 원칙

행정법규는 그 법규의 제정권자의 통치력이 미치는 지역적 범위 내에서만 효력을 가진다. 예컨대 대통령령·부령은 전국에 걸쳐 효력을 가지고, 조례는 당해 지방자치단체의 구역 내에서만 효력을 가진다.

2) 예외

(1) 국가의 법령이 영토의 일부지역에만 적용되는 경우도 있다(⑩ 수도권정비계획법, 제주도국제자유도시특별법 등).

(2) 행정법규가 그것을 제정한 기관의 본래의 관할구역을 넘어 적용되는 경우도 있다.

3. 대인적 효력

행정법규는 속지주의가 원칙이므로 영토 또는 구역 내에 있는 모든 사람에게 일률적으로 적용된다. 다만, 외국인에 대하여 특칙을 두거나, 상호주의가 적용되는 경우도 있다.
또한 예외적으로 외국에 있는 내국인에게 적용되는 경우도 있다(예 여권법, 병역법 등).

확인학습

1 국민의 권리제한과 직접 관련되는 법령은 원칙적으로 공포한 날로부터 20일이 경과한 이후에 시행되어야 한다. ☒

해설 30일이 경과한 이후에 시행되어야 한다.

2 대통령령·총리령 및 부령의 공포일은 그 법령 등을 게재한 관보 또는 신문이 발행된 날이다. ◯

3 당사자의 신청에 따른 처분은 원칙적으로 신청시의 법령 등에 따른다. ☒

해설 당사자의 신청에 따른 처분은 법령 등에 특별한 규정이 있거나 처분 당시의 법령 등을 적용하기 곤란한 특별한 사정이 있는 경우를 제외하고는 처분 당시의 법령 등에 따른다.

4 법령 등을 위반한 행위의 성립과 이에 대한 제재처분은 법령 등에 특별한 규정이 있는 경우를 제외하고는 법령 등을 위반한 행위 당시의 법령 등에 따른다. ◯

5 소급입법에 의한 당사자가 손실이 없거나 아주 경미한 경우 그리고 신뢰보호의 요청에 우선하는 심히 중대한 공익상 사유의 정당성이 있다면 예외적 진정소급입법도 인정된다. ◯

6 개정법령의 시행일 이전에 사실관계가 이미 발생하였다면 그 종료 여부와 관계없이 개정법령을 적용하는 것은 소급적용으로 위법하다. ☒

해설 부진정소급효는 허용된다.

7 새로운 법령에 의한 신뢰이익의 침해는 새로운 법령이 과거의 사실 또는 법률관계에 소급적용되는 경우에 한하여 문제되는 것은 아니고, 과거에 발생하였지만 완성되지 않고 진행중인 사실 또는 법률관계 등을 새로운 법령이 규율함으로써 종전에 시행되던 법령의 존속에 대한 신뢰이익을 침해하게 되는 경우에도 신뢰보호의 원칙이 적용될 수 있다. ◯

8 행정청이 수익적 행정처분을 하면서 부가한 부담이 처분 당시 법령을 기준으로 적법하였지만, 처분 후 부담의 전제가 된 주된 행정처분의 근거 법령이 개정됨으로써 행정청이 더 이상 부관을 붙일 수 없게 되었다면 그 부담은 위법하게 된다. ☒

해설 처분의 위법성 판단 시점은 처분시가 원칙이므로 부담이 처분 당시 법령을 기준으로 적법하였다면, 그 부담은 적법하다.

9 법률조항에 대하여 헌법재판소가 헌법불합치결정을 하여 그 법률조항을 합헌적으로 개정 또는 폐지하는 임무를 입법자의 형성 재량에 맡긴 이상, 그 개선입법의 소급적용 여부와 소급적용의 범위는 원칙적으로 입법자의 재량에 달려 있다. O

10 행정법규 위반자에 대한 제재처분을 하기 전에 처분의 기준이 행위시보다 불리하게 개정되었고 개정법에 경과규정을 두는 등의 특별한 규정이 없다면 행위시의 법령을 적용하여야 한다. O

11 국민연금법상 장애연금지급을 위한 장애등급결정을 하는 경우에는 원칙상 장애연금지급청구권을 취득할 당시가 아니라 장애연금지급을 결정할 당시의 법령을 적용한다. X

> **해설** 장애연금지급청구권을 취득할 당시(지급사유 발생 당시 = 법률관계 확정시)의 법령을 적용한다.

행정상 법률관계

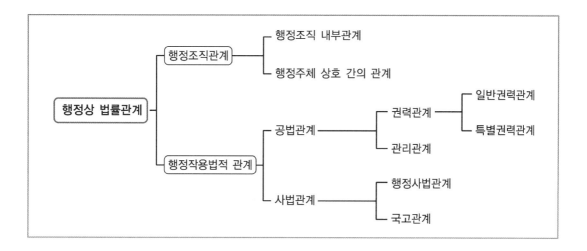

1. 공법관계

1) 권력관계

(1) 개념

행정주체가 공권력의 주체로서 우월한 지위에서 개인에게 일방적으로 내리는 명령(예 조세부과, 경찰명령), 강제(예 강제징수, 즉시강행), 형성(예 특허 등의 권리 설정)을 말한다. 권력관계는 다시 일반권력관계(국민과 국민 간에 통상적으로 성립하는 일반적 관계)와 특별권력관계(특별한 법적 원인에 의해 성립하는 관계 예 군복무, 공무원 등)로 구분된다.

(2) 특징

권력관계에 있어서 행정주체의 행위에는 원칙적으로 사법규정의 적용이 배제되고, 공법규정이 적용된다. 권력관계에서는 공정력·확정력 및 강제력 등 법률상 특별한 효력이 인정되며, 행정주체가 상대방에 대해 우월한 의사주체로서 나타나는 것이 특징이다.

권력관계는 공법의 규율을 받으므로 행정소송을 통하여 분쟁을 해결한다.

2) 관리관계

(1) 개념

행정주체가 공권력의 주체로서가 아니라 공적 재산 또는 공적 사업의 관리주체로서 개인과 맺는 법률관계를 말한다. 예컨대 도로의 관리나 공기업의 경영, 공기업의 이용관계 등과 같이 공법에 근거하여 활동하지만 권력적 행정작용이 아닌 비권력적 행정작용을 하는 관계를 말한다.

(2) 특징

관리관계는 원칙적으로 사법규정이 적용되지만, 예외적으로 법률관계의 내용이 공공복리의 실현과 밀접한 관련이 있는 경우에는 특수한 공법규정이 적용된다.

관리관계에 관한 법적 분쟁은 사법이 규율하는 영역은 민사소송으로, 공법이 규율하는 영역은 당사자소송으로 해결한다.

2. 사법관계

1) 행정사법관계

행정주체가 사법상 계약의 형식으로 행하지만 공법에 의해 구속(행정법 일반원칙의 적용)을 받는 행정작용을 말한다(◉ 전기, 가스 등 공급사업).

행정주체의 행위는 사법작용에 해당하며, 그에 관한 법적 분쟁은 민사소송의 대상이 된다.

2) 국고작용

국가 또는 공공단체 등의 행정주체가 우월적인 지위에서가 아니라 재산권의 주체로서 사인과 맺는 법률관계를 말한다(◉ 물품매매계약이나 건설도급계약의 체결, 국공유 일반재산의 매각).

행정주체의 행위는 사법작용에 해당하며, 그에 관한 법적 분쟁은 민사소송의 대상이 된다.

사법관계로 파악한 경우	공법관계로 파악한 경우
• 전기 · 전화 · 가스 · 철도 • 사립학교(학교법인)와 소속 교원의 관계, 등록금징수행위 · 학생에 대한 징계처분 • 손실보상청구권 • 환매 • 일반재산의 대부행위와 사용료 부과 • 부당이득반환청구 • 무효인 과세처분에 따른 과오납금 반환청구	• 공공조합과 조합원 간의 법률관계 • 재개발조합의 관리처분계획안에 대한 조합총회결의 • 하천법 · 공유수면매립법상 손실보상청구권, 토지보상법상 사업폐지에 대한 손실보상청구권 • 행정재산의 사용 · 수익허가와 사용 · 수익자에 대한 사용료 부과 • 국유재산 무단점유자에 대한 변상금 부과처분

- 협의취득
- 행정상 손해배상
- 한국마사회의 기수면허 취소
- 주택재개발정비사업조합과 조합장 또는 조합임원 사이의 선임·해임 등 법률관계
- 국·공립병원이용(임의이용)
- 지방자치단체가 시행한 입찰절차에서의 낙찰자 결정

- 일반재산의 사용료 미납시 징수
- 전화요금 강제징수
- 국가나 지방자치단체에 근무하는 청원경찰
- 사립학교법인의 학위수여
- 전염병환자의 강제입원
- 사립중학교 의무교육의 위탁관계
- 사인의 소득세원천징수
- 국립의료원 부설 주차장에 관한 위탁관리용역 운영계약(특허)
- 국립대학의 교원의 신분관계
- 서울시립무용단원의 위촉과 해촉
- 공무수탁사인의 행정행위
- 특허기업자의 토지수용 등 공용부담관계
- 수도 이용관계
- 귀속재산처리법에 따른 귀속재산 매각행위
- 조달청장의 부정업자에 대한 입찰참여자격 정지처분
- 부가가치세 환급세액 지급청구

3. 특별행정법관계

1) 법률의 규정에 의한 경우

발생원인이 직접 법률에 규정되어 있어 원인사실이 발생하면 즉시 특별행정법관계가 성립하는 경우이다(⑩ 전염병환자의 국공립병원에의 강제입원, 수형자의 수감, 징집대상자의 입대).

2) 동의에 의한 경우

본인의 동의에 의하여 성립하는 경우가 있는데, 다시 임의적(자발적) 동의에 의한 경우(⑩ 국공립대학 입학, 공무원임용 등)와 법률에 의하여 의무화(강제적)된 동의에 의한 경우(⑩ 초등학교 입학 등)가 있다.

3) 특별행정법관계의 내용

명령권과 징계권이 발생한다(형벌권과 과세권은 일반권력관계에 해당한다).

4) 오늘날의 특별행정법관계의 특징

(I) 법률유보

특별행정법관계에서도 법률유보의 원칙이 적용되어야 한다. 다만 특별행정법관계는 그 목적과 기능의 특수성으로 인하여 법치주의가 다소 완화될 수 있으므로 일반국민에게 인정되지 않는 내용의 제한이 가능하다.

> **판례**
>
> **수형자나 피보호감호자의 신체의 자유 제한**
>
> 수형자나 피보호감호자를 교도소나 보호감호소에 수용함에 있어서 신체의 자유를 제한하는 외에 교화목적의 달성과 교정질서의 유지를 위하여 피구금자의 신체활동과 관련된 그 밖의 자유에 대하여 제한을 가하는 것도 수용조치에 부수되는 제한으로서 허용된다고 할 것이나, 그 제한은 위 목적 달성을 위하여 꼭 필요한 경우에 합리적인 범위 내에서만 허용된다(대법원 2003. 7. 25. 2001다60392).

(2) 기본권 제한

특별행정법관계에서도 그 구성원의 기본권 제한은 원칙적으로 법률에 근거가 있어야만 가능하고, 기본권을 제한하는 경우라 할지라도 필요한 최소한도에 그쳐야 할 것이다.

> **판례**
>
> **변호사와의 접견을 불허한 조치는 기본권을 침해하여 위법하다.**
>
> 접견허가 여부가 교도소장의 재량행위에 속한다고 하더라도 피징벌자가 금치처분 자체를 다툴 목적으로 소제기 등을 대리할 권한이 있는 변호사와의 접견을 희망한다면 이는 예외적인 접견허가사유인 '처우상 특히 필요하다고 인정하는 때'에 해당하고, 그 외 제반 사정에 비추어 교도소장이 변호사와의 접견을 불허한 조치는 피징벌자의 접견권과 재판청구권을 침해하여 위법하다(대법원 2004. 12. 9. 2003다50184).

(3) 사법심사의 가능성

대법원과 헌법재판소는 사법심사의 가능성을 전면적으로 긍정한다. 대법원은 "국립교육대학의 학생에 대한 퇴학처분은 항고소송의 대상인 처분에 해당하고, 비록 징계권 행사가 재량행위라 하더라도 그 이유만으로는 사법심사의 대상에서 당연히 제외되는 것은 아니다."라고 판시하였다(대법원 1991. 11. 22. 91누2144).

Chapter 08 행정법관계의 당사자

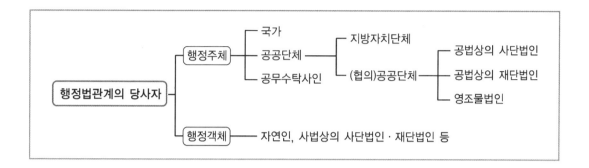

1. 행정주체

1) 개념

행정주체란 행정법관계에서 행정권을 행사하고, 그 법적 효과가 귀속되는 당사자를 말한다. 따라서 행정주체는 법인격을 가지고 있으며, 민사소송이나 당사자소송의 피고는 되지만 원칙적으로 항고소송의 피고는 되지 않는다.

영조물	영조물법인
영조물은 행정주체가 일정한 공익을 달성하기 위해 제공한 인적·물적 결합체를 말한다(국립대학, 국립도서관). 영조물은 행정주체가 아니므로 그 법적책임은 국가(또는 지방단체)에 귀속된다.	영조물에 법인격이 부여된 것이 영조물법인이다(한국은행, 한국방송공사, 국립의료원, 서울대학교). 영조물법인은 국가와 별도의 행정주체가 된다.

2) 공무수탁사인

(1) 개념

국가 또는 지방자치단체로부터 법령에 의하여 공적인 임무를 위탁받아 자신의 이름으로 행정사무를 수행하는 행정주체로서의 지위를 가지는 자를 말한다(자연인, 법인 또는 법인격 없는 단체 포함).

조세원천징수 의무자의 원천징수행위는 행정처분이 아니다.

원천징수하는 소득세에 있어서는 납세의무자의 신고나 과세관청의 부과결정이 없이 법령이 정하는 바에 따라 그 세액이 자동적으로 확정되고, 원천징수의무자는 이와 같이 자동적으로 확정되는 세액을 수급자로부터 징수하여 과세관청에 납부하여야 할 의무를 부담하고 있으므로, 원천징수의무자가 비록 과세관청과 같은 행정청이더라도 그의 원천징수행위는 법령에서 규정된 징수 및 납부의무를 이행하기 위한 것에 불과한 것이지, 공권력의 행사로서의 행정처분을 한 경우에 해당되지 아니한다(대법원 1990. 3. 23. 89누4789).

(2) 지위

공무수탁사인은 수탁받은 공무를 수행하는 범위 내에서 행정주체에 해당하므로 당사자소송의 피고가 된다. 또한 공무수탁사인은 행정주체이면서 행정청의 지위를 가진다. 따라서 공무수탁사인은 항고소송의 피고가 된다.

공무수탁사인의 위법한 행위로 사인이 침해를 입은 경우 국가배상법에 따라 공무를 위탁한 국가 또는 지방자치단체를 상대로 손해배상을 청구할 수 있다.

(3) 행정주체(위탁자)와의 관계

공무를 위탁하는 행정주체가 자신의 권한을 사인에게 이전하기 위해서는 법적 근거가 반드시 필요하다. 또한 행정주체(위탁자)는 공무수탁사인의 업무수행에 관하여 합법성뿐만 아니라 합목적성까지도 감독할 수 있다.

2. 행정객체

행정객체는 공권력 행사의 상대방을 의미하며, 일반적으로 사인이 행정객체가 되나 지방자치단체 등 공공단체도 국가나 다른 공공단체와의 관계에서 행정객체가 될 수 있다. 그러나 국가는 행정객체가 될 수 없다.

확인학습

1 행정안전부장관과 서울대학교는 행정주체에 해당한다. ☒

해설 행정안전부장관은 행정주체가 아니고, 서울대학교는 행정주체에 해당한다.

2 공무수탁사인이 행한 처분에 대하여 항고소송을 제기하는 경우 피고는 위임행정청이 된다. ☒

해설 피고는 공무수탁사인이다.

3 지방자치단체는 행정주체이자 행정권 발동의 상대방인 행정객체가 될 수 있다. ⊙

4 법인격 없는 단체는 공무수탁사인이 될 수 없다. ☒

5 공무수탁사인은 행정주체이면서 동시에 행정청의 지위를 갖는다. ⊙

6 도로교통법상 견인업무를 대행하는 자동차견인업자도 공무수탁사인에 해당한다. ☒

7 공익사업을 위한 토지 등의 취득 및 보상에 관한 법률상 토지수용권을 행사하는 사인은 공무수탁사인에 해당한다. ⊙

1. 국가적 공권

행정법관계에서 국가 등의 행정주체가 사인에 대하여 갖는 권리를 말한다.

2. 개인적 공권

1) 개념

개인이 직접 자기의 이익을 위해 국가 등에 대하여 일정한 행위(작위·부작위·급부·수인)를 요구할 수 있는 법적인 힘을 말한다.

2) 반사적 이익과의 구별

반사적 이익이란 행정주체에게 사익이 아닌 공익목적만을 위해 행정법규에 의한 일정한 의무가 부과되거나 행정청의 행위에 일정한 제한이 가해져 있는 경우에 개인이 그로 인하여 받게 되는 일정한 이익을 말한다(예 영업허가에 대한 규제로 기존의 허가자가 누리는 영업상의 이익, 상수원보호구역으로 지정된 지역의 주민, 특정지역개발계획의 고시로 인한 지가의 상승, 수입관세인하로 수입업자가 누리는 이익 등).

반사적 이익의 침해에 대해서는 행정쟁송을 제기할 수 없으며, 손해배상이나 손실보상의 대상도 아니다.

3) 성립

(1) **헌법상 기본권**

자유권적 기본권은 법률에 의해 구체화되지 않아도 그 자체로서 직접 공권으로 성립한다. 반면에 사회권적 기본권은 법률에 의해 구체화되기 전까지는 그 내용이 추상적 권리성을 가지는 것으로 그 자체로서 재판상 주장될 수 있는 개인적 공권으로 성립한다고 볼 수는 없다.

(2) 개인적 공권은 공법상 계약, 관습법 그리고 조리(검사임용신청자에 대한 응답받을 권리)에 의해서도 성립한다. 다만, 행정규칙에 의해서는 공권의 성립이 어렵다.

4) 개인적 공권의 특수성

(1) 공권은 일신전속적인 성격으로 상속·양도 등의 이전이나 포기가 제한되는 경우가 많다(⑩선 거권).

(2) 공권이므로 침해시 행정소송의 대상이며, 5년의 소멸시효의 적용을 받는다.

> **판례**
>
> **재해위로금 청구권은 당자의 합의(부제소특약)로 미리 포기할 수 없다.**
>
> 석탄산업법시행령 제41조 제4항 제5호 소정의 재해위로금 청구권은 개인의 공권으로서 그 공익적 성격에 비추어 당사자의 합의에 의하여 이를 미리 포기할 수 없다(대법원 1998. 12. 23. 97누5046).

5) 공권의 확대화

무하자재량행사청구권, 행정개입청구권, 행정과정의 절차적 권리, 정보공개청구권 등 새로운 공권이 등장하여 공권의 확대를 통한 권리구제 가능성이 증가하고 있다.

3. 무하자재량행사청구권

1) 의의

개인이 행정청에 대하여 하자 없는, 즉 적법한 재량처분을 청구할 수 있는 공권이다. 이는 개인적 공권으로서 재량통제의 법리에 해당한다.

일반적으로 개인적 공권은 청구의 내용이 행정청에 대하여 특정의 행위를 요구하는 것임에 비하여, 무하자재량행사청구권은 특정한 행위가 아니라 하자 없는 재량의 행사를 요구한다는 점에서 형식적인 공권의 성격을 갖는다.

> **판례**
>
> **검사임용신청에 대한 거부처분 취소소송**
>
> 법령상 검사임용 신청 및 그 처리의 제도에 관한 명문 규정이 없다고 하여도 조리상 임용권자는 임용신청 자들에게 전형의 결과인 임용 여부의 응답을 해줄 의무가 있다고 할 것이며, 응답할 것인지 여부조차도 임용권자의 편의재량사항이라고는 할 수 없다. 검사의 임용에 있어서 임용권자가 임용여부에 관하여 어떠한 내용의 응답을 할 것인지는 임용권자의 자유재량에 속하므로 일단 임용거부라는 응답을 한 이상 설사 그 응답내용이 부당하다고 하여도 사법심사의 대상으로 삼을 수 없는 것이 원칙이나, 적어도 재량권의 한계 일탈이나 남용이 없는 위법하지 않은 응답을 할 의무가 임용권자에게 있고 이에 대응하여 임용신청자로서도 재량권의 한계 일탈이나 남용이 없는 적법한 응답을 요구할 권리가 있다고 할 것이며, 이러한 응답신 청권에 기하여 재량권 남용의 위법한 거부처분에 대하여는 항고소송으로서 그 취소를 구할 수 있다(대법원 1991. 2. 12. 90누5825).

2) 적용 대상

무하자재량행사청구권은 재량권이 인정되는 모든 행정행위에서 인정된다. 즉 수익적 행정행위에는 물론 부담적 행정행위에도 적용된다. 다만 기속규범에서는 인정되지 않는다.

4. 행정개입청구권

1) 의의

개인이 자기의 이익을 위하여 자신에 대한 처분을 청구할 수 있는 권리(⑩ 각종 허가의 청구, 공무원임용의 요구 등)와 제3자에게 규제·단속 등의 행정권을 발동하여 줄 것을 청구할 수 있는 권리(⑩ 경찰력 청구, 환경규제 청구)를 말한다.

2) 법적 성질

(1) **적극적 공권**

행정청에 대해 적극적으로 특정한 행정작용을 할 것을 구하는 적극적 공권이다.

(2) **실체적 공권**

무하자재량행사청구권과는 달리 형식적 공권이 아니라 실체적 공권이다. 행정개입청구권은 특정 처분을 해줄 것을 청구하는 권리이다. 따라서 재량행위에 대해서 일반적으로 청구할 수 있는 것이 아니고 재량이 0으로 수축되는 경우에 인정된다.

(3) 행정개입청구권은 사전예방적 성격과 사후구제적 성격을 모두 가지고 있다.

3) 인정 여부

행정개입청구권은 위해 방지를 목적으로 하는 경찰행정을 중심으로 발전하였으나 현재는 경찰영역뿐만 아니라 환경 분야, 소비자권, 안전권 등 행정의 전 영역에 걸쳐 인정된다는 것이 일반적 견해이다.

판례는 무장공비에 의하여 생명의 위협을 받고 있던 청년의 가족이 인근 경찰파출소에 대한 구원요청에도 불구하고 경찰이 출동하지 아니한 결과, 그 청년이 희생된 사건에서 대법원은 국가의 손해배상책임을 인정한 바 있다(대법원 1971. 4. 6. 71다124).

판례

간접적으로 인정한 사례

경찰관직무집행법 제5조는 경찰관은 인명 또는 신체에 위해를 미치거나 재산에 중대한 손해를 끼칠 우려가 있는 위험한 사태가 있을 때에는 그 각 호의 조치를 취할 수 있다고 규정하여 형식상 경찰관에게 재량에 의한 직무수행권한을 부여한 것처럼 되어 있으나, 경찰관에게 그러한 권한을 부여한 취지와 목적에 비추어 볼 때 구체적인 사정에 따라 경찰관이 그 권한을 행사하여 필요한 조치를 취하지 아니하는 것이 현저하게 불합리하다고 인정되는 경우에는 그러한 권한의 불행사는 직무상의 의무를 위반한 것이 되어 위법하게 된다(대법원 1998. 8. 25. 98다16890).

✦ **무하자재량행사청구권과 행정개입청구권의 비교**

비교	무하자재량행사청구권	행정개입청구권
청구권의 내용	적법한 재량행사를 요구하는 공권	특정처분의 발동을 요구하는 공권
법적 성질	형식적 권리, 절차적 권리, 적극적 권리	실체적 권리, 적극적 권리
성립요건	• 재량권의 한계를 준수할 의무 • 사익보호성	• 행정권의 개입의무 • 사익보호성
적용영역	재량행위에서만 가능	기속행위·재량행위(재량이 0으로 수축되는 경우)에서 가능

공법상 사건

1. 기간

> **행정기본법**
> **제6조 【행정에 관한 기간의 계산】** ① 행정에 관한 기간의 계산에 관하여는 이 법 또는 다른 법령등에 특별한 규정이 있는 경우를 제외하고는 「민법」을 준용한다.
> ② 법령등 또는 처분에서 국민의 권익을 제한하거나 의무를 부과하는 경우 권익이 제한되거나 의무가 지속되는 기간의 계산은 다음 각 호의 기준에 따른다. 다만, 다음 각 호의 기준에 따르는 것이 국민에게 불리한 경우에는 그러하지 아니하다.
> 1. 기간을 일, 주, 월 또는 연으로 정한 경우에는 기간의 첫날을 산입한다.
> 2. 기간의 말일이 토요일 또는 공휴일인 경우에도 기간은 그 날로 만료한다.
> **제7조 【법령등 시행일의 기간 계산】** 법령등(훈령·예규·고시·지침 등을 포함한다. 이하 이 조에서 같다)의 시행일을 정하거나 계산할 때에는 다음 각 호의 기준에 따른다.
> 1. 법령등을 공포한 날부터 시행하는 경우에는 공포한 날을 시행일로 한다.
> 2. 법령등을 공포한 날부터 일정 기간이 경과한 날부터 시행하는 경우 법령등을 공포한 날을 첫날에 산입하지 아니한다.
> 3. 법령등을 공포한 날부터 일정 기간이 경과한 날부터 시행하는 경우 그 기간의 말일이 토요일 또는 공휴일인 때에는 그 말일로 기간이 만료한다.
> **제7조의2 【행정에 관한 나이의 계산 및 표시】** 행정에 관한 나이는 다른 법령등에 특별한 규정이 있는 경우를 제외하고는 출생일을 산입하여 만(滿) 나이로 계산하고, 연수(年數)로 표시한다. 다만, 1세에 이르지 아니한 경우에는 월수(月數)로 표시할 수 있다.

2. 소멸시효

1) 의의

시효제도(소멸시효, 취득시효)의 취지는 장기간 계속된 사실상태를 존중하여 법률생활의 안정을 도모하려는 제도이다. 시효는 다른 법률에 특별한 규정이 없는 한 민법규정을 준용한다.

2) 원칙

(1) 국가 등의 국민에 대한 채권

다른 법률에 특별한 규정이 없는 한, 5년간 이를 행사하지 않는 때에는 시효로 인하여 소멸한다.

⑵ **국민의 국가에 대한 금전채권**

국민의 국가에 대한 채권도 소멸시효기간은 5년이다. 이는 공법상의 금전채권뿐만 아니라 사법상의 채권에도 적용된다.

3) 시효의 중단

국세기본법상 소멸시효 중단사유에는 납세(납입)고지, 독촉 또는 납부최고, 교부청구, 압류 등이 있다.

판례⁺

과세처분의 취소 또는 무효확인청구의 소는 조세환급을 구하는 부당이득반환청구권의 소멸시효 중단사유인 재판상 청구에 해당한다.

오납한 조세에 대한 부당이득반환청구권을 실현하기 위한 수단이 되는 과세처분의 취소 또는 무효확인을 구하는 소는 그 소송물이 객관적인 조세채무의 존부확인으로서 실질적으로 민사소송인 채무부존재확인의 소와 유사할 뿐 아니라, 과세처분의 유효 여부는 그 과세처분으로 납부한 조세에 대한 환급청구권의 존부와 표리관계에 있어 실질적으로 동일 당사자인 조세부과권자와 납세의무자 사이의 양면적 법률관계라고 볼 수 있으므로, 위와 같은 경우에는 과세처분의 취소 또는 무효확인청구의 소가 비록 행정소송이라고 할지라도 조세환급을 구하는 부당이득반환청구권의 소멸시효중단사유인 재판상 청구에 해당한다고 볼 수 있다(대법원 1992. 3. 31. 91다32053 전원합의체).

납입고지에 의한 부과처분이 취소되어도 납입고지에 의한 시효중단의 효력이 상실되지 않는다.

납입고지를 시효중단 사유로 규정하고 있는바, 이러한 납입고지에 의한 시효중단의 효력은 그 납입고지에 의한 부과처분이 취소되더라도 상실되지 않는다(대법원 2000. 9. 8. 98두19933).

변상금부과처분에 대한 취소소송의 진행 중에도 그 부과권의 소멸시효가 진행한다.

소멸시효는 객관적으로 권리가 발생하여 그 권리를 행사할 수 있는 때로부터 진행하고 그 권리를 행사할 수 없는 동안만은 진행하지 아니하는데, 여기서 권리를 행사할 수 없는 경우라 함은 그 권리행사에 법률상의 장애사유가 있는 경우를 말하는데, 변상금 부과처분에 대한 취소소송이 진행 중이라도 그 부과권자로서는 위법한 처분을 스스로 취소하고 그 하자를 보완하여 다시 적법한 부과처분을 할 수도 있는 것이어서 그 권리행사에 법률상의 장애사유가 있는 경우에 해당한다고 할 수 없으므로, 그 처분에 대한 취소소송이 진행되는 동안에도 그 부과권의 소멸시효가 진행된다(대법원 2006. 2. 10. 2003두5686).

세무공무원이 체납자의 재산을 압류하기 위해 수색을 하였으나 압류할 목적물이 없어 압류를 실행하지 못한 경우에도 시효중단의 효력이 발생한다.

세무공무원이 국세징수법 제26조에 의하여 체납자의 가옥·선박·창고 기타의 장소를 수색하였으나 압류할 목적물을 찾아내지 못하여 압류를 실행하지 못하고 수색조서를 작성하는 데 그친 경우에도 소멸시효 중단의 효력이 있다(대법원 2001. 8. 21. 2000다12419).

4) 소멸시효 완성의 주장과 권리남용 여부

> **판례**
>
> **요양 불승인처분을 한 근로복지공단이 휴업급여청구권이 시효완성으로 소멸하였다고 주장하는 것은 신의성실의 원칙에 반하여 허용될 수 없다.**
>
> 근로자가 입은 부상이나 질병이 업무상 재해에 해당하는지 여부에 따라 요양급여 신청의 승인, 휴업급여청구권의 발생 여부가 차례로 결정되고, 따라서 근로복지공단의 요양불승인처분의 적법 여부는 사실상 근로자의 휴업급여청구권 발생의 전제가 된다고 볼 수 있는 점 등에 비추어, 근로자가 요양불승인에 대한 취소소송의 판결확정시까지 근로복지공단에 휴업급여를 청구하지 않았던 것은 이를 행사할 수 없는 사실상의 장애사유가 있었기 때문이라고 보아야 하므로, 근로복지공단의 소멸시효 항변은 신의성실의 원칙에 반하여 허용될 수 없다(대법원 2008. 9. 18. 2007두2173 전원합의체).

3. 취득시효

행정재산은 시효취득의 대상이 되지 않는다는 규정을 두고 있다. 다만 일반재산에 대해서는 시효취득을 인정한다. 판례도 "행정재산은 공용폐지되지 않는 한 사법상의 거래의 대상이 될 수 없으므로 취득시효의 대상이 되지 않는다."는 입장을 취하고 있다.

> **판례**
>
> **| 일반재산의 경우 |**
>
> **일반재산에 대하여도 시효제도의 적용이 있다.**
>
> 국유잡종재산은 사경제적 거래의 대상으로서 사적 자치의 원칙이 지배되고 있으므로 시효제도의 적용에 있어서도 동일하게 보아야 하고, 국유잡종재산에 대한 시효취득을 부인하는 동규정은 합리적 근거없이 국가만을 우대하는 불평등한 규정으로서 헌법상의 평등의 원칙과 사유재산권 보장의 이념 및 과잉금지의 원칙에 반한다(헌재 1991. 5. 13. 89헌가97).
>
> **행정재산이 묵시적으로 공용폐지가 되었다면 해당 부동산은 시효취득의 대상이 된다.**
>
> 학교 교장이 학교 밖에 위치한 관사를 용도폐지한 후 재무부로 귀속시키라는 국가의 지시를 어기고 사친회 이사회의 의결을 거쳐 개인에게 매각한 경우, 이와 같이 교장이 국가의 지시대로 위 부동산을 용도폐지한 다음 비록 재무부에 귀속시키지 않고 바로 매각하였다고 하더라도 위 용도폐지 자체는 국가의 지시에 의한 것으로 유효하다고 아니할 수 없고, 그 후 오랫동안 국가가 위 매각절차상의 문제를 제기하지도 않고, 위 부동산이 관사 등 공공의 용도에 전혀 사용된 바가 없다면, 이로써 위 부동산은 적어도 묵시적으로 공용폐지 되어 시효취득의 대상이 되었다고 봄이 상당하다(대법원 1999. 7. 23. 99다15924).
>
> **| 행정재산의 경우 |**
>
> **행정재산은 공용폐지가 되지 않는 한 시효취득의 대상이 아니다.**
>
> 행정목적을 위하여 공용되는 행정재산은 공용폐지가 되지 않는 한 사법상 거래의 대상이 될 수 없으므로 취득시효의 대상도 되지 않는 것인바, 공물의 용도폐지 의사표시는 명시적이든, 묵시적이든 불문하나 적법한 의사표시이어야 하고 단지 사실상 공물로서의 용도에 사용되지 아니하고 있다는 사실만으로 용도폐지의 의사표시가 있다고 볼 수는 없는 것이다(대법원 1983. 6. 14. 83다카181).

행정재산은 용도폐지가 되지 않는 한 일반재산이 아니다.

국유 하천부지는 공공용 재산이므로 그 일부가 사실상 대지화되어 그 본래의 용도에 공여되지 않는 상태에 놓여 있더라도 국유재산법령에 의한 용도폐지를 하지 않은 이상 당연히 잡종재산으로 된다고는 할 수 없다 (대법원 1997. 8. 22. 96다10737).

4. 제척기간

1) 개념

일정한 권리에 대하여 법률이 정한 존속기간을 의미한다.

2) 소멸시효와 공통점 및 차이점

제척기간은 일정한 기간 내에 권리를 행사하지 않으면 그 권리를 소멸시킨다는 점에서 소멸시효는 동일하지만 그 기간이 짧은 점, 중단·정지제도가 없는 점, 소송에서 당사자의 원용이 없어도 법원은 이를 고려해야 한다는 점 등이 소멸시효와 다른 점이다.

구분	소멸시효	제척기간
목적	법적 안정성	법률관계의 조속한 확정
중단·정지	인정	부정
재판상 원용	필요	법원의 직권조사사항
소급효	소급	비소급
기산점	권리를 행사할 수 있는 때	권리가 발생한 때
포기	시효완성 후 포기 가능 (시효완성 전에는 포기 불가)	성질상 포기제도 없음

5. 주소

자연인의 경우 주민등록지를 공법관계에서의 주소로 하며, 법인의 주소는 주된 사무소의 소재지에 있는 것으로 한다.

행정법상의 주소에 관해서는 주민등록법이 "누구든지 신고를 이중으로 할 수 없다."라고 규정함으로써 주소 단일주의를 취하고 있다.

확인학습

1 국민의 권익을 제한하거나 의무를 부과하는 처분에서 기간을 일, 주, 월 또는 연으로 정한 경우에는 기간의 첫날을 산입한다. O

2 국민의 권익을 제한하거나 의무를 부과하는 처분에서 기간의 말일이 토요일 또는 공휴일인 경우에도 기간은 그 다음 날로 만료한다. ✕

  해설 국민의 권익을 제한하거나 의무를 부과하는 처분에서 기간의 말일이 토요일 또는 공휴일인 경우에도 기간은 그 날로 만료한다.

3 법령 등을 공포한 날부터 시행하는 경우에는 공포한 다음 날을 시행일로 한다. ✕

  해설 법령 등을 공포한 날부터 시행하는 경우에는 공포한 날을 시행일로 한다.

4 법령 등을 공포한 날부터 일정 기간이 경과한 날부터 시행하는 경우 법령 등을 공포한 날을 첫날에 산입하지 아니한다. O

5 법령 등을 공포한 날부터 일정 기간이 경과한 날부터 시행하는 경우 그 기간의 말일이 토요일 또는 공휴일인 때에는 그 말일로 기간이 만료한다. O

사무관리 · 부당이득

1. 공법상의 사무관리

사무관리란 법률상 의무 없이 타인을 위하여 사무를 관리하는 것을 말한다. 행정법상의 사무관리를 인정함이 일반적인 견해이며, 특별한 규정이 없는 한 민법의 사무관리에 관한 규정을 준용한다.

2. 공법상의 부당이득

1) 의의

공법상의 부당이득이란 공법 분야에서 법률상 원인 없이 타인의 재산 또는 노무로 인하여 이익을 얻고 이로 인하여 타인에게 손해를 끼치는 것을 말한다.

2) 법적 성질

판례는 "조세부과처분이 당연무효임을 전제로 하여 이미 납부한 세금의 반환을 청구하는 것은 민사상의 부당이득반환청구로서 민사소송절차에 따라야 한다."고 판시하고 있다.

3) 성립

부당이득은 행정행위가 당연무효이거나, 후에 실효되거나 또는 권한 있는 기관에 의하여 취소된 경우에 생긴다. 행정행위의 하자가 단순 취소사유에 그치는 것인 때에는 행정행위의 공정력으로 인하여 권한 있는 기관이 취소하기 전까지 부당이득의 문제는 생기지 않는다.

> **판례**
>
> **과세처분이 당연무효인 경우 납부한 조세는 부당이득에 해당한다.**
>
> 조세의 과오납이 부당이득이 되기 위하여는 납세 또는 조세의 징수가 실체법적으로나 절차법적으로 전혀 법률상의 근거가 없거나 과세처분의 하자가 중대하고 명백하여 당연무효이어야 하고, 과세처분의 하자가 단지 취소할 수 있는 정도에 불과할 때에는 과세관청이 이를 스스로 취소하거나 항고소송절차에 의하여 취소되지 않는 한 그로 인한 조세의 납부가 부당이득이 된다고 할 수 없다(대법원 1994. 11. 11. 94다28000).

변상금부과처분이 당연무효인 경우 징수당한 오납금은 부당이득에 해당한다.

지방재정법 제87조 제1항에 의한 변상금부과처분이 당연무효인 경우에 이 변상금부과처분에 의하여 납부자가 납부하거나 징수당한 오납금은 지방자치단체가 법률상 원인 없이 취득한 부당이득에 해당하고, 이러한 오납금에 대한 납부자의 부당이득반환청구권은 처음부터 법률상 원인이 없이 납부 또는 징수된 것이므로 납부 또는 징수시에 발생하여 확정되며, 그때부터 소멸시효가 진행한다(대법원 2005. 1. 27. 2004다50143).

국유재산의 무단점유자에 대하여 변상금부과ㆍ징수권의 행사와 별도로 민사상 부당이득반환청구의 소를 제기할 수 있다.

국유재산의 무단점유자에 대한 변상금 부과는 공권력을 가진 우월적 지위에서 행하는 행정처분이고, 그 부과처분에 의한 변상금 징수권은 공법상의 권리인 반면, 민사상 부당이득반환청구권은 국유재산의 소유자로서 가지는 사법상의 채권이다. 또한 변상금은 부당이득 산정의 기초가 되는 대부료나 사용료의 120%에 상당하는 금액으로서 부당이득금과 액수가 다르고, 이와 같이 할증된 금액의 변상금을 부과ㆍ징수하는 목적은 국유재산의 사용ㆍ수익으로 인한 이익의 환수를 넘어 국유재산의 효율적인 보존ㆍ관리라는 공익을 실현하는 데 있다. 그리고 대부 또는 사용ㆍ수익허가 없이 국유재산을 점유하거나 사용ㆍ수익하였지만 변상금 부과처분은 할 수 없는 때에도 민사상 부당이득반환청구권은 성립하는 경우가 있으므로, 변상금 부과ㆍ징수의 요건과 민사상 부당이득반환청구권의 성립 요건이 일치하는 것도 아니다. 이처럼 변상금 부과ㆍ징수권은 민사상 부당이득반환청구권과 법적 성질을 달리하므로, 국가는 무단점유자를 상대로 변상금 부과ㆍ징수권의 행사와 별도로 국유재산의 소유자로서 민사상 부당이득반환청구의 소를 제기할 수 있다(대법원 2014. 7. 16. 2011다76402 전원합의체).

부가세 환급청구는 부당이득반환청구가 아니라 공권의 행사로 당사자소송으로 해결한다.

부가가치세법령의 내용, 형식 및 입법 취지 등에 비추어 보면, 납세의무자에 대한 국가의 부가가치세 환급세액 지급의무는 그 납세의무자로부터 어느 과세기간에 과다하게 거래징수된 세액 상당을 국가가 실제로 납부받았는지와 관계없이 부가가치세법령의 규정에 의하여 직접 발생하는 것으로서, 그 법적 성질은 정의와 공평의 관념에서 수익자와 손실자 사이의 재산상태 조정을 위해 인정되는 부당이득 반환의무가 아니라 부가가치세법령에 의하여 그 존부나 범위가 구체적으로 확정되고 조세 정책적 관점에서 특별히 인정되는 공법상 의무라고 봄이 타당하다. 그렇다면 납세의무자에 대한 국가의 부가가치세 환급세액 지급의무에 대응하는 국가에 대한 납세의무자의 부가가치세 환급세액 지급청구는 민사소송이 아니라 행정소송법 제3조 제2호에 규정된 당사자소송의 절차에 따라야 한다(대법원 2013. 3. 21. 2011다95564 전원합의체).

12 사인의 공법행위

1. 의의

행정법관계에서 사인의 행위로서 공법적 효과를 발생시키는 행위를 총칭한다.

2. 특징

주체가 '사인'의 행위라는 점에서 구속력·공정력·집행력 등의 효력은 인정되지 않는다.

3. 효과에 따른 분류

1) 자기완결적 공법행위

일정한 의사표시나 단순한 사실의 통지 그 자체만으로 일정한 법률효과를 발생시키는 행위이다(예 출생신고, 사망신고 등).

2) 행위요건적 공법행위

사인의 공법행위가 그 자체로서 법률효과를 완성하지 못하고 법률효과를 발생시키기 위한 하나의 요건에 불과한 행위를 말한다(예 인·허가신청, 특허신청, 등록신청, 청원이나 행정심판청구 등).

4. 적용법리

1) 의사능력과 행위능력

공법상의 일반적 규정은 없으나 의사능력 없는 자의 행위는 무효로 보고 있다. 행위능력에 관하여는 공법상 특별한 규정을 두어 민법상의 무능력에 관한 규정의 적용이 배제되는 경우가 많다. 다만 재산상의 행위에 대하여는 민법의 행위능력 규정이 유추적용된다.

2) 대리

개별 법률의 규정상 또는 행위의 성질상(선거, 귀화신청, 수험 등의 일신전속적 행위) 대리가 허용되지 않는다. 그러나 일신전속적 행위와 직접 관계가 없는 경우에는 일반적으로 대리가 허용되며 민법규정을 유추적용할 수 있다.

3) 효력발생시기

법률에 특별한 규정이 없는 한 도달주의에 의하는 것이 원칙이다. 예외적으로 국세기본법처럼 발신주의를 취하는 경우도 있다.

4) 의사표시에 하자가 있는 경우

(1) **사기 · 강박**

공법행위의 성질에 반하지 않는 한 민법규정이 유추적용되어 취소사유가 된다. 의사결정의 자유를 박탈한 경우에는 무효이다.

(2) **착오**

공법행위의 성질에 반하지 않는 한 민법규정이 유추적용되어 중요 부분의 착오는 취소사유가 된다. 그러나 단체적 성질이 강한 행위는 착오를 이유로 취소할 수 없다(예 투표).

(3) **비진의 의사표시**

상대방이 사인의 공법행위가 진의가 아님을 알았다고 하더라도 유효하다.

> 판례
>
> **상대방이 알고 있는 비진의 표시인 경우에도 유효하다.**
>
> 사직서의 제출이 감사기관이나 상급관청 등의 강박에 의한 경우에는 그 정도가 의사결정의 자유를 박탈할 정도에 이른 것이라면 그 의사표시가 무효로 될 것이고 그렇지 않고 의사결정의 자유를 제한하는 정도에 그친 경우라면 그 성질에 반하지 아니하는 한 의사표시에 관한 민법 제110조의 규정을 준용하여 그 효력을 따져보아야 할 것이나, 감사담당 직원이 당해 공무원에 대한 비리를 조사하는 과정에서 사직하지 아니하면 징계파면이 될 것이고 또한 그렇게 되면 퇴직금 지급상의 불이익을 당하게 될 것이라는 등의 강경한 태도를 취하였다고 할지라도 그 취지가 단지 비리에 따른 객관적 상황을 고지하면서 사직을 권고·종용한 것에 지나지 않고 위 공무원이 그 비리로 인하여 징계파면이 될 경우 퇴직금 지급상의 불이익을 당하게 될 것 등 여러 사정을 고려하여 사직서를 제출한 경우라면 그 의사결정이 의원면직처분의 효력에 영향을 미칠 하자가 있었다고는 볼 수 없다(대법원 1997. 12. 12. 97누13962).

5) 부관

사인의 공법행위에는 행정법관계의 안정성을 위해 부관을 붙일 수 없는 것이 원칙이다.

6) 철회 · 보완

사인의 공법행위에 의하여 행정행위가 성립하기 전까지 또는 법적 효과가 완성되기 전까지는 일반적으로 자유로이 철회하거나 보완할 수 있다. 그러나 법률상 또는 성질상 그 자유가 제한되는 경우가 있다(예 투표, 수험행위).

5. 자기완결적 신고와 행위요건적 신고

행정기본법 제34조 【수리 여부에 따른 신고의 효력】 법령등으로 정하는 바에 따라 행정청에 일정한 사항을 통지하여야 하는 신고로서 법률에 신고의 수리가 필요하다고 명시되어 있는 경우(행정기관의 내부 업무 처리 절차로서 수리를 규정한 경우는 제외한다)에는 행정청이 수리하여야 효력이 발생한다.

행정절차법 제40조 【신고】 ① 법령등에서 행정청에 일정한 사항을 통지함으로써 의무가 끝나는 신고를 규정하고 있는 경우 신고를 관장하는 행정청은 신고에 필요한 구비서류, 접수기관, 그 밖에 법령등에 따른 신고에 필요한 사항을 게시(인터넷 등을 통한 게시를 포함한다)하거나 이에 대한 편람을 갖추어 두고 누구나 열람할 수 있도록 하여야 한다.
② 제1항에 따른 신고가 다음 각 호의 요건을 갖춘 경우에는 신고서가 접수기관에 도달된 때에 신고 의무가 이행된 것으로 본다.
　1. 신고서의 기재사항에 흠이 없을 것
　2. 필요한 구비서류가 첨부되어 있을 것
　3. 그 밖에 법령등에 규정된 형식상의 요건에 적합할 것
③ 행정청은 제2항 각 호의 요건을 갖추지 못한 신고서가 제출된 경우에는 지체 없이 상당한 기간을 정하여 신고인에게 보완을 요구하여야 한다.
④ 행정청은 신고인이 제3항에 따른 기간 내에 보완을 하지 아니하였을 때에는 그 이유를 구체적으로 밝혀 해당 신고서를 되돌려 보내야 한다.

구분	자기완결적 신고(수리를 요하지 않는 신고)	행위요건적 신고(수리를 요하는 신고)	
신고필증	필수×	필수×	
적법신고	수리× → 효력 ○	수리× → 효력×	
부적법 신고	수리 ○ → 효력×	수리 ○ →	취소사유: 효력 ○ (취소되면 효력×)
			무효사유: 무효 (효력×)
수리 거부 처분성	× (예외: 건축신고 반려, 건축물 착공신고 반려, 원격평생교육신고 반려)	○	

1) 구별이익

자기완결적 신고는 신고에 대한 수리·수리 거부·수리취소에 의해 당사자의 권리의무에 영향이 없으므로 항고소송의 대상이 되지 않지만, 행위요건적 신고는 행정청의 수리에 의해 비로소 사인이 적법한 행위를 할 수 있으므로 수리·수리 거부·수리취소가 항고소송의 대상이 된다.

판례

신고사항이 아닌 신고를 수리한 경우 그 수리는 항고소송의 대상이 되는 행정처분에 해당하지 아니한다.

신고를 요하는 용도변경에 해당하지 아니하므로 그 변동 사실은 신고할 사항이 아니고 관할 시장이 그 신고를 수리하였다 하더라도 그 수리는 공동주택 입주민의 구체적인 권리의무에 아무런 변동을 초래하지 않는다는 이유로 항고소송의 대상이 되는 행정처분이 아니다(대법원 2000. 12. 22. 99두455).

행정청의 건축신고 반려행위 또는 수리 거부행위는 항고소송의 대상이 된다.

건축주 등으로서는 신고제하에서도 건축신고가 반려될 경우 당해 건축물의 건축을 개시하면 시정명령, 이행강제금, 벌금의 대상이 되거나 당해 건축물을 사용하여 행할 행위의 허가가 거부될 우려가 있어 불안정한 지위에 놓이게 된다. 따라서 건축신고 반려행위가 이루어진 단계에서 당사자로 하여금 반려행위의 적법성을 다투어 그 법적 불안을 해소한 다음 건축행위에 나아가도록 함으로써 장차 있을지도 모르는 위험에서 미리 벗어날 수 있도록 길을 열어 주고, 위법한 건축물의 양산과 그 철거를 둘러싼 분쟁을 조기에 근본적으로 해결할 수 있게 하는 것이 법치행정의 원리에 부합한다. 그러므로 이 사건 건축신고 반려행위는 항고소송의 대상이 된다고 보는 것이 옳다(대법원 2010. 11. 18. 2008두167 전원합의체).

행정청의 인·허가의제 건축신고는 수리를 요하는 신고에 해당한다.

건축법에서 인·허가의제 제도를 둔 취지는, 인·허가의제사항과 관련하여 건축허가 또는 건축신고의 관할 행정청으로 그 창구를 단일화하고 절차를 간소화하며 비용과 시간을 절감함으로써 국민의 권익을 보호하려는 것이지, 인·허가의제사항 관련 법률에 따른 각각의 인·허가 요건에 관한 일체의 심사를 배제하려는 것으로 보기는 어렵다. 왜냐하면, 건축법과 인·허가의제사항 관련 법률은 각기 고유한 목적이 있고, 건축신고와 인·허가의제사항도 각각 별개의 제도적 취지가 있으며 그 요건 또한 달리하기 때문이다. 나아가 인·허가의제사항 관련 법률에 규정된 요건 중 상당수는 공익에 관한 것으로서 행정청의 전문적이고 종합적인 심사가 요구되는데, 만약 건축신고만으로 인·허가의제사항에 관한 일체의 요건 심사가 배제된다고 한다면, 중대한 공익상의 침해나 이해관계인의 피해를 야기하고 관련 법률에서 인·허가 제도를 통하여 사인의 행위를 사전에 감독하고자 하는 규율체계 전반을 무너뜨릴 우려가 있다. 또한 무엇보다도 건축신고를 하려는 자는 인·허가의제사항 관련 법령에서 제출하도록 의무화하고 있는 신청서와 구비서류를 제출하여야 하는데, 이는 건축신고를 수리하는 행정청으로 하여금 인·허가의제사항 관련 법률에 규정된 요건에 관하여도 심사를 하도록 하기 위한 것으로 볼 수밖에 없다. 따라서 인·허가의제 효과를 수반하는 건축신고는 일반적인 건축신고와는 달리, 특별한 사정이 없는 한 행정청이 그 실체적 요건에 관한 심사를 한 후 수리하여야 하는 이른바 '수리를 요하는 신고'로 보는 것이 옳다(대법원 2011. 1. 20. 2010두14954 전원합의체).

자기완결적 신고(수리를 요하지 않는 신고)	행위요건적 신고(수리를 요하는 신고)
① 축산물판매업 신고, 수산업법상의 수산제조업 신고 ② 당구장 영업신고 ③ 일반적 건축신고(건축법 제14조 제1항 - 담장설치공사신고) · 건축물의 용도변경신고 ④ 원격평생교육신고 ⑤ 의원개설신고 ⑥ 부가가치세법상 사업자 등록 ⑦ 골프연습장 이용료 변경신고 ⑧ 출생신고, 사망신고 ⑨ 숙박업, 목욕장업, 미용업의 신고 등	① 영업양도에 따른 지위승계신고 ② 주민등록신고 ③ 건축주명의변경신고 ④ 인 · 허가의제 효과를 수반하는 건축신고 ⑤ 장기요양기관의 폐업신고, 노인의료복지시설의 폐지신고 ⑥ 어업의 신고 ⑦ 유료노인복지주택의 설치신고 ⑧ 납골당설치신고 ⑨ 혼인신고 ⑩ 개발제한구역 내 건축신고 ⑪ 학교환경위생정화구역 내에서의 체육시설업 (당구장업)신고 ⑫ 개발제한구역 내 골프연습장신고

2) 신고의 효과

(1) 자기완결적 신고

① 적법한 요건을 갖춘 신고가 있는 경우에는 신고의무를 이행한 것이 되어 행정청의 수리 여부와 관계없이 신고서가 접수기관에 도달한 때에 신고의무가 이행된 것으로 본다. 신고 필증의 교부는 확인행위로서의 의미만 가진다. 따라서 신고의 요건을 갖추고 있다면 행정 청이 수리를 거부하여도 신고의 법적 효력은 발생한다.

② 부적법한 신고를 하면 행정청이 이를 수리한 경우에도 신고의 법적 효과는 발생하지 않는 다. 따라서 부적법한 신고를 하고 영업을 하는 경우 무신고 영업에 해당되어 불법영업이 된다.

(2) 행위요건적 신고

① 적법한 요건을 갖춘 신고가 있는 경우 신고는 도달로 효력이 발생하는 것이 아니라 수리 행위에 의해 효력이 발생한다. 따라서 수리가 거부되면 신고의 법적 효력은 발생하지 않 고 신고대상 행위를 할 수 없다.

② 부적법한 신고를 행정청이 수리하였다면 이 수리행위는 하자 있는 위법한 수리행위가 된 다. 수리행위가 무효인 경우에는 신고의 효과가 발생하지 않지만 취소사유에 해당하는 경 우에는 수리행위가 취소되기까지는 불법영업이 아니다.

판례

신고서 위조 등의 사유가 있어 신고행위 자체가 효력이 없다면 그 수리행위는 무효이다.

장기요양기관의 폐업신고와 노인의료복지시설의 폐지신고는, 행정청이 관계 법령이 규정한 요건에 맞는지를 심사한 후 수리하는 이른바 '수리를 필요로 하는 신고'에 해당한다. 그러나 행정청이 그 신고를 수리하였다고 하더라도, 신고서 위조 등의 사유가 있어 신고행위 자체가 효력이 없다면, 그 수리행위는 유효한 대상이 없는 것으로서, 수리행위 자체에 중대·명백한 하자가 있는지를 따질 것도 없이 당연히 무효이다(대법원 2018. 6. 12. 2018두33593).

수리대상이 무효인 때에는 수리를 하였다 하더라도 그 수리는 당연히 무효이다.

[1] 사업양도·양수에 따른 허가관청의 지위승계신고의 수리는 적법한 사업의 양도·양수가 있었음을 전제로 하는 것이므로 그 수리대상인 사업양도·양수가 존재하지 아니하거나 무효인 때에는 수리를 하였다 하더라도 그 수리는 유효한 대상이 없는 것으로서 당연히 무효라 할 것이고, 사업의 양도행위가 무효라고 주장하는 양도자는 민사쟁송으로 양도·양수행위의 무효를 구함이 없이 막바로 허가관청을 상대로 하여 행정소송으로 위 신고수리처분의 무효확인을 구할 법률상 이익이 있다.

[2] 하자 있는 행정처분을 놓고 이를 무효로 볼 것인지 아니면 단순히 취소할 수 있는 처분으로 볼 것인지는 동일한 사실관계를 토대로 한 법률적 평가의 문제에 불과하고, 행정처분의 무효확인을 구하는 소에는 특단의 사정이 없는 한 그 취소를 구하는 취지도 포함되어 있다고 보아야 하는 점 등에 비추어 볼 때, 동일한 행정처분에 대하여 무효확인의 소를 제기하였다가 그 후 그 처분의 취소를 구하는 소를 추가적으로 병합한 경우, 주된 청구인 무효확인의 소가 적법한 제소기간 내에 제기되었다면 추가로 병합된 취소청구의 소도 적법하게 제기된 것으로 봄이 상당하다(대법원 2005. 12. 23. 2005두3554).

납골당설치신고 수리행위에 신고필증 교부 등 행위가 꼭 필요한 것은 아니다.

[1] 납골당설치 신고는 이른바 '수리를 요하는 신고'라 할 것이므로, 납골당설치 신고가 구 장사법 관련 규정의 모든 요건에 맞는 신고라 하더라도 신고인은 곧바로 납골당을 설치할 수는 없고, 이에 대한 행정청의 수리처분이 있어야만 신고한 대로 납골당을 설치할 수 있다. 한편 수리란 신고를 유효한 것으로 판단하고 법령에 의하여 처리할 의사로 이를 수령하는 수동적 행위이므로 수리행위에 신고필증 교부 등 행위가 꼭 필요한 것은 아니다.

[2] 파주시장이 종교단체 납골당설치 신고를 한 갑 교회에 필요한 시설을 설치하고 유골을 안전하게 보관할 수 있는 설비를 갖추어야 하며 관계 법령에 따른 허가 및 준수 사항을 이행하여야 한다는 내용의 납골당설치 신고사항 이행통지를 한 사안에서, 파주시장이 갑 교회에 이행통지를 함으로써 납골당설치 신고수리를 하였다고 보는 것이 타당하고, 이행통지가 새로이 갑 교회 또는 관계자들의 법률상 지위에 변동을 일으키지는 않으므로 이를 수리처분과 별도로 항고소송 대상이 되는 다른 처분으로 볼 수 없다.

[3] 납골당 설치장소에서 500m 내에 20호 이상의 인가가 밀집한 지역에 거주하는 주민들에게는 납골당이 누구에 의하여 설치되는지를 따질 필요 없이 납골당 설치에 대하여 환경 이익 침해 또는 침해 우려가 있는 것으로 사실상 추정되어 원고적격이 인정된다(대법원 2011. 9. 8. 2009두6766).

사실상 영업이 양도·양수되었지만 아직 승계신고 및 그 수리처분이 있기 이전에는 여전히 종전의 영업자인 양도인이 영업허가자이다.

가. 식품위생법 제25조 제3항에 의한 영업양도에 따른 지위승계신고를 수리하는 허가관청의 행위는 단순히 양도·양수인 사이에 이미 발생한 사법상의 사업양도의 법률효과에 의하여 양수인이 그 영업을 승계하였다는 사실의 신고를 접수하는 행위에 그치는 것이 아니라, 영업허가자의 변경이라는 법률효과를 발생시키는 행위라고 할 것이다.

나. 사실상 영업이 양도·양수되었지만 아직 승계신고 및 그 수리처분이 있기 이전에는 여전히 종전의 영업자인 양도인이 영업허가자이고, 양수인은 영업허가자가 되지 못한다 할 것이어서 행정제재처분의 사유가 있는지 여부 및 그 사유가 있다고 하여 행하는 행정제재처분은 영업허가자인 양도인을 기준으로 판단하여 그 양도인에 대하여 행하여야 할 것이고, 한편 양도인이 그의 의사에 따라 양수인에게 영업을 양도하면서 양수인으로 하여금 영업을 하도록 허락하였다면 그 양수인의 영업 중 발생한 위반행위에 대한 행정적인 책임은 영업허가자인 양도인에게 귀속된다고 보아야 할 것이다(대법원 1995. 2. 24. 94누 9146).

전입신고 심사의 범위

주민들의 거주지 이동에 따른 주민등록전입신고에 대하여 행정청이 이를 심사하여 그 수리를 거부할 수는 있다고 하더라도, 그러한 행위는 자칫 헌법상 보장된 국민의 거주·이전의 자유를 침해하는 결과를 가져올 수도 있으므로, 시장·군수 또는 구청장의 주민등록전입신고 수리 여부에 대한 심사는 주민등록법의 입법 목적의 범위 내에서 제한적으로 이루어져야 한다. 한편, 주민등록법의 입법 목적에 관한 제1조 및 주민등록 대상자에 관한 제6조의 규정을 고려해 보면, 전입신고를 받은 시장·군수 또는 구청장의 심사 대상은 전입신고자가 30일 이상 생활의 근거로 거주할 목적으로 거주지를 옮기는지 여부만으로 제한된다고 보아야 한다. 따라서 전입신고자가 거주의 목적 이외에 다른 이해관계에 관한 의도를 가지고 있는지 여부, 무허가 건축물의 관리, 전입신고를 수리함으로써 당해 지방자치단체에 미치는 영향 등과 같은 사유는 주민등록법이 아닌 다른 법률에 의하여 규율되어야 하고, 주민등록전입신고의 수리 여부를 심사하는 단계에서는 고려 대상이 될 수 없다(대법원 2009. 6. 18. 2008두10997 전원합의체).

6. 행정법상의 신청

행정절차법 제17조 【처분의 신청】 ① 행정청에 처분을 구하는 신청은 문서로 하여야 한다. 다만, 다른 법령등에 특별한 규정이 있는 경우와 행정청이 미리 다른 방법을 정하여 공시한 경우에는 그러하지 아니하다.

② 제1항에 따라 처분을 신청할 때 전자문서로 하는 경우에는 행정청의 컴퓨터 등에 입력된 때에 신청한 것으로 본다.

③ 행정청은 신청에 필요한 구비서류, 접수기관, 처리기간, 그 밖에 필요한 사항을 게시(인터넷 등을 통한 게시를 포함한다)하거나 이에 대한 편람을 갖추어 두고 누구나 열람할 수 있도록 하여야 한다.

④ 행정청은 신청을 받았을 때에는 다른 법령등에 특별한 규정이 있는 경우를 제외하고는 그 접수를 보류 또는 거부하거나 부당하게 되돌려 보내서는 아니 되며, 신청을 접수한 경우에는 신청인에게 접수증을 주어야 한다. 다만, 대통령령으로 정하는 경우에는 접수증을 주지 아니할 수 있다.

⑤ 행정청은 신청에 구비서류의 미비 등 흠이 있는 경우에는 보완에 필요한 상당한 기간을 정하여 지체 없이 신청인에게 보완을 요구하여야 한다.

⑥ 행정청은 신청인이 제5항에 따른 기간 내에 보완을 하지 아니하였을 때에는 그 이유를 구체적으로 밝혀 접수된 신청을 되돌려 보낼 수 있다.

⑦ 행정청은 신청인의 편의를 위하여 다른 행정청에 신청을 접수하게 할 수 있다. 이 경우 행정청은 다른 행정청에 접수할 수 있는 신청의 종류를 미리 정하여 공시하여야 한다.

⑧ 신청인은 처분이 있기 전에는 그 신청의 내용을 보완·변경하거나 취하(取下)할 수 있다. 다만, 다른 법령등에 특별한 규정이 있거나 그 신청의 성질상 보완·변경하거나 취하할 수 없는 경우에는 그러하지 아니하다.

확인학습

1 신고사항이 아닌 신고를 수리 거부한 경우 그 수리 거부는 항고소송의 대상이 되는 행정처분에 해당하지 아니한다. ◎

2 사인의 공법행위에는 원칙적으로 부관을 붙일 수 없다. ◎

3 진의 아닌 의사표시에 관한 민법 제107조는 사인의 공법행위에는 준용되지 아니한다. ◎

4 공무원에 의해 제출된 사직원은 그에 따른 의원면직처분이 있을 때까지 철회할 수 있지만, 일단 면직처분이 있고 난 이후에는 철회할 수 없다. ◎

5 건축신고의 반려와 착공신고 반려는 항고소송의 대상이 되는 처분이다. ◎

6 인·허가의제 효과를 수반하는 건축신고는 행정청이 그 실체적 요건에 관한 심사를 한 후 수리하여야 하는 이른바 수리를 요하는 신고이다. ◎

7 자기완결적 신고는 적법한 요건을 갖춘 신고가 있는 경우 행정청의 수리 여부와 관계없이 신고서를 접수기관에 발송한 때에 신고의무가 이행된 것으로 본다. ✗

　　해설 신고서가 접수기관에 도달한 때에 신고의무가 이행된 것으로 본다.

8 자기완결적 신고를 규정한 법률상의 요건 외에 타법상의 요건도 충족하여야 하는 경우, 타법상의 요건을 충족시키지 못하는 한 적법한 신고를 할 수 없다. ◎

9 행정절차법 제40조는 자기완결적 신고에 대하여 규율하고 있다. ◎

10 수리를 요하는 신고의 경우, 수리행위에 신고필증의 교부가 필수적이므로 신고필증 교부의 거부는 행정소송법상 처분으로 볼 수 있다. ✗

　　해설 신고서를 수리한 행정관청이 소정의 신고필증을 교부하도록 되어 있다 하여도 이는 신고사실의 확인행위로서 신고필증을 교부하도록 규정한 것에 불과하고 그와 같은 신고필증의 교부가 없다 하여 개설신고의 효력을 부정할 수 없다.

11 체육시설의 회원을 모집하고자 하는 자의 시·도지사 등에 대한 회원모집계획서 제출은 수리를 요하는 신고에서의 신고에 해당하며, 시·도지사 등의 검토결과 통보는 수리행위로서 행정처분에 해당한다. ◎

　　해설 기존회원의 골프장에 대한 법률상의 지위에 영향을 미치게 되므로, 이러한 경우 기존회원은 위와 같은 회원모집계획서에 대한 시·도지사의 검토결과 통보의 취소를 구할 법률상의 이익이 있다고 보아야 한다(대법원 2009. 2. 26. 2006두16243).

12 영업자 지위승계신고 수리에 있어서 종전 영업자에 대하여 행정절차법 규정 소정의 행정절차를 실시하여야 하는 것은 아니다. ✗

　　해설 영업자 지위승계신고를 수리하는 처분은 종전의 영업자의 권익을 제한하는 처분이라 할 것이므로 종전의 영업자에 대하여 행정절차를 실시하고 처분을 하여야 한다(대법원 2003. 2. 14. 2001두7015).

13 주민등록신고는 행정청이 수리한 경우에 비로소 신고의 효력이 발생한다. ◎

14 전입신고자가 거주의 목적 이외의 다른 이해관계에 관한 의도를 가지고 있는지 여부, 전입신고를 수리함으로써 당해 지방자치단체에 미치는 영향 등과 같은 사유는 주민등록전입신고의 심사대상에 해당하지 않는다. ◎

　　해설 심사대상은 전입신고자가 30일 이상 거주할 목적인지 여부만으로 제한된다.

15 자기완결적 신고는 부적법한 신고가 있는 경우에 해당하더라도 행정청이 이를 수리한 경우에는 그 하자가 치유되어 적법한 영업에 해당된다. ☒

해설 자기완결적 신고는 부적법한 신고가 있는 경우 행정청이 이를 수리한 경우에도 무신고 영업에 해당된다.

16 행위요건적 신고에서 수리대상이 무효인 때에는 수리를 하였다 하더라도 그 수리는 당연히 무효이다. ◯

17 행위요건적 신고에서 신고서 위조 등의 사유가 있어 신고행위 자체가 효력이 없다면, 그 수리행위는 유효한 대상이 없는 것으로서, 수리행위 자체에 중대·명백한 하자가 있는지를 따질 것도 없이 당연히 무효이다. ◯

18 납골당설치 신고사항의 이행통지는 단순한 확인일 뿐 납골당설치에 대한 신고를 수리하였다고 볼 수는 없다. ☒

해설 행정청이 납골당설치 신고사항의 이행통지를 한 것은 납골당설치신고를 수리한 것이라고 본다.

19 신청에 대한 거부처분은 당사자의 권익을 제한하는 처분에 해당한다. ☒

해설 신청에 따른 처분이 이루어지지 아니한 경우에는 아직 당사자에게 권익이 부과되지 아니하였으므로 특별한 사정이 없는 한 신청에 대한 거부처분이라고 하더라도 직접 당사자의 권익을 제한하는 것은 아니어서 신청에 대한 거부처분을 여기에서 말하는 '당사자의 권익을 제한하는 처분'에 해당한다고 할 수 없는 것이기 때문에 처분의 사전통지대상이 된다고 할 수 없다.

행정사
이준희 행정법

행정입법

1. 행정입법의 의의 및 종류

행정입법이란 국가 등 행정주체가 법조문의 형식으로 일반적·추상적 규범을 정립하는 작용을 말한다. 행정입법에는 법규명령과 행정규칙이 있다.

2. 법규명령과 행정규칙의 비교

비교	법규명령	행정규칙
공통점	일반적·추상적 규율이다. 따라서 원칙적으로 처분성이 인정되지 않는다.	
법형식	시행령(대통령령), 시행규칙(부령)	고시·훈령·예규·지침 등
법적 근거	• 법률유보·법률우위의 원칙 적용 • 위임명령: 상위법령의 수권을 요함 • 집행명령: 상위법령의 수권을 요하지 않음	• 법률유보의 원칙은 적용× • 법률우위의 원칙은 적용 ○ • 상위법령의 수권을 요하지 않음 (단, 법령보충규칙은 수권을 요함)
규율 대상	• 일반권력관계 • 국민의 권리·의무에 관한 내용 • 위임명령: 새로운 법규사항 규율 가능 • 집행명령: 새로운 법규사항 규율 불가	• 특별권력관계 • 행정조직 내부의 기준, 지침, 해석
절차	• 법제처 사전심사(모든 법규명령) • 국무회의 심의(대통령령만)	특별한 절차규정 없음
성질	법규성 인정되므로 대외적 구속력이 있으며 재판규범이 됨	• 법규성 부정(행정내부적 규율) • 재판규범×
위반의 효과	위법한 행정작용	• 원칙적으로 유효(평등의 원칙, 자기구속원칙 등을 근거로 위법성 주장) • 내부적 징계사유는 될 수 있음
효력발생	공포가 있어야 효력이 발생	공포가 없어도 되며, 수명기관에 도달하면 효력이 발생

1. 법규명령의 분류

1) 법의 형식에 따른 분류

⑴ 헌법상 인정되고 있는 법규명령

대통령령, 총리령 · 부령, 대법원규칙, 헌법재판소규칙, 국회규칙, 중앙선거관리위원회규칙 등이 있다. 대통령령은 통상 시행령이라고 하고 부령은 시행규칙이라고 표현하는 경우가 많다. 대통령 긴급명령과 긴급재정 · 경제명령은 법률의 효력을 가지므로 법률대위명령이라고 한다.

판례

헌법이 인정하고 있는 위임입법의 형식은 예시적인 것이다.

헌법 제40조와 헌법 제75조, 제95조의 의미를 살펴보면, 국회입법에 의한 수권이 입법기관이 아닌 행정기관에게 법률 등으로 구체적인 범위를 정하여 위임한 사항에 관하여는 당해 행정기관에게 법정립의 권한을 갖게 되고, 입법자가 규율의 형식도 선택할 수도 있다 할 것이므로, 헌법이 인정하고 있는 위임입법의 형식은 예시적인 것으로 보아야 할 것이고, 그것은 법률이 행정규칙에 위임하더라도 그 행정규칙은 위임된 사항만을 규율할 수 있으므로, 국회입법의 원칙과 상치되지도 않는다(헌재 2004. 10. 28. 99헌바91).

⑵ 감사원규칙

감사원규칙에 대하여는 헌법에 근거가 없으며, 감사원법에 따라 제정된다.

⑶ 소속기관의 입법

국무총리의 직속기관(⑩ 법제처장 등)이나 행정각부의 소속기관(⑩ 경찰청장 등)은 행정각부의 장이 아니므로 독립하여 법규명령을 제정할 수 없다. 따라서 이들은 총리령의 형식으로 해야한다.

2) 수권의 근거와 범위에 따른 분류

⑴ 위임명령

법률보충명령이라고도 한다. 위임명령은 상위법령의 개별적 · 구체적 위임에 의한 법규명령을 말한다. 위임명령은 법률 또는 상위명령에 의한 개별적인 수권에 의하여 국민의 권리 · 의무를 새롭게 설정하는 것이다.

> **판례**⁺
>
> **명시적 규정이 없어도 모법의 해석상 가능한 시행령이나 시행규칙은 적법하다.**
>
> 법률의 시행령이나 시행규칙은 법률에 의한 위임이 없으면 개인의 권리·의무에 관한 내용을 변경·보충
> 하거나 법률이 규정하지 아니한 새로운 내용을 정할 수는 없지만, 법률의 시행령이나 시행규칙의 내용이
> 모법의 입법 취지와 관련 조항 전체를 유기적·체계적으로 살펴보아 모법의 해석상 가능한 것을 명시한
> 것에 지나지 아니하거나 모법 조항의 취지에 근거하여 이를 구체화하기 위한 것인 때에는 모법의 규율 범
> 위를 벗어난 것으로 볼 수 없으므로, 모법에 이에 관하여 직접 위임하는 규정을 두지 아니하였다고 하더라
> 도 이를 무효라고 볼 수는 없다. 이러한 법리는 지방자치단체의 교육감이 제정하는 교육규칙과 모법인 상
> 위 법령의 관계에서도 마찬가지이다(대법원 2014. 8. 20. 2012두19526).
>
> **법률 또는 대통령령으로 정할 사항을 부령으로 정한 경우 그러한 부령은 무효이다.**
>
> 행정 각부 장관이 부령으로 제정할 수 있는 범위는 법률 또는 대통령령이 위임한 사항이나 또는 법률 또는
> 대통령령을 실시하기 위하여 필요한 사항에 한정되므로 법률 또는 대통령령으로 규정할 사항은 부령으로
> 규정하였다고 하면 그 부령은 무효이다(대법원 1962. 1. 25. 4294민상9).

(2) 집행명령

집행명령은 상위법령의 구체적·개별적인 위임을 근거로 하는 것이 아니다. 집행명령은 상위
법령의 시행을 위하여 구체적·세부적 또는 절차적·기술적 사항만을 규정하는 것이다. 집행
명령도 법규명령이지만 국민의 권리·의무에 관한 사항을 정할 수 없다.

3) 법률과의 관계에 따른 분류

(1) 헌법대위명령

헌법의 일부 규정에 대한 효력을 정지시키는 헌법적 효력의 명령으로 과거 유신헌법상 대통
령 긴급조치가 이에 해당한다. 현행 헌법에서는 헌법대위명령은 인정되지 않는다.

(2) 법률대위명령

법률과 동일한 효력을 가지는 명령이며, 헌법 제76조에 근거한 대통령의 긴급재정·경제명령
과 대통령의 긴급명령이 있다.

(3) 법률종속적 명령

법률보다 하위의 효력을 가지는 것으로서 위임명령과 집행명령이 있다.

2. 법규명령의 한계

1) 긴급명령 · 긴급재정 · 경제명령의 한계

대통령의 긴급명령, 긴급재정 · 경제명령은 헌법 제76조의 한계를 지켜야 한다.

2) 위임명령의 한계

(1) 포괄적 위임의 금지

헌법은 '구체적으로 범위를 정하여 위임받은 사항'에 관하여만 위임명령을 발할 수 있다고 규정하여(헌법 제75조), 법률에 의한 포괄적 · 일반적 수권을 금지하고 있다. 원칙적으로 법률에 의한 수권에 있어서는 행정입법의 규율대상 · 범위 등에 관하여 구체적으로 정하여, 누구라도 행정입법에 의하여 규율될 내용의 대강을 합리적으로 예측할 수 있어야 할 것이다.

(2) 국회전속적 입법사항

헌법이 법률로써 정하도록 명시적으로 규정하고 있는 사항(① 국적취득의 요건, ② 재산권의 수용 · 사용 · 제한 및 그에 대한 보상, ③ 행정각부의 설치 · 조직과 직무범위의 결정)은 법규명령으로 정할 수 없음이 원칙이다. 다만, 기본적인 내용을 법률로 정하고 세부적인 사항은 구체적 범위를 정하여 행정입법에 위임하는 것이 가능하다.

(3) 처벌법규나 조세법규

기본권 침해영역에서는 급부영역에서보다 구체성의 요구가 강화된다.

처벌법규의 위임은 첫째, 긴급한 필요나 미리 법률로써 자세히 정할 수 없는 부득이한 사정이 있는 경우에 한정되어야 하며, 둘째, 이러한 경우일지라도 법률에서 범죄의 구성요건은 처벌대상행위가 어떠한 것이라고 이를 예측할 수 있을 정도로 구체적으로 정하여야 하며, 셋째, 형벌의 종류 및 그 상한과 폭을 명백히 규정하여야 한다(헌재 1991. 7. 8. 91헌가4).

(4) 재위임의 가능성

위임받은 사항에 관하여 일반적인 사항을 규정하고 그 세부적 사항을 하위명령에 재위임하는 것은 가능하다.

(5) 조례에 대한 위임

조례에 대한 위임은 포괄적 위임도 가능하다. 그러나 국민의 권리 · 의무에 관련되는 것일 경우에는 적어도 국민의 권리 · 의무에 관한 기본적이고 본질적인 사항은 국회가 정하여야 한다.

(6) 사실관계가 수시로 변할 수 있는 사안

구체성의 요구가 완화된다.

판례

포괄적 위임인지 여부는 법규를 유기적 · 체계적으로 종합 판단하여 결정한다.

조세법률주의의 원칙상 과세요건은 엄격히 해석되어야 하고 일반적 · 포괄적인 위임입법은 금지되나, 법률규정 자체에 위임의 구체적 범위를 명확히 규정하고 있지 아니하여 외형상으로는 일반적 · 포괄적으로 위임한 것처럼 보이더라도, 그 법률의 전반적인 체계와 취지 · 목적, 당해 조항의 규정형식과 내용 및 관련 법규를 살펴 이에 대한 해석을 통하여 그 내재적인 위임의 범위나 한계를 객관적으로 분명히 확정될 수 있는 것이라면 이를 일반적 · 포괄적인 위임에 해당하는 것으로 볼 수는 없다(대법원 1996. 3. 21. 95누3640 전원합의체).

포괄적 위임인지 여부는 법규를 유기적 · 체계적으로 종합 판단하여 결정한다.

위임명령은 법률이나 상위명령에서 구체적으로 범위를 정한 개별적인 위임이 있을 때에 가능하고, 여기에서 구체적인 위임의 범위는 규제하고자 하는 대상의 종류와 성격에 따라 달라지는 것이어서 일률적 기준을 정할 수는 없지만, 적어도 위임명령에 규정될 내용 및 범위의 기본사항이 구체적으로 규정되어 있어서 누구라도 당해 법률이나 상위명령으로부터 위임명령에 규정될 내용의 대강을 예측할 수 있어야 하나, 이 경우 그 예측가능성의 유무는 당해 위임조항 하나만을 가지고 판단할 것이 아니라 그 위임조항이 속한 법률이나 상위명령의 전반적인 체계와 취지 목적, 당해 위임조항의 규정형식과 내용 및 관련 법규를 유기적 체계적으로 종합 판단하여야 하고, 나아가 각 규제 대상의 성질에 따라 구체적 개별적으로 검토함을 요한다(대법원 2006. 4. 14. 2004두14793).

조례에 대해서는 포괄적 위임이 가능하다.

법률이 주민의 권리의무에 관한 사항에 관하여 구체적으로 아무런 범위도 정하지 아니한 채 조례로 정하도록 포괄적으로 위임하였다고 하더라도, 행정관청의 명령과는 달라, 조례도 주민의 대표기관인 지방의회의 의결로 제정되는 지방자치단체의 자주법인 만큼, 지방자치단체가 법령에 위반되지 않는 범위 내에서 주민의 권리의무에 관한 사항을 조례로 제정할 수 있는 것이다(대법원 1991. 8. 27. 90누6613).

정관에 대해서는 포괄적 위임이 가능하다.

법률이 공법적 단체 등의 정관에 자치법적 사항을 위임한 경우에는 헌법 제75조가 정하는 포괄적인 위임입법의 금지는 원칙적으로 적용되지 않는다고 봄이 상당하고, 그렇다 하더라도 그 사항이 국민의 권리 · 의무에 관련되는 것일 경우에는 적어도 국민의 권리 · 의무에 관한 기본적이고 본질적인 사항은 국회가 정하여야 한다(대법원 2007. 10. 12. 2006두14476).

3) 집행명령의 한계

집행명령은 상위법령의 수권이 없어도 제정될 수 있다. 다만, 집행명령은 오직 상위명령의 집행에 필요한 구체적 절차 · 형식 등을 규정할 수 있을 뿐이고, 새로운 입법사항을 정할 수 없다. 따라서 집행명령이 새로운 법규사항(국민의 권리 · 의무에 관한 사항)을 규정하였다면 그 집행명령은 위법한 명령이 되고 무효가 된다.

> **판례**⁺
>
> **시행령은 법률에 의하여 위임받은 사항이나 법률을 집행하는 데 필요한 사항만을 규정할 수 있다.**
>
> 헌법 제75조는 "대통령은 법률에서 구체적으로 범위를 정하여 위임받은 사항과 법률을 집행하기 위하여 필요한 사항에 관하여 대통령령을 발할 수 있다."라고 규정하고 있다. 따라서 대통령은 법률에서 구체적으로 범위를 정하여 위임받은 사항과 법률을 집행하기 위하여 필요한 사항에 관하여만 대통령령을 발할 수 있으므로, 법률의 시행령은 모법인 법률에 의하여 위임받은 사항이나 법률이 규정한 범위 내에서 법률을 현실적으로 집행하는 데 필요한 세부적인 사항만을 규정할 수 있을 뿐, 법률에 의한 위임이 없는 한 법률이 규정한 개인의 권리·의무에 관한 내용을 변경·보충하거나 법률에 규정되지 아니한 새로운 내용을 규정할 수는 없다(대법원 2020. 9. 3. 2016두32992 전원합의체).

3. 법규명령의 성립요건

1) 주체

법규명령은 대통령, 국무총리, 행정각부의 장 등 정당한 권한을 가진 기관이 제정하여야 한다.

2) 내용

상위법령에 근거가 있어야 하고, 또한 그에 저촉되지 않아야 하며, 그 규정내용이 명확하고 실현가능한 것이어야 한다.

> **판례**⁺
>
> **법규명령이 위임의 근거가 없어 무효였더라도 나중에 법 개정으로 위임의 근거가 부여되면 그때부터는 유효하다.**
>
> 일반적으로 법률의 위임에 따라 효력을 갖는 법규명령의 경우에 위임의 근거가 없어 무효였더라도 나중에 법 개정으로 위임의 근거가 부여되면 그때부터는 유효한 법규명령으로 볼 수 있다. 그러나 법규명령이 개정된 법률에 규정된 내용을 함부로 유추·확장하는 내용의 해석규정이어서 위임의 한계를 벗어난 것으로 인정될 경우에는 법규명령은 여전히 무효이다(대법원 2017. 4. 20. 2015두45700 전원합의체).

죄형법정주의

헌법 제12조 및 제13조를 통하여 보장되고 있는 죄형법정주의의 원칙은 범죄와 형벌이 법률로 정하여져야 함을 의미하며, 이러한 죄형법정주의에서 파생되는 명확성의 원칙은 법률이 처벌하고자 하는 행위가 무엇이며 그에 대한 형벌이 어떠한 것인지를 누구나 예견할 수 있고, 그에 따라 자신의 행위를 결정할 수 있도록 구성요건을 명확하게 규정하는 것을 의미한다. 그러나 처벌법규의 구성요건이 명확하여야 한다고 하여 모든 구성요건을 단순한 서술적 개념으로 규정하여야 하는 것은 아니고, 다소 광범위하여 법관의 보충적인 해석을 필요로 하는 개념을 사용하였다고 하더라도 통상의 해석방법에 의하여 건전한 상식과 통상적인 법 감정을 가진 사람이면 당해 처벌법규의 보호법익과 금지된 행위 및 처벌의 종류와 정도를 알 수 있도록 규정하였다면 헌법이 요구하는 처벌법규의 명확성에 배치되는 것이 아니다. 또한, 어떠한 법규범이 명확한지 여부는 그 법규범이 수범자에게 법규의 의미내용을 알 수 있도록 공정한 고지를 하여 예측가능성을 주고 있는지 여부 및 그 법규범이 법을 해석·집행하는 기관에게 충분한 의미내용을 규율하여 자의적인 법해석이나 법집행이 배제되는지 여부, 다시 말하면 예측가능성 및 자의적 법집행 배제가 확보되는지 여부에 따라 이를 판단할 수 있는데, 법규범의 의미내용은 그 문언뿐만 아니라 입법 목적이나 입법 취지, 입법 연혁, 그리고 법규범의 체계적 구조 등을 종합적으로 고려하는 해석방법에 의하여 구체화하게 되므로, 결국 법규범이 명확성 원칙에 위반되는지 여부는 위와 같은 해석방법에 의하여 그 의미내용을 합리적으로 파악할 수 있는 해석기준을 얻을 수 있는지 여부에 달려 있다(대법원 2006. 5. 11. 2006도920).

형벌법규는 형벌의 종류 및 그 상한과 폭을 명확히 규정하는 것을 조건으로 위임입법이 허용된다.

ㄱ. 법률 또는 법률조항 자체가 헌법소원의 대상이 될 수 있으려면 구체적인 집행행위를 기다리지 아니하고 그 법률 또는 법률조항에 의하여 직접, 현재, 자기의 기본권을 침해받아야 하는 바, 위에서 말하는 집행행위에는 입법행위도 포함되므로 법률 규정이 그 규정의 구체화를 위하여 하위규범의 시행을 예정하고 있는 경우에는 당해 법률 규정의 직접성은 부인된다.

ㄴ. 형벌법규에 대하여도 특히 긴급한 필요가 있거나 미리 법률로서 자세히 정할 수 없는 부득이한 사정이 있는 경우에 한하여 수권법률(위임법률)이 구성요건의 점에서는 처벌대상인 행위가 어떠한 것일 거라고 이를 예측할 수 있을 정도로 구체적으로 정하고, 형벌의 점에서는 형벌의 종류 및 그 상한과 폭을 명확히 규정하는 것을 조건으로 위임입법이 허용되며 이러한 위임입법은 죄형법정주의에 반하지 않는다.

ㄷ. 법률에서 위임받은 사항을 전혀 규정하지 않고 재위임하는 것은 위임금지의 법리에 반할 뿐 아니라 수권법의 내용변경을 초래하는 것이 되고, 부령의 제정·개정절차가 대통령령에 비하여 보다 용이한 점을 고려할 때 재위임에 의한 부령의 경우에도 위임에 의한 대통령령에 가해지는 헌법상의 제한이 당연히 적용되어야 할 것이므로 법률에서 위임받은 사항을 전혀 규정하지 아니하고 그대로 재위임하는 것은 허용되지 않으며 위임받은 사항에 관하여 대강을 정하고 그 중의 특정사항을 범위를 정하여 하위법령에 다시 위임하는 경우에만 재위임이 허용된다.

ㄹ. 입법목적을 달성하기 위하여 가능한 여러 수단 가운데 어느 것을 선택할 것인가의 문제는 그 결정이 현저하게 불합리하고 불공정한 것이 아닌 한 입법재량에 속하는 것이다(헌재 1996. 2. 29. 94헌마213).

포괄위임금지의 원칙 및 명확성의 원칙의 의미

법률이 특정 사안과 관련하여 시행령에 위임을 한 경우 시행령이 위임의 한계를 준수하고 있는지를 판단할 때는 당해 법률 규정의 입법 목적과 규정 내용, 규정의 체계, 다른 규정과의 관계 등을 종합적으로 살펴야 한다. 법률의 위임 규정 자체가 그 의미 내용을 정확하게 알 수 있는 용어를 사용하여 위임의 한계를 분명히 하고 있는데도 시행령이 그 문언적 의미의 한계를 벗어났다든지, 위임 규정에서 사용하고 있는 용어의 의미를 넘어 그 범위를 확장하거나 축소함으로써 위임 내용을 구체화하는 단계를 벗어나 새로운 입법을 한 것으로 평가할 수 있다면, 이는 위임의 한계를 일탈한 것으로서 허용되지 않는다(대법원 2012. 12. 20. 2011두30878 전원합의체).

3) 형식

조문의 형식을 갖추어야 한다.

4) 절차

대통령령은 국무회의의 심의와 법제처의 심사를 거쳐야 하며, 총리령 및 부령은 법제처의 심사를 거쳐야 한다(총리령과 부령은 국무회의의 심의를 거치지 않아도 된다).

4. 법규명령의 효력요건

1) 공포

법규명령은 외부에 표시함으로써 유효하게 성립하는데 이를 공포라 한다. 공포일이란 그 법규명령을 게재한 관보가 발행된 날을 말한다.

2) 효력발생

특별한 규정이 없으면, 공포한 날로부터 20일을 경과함으로써 효력이 발생한다. 다만, 국민의 권리제한과 의무부과에 직접 관계되는 법규명령은 공포일로부터 적어도 30일이 경과한 날로부터 효력이 발생한다.

5. 법규명령의 하자

1) 하자 있는 법규명령의 통제

성립 및 효력요건을 갖추지 못한 법규명령은 위법한 것으로서, 그 하자의 정도와 상관없이 무효이다.

2) 무효인 법령에 따른 행정처분의 효력

무효인 법령에 근거해서 발하여진 행정처분은 당연히 위법한 처분이 된다. 그 위법성의 정도는 중대명백설에 비추어 판단한다.
① 행정처분이 있은 후에 위헌결정이 있으면 취소사유에 해당한다. 왜냐하면 위헌결정이 있기 전에는 법령이 위헌이라는 것이 명백하지 않기 때문이다.
② 위헌결정 이후에 행정처분이 있으면 그 행정처분은 무효가 된다.

> **판례**
>
> **행정처분이 있은 후에 위헌결정이 있으면 취소사유에 해당한다.**
>
> 일반적으로 시행령이 헌법이나 법률에 위반된다는 사정은 그 시행령의 규정을 위헌 또는 위법하여 무효라고 선언한 대법원의 판결이 선고되지 아니한 상태에서는 그 시행령 규정의 위헌 내지 여부가 해석상 다툼의 여지가 없을 정도로 명백하였다고 인정되지 아니하는 이상 객관적으로 명백한 것이라 할 수 없으므로, 이러한 시행령에 근거한 행정처분의 하자는 취소사유에 해당할 뿐 무효사유가 되지 아니한다(대법원 2007. 6. 14. 2004두619).

6. 법규명령의 소멸

1) 폐지

법규명령의 효력을 장래에 향하여 소멸시키는 행정권의 명시적·직접적 의사표시를 말한다.
행정청은 법규명령을 폐지하고자 할 때도 제정·개정하고자 할 때와 마찬가지로 입법예고하
여야 한다.

2) 근거 법령의 소멸

(1) 위임명령

위임명령은 그 근거법인 법률 또는 상위명령이 소멸하면 법적 근거가 없는 것으로 되어 그
효력이 소멸한다.

> 판례

법률에 대한 위헌결정이 선고되면 법률의 위임에 근거한 법규명령도 원칙적으로 효력을 상실한다.
법규명령의 위임근거가 되는 법률에 대하여 위헌결정이 선고되면 그 위임에 근거하여 제정된 법규명령도
원칙적으로 효력을 상실한다(대법원 2001. 6. 12. 2000다18547).

유효한 법규명령이 법개정으로 위임의 근거가 없어지게 되면 그때부터 무효이다.
일반적으로 법률의 위임에 의하여 효력을 갖는 법규명령의 경우, 구법에 위임의 근거가 없어 무효였더라도
사후에 법개정으로 위임의 근거가 부여되면 그때부터는 유효한 법규명령이 되나, 반대로 구법의 위임에
의한 유효한 법규명령이 법개정으로 위임의 근거가 없어지게 되면 그때부터 무효인 법규명령이 되므로,
어떤 법령의 위임 근거 유무에 따른 유효 여부를 심사하려면 법개정의 전·후에 걸쳐 모두 심사하여야만
그 법규명령의 시기에 따른 유효·무효를 판단할 수 있다(대법원 1995. 6. 30. 93추83).

(2) 집행명령의 경우 근거 법령의 개정

집행명령도 상위법령이 폐지되면 특별한 규정이 없는 한 실효됨을 원칙으로 한다.
집행명령의 상위법령이 개정됨에 그친 경우에는 개정법령과 성질상 모순·저촉되지 아니하
고 개정된 상위법령의 시행에 필요한 사항을 규정하고 있는 이상, 그 집행명령은 상위법령의
개정에도 불구하고 당연히 실효되지 아니하고 개정법령의 시행을 위한 집행명령이 제정, 발
효될 때까지는 여전히 그 효력을 유지한다(대법원 1989. 9. 12. 88누6962).

7. 법규명령에 대한 사법적 통제

1) 법원에 의한 간접적 규범통제

> **헌법 제107조** ① 법률이 헌법에 위반되는 여부가 재판의 전제가 된 경우에는 법원은 헌법재판소에 제청하여 그 심판에 의하여 재판한다.
> ② 명령·규칙 또는 처분이 헌법이나 법률에 위반되는 여부가 재판의 전제가 된 경우에는 대법원은 이를 최종적으로 심사할 권한을 가진다.

(1) 개념

구체적 규범통제라 함은 명령·규칙 등 행정입법의 위헌·위법 여부가 구체적인 사건에서 재판의 전제가 된 경우에 그 사건의 재판과정에서 심사할 수 있는 제도를 말한다. 헌법 제107조에서 재판의 전제성을 요구하여 구체적 규범통제를 하고 있다.

(2) 대상

① **명령**: 심사의 대상은 명령과 규칙이며, 여기서의 명령은 법규명령을 의미한다. 법규명령이면 위임명령과 집행명령을 모두 포함하며, 대통령령·총리령·부령이 모두 대상이 된다. 다만, 대통령의 긴급명령 등은 법률적 효력을 가지므로 위헌법률심판(헌법재판소)의 대상이다.

② **지방자치단체의 조례와 규칙**: 지방자치단체의 조례와 규칙은 구체적 규범통제의 대상이 될 수 있다.

③ **국회규칙, 대법원규칙, 헌법재판소규칙, 선거관리위원회규칙**: 국민에 대하여 일반적 구속력을 가지는 경우에는 심사의 대상이 된다.

④ **행정규칙**: 기관내규로서의 성질을 가지는 행정규칙은 구체적 규범통제의 대상이 되지 않는 것이 원칙이다.

⑤ **조약**: 헌법 제60조 제1항에 의한 국회의 동의를 얻는 조약은 법률의 효력을 가지므로 헌법재판소에서 위헌 여부를 심사하나, 명령의 효력을 가지는 일반조약 등의 경우에는 대법원이 최종적으로 심사한다.

(3) 심사의 주체

명령·규칙에 대한 심사권의 주체는 각급 법원(모든 법원, 군사법원 포함)이다. 따라서 명령·규칙의 위헌·위법 여부가 구체적 사건에서 재판의 쟁점으로 다투어질 때는 모든 법원이 이에 대해 판단할 수 있다. 최종적인 판단은 대법원이 한다(헌법 제107조 제2항).

(4) 위헌 · 위법 판결의 효력

① **개별적 효력 부인**: 명령이나 규칙이 헌법이나 법률에 위반된다고 인정하는 경우 법원은 그 명령이나 규칙을 당해 사건에 적용하는 것을 거부할 수 있을 뿐 그 명령이나 규칙의 무효를 선언할 수는 없다. 따라서 행정입법이 대법원에 의하여 위법하다는 판정이 있더라도 일반적으로 그 효력이 상실되는 것은 아니다.

② **명령 · 규칙의 위헌판결**: 행정소송에 대한 대법원판결에 의하여 명령 · 규칙이 헌법 또는 법률에 위반된다는 것이 확정된 경우에는 대법원은 지체 없이 그 사유를 행정안전부장관에게 통보하여야 한다. 위 통보를 받은 행정안전부장관은 지체 없이 이를 관보에 게재하여야 한다.

판례

법원이 위헌 · 위법으로 선언할 심판대상은 재판의 전제성이 인정되는 조항에 한정된다.

법원이 법률 하위의 법규명령, 규칙, 조례, 행정규칙 등이 위헌 · 위법인지를 심사하려면 그것이 '재판의 전제'가 되어야 한다. 여기에서 '재판의 전제'란 구체적 사건이 법원에 계속 중이어야 하고, 위헌 · 위법인지가 문제 된 경우에는 규정의 특정 조항이 해당 소송사건의 재판에 적용되는 것이어야 하며, 그 조항이 위헌 · 위법인지에 따라 그 사건을 담당하는 법원이 다른 판단을 하게 되는 경우를 말한다. 따라서 법원이 구체적 규범통제를 통해 위헌 · 위법으로 선언할 심판대상은, 해당 규정의 전부가 불가분적으로 결합되어 있어 일부를 무효로 하는 경우 나머지 부분이 유지될 수 없는 결과를 가져오는 특별한 사정이 없는 한, 원칙적으로 해당 규정 중 재판의 전제성이 인정되는 조항에 한정된다(대법원 2019. 6. 13. 2017두33985).

2) 법원에 의한 직접적 규범통제 – 처분적 행정입법에 대한 항고소송

법규명령이 집행행위의 개입 없이 직접 국민의 법적 지위에 영향을 미칠 때는 법규명령 자체에 처분성이 인정되어 법규명령을 대상으로 하는 취소소송이 가능하다.

판례

조례 자체가 항고소송의 대상이 되는지 여부(두밀분교사건)

[1] 조례가 집행행위의 개입 없이도 그 자체로서 직접 국민의 구체적인 권리의무나 법적 이익에 영향을 미치는 등의 법률상 효과를 발생하는 경우 그 조례는 항고소송의 대상이 되는 행정처분에 해당하고, 이러한 조례에 대한 무효확인소송을 제기함에 있어서 행정소송법 제38조 제1항, 제13조에 의하여 피고 적격이 있는 처분 등을 행한 행정청은, 행정주체인 지방자치단체 또는 지방자치단체의 내부적 의결기관으로서 지방자치단체의 의사를 외부에 표시한 권한이 없는 지방의회가 아니라, 지방자치단체의 집행기관으로서 조례로서의 효력을 발생시키는 공포권이 있는 지방자치단체의 장이다.

[2] 시 · 도의 교육 · 학예에 관한 사무의 집행기관은 시 · 도 교육감이고 시 · 도 교육감에게 지방교육에 관한 조례안의 공포권이 있다고 규정되어 있으므로, 교육에 관한 조례의 무효확인소송을 제기함에 있어서는 그 집행기관인 시 · 도 교육감을 피고로 하여야 한다(대법원 1996. 9. 20. 95누8003).

항정신병 치료제의 요양급여에 관한 보건복지부 고시는 행정처분에 해당한다.

항정신병 치료제의 요양급여에 관한 보건복지부 고시가 다른 집행행위의 매개 없이 그 자체로서 제약회사, 요양기관, 환자 및 국민건강보험공단 사이의 법률관계를 직접 규율하는 성격을 가진다는 이유로 항고소송의 대상이 되는 행정처분에 해당한다(대법원 2003. 10. 9. 2003무23).

보건복지부 고시인 약제급여·비급여목록 및 급여상한금액표는 행정처분에 해당한다.

[1] 어떠한 고시가 일반적·추상적 성격을 가질 때에는 법규명령 또는 행정규칙에 해당할 것이지만, 다른 집행행위의 매개 없이 그 자체로서 직접 국민의 구체적인 권리의무나 법률관계를 규율하는 성격을 가질 때에는 행정처분에 해당한다.

[2] 보건복지부 고시인 약제급여·비급여목록 및 급여상한금액표(보건복지부 고시 제2002-46호로 개정된 것)는 다른 집행행위의 매개 없이 그 자체로서 국민건강보험가입자, 국민건강보험공단, 요양기관 등의 법률관계를 직접 규율하는 성격을 가지므로 항고소송의 대상이 되는 행정처분에 해당한다(대법원 2006. 9. 22. 2005두2506).

청소년유해매체물 결정 및 고시는 행정처분에 해당한다.

구 청소년보호법(2001. 5. 24. 법률 제6479호로 개정되기 전의 것)에 따른 청소년유해매체물 결정 및 고시처분은 당해 유해매체물의 소유자 등 특정인만을 대상으로 한 행정처분이 아니라 일반 불특정 다수인을 상대방으로 하여 일률적으로 표시의무, 포장의무, 청소년에 대한 판매·대여 등의 금지의무 등 각종 의무를 발생시키는 행정처분으로서, 정보통신윤리위원회가 특정 인터넷 웹사이트를 청소년유해매체물로 결정하고 청소년보호위원회가 효력발생시기를 명시하여 고시함으로써 그 명시된 시점에 효력이 발생하였다고 봄이 상당하고, 정보통신윤리위원회와 청소년보호위원회가 위 처분이 있었음을 위 웹사이트 운영자에게 제대로 통지하지 아니하였다고 하여 그 효력 자체가 발생하지 아니한 것으로 볼 수는 없다(대법원 2007. 6. 14. 2004두619).

3) 헌법재판소에 의한 통제

(1) 법규명령에 대한 헌법소원가능성

① **헌법재판소의 견해**: 명령·규칙이 집행행위의 매개 없이 직접 기본권을 침해할 때는 헌법재판소도 판단할 수 있다.

② **대법원**: 대법원은 제107조 제2항에서 '재판의 전제가 된 경우'라는 부분은 구체적 규범통제의 원칙을 규정한 것으로 이해하여야 하므로 법률의 위헌 여부는 헌법재판소가 심사하고, 명령·규칙의 위헌 여부는 법원이 심사한다고 보아야 한다고 판시하여 명령·규칙의 헌법소원 대상성을 부정하고 있다.

판례

법무사법 시행규칙은 헌법소원의 대상이 된다.

헌법 제107조 제2항이 규정한 명령·규칙에 대한 대법원의 최종심사권이란 구체적인 소송사건에서 명령·규칙의 위헌여부가 재판의 전제가 되었을 경우 법률의 경우와는 달리 헌법재판소에 제청할 것 없이 대법원이 최종적으로 심사할 수 있다는 의미이며, 헌법 제111조 제1항 제1호에서 법률의 위헌여부심사권을 헌법재판소에 부여한 이상 통일적인 헌법해석과 규범통제를 위하여 공권력에 의한 기본권침해를 이유로 하는 헌법소원심판청구사건에 있어서 법률의 하위법규인 명령·규칙의 위헌여부심사권이 헌법재판소의 관할에 속함은 당연한 깃으로서 헌법 제107조 제2항의 규정이 이를 배제한 것이라고는 볼 수 없다. 그러므로 법률의 경우와 마찬가지로 명령·규칙 그 자체에 의하여 직접 기본권이 침해되었음을 이유로 하여 헌법소원심판을 청구하는 것은 위 헌법 규정과는 아무런 상관이 없는 문제이다. 그리고 헌법재판소법 제68조 제1항이 규정하고 있는 헌법소원심판의 대상으로서의 "공권력"이란 입법·사법·행정 등 모든 공권력을 말하는 것이므로 입법부에서 제정한 법률, 행정부에서 제정한 시행령이나 시행규칙 및 사법부에서 제정한 규칙 등은 그것들이 별도의 집행행위를 기다리지 않고 직접 기본권을 침해하는 것일 때에는 모두 헌법소원심판의 대상이 될 수 있는 것이다(헌재 1990. 10. 15. 89헌마178).

(2) 헌법재판소 결정의 효력

행정입법에 대한 헌법재판소의 인용결정(위헌결정)은 대법원의 결정과 달리 당해 사건에 적용이 거부됨에 그치는 것이 아니라 효력 자체가 상실되는 일반적 효력이다.

4) 국회에 의한 직접적 통제

국회법 제98조의2【대통령령 등의 제출 등】 ① 중앙행정기관의 장은 법률에서 위임한 사항이나 법률을 집행하기 위하여 필요한 사항을 규정한 대통령령·총리령·부령·훈령·예규·고시 등이 제정·개정 또는 폐지되었을 때에는 10일 이내에 이를 국회 소관 상임위원회에 제출하여야 한다. 다만, 대통령령의 경우에는 입법예고를 할 때(입법예고를 생략하는 경우에는 법제처장에게 심사를 요청할 때를 말한다)에도 그 입법예고안을 10일 이내에 제출하여야 한다.

5) 국민에 의한 간접적 통제

법령에 대한 국민의 통제수단으로는 여론·압력단체의 활동 등과 같은 간접적인 수단이 있다.

8. 행정입법부작위

1) 의의

법률에 의해서 하위법규에 위임된 법규명령 또는 행정규칙을 제정하지 아니하는 행정청의 부작위를 말한다. 행정입법부작위가 되기 위해서는 행정기관에게 행정입법을 해야 할 법적 의무가 있어야 하고, 상당한 기간이 지났음에도 행정입법이 이루어지지 않아야 한다.

2) 통제방법

(1) 부작위위법확인소송

행정소송법은 부작위위법확인소송을 규정하고 있으나, 이때의 부작위는 처분의 부작위를 의미하며, 행정입법부작위는 포함되지 않는다. 따라서 행정입법부작위는 항고소송의 대상이 아니다.

(2) 헌법재판소

① **진정입법부작위** : 전혀 입법을 하지 않아 입법행위 자체에 흠결이 있는 경우 입법부작위에 대한 헌법소원이 가능하다.

② **부진정입법부작위** : 입법은 하였으나 입법행위에 결함이 있는 경우에는 입법부작위 그 자체에 대한 헌법소원은 할 수 없다. 다만 결함이 있는 법령이 기본권을 침해하는 경우에는 그 법령에 대해 헌법소원을 제기할 수 있다.

(3) 국가배상청구

행정입법부작위로 손해가 발생한 경우 손해배상요건을 충족한다면 손해배상청구가 가능하다.

확인학습

1 위임명령은 새로운 법규사항을 정할 수 있으나, 집행명령은 상위법령의 집행에 필요한 절차나 형식을 정하는 데 그쳐야 하며 새로운 법규사항을 정할 수 없다. **O**

2 위임명령이 위임 내용을 구체화하는 단계를 벗어나 새로운 입법을 한 것으로 평가할 수 있다고 하더라도 이는 위임의 한계를 일탈한 것이 아니다. **X**

   해설 위임명령이 새로운 입법을 한 것으로 평가할 수 있다면 이는 위임의 한계를 일탈한 것으로 무효이다.

3 법률의 시행령이나 시행규칙의 내용이 모법의 입법 취지와 관련 조항 전체를 유기적·체계적으로 살펴보아 모법의 해석상 가능한 것을 명시한 것에 지나지 아니하거나 모법 조항의 취지에 근거하여 이를 구체화하기 위한 것인 때에는, 모법에 이에 관하여 직접 위임하는 규정을 두지 아니하였다고 하더라도 이를 무효라고 볼 수는 없다. **O**

4 법률의 시행령이 형사처벌에 관한 사항을 규정하면서 법률의 명시적인 위임범위를 벗어나 처벌의 대상을 확장하는 것은 죄형법정주의원칙에 어긋나는 것이므로, 그러한 시행령은 위임입법의 한계를 벗어난 것으로서 무효이다. **O**

5 집행명령은 법률 또는 상위명령에서 정해진 대로 내용을 실현하기 위한 세칙규정이므로 법률 또는 상위명령의 개별수권 없이 발할 수 없다. **X**

   해설 집행명령은 새로운 법규사항을 규정하지 않으므로 법령의 수권 없이 제정될 수 있다.

6 헌법재판소는 헌법이 인정하고 있는 위임입법의 형식을 예시적인 것으로 보고 있다. ◎

7 자치조례에 대한 위임 등 자치법적 사항을 위임하는 경우 헌법 제75조에서 정한 포괄적인 위임입법의 금지는 원칙적으로 적용되지 않는다. ◎

8 공법적 단체 등의 정관에 대한 자치법적 사항의 위임이라도 국민의 권리·의무에 관한 본질적이고 기본적인 사항은 국회가 정하여야 한다. ◎

9 위임의 구체성의 요구 정도는 규제대상의 종류와 성격에 따라 달라지는데, 기본권 침해영역에서는 급부영역에서보다 그 구체성의 요구가 강화된다. ◎

10 다양한 사실관계를 규율하거나 사실관계가 수시로 변화될 것이 예상되는 분야에서는 다른 분야에 비하여 상대적으로 입법위임의 명확성·구체성이 완화된다. ◎

11 입법자는 법률에서 구체적으로 범위를 정하기만 한다면 대통령령뿐만 아니라 부령에 입법사항을 위임할 수도 있다. ◎

12 법률 또는 대통령령으로 규정할 사항이 부령으로 규정되었다고 하면 그 부분은 무효이다. ◎

13 헌법재판소의 결정에 의하면 벌칙의 위임에 있어서는 법률에서 형벌의 종류만 명백히 규정하면 가능하다고 한다. ✕

해설 형벌의 종류 및 그 상한과 폭을 명확히 규정하는 것을 조건으로 위임입법이 허용되며 이러한 위임입법은 죄형법정주의에 반하지 않는다(헌재 1996. 2. 29. 94헌마213).

14 헌법상 국회전속적 입법사항은 반드시 법률로 정해야 하고 세부사항일지라도 위임해서는 아니 된다. ✕

해설 기본적인 내용을 법률로 정하고 세부적인 사항은 구체적 범위를 정하여 행정입법에 위임이 가능하다.

15 법규명령을 폐지하고자 할 때에는 법규명령을 제정하고자 할 때와 달리 별도의 행정상 입법예고를 할 필요는 없다. ✕

해설 행정절차법 제41조(행정상 입법예고) ① 법령 등을 제정·개정 또는 폐지하려는 경우에는 해당 입법안을 마련한 행정청은 이를 예고하여야 한다.

16 총리령은 법제처 심사 이외에 국무회의의 심의를 거쳐야 한다. ✕

해설 대통령령만 국무회의 심의를 거친다.

17 명령·규칙 또는 처분이 헌법이나 법률에 위반되는지 여부가 재판의 전제가 된 경우에는 대법원은 이를 최종적으로 심사할 권한을 가진다. ◎

해설 헌법 제107조 제2항에 해당한다.

18 법규명령의 위헌성이 재판의 선결문제로서 다루어지는 모든 법원은 당해 법규명령의 위헌 여부를 판단할 수 있다. ◎

19 헌법 제107조 제2항의 규정에 위한 '명령·규칙'의 위헌·위법 여부 판단에 있어서 '규칙'은 행정규칙을 의미한다. ✕

해설 행정규칙은 헌법 제107조 제2항의 통제대상이 아니다.

20 명령 · 규칙이 헌법이나 법률에 위반되는지 여부가 법원의 재판이 전제가 되는 경우에는 본안심리에 부수하는 구체적 규범통제의 형식으로 심사하며, 이때의 심사기준에는 형식적 의미의 헌법과 법률뿐만 아니라 국회의 동의를 받은 조약이나 대통령의 긴급명령도 포함된다. ◯

21 대법원에 의하여 법규명령의 특정조항이 위헌 · 위법으로 판결되면 행정소송법에 의하여 무효가 되고, 모든 사건에서 적용이 배제된다. ✕

해설 법규명령이 위법하다고 판단된 경우에 당해 법규명령은 당해 사건에 적용되지 않는다.

22 대법원판결에 의하여 법규명령이 헌법 또는 법률에 위반된다는 것이 확정된 경우에 대법원은 그 사유를 법무부장관에게 통보하여야 한다. ✕

해설 행정안전부장관에게 통보하여야 한다.

23 행정소송법은 행정소송에 대한 각급 판결에 의하여 명령 · 규칙이 헌법 또는 법률에 위반된다는 것이 확정된 경우에는 각급 법원은 지체 없이 그 사유를 행정안전부장관에게 통보하도록 규정하고 있다. ✕

해설 각급 판결, 각급 법원이 아니라 대법원판결, 대법원이 맞다.

24 헌법 제107조 제2항에서 명령 · 규칙에 대한 위헌심사권을 법원에 부여하고 있기 때문에, 헌법재판소는 이에 대한 위헌심사권을 행사할 수 없다. ✕

해설 헌법재판소는 법규명령이 재판의 전제가 됨이 없이 직접 개인의 기본권을 침해하는 경우에는 헌법소원의 대상이 된다고 하였다.

25 판례는 소위 '처분적 조례'에 대해 항고소송의 대상적격을 인정한 바 있다. ◯

해설 조례가 집행행위의 개입 없이도 그 자체로서 직접 국민의 구체적인 권리 · 의무나 법적 이익에 영향을 미치는 등의 법률상 효과를 발생하는 경우 그 조례는 항고소송의 대상이 되는 행정처분에 해당한다.

26 법률의 제정 여부는 그 자체로서 국민의 구체적인 권리 · 의무에 직접적인 변동을 초래하는 것이기 때문에 법규명령의 입법부작위에 대하여 부작위위법확인소송으로 다툴 수 있다. ✕

해설 행정소송은 구체적 사건에 대한 법률상 분쟁을 법에 의하여 해결함으로써 법적 안정을 기하자는 것이므로 부작위위법확인소송의 대상이 될 수 있다는 것은 구체적 권리 · 의무에 관한 분쟁이어야 하고 추상적인 법령에 관하여 제정의 여부 등은 그 자체로서 국민의 구체적인 권리 · 의무에 직접적 변동을 초래하는 것이 아니어서 그 소송의 대상이 될 수 없다.

27 행정입법부작위에 대하여 헌법소원을 인정한다. ◯

해설 헌법재판소는 보건복지부장관이 의료법과 대통령령의 위임에 따라 치과전문의자격시험제도를 실시할 수 있도록 시행규칙을 개정하거나 필요한 조항을 신설하는 등 제도적 조치를 마련하지 아니하는 부작위가 청구인들의 기본권을 침해한 것으로서 헌법에 위반된다고 판시하였다.

행정규칙

1. 의의

행정조직 내부에서 상급행정기관이 하급행정기관에 대하여 그 조직이나 업무처리의 절차·기준 등에 관하여 발하는 일반적·추상적 규정을 말한다.

2. 효력(구속력)

1) 내부적 효력

행정조직 내부에서 공무원은 행정규칙을 준수할 의무가 있으므로 행정규칙은 행정조직 내부에서는 구속성을 갖는다. 따라서 공무원이 근무규칙을 위반했을 때 징계책임이라는 법적 책임을 지게 된다.

다만, 행정규칙의 내용이 위법함이 명백한 경우 공무원은 복종을 거부할 수 있다. 또한 행정규칙의 내용이 상위법령에 위반되는 경우 법질서상 당연무효이고 행정 내부적 효력도 인정될 수 없다.

2) 외부적 효력

(1) 원칙

행정규칙의 외부적 효력, 즉 대외적 구속력은 원칙적으로 인정되지 않는다. 따라서 처분이 행정규칙에서 정한 요건을 충족하지 않아도 조직 내부의 징계사유가 될 수 있을 뿐, 그 자체로 위법한 처분이 되는 것은 아니다.

(2) 예외

① 재량권 행사의 기준을 정하는 행정규칙이 그 정한 바에 따라 되풀이 시행되어 행정관행으로 성립하게 되면 신뢰보호의 원칙이나 평등의 원칙 또는 자기구속의 원칙에 따라 간접적으로 대외적인 구속력을 가지게 된다.

② 법령보충적 행정규칙은 상위법령(근거 법령)과 결합하여 상위법령의 일부가 됨으로써 대외적 구속력이 발생한다.

3. 종류

1) 형식에 따른 분류

(1) 훈령

상급기관이 하급기관에 대하여 상당히 장기간에 걸쳐 권한의 행사를 일반적으로 지시하기 위하여 발하는 명령이다.

(2) 지시

상급기관이 직권 또는 하급기관의 문의나 신청에 대하여 개별적·구체적으로 발하는 명령이다.

(3) 예규

법규 이외의 문서로서 반복적 행정업무의 기준을 제시하는 명령을 말한다.

(4) 일일명령

당직·출장·시간 외 근무·휴가 등의 일일업무에 관한 명령을 말한다.

2) 내용에 따른 분류

조직규칙, 근무규칙, 재량준칙(재량권 행사의 기준을 정하는 행정규칙), 법령해석규칙 등이 있다.

> **판례**
>
> **훈령은 공법상의 법률관계 내부에서 준거할 준칙 등을 정하는 데 그치고 대외적으로는 아무런 구속력도 가지는 것이 아니다.**
>
> 훈령이란 행정조직내부에 있어서 그 권한의 행사를 지휘감독하기 위하여 발하는 행정명령으로서 훈령, 예규, 통첩, 지시, 고시, 각서 등 그 사용명칭 여하에 불구하고 공법상의 법률관계내부에서 준거할 준칙 등을 정하는데 그치고 대외적으로는 아무런 구속력도 가지는 것이 아니다(대법원 1983. 6. 14. 83누54).
>
> **행정관청 내부의 사무처리규정에 불과한 전결규정에 위반하여 원래의 전결권자 아닌 보조기관 등이 처분 권자인 행정관청의 이름으로 행정처분을 한 경우, 그 처분은 무효가 아니다.**
>
> 전결과 같은 행정권한의 내부위임은 법령상 처분권자인 행정관청이 내부적인 사무처리의 편의를 도모하기 위하여 그의 보조기관 또는 하급 행정관청으로 하여금 그의 권한을 사실상 행사하게 하는 것으로서 법률이 위임을 허용하지 않는 경우에도 인정되는 것이므로, 설사 행정관청 내부의 사무처리규정에 불과한 전결규정에 위반하여 원래의 전결권자 아닌 보조기관 등이 처분권자인 행정관청의 이름으로 행정처분을 하였다고 하더라도 그 처분이 권한 없는 자에 의하여 행하여진 무효의 처분이라고는 할 수 없다(대법원 1998. 2. 27. 97누1105).

처분의 요건을 완화하여 정한 것은 상위법령의 위임 없이 규정한 것이므로 이는 행정기관 내부의 사무처리 준칙을 정한 것이다.

[1] 법령에서 행정처분의 요건 중 일부 사항을 부령으로 정할 것을 위임한 데 따라 시행규칙 등 부령에서 이를 정한 경우에 그 부령의 규정은 국민에 대해서도 구속력이 있는 법규명령에 해당한다고 할 것이지만, 법령의 위임이 없음에도 법령에 규정된 처분 요건에 해당하는 사항을 부령에서 변경하여 규정한 경우에는 그 부령의 규정은 행정청 내부의 사무처리 기준 등을 정한 것으로서 행정조직 내에서 적용되는 행정명령의 성격을 지닐 뿐 국민에 대한 대외적 구속력은 없다고 보아야 한다. 따라서 어떤 행정처분이 그와 같이 법규성이 없는 시행규칙 등의 규정에 위배된다고 하더라도 그 이유만으로 처분이 위법하게 되는 것은 아니라 할 것이고, 또 그 규칙 등에서 정한 요건에 부합한다고 하여 반드시 그 처분이 적법한 것이라고 할 수도 없다. 이 경우 처분의 적법 여부는 그러한 규칙 등에서 정한 요건에 합치하는지 여부가 아니라 일반 국민에 대하여 구속력을 가지는 법률 등 법규성이 있는 관계 법령의 규정을 기준으로 판단하여야 한다.

[2] 공공기관의 운영에 관한 법률(이하 '공공기관법'이라 한다) 제39조 제2항, 제3항 및 그 위임에 따라 기획재정부령으로 제정된 '공기업·준정부기관 계약사무규칙' 제15조 제1항(이하 '이 사건 규칙 조항'이라 한다)의 내용을 대비해 보면, 입찰참가자격 제한의 요건을 공공기관법에서는 '공정한 경쟁이나 계약의 적정한 이행을 해칠 것이 명백할 것'을 규정하고 있는 반면, 이 사건 규칙 조항에서는 '경쟁의 공정한 집행이나 계약의 적정한 이행을 해칠 우려가 있거나 입찰에 참가시키는 것이 부적합하다고 인정되는 자'라고 규정함으로써, 이 사건 규칙 조항이 법률에 규정된 것보다 한층 완화된 처분요건을 규정하여 그 처분대상을 확대하고 있다. 그러나 공공기관법 제39조 제3항에서 부령에 위임한 것은 '입찰참가자격의 제한기준 등에 관하여 필요한 사항'일 뿐이고, 이는 그 규정의 문언상 입찰참가자격을 제한하면서 그 기간의 정도와 가중·감경 등에 관한 사항을 의미하는 것이지 처분의 요건까지를 위임한 것이라고 볼 수는 없다. 따라서 이 사건 규칙 조항에서 위와 같이 처분의 요건을 완화하여 정한 것은 상위법령의 위임 없이 규정한 것이므로 이는 행정기관 내부의 사무처리준칙을 정한 것에 지나지 않는다(대법원 2013. 9. 12. 2011두10584).

4. 근거와 한계

1) 법적 근거

법규명령의 제정에는 법적 근거가 필요하지만, 행정규칙 제정권은 집행권에 당연히 내재하는 권한이므로 행정규칙의 제정에 법령의 구체적·개별적 수권은 필요하지 않다. 즉 상급기관은 법적 근거가 없어도 감독권에 근거하여 하급기관에 대한 행정규칙을 발할 수 있다.

2) 한계

행정규칙은 국민의 권리·의무에 관한 사항을 새로이 규정할 수 없다. 또한 법령과 상급기관의 행정규칙에 위반되지 않는 범위 내에서만 제정할 수 있다. 이러한 한계를 벗어난 하자 있는 행정규칙은 무효이다.

5. 행정규칙의 효력발생

원칙적으로 공포라는 절차를 거칠 필요는 없으며, 특별한 규정이 없으면 상대방에게 도달됨으로써 효력이 발생한다.

6. 행정규칙에 대한 법원에 의한 통제

헌법 제107조 제2항이 규정하는 명령·규칙에 대한 위헌·위법 심사는 법규명령으로서의 규칙만을 의미하고 행정규칙은 제외된다. 다만 예외적으로 행정규칙이 법령의 위임에 기하여 제정되어 위임명령으로서의 성질을 갖고 있는 경우에는 법규명령에 대한 구체적 규범통제 방식이 적용될 수 있을 것이다.

7. 법규명령 형식의 행정규칙

판례는 부령의 형식으로 규정된 행정규칙에 대해서는 원칙적으로 행정규칙으로 보며, 대통령령의 형식으로 규정된 행정규칙의 경우 법규명령으로 보는 입장이다. 따라서 제재적 처분기준이 부령의 형식으로 규정되어 있는 때에는 국민에게 법적 효력이 없다. 그러나 예외적으로 부령 형식으로 규정된 특허의 인가기준에 대해 대외적 구속력을 인정한 경우도 있다.

> **판례⁺**
>
> **제재적 행정처분의 기준이 부령의 형식으로 규정되어 있다면 그것은 행정청 내부의 사무처리준칙을 정한 것으로 행정규칙에 해당한다.**
>
> 제재적 행정처분의 기준이 부령의 형식으로 규정되어 있더라도 그것은 행정청 내부의 사무처리준칙을 정한 것에 지나지 아니하여 대외적으로 국민이나 법원을 기속하는 효력이 없고, 당해 처분의 적법 여부는 위 처분기준만이 아니라 관계 법령의 규정 내용과 취지에 따라 판단되어야 하므로, 위 처분기준에 적합하다 하여 곧바로 당해 처분이 적법한 것이라고 할 수는 없지만, 위 처분기준이 그 자체로 헌법 또는 법률에 합치되지 아니하거나 위 처분기준에 따른 제재적 행정처분이 그 처분사유가 된 위반행위의 내용 및 관계 법령의 규정 내용과 취지에 비추어 현저히 부당하다고 인정할 만한 합리적인 이유가 없는 한 섣불리 그 처분이 재량권의 범위를 일탈하였거나 재량권을 남용한 것이라고 판단해서는 안 된다(대법원 2007. 9. 20. 2007두6946).
>
> **특허의 인가기준 등을 법령의 위임을 받아 규정한 부령은 대외적 구속력이 있는 법규명령이다.**
>
> 구 여객자동차 운수사업법 시행규칙(2000. 8. 23. 건설교통부령 제259호로 개정되기 전의 것) 제31조 제2항 제1호, 제2호, 제6호는 구 여객자동차 운수사업법(2000. 1. 28. 법률 제6240호로 개정되기 전의 것) 제11조 제4항의 위임에 따라 시외버스운송사업의 사업계획변경에 관한 절차, 인가기준 등을 구체적으로 규정한 것으로서, 대외적인 구속력이 있는 법규명령이라고 할 것이고, 그것을 행정청 내부의 사무처리준칙을 규정한 행정규칙에 불과하다고 할 수는 없다(대법원 2006. 6. 27. 2003두4355).

행정처분의 기준을 정한 시행령은 법규명령에 해당한다.

당해 처분의 기준이 된 주택건설촉진법시행령 제10조의3 제1항 [별표 1]은 주택건설촉진법 제7조 제2항의 위임규정에 터잡은 규정 형식상 대통령령이므로 그 성질이 부령인 시행규칙이나 또는 지방자치단체의 규칙과 같이 통상적으로 행정조직 내부에 있어서의 행정명령에 지나지 않는 것이 아니라 대외적으로 국민이나 법원을 구속하는 힘이 있는 법규명령에 해당한다(대법원 1997. 12. 26. 97누15418).

8. 행정규칙 형식의 법규명령(법령보충적 행정규칙)

1) 개념 및 법적 성질

행정규칙 형식의 법규명령이란 고시·훈령 등의 행정규칙의 형식으로 되어 있으나 그 내용은 법규명령에 해당하는 것을 말한다. 이러한 법령보충적 행정규칙은 상위법령과 결합하여 대외적 구속력을 갖는다. 다만 법령보충적 행정규칙은 어디까지나 형식은 행정규칙이므로 그 공포를 요하지는 않는다.

판례

법령보충적 행정규칙은 당해 법령의 위임한계를 벗어나지 아니하는 한 그것들과 결합하여 대외적인 구속력이 있는 법규명령으로서의 효력을 갖게 된다.

상급행정기관이 하급행정기관에 대하여 업무처리지침이나 법령의 해석적용에 관한 기준을 정하여서 발하는 이른바 행정규칙은 일반적으로 행정조직 내부에서만 효력을 가질 뿐 대외적인 구속력을 갖는 것은 아니지만, 법령의 규정이 특정 행정기관에게 그 법령내용의 구체적 사항을 정할 수 있는 권한을 부여하면서 그 권한행사의 절차나 방법을 특정하고 있지 아니한 관계로 수임행정기관이 행정규칙의 형식으로 그 법령의 내용이 될 사항을 구체적으로 정하고 있다면 그와 같은 행정규칙, 규정은 행정규칙이 갖는 일반적 효력으로서가 아니라, 행정기관에 법령의 구체적 내용을 보충할 권한을 부여한 법령규정의 효력에 의하여 그 내용을 보충하는 기능을 갖게 된다 할 것이므로 이와 같은 행정규칙, 규정은 당해 법령의 위임한계를 벗어나지 아니하는 한 그것들과 결합하여 대외적인 구속력이 있는 법규명령으로서의 효력을 갖게 된다(대법원 1987. 9. 29. 86누484).

법령보충적 행정규칙이 상위법령의 위임범위를 벗어난 경우에는 대외적 구속력이 없다.

법령의 규정이 특정 행정기관에게 법령 내용의 구체적 사항을 정할 수 있는 권한을 부여하면서 권한행사의 절차나 방법을 특정하지 아니한 경우에는 수임 행정기관은 행정규칙이나 규정 형식으로 법령 내용이 될 사항을 구체적으로 정할 수 있다. 이 경우 행정규칙 등은 당해 법령의 위임한계를 벗어나지 않는 한 대외적 구속력이 있는 법규명령으로서 효력을 가지게 되지만, 이는 행정규칙이 갖는 일반적 효력이 아니라 행정기관에 법령의 구체적 내용을 보충할 권한을 부여한 법령 규정의 효력에 근거하여 예외적으로 인정되는 것이다. 따라서 그 행정규칙이나 규정이 상위법령의 위임범위를 벗어난 경우에는 법규명령으로서 대외적 구속력을 인정할 여지는 없다. 이는 행정규칙이나 규정 '내용'이 위임범위를 벗어난 경우뿐 아니라 상위법령의 위임규정에서 특정하여 정한 권한행사의 '절차'나 '방식'에 위배되는 경우도 마찬가지이므로, 상위법령에서 세부사항 등을 시행규칙으로 정하도록 위임하였음에도 이를 고시 등 행정규칙으로 정하였다면 그 역시 대외적 구속력을 가지는 법규명령으로서 효력이 인정될 수 없다(대법원 2012. 7. 5. 2010다72076).

기본권을 제한하는 내용은 법규명령에 위임함이 바람직하다.

행정규칙은 법규명령과 같은 엄격한 제정 및 개정절차를 요하지 아니하므로, 재산권 등과 같은 기본권을 제한하는 작용을 하는 법률이 입법위임을 할 때에는 "대통령령", "총리령", "부령" 등 법규명령에 위임함이 바람직하고, 금융감독위원회의 고시와 같은 형식으로 입법위임을 할 때에는 적어도 행정규제기본법 제4조 제2항 단서에서 정한 바와 같이 법령이 전문적·기술적 사항이나 경미한 사항으로서 업무의 성질상 위임이 불가피한 사항에 한정된다 할 것이고, 그러한 사항이라 하더라도 포괄위임금지의 원칙상 법률의 위임은 반드시 구체적·개별적으로 한정된 사항에 대하여 행하여져야 한다(헌재 2004. 10. 28. 99헌바91).

법령보충적 행정규칙이 기본권을 침해한다면 헌법소원심판을 청구할 수 있다.

법령의 직접적인 위임에 따라 위임행정기관이 그 법령을 시행하는 데 필요한 구체적 사항을 정한 것이면, 그 제정형식은 비록 법규명령이 아닌 고시, 훈령, 예규 등과 같은 행정규칙이더라도 그것이 상위법령의 위임한계를 벗어나지 아니하는 한, 상위법령과 결합하여 대외적인 구속력을 갖는 법규명령으로서 기능하게 된다고 보아야 할 것인바, 청구인이 법령과 예규의 관계규정으로 말미암아 직접 기본권침해를 받았다면 이에 대하여 바로 헌법소원심판을 청구할 수 있다(헌재 1992. 6. 26. 91헌마25).

2) 한계

법령보충적 행정규칙은 상위법령과 결합하여 법규성을 지니는 것이므로 개별적·구체적으로 위임하여야 하며, 법령의 위임한계를 벗어나지 아니하는 범위 내에서만 그것들과 결합하여 법규적 효력을 가진다.

> **판례**
>
> **노령수당의 지급대상자를 '70세 이상'으로 규정한 부분은 지급대상자를 부당하게 축소·조정한 것이다.**
>
> 법령보충적인 행정규칙, 규정은 당해 법령의 위임한계를 벗어나지 아니하는 범위 내에서만 그것들과 결합하여 법규적 효력을 가지고, 노인복지법 제13조 제2항의 규정에 따른 노인복지법시행령 제17조, 제20조 제1항은 노령수당의 지급대상자의 연령범위에 관하여 위 법 조항과 동일하게 '65세 이상의 자'로 반복하여 규정한 다음 소득수준 등을 참작한 일정소득 이하의 자라고 하는 지급대상자의 선정기준과 그 지급대상자에 대한 구체적인 지급수준(지급액) 등의 결정을 보건사회부장관에게 위임하고 있음에도, 보건사회부장관이 정한 1994년도 노인복지사업지침은 노령수당의 지급대상자를 '70세 이상'의 생활보호대상자로 규정함으로써 당초 법령이 예정한 노령수당의 지급대상자를 부당하게 축소·조정하였고, 따라서 위 지침 가운데 노령수당의 지급대상자를 '70세 이상'으로 규정한 부분은 법령의 위임한계를 벗어난 것이어서 그 효력이 없다(대법원 1996. 4. 12. 95누7727).

확인학습

1 행정규칙은 일반적으로 행정조직 내부에서만 효력을 가질 뿐 대외적인 구속력은 없다. 🔘

2 행정규칙은 그 형식 면에서 문서나 구술 모두 가능하며, 절차 면에서도 일반적으로 따라야 할 법정 절차가 없다. 🔘

3 행정규칙은 상대방에게 공포함으로써 효력이 발생한다. ❌

> 해설 도달됨으로써 효력이 발생한다.

4 행정규칙의 공표는 행정규칙의 성립요건이나 효력요건은 아니다. 다만 행정절차법에서는 행정청이 필요한 처분기준을 공표하도록 하고 있다. 🔘

5 행정규칙에서 정한 요건을 충족하지 않으면 그 처분은 절차적 하자로 위법한 처분이 된다. ❌

6 행정규칙이 행정규칙에 위반하였다는 사정만으로 곧바로 위법하게 되는 것은 아니다. 🔘

7 행정규칙을 위반하여 처분을 행한 공무원은 징계책임을 진다. 🔘

8 행정규칙의 내용이 명백히 부당한 경우 공무원이 이의 적용을 거부하더라도 공무원법상 복종의무 위반의 징계책임은 없다. ❌

> 해설 공무원이 행정규칙의 적용을 거부한 경우 그 내용이 명백히 위법하다면 징계책임이 없다.

9 재량준칙이 정하는 바에 따라 반복 시행되어 행정관행이 이루어지면 자기구속을 받는다. 🔘

10 대법원은 제재적 처분의 기준이 대통령령의 형식으로 정해진 경우 당해 기준을 법규명령으로 보고 있다. 🔘

11 대법원은 제재적 재량처분의 기준을 정한 법규명령은 그 형식에 불문하고 법규성이 없는 단순한 행정조직 내부의 사무처리지침에 불과하다고 하였다. ❌

> 해설 시행규칙(부령)의 형식으로 정해진 제재적 처분기준의 경우에는 행정규칙으로 보고 있으나, 시행령(대통령령)의 형식으로 정해진 경우에는 법규명령으로 보고 있다.

12 법령의 위임이 없음에도 법령의 처분요건에 해당하는 사항을 부령에서 변경하여 규정한 경우 그 부령의 규정은 행정명령에 지나지 않아 대외적 구속력이 없다. 🔘

13 법령이 전문적·기술적 사항이나 경미한 사항으로 업무의 성질상 위임이 불가피한 사항에 관하여 구체적으로 범위를 정하여 위임한 경우 고시로 정할 수 있다. 🔘

> 해설 행정규제기본법 제4조 제2항에 해당한다.

14 법령보충적 행정규칙은 법규명령의 효력을 가지므로 공포 또는 공표되지 않으면 그 효력이 없다. ❌

15 행정규칙 형식의 법규명령은 통상적인 법규명령과는 달리 포괄적 위임금지의 원칙에 구속받지 아니한다. ❌

> 해설 위임입법의 한계를 준수해야 한다.

16 법령의 규정이 지방자치단체장에게 그 법령 내용의 구체적 사항을 정할 수 있는 권한을 부여하면서 그 권한행사의 절차나 방법을 정하지 아니하고 있는 경우, 그 법령의 내용이 될 사항을 구체적으로 규정한 지방자치단체장의 고시는 당해 법령의 위임한계를 벗어나지 않는 한 법규명령으로서의 효력이 있다. 🔘

17 법령의 규정이 특정 행정기관에게 법령 내용의 구체적 사항을 정할 수 있는 권한을 부여하면서 권한행사의 절차나 방법을 특정하지 아니하였더라도, 수임 행정기관은 행정규칙이나 규정 형식으로 법령 내용이 될 사항을 구체적으로 정할 수 있다. **O**

18 상위법령에서 세부사항 등을 시행규칙으로 정하도록 위임하였음에도 이를 고시 등 행정규칙으로 정한 경우에는 그 고시 등은 당해 법령과 결합하여 대외적으로 구속력이 있는 법규명령으로서 효력을 가진다. **X**

해설 상위법령에서 세부사항 등을 시행규칙으로 정하도록 위임하였음에도 이를 고시 등 행정규칙으로 정하였다면 그 역시 대외적 구속력을 가지는 법규명령으로서 효력이 인정될 수 없다(대법원 2012. 7. 5. 2010다72076).

Chapter 04 행정행위

1. 의의

행정행위는 행정청이 구체적 사실에 관한 법집행으로서 행하는 권력적·단독적 공법행위이다(최협의설·통설). 이는 실정법상의 개념이 아니고 강학상의 개념에 해당한다.

실정법상 행정행위는 허가, 면허, 특허, 확인, 면제 등의 다양한 용어로 사용되며 행정소송법, 행정심판법, 행정절차법에서는 처분이라는 용어로 사용된다.

2. 행정행위의 요소

1) 행정청이 행하는 것이어야 한다.

> **행정기본법 제2조 【정의】** 이 법에서 사용하는 용어의 뜻은 다음과 같다.
>   2. "행정청"이란 다음 각 목의 자를 말한다.
>   가. 행정에 관한 의사를 결정하여 표시하는 국가 또는 지방자치단체의 기관
>   나. 그 밖에 법령등에 따라 행정에 관한 의사를 결정하여 표시하는 권한을 가지고 있거나 그 권한을 위임 또는 위탁받은 공공단체 또는 그 기관이나 사인(私人)

2) 구체적 사실에 관한 것이어야 한다.

추상적·일반적 규범의 정립 행위인 법의 제정은 행정행위가 아니다.

3) 법집행에 관한 외부적 행위여야 한다.

행정행위는 법적 효과의 발생·변경·소멸을 의도하는 법적 행위라는 점에서 국민에게 법적 효과를 발생시키지 않는 사실행위는 행정행위가 아니다.

행정행위는 법집행행위이기 때문에 집행의 전 단계인 내부적 결정행위는 행정행위가 아니다. 또한, 다른 행정청의 동의를 얻어야 하는 행정행위에서 다른 행정청의 동의가 행정행위의 중요한 요소라 하더라도 이는 행정행위가 아니다.

판례

공정거래위원회의 고발조치 · 의결은 항고소송의 대상이 되는 행정처분이 아니다.

이른바 고발은 수사의 단서에 불과할 뿐 그 자체 국민의 권리의무에 어떤 영향을 미치는 것이 아니고, 특히 독점규제 및 공정거래에 관한 법률 제71조는 공정거래위원회의 고발을 위 법률위반죄의 소추요건으로 규정하고 있어 공정거래위원회의 고발조치는 사직 당국에 대하여 형벌권 행사를 요구하는 행정기관 상호간의 행위에 불과하여 항고소송의 대상이 되는 행정처분이라 할 수 없으며, 더욱이 공정거래위원회의 고발의결은 행정청 내부의 의사결정에 불과할 뿐 최종적인 처분은 아닌 것이므로 이 역시 항고소송의 대상이 되는 행정처분이 되지 못한다(대법원 1995. 5. 12. 94누13794).

4) 행정청이 우월적 지위에서 일방적으로 행하는 권력적 단독행위로서 공법행위이다.

행정행위의 근거가 공법이라는 의미이며 행위의 효과까지 공법적이라는 것은 아니고 사법적인 법률효과를 발생시키는 것도 있다. 따라서 사인 간의 사법상 법률행위를 완성시켜 주는 토지거래허가도 행정행위에 해당한다.

반면에, 사법행위, 공법상 계약, 공법상 합동행위 등은 행정행위가 아니다.

3. 행정행위의 분류

1) 법률효과의 성질에 따른 분류

(1) 부담적 행정행위

국민에게 의무를 부과하거나 권리를 제한하는 행정행위로서 명령 · 금지 · 수익적 행정행위의 취소나 철회 등이 있다.

(2) 수익적 행정행위

국민에게 권리나 이익을 부여하거나 권리의 제한을 없애는 행정행위로서 허가 · 면제 · 인가 · 특허 등이 있다.

(3) 복효적 행정행위

협의로는 한 사람에게는 이익을 주는 것이나 다른 사람에게는 불이익을 과하는 효과를 가지는 행정행위(제3자효 행정행위)를 의미하나, 광의로는 행정행위의 상대방에 대하여 수익적 효과와 침익적 효과를 동시에 발생시키는 행위를 포함한다.

2) 대상에 따른 분류

(1) 대인적 행정행위

순전히 사람의 학식·기술·경험과 같은 주관적 사정에 착안하여 행하여지는 행정행위로 의사면허, 자동차운전면허, 인간문화재지정 등이 있다.

대인적 행정행위의 효과는 일신전속적이기 때문에 제3자에게 이전될 수 없다.

(2) 대물적 행정행위

행정행위가 오직 물건의 객관적 사정에 착안하여 행하여지는 경우로 자동차 검사증 교부, 건물 준공 검사 등이 있다.

대물적 행정행위의 효과는 명문의 규정이 없어도 제3자에게 이전 또는 상속이 될 수 있다.

3) 기속되는 정도에 따른 분류

행정주체에게 재량이 있느냐에 따라 재량행위와 기속행위로 구별할 수 있다.

기속행위는 당해 처분이 근거법률에 규정된 요건을 따랐는가의 여부를 심사하는 반면, 재량행위는 재량의 일탈·남용을 심사한다.

4) 내용에 따른 분류

(1) 법률행위적 행정행위

행정청의 의사표시를 요소로 하고 그 의사의 내용에 따라 효과가 발생하는 행정행위이다. 명령적 행정행위(하명, 허가, 면제)와 형성적 행정행위(특허, 인가, 대리)가 있다.

(2) 준법률행위적 행정행위

행정청의 의사표시를 요소로 하지 않는 것으로서 행정청의 의사에 따라 효과가 발생하는 것이 아니라 법규에 정해진 대로 효과가 발생한다. 공증, 통지, 수리, 확인이 있다.

법률행위적 행정행위 - 명령적 행정행위

1. 명령적 행정행위

명령적 행정행위란 우월적 지위에 있는 행정주체가 상대방에 대하여 일정한 의무를 과하거나 이미 과하여진 의무를 해제함을 내용으로 하는 행정행위를 말한다. 명령적 행위는 의무를 부과하는 하명, 부작위의무를 해제하는 허가, 작위·수인·급부의무를 해제하는 면제로 구분된다.

2. 하명

1) 개념

하명이란 일정한 행정목적을 위하여 행정청이 국민에게 작위(예 건물철거명령), 부작위(예 통행금지, 총포거래금지), 급부(예 납세고지), 수인(예 강제접종) 등의 의무를 명하는 행정행위이다.

2) 하명의 성질

새로운 의무를 부과하는 것을 내용으로 하는 부담적 행정행위이며, 법률의 근거를 요한다. 원칙적으로 기속행위이다.

3) 하명의 대상(내용)

하명의 대상은 사실행위(예 통행금지)인 경우도 있고, 법률행위(예 총포거래금지, 영업행위금지)인 경우도 있다.

4) 하명의 상대방

하명의 상대방은 일반적으로 특정인이지만(예 조세부과처분), 불특정 다수인인 경우도 있다(예 입산금지, 통행금지).

5) 하명의 효과

하명이 있으면 상대방에게는 일정한 공법상의 의무가 발생하며 그 효과는 원칙적으로 상대방에게만 미친다.

그러나 대물적 하명의 효과는 하명의 대상이 된 물건을 승계한 자에게도 그 효과가 승계된다. 예컨대 영업장 폐쇄명령이 내려진 후에 영업소를 양수한 양수인은 하명에 따른 의무를 승계하여 영업장을 폐쇄하여야 한다.

6) 하명위반의 효과

하명에 의해 부과된 의무를 이행하지 않은 자에게는 행정상 강제집행이나 행정상의 제재가 과해진다. 그러나 하명에 위반하여 행하여진 행위의 사법상의 효력이 부인되는 것은 아니다. 예컨대 영업정지된 식당에서의 음식판매는 불법적이지만, 음식의 판매 자체는 유효하다.

3. 허가

1) 개념

허가란 법규에 의한 일반적 · 상대적 금지를 특정한 경우에 해제하여 자연적 자유를 회복시켜 주는 행정행위를 말한다.

허가는 강학상의 용어이고, 실정법상으로는 허가 외에 면허, 인가, 특허, 승인 등으로 사용되고 있다. 따라서 용어와 상관없이 강학상의 허가인가의 여부는 관계 법령의 구체적 규정이나 취지에 비추어 개별적으로 판단하여야 한다.

2) 구별개념

(1) 특허

특허는 형성적 행위라는 점에서 명령적 행위인 허가와 구별된다.

(2) 예외적 승인

예외적 승인은 일정한 행위를 사회적으로 유해한 것 또는 바람직하지 않은 것으로 금지하면서 다만 특별한 경우에 한하여 예외적으로 이러한 금지를 해제해 주는 행위이다.

구분	허가	예외적 승인
금지의 내용	예방적 금지(상대적 금지)의 해제	억제적 금지의 해제
재량성 여부	원칙적으로 기속행위	원칙적으로 재량행위
예	• 건축허가, 건축물의 용도변경허가 • 일반음식점영업허가 • 자동차운전면허 • 의사면허, 한의사면허 • 통행금지해제, 입산금지해제 • 기부금품 모집허가	• 개발제한구역 내의 건축허가, 건축물의 용도변경허가 • 학교환경정화구역 내에서의 유흥음식점허가 • 자연공원법 적용지역 내에서의 단란주점 영업허가 • 카지노업 허가 • 마약류취급자의 허가
공통점	허가와 예외적 승인은 금지의 해제라는 점에서 공통점을 가짐	

3) 허가의 성질

(1) 기속의 정도

원칙적으로 기속행위이다. 하지만 공익상 필요로 허가 여부에 대해 이익형량이 요구되는 경우에는 재량행위라고 볼 수도 있다. 판례도 법규에 명문의 근거가 없다 하더라도 공익의 원칙을 근거로 예외적으로 허가를 거부할 수 있다고 판시하여 재량성을 인정한다(대법원 2002. 10. 25. 2002두6651).

(2) 건축허가

원칙적으로 기속행위이다. 하지만 ① 법령에서 허가를 재량행위로 규정한 경우(위락시설이나 숙박시설에 해당하는 건축물), ② 건축허가에 의해 의제되는 인·허가가 재량행위인 경우, ③ 토지형질변경행위를 수반하는 건축허가처럼 기속행위인 허가 속에 재량행위인 허가가 포함되는 경우에는 그 한도 내에서 재량행위가 된다.

4) 허가의 판단기준

행정기본법 제14조【법 적용의 기준】 ① 새로운 법령등은 법령등에 특별한 규정이 있는 경우를 제외하고는 그 법령등의 효력 발생 전에 완성되거나 종결된 사실관계 또는 법률관계에 대해서는 적용되지 아니한다.
② 당사자의 신청에 따른 처분은 법령등에 특별한 규정이 있거나 처분 당시의 법령등을 적용하기 곤란한 특별한 사정이 있는 경우를 제외하고는 처분 당시의 법령등에 따른다.

③ 법령등을 위반한 행위의 성립과 이에 대한 제재처분은 법령등에 특별한 규정이 있는 경우를 제외하고는 법령등을 위반한 행위 당시의 법령등에 따른다. 다만, 법령등을 위반한 행위 후 법령등의 변경에 의하여 그 행위가 법령등을 위반한 행위에 해당하지 아니하거나 제재처분 기준이 가벼워진 경우로서 해당 법령등에 특별한 규정이 없는 경우에는 변경된 법령등을 적용한다.

(1) 적용법령

허가는 처분 당시에 시행 중인 법령 및 허가기준에 따라 행하는 것이 원칙이다. 따라서 허가신청 후 처분 전에 법령의 개정으로 허가기준에 변경이 있게 되는 경우에 허가는 원칙적으로 개정법령에 따라야 한다. 그러나 허가신청 후 정당한 이유 없이 상당한 기간이 경과하도록 신청에 대한 처분이 이루어지지 아니하고 있는 동안에 법령이 개정되었다면 신청 당시의 법령을 기준으로 한다.

> **판례**
>
> **허가신청 후 허가기준이 변경된 경우 처분시의 법령을 근거 법령으로 한다.**
>
> 허가 등의 행정처분은 원칙적으로 처분시의 법령과 허가기준에 의하여 처리되어야 하고 허가신청 당시의 기준에 따라야 하는 것은 아니며, 비록 허가신청 후 허가기준이 변경되었다 하더라도 그 허가관청이 허가신청을 수리하고도 정당한 이유 없이 그 처리를 늦추어 그 사이에 허가기준이 변경된 것이 아닌 이상 변경된 허가기준에 따라서 처분을 하여야 한다(대법원 2006. 8. 25. 2004두2974).

(2) 행정권에 의한 허가요건의 추가

허가의 구체적인 요건은 법령에 규정되어야 하고, 행정청이 법령의 근거 없이 독자적으로 허가요건을 추가할 수 없다. 다만 재량행위성이 인정되는 허가의 경우 중대한 공익상 필요가 인정된다면 별도의 명문상 근거가 없어도 그 허가를 거부할 수 있다.

> **판례**
>
> **공익상 필요가 없음에도 불구하고 관계법규에서 정하는 제한사유 이외의 사유를 들어 그 허가신청을 거부할 수는 없다.**
>
> 주유소 설치허가권자는 주유소 설치허가 신청이 관계 법규에서 정하는 어떠한 제한에 배치되지 않는 이상 당연히 같은 법령 소정의 주유소 설치허가를 하여야 하므로, 법령상의 근거 없이 그 신청이 관계 법규에서 정한 제한에 배치되는지 여부에 대한 심사를 거부할 수 없고, 심사결과 그 신청이 법정요건에 합치하는 경우에는 특별한 사정이 없는 한 이를 허가하여야 하며, 공익상 필요가 없음에도 불구하고 요건을 갖춘 자에 대한 허가를 관계 법령에서 정하는 제한사유 이외의 사유를 들어 거부할 수는 없다(대법원 1996. 7. 12. 96누5292).

5) 허가의 신청

(1) 신청의 요부

허가는 상대방의 신청에 따라 행하여지는 것이 보통이나, 예외적으로 신청에 의하지 아니하는 허가도 있다(통행금지해제).

(2) 신청과 다른 내용의 허가의 효력(수정허가의 문제)

허가는 신청내용과 다른 수정허가가 가능하다.

(3) 허가의 상대방

신청을 전제로 하는 허가의 상대방은 특정인이 되고, 그렇지 않은 경우에는 불특정 다수인이 상대방이 될 수도 있다.

6) 종류

(1) 대인적 허가

사람의 주관적 요소를 심사대상으로 하는 허가로서 이전이 불가능하다(예 운전면허, 의사면허, 건축사면허 등).

(2) 대물적 허가

물건의 객관적 사정에 착안하여 행하는 허가로서 원칙적으로 이전이 가능하다(예 차량검사합격처분, 건축허가, 단란주점영업허가 등).

(3) 혼합적 허가

사람의 주관적 사정과 물건의 객관적 사정을 모두 심사대상으로 하는 허가로서 원칙적으로 사전에 행정청의 승인 또는 허가를 받아야 이전성이 인정된다(예 전당포 영업허가, 고물상영업허가, 약국영업허가 등).

> **판례**
>
> **석유판매업(주유소)허가는 대물적 성질을 가진다.**
> 석유사업법 제12조 제3항, 제9조 제1항, 제12조 제4항 등을 종합하면 석유판매업(주유소)허가는 소위 대물적 허가의 성질을 갖는 것이어서 그 사업의 양도도 가능하고 이 경우 양수인은 양도인의 지위를 승계하게 됨에 따라 양도인의 위 허가에 따른 권리의무가 양수인에게 이전되는 것이므로 만약 양도인에게 그 허가를 취소할 위법사유가 있다면 허가관청은 이를 이유로 양수인에게 응분의 제재조치를 취할 수 있다 할 것이고, 양수인이 그 양수 후 허가관청으로부터 석유판매업허가를 다시 받았다 하더라도 이는 석유판매업의 양수도를 전제로 한 것이어서 이로써 양도인의 지위승계가 부정되는 것은 아니므로 양도인의 귀책사유는 양수인에게 그 효력이 미친다(대법원 1986. 7. 22. 86누203).

폐기물중간처리업 허가의 성질(＝ 대물적 허가 성격이 강한 혼합적 허가)

폐기물중간처리업 허가는 폐기물처리를 위한 시설·장비 및 기술능력 등 객관적 요소를 주된 대상으로 하는 대물적 허가 내지는 대물적 요소가 강한 혼합적 허가(대인적 요소로는, 법 제27조에서 법에 위반히어 형을 받거나 폐기물중간처리업의 허가가 취소된 후 2년이 경과되지 아니한 자 등에 대하여 허가를 금하고 있는 것 등을 들 수 있다)로서, 그 영업장의 소재지 및 시설·장비 등은 폐기물중간처리업 허가의 대상을 이루는 중요한 요소라 할 것이다(대법원 2008. 4. 11. 2007두17113).

7) 허가의 대상

허가의 대상은 사실행위(@ 통행금지해제)인 경우가 대부분이지만 법률행위(@ 영업허가)인 경우도 있다.

8) 허가의 효과

(1) 자연적 자유의 회복

허가는 일반적 금지를 해제하여 개인이 가지고 있던 본래의 자유를 회복시켜 준다.

(2) 허가로 인한 독점적 이익의 성질

① 원칙적으로 반사적 이익으로 본다(@ 목욕장영업장허가, 숙박업구조변경허가처분 등).

② 관계법에 거리제한규정이 존재함으로 인하여 상대적으로 '독점적 이익'을 누리는 경우 관계법의 규정이 개개인의 이익도 보호하려는 것으로 해석된다면, 그로 인한 독점적 이익은 법적으로 보호되는 이익으로 볼 수 있다.

③ 허가로 누리는 독점적 이익은 반사적 이익이라고 해도 허가권자가 취득한 법적 지위는 법률상 이익에 해당한다. 따라서 허가를 받은 적법한 영업행위를 타인으로부터 방해받은 경우에 행정쟁송을 통해서 보호받을 수 있다.

판례

┃ **반사적 이익으로 판시한 사례** ┃

약사에게 한약조제권을 인정함으로써 한의사들의 감소된 영업상 이익

한의사 면허는 경찰금지를 해제하는 명령적 행위(강학상 허가)에 해당하고, 한약조제시험을 통하여 약사에게 한약조제권을 인정함으로써 한의사들의 영업상 이익이 감소되었다고 하더라도 이러한 이익은 사실상의 이익에 불과하고 약사법이나 의료법 등의 법률에 의하여 보호되는 이익이라고는 볼 수 없으므로, 한의사들이 한약조제시험을 통하여 한약조제권을 인정받은 약사들에 대한 합격처분의 무효확인을 구하는 당해 소는 원고적격이 없는 자들이 제기한 소로서 부적법하다(대법원 1998. 3. 10. 97누4289).

유기장영업허가로 누리는 영업상의 이익은 반사적 이익에 불과하다.

유기장영업허가는 유기장 경영권을 설정하는 설권행위가 아니고 일반적 금지를 해제하는 영업자유의 회복이라 할 것이므로 그 영업상의 이익은 반사적 이익에 불과하고 행정행위의 본질상 금지의 해제나 그 해제를 다시 철회하는 것은 공익성과 합목적성에 따른 당해 행정청의 재량행위라 할 것이다(대법원 1986. 11. 25. 84누147).

담배 일반소매인으로 지정되어 영업을 하고 있는 기존업자의 신규 구내소매인에 대한 이익은 사실상의 반사적 이익으로서 기존업자가 신규 구내소매인 지정처분의 취소를 구할 원고적격이 없다.

구내소매인과 일반소매인 사이에서는 구내소매인의 영업소와 일반소매인의 영업소 간에 거리제한을 두지 아니할 뿐 아니라 건축물 또는 시설물의 구조·상주인원 및 이용인원 등을 고려하여 동일 시설물 내 2개소 이상의 장소에 구내소매인을 지정할 수 있으며, 이 경우 일반소매인이 지정된 장소가 구내소매인 지정대상이 된 때에는 동일 건축물 또는 시설물 안에 지정된 일반소매인은 구내소매인으로 보고, 구내소매인이 지정된 건축물 등에는 일반소매인을 지정할 수 없으며, 구내소매인은 담배진열장 및 담배소매점 표시판을 건물 또는 시설물의 외부에 설치하여서는 아니 된다고 규정하는 등 일반소매인의 입장에서 구내소매인과의 과당경쟁으로 인한 경영의 불합리를 방지하는 것을 그 목적으로 할 수 있다고 보기 어려우므로, 일반소매인으로 지정되어 영업을 하고 있는 기존업자의 신규 구내소매인에 대한 이익은 법률상 보호되는 이익이 아니라 단순한 사실상의 반사적 이익이라고 해석함이 상당하므로, 기존 일반소매인은 신규 구내소매인 지정처분의 취소를 구할 원고적격이 없다(대법원 2008. 4. 10. 2008두402).

┃비교판례┃ 담배 일반소매인으로 지정되어 영업을 하고 있는 기존업자의 신규업자에 대한 이익이 '법률상 보호되는 이익'에 해당한다.

담배 일반소매인의 지정기준으로서 일반소매인의 영업소 간에 일정한 거리제한을 두고 있는 것은 담배유통구조의 확립을 통하여 국민의 건강과 관련되고 국가 등의 주요 세원이 되는 담배산업 전반의 건전한 발전 도모 및 국민경제에의 이바지라는 공익목적을 달성하고자 함과 동시에 일반소매인 간의 과당경쟁으로 인한 불합리한 경영을 방지함으로써 일반소매인의 경영상 이익을 보호하는 데에도 그 목적이 있다고 보이므로, 일반소매인으로 지정되어 영업을 하고 있는 기존업자의 신규 일반소매인에 대한 이익은 단순한 사실상의 반사적 이익이 아니라 법률상 보호되는 이익이라고 해석함이 상당하다(대법원 2008. 3. 27. 2007두23811).

┃법률상 이익이 있다고 판시한 사례┃

약종상영업이익은 '법률상 보호되는 이익'에 해당한다.

갑이 적법한 약종상허가를 받아 허가지역 내에서 약종상영업을 경영하고 있음에도 불구하고 행정관청이 구 약사법시행규칙(1969. 8. 13. 보건사회부령 제344호)을 위배하여 같은 약종상인 을에게 을의 영업허가지역이 아닌 갑의 영업허가지역내로 영업소를 이전하도록 허가하였다면 갑으로서는 이로 인하여 기존업자로서의 법률상 이익을 침해받았음이 분명하므로 갑에게는 행정관청의 영업소이전허가처분의 취소를 구할 법률상 이익이 있다(대법원 1988. 6. 14. 87누873).

주류제조면허 이익은 '법률상 보호되는 이익'에 해당한다.

주류제조면허는 재정허가의 일종으로서는 일반적 금지의 해제로 자유의 회복일 뿐 새로운 권리의 설정은 아니지만 일단 주류제조업의 면허를 얻은 자의 이익은 단순한 사실상의 반사적 이익에만 그치는 것이 아니고 주세법의 규정에 따라 보호되는 이익이다(대법원 1989. 12. 22. 89누46).

분뇨 등 관련 영업허가 이익은 '법률상 보호되는 이익'에 해당한다.

일반적으로 면허나 인·허가 등의 수익적 행정처분의 근거가 되는 법률이 해당 업자들 사이의 과당경쟁으로 인한 경영의 불합리를 방지하는 것도 그 목적으로 하고 있는 경우, 다른 업자에 대한 면허나 인·허가 등의 수익적 행정처분에 대하여 이미 같은 종류의 면허나 인·허가 등의 수익적 행정처분을 받아 영업을 하고 있는 기존의 업자는 경업자에 대하여 이루어진 면허나 인·허가 등 행정처분의 상대방이 아니라 하더라도 당해 행정처분의 취소를 구할 원고적격이 있다(대법원 2006. 7. 28. 2004두6716).

(3) 무허가 행위의 효과

강제집행이나 행정벌의 대상이 될 수는 있으나 영업의 사법상의 효력은 유효하다. 예컨대 무허가 식당에서 식사를 한 경우에 손님이 무허가라는 이유로 식대의 지불을 거절할 수는 없다.

(4) 타법상의 제한

허가는 특정 법령상의 금지를 해제하여 주는 효과밖에 없으므로 특별한 규정이 없는 한 다른 법령상의 금지까지 해제하는 것은 아니다. 예컨대 공장건축허가를 받더라도 건축예정토지의 농지전용금지까지 해제하여 준 것은 아니다.

> **판례**
>
> **자연공원구역에서의 건축행위가 건축법상 허가를 요하지 아니하는 건축행위인 경우에도 자연공원법에서 정한 공원관리청의 허가를 받아야 한다.**
>
> 건축법상 허가를 요하지 아니하는 건축행위라 하더라도 자연공원구역에서의 건축행위는 자연공원의 특수성을 살려 자연생태계와 자연 및 문화경관 등을 보존하고 지속가능한 이용을 도모하고자 하는 자연공원법의 입법목적에 비추어 같은 법 제23조 제1항 단서에서 규정하는 경미한 사항에 해당하지 아니하는 한 같은 조 제1항 제1호 소정의 공원관리청의 허가를 받아야 하는 사항이라고 보아야 한다(대법원 2005. 3. 10. 2004도8311).

9) 허가의 양도와 지위승계

양도인에 대한 제재처분의 사유와 효과는 명문의 규정이 없다 하더라도 양수인에게 승계된다.

> **판례**
>
> **석유판매업이 양도된 경우, 양도인의 귀책사유로 양수인에게 제재를 가할 수 있다.**
>
> 석유판매업(주유소)허가는 소위 대물적 허가의 성질을 갖는 것이어서 그 사업의 양도도 가능하고 이 경우 양수인은 양도인의 지위를 승계하게 됨에 따라 양도인의 위 허가에 따른 권리의무가 양수인에게 이전되는 것이므로 만약 양도인에게 그 허가를 취소할 위법사유가 있다면 허가관청은 이를 이유로 양수인에게 응분의 제재조치를 취할 수 있다 할 것이고, 양수인이 그 양수 후 허가관청으로부터 석유판매업허가를 다시 받았다 하더라도 이는 석유판매업의 양수도를 전제로 한 것이어서 이로써 양도인의 지위승계가 부정되는 것은 아니므로 양도인의 귀책사유는 양수인에게 그 효력이 미친다(대법원 1986. 7. 22. 86누203).

주유소 영업의 양도인이 등유가 섞인 유사휘발유를 판매한 위법사유를 들어 그 양수인에 대하여 한 6월의 석유판매업영업정지처분은 재량권의 일탈로서 위법하다.

주유소 영업의 양도인이 등유가 섞인 유사휘발유를 판매한 바를 모르고 이를 양수한 석유판매영업자에게 전 운영자인 양도인의 위법사유를 들어 사업정지기간 중 최장기인 6월의 사업정지에 처한 영업정지처분이 석유사업법에 의하여 실현시키고자 하는 공익목적의 실현보다는 양수인이 입게 될 손실이 훨씬 커서 재량권을 일탈한 것으로서 위법하다(대법원 1992. 2. 25. 91누13106).

식품위생법상 일반음식점허가의 양도에 있어서 승계신고 이전에 발생한 행정적 책임은 양도인에게 귀속된다.

사실상 영업이 양도·양수되었지만 아직 승계신고 및 그 수리처분이 있기 이전에는 여전히 종전의 영업자인 양도인이 영업허가자이고, 양수인은 영업허가자가 되지 못한다 할 것이어서 행정제재처분의 사유가 있는지 여부 및 그 사유가 있다고 하여 행하는 행정제재처분은 영업허가자인 양도인을 기준으로 판단하여 그 양도인에 대하여 행하여야 할 것이고, 한편 양도인이 그의 의사에 따라 양수인에게 영업을 양도하면서 양수인으로 하여금 영업을 하도록 허락하였다면 그 양수인의 영업 중 발생한 위반행위에 대한 행정적인 책임은 영업허가자인 양도인에게 귀속된다고 보아야 할 것이다(대법원 1995. 2. 24. 94누9146).

양도인의 사유로 양수인의 운송사업면허를 취소한 것은 정당하다.

개인택시운송사업의 양도·양수가 있고 그에 대한 인가가 있은 후 그 양도·양수 이전에 있었던 양도인에 대한 운송사업면허취소사유(음주운전 등으로 인한 자동차운전면허의 취소)를 들어 양수인의 운송사업면허를 취소한 것은 정당하다(대법원 1998. 6. 26. 96누18960).

10) 허가의 갱신

(1) 개념

허가에 기한이 있는 경우 그 기한 만료 전에 갱신을 하여야 허가의 효력이 지속된다. 갱신허가는 기존 허가의 효력의 동일성을 유지하는 것이므로 종전의 허가의 효력을 지속시키는 것이지, 새로운 허가가 아니다. 따라서 갱신 전의 법령 위반 사실을 근거로 갱신허가를 취소할 수 있다.

(2) 갱신신청

허가의 갱신은 기한의 도래 전에 이루어져야 한다. 기한의 도래 후에 이루어진 갱신허가신청에 따른 허가는 갱신이 아니고 별개의 허가의 신청이라는 새로운 행위이다.

11) 허가의 존속기간

장기계속성이 예정되어 있는 허가에 붙은 기한이 그 허가된 사업의 성질상 부당하게 짧은 경우에는 그 기한을 허가 자체의 존속기한이 아니라 허가조건의 존속기한으로 보아야 한다. 유효기간이 경과하기 전에 당사자의 갱신신청이 있으면 조건의 개정을 고려할 수는 있으나, 허가기간은 연장해 주는 것이 원칙이다. 반면에 유효기간이 경과한 후에 당사자의 갱신신청이 있으면 주된 행정행위의 효력이 상실된 후에 신청한 경우이므로 기간의 연장신청이 아니라 새로운 허가신청으로 보아야 한다.

판례

허가에 붙은 기한이 성질상 부당하게 짧은 경우에는 이를 그 허가 자체의 존속기간이 아니라 그 허가조건의 존속기간으로 본다.

일반적으로 행정처분에 효력기간이 정하여져 있는 경우에는 그 기간의 경과로 그 행정처분의 효력은 상실되고, 다만 허가에 붙은 기한이 그 허가된 사업의 성질상 부당하게 짧은 경우에는 이를 그 허가 자체의 존속기간이 아니라 그 허가조건의 존속기간으로 보아 그 기한이 도래함으로써 그 조건의 개정을 고려한다는 뜻으로 해석할 수는 있지만, 그와 같은 경우라 하더라도 그 허가기간이 연장되기 위하여는 그 종기가 도래하기 전에 그 허가기간의 연장에 관한 신청이 있어야 하며, 만일 그러한 연장신청이 없는 상태에서 허가기간이 만료하였다면 그 허가의 효력은 상실된다(대법원 2007. 10. 11. 2005두12404).

허가조건의 존속기간으로 보더라도 기존의 연장기간을 포함한 존속기간 전체를 기준으로 보아 행정청은 더 이상의 기간연장을 불허가할 수 있다.

당초에 붙은 기한을 허가 자체의 존속기간이 아니라 허가조건의 존속기간으로 보더라도 그 후 당초의 기한이 상당 기간 연장되어 연장된 기간을 포함한 존속기간 전체를 기준으로 볼 경우 더 이상 허가된 사업의 성질상 부당하게 짧은 경우에 해당하지 않게 된 때에는 관계 법령의 규정에 따라 허가 여부의 재량권을 가진 행정청으로서는 그 때에도 허가조건의 개정만을 고려하여야 하는 것은 아니고 재량권의 행사로서 더 이상의 기간연장을 불허가할 수도 있는 것이며, 이로써 허가의 효력은 상실된다(대법원 2004. 3. 25. 2003두12837).

12) 인·허가의제 제도

행정기본법
제24조 【인허가의제의 기준】 ① 이 절에서 "인허가의제"란 하나의 인허가(이하 "주된 인허가"라 한다)를 받으면 법률로 정하는 바에 따라 그와 관련된 여러 인허가(이하 "관련 인허가"라 한다)를 받은 것으로 보는 것을 말한다.
② 인허가의제를 받으려면 주된 인허가를 신청할 때 관련 인허가에 필요한 서류를 함께 제출하여야 한다. 다만, 불가피한 사유로 함께 제출할 수 없는 경우에는 주된 인허가 행정청이 별도로 정하는 기한까지 제출할 수 있다.
③ 주된 인허가 행정청은 주된 인허가를 하기 전에 관련 인허가에 관하여 미리 관련 인허가 행정청과 협의하여야 한다.

④ 관련 인허가 행정청은 제3항에 따른 협의를 요청받으면 그 요청을 받은 날부터 20일 이내(제5항 단서에 따른 절차에 걸리는 기간은 제외한다)에 의견을 제출하여야 한다. 이 경우 전단에서 정한 기간 (민원 처리 관련 법령에 따라 의견을 제출하여야 하는 기간을 연장한 경우에는 그 연장한 기간을 말한다) 내에 협의 여부에 관하여 의견을 제출하지 아니하면 협의가 된 것으로 본다.

⑤ 제3항에 따라 협의를 요청받은 관련 인허가 행정청은 해당 법령을 위반하여 협의에 응해서는 아니 된다. 다만, 관련 인허가에 필요한 심의, 의견 청취 등 절차에 관하여는 법률에 인허가의제 시에도 해당 절차를 거친다는 명시적인 규정이 있는 경우에만 이를 거친다.

제25조【인허가의제의 효과】 ① 제24조 제3항·제4항에 따라 협의가 된 사항에 대해서는 주된 인허가를 받았을 때 관련 인허가를 받은 것으로 본다.

② 인허가의제의 효과는 주된 인허가의 해당 법률에 규정된 관련 인허가에 한정된다.

제26조【인허가의제의 사후관리 등】 ① 인허가의제의 경우 관련 인허가 행정청은 관련 인허가를 직접 한 것으로 보아 관계 법령에 따른 관리·감독 등 필요한 조치를 하여야 한다.

② 주된 인허가가 있은 후 이를 변경하는 경우에는 제24조·제25조 및 이 조 제1항을 준용한다.

③ 이 절에서 규정한 사항 외에 인허가의제의 방법, 그 밖에 필요한 세부 사항은 대통령령으로 정한다.

행정절차법 제20조【처분기준의 설정·공표】 ① 행정청은 필요한 처분기준을 해당 처분의 성질에 비추어 되도록 구체적으로 정하여 공표하여야 한다. 처분기준을 변경하는 경우에도 또한 같다.

② 「행정기본법」 제24조에 따른 인허가의제의 경우 관련 인허가 행정청은 관련 인허가의 처분기준을 주된 인허가 행정청에 제출하여야 하고, 주된 인허가 행정청은 제출받은 관련 인허가의 처분기준을 통합하여 공표하여야 한다. 처분기준을 변경하는 경우에도 또한 같다.

③ 제1항에 따른 처분기준을 공표하는 것이 해당 처분의 성질상 현저히 곤란하거나 공공의 안전 또는 복리를 현저히 해치는 것으로 인정될 만한 상당한 이유가 있는 경우에는 처분기준을 공표하지 아니할 수 있다.

④ 당사자등은 공표된 처분기준이 명확하지 아니한 경우 해당 행정청에 그 해석 또는 설명을 요청할 수 있다. 이 경우 해당 행정청은 특별한 사정이 없으면 그 요청에 따라야 한다.

`판례` +

인·허가의제 효과를 수반하는 건축신고는 수리를 요하는 신고에 해당한다.

건축법에서 인·허가의제 제도를 둔 취지는, 인·허가의제사항과 관련하여 건축허가 또는 건축신고의 관할 행정청으로 그 창구를 단일화하고 절차를 간소화하며 비용과 시간을 절감함으로써 국민의 권익을 보호하려는 것이지, 인·허가의제사항 관련 법률에 따른 각각의 인·허가 요건에 관한 일체의 심사를 배제하려는 것으로 보기는 어렵다. 왜냐하면, 건축법과 인·허가의제사항 관련 법률은 각기 고유한 목적이 있고, 건축신고와 인·허가의제사항도 각각 별개의 제도적 취지가 있으며 그 요건 또한 달리하기 때문이다. 나아가 인·허가의제사항 관련 법률에 규정된 요건 중 상당수는 공익에 관한 것으로서 행정청의 전문적이고 종합적인 심사가 요구되는데, 만약 건축신고만으로 인·허가의제사항에 관한 일체의 요건 심사가 배제된다고 한다면, 중대한 공익상의 침해나 이해관계인의 피해를 야기하고 관련 법률에서 인·허가 제도를 통하여 사인의 행위를 사전에 감독하고자 하는 규율체계 전반을 무너뜨릴 우려가 있다. 또한 무엇보다도 건축신고를 하려는 자는 인·허가의제사항 관련 법령에서 제출하도록 의무화하고 있는 신청서와 구비서류를 제출하여야 하는데, 이는 건축신고를 수리하는 행정청으로 하여금 인·허가의제사항 관련 법률에 규정된 요건에 관하여도 심사를 하도록 하기 위한 것으로 볼 수밖에 없다. 따라서 인·허가의제 효과를 수반하는 건축신고는 일반적인 건축신고와는 달리, 특별한 사정이 없는 한 행정청이 그 실체적 요건에 관한 심사를 한 후 수리하여야 하는 이른바 '수리를 요하는 신고'로 보는 것이 옳다(대법원 2011. 1. 20. 2010두14954 전원합의체).

인허가의제 처리시 관련 인허가의 절차를 거칠 필요는 없다.

건설부장관이 구 주택건설촉진법(1991. 3. 8. 법률 제4339호로 개정되기 전의 것) 제33조에 따라 관계기관의 장과의 협의를 거쳐 사업계획승인을 한 이상 같은 조 제4항의 허가·인가·결정·승인 등이 있는 것으로 볼 것이고, 그 절차와 별도로 도시계획법 제12조 등 소정의 중앙도시계획위원회의 의결이나 주민의 의견청취 등 절차를 거칠 필요는 없다(대법원 1992. 11. 10. 92누1162).

사업시행자가 인허가의제 처리를 신청할 의무는 없다.

어떤 개발사업의 시행과 관련하여 여러 개별 법령에서 각각 고유한 목적과 취지를 가지고 요건과 효과를 달리하는 인허가 제도를 각각 규정하고 있다면, 그 개발사업을 시행하기 위해서는 개별 법령에 따른 여러 인허가 절차를 각각 거치는 것이 원칙이다. 다만 어떤 인허가의 근거 법령에서 절차간소화를 위하여 관련 인허가를 의제 처리할 수 있는 근거 규정을 둔 경우에는, 사업시행자가 인허가를 신청하면서 하나의 절차 내에서 관련 인허가를 의제 처리해줄 것을 신청할 수 있다. 관련 인허가의제 제도는 사업시행자의 이익을 위하여 만들어진 것이므로, 사업시행자가 반드시 관련 인허가의제 처리를 신청할 의무가 있는 것은 아니다(대법원 2020. 7. 23. 2019두31839).

인허가의제 처리시에는 관련 인허가의 요건을 고려하여 인허가 여부를 결정할 수 있다.

입법 목적 등을 달리하는 법률들이 일정한 행위에 관한 요건을 각기 정하고 있는 경우, 어느 법률이 다른 법률에 우선하여 배타적으로 적용된다고 풀이되지 아니하는 한 그 행위에 관하여 각 법률의 규정에 따른 인허가를 받아야 한다. 다만, 이러한 경우 그중 하나의 인허가에 관한 관계 법령 등에서 다른 법령상의 인허가에 관한 규정을 원용하고 있는 경우나 그 행위가 다른 법령에 의하여 절대적으로 금지되고 있어 그것이 객관적으로 불가능한 것이 명백한 경우 등에는 그러한 요건을 고려하여 인허가 여부를 결정할 수 있다(대법원 2010. 9. 9. 2008두22631).

실시계획승인에 의해 의제되는 도로공사시행허가 및 도로점용허가는 원칙적으로 당해 택지개발사업을 시행하는 데 필요한 범위 내에서만 그 효력이 유지된다.

구 택지개발촉진법(2002. 2. 4. 법률 제6655호로 개정되기 전의 것) 제11조 제1항 제9호에서는 사업시행자가 택지개발사업 실시계획승인을 받은 때 도로법에 의한 도로공사시행허가 및 도로점용허가를 받은 것으로 본다고 규정하고 있는바, 이러한 인허가의제 제도는 목적사업의 원활한 수행을 위해 행정절차를 간소화하고자 하는 데 그 취지가 있는 것이므로 위와 같은 실시계획승인에 의해 의제되는 도로공사시행허가 및 도로점용허가는 원칙적으로 당해 택지개발사업을 시행하는 데 필요한 범위 내에서만 그 효력이 유지된다고 보아야 한다. 따라서 원고가 이 사건 택지개발사업과 관련하여 그 사업시행의 일환으로 이 사건 도로예정지 또는 도로에 전력관을 매설하였다고 하더라도 사업시행완료 후 이를 계속 유지·관리하기 위해 도로를 점용하는 것에 대한 도로점용허가까지 그 실시계획 승인에 의해 의제된다고 볼 수는 없다(대법원 2010. 4. 29. 2009두18547).

행정청이 주된 인허가를 불허하는 처분을 하면서 주된 인허가 사유와 의제되는 인허가 사유를 함께 제시한 경우 주된 인허가에 대한 거부처분을 대상으로 소송을 제기하여야 한다.

구 건축법(1999. 2. 8. 법률 제5895호로 개정되기 전의 것) 제8조 제1항, 제3항, 제5항에 의하면, 건축허가를 받은 경우에는 구 도시계획법(2000. 1. 28. 법률 제6243호로 전문 개정되기 전의 것) 제4조에 의한 토지의 형질변경허가나 농지법 제36조에 의한 농지전용허가 등을 받은 것으로 보며, 한편 건축허가권자가 건축허가를 하고자 하는 경우 당해 용도·규모 또는 형태의 건축물을 그 건축하고자 하는 대지에 건축하는 것이 건축법 관련 규정이나 같은 도시계획법 제4조, 농지법 제36조 등 관계 법령의 규정에 적합한지의 여부를 검토하여야 하는 것일 뿐, 건축불허가처분을 하면서 그 처분사유로 건축불허가 사유뿐만 아니라 형질변경 불허가 사유나 농지전용불허가 사유를 들고 있다고 하여 그 건축불허가처분 외에 별개로 형질변경불허가 처분이나 농지전용불허가처분이 존재하는 것이 아니므로, 그 건축불허가처분을 받은 사람은 그 건축불허 가처분에 관한 쟁송에서 건축법상의 건축불허가 사유뿐만 아니라 같은 도시계획법상의 형질변경불허가 사 유나 농지법상의 농지전용불허가 사유에 관하여도 다툴 수 있는 것이지, 그 건축불허가처분에 관한 쟁송과 는 별개로 형질변경불허가처분이나 농지전용불허가처분에 관한 쟁송을 제기하여 이를 다투어야 하는 것은 아니며, 그러한 쟁송을 제기하지 아니하였어도 형질변경불허가 사유나 농지전용불허가 사유에 관하여 불 가쟁력이 생기지 아니한다(대법원 2001. 1. 16. 99두10988).

의제된 인허가에 하자가 있어 이해관계인이 위법함을 다투고자 하는 경우, 취소를 구할 대상은 의제된 인허 가이다(의제된 인허가가 주택건설사업계획 승인처분과 별도로 항고소송의 대상이 되는 처분에 해당한다).

주택건설사업계획 승인권자가 관계 행정청의 장과 미리 협의한 사항에 한하여 승인처분을 할 때에 인허가 등이 의제될 뿐이고, 각호에 열거된 모든 인허가 등에 관하여 일괄하여 사전협의를 거칠 것을 주택건설사 업계획 승인처분의 요건으로 규정하고 있지 않다. 따라서 인허가 의제 대상이 되는 처분에 어떤 하자가 있더라도, 그로써 해당 인허가 의제의 효과가 발생하지 않을 여지가 있게 될 뿐이고, 그러한 사정이 주택건 설사업계획 승인처분 자체의 위법사유가 될 수는 없다. 또한 의제된 인허가는 통상적인 인허가와 동일한 효력을 가지므로, 적어도 '부분 인허가 의제'가 허용되는 경우에는 그 효력을 제거하기 위한 법적 수단으로 의제된 인허가의 취소나 철회가 허용될 수 있고, 이러한 직권 취소·철회가 가능한 이상 그 의제된 인허가 에 대한 쟁송취소 역시 허용된다. 따라서 주택건설사업계획 승인처분에 따라 의제된 인허가가 위법함을 다투고자 하는 이해관계인은, 주택건설사업계획 승인처분의 취소를 구할 것이 아니라 의제된 인허가의 취 소를 구하여야 하며, 의제된 인허가는 주택건설사업계획 승인처분과 별도로 항고소송의 대상이 되는 처분 에 해당한다(대법원 2018. 11. 29. 2016두38792).

사업계획승인의 경우 의제된 인허가만 취소 내지 철회함으로써 사업계획에 대한 승인의 효력은 유지하면 서 해당 의제된 인허가의 효력만을 소멸시킬 수 있다.

[1] 다음과 같은 이유로 중소기업창업법에 따른 사업계획승인의 경우 의제된 인허가만 취소 내지 철회함으 로써 사업계획에 대한 승인의 효력은 유지하면서 해당 의제된 인허가의 효력만을 소멸시킬 수 있다.

① 사업계획승인으로 의제된 인허가는 통상적인 인허가와 동일한 효력을 가지므로, 그 효력을 제거하 기 위한 법적 수단으로 의제된 인허가의 취소나 철회가 허용될 필요가 있다. 특히 업무처리지침 제 18조에서는 사업계획승인으로 의제된 인허가 사항의 변경 절차를 두고 있는데, 사업계획승인 후 의 제된 인허가 사항을 변경할 수 있다면 의제된 인허가 사항과 관련하여 취소 또는 철회 사유가 발생 한 경우 해당 의제된 인허가의 효력만을 소멸시키는 취소 또는 철회도 할 수 있다고 보아야 한다.

② 이와 같이 사업계획승인으로 의제된 인허가 중 일부를 취소 또는 철회하면, 취소 또는 철회된 인허 가를 제외한 나머지 인허가만 의제된 상태가 된다. 이 경우 당초 사업계획승인을 하면서 사업 관련 인허가 사항 중 일부에 대하여만 인허가가 의제되었다가 의제되지 않은 사항에 대한 인허가가 불가 한 경우 사업계획승인을 취소할 수 있는 것처럼(업무처리지침 제15조 제2항), 취소 또는 철회된 인 허가 사항에 대한 재인허가가 불가한 경우 사업계획승인 자체를 취소할 수 있다.

[2] 산지전용허가 등이 의제되는 사업계획을 승인하면서 산지전용허가와 관련하여 재해방지 등 명령을 이 행하지 아니한 경우 산지전용허가를 취소할 수 있다는 조건을 첨부하였는데, 갑 회사가 재해방지 조치 를 이행하지 않았다는 이유로 산지전용허가 취소를 통보하고, 이어 토지의 형질변경 허가 등이 취소되 어 공장설립 등이 불가능하게 되었다는 이유로 갑 회사에 사업계획승인을 취소한 사안에서, 산지전용 허가 취소는 군수가 의제된 산지전용허가의 효력을 소멸시킴으로써 갑 회사의 구체적인 권리·의무에 직접적인 변동을 초래하는 행위로 보이는 점 등을 종합하면 의제된 산지전용허가 취소가 항고소송의 대상이 되는 처분에 해당하고, 산지전용허가 취소에 따라 사업계획승인은 산지전용허가를 제외한 나머

지 인허가 사항만 의제하는 것이 되므로 사업계획승인 취소는 산지전용허가를 제외한 나머지 인허가 사항만 의제된 사업계획승인을 취소하는 것이어서 산지전용허가 취소와 사업계획승인 취소가 대상과 범위를 달리하는 이상, 갑 회사로서는 사업계획승인 취소와 별도로 산지전용허가 취소를 다툴 필요가 있다(대법원 2018. 7. 12. 2017두48734).

주된 인·허가를 받았음을 전제로 한 관련 법률의 모든 규정들까지 적용된다고 볼 수는 없다.

주된 인·허가에 관한 사항을 규정하고 있는 甲 법률에서 주된 인·허가가 있으면 乙 법률에 의한 인·허가를 받은 것으로 의제한다는 규정을 둔 경우에는, 주된 인·허가가 있으면 乙 법률에 의한 인·허가가 있는 것으로 보는데 그치는 것이고, 그에서 더 나아가 乙 법률에 의하여 인·허가를 받았음을 전제로 한 乙 법률의 모든 규정들까지 적용되는 것은 아니다(대법원 2004. 7. 22. 2004다19715).

도로점용허가와 관련된 내부협의나 공고가 없었다 하여 사업주체가 도로법상 도로점용허가를 얻은 것으로 간주되는 주택건설촉진법 제33조 제4항의 적용이 배제되지는 않는다.

주택조합들이 주택건설촉진법 제33조 제1항에 의하여 주택건설사업계획을 승인받은 이상 같은 법 제33조 제4항 제3호에 따라 그 사업에 필요한 범위 내의 도로에 대하여 도로법 제40조에 의한 도로점용의 허가를 얻은 것으로 간주되고, 그 사업계획승인시 도로점용허가사항과 관련된 내부협의나 공고가 없었다고 하여 달리 볼 것은 아니며, 도로점용허가가 의제된다 하더라도 도로점용료부과처분을 함에 있어서는 그 부과대상 토지를 특정하고 그에 대한 점용료 산정기준 등 산출근거를 구체적으로 명시하여야 한다(대법원 2002. 2. 26. 2000두4323).

4. 면제

법령에 의해 일반적으로 부과되는 작위·급부·수인 등의 의무를 특정한 경우에 해제하는 행정행위를 의미한다(예 조세면제 등).

면제도 의무를 해제한다는 점에서 허가와 유사하나, 해제되는 의무가 작위·급부·수인 의무라는 점에서 부작위의무를 해제하는 허가와는 구별된다.

따라서 허가와 면제는 의무의 성질에 대한 것을 제외하고는 유사하므로 허가에 대한 이론은 면제에 그대로 적용된다.

확인학습

1 허가행위는 불특정 다수인에 대하여도 행해진다. ◎

2 한약조제시험을 통하여 약사에게 한약조제권을 인정함으로써 한의사들의 영업상 이익이 감소되었다고 하더라도 이러한 이익은 사실상의 이익에 불과하다. ◎

3 유기장영업허가로 인한 영업상 이익은 반사적 이익이다. ◎

해설 유기장영업허가는 유기장영업권을 설정하는 설권행위가 아니고 일반적 금지를 해제하는 영업자유의 회복이라 할 것이므로 그 영업상의 이익은 반사적 이익에 불과하고 행정행위의 본질상 금지의 해제나 그 해제를 다시 철회하는 것은 공익성과 합목적성에 따른 당해 행정청의 재량행위라 할 것이다.

4 주류제조업의 면허를 얻는 자의 이익은 반사적 이익이다. ☒

해설 주류제조면허는 국가의 수입확보를 위하여 설정된 재정허가의 일종이지만 일단 이 면허를 얻은 자의 이득은 단순한 사실상의 반사적 이득에만 그치는 것이 아니라 주세법의 규정에 따라 보호되는 이득이다.

5 담배 일반소매인으로 지정되어 있는 기존업자가 신규 담배구내소매인 지정처분을 다투는 경우에는 원고적격이 있다. ☒

6 강학상 허가와 특허는 의사표시를 요소로 한다는 점과 반드시 신청을 전제로 한다는 점에서 공통점이 있다. ☒

7 허가의 신청과 허가처분 사이에 법령의 변경으로 인하여 허가기준의 변경이 있다면 신뢰보호의 법리상 그 허가는 원칙적으로 처분시가 아닌 신청시의 법률에 따라야 한다. ☒

해설 허가는 원칙적으로 처분시의 법률을 따른다.

8 허가의 요건은 법령으로 규정되어야 하며, 법령의 근거 없이 행정권이 독자적으로 허가요건을 추가하는 것은 허용되지 아니한다. ◯

9 법이 정한 허가의 요건을 모두 갖추었다 하더라도 허가관청은 관련법상 요건에 없는 주민의 동의가 없음을 이유로 주요소 설치허가를 거부할 수 있다. ☒

해설 주유소 설치허가권자는 심사결과 주유소 설치허가 신청이 법령요건에 합치하는 경우에는 특별한 사정이 없는 한 이를 허가하여야 하며, 공익상 필요가 없음에도 불구하고 요건을 갖춘 자에 대한 허가를 관계 법령에서 정하는 제한사유 이외의 사유를 들어 거부할 수는 없다.

10 산림형질변경허가와 같이 재량행위성이 인정되는 허가의 경우 중대한 공익상 필요가 있다고 인정되는 때에는 그 허가를 거부할 수 있으며, 다만 그 경우 별도로 명문의 근거가 있어야 한다. ☒

해설 구 산림형질변경허가의 신청대상지역이 법령상의 금지 또는 제한지역에 해당하지 않더라도 환경의 보전 등을 위한 중대한 공익상의 필요가 있을 경우 그 허가를 거부할 수 있다.

11 접도구역 안에서 건축을 하기 위해서는 건축관청으로부터 건축법상 건축허가를 받는 것으로 충분하다. ☒

해설 허가는 특정 법령상의 금지를 해제하여 주는 효과밖에 없으므로 특별한 규정이 없는 한 다른 법령상의 금지까지 해제하는 것은 아니다. 따라서 건축허가와 도로관리청의 허가를 모두 받아야 한다.

12 일반적으로 행정처분에 효력기간이 정하여져 있는 경우에는 그 기간의 경과로 그 행정처분의 효력은 상실되고, 다만 허가에 붙은 기한이 그 허가된 사업의 성질상 부당하게 짧은 경우에는 이를 그 허가 자체의 존속기간이 아니라 그 허가조건의 존속기간으로 본다. ◯

13 허가의 갱신은 허가취득자에게 종전의 지위를 계속 유지시키는 효과를 갖게 하는 것으로 갱신 후라도 갱신 전 법위반 사실을 근거로 허가를 취소할 수 있다. ◯

법률행위적 행정행위 - 형성적 행정행위

1. 형성적 행정행위

국민에게 새로운 권리·의무, 기타 포괄적 법률관계를 발생·변경·소멸시키는 행정행위를 말한다. 형성적 행정행위에는 권리를 설정하는 특허, 제3자를 위해 그 행위의 효력을 보충·완성시키는 인가, 제3자를 대신하는 대리가 있다.

2. 특허

1) 개념

특정 상대방을 위하여 새로운 권리를 설정하는 행위, 능력을 설정하는 행위 및 법적 지위를 설정하는 행위를 말한다. 특허는 강학상의 용어이고, 실정법상으로는 허가, 면허 등의 용어를 사용한다.

권리 설정 행위	• 공기업특허(자동차운수사업, 전기공급사업, 도시가스공급사업, 보세구역의 설치·영업) • 공물사용권의 특허(도로점용허가, 하천점용허가, 공유수면점용허가) • 공유수면매립면허 • 광업허가, 어업면허 • 마을버스운송사업면허, 개인택시운송사업면허
능력 설정 행위	주택재건축조합설립인가, 공증인 인가·임명처분
법적 지위 설정 행위	공무원임용, 귀화허가, 출입국관리법상 체류자격변경허가

2) 특허의 성질

특허는 상대방에게 권리 등을 설정하여 주는 행위인 점에서 형성적 행위에 속하고, 출원을 요건으로 한다는 점에서 쌍방적 행정행위이며, 그리고 원칙적으로 특허를 할 것인지 여부는 행정청의 재량에 맡겨져 있는 재량행위이다.

따라서 특허는 특정인을 대상으로 하기 때문에 불특정 다수인을 대상으로 하는 일반처분은 생각하기 어렵다. 또한 특허는 출원을 필요요건으로 하며, 출원이 없거나 그 취지에 반하는 특허는 효력이 없다.

판례

토지수용을 위한 사업인정은 특허이다.

토지수용을 위한 사업인정은 단순한 확인행위가 아니라 형성행위이고 당해 사업이 비록 토지를 수용할 수 있는 사업에 해당된다 하더라도 행정청으로서는 그 사업이 공용수용을 할 만한 공익성이 있는지의 여부를 모든 사정을 참작하여 구체적으로 판단하여야 하는 것이므로 사업인정의 여부는 행정청의 재량에 속한다 (대법원 1992. 11. 13. 92누596).

도로점용의 의미(= 특별사용) 및 도로점용허가의 법적 성질(= 재량행위)

도로법 제40조 제1항에 의한 도로점용은 일반공중의 교통에 사용되는 도로에 대하여 이러한 일반사용과는 별도로 도로의 특정부분을 유형적·고정적으로 특정한 목적을 위하여 사용하는 이른바 특별사용을 뜻하는 것이고, 이러한 도로점용의 허가는 특정인에게 일정한 내용의 공물사용권을 설정하는 설권행위로서, 공물 관리자가 신청인의 적격성, 사용목적 및 공익상의 영향 등을 참작하여 허가를 할 것인지의 여부를 결정하는 재량행위이다(대법원 2002. 10. 25. 2002두5795).

3) 특허의 효과

특허는 상대방에게 권리·능력 등 법률상의 힘을 발생시킨다. 따라서 양립할 수 없는 이중의 특허가 있게 되면 특별한 사정이 없는 한, 후행의 특허는 무효이다.

특허의 효과는 그것이 일신전속적인 것(예 귀화허가)인 경우에는 이전성이 없으나, 대물적인 것인 경우에는 자유로이 또는 일정한 제한(행정청에의 신고 또는 그 승인)하에 이전될 수 있다. 특허에 의해 설정되는 권리는 공권에 해당하는 경우가 일반적이지만 사권인 경우도 있다(예 광업권, 어업권 등).

판례

같은 업무구역 안의 중복된 어업면허는 당연무효이다.

지구별 어업협동조합 및 지구별 어업협동조합 내에 설립된 어촌계의 어장을 엄격히 구획하여 종래 인접한 각 조합이나 어촌계 상호간의 어장한계에 관한 분쟁이나 경업을 규제함으로써 각 조합이나 어촌계로 하여금 각자의 소속 어장을 배타적으로 점유 관리하게 하였음에 비추어 특별한 경우가 아니면 같은 업무구역 안에 중복된 어업면허는 당연무효이다(대법원 1978. 4. 25. 78누42).

4) 특허와 허가의 차이

구분	허가	특허
법적 성질	• 명령적 행위(금지해제행위) • 원칙적으로 기속행위	• 형성적 행위(설권행위) • 원칙적으로 재량행위
출원(신청)	원칙적으로 신청을 요하나 신청 없이도 가능(일반처분)	출원(신청)을 필요요건으로 함
효력	• 적법요건 • 허가를 요하는 행위를 허가 없이 한 경우 행위 자체는 유효 • 강제집행 또는 처벌 등의 제재를 받음	• 유효요건 • 특허 없이 한 경우는 행위 자체가 무효
상대방	특정인, 불특정 다수인	특정인(신청인)
기존업자의 이익	반사적 이익 → 행정쟁송 제기 불가	법률상 이익 → 행정쟁송 제기 가능

3. 인가

1) 개념

인가는 제3자의 법률행위를 보충하여 그 법률적 효과를 완성시켜 주는 행정행위이다.

✦ **인가와 허가의 구별**

구분	인가	허가
법적 성질	• 형성적 행위 • 재량행위(원칙), 기속행위(예외)	• 명령적 행위 • 기속행위(원칙), 재량행위(예외)
신청의 요부	항상 신청을 요함	원칙적으로 신청을 요함
대상	법률행위만을 대상으로 함	사실행위와 법률행위
효력	• 유효요건 • 인가를 요하는 행위를 인가 없이 한 경우는 무효 • 강제집행 또는 처벌 등의 대상은 아님	• 적법요건 • 허가를 요하는 행위를 허가 없이 한 경우는 행위 자체는 유효 • 강제집행 또는 처벌 등의 제재를 받음
수정인 · 허가의 가능성	수정인가(원칙적 불허)	수정허가 가능

핵심체크

인가의 예

- 재단법인의 정관변경허가
- 자동차정비조합설립인가
- 주택재건축사업시행인가
- 사립학교법에 의한 감독청의 이사소집승인
- 학교법인이사취임승인처분
- 토지거래계약 허가

2) 인가의 성질

인가는 행정청의 인가를 통해서 사인 간의 법률행위의 효력을 완성시켜 주는 행정행위라는 점에서 보충적 성질과 형성적 행위로서의 성질을 가진다.

 판례

재단법인의 임원취임에 대한 주무관청의 승인(인가)은 재량행위이다.

재단법인의 임원취임이 사법인인 재단법인의 정관에 근거한다 할지라도 이에 대한 행정청의 승인(인가)행위는 법인에 대한 주무관청의 감독권에 연유하는 이상 그 인가행위 또는 인가거부행위는 공법상의 행정처분으로서, 그 임원취임을 인가 또는 거부할 것인지 여부는 주무관청의 권한에 속하는 사항이라고 할 것이고, 재단법인의 임원취임승인 신청에 대하여 주무관청이 이에 기속되어 이를 당연히 승인(인가)하여야 하는 것은 아니다(대법원 2000. 1. 28. 98두16996).

사회복지법인의 정관변경허가의 법적 성질은 재량행위이고 부관이 허용된다.

사회복지사업에 관한 기본적 사항을 규정하여 그 운영의 공정·적절을 기함으로써 사회복지의 증진에 이바지함을 목적으로 하는 입법 취지와 규정에 사회복지법인의 설립이나 설립 후의 정관변경의 허가에 관한 구체적인 기준이 정하여져 있지 아니한 점 등에 비추어 보면, 사회복지법인의 정관변경을 허가할 것인지의 여부는 주무관청의 정책적 판단에 따른 재량에 맡겨져 있다고 할 것이고, 주무관청이 정관변경허가를 함에 있어서는 비례의 원칙 및 평등의 원칙에 적합하고 행정처분의 본질적 효력을 해하지 않는 한도 내에서 부관을 붙일 수 있다(대법원 2002. 9. 24. 2000두5661).

3) 인가의 대상

인가의 대상은 반드시 법률행위에 한정되고, 사실행위는 인가의 대상이 아니다.

인가의 대상이 되는 법률행위에는 공법적 행위(예 공공조합의 정관변경)와 사법적 행위(예 토지거래계약, 사립학교 이사 선임행위)가 모두 포함된다.

4) 신청 및 수정인가의 문제

(1) 인가는 항상 상대방의 신청에 의해 행하여진다.

(2) 인가는 제3자의 법률행위에 동의함으로써 그 법률적 효과를 완성하는 행위라는 점에서 행정청은 그 인가 여부만을 소극적으로 결정하는 데 그친다. 따라서 행정주체가 그 법률행위의 내용을 수정하여 인가하려고 하는 경우에는 법률의 명시적 근거가 있어야 한다.

5) 인가의 효력

(1) 인가는 제3자의 법률행위에 동의함으로써 그 법률행위의 효력을 완성시키는 것이다. 따라서 인가를 받아야 될 행위를 인가를 받지 않고 한 행위는 무효이다.

(2) 인가는 법률행위의 효력발생을 위한 유효요건이기 때문에 원칙적으로 처벌 등의 제재의 문제는 생기지 않는다.

6) 인가와 기본적 법률행위의 효력관계

(1) 인가의 보충성

인가는 제3자의 법률행위에 동의함으로써 그 법률행위의 효력을 완성시키는 보충적 행위에 그치고, 그 법률행위의 하자를 치유하는 효력이 있는 것은 아니다. 따라서 기본적 법률행위가 불성립 또는 무효인 경우는 인가가 있어도 그 법률행위가 유효로 되는 것은 아니며, 또한 유효하게 성립된 기본적 법률행위가 사후에 실효되면, 인가도 당연히 효력을 상실한다.

(2) 기본행위에 하자가 있으나 인가는 적법한 경우

① 기본행위가 불성립 또는 무효인 경우에 인가가 있었다 하더라도 그 기본행위가 유효로 되는 것은 아니며, 인가도 무효로 된다.

② 인가의 대상인 법률행위에 취소원인이 있는 경우, 인가 후에도 그 기본행위를 취소할 수 있다.

③ 기본행위에 하자가 있다면 다투어야 할 소송의 대상은 기본행위이지 인가가 아니다. 따라서 기본행위의 불성립 또는 무효를 이유로 그에 대한 인가처분의 무효확인이나 취소를 구할 법률상의 이익이 없다.

재단법인의 정관변경 결의의 하자(기본행위)를 이유로 정관변경 인가처분의 취소·무효 확인을 소구할 수 없다.

인가는 기본행위인 재단법인의 정관변경에 대한 법률상의 효력을 완성시키는 보충행위로서, 그 기본이 되는 정관변경 결의에 하자가 있을 때에는 그에 대한 인가가 있었다 하여도 기본행위인 정관변경 결의가 유효한 것으로 될 수 없으므로 기본행위인 정관변경 결의가 적법 유효하고 보충행위인 인가처분 자체에만 하자가 있다면 그 인가처분의 무효나 취소를 주장할 수 있지만, 인가처분에 하자가 없다면 기본행위에 하자가 있다 하더라도 따로 그 기본행위의 하자를 다투는 것은 별론으로 하고 기본행위의 무효를 내세워 바로 그에 대한 행정청의 인가처분의 취소 또는 무효확인을 소구할 법률상의 이익이 없다(대법원 1996. 5. 16. 95누4810 전원합의체).

인가행위에만 흠이 있을 때는 그 인가의 취소 또는 무효확인을 주장할 수 있다. 그러나 기본행위의 하자는 기본행위를 대상으로 소송을 하여야 한다.

기본행위인 이사선임결의가 적법·유효하고 보충행위인 승인처분 자체에만 하자가 있다면 그 승인처분의 무효확인이나 그 취소를 주장할 수 있지만, 이 사건 임원취임승인처분에 대한 무효확인이나 그 취소의 소처럼 기본행위인 임시이사들에 의한 이사선임결의의 내용 및 그 절차에 하자가 있다는 이유로 이사선임결의의 효력에 관하여 다툼이 있는 경우에는 민사쟁송으로서 그 기본행위에 해당하는 위 이사선임결의의 무효확인을 구하는 등의 방법으로 분쟁을 해결할 것이지 그 이사선임결의에 대한 보충적 행위로서 그 자체만으로는 아무런 효력이 없는 승인처분만의 무효확인이나 그 취소를 구하는 것은 특단의 사정이 없는 한 분쟁해결의 유효적절한 수단이라 할 수 없으므로, 임원취임승인처분의 무효확인이나 그 취소를 구할 법률상 이익이 없다(대법원 2002. 5. 24. 2000두3641).

(3) 기본행위는 적법하나 인가에 하자가 있는 경우

기본행위는 적법하고 인가행위에만 흠이 있을 때는 그 인가의 취소 또는 무효확인을 구할 법률상의 이익이 있다. 다만, 인가행위의 하자가 취소사유인 경우에는 인가행위가 취소되기까지는 유효한 행위가 된다.

기본행위	인가	소송대상
하자	적법	기본행위(민사소송)
적법	하자	인가(항고소송)

7) 주택재개발정비사업조합

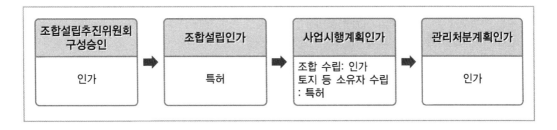

기본행위(하자)	인가(적법)	소송대상
조합설립결의	조합설립인가	인가(항고소송)
조합총회결의	관리처분계획인가	인가가 있은 후에는 항고소송, 인가가 있기 전에는 당사자소송

판례

행정청의 조합설립인가처분이 있은 이후에 조합설립결의에 하자가 있음을 이유로 재개발조합설립의 효력을 부정하기 위해서는 항고소송으로 조합설립인가처분의 효력을 다투어야 한다.

재개발조합은 재개발사업의 사업시행자로서 조합원에 대한 법률관계에서 특수한 존립목적을 부여받은 행정주체로서의 지위를 갖게 되고, 이러한 행정주체의 지위에서 정비구역 안에 있는 토지 등을 수용하고, 관리처분계획 등과 같은 행정처분을 할 수 있는 권한을 부여받게 되므로, 재개발조합설립 인가신청에 대한 행정청의 조합설립인가처분은 단순히 사인들의 조합설립행위에 대한 보충행위로서의 성질을 갖는 것이 아니라 법령상 일정한 요건을 갖출 경우 행정주체(공법인)의 지위를 부여하는 일종의 설권적 처분의 성격을 갖는 것이라고 봄이 상당하다. 따라서, 구 도시정비법상 재개발조합설립 인가신청에 대하여 행정청의 조합설립인가처분이 있은 이후에 조합설립결의에 하자가 있음을 이유로 재개발조합설립의 효력을 부정하기 위해서는 항고소송으로 조합설립인가처분의 효력을 다투어야 하고, 특별한 사정이 없는 한 이와는 별도로 민사소송으로 행정청으로부터 조합설립인가처분을 하는 데 필요한 요건 중의 하나에 불과한 조합설립결의에 대하여 무효확인을 구할 확인의 이익은 없다고 보아야 한다(대법원 2009. 9. 24. 2009마168·169).

재건축조합을 상대로 한 관리처분계획안에 대한 소송의 형태는 관리처분계획에 대한 인가·고시가 있기 전에는 당사자소송이고, 관리처분계획에 대한 관할 행정청의 인가·고시가 있은 후에는 항고소송이다.

[1] 도시 및 주거환경정비법상 행정주체인 주택재건축정비사업조합을 상대로 관리처분계획안에 대한 조합총회결의의 효력 등을 다투는 소송은 행정처분에 이르는 절차적 요건의 존부나 효력 유무에 관한 소송으로서 그 소송결과에 따라 행정처분의 위법 여부에 직접 영향을 미치는 공법상 법률관계에 관한 것이므로, 이는 행정소송법상의 당사자소송에 해당한다.

[2] 도시 및 주거환경정비법상 주택재건축정비사업조합이 같은 법 제48조에 따라 수립한 관리처분계획에 대하여 관할 행정청의 인가·고시까지 있게 되면 관리처분계획은 행정처분으로서 효력이 발생하게 되므로, 총회결의의 하자를 이유로 하여 행정처분의 효력을 다투는 항고소송의 방법으로 관리처분계획의 취소 또는 무효확인을 구하여야 하고, 그와 별도로 행정처분에 이르는 절차적 요건 중 하나에 불과한 총회결의 부분만을 따로 떼어내어 효력 유무를 다투는 확인의 소를 제기하는 것은 특별한 사정이 없는 한 허용되지 않는다(대법원 2009. 9. 17. 2007다2428 전원합의체).

조합설립추진위원회의 구성승인은 인가에 해당한다.

조합설립추진위원회(이하 '추진위원회'라고 한다)의 구성을 승인하는 처분은 조합의 설립을 위한 주체에 해당하는 비법인 사단인 추진위원회를 구성하는 행위를 보충하여 그 효력을 부여하는 처분인 데 반하여, 조합설립인가처분은 법령상 요건을 갖출 경우 도시정비법상 주택재개발사업을 시행할 수 있는 권한을 가지는 행정주체(공법인)로서의 지위를 부여하는 일종의 설권적 처분이므로, 양자는 그 목적과 성격을 달리한다. 추진위원회의 권한은 조합 설립을 추진하기 위한 업무를 수행하는 데 그치므로 일단 조합설립인가처분을 받아 추진위원회의 업무와 관련된 권리와 의무가 조합에 포괄적으로 승계되면, 추진위원회는 그 목적을 달성하여 소멸한다. 조합설립인가처분은 추진위원회 구성의 동의요건보다 더 엄격한 동의요건을 갖추어야 할 뿐만 아니라 창립총회의 결의를 통하여 정관을 확정하고 임원을 선출하는 등의 단체결성행위를 거쳐 성립하는 조합에 관하여 하는 것이므로, 추진위원회 구성의 동의요건 흠결 등 추진위원회구성승인처분상의 위법만을 들어 조합설립인가처분의 위법을 인정하는 것은 조합설립의 요건이나 절차, 그 인가처분의 성격, 추진위원회 구성의 요건이나 절차, 그 구성승인처분의 성격 등에 비추어 타당하다고 할 수 없다. 따라서 조합설립인가처분은 추진위원회구성승인처분이 적법·유효할 것을 전제로 한다고 볼 것은 아니므로, 구 도시정비법령이 정한 동의요건을 갖추고 창립총회를 거쳐 주택재개발조합이 성립한 이상, 이미 소멸한 추진위원회구성승인처분의 하자를 들어 조합설립인가처분이 위법하다고 볼 수 없다. 다만 추진위원회구성승인처분의 위법으로 그 추진위원회의 조합설립인가 신청행위가 무효라고 평가될 수 있는 특별한 사정이 있는 경우라면, 그 신청행위에 기초한 조합설립인가처분이 위법하다고 볼 수 있다. 그런데 조합설립인가 신청행위는 앞서 보았듯이 법령이 정한 동의 요건을 갖추고 창립총회를 거쳐 조합의 실체가 형성된 이후에 이를 바탕으로 이루어지는 것이므로, 추진위원회 구성이나 그 인가처분의 위법사유를 이유로 그 추진위원회가 하는 조합설립인가 신청행위가 위법·무효로 된다고 볼 것은 아니고, 그 위법사유가 도시정비법상 하나의 정비구역 내에 하나의 추진위원회로 하여금 조합설립의 추진을 위한 업무를 수행하도록 한 추진위원회 제도의 입법취지를 형해화할 정도에 이르는 경우에 한하여 그 추진위원회의 조합설립인가 신청행위가 위법·무효이고, 나아가 이에 기초한 조합설립인가처분의 효력을 다툴 수 있게 된다(대법원 2013. 12. 26. 2011두8291).

4. 대리

본인이 하여야 할 행위를 행정청이 대신하여 행하고, 그 행위가 본인이 행한 것과 같은 법적 효과를 발생하는 행정행위를 의미한다.

공법인의 정관작성, 감독청에 의한 공법인의 임원 임명, 조세체납절차로서의 공매처분, 토지수용재결, 행려병사자의 유류품 매각 등이 있다.

확인학습

1 민법에 따른 재단법인의 정관변경허가는 재단법인의 정관변경에 대한 법률상의 효력을 완성시키는 보충행위로서 그 법적 성격은 인가에 해당한다. ◎

2 인가의 대상이 되는 기본행위는 법률적 행위일 수도 있고, 사실행위일 수도 있다. ✕
　해설 인가의 대상은 법률행위에 한한다.

3 인가의 대상이 되는 행위는 법률적 행위로서 공법행위에 한한다. ✕
　해설 인가의 대상이 되는 법률행위에는 공법적 행위(공공조합의 정관변경)와 사법적 행위(토지거래계약, 사립학교 이사 선임행위)가 모두 포함된다.

4 재단법인의 임원취임승인 신청에 대하여 주무관청이 이에 기속되어 이를 당연히 승인(인가)하여야 하는 것은 아니다. ◎

5 이사취임승인은 학교법인의 임원선임행위를 보충하여 법률상의 효력을 완성시키는 보충적 행정행위로서 기속행위에 속한다. ◎

6 공유수면매립의 면허로 인한 권리·의무의 양도·양수는 공유수면매립법에 의하여 면허관청의 인가를 효력요건으로 정하고 있으므로, 면허로 인한 권리·의무의 양도·양수가 인가를 받지 못한 경우에 그 하자의 정도에 따라 취소할 수 있다. ☒

해설 무효이다.

7 기본적 법률행위가 무효인 경우에는 인가가 있더라도 기본적 법률행위가 유효로 되는 것은 아니다. ⭕

해설 인가의 대상이 되는 법률행위가 무효이면 인가도 당연히 무효가 된다.

8 인가의 전제가 되는 기본행위에 하자가 있다고 하더라도 행정청의 적법한 인가가 있으면 그 하자는 치유가 된다. ☒

해설 인가는 기본행위의 하자를 치유하지 못한다.

9 인가의 대상이 되는 기본행위가 실효된 경우 인가는 무효선언이나 취소처분이 없어도 당연히 실효된다. ⭕

10 기본행위의 무효를 내세워 그에 대한 행정청의 인가처분의 취소 또는 무효확인을 구하는 소송은 법률상의 이익이 없어 각하된다. ⭕

11 조합설립추진위원회 구성승인처분은 조합의 설립을 위한 주체인 추진위원회의 구성행위를 보충하여 그 효력을 부여하는 처분으로 인가에 해당한다. ⭕

12 주택재개발조합설립인가는 보충행위가 아니라 설권적 처분의 성격을 갖는다. ⭕

13 재개발조합설립인가신청에 대하여 행정청의 조합설립인가처분이 있은 이후에 조합설립 동의에 하자가 있음을 이유로 재개발조합설립의 효력을 부정하려면 민사소송으로 다투어야 한다. ☒

해설 민사소송이 아닌 항고소송으로 다투어야 한다.

14 행정청이 도시 및 주거환경정비법 등 관련 법령에 근거하여 행하는 조합설립인가처분은 강학상 인가처분으로서 조합설립인가처분이 있은 이후에 그 조합설립결의에 하자가 있다면 조합설립결의에 대한 무효확인을 구하여야 한다. ☒

해설 조합설립인가처분은 강학상 특허로서 조합설립결의에 하자가 있다면 그 하자를 이유로 직접 항고소송의 방법으로 조합설립인가처분의 취소 또는 무효확인을 구하여야 한다.

15 도시 및 주거환경정비법에 따른 토지 등 소유자에 대한 사업시행인가처분은 사업시행계획에 대한 보충행위로서의 성질을 가지는 것이 아니라, 정비사업 시행권한을 가지는 행정주체로서의 지위를 부여하는 일종의 설권적 처분의 성격을 가진다. ⭕

16 도시환경정비사업조합이 수립한 사업시행계획을 인가하는 행정청의 행위는 사업시행계획에 대한 법률상의 효력을 완성시키는 보충행위에 해당한다. ⭕

07 준법률행위적 행정행위

1. 준법률행위적 행정행위

준법률행위적 행정행위는 의사표시 이외의 정신작용(인식, 판단 등)을 구성요소로 한다. 따라서 법적 효과가 행정청의 의사와 무관하게 법규에 정해진 대로 발생한다는 점에서 법률행위적 행정행위와 구별된다. 준법률행위적 행정행위에는 확인, 공증, 통지, 수리가 있다.

2. 확인

1) 개념

특정한 사실 또는 법률관계에 관하여 의문이나 다툼이 있는 경우에 행정청이 공적 지위에서 판단하는 의사표시를 말한다.

> **핵심체크**
>
> **확인에 해당하는 경우**
> - 친일재산에 대한 조사위원회의 국가귀속결정
> - 민주화운동관련자 결정
> - 하천구역결정
> - 행정심판 재결
> - 준공검사처분
> - 국가시험합격자결정
> - 당선인결정
> - 장애등록결정
> - 병역법상의 신체검사
> - 발명특허
> - 국가유공자등록결정
> - 도로구역
> - 소득세부과를 위한 소득금액결정

2) 성질

확인은 일정한 사실 또는 법률관계를 객관적 사실에 따라 결정하는 것이므로 재량이 인정되지 않는 기속행위이다. 따라서 원칙적으로 부관을 붙일 수 없다.

3) 확인의 효과

확인은 행정청이 공적인 지위로서 그 존재 여부와 당·부당을 판단하는 것이므로 확인이 이루어진 후에는 불가변력이 발생한다. 또한 확인에는 소급효가 인정되는 것이 보통이다.

3. 공증

1) 개념

특정 사실 또는 법률관계의 존부를 공적으로 증명하는 행정행위를 말한다. 공증은 의문이나 다툼이 없는 사항을 대상으로 하는 점에서 확인과 구별된다.

> **핵심체크**
>
> **공증에 해당하는 경우**
> - 당선증서·합격증서와 같은 각종 증명서 발급
> - 주민등록등초본·여권·인감증명서 발급
> - 각종 등록(외국인등록, 차량등록, 주민등록)
> - 각종 등재(토지대장, 건축물대장, 임야대장, 선거인 명부)

2) 공증의 효과

공증은 공적 증거력이 발생한다. 그러나 이러한 공적 증거력은 사실상의 추정력이므로, 그에 대한 반증이 있으면 행정청의 취소가 없어도 그 증거력을 번복할 수 있다. 따라서 공증에는 원칙적으로 공정력이 인정되지 않는다.

3) 공증의 처분성 인정 여부

공증은 행정사무집행의 편의와 사실증명의 자료로 삼기 위한 것이고 공증으로 인해 실체법상의 권리관계에 변동을 가져오는 것은 아니므로 처분성을 부정해오다가, 최근 지목변경신청 거부행위와 건축물대장 작성신청에 대한 거부행위 등의 처분성을 인정하는 판시를 하였다.

처분성 부정	처분성 긍정
• 임야대장 등재·등재사항 변경 • 인감증명행위 • 토지대장상의 소유자명의변경신청 거부 • 토지대장상의 지번복구신청 거부 • 지적공부 기재사항인 지적도 경계 정정요청 거부 • 무허가건물관리대장 삭제행위	• 지목변경신청 반려 • 지적 소관청의 토지분할신청 거부 • 토지면적등록 정정신청 반려 • 건축물대장의 용도변경신청 거부 • 건축물대장의 작성신청 거부 • 토지대장 직권 말소 • 건설업면허증의 재교부

4. 통지

1) 개념

행정청이 특정인 또는 불특정 다수인에게 특정 사실 또는 의사를 알리는 행위이다.

핵심체크

통지에 해당하는 경우
- 대집행의 계고, 대집행영장에 의한 통지
- 대학교원의 임용기간만료의 통지
- 조세체납자에 대한 독촉
- 신청서에 대한 보완명령
- 귀화고시
- 특허출원의 공고
- 토지수용에 있어서 사업인정고시

2) 법적 성질

준법률행위적 행정행위로서 이미 성립한 행정행위의 효력발생요건으로 교부나 송달과는 달리 그 자체가 독립한 행정행위이다. 특정 사실의 통지가 아무런 법적 효과를 발생시키지 않는 경우에는 여기서의 통지가 아닌 사실행위에 불과하다.

5. 수리

1) 개념

행정청이 타인의 행위를 유효한 행위로 받아들이는 행위를 말한다. 수리는 행정청이 타인의 행위를 유효한 것으로 수령하는 의사 작용이라는 점에서 단순한 사실행위인 도달이나 접수 와는 다르다.

> **핵심체크**
>
> **수리에 해당하는 경우**
> • 혼인신고서의 수리
> • 공직선거에서 입후보자등록의 수리
> • 원서의 수리
> • 영업허가명의변경신고 수리
> • 행정심판청구서의 수리

2) 성질

법정의 요건을 갖춘 신고는 수리되어야 하므로 수리는 원칙적으로 기속행위이다.

> **판례**
>
> **지위승계신고의 수리대상인 사업양도 · 양수가 존재하지 아니하거나 무효인 때에는 수리를 하였다 하더라 도 그 수리는 당연히 무효이다.**
>
> 사업양도 · 양수에 따른 허가관청의 지위승계신고의 수리는 적법한 사업의 양도 · 양수가 있었음을 전제로 하는 것이므로 그 수리대상인 사업양도 · 양수가 존재하지 아니하거나 무효인 때에는 수리를 하였다 하더 라도 그 수리는 유효한 대상이 없는 것으로서 당연히 무효라 할 것이고, 사업의 양도행위가 무효라고 주장 하는 양도자는 민사쟁송으로 양도 · 양수행위의 무효를 구함이 없이 막바로 허가관청을 상대로 하여 행정 소송으로 위 신고수리처분의 무효확인을 구할 법률상 이익이 있다(대법원 2005. 12. 23. 2005두3554).

3) 수리의 거부와 처분성

(1) 처분성이 인정되는 경우(수리를 요하는 신고)

행위요건적 공법행위의 경우에는 행정청이 수리를 해야 할 의무가 있기 때문에 그 거부는 처분성이 인정된다(예 건축주 명의변경신고, 수산업법의 어업신고 등).

(2) 처분성이 부정되는 경우(수리를 요하지 않는 신고)

자체완성적 공법행위에 대해서는 행정청의 별도의 수리를 요하지 않는다. 따라서 이에 대한 거부에 대해서는 처분성이 인정되지 않는다(예 사망신고 등).

확인학습

1 확인은 특정한 사실 또는 법률행위에 관하여 의문이 있는 경우에 공권력으로 그 존부를 판단하는
행위이며, 그 예로 각종 증명서의 발급 및 영수증의 교부 등을 들 수 있다. ☒

해설 공증에 해당한다.

2 친일반민족행위자 재산조사위원회의 친일재산 국가귀속결정은 법률행위적 행정행위이다. ☒

해설 준법률행위적 행정행위이다.

3 신고의 수리는 타인의 행위를 유효한 행위로 받아들이는 행정행위를 말하며, 이는 강학상 법률행위
적 행정행위에 해당한다. ☒

해설 준법률행위적 행정행위에 해당한다.

수익 · 부담 · 복효적 행정행위

1. 수익적 행정행위

상대방에게 권리·의무를 부여하거나 권리의 제한을 없애는 행정행위를 말한다. 완화된 법률유보가 적용된다.

2. 부담적 행정행위

국민에게 의무를 부과하거나 권리의 행사를 방해하는 등 상대방에게 불리한 효과를 발생시키는 행정행위를 말한다. 엄격한 법률유보가 적용된다.

3. 복효적 행정행위

1) 개념

(1) 제3자효 행정행위

하나의 행정행위가 상대방에게는 이익을 주는 것이나 다른 사람에게는 불이익을 주는 행정행위이다. 예컨대 건축허가 영업허가는 허가권자에게는 이익이 되지만 인근주민에게는 피해가 생길 수도 있다.

(2) 이중효적 행정행위

하나의 행정행위가 상대방에 대하여 수익적인 효과와 부담적인 효과를 동시에 발생시키는 행위를 말한다. 이중효적 행정행위에 있어서 상대방은 불이익한 범위 내에서 그 취소를 구할 수 있다.

2) 행정개입청구권

제3자는 자신의 권익보호를 위하여 행정개입청구권을 요구할 수 있다. 예컨대 환경오염을 유발하는 인근 공장에 대하여 오염물질의 배출을 금지하는 행정행위를 발동하여 줄 것을 요구할 수 있다.

3) 복효적 행정행위의 철회

복효적 행정행위의 취소·철회에 있어서는 공익 및 상대방의 신뢰보호뿐만 아니라, 제3자의 이익도 구체적으로 비교·형량하여야 한다.

4) 부관

복효적 행정행위의 경우 상대방과 제3자 이익의 조정 필요성 차원에서 부관의 부과가 필요할 때가 있다. 예컨대 노래방영업을 허가하면서 소음방지의무를 부과할 수 있다.

재량행위와 기속행위

1. 의의

1) 재량행위

재량행위란 법률이 행정청에게 그 요건의 판단 또는 효과의 결정에 있어 일정한 판단권을 인정하고 있는 경우를 말한다. 재량에는 어떤 일을 할 것인가 말 것인가를 결정하는 결정재량과 복수의 행정행위 중 어느 것을 할 것인가를 선택하는 선택재량이 있다.

2) 기속행위

기속행위란 법이 어떤 요건하에서 어떤 행위를 할 것인가에 관해 확정적으로 규정하고 있어서, 행정청이 그 법률을 기계적으로 적용해야 하는 경우를 말한다.

> **판례**
>
> **기속행위와 재량행위의 비교**
>
> 행정행위가 그 재량성의 유무 및 범위와 관련하여 이른바 기속행위 내지 기속재량행위와 재량행위 내지 자유재량행위로 구분된다고 할 때, 그 구분은 당해 행위의 근거가 된 법규의 체재·형식과 그 문언, 당해 행위가 속하는 행정 분야의 주된 목적과 특성, 당해 행위 자체의 개별적 성질과 유형 등을 모두 고려하여 판단하여야 하고, 이렇게 구분되는 양자에 대한 사법심사는, 전자의 경우 그 법규에 대한 원칙적인 기속성으로 인하여 법원이 사실인정과 관련 법규의 해석·적용을 통하여 일정한 결론을 도출한 후 그 결론에 비추어 행정청이 한 판단의 적법 여부를 독자의 입장에서 판정하는 방식에 의하게 되나, 후자의 경우 행정청의 재량에 기한 공익판단의 여지를 감안하여 법원은 독자의 결론을 도출함이 없이 당해 행위에 재량권의 일탈·남용이 있는지 여부만을 심사하게 되고, 이러한 재량권의 일탈·남용 여부에 대한 심사는 사실오인, 비례·평등의 원칙 위배, 당해 행위의 목적 위반이나 동기의 부정 유무 등을 그 판단 대상으로 한다(대법원 2001. 2. 9. 98두17593).

2. 구별실익

1) 사법심사의 범위

양자 모두 사법심사의 대상이 되는 점에는 차이가 없다. 다만 사법심사의 범위와 관련하여 차이가 있을 뿐이다.

기속행위의 경우에 법원은 행정청의 판단과 실체적 결정 모두를 전면적으로 심사하지만 재량의 경우에는 재량권의 일탈·남용만 심사한다. 또한 기속행위에 대해서는 법위반사실에 대한 적법성을 행정청이 입증해야 하고, 재량행위인 경우에는 재량의 일탈·남용을 원고가 입증해야 한다.

2) 부관의 가부

기속행위에는 원칙적으로 부관을 붙일 수 없고, 부관을 붙였다 하더라도 이는 무효이다. 재량행위의 경우에는 원칙적으로 법률효과의 일부를 제한하는 부관을 붙일 수 있다.

3) 공권성립의 가능성

기속행위에 대해서는 상대방이 행정개입청구권과 같은 일정한 행위를 요구할 수 있는 공권이 발생한다. 재량행위의 경우에도 무하자재량행사청구권 또는 재량이 "0"으로 수축되는 경우에는 행정개입청구권이 인정될 수 있다.

3. 구별기준

판례

기본적으로 당해 행위의 근거가 된 법규의 체재·형식과 그 문언에 따라 구별한다.

행정행위가 그 재량성의 유무 및 범위와 관련하여 이른바 기속행위 내지 기속재량행위와 재량행위 내지 자유재량행위로 구분된다고 할 때, 그 구분은 당해 행위의 근거가 된 법규의 체재·형식과 그 문언, 당해 행위가 속하는 행정 분야의 주된 목적과 특성, 당해 행위 자체의 개별적 성질과 유형 등을 모두 고려하여 판단하여야 한다(대법원 2001. 2. 9. 98두17593).

✦ 판례상의 기속행위와 재량행위

구분	재량행위	기속행위
허가	• 개발제한구역 내에서의 건축허가, 건축물의 용도변경허가 • 학교환경정화구역 내에서의 유흥음식점 허가 • 자연공원법 적용지역 내에서의 단란주점 영업허가 • 카지노업 허가 • 마약류취급자의 허가 • 토지형질변경허가 • 토지의 형질변경행위를 수반하는 건축허가 • 산림형질변경허가, 입목굴채 · 벌채허가 • 농지전용허가 • 총포 · 도검 · 화약류 등 소지허가 • 사설납골당설치허가	• 건축허가, 건축물의 용도변경허가 • 일반음식점영업허가 • 자동차운전면허 • 의사면허, 한의사면허 • 통행금지해제, 입산금지해제 • 기부금품 모집허가 • 위생접객업(터기탕)허가 • 석유판매업(주유소)영업허가
특허	• 공기업특허(자동차운수사업, 전기공급사업, 도시가스공급사업, 보세구역의 설치 · 영업) • 공물사용권의 특허(도로점용허가, 하천점용허가, 공유수면점용허가) • 공유수면매립면허 • 광업허가, 어업면허 • 마을버스운송사업면허, 개인택시운송사업면허 • 주택재건축조합설립인가 • 공증인 인가 · 임명처분 • 공무원임용 • 귀화허가, 출입국관리법상 체류자격변경허가, 재외동포에 대한 사증발급 (비교 난민인정, 귀화불허가 → 기속)	
인가	• 재단법인의 정관변경허가 • 자동차정비조합설립인가 • 주택재건축사업시행인가	• 사립학교법에 의한 감독청의 이사소집승인 • 학교법인이사취임승인처분 • 토지거래계약 허가
제재	• 공정거래위원회 과징금부과 • 일반적인 면허 · 허가 취소 • 일반적인 영업정지 • 공무원 징계	• 명의신탁자에 대한 과징금부과 • 무단점유자에 대한 변상금부과 · 징수 • 총포 · 도검 · 화약류 등 면허취소 • 음주측정거부에 따른 면허취소

4. 재량의 하자 − 재량의 일탈·남용

행정청에 부여된 재량권의 외적 한계를 넘어서는 경우를 재량의 일탈이라고 하고, 주로 비례의 원칙·평등의 원칙과 같은 조리에 위배하여 행사하는 것처럼 재량권의 내적 한계를 넘는 경우를 재량의 남용이라 한다.

원칙적으로 재량이 그 범위 내에서 행사된 경우에는 당·부당의 문제는 있어도 위법의 문제는 발생하지 않는다. 그러나 재량의 일탈·남용이 있게 되면 이는 위법한 것이 되고 사법심사의 대상이 된다. 행정소송법(제27조)도 "행정청의 재량에 속하는 처분이라도 재량권의 한계를 넘거나 그 남용이 있는 때에는 법원은 이를 취소할 수 있다."라고 규정하여 명문으로 사법심사를 긍정하고 있다.

판례

재량의 남용에 대한 판단기준

징계사유에 해당하는 행위가 있더라도, 징계권자가 그에 대하여 징계처분을 할 것인지, 징계처분을 하면 어떠한 종류의 징계를 할 것인지는 징계권자의 재량에 맡겨져 있다고 할 것이나, 그 재량권의 행사가 징계권을 부여한 목적에 반하거나, 징계사유로 삼은 비행의 정도에 비하여 균형을 잃은 과중한 징계처분을 선택함으로써 비례의 원칙에 위반하거나 또는 합리적인 사유 없이 같은 정도의 비행에 대하여 일반적으로 적용하여 온 기준과 어긋나게 공평을 잃은 징계처분을 선택함으로써 평등의 원칙에 위반한 경우에는, 그 징계처분은 재량권의 한계를 벗어난 것으로서 위법하고, 징계처분에 있어 재량권의 행사가 비례의 원칙을 위반하였는지 여부는, 징계사유로 인정된 비행의 내용과 정도, 그 경위 내지 동기, 그 비행이 당해 행정조직 및 국민에게 끼치는 영향의 정도, 행위자의 직위 및 수행직무의 내용, 평소의 소행과 직무성적, 징계처분으로 인한 불이익의 정도 등 여러 사정을 건전한 사회통념에 따라 종합적으로 판단하여 결정하여야 한다(대법원 2001. 8. 24. 2000두7704).

임의적 감경규정·감경사유가 있는 경우 감경 여부는 재량에 속하지만, 감경사유를 전혀 고려하지 않았거나 감경사유를 누락하였다면 재량권을 일탈·남용한 것이다.

행정청이 제재처분 양정을 하면서 공익과 사익의 형량을 전혀 하지 않았거나 이익형량의 고려대상에 마땅히 포함하여야 할 사항을 누락한 경우 또는 이익형량을 하였으나 정당성·객관성이 결여된 경우에는 제재처분은 재량권을 일탈·남용한 것이라고 보아야 한다. 처분상대방에게 법령에서 정한 임의적 감경사유가 있는 경우에, 행정청이 감경사유까지 고려하고도 감경하지 않은 채 개별처분기준에서 정한 상한으로 처분을 한 경우에는 재량권을 일탈·남용하였다고 단정할 수는 없으나, 행정청이 감경사유를 전혀 고려하지 않았거나 감경사유에 해당하지 않는다고 오인하여 개별처분기준에서 정한 상한으로 처분을 한 경우에는 마땅히 고려대상에 포함하여야 할 사항을 누락하였거나 고려대상에 관한 사실을 오인한 경우에 해당하여 재량권을 일탈·남용한 것이라고 보아야 한다(대법원 2020. 6. 25. 2019두52980).

민원조정위원회를 개최하면서 민원인에게 의견진술의 기회를 주지 아니한 거부처분은 그 자체만으로는 재량권을 일탈·남용한 것으로 보기 어렵다.

민원사무를 처리하는 행정기관이 민원 1회방문 처리제를 시행하는 절차의 일환으로 민원사항의 심의·조정 등을 위한 민원조정위원회를 개최하면서 민원인에게 회의일정 등을 사전에 통지하지 아니하였다 하더라도, 이러한 사정만으로 곧바로 민원사항에 대한 행정기관의 장의 거부처분에 취소사유에 이를 정도의 흠이 존재한다고 보기는 어렵다. 다만 행정기관의 장의 거부처분이 재량행위인 경우에, 위와 같은 사전통지의 흠결로 민원인에게 의견진술의 기회를 주지 아니한 결과 민원조정위원회의 심의과정에서 고려대상에 마땅히 포함시켜야 할 사항을 누락하는 등 재량권의 불행사 또는 해태로 볼 수 있는 구체적 사정이 있다면, 거부처분은 재량권을 일탈·남용한 것으로서 위법하다(대법원 2015. 8. 27. 2013두1560).

어떠한 징계처분을 할 것인가는 원칙적으로 징계권자의 재량이다.

사립학교 교원에게 징계사유가 있어 징계처분을 하는 경우 어떠한 처분을 할 것인가는 원칙적으로 징계권자의 재량에 맡겨져 있는 것이므로 그 징계처분이 위법하다고 하기 위하여서는 징계권자가 재량권을 행사하여 한 징계처분이 사회통념상 현저하게 타당성을 잃어 징계권자에게 맡겨진 재량권을 남용한 것이라고 인정되는 경우에 한하고, 그 징계처분이 사회통념상 현저하게 타당성을 잃은 처분이라고 하려면 구체적인 사례에 따라 직무의 특성, 징계의 사유가 된 비위사실의 내용과 성질 및 징계에 의하여 달하려는 목적과 그에 수반되는 제반 사정을 참작하여 객관적으로 명백히 부당하다고 인정되는 경우라야 한다(대법원 2000. 10. 13. 98두8858).

5. 재량의 통제

1) 비례원칙에 기한 통제

행정청의 재량권 행사 그 자체는 행정청의 판단이 존중되어야 하므로, 재량처분이 현저하게 타당성을 결여한 경우에만 위법한 처분으로 인정하여야 한다.

2) 평등원칙에 기한 통제

(1) 특별한 사유가 없음에도 다른 사람에게 부과한 제재처분과 비교하여 특정인에 대하여만 더 불리한 처분을 한 경우 그것은 평등원칙에 반하는 위법한 처분이 된다.

(2) 관행이 형성된 일정한 재량행위가 존재하는 경우, 행정청은 평등원칙에 따라 종전의 관행에 따른 처분을 하여야 할 법적 기속을 받게 된다(행정의 자기구속의 법리).

3) 부당결부금지원칙에 의한 통제

재량처분이 부당결부금지원칙에 위반된 경우 그것은 위법한 처분이 된다.

4) 재량권의 "0"으로의 수축 – 행정개입청구권의 문제

재량권이 "0"으로 수축된 경우 재량행위는 기속행위로 전환되고, 그 재량행위를 행사하지 않는 것은 위법한 것이 된다.

확인학습

1 현행법상 재량하자의 사법심사에 관한 명문의 규정은 존재하지 않는다. ☒

해설 행정청의 재량에 속하는 처분이라도 재량권의 한계를 넘거나 그 남용이 있는 때에는 법원은 이를 취소할 수 있다(행정소송법 제27조).

2 행정소송법 제27조에 의하면 행정청의 재량에 속하는 처분이라도 재량권의 한계를 넘거나 그 남용이 있는 때에는 법원은 이를 취소하여야 한다. ☒

해설 취소할 수 있다.

3 술에 취한 상태에 있다고 인정할 만한 상당한 이유가 있음에도 불구하고 경찰공무원의 측정에 응하지 아니한 때에는 필요적으로 운전면허를 취소하도록 되어 있어 처분청이 그 취소 여부를 선택할 수 있는 재량의 여지가 없음이 도로교통법상 명백하므로, 동법 요건에 해당하였음을 이유로 한 운전면허취소처분에 있어서 재량권의 일탈 또는 남용의 문제는 생길 수 없다. ◯

4 법무부장관은 귀화신청인이 국적법 소정의 귀화 요건을 모두 갖춘 경우에는 관계 법령에서 정하는 제한사유 외에 공익상의 이유로 귀화허가를 거부할 수 없다. ☒

5 출입국관리법상 체류자격변경허가는 신청인에게 당초의 체류자격과 다른 체류자격에 해당하는 활동을 할 수 있는 권한을 부여하는 일종의 설권적 처분의 성격을 가지므로, 허가권자는 신청인이 관계 법령에서 정한 요건을 충족하였더라도, 신청인의 적격성, 체류 목적, 공익상의 영향 등을 참작하여 허가 여부를 결정할 수 있는 재량을 가진다. ☒

6 관할관청은 비록 개인택시운송사업자에게 운전면허취소사유가 있다 하더라도 그로 인하여 운전면허취소처분이 이루어지지 않은 이상 개인택시운송사업면허를 취소할 수는 없다. ◯

7 개인택시운송사업의 양도ㆍ양수가 있은 후 그 양도ㆍ양수 이전에 있었던 양도인에 대한 운송사업면허취소사유를 들어 양수인의 면허를 취소할 수 있다. ◯

8 제재처분에 대한 임의적 감경규정이 있는 경우 감경 여부는 행정청의 재량에 속하므로 존재하는 감경사유를 고려하지 않았거나 일부 누락시켰다 하더라도 이를 위법하다고 할 수 없다. ☒

해설 위법하다.

9 기속행위의 경우에는 절차상의 하자만으로 독립된 취소사유가 될 수 없으나, 재량행위의 경우에는 절차상의 하자만으로도 독립된 취소사유가 된다. ☒

해설 기속행위이든 재량행위이든 절차하자는 독립된 취소사유이다.

불확정개념과 판단여지

1. 개념

1) 불확정개념

공공의 안녕·질서, 중대한 사유 등과 같이 용어 그 자체로는 의미가 명확하지 않고 해석에 의해 뒷받침되어야 하는 것을 말한다.

2) 판단여지론

법률요건에 불확정개념이 사용되는 경우 이러한 법률요건의 해석 문제는 사법부의 권한에 해당한다. 다만, 예외적으로 해석상 고도의 전문적·기술적 판단이 요구되는 경우에는 법원이 행정청의 판단을 존중하여 그 범위 내에서 사법심사가 제한될 수 있다.

2. 재량과 판단여지의 구분

원칙적으로 재량과 판단여지를 구분하지 않고 양자 모두를 재량권의 행사로 본다.

구분	판단여지	재량
행정법규	요건규정 : "만약 ~한다면"	효과규정 : "~할 수 있다"
개념	불확정개념	재량(결정재량 + 선택재량)
본질	법률요건의 포섭	법효과의 선택
인정근거	고도의 전문적·기술적 판단	행정의 합목적인 공익수행
사법심사	• 원칙 : 전면적인 사법심사의 대상이 됨 • 예외 : 행정의 전문적 판단존중, 법원의 사실상 자제(판단여지)	• 원칙 : 사법심사의 대상에서 제외 • 예외 : 재량일탈·남용 → 사법심사

판례

교과서검정이 고도의 학술상, 교육상의 전문적인 판단을 요한다.

교과서검정이 고도의 학술상, 교육상의 전문적인 판단을 요한다는 특성에 비추어 보면, 교과용 도서를 검정함에 있어서 법령과 심사기준에 따라서 심사위원회의 심사를 거치고, 또 검정상 판단이 사실적 기초가 없다거나 사회통념상 현저히 부당하다는 등 현저히 재량권의 범위를 일탈한 것이 아닌 이상 그 검정을 위법하다고 할 수 없다(대법원 1992. 4. 24. 91누6634).

지원자가 모집정원에 미달한 경우에도 입학사정기준에 미달하는 자의 입학을 거부할 수 있다.

학생의 입학을 전형함에 있어 대학은 법령과 학칙에 정해진 범위 내에서 대학의 목적과 그 대학의 특수사정을 고려하여 자유로이 수학능력의 기준을 결정할 수 있고 입학지원자가 모집정원에 미달한 경우라도 대학이 정한 입학사정기준에 미달하는 자에 대하여는 입학을 거부할 수 있다(대법원 1982. 7. 27. 81누398).

한약조제시험 실시기관인 국립보건원장의 평가방법 및 채점기준 설정행위의 성질은 재량행위이다.

시험에 있어서 평가방법 및 채점기준의 설정은 국립보건원장이 시험실시기관으로서 시험의 목적 및 내용 등을 고려하여 관계 법령이 정하는 범위 내에서 자유로이 정할 수 있는 재량행위라 할 수 있고, 그러한 기준 등에 의한 합격·불합격 처분은 그것이 재량권을 남용 내지 일탈하여 현저하게 불합리한 것이 아니라면 이를 위법하다고 할 수 없다(대법원 1998. 7. 10. 97누13771).

행정행위로서의 시험출제업무에 있어서 문제 출제행위의 성질은 재량행위이다.

사법시험 객관식 문제에 조금 미흡하거나 정확하지 못한 표현이 사용되었다 하더라도 평균적인 수험생으로 하여금 문제의 의미 파악과 정답항의 선택을 그르치게 할 정도는 아니어서 그 출제행위에 재량권을 일탈하거나 남용한 위법이 없다(대법원 2001. 4. 10. 99다33960).

다단계 행정행위

1. 예비결정

1) 의의

예비결정(예비허가, 사전결정)이란 종국적인 행정행위에 앞서 종국적인 행정행위에 요구되는 여러 요건 중 개별적인 일부 요건에 대해 내려지는 종국적인 결정을 말한다.

2) 종류

폐기물처리 사업계획서의 적정·부적정 통보, 건축에 관한 입지 및 규모의 사전결정, 주택건설사업계획의 사전결정 등이 있다.

3) 법적 성질

예비결정은 그 자체가 하나의 완결적·종국적·구속적인 행위로서 처분성이 인정된다.

예비결정이 재량행위인지 여부는 최종 행정행위의 성격에 따라 결정된다. 즉 최종 행위가 재량행위이면 예비결정도 재량행위의 성격을 가진다.

최종 행정행위가 있으면 예비결정은 그 최종 행정행위에 흡수되어 독립된 존재가치를 상실한다.

> **판례**
>
> **폐기물처리업의 허가에 앞서 사업계획서에 대한 적정·부적정 통보 제도를 둔 취지**
>
> 폐기물처리업의 허가에 앞서 사업계획서에 대한 적정·부적정 통보 제도를 두고 있는 것은 폐기물처리업을 하고자 하는 자가 스스로 시설 등을 설치하여 허가신청을 하였다가 허가단계에서 그 사업계획이 부적정하다고 판명되어 불허가되면 허가신청인이 막대한 경제적·시간적 손실을 입게 되므로, 이를 방지하는 동시에 허가관청으로 하여금 미리 사업계획서를 심사하여 그 적정·부적정 통보 처분을 하도록 하고, 나중에 허가단계에서는 나머지 허가요건만을 심사하여 신속하게 허가업무를 처리하는 데 그 취지가 있다(대법원 1998. 4. 28. 97누21086).
>
> **폐기물처리업 허가권자의 사업계획서에 대한 부적정 통보는 행정처분에 해당한다.**
>
> 폐기물관리법 관계 법령의 규정에 의하면 폐기물처리업의 허가를 받기 위하여는 먼저 사업계획서를 제출하여 허가권자로부터 사업계획에 대한 적정통보를 받아야 하고, 그 적정통보를 받은 자만이 일정기간 내에 시설, 장비, 기술능력, 자본금을 갖추어 허가신청을 할 수 있으므로, 결국 부적정 통보는 허가신청 자체를

제한하는 등 개인의 권리 내지 법률상의 이익을 개별적이고 구체적으로 규제하고 있어 행정처분에 해당한다(대법원 1998. 4. 28. 97누21086).

폐기물처리업 허가와 관련된 사업계획 적정 여부에 관한 기준설정은 행정청의 재량에 속한다.

폐기물처리업 허가와 관련된 법령들의 체제 또는 문언을 살펴보면 이들 규정들은 폐기물처리업 허가를 받기 위한 최소한도의 요건을 규정해 두고는 있으나, 사업계획 적정 여부에 대하여는 일률적으로 확정하여 규정하는 형식을 취하지 아니하여 그 사업의 적정 여부에 대하여 재량의 여지를 남겨 두고 있다 할 것이고, 이러한 경우 사업계획 적정 여부 통보를 위하여 필요한 기준을 정하는 것도 역시 행정청의 재량에 속하는 것이므로, 그 설정된 기준이 객관적으로 합리적이 아니라거나 타당하지 않다고 볼 만한 다른 특별한 사정이 없는 이상 행정청의 의사는 가능한 한 존중되어야 할 것이나, 그 설정된 기준이 객관적으로 합리적이 아니라거나 타당하지 않다고 보이는 경우 또는 그러한 기준을 설정하지 않은 채 구체적이고 합리적인 이유의 제시 없이 사업계획의 부적정 통보를 하거나 사업계획서를 반려하는 경우에까지 단지 행정청의 재량에 속하는 사항이라는 이유만으로 그 행정청의 의사를 존중하여야 하는 것은 아니고, 이러한 경우의 처분은 재량권을 남용하거나 그 범위를 일탈한 조치로서 위법하다(대법원 2004. 5. 28. 2004두961).

건축계획 사전결정은 기속행위이다.

건축에 관한 계획의 사전결정은 건축허가 신청 전에 건축계획서 등에 의하여 그 입지의 적법성 여부에 대한 사전결정을 받을 수 있게 함으로써 경제적·시간적 부담을 덜어 주려는 것이어서 그 허부 판단의 기준은 건축허가에 있어서의 그것과 가급적 일치되어야 할 것이므로 사전결정을 함에 있어서도 처분 당시의 건축법 기타 관계 법령상의 제한만이 판단의 기준이 된다. 그러므로 사전결정 신청에 대한 결정권자는 건축하고자 하는 건축물을 해당 대지에 건축하는 것이 처분 당시의 건축법, 도시계획법 등의 관계 법령에서 정하는 제한에 배치되지 아니하는 이상 당연히 건축이 허용된다는 사전결정을 하여야 하고 위 관계 법령에서 정하는 제한 사유 이외의 사유를 들어 건축을 불허가하는 결정을 할 수는 없다(대법원 1996. 3. 12. 95누658).

2. 부분허가

1) 의의

부분허가란 단계화된 행정절차에서 사인이 원하는 특정 부분에 대해서만 승인하는 행위를 말한다. 예컨대 하나의 대단위사업을 위한 건축허가, 시설허가, 영업허가 신청의 경우에 우선 건축이나 시설의 설치만을 허가하는 경우 등이 있다.

2) 성질

부분허가는 종국적인 행정행위로서 처분개념에 해당한다.

3) 효과

부분허가를 받은 자는 허가를 받은 범위 안에서 허가를 받은 행위를 할 수 있다. 그리고 행정청은 나머지 부분에 대한 결정에서 부분허가한 내용과 상충되는 결정을 할 수 없다.

3. 가행정행위

1) 의의

가행정행위란 종국적인 행정행위가 있기 전에 행정법관계를 잠정적으로 규율하는 행정행위를 말한다. 징계절차가 진행 중인 자에게 잠정적으로 직위를 해제하는 경우와 국민기초생활보장법상 수급신청자에 대한 자력조사 전의 수급품지급과 같은 경우가 이에 해당한다.

2) 특징

가행정행위의 내용은 종국적인 결정을 위한 주된 절차에 종속하며, 종국적인 결정이 내려지면 가행정행위는 효력이 소멸된다. 따라서 행정행위의 존속력 중 불가변력이 발생하지 않는다. 또한, 상대방은 가행정행위에 대해서 신뢰보호원칙을 주장할 수 없고, 행정청도 가행정행위에 대해서 구속되지 않는다.

확인학습

1 가행정행위는 불가변력이 발생하지 않기 때문에 신뢰보호원칙이 적용된다고 보기 어렵다. ◎

2 사전결정(예비결정)은 단계화된 행정절차에서 최종적인 행정결정을 내리기 전에 이루어지는 행위이지만, 그 자체가 하나의 행정행위이기도 하다. ◎

3 폐기물처리업의 허가에 앞서 행하는 사업계획서에 대한 적정·부적정 통보는 행정처분에 해당하고, 나중에 허가단계에서는 나머지 허가요건만을 심사한다. ◎

4 어업권면허에 선행하는 우선순위결정은 강학상 확약에 불과하고 행정처분으로 볼 수 없으므로, 공정력이나 불가쟁력은 인정될 수 없다. ◎

5 원자로 및 관계시설의 부지사전승인처분은 건설부지를 확정하고 사전공사를 허용하는 법률효과를 지닌 독립한 행정처분이다. ◎

Chapter 12 행정행위의 부관

1. 부관의 의의

부관은 행정행위의 효과를 제한 또는 보충하기 위하여 주된 행위에 부가된 종된 규율을 의미한다.

2. 법정부관

법정부관이란 "어업면허의 유효기간은 10년으로 한다."(수산업법)라는 규정과 같이 행정행위의 효과의 제한이 직접 법규에 규정되어 있는 것을 말한다.

법정부관은 행정청의 의사에 기하여 붙여지는 본래의 의미에서의 행정행위의 부관은 아니므로, 이와 같은 법정부관에 대하여는 행정행위에 부관을 붙일 수 있는 한계에 관한 일반적인 원칙이 적용되지 않는다. 따라서 법정부관에 하자가 있는 경우 이에 대한 통제는 위헌법률심사 또는 명령규칙심사에 의한다.

3. 부관의 특징

부관은 주된 행정행위와 불가분의 일체를 이루기 때문에 주된 행정행위에 의존하는 특징이 있다. 주된 행정행위의 효력이 없으면 부관의 효력도 발생하지 않는다.

4. 부관의 종류

1) 조건

(1) 개념

조건이란 행정행위의 효력의 발생 또는 소멸을 불확실한 장래의 사실에 의존하게 하는 부관을 말한다. 다만, 장래의 효력발생 여부가 행정청의 의사에 전적으로 좌우되는 경우는 여기서의 조건이 아니다.

(2) 종류

① **정지조건**: 정지조건은 장래의 불확실한 사실이 성취되었을 때 행정행위의 효력이 발생하는 것이다(⑩ 주차시설완비를 조건으로 한 건축허가).

② **해제조건**: 해제조건은 일단 행정행위의 효력이 발생하며 장래의 불확실한 조건이 성취되면 그때부터 발생한 행정행위의 효력이 소멸하는 조건을 말한다(⑩ 일정 기간 내에 공사에 착수하지 않으면 실효될 것을 조건으로 하는 공유수면매립면허).

2) 기한

(1) 개념

기한이란 행정행위의 효과의 발생 또는 소멸을 도래가 확실한 장래의 사실에 의존하게 하는 부관을 말한다. 기한은 도래가 확실하다는 점에서 조건과 구별된다.

(2) 시기와 종기

기한에는 시기와 종기가 있다. 시기는 행정행위의 효력발생을 장래의 사실에 의존하게 하는 것이고 종기는 이미 발생한 행정행위의 효력의 소멸을 장래의 사실에 의존하게 하는 것이다.

(3) 행정행위의 소멸원인으로서의 종기

① **적정한 종기의 경우**: 원칙적으로 종기가 도래하면 행정행위의 효력이 소멸한다. 따라서 종기는 행정행위의 존속기간이며, 행정청의 특별한 의사표시가 없어도 효력이 상실한다.

② **종기가 부당하게 짧은 경우**: 기한이 행정행위의 성질상 부당하게 짧은 경우 그것은 행정행위의 효력의 존속기간이 아니라 그 갱신기간으로 보아야 한다.

3) 부담

(1) 개념

부담이란 행정행위의 주된 내용에 부가하여 상대방에게 작위·부작위·급부·수인을 명하는 행정청의 의사표시로서, 다른 부관과 달리 그 자체가 독립된 하나의 행정행위로서의 성질을 갖는다.

(2) 조건과의 차이

조건은 조건의 성취 여부에 따라 행정행위의 효력이 발생(정지조건)하거나 소멸(해제조건)하나, 부담은 행정행위의 효력은 처음부터 발생하고, 부담을 이행하지 않더라도 행정행위의 효력이 소멸되는 것은 아니다. 따라서 내용상 조건인가 부담인가의 판정이 어려운 경우에는 원칙적으로 국민에게 유리한 부담으로 해석하여야 할 것이다.

구분	부담	조건
주된 행정행위의 효력	• 처음부터 완전한 효력발생 • 부담부 행정행위는 상대방이 의무를 이행하지 않은 경우에도 당연히 그 효력이 소멸되지는 않음 • 부담부 행정처분에 있어서 처분의 상대방이 부담(의무)을 이행하지 아니한 경우에 처분행정청으로서는 이를 들어 당해 처분을 취소(철회)할 수 있음	• 정지조건부 행정행위: 조건의 성취 여부가 정해지지 않은 동안에는 효력 불확정 • 해제조건부 행정행위: 조건성취에 의해 효력 상실
강제집행	독립하여 강제집행의 대상이 됨	강제집행의 대상이 아님
쟁송	부담만의 독립쟁송 및 취소 가능	독립하여 취소소송의 대상이 되지 못하며 행정행위 자체가 대상

판례

행정청은 수익적 행정처분을 하면서 협약상의 의무를 부담으로 부가할 수 있다.

[1] 수익적 행정처분에 있어서는 법령에 특별한 근거규정이 없다고 하더라도 그 부관으로서 부담을 붙일 수 있고, 그와 같은 부담은 행정청이 행정처분을 하면서 일방적으로 부가할 수도 있지만 부담을 부가하기 이전에 상대방과 협의하여 부담의 내용을 협약의 형식으로 미리 정한 다음 행정처분을 하면서 이를 부가할 수도 있다.

[2] 행정청이 수익적 행정처분을 하면서 부가한 부담의 위법 여부는 처분 당시 법령을 기준으로 판단하여야 하고, 부담이 처분 당시 법령을 기준으로 적법하다면 처분 후 부담의 전제가 된 주된 행정처분의 근거 법령이 개정됨으로써 행정청이 더 이상 부관을 붙일 수 없게 되었다 하더라도 곧바로 위법하게 되거나 그 효력이 소멸하게 되는 것은 아니다. 따라서 행정처분의 상대방이 수익적 행정처분을 얻기 위하여 행정청과 사이에 행정처분에 부가할 부담에 관한 협약을 체결하고 행정청이 수익적 행정처분을 하면서 협약상의 의무를 부담으로 부가하였으나 부담의 전제가 된 주된 행정처분의 근거 법령이 개정됨으로써 행정청이 더 이상 부관을 붙일 수 없게 된 경우에도 곧바로 협약의 효력이 소멸하는 것은 아니다.

[3] 부당결부금지의 원칙이란 행정주체가 행정작용을 함에 있어서 상대방에게 이와 실질적인 관련이 없는 의무를 부과하거나 그 이행을 강제하여서는 아니 된다는 원칙을 말한다.

[4] 고속국도 관리청이 고속도로 부지와 접도구역에 송유관 매설을 허가하면서 상대방과 체결한 협약에 따라 송유관 시설을 이전하게 될 경우 그 비용을 상대방에게 부담하도록 하였고, 그 후 도로법 시행규칙이 개정되어 접도구역에는 관리청의 허가 없이도 송유관을 매설할 수 있게 된 사안에서, 위 협약이 효력을 상실하지 않을 뿐만 아니라 위 협약에 포함된 부관이 부당결부금지의 원칙에도 반하지 않는다 (대법원 2009. 2. 12. 2005다65500).

4) 철회권의 유보

(1) 개념

철회권의 유보란 행정행위의 주된 내용에 부가하여 일정한 경우에 당해 행위를 철회할 수 있는 권한을 유보하는 행정청의 의사표시를 말한다. 예컨대 허가를 하면서 지시를 위반하면 허가를 취소할 수 있게 하는 것이 여기에 해당한다.

(2) 해제조건과의 구별

철회권의 유보는 유보된 사실이 발생해도 별도의 철회의 의사표시가 있어야 효력이 소멸한다. 해제조건은 조건사실이 발생하면 당연히 효력이 소멸된다.

(3) 기능

철회권의 유보는 상대방에게 철회의 가능성을 미리 알림으로써 신뢰보호원칙의 주장을 배제시키는 기능을 한다.

(4) 제한

철회사유가 발생한 경우에도 행정청은 자유로이 철회할 수 있는 것은 아니다. 철회권을 행사함에 있어서 이익형량을 하는 등 일반적인 행정행위 철회권의 제한 법리가 적용된다.

5) 수정부담

(1) 개념

행정행위의 상대방이 신청한 것과 다르게 행정행위의 내용 자체를 수정·변경하는 것을 말한다(⑩ 유흥음식점영업허가를 신청했는데 대중음식점영업허가를 하는 경우).

(2) 성질

수정부담은 신청인의 신청에 대한 허가를 거부하고, 신청이 있는 것을 전제로 하여 새로운 허가를 하는 것이므로 실질적으로 부담이 아니라 수정허가(독립한 행정행위)에 해당한다.

6) 법률효과의 일부배제

(1) 개념

법률효과의 일부배제란 행정행위의 주된 내용에 부가하여 그 법적 효과 발생의 일부를 배제하는 행정청의 의사표시를 말한다. 이는 행정청의 행위에 의한 것이어야 하기 때문에 법률이 직접 효과를 한정하고 있는 경우는 법률효과의 일부배제가 아니다.

> **핵심체크**
>
> **법률효과의 일부배제에 해당하는 경우**
> - 버스노선지정
> - 도로점용허가시 야간만 사용
> - 택시격일제 운행
> - 영업구역을 설정한 영업허가
> - 관광객수송용에 국한된 조건부 면세수입허가
> - 공유수면매립준공인가처분 중 매립지 일부에 대하여 한 국가귀속처분

⑵ 법적 근거

법률효과의 일부배제는 법령상 규정되어 있는 효과를 일부배제하는 것이라는 점에서 관계 법령에 명시적 근거가 있는 경우에만 허용된다고 할 것이다.

⑶ 성질

법률효과의 일부배제는 부관의 일종이다.

> **판례**
>
> **공유수면매립준공인가처분 중 매립지 일부에 대하여 한 국가귀속처분은 법률효과의 일부배제이므로 독립하여 행정소송 대상이 될 수 없다.**
>
> 행정행위의 부관은 부담의 경우를 제외하고는 독립하여 행정소송의 대상이 될 수 없는 것인바, 지방국토관리청장이 일부 공유수면매립지에 대하여 한 국가 또는 직할시 귀속처분은 매립준공인가를 함에 있어서 매립의 면허를 받은 자의 매립지에 대한 소유권취득을 규정한 공유수면매립법 제14조의 효과 일부를 배제하는 부관을 붙인 것이고, 이러한 행정행위의 부관은 위 법리와 같이 독립하여 행정소송 대상이 될 수 없다 (대법원 1993. 10. 8. 93누2032).

> **핵심체크**
>
> **부관이 아닌 경우**
> 법정부관, 수정부담, 기간(기한은 부관이다), 도로보수공사를 필요로 하는 전기회사에 공사비를 부담시키는 것(하명)

5. 부관의 가능성과 한계

1) 부관의 가능성

> **행정기본법 제17조【부관】** ① 행정청은 처분에 재량이 있는 경우에는 부관(조건, 기한, 부담, 철회권의 유보 등을 말한다. 이하 이 조에서 같다)을 붙일 수 있다.
> ② 행정청은 처분에 재량이 없는 경우에는 법률에 근거가 있는 경우에 부관을 붙일 수 있다.

www.pmg.co.kr

판례

수익적 행정행위와 부관

수익적 행정행위에 있어서는 법령에 특별한 근거규정이 없다고 하더라도 그 부관으로서 부담을 붙일 수 있으나, 그러한 부담은 비례의 원칙, 부당결부금지의 원칙에 위반되지 않아야만 적법하다(대법원 1997. 3. 11. 96다49650).

재량행위와 부관

재량행위에 있어서는 법령상의 근거가 없다고 하더라도 부관을 붙일 수 있는데, 그 부관의 내용은 적법하고 이행가능하여야 하며 비례의 원칙 및 평등의 원칙에 적합하고 행정처분의 본질적 효력을 해하지 아니하는 한도의 것이어야 한다(대법원 1997. 3. 14. 96누16698).

일반적으로 기속행위나 기속적 재량행위에는 부관을 붙일 수 없고 가사 부관을 붙였다 하더라도 무효이다.

건축허가를 하면서 일정 토지를 기부채납하도록 하는 내용의 허가조건은 부관을 붙일 수 없는 기속행위 내지 기속적 재량행위인 건축허가에 붙인 부담이거나 또는 법령상 아무런 근거가 없는 부관이어서 무효이다(대법원 1995. 6. 13. 94다56883).

2) 사후부관의 문제(부관의 시간적 한계)

> **행정기본법 제17조【부관】** ③ 행정청은 부관을 붙일 수 있는 처분이 다음 각 호의 어느 하나에 해당하는 경우에는 그 처분을 한 후에도 부관을 새로 붙이거나 종전의 부관을 변경할 수 있다.
> 1. 법률에 근거가 있는 경우
> 2. 당사자의 동의가 있는 경우
> 3. 사정이 변경되어 부관을 새로 붙이거나 종전의 부관을 변경하지 아니하면 해당 처분의 목적을 달성할 수 없다고 인정되는 경우

판례

부관의 사후변경

행정처분에 이미 부담이 부가되어 있는 상태에서 그 의무의 범위 또는 내용 등을 변경하는 부관의 사후변경은, 법률에 명문의 규정이 있거나 그 변경이 미리 유보되어 있는 경우 또는 상대방의 동의가 있는 경우에 한하여 허용되는 것이 원칙이지만, 사정변경으로 인하여 당초에 부담을 부가한 목적을 달성할 수 없게 된 경우에도 그 목적달성에 필요한 범위 내에서 예외적으로 허용된다(대법원 1997. 5. 30. 97누2627).

3) 내용상 한계

> **행정기본법 제17조【부관】** ④ 부관은 다음 각 호의 요건에 적합하여야 한다.
> 1. 해당 처분의 목적에 위배되지 아니할 것
> 2. 해당 처분과 실질적인 관련이 있을 것
> 3. 해당 처분의 목적을 달성하기 위하여 필요한 최소한의 범위일 것

부관은 법령에 위반할 수 없음은 물론, 비례원칙·평등원칙과 같은 행정법의 일반원리에 구속된다. 또한 부관도 관계법상의 목적을 실현하기 위한 것이어야 하므로, 당해 목적과 무관한 부관은 위법한 것이다(부당결부금지의 원칙).

판례

행정소송에 관한 부제소특약의 부관의 효력은 무효이다.

부제소특약에 관한 부분은 당사자가 임의로 처분할 수 없는 공법상의 권리관계를 대상으로 하여 사인의 국가에 대한 공권인 소권을 당사자의 합의로 포기하는 것으로서 허용될 수 없다(대법원 1998. 8. 21. 98두8919).

공법상의 제한을 회피할 목적으로 행정처분의 상대방과 사이에 사법상 계약을 체결하는 형식으로 부관을 부과하였다면 이는 법치행정의 원리에 반하는 것으로서 위법하다.

공무원이 인·허가 등 수익적 행정처분을 하면서 상대방에게 그 처분과 관련하여 이른바 부관으로서 부담을 붙일 수 있다 하더라도, 그러한 부담은 법치주의와 사유재산 존중, 조세법률주의 등 헌법의 기본원리에 비추어 비례의 원칙이나 부당결부의 원칙에 위반되지 않아야만 적법한 것인바, 행정처분과 부관 사이에 실제적 관련성이 있다고 볼 수 없는 경우 공무원이 위와 같은 공법상의 제한을 회피할 목적으로 행정처분의 상대방과 사이에 사법상 계약을 체결하는 형식을 취하였다면 이는 법치행정의 원리에 반하는 것으로서 위법하다(대법원 2009. 12. 10. 2007다63966).

6. 부관의 하자와 행정행위의 효력

1) 무효인 부관이 붙은 행정행위의 효력

부관이 없었다면 주된 행정행위를 하지 않았을 정도로 양자의 관계가 밀접하고 부관이 본질적인 요소에 해당한다면 부관의 무효로 인한 주된 행정행위의 무효를 인정한다.

판례

본질적인 요소에 해당하는 부관이 위법하다면 주된 행정행위 전부가 위법하게 된다.

도로점용허가의 점용기간은 행정행위의 본질적인 요소에 해당한다고 볼 것이어서 부관인 점용기간을 정함에 있어서 위법사유가 있다면 이로써 도로점용허가 처분 전부가 위법하게 된다(대법원 1985. 7. 9. 84누604).

2) 취소할 수 있는 부관이 붙은 행정행위의 효력

취소가 확정되기까지는 유효한 부관부 행정행위로서의 효력을 가지며, 취소가 확정된 경우에는 부관이 무효인 경우와 동일하다.

3) 하자 있는 부관에 대한 쟁송

(1) 쟁송대상

행정행위의 부관은 행정행위의 일반적인 효력이나 효과를 제한하기 위하여 의사표시의 주된 내용에 부가되는 종된 의사표시이지 그 자체로서 직접 법적 효과를 발생하는 독립된 처분이 아니므로 부관 그 자체만을 독립된 쟁송의 대상으로 할 수 없다.

다만, 부담의 경우에는 다른 부관과는 달리 행정행위의 불가분적인 요소가 아니고 그 존속이 본체인 행정행위의 존재를 전제로 하는 것일 뿐이므로 부담 그 자체로서 행정쟁송의 대상이 될 수 있다.

> **판례**
>
> **행정행위의 부관은 부담인 경우를 제외하고는 독립하여 행정소송의 대상이 될 수 없다.**
>
> 기부채납받은 행정재산에 대한 사용·수익허가에서 공유재산의 관리청이 정한 사용·수익허가의 기간은 그 허가의 효력을 제한하기 위한 행정행위의 부관으로서 이러한 사용·수익허가의 기간에 대해서는 독립하여 행정소송을 제기할 수 없다(대법원 2001. 6. 15. 99두509).

(2) 쟁송형태

부담에 대해서는 부담만을 소송의 대상으로 하는 일부취소소송(진정일부취소소송)이 가능하다. 부담 외의 부관에 대해서는 독립하여 다툴 수 없기 때문에 부관이 붙은 행정행위 전체를 소송의 대상으로 삼아서 부관만의 취소를 구하는 소(부진정일부취소소송)는 허용될 수 없고, 각하판결을 하여야 한다. 따라서 부관부 행정행위 전체의 취소를 구하든지, 아니면 먼저 행정 청에 부관이 없는 처분으로 변경하여 줄 것을 청구한 다음 그것이 거부되면 그에 대한 거부 처분 취소소송을 제기하여야 한다.

7. 부관의 하자와 부관의 이행으로 인한 사법상 행위의 효력

> **판례**
>
> **부관을 붙인 행정행위와 부관의 이행으로서 하게 된 법률행위는 각각의 독립된 작용이다.**
>
> 주택건설사업계획 승인에 붙여진 기부채납의 조건은 행정행위의 부관 중 '부담'에 해당하는 것으로서, 그 조건에 하자가 있다고 하더라도 그 하자가 기부채납의 조건을 당연무효로 할 만한 사유에 해당한다고 볼 수는 없고, 또 그와 같은 행정처분의 부관에 근거한 기부채납 행위가 당연무효이거나 취소될 사유는 못 된다(대법원 1996. 1. 23. 95다3541).

부담의 이행으로서 하게 된 법률행위는 그 부담의 불가쟁력이 발생하여도 별도로 법률행위의 유효 여부를 판단한다.

행정처분에 부담인 부관을 붙인 경우 부관의 무효화에 의하여 본체인 행정처분 자체의 효력에도 영향이 있게 될 수는 있지만, 그 처분을 받은 사람이 부담의 이행으로 사법상 매매 등의 법률행위를 한 경우에는 그 부관은 특별한 사정이 없는 한 법률행위를 하게 된 동기 내지 연유로 작용하였을 뿐이므로 이는 법률행위의 취소사유가 될 수 있음은 별론으로 하고 그 법률행위 자체를 당연히 무효화하는 것은 아니다. 또한, 행정처분에 붙은 부담인 부관이 제소기간의 도과로 확정되어 이미 불가쟁력이 생겼다면 그 하자가 중대하고 명백하여 당연 무효로 보아야 할 경우 외에는 누구나 그 효력을 부인할 수 없을 것이지만, 부담의 이행으로서 하게 된 사법상 매매 등의 법률행위는 부담을 붙인 행정처분과는 어디까지나 별개의 법률행위이므로 그 부담의 불가쟁력의 문제와는 별도로 법률행위가 사회질서 위반이나 강행규정에 위반되는지 여부 등을 따져보아 그 법률행위의 유효 여부를 판단하여야 한다(대법원 2009. 6. 25. 2006다18174).

부관에 하자가 있더라도 그 하자가 당연무효가 아니라면 부관의 이행으로 발생한 행위를 착오를 이유로 취소할 수 없다.

토지소유자가 토지형질변경행위허가에 붙은 기부채납의 부관에 따라 토지를 국가나 지방자치단체에 기부채납(증여)한 경우, 기부채납의 부관이 당연무효이거나 취소되지 아니한 이상 토지소유자는 위 부관으로 인하여 증여계약의 중요부분에 착오가 있음을 이유로 증여계약을 취소할 수 없다(대법원 1999. 5. 25. 98다53134).

확인학습

1   행정행위의 부관은 법령이 직접 행정행위의 조건이나 기한 등을 정한 경우와 구별되어야 한다.   〇

2   해제조건은 조건의 성취로 행정행위의 법적 효과를 소멸시키는 부관을 말한다.   〇

3   부담적 행정행위의 경우 부담을 이행해야 주된 행정행위의 효력이 발생한다.   ✕

4   일정 기간까지 진입도로를 건설하여 기부채납할 것을 조건으로 주택사업계획승인을 한 경우 그 기간까지 진입도로를 완공하지 못한다면 당해 주택사업계획승인은 자동적으로 효력을 상실한다.   ✕

   해설 부담에 해당한다. 부담부 행정행위는 상대방이 의무를 이행하지 않은 경우에도 당연히 그 효력이 소멸되지는 않는다. 부담부 행정처분에 있어서 처분의 상대방이 부담(의무)을 이행하지 아니한 경우에 처분행정청으로서는 이를 들어 당해 처분을 취소(철회)할 수 있다.

5   부담부 행정처분에 있어서 처분의 상대방이 부담을 이행하지 아니한 경우 처분행정청은 부담불이행을 이유로 당해 처분을 철회할 수 있다.   〇

6   부담과 조건의 구분이 명확하지 않을 때, 일반적으로 조건으로 추정한다.   ✕
   해설 부담으로 추정한다.

7   부담인 경우에는 다른 부관과는 달리 부담 그 자체로서 행정쟁송의 대상이 될 수 있다.   〇

8 기한부 행정행위는 기한의 도래에 의해 그 효력이 발생 또는 소멸되지만, 부담부 행정행위는 의무 기한의 도래로 인하여 의무불이행이 되어 철회사유가 될 뿐이다. ⭕

9 철회권이 유보된 경우 상대방은 이후의 철회가능성을 예견하고 있으므로 원칙적으로 신뢰보호원칙에 근거하여 철회의 제한을 주장할 수 없다. ⭕

10 철회권이 유보되어 있더라도 행정행위의 철회에 관한 일반적 요건이 충족되지 않으면 철회권의 행사가 허용되지 아니한다. ⭕

11 법률효과의 일부배제를 부관으로 보는 입장에서는 관계명령에 명시적 근거가 있는 경우에만 허용된다. ⭕

12 행정청이 부담을 부가하기 전에 상대방과 합의하여 부담의 내용을 협약의 형식으로 미리 정하는 것은 부담 또한 단독행위로서 행정행위로서의 본질을 갖는다는 점에서 허용되지 않는다. ❌

해설 부담은 행정청이 행정처분을 하면서 일방적으로 부가할 수도 있지만 부담을 부가하기 이전에 상대방과 협의하여 부담의 내용을 협약의 형식으로 미리 정한 다음 행정처분을 하면서 이를 부가할 수도 있다.

13 행정처분과 실제적 관련성이 없어 부관으로 붙일 수 없는 부담을 사법상 계약의 형식으로 행정처분의 상대방에게 부과할 수는 없다. ⭕

14 법률행위적 행정행위인 귀화허가 등 신분설정행위에는 성질상 부관을 붙일 수 없다. ⭕

15 행정행위의 부관은 법령에 명시적 근거가 있는 경우에만 부가할 수 있다. ❌

해설 재량행위의 경우에는 법에 근거가 없는 경우에도 부관을 붙일 수 있다.

16 기속행위나 기속적 재량행위는 법령상 특별한 근거가 없이 부관을 붙였다면 이는 무효이다. ⭕

17 기속행위도 법률에서 명시적으로 부관을 허용하고 있으면 부관을 붙일 수 있다. ⭕

18 행정행위에 부가된 허가기간은 그 자체로서 항고소송의 대상이 될 수 없을 뿐만 아니라 그 기간의 연장신청의 거부에 대하여도 항고소송을 청구할 수 없다. ❌

해설 연장신청을 거부한 처분은 거부처분에 해당하므로 쟁송대상에 해당한다.

19 형식상 부관부 행위 전체를 소송의 대상으로 하면서 내용상 일부, 즉 부관만의 취소를 구하는 소송도 가능하다. ❌

20 도로점용허가에서 부관인 점용기간을 정함에 있어서 위법사유가 있다 하더라도 도로점용허가 전체가 위법하게 되지는 않는다. ❌

해설 도로점용허가의 점용기간은 행정행위의 본질적 요소에 해당한다고 볼 것이어서 부관인 점용기간을 정함에 있어서 위법사유가 있다면 이로써 도로점용허가처분 전부가 위법하게 된다.

행정행위의 성립요건과 효력발생요건

1. 행정행위의 성립요건

1) 내부적 성립요건

(1) 주체에 관한 요건

① 정당한 권한을 가진 자의 행위여야 한다.

② 권한 내의 사항에 관한 행위여야 한다.

③ 정상적인 의사에 따라 행해야 한다. 의사능력이 있고 사기·착오·강박 등이 없는 상태의 의사에 의해야 한다.

(2) 내용에 관한 요건

① 행정행위는 그 내용이 법률상·사실상 실현 가능해야 한다.

② 행정행위는 그 내용이 객관적으로 명확히 한정되어야 한다.

③ 행정행위는 그 내용이 적법·타당해야 한다.

(3) 절차에 관한 요건

행정행위는 법령이 일정한 절차를 요구하고 있을 때는 그 절차를 거쳐야 한다.

(4) 형식에 관한 요건

> **행정절차법 제24조【처분의 방식】** ① 행정청이 처분을 할 때에는 다른 법령등에 특별한 규정이 있는 경우를 제외하고는 문서로 하여야 하며, 다음 각 호의 어느 하나에 해당하는 경우에는 전자문서로 할 수 있다.
> 1. 당사자등의 동의가 있는 경우
> 2. 당사자가 전자문서로 처분을 신청한 경우
> ② 제1항에도 불구하고 공공의 안전 또는 복리를 위하여 긴급히 처분을 할 필요가 있거나 사안이 경미한 경우에는 말, 전화, 휴대전화를 이용한 문자 전송, 팩스 또는 전자우편 등 문서가 아닌 방법으로 처분을 할 수 있다. 이 경우 당사자가 요청하면 지체 없이 처분에 관한 문서를 주어야 한다.
> ③ 처분을 하는 문서에는 그 처분 행정청과 담당자의 소속·성명 및 연락처(전화번호, 팩스번호, 전자우편주소 등을 말한다)를 적어야 한다.

2) 외부적 성립요건

행정행위는 행정결정의 외부에 대한 표시행위이므로, 외부에 표시되어야 비로소 성립한다. 외부에 표시되지 않으면 행정행위의 부존재이다. 행정행위가 일단 표시되어 성립되면 상대방에게 도달하지 않은 경우에도 이를 이유 없이 취소·변경할 수 없다.

> **판례**
>
> **처분의 성립 여부는 행정청이 행정의사를 공식적인 방법으로 외부에 표시하였는지를 기준으로 판단한다.**
>
> [1] 일반적으로 처분이 주체·내용·절차와 형식의 요건을 모두 갖추고 외부에 표시된 경우에는 처분의 존재가 인정된다. 행정의사가 외부에 표시되어 행정청이 자유롭게 취소·철회할 수 없는 구속을 받게 되는 시점에 처분이 성립하고, 그 성립 여부는 행정청이 행정의사를 공식적인 방법으로 외부에 표시하였는지를 기준으로 판단해야 한다.
>
> [2] 병무청장이 법무부장관에게 '가수 갑이 공연을 위하여 국외여행허가를 받고 출국한 후 미국 시민권을 취득함으로써 사실상 병역의무를 면탈하였으므로 재외동포 자격으로 재입국하고자 하는 경우 국내에서 취업, 가수활동 등 영리활동을 할 수 없도록 하고, 불가능할 경우 입국 자체를 금지해 달라'고 요청함에 따라 법무부장관이 갑의 입국을 금지하는 결정을 하고, 그 정보를 내부전산망인 '출입국관리정보시스템'에 입력하였으나, 갑에게는 통보하지 않은 사안에서, 행정청이 행정의사를 외부에 표시하여 행정청이 자유롭게 취소·철회할 수 없는 구속을 받기 전에는 '처분'이 성립하지 않으므로 법무부장관이 출입국관리법 제11조 제1항 제3호 또는 제4호, 출입국관리법 시행령 제14조 제1항, 제2항에 따라 위 입국금지결정을 했다고 해서 '처분'이 성립한다고 볼 수는 없고, 위 입국금지결정은 법무부장관의 의사가 공식적인 방법으로 외부에 표시된 것이 아니라 단지 그 정보를 내부전산망인 '출입국관리정보시스템'에 입력하여 관리한 것에 지나지 않으므로, 위 입국금지결정은 항고소송의 대상이 될 수 있는 '처분'에 해당하지 않는다(대법원 2019. 7. 11. 2017두38874).

2. 행정행위의 효력발생요건 - 도달주의 원칙

> **행정절차법**
> **제14조【송달】**① 송달은 우편, 교부 또는 정보통신망 이용 등의 방법으로 하되, 송달받을 자(대표자 또는 대리인을 포함한다. 이하 같다)의 주소·거소(居所)·영업소·사무소 또는 전자우편주소(이하 "주소등"이라 한다)로 한다. 다만, 송달받을 자가 동의하는 경우에는 그를 만나는 장소에서 송달할 수 있다.
> ② 교부에 의한 송달은 수령확인서를 받고 문서를 교부함으로써 하며, 송달하는 장소에서 송달받을 자를 만나지 못한 경우에는 그 사무원·피용자(被傭者) 또는 동거인으로서 사리를 분별할 지능이 있는 사람(이하 이 조에서 "사무원등"이라 한다)에게 문서를 교부할 수 있다. 다만, 문서를 송달받을 자 또는 그 사무원등이 정당한 사유 없이 송달받기를 거부하는 때에는 그 사실을 수령확인서에 적고, 문서를 송달할 장소에 놓아둘 수 있다.
> ③ 정보통신망을 이용한 송달은 송달받을 자가 동의하는 경우에만 한다. 이 경우 송달받을 자는 송달받을 전자우편주소 등을 지정하여야 한다.

④ 다음 각 호의 어느 하나에 해당하는 경우에는 송달받을 자가 알기 쉽도록 관보, 공보, 게시판, 일간신문 중 하나 이상에 공고하고 인터넷에도 공고하여야 한다.
 1. 송달받을 자의 주소등을 통상적인 방법으로 확인할 수 없는 경우
 2. 송달이 불가능한 경우
⑤ 제4항에 따른 공고를 할 때에는 민감정보 및 고유식별정보 등 송달받을 자의 개인정보를 「개인정보 보호법」에 따라 보호하여야 한다.
⑥ 행정청은 송달하는 문서의 명칭, 송달받는 자의 성명 또는 명칭, 발송방법 및 발송 연월일을 확인할 수 있는 기록을 보존하여야 한다.

제15조【송달의 효력 발생】 ① 송달은 다른 법령등에 특별한 규정이 있는 경우를 제외하고는 해당 문서가 송달받을 자에게 도달됨으로써 그 효력이 발생한다.
② 제14조 제3항에 따라 정보통신망을 이용하여 전자문서로 송달하는 경우에는 송달받을 자가 지정한 컴퓨터 등에 입력된 때에 도달된 것으로 본다.
③ 제14조 제4항의 경우에는 다른 법령등에 특별한 규정이 있는 경우를 제외하고는 공고일부터 14일이 지난 때에 그 효력이 발생한다. 다만, 긴급히 시행하여야 할 특별한 사유가 있어 효력 발생 시기를 달리 정하여 공고한 경우에는 그에 따른다.

판례

도달의 의미(= 인식할 수 있는 상태)

행정처분은 정당한 권한있는 자가 그 권한 내에서 실현가능한 사항에 관하여 정상적인 의사에 기하여 법정의 일련의 절차와 소정의 형식을 갖추어 행해져야 하고 또 외부에 표시되어야만 유효하게 성립하고 동시에 효력을 발생하지만 상대방에게 고지를 요하는 행정행위는 객관적으로 보아서 상대방이 양지(인식)할 수 있는 상태하에 두는 방법으로 고지함으로써 비로소 그 효력이 발생한다(대법원 1976. 6. 8. 75누63).

아파트 경비원을 통한 납세고지서 송달은 적법하다.

납세의무자가 거주하는 아파트에서 일반우편물이나 등기우편물 등 특수우편물이 배달되는 경우 관례적으로 아파트 경비원이 이를 수령하여 거주자에게 전달하여 왔고, 이에 대하여 납세의무자를 비롯한 아파트 주민들이 평소 이러한 특수우편물 배달방법에 관하여 아무런 이의도 제기한 바 없었다면, 납세의무자가 거주하는 아파트의 주민들은 등기우편물 등의 수령권한을 아파트 경비원에게 묵시적으로 위임한 것이라고 봄이 상당하므로 아파트 경비원이 우편집배원으로부터 납세고지서를 수령한 날이 구 국세기본법(1998. 12. 28. 법률 제5579호로 개정되기 전의 것) 제61조 제1항에 정한 처분의 통지를 받은 날에 해당한다(대법원 2000. 7. 4. 2000두1164).

아내가 통지서를 수령할 때에 도달된 것으로 본다.

원고의 처가 원고의 주소지에 거주하면서 인사발령통지서를 영수한 이상 비록 당시 원고가 구치소에 수감 중이었고 피고 역시 그와 같은 사실을 알고 있었는데다가 더 나아가 원고의 처는 영수한 통지서를 원고에게 전달하지 아니한 채 폐기해 버렸다 하더라도 원고로서는 그의 처가 위 통지서를 수령할 때에 그 내용을 양지할 수 있는 상태에 있었다고 할 것이므로 원고에 대한 파면처분의 의사표시는 그 당시 원고에게 도달된 것으로 볼 것이다(대법원 1989. 1. 31. 88누940).

고시 또는 공고에 의하여 행정처분을 하는 경우, 행정처분이 있음을 안 날은 고시 또는 공고의 효력발생일 이다.

통상 고시 또는 공고에 의하여 행정처분을 하는 경우에는 그 처분의 상대방이 불특정 다수인이고 그 처분 의 효력이 불특정 다수인에게 일률적으로 적용되는 것이므로, 행정처분에 이해관계를 갖는 자가 고시 또는 공고가 있었다는 사실을 현실적으로 알았는지 여부에 관계없이 고시가 효력을 발생하는 날에 행정처분이 있음을 알았다고 보아야 한다(대법원 2001. 7. 27. 99두9490).

서훈취소는 대외적으로 표시됨으로써 행정행위로서 성립하여 효력이 발생한다.

상훈법은 일반적인 행정행위와 달리 사망한 사람에 대하여도 그의 공적을 영예의 대상으로 삼아 서훈을 수여할 수 있도록 규정하고 있다. 그러나 그러한 경우에도 서훈은 어디까지나 서훈대상자 본인의 공적과 영예를 기리기 위한 것이므로 비록 유족이라고 하더라도 제3자는 서훈수여 처분의 상대방이 될 수 없고, 구 상훈법 제33조, 제34조 등에 따라 망인을 대신하여 단지 사실행위로서 훈장 등을 교부받거나 보관할 수 있는 지위에 있을 뿐이다. 이러한 서훈의 일신전속적 성격은 서훈취소의 경우에도 마찬가지이므로, 망인 에게 수여된 서훈의 취소에서도 유족은 그 처분의 상대방이 되는 것이 아니다. 이와 같이 망인에 대한 서훈 취소는 유족에 대한 것이 아니므로 유족에 대한 통지에 의해서만 성립하여 효력이 발생한다고 볼 수 없고, 그 결정이 처분권자의 의사에 따라 상당한 방법으로 대외적으로 표시됨으로써 행정행위로서 성립하여 효 력이 발생한다고 봄이 타당하다(대법원 2014. 9. 26. 2013두2518).

확인학습

1 행정절차법상 공고는 특별한 규정이 없는 한 공고일로부터 5일이 경과한 때에 그 효력이 발생한다. ☒

해설 14일이 경과한 때에 그 효력이 발생한다.

2 정보통신망을 이용한 송달은 송달받을 자가 동의하는 경우에 가능하다. ◯

3 교부에 의한 송달은 수령확인서를 받고 문서를 교부함으로써, 송달하는 장소에서 송달받을 자를 만나지 못한 경우에는 그 사무원·피용자 또는 동거인으로서 사리를 분별할 지능이 있는 사람에게 문서를 교부할 수 있다. ◯

4 송달이 불가능할 경우에는 송달받을 자가 알기 쉽도록 관보, 공보, 게시판, 일간신문, 인터넷 중 하나에 공고하여야 한다. ☒

해설 송달받을 자가 알기 쉽도록 관보, 공보, 게시판, 일간신문 중 하나 이상에 공고하고 인터넷에도 공고하여야 한다.

5 망인에 대한 서훈취소는 유족에 대한 것이 아니므로 유족에 대한 통지에 의해서만 성립하여 효력이 발생한다고 볼 수 없고, 그 결정이 처분권자의 의사에 따라 상당한 방법으로 대외적으로 표시됨으 로써 행정행위로서 성립하여 효력이 발생한다고 봄이 타당하다. ◯

행정행위의 효력

1. 구속력

행정행위가 유효하게 성립하면 그 내용에 따라 일정한 법적 효과를 발생하고, 관계행정청 및 상대방과 이해관계인을 구속하는 힘을 가진다.

2. 공정력

> **행정기본법 제15조 【처분의 효력】** 처분은 권한이 있는 기관이 취소 또는 철회하거나 기간의 경과 등으로 소멸되기 전까지는 유효한 것으로 통용된다. 다만, 무효인 처분은 처음부터 그 효력이 발생하지 아니한다.

1) 의의

공정력이란 행정행위의 성립에 하자가 있는 경우에도 그것이 중대·명백하여 당연무효로 인정되는 경우를 제외하고는, 권한 있는 기관(처분청, 감독청, 행정심판위원회, 관할법원)에 의하여 취소되기까지는 상대방·이해관계인 및 다른 행정청뿐만 아니라 법원(민·형사법원)도 그 효력을 부인할 수 없다.

반면에 처분청의 경우에는 자신의 행정행위를 직권으로 취소할 수 있으므로 공정력에 구속되지 않는다.

판례

공정력과 불가쟁력의 효력

행정행위는 공정력과 불가쟁력의 효력이 있어 설혹 행정행위에 하자가 있는 경우에도 그 하자가 중대하고 명백하여 당연무효로 보아야 할 사유가 있는 경우 이외에는 그 행정행위가 행정소송이나 다른 행정행위에 의하여 적법히 취소될 때까지는 단순히 취소할 수 있는 사유가 있는 것만으로는 누구나 그 효력을 부인할 수는 없고 법령에 의한 불복기간이 경과한 경우에는 당사자는 그 행정처분의 효력을 다툴 수 없다(대법원 1991. 4. 23. 90누8756).

✦ 공정력과 구성요건적 효력의 관계

구분		내용
대상	공정력	행정행위의 상대방과 이해관계인
	구성요건적 효력	다른 국가기관, 지방자치단체기관, 법원(민·형사법원)
이론적 근거	공정력	행정의 원활한 수행, 행정의 안정성과 행정행위의 상대방이나 제3자의 신뢰보호
	구성요건적 효력	헌법상의 권력분립의 원직, 기관 상호 간의 권한존중

2) 한계

(1) 무효인 행정행위

무효인 행정행위는 법적 안정성이라는 공정력의 본래의 취지와 어긋나기 때문에 공정력이 인정되지 않는다.

(2) 행정행위 이외의 행정작용

공정력은 취소쟁송제도를 전제로 한 것이므로 취소쟁송의 대상이 아닌 명령(법규명령·행정규칙 등), 단순한 사실행위, 비권력적 행정작용(관리행위), 공법상 계약 및 사법계약 등에는 공정력이 인정되지 않는다.

3) 공정력과 입증책임

항고소송에 있어서 행정처분의 적법성에 관한 입증책임은 피고 행정청이, 처분의 위법사유에 대한 입증책임은 원고가 진다.

민사소송법의 규정이 준용되는 행정소송에 있어서 입증책임은 원칙적으로 민사소송의 일반원칙에 따라 당사자간에 분배되고 항고소송의 경우에는 그 특성에 따라 당해 처분의 적법을 주장하는 피고에게 그 적법사유에 대한 입증책임이 있다 할 것인바 피고가 주장하는 당해 처분의 적법성이 합리적으로 수긍할 수 있는 일응의 입증이 있는 경우에는 그 처분은 정당하다 할 것이며 이와 상반되는 주장과 입증은 그 상대방인 원고에게 그 책임이 돌아간다고 할 것이다(대법원 1984. 7. 24. 84누124).

4) 공정력과 선결문제

(1) 개념

선결문제란 민사소송, 형사소송 등에서 본안판단의 전제로서 제기되는 행정행위의 위법성 또는 유효 여부에 관한 문제를 항고소송의 관할법원 이외의 법원(민·형사법원)이 스스로 심리·판단할 수 있는가의 문제를 말한다.

(2) 민사소송에서의 선결문제

① **행정행위의 위법성 여부가 선결문제인 경우**: 실무상 민사소송으로 다투어지고 있는 행정상 손해배상소송(국가배상청구소송)에서 민사법원이 배상책임의 요건인 행정행위의 위법 여부에 대한 판단을 할 수 있는가의 문제이다.

공정력은 단순한 절차적 효력에 불과할 뿐 그 행정행위를 실체적으로 적법하게 만드는 것은 아니므로, 민사법원은 선결문제로 행정행위의 위법성을 판단할 수 있다.

> **판례**
>
> **민사법원은 행정행위의 위법성을 판단할 수 있다.**
>
> 위법한 행정대집행이 완료되면 그 처분의 무효확인 또는 취소를 구할 소의 이익은 없다 하더라도, 미리 그 행정처분의 취소판결이 있어야만, 그 행정처분의 위법임을 이유로 한 손해배상 청구를 할 수 있는 것은 아니다(대법원 1972. 4. 28. 72다337).

② **행정행위의 효력 유무가 선결문제인 경우**: 조세부과처분이 무효 또는 부존재인 경우에는 민사법원이 직접 행정행위의 무효를 판단할 수 있다. 무효 또는 부존재인 행정행위에는 공정력이 발생하지 않기 때문이다. 그러나 조세부과처분이 취소사유인 경우 공정력이 발생하므로 민사법원이 독자적으로 심리·판단하여 조세부과처분의 효력을 부인하는 판결을 할 수 없다. 따라서 법률상 원인이 없는 경우에 인정되는 부당이득반환청구권이 성립할 수 없다.

> **판례**
>
> **부당이득반환청구가 인용되기 위해서는 그 처분이 취소되어야 한다.**
>
> 행정처분이 아무리 위법하다고 하여도 그 하자가 중대하고 명백하여 당연무효라고 보아야 할 사유가 있는 경우를 제외하고는 아무도 그 하자를 이유로 무단히 그 효과를 부정하지 못하는 것으로, 이러한 행정행위의 공정력은 판결의 기판력과 같은 효력은 아니지만 그 공정력의 객관적 범위에 속하는 행정행위의 하자가 취소사유에 불과한 때에는 그 처분이 취소되지 않는 한 처분의 효력을 부정하여 그로 인한 이득을 법률상 원인 없는 이득이라고 말할 수 없다(대법원 2007. 3. 16. 2006다83802).

부당이득반환청구가 인용되기 위해서는 그 처분의 취소가 확정되어야 하는 것은 아니다.

행정소송법 제10조는 처분의 취소를 구하는 취소소송에 당해 처분과 관련되는 부당이득반환소송을 관련청구로 병합할 수 있다고 규정하고 있는바, 이 조항을 둔 취지에 비추어 보면, 취소소송에 병합할 수 있는 당해 처분과 관련되는 부당이득반환소송에는 당해 처분의 취소를 선결문제로 하는 부당이득반환청구가 포함되고, 이러한 부당이득반환청구가 인용되기 위해서는 그 소송절차에서 판결에 의해 당해 처분이 취소되면 충분하고 그 처분의 취소가 확정되어야 하는 것은 아니라고 보아야 한다(대법원 2009. 4. 9. 2008두23153).

(3) 형사소송에서의 선결문제

① 형사사건에 있어서 행정행위의 위반이 범죄구성요건으로 되어 있는 경우 형사법원은 선결문제로 범죄구성요건이 되는 행정행위의 위법성을 심사할 수 있다.

판례

시정명령이 위법하다면 시정명령위반죄가 성립하지 않는다.

개발제한구역의 지정 및 관리에 관한 특별조치법(이하 '개발제한구역법'이라 한다) 제30조 제1항에 의하여 행정청으로부터 시정명령을 받은 자가 이를 위반한 경우, 그로 인하여 개발제한구역법 제32조 제2호에 정한 처벌을 하기 위하여는 시정명령이 적법한 것이라야 하고, 시정명령이 당연무효가 아니더라도 위법한 것으로 인정되는 한 개발제한구역법 제32조 제2호 위반죄가 성립될 수 없다(대법원 2017. 9. 21. 2017도7321).

② 행정행위가 무효 또는 부존재인 경우에는 형사법원이 직접 행정행위의 무효를 판단할 수 있다. 그러나 행정행위가 취소사유인 경우 공정력이 발생하므로 형사법원이 독자적으로 심리·판단하여 행정행위의 효력을 부인하는 판결을 할 수 없다.

판례

일단 수입 면허를 받고 물품을 통관한 경우 무면허수입죄가 성립될 수 없다.

물품을 수입하고자 하는 자가 일단 세관장에게 수입신고를 하여 그 면허를 받고 물품을 통관한 경우에는, 세관장의 수입면허가 중대하고도 명백한 하자가 있는 행정행위이어서 당연무효가 아닌 한 관세법 제181조 소정의 무면허수입죄가 성립될 수 없다(대법원 1989. 3. 28. 89도149).

부정한 수단으로 운전면허를 받은 경우에도 운전면허가 취소되지 않는 한 그 운전행위는 무면허운전이라고 할 수 없다.

허위의 방법으로 연령을 속여 발급받은 운전면허는 비록 위법하다고 하더라도, 도로교통법 제65조 제3호의 허위 기타 부정한 수단으로 운전면허를 받은 경우에 해당함에 불과하여 취소되지 않는 한 그 효력이 있는 것이므로 그러한 운전면허에 의한 운전행위는 무면허운전이라고 할 수 없다(대법원 1982. 6. 8. 80도2646).

3. 불가쟁력(형식적 존속력) - 행정행위의 상대방에게 발생하는 효력

1) 개념

불가쟁력이란 행정행위의 상대방 또는 이해관계인이 더 이상 그 효력을 다툴 수 없게 되는 힘을 말한다.

2) 성질 및 존재이유

(1) 행정행위에 불가쟁력을 인정하는 이유는 행정행위의 효력을 신속하게 형식적으로 확정시킴으로써 행정법관계의 안정성을 확보하기 위한 것으로서, 이는 절차법적 효력의 일종이다.

(2) 불가쟁력이 인정되는 행정행위는 취소사유인 경우에 국한된다. 무효인 행정행위는 제소기간의 제한을 받지 않으므로 불가쟁력이 발생하지 않는다.

(3) 불가쟁력이 생긴 행정행위라도 위법성이 확인되면 국가배상법에 따른 배상청구가 가능하다. 불가쟁력이 발생하였다고 하여 위법성이 치유되어 적법하게 되는 것은 아니기 때문이다. 그러나 불가쟁력이 발생한 경우 취소사유가 있더라도 부당이득반환청구는 인정되지 않는다.

> **판례**⁺
>
> **행정처분이나 행정심판 재결이 불복기간의 경과로 확정된 경우, 그 확정력의 의미**
>
> 일반적으로 행정처분이나 행정심판 재결이 불복기간의 경과로 인하여 확정될 경우 그 확정력은, 그 처분으로 인하여 법률상 이익을 침해받은 자가 당해 처분이나 재결의 효력을 더 이상 다툴 수 없다는 의미일 뿐, 더 나아가 판결에 있어서와 같은 기판력이 인정되는 것은 아니어서 그 처분의 기초가 된 사실관계나 법률적 판단이 확정되고 당사자들이나 법원이 이에 기속되어 모순되는 주장이나 판단을 할 수 없게 되는 것은 아니다(대법원 2004. 7. 8. 2002두11288).

3) 불가쟁력이 발생한 행정행위에 대한 변경신청권의 인정 여부

> **판례**⁺
>
> **불가쟁력이 생긴 행정처분에 대하여는 변경신청권이 없다.**
>
> 제소기간이 이미 도과하여 불가쟁력이 생긴 행정처분에 대하여는 개별 법규에서 그 변경을 요구할 신청권을 규정하고 있거나 관계 법령의 해석상 그러한 신청권이 인정될 수 있는 등 특별한 사정이 없는 한 국민에게 그 행정처분의 변경을 구할 신청권이 있다 할 수 없다(대법원 2007. 4. 26. 2005두11104).

4) 처분의 재심사

행정기본법 제37조【처분의 재심사】 ① 당사자는 처분(제재처분 및 행정상 강제는 제외한다. 이하 이 조에서 같다)이 행정심판, 행정소송 및 그 밖의 쟁송을 통하여 다툴 수 없게 된 경우(법원의 확정판결이 있는 경우는 제외한다)라도 다음 각 호의 어느 하나에 해당하는 경우에는 해당 처분을 한 행정청에 처분을 취소·철회하거나 변경하여 줄 것을 신청할 수 있다.
  1. 치분의 근거가 된 사실관계 또는 법률관계가 추후에 당사자에게 유리하게 바뀐 경우
  2. 당사자에게 유리한 결정을 가져다주었을 새로운 증거가 있는 경우
  3. 「민사소송법」 제451조에 따른 재심사유에 준하는 사유가 발생한 경우 등 대통령령으로 정하는 경우
② 제1항에 따른 신청은 해당 처분의 절차, 행정심판, 행정소송 및 그 밖의 쟁송에서 당사자가 중대한 과실 없이 제1항 각 호의 사유를 주장하지 못한 경우에만 할 수 있다.
③ 제1항에 따른 신청은 당사자가 제1항 각 호의 사유를 안 날부터 60일 이내에 하여야 한다. 다만, 처분이 있은 날부터 5년이 지나면 신청할 수 없다.
④ 제1항에 따른 신청을 받은 행정청은 특별한 사정이 없으면 신청을 받은 날부터 90일(합의제행정기관은 180일) 이내에 처분의 재심사 결과(재심사 여부와 처분의 유지·취소·철회·변경 등에 대한 결정을 포함한다)를 신청인에게 통지하여야 한다. 다만, 부득이한 사유로 90일(합의제행정기관은 180일) 이내에 통지할 수 없는 경우에는 그 기간을 만료일 다음 날부터 기산하여 90일(합의제행정기관은 180일)의 범위에서 한 차례 연장할 수 있으며, 연장 사유를 신청인에게 통지하여야 한다.
⑤ 제4항에 따른 처분의 재심사 결과 중 처분을 유지하는 결과에 대해서는 행정심판, 행정소송 및 그 밖의 쟁송수단을 통하여 불복할 수 없다.
⑥ 행정청의 제18조에 따른 취소와 제19조에 따른 철회는 처분의 재심사에 의하여 영향을 받지 아니한다.
⑦ 제1항부터 제6항까지에서 규정한 사항 외에 처분의 재심사의 방법 및 절차 등에 관한 사항은 대통령령으로 정한다.
⑧ 다음 각 호의 어느 하나에 해당하는 사항에 관하여는 이 조를 적용하지 아니한다.
  1. 공무원 인사 관계 법령에 따른 징계 등 처분에 관한 사항
  2. 「노동위원회법」 제2조의2에 따라 노동위원회의 의결을 거쳐 행하는 사항
  3. 형사, 행형 및 보안처분 관계 법령에 따라 행하는 사항
  4. 외국인의 출입국·난민인정·귀화·국적회복에 관한 사항
  5. 과태료 부과 및 징수에 관한 사항
  6. 개별 법률에서 그 적용을 배제하고 있는 경우

5) 직권취소의 가부

불가쟁력이 생긴 행정행위라도 위법성이 확인되었을 때 행정청이 직권으로 취소할 수 있다.

> **판례**
>
> **불가쟁력이 발생해도 직권취소가 가능하다.**
>
> 개별토지에 대한 가격결정도 행정처분에 해당하며, 원래 행정처분을 한 처분청은 그 행위에 하자가 있는 경우에는 원칙적으로 별도의 법적 근거가 없더라도 스스로 이를 직권으로 취소할 수 있는 것이고, 행정처분에 대한 법정의 불복기간이 지나면 직권으로도 취소할 수 없게 되는 것은 아니므로, 처분청은 토지에 대한 개별토지가격의 산정에 명백한 잘못이 있다면 이를 직권으로 취소할 수 있다(대법원 1995. 9. 15. 95누6311).
>
> **불가쟁력이 발생한 경우에는 위헌결정의 소급효가 미치지 않는다.**
>
> 위헌결정의 효력은 그 결정 이후에 당해 법률이 재판의 전제가 되었음을 이유로 법원에 제소된 일반사건에도 미치므로, 당해 법률에 근거하여 행정처분이 발하여진 후에 헌법재판소가 그 행정처분의 근거가 된 법률을 위헌으로 결정하였다면 결과적으로 행정처분은 법률의 근거가 없이 행하여진 것과 마찬가지가 되어 하자가 있는 것이 되나, 이미 취소소송의 제기기간을 경과하여 확정력이 발생한 행정처분의 경우에는 위헌결정의 소급효가 미치지 않는다고 보아야 할 것이고, 일반적으로 법률이 헌법에 위반된다는 사정은 헌법재판소의 위헌결정이 있기 전에는 객관적으로 명백한 것이라고 할 수는 없으므로 헌법재판소의 위헌결정 전에 행정처분의 근거되는 당해 법률이 헌법에 위반된다는 사유는 특별한 사정이 없는 한 그 행정처분의 취소소송의 전제가 될 수 있을 뿐 당연무효사유는 아니라고 봄이 상당하다(대법원 2002. 11. 8. 2001두3181).

4. 불가변력(실질적 존속력) - 행정주체에 대하여 발생하는 효력

1) 개념

불가변력이란 특정 행정행위에 있어 행정청 자신도 직권으로 자유로이 취소 또는 철회할 수 없는 힘을 말한다.

2) 성질 및 존재 이유

당사자의 법적 안정성을 도모하는 데 의의가 있다.

3) 적용범위

(1) 불가변력은 모든 행정행위에 적용되는 것이 아니라, 예외적으로 특별한 경우에만 인정된다. 확인행위, 행정심판의 재결과 같은 준사법적 법률행위, 수익적 행정행위, 법률의 규정이 있는 경우 등에 인정된다.

⑵ 무효인 행정행위에 불가변력이 발생하지 않음은 당연하다. 침익적·부담적 행위에 불가변력이 발생하기는 어렵다.

> **판례** *
>
> **불가변력은 당해 행정행위에 대하여서만 인정된다.**
>
> 국민의 권리와 이익을 옹호하고 법적안정을 도모하기 위하여 특정한 행위에 대하여는 행정청이라 하여도 이것을 자유로이 취소, 변경 및 철회할 수 없다는 행정행위의 불가변력은 당해 행정행위에 대하여서만 인정되는 것이고, 동종의 행정행위라 하더라도 그 대상을 달리할 때에는 이를 인정할 수 없다(대법원 1974. 12. 10. 73누129).

4) 불가쟁력과 불가변력의 관계

구분	불가쟁력	불가변력
성질	절차법적 효력, 형식적 존속력	실체법적 효력, 실질적 존속력
대상	행정행위의 상대방 및 이해관계인	처분청과 상급감독기관 등의 행정기관
목적	행정의 능률성, 법적 안정성	법적 안정성
사유	쟁송기간의 도과, 판결의 확정	예외적으로 특별한 경우
한계	무효인 행정행위에는 부정	무효인 행정행위에는 부정
범위	모든 행정행위	확인행위, 준사법적 행위 등 특정한 행정행위
관계	• 불가쟁력이 발생한 경우에도 불가변력이 발생하지 않은 한 행정청은 직권취소가 가능 • 불가변력이 발생한 경우에도 불가쟁력이 발생하지 않은 한 상대방은 쟁송제기가 가능	

5. 강제력

1) 자력집행력

⑴ 행정행위에 의하여 부과된 의무를 상대방이 이행하지 않으면 행정청은 법원의 힘을 빌리지 않고 스스로 그 이행을 강제할 수 있는데, 이는 법률상의 근거가 필요하다. 행정대집행법과 국세징수법이 있다.

⑵ 행정행위의 집행력은 모든 행정행위에 인정되는 것이 아니며 의무부과를 전제로 하는 하명행위에 한하여 문제된다. 따라서 형성적 행정행위에는 강제력이 문제되지 않는다.

2) 의무 위반에 대한 제재력

제재력은 행정행위에 의해 부과된 의무를 상대방이 위반한 경우에 그에 대해서 행정벌(행정형벌 또는 행정질서벌)을 부과할 수 있는 효력을 말한다. 제재력도 별도의 법적 근거가 있어야 한다.

확인학습

1 공정력이 인정된다고 해도 행정행위의 상대방이나 이해관계자는 그 행정행위가 위법한 것임을 주장할 수 있다. ◯

　　해설 공정력은 적법성 추정이 아니다.

2 부당한 행정행위이거나 단순위법인 행정행위는 공정력이 인정되지 않는다. ✕

3 연령미달의 결격자인 피고인이 형의 이름으로 운전면허시험에 합격하여 교부받은 운전면허는 비록 위법하나 취소되지 않는 한 유효하므로 피고인의 운전행위는 무면허운전에 해당하지 아니한다. ◯

4 과세처분이 당연무효라고 볼 수 없는 한 과세처분에 취소할 수 있는 위법사유가 있다 하더라도 그 과세처분은 행정행위의 공정력 또는 집행력에 의하여 그것이 적법하게 취소되기 전까지는 유효하다 할 것이므로 민사소송절차에서 그 과세처분의 효력을 부인할 수 없다. ◯

5 제소기간이 경과하여 상대방은 더 이상 다툴 수 없게 된 행정처분이라도 처분청은 이를 직권으로 취소할 수 있다. ◯

6 불가쟁력이 발생한 행위라도 행정청은 직권으로 취소할 수 있다. ◯

7 불가쟁력이 발생한 행위라도, 그 행위가 위법이면 국가배상법상 배상청구가 가능하다. ◯

8 일반적으로 행정심판 재결이 불복기간의 경과로 확정될 경우에는, 그 처분이 기초가 된 사실관계나 법률적 판단이 확정되고 당사자들이나 법원이 이에 기속되어 모순되는 주장이나 판단을 할 수 없다. ✕

9 불가변력이 발생한 행정행위는 당연히 불가쟁력을 가진다. ✕

　　해설 불가쟁력과 불가변력은 서로 무관하다.

행정행위의 하자

1. 하자의 개념

행정행위의 하자라 함은 행정행위가 적법요건(성립 및 효력요건)을 갖추지 못한 것을 말하며, 위법한 행정행위와 부당한 행정행위를 포함하는 개념으로 보는 것이 일반적이다. 다만 단순한 오기나 오산 등이 있는 경우는 하자 있는 행정행위가 아니다.

2. 하자의 판단시점

하자의 판단시점은 처분시를 기준으로 한다.

판례

하자의 판단시점

행정소송에서 행정처분의 위법 여부는 행정처분이 있을 때의 법령과 사실상태를 기준으로 하여 판단하여야 하고, 처분 후 법령의 개폐나 사실상태의 변동에 의하여 영향을 받지는 않는다고 할 것이고, 하자 있는 행정행위의 치유는 행정행위의 성질이나 법치주의의 관점에서 볼 때 원칙적으로 허용될 수 없는 것이고, 예외적으로 행정행위의 무용한 반복을 피하고 당사자의 법적 안정성을 위해 이를 허용하는 때에도 국민의 권리나 이익을 침해하지 않는 범위에서 구체적 사정에 따라 합목적적으로 인정하여야 한다(대법원 2002. 7. 9. 2001두10684).

3. 무효와 취소의 구별

1) 무효

무효인 행정행위는 외관상으로는 행정행위로서 존재하나 처음부터 전혀 법적 효과를 발생하지 아니하는 행위로서, 다른 행정청이나 법원은 물론이고 사인도 그 독자적 판단과 책임하에서 무효를 주장할 수 있다.

2) 취소

취소할 수 있는 행정행위란 그 성립에 흠이 있음에도 불구하고 일단 유효한 행위로 통용되어 다른 국가기관 또는 국민은 그에 기속되고, 행정쟁송 또는 직권에 의하여 취소됨으로써 비로소 그 효력을 상실하는 행위를 말한다. 따라서 취소되기 전까지는 상대방은 물론 다른 국가기관도 이에 구속되어 효력을 부정할 수 없다.

3) 무효와 취소의 구별기준 − 중대 · 명백설

행정행위의 하자가 중대한 법률요건의 위반이고 그 위반 정도가 심한 경우에 해당하며 또한 그것이 외관상 명백하여 일반인의 기준으로도 하자 있음이 분명한 때에는 무효이고, 그에 이르지 않는 것인 때에는 취소할 수 있다.
판례도 기본적으로 무효와 취소를 중대 · 명백설에 입각하여 구별하고 있다.

> **판례**
>
> **하자 있는 행정처분이 당연무효가 되기 위하여는 그 하자가 법규의 중요한 부분을 위반한 중대한 것으로서 객관적으로 명백한 것이어야 한다.**
>
> 행정자치부의 지방조직 개편지침의 일환으로 청원경찰의 인원감축을 위한 면직처분대상자를 선정함에 있어서 초등학교 졸업 이하 학력소지자 집단과 중학교 중퇴 이상 학력소지자 집단으로 나누어 각 집단별로 같은 감원비율 상당의 인원을 선정한 것은 합리성과 공정성을 결여하고, 평등의 원칙에 위배하여 그 하자가 중대하다 할 것이나, 그렇게 한 이유가 시험문제 출제 수준이 중학교 학력 수준이어서 초등학교 졸업 이하 학력소지자에게 상대적으로 불리할 것이라는 판단 아래 이를 보완하기 위한 것이었으므로 그 하자가 객관적으로 명백하다고 보기는 어렵다(대법원 2002. 2. 8. 2000두4057).

4) 무효와 취소의 구별실익

(1) 행정소송

무효등확인소송에는 취소소송과 달리 행정심판전치주의와 제소기간의 제한이 적용되지 않는다. 한편 무효를 구하는 의미의 취소소송에는 취소소송과 같이 제소기간의 제한이 적용된다. 처분의 무효확인을 구하는 소를 제기하였으나 심리 결과 처분의 하자가 취소사유에 불과한 경우에 판례는 취소소송의 제기에 필요한 요건을 갖추고 있는 때에는 무효가 아니면 취소라도 구하는 취지인지를 석명하여 처분의 취소를 구하지 않음이 명백하지 않은 이상은 취소의 소로 변경하도록 한 후 취소의 판결을 하여야 한다고 한다.

(2) 선결문제

민사소송 또는 형사소송에서 당연무효인 행정행위의 무효 여부가 선결문제로 된 경우, 그 수소법원은 스스로 당해 행위가 무효임을 판단할 수 있다.

(3) 사정재결·사정판결

처분이 무효인 경우에는 유지시킬 유효한 행정행위가 처음부터 존재하지 않는다는 점을 근거로 사정재결·사정판결을 할 수 없다.

(4) 하자의 치유·전환

하자의 치유는 취소할 수 있는 행정행위에만 인정된다. 한편, 하자 있는 행정행위의 전환은 무효인 행정행위에 인정된다고 보는 것이 통설적 견해이다.

4. 하자의 구체적 사유

1) 주체에 관한 하자

정당한 권한이 없는 경우 즉, 공무원이 아닌 자의 행위 또는 공무원의 권한 외의 행위는 원칙적으로 무효이다.

> 판례

음주운전을 단속한 경찰관 명의로 행한 운전면허정지처분의 효력은 무효이다.

운전면허에 대한 정지처분권한은 경찰청장으로부터 경찰서장에게 권한위임된 것이므로 음주운전자를 적발한 단속 경찰관으로서는 관할 경찰서장의 명의로 운전면허정지처분을 대행처리할 수 있을지는 몰라도 자신의 명의로 이를 할 수는 없다 할 것이므로, 단속 경찰관이 자신의 명의로 운전면허행정처분통지서를 작성·교부하여 행한 운전면허정지처분은 비록 그 처분의 내용·사유·근거 등이 기재된 서면을 교부하는 방식으로 행하여졌다고 하더라도 권한 없는 자에 의하여 행하여진 점에서 무효의 처분에 해당한다(대법원 1997. 5. 16. 97누2313).

권한 없는 자의 원상복구명령(무효)에 따른 의무불이행을 이유로 한 계고처분의 효력(무효)

행정기관의 권한에는 사무의 성질 및 내용에 따르는 제약이 있고, 지역적·대인적으로 한계가 있으므로 이러한 권한의 범위를 넘어서는 권한유월의 행위는 무권한 행위로서 원칙적으로 무효이고, 선행행위가 부존재하거나 무효인 경우에는 그 하자는 당연히 후행행위에 승계되어 후행행위도 무효로 된다. 결국 행정청의 원고에 대한 원상복구명령은 권한 없는 자의 처분으로 무효라고 할 것이고, 위 원상복구명령이 당연무효인 이상 후행처분인 계고처분의 효력에 당연히 영향을 미쳐 그 계고처분 역시 무효로 된다(대법원 1996. 6. 28. 96누4374).

폐기물처리시설 입지선정위원회의 구성방법 및 절차의 하자(무효)

구 폐기물처리시설 설치촉진 및 주변지역 지원 등에 관한 법률에 정한 입지선정위원회가 그 구성방법 및 절차에 관한 같은 법 시행령의 규정에 위배하여 군수와 주민대표가 선정·추천한 전문가를 포함시키지 않은 채 임의로 구성되어 의결을 한 경우, 그에 터잡아 이루어진 폐기물처리시설 입지결정처분의 하자는 중대한 것이고 객관적으로도 명백하므로 무효사유에 해당한다(대법원 2007. 4. 12. 2006두20150).

권한초과 행위는 취소사유이다.

행정청의 권한에는 사무의 성질 및 내용에 따르는 제약이 있고, 지역적·대인적으로 한계가 있으므로 이러한 권한의 범위를 넘어서는 권한유월의 행위는 무권한 행위로서 원칙적으로 무효라고 할 것이나, 행정청의 공무원에 대한 의원면직처분은 공무원의 사직의사를 수리하는 소극적 행정행위에 불과하고, 당해 공무원의 사직의사를 확인하는 확인적 행정행위의 성격이 강하며 재량의 여지가 거의 없기 때문에 의원면직처분에서의 행정청의 권한유월 행위를 다른 일반적인 행정행위에서의 그것과 반드시 같이 보아야 할 것은 아니다. 5급 이상의 국가정보원직원에 대한 의원면직처분이 임면권자인 대통령이 아닌 국가정보원장에 의해 행해진 것으로 위법하고, 나아가 국가정보원직원의 명예퇴직원 내지 사직서 제출이 직위해제 후 1년여에 걸친 국가정보원장 측의 종용에 의한 것이었다는 사정을 감안한다 하더라도 그러한 하자가 중대한 것이라고 볼 수는 없으므로, 대통령의 내부결재가 있었는지에 관계없이 당연무효는 아니다(대법원 2007. 7. 26. 2005두15748).

2) 내용에 관한 하자

(1) 내용이 실현 불가능한 경우

사자(死者) 또는 허무인(존재하지 않는 사람)을 대상으로 하는 각종 허가 또는 처분을 하는 경우, 명백하게 권리 또는 의무가 없는 자에 대하여 권리를 부여하거나 의무를 명하는 경우(⑩ 여자에 대한 징집영장의 발부, 조세완납자에 대한 체납처분, 과세대상이 되는 법률관계나 소득 또는 행위 등의 사실관계가 전혀 없는 사람에게 한 과세체분, 부동산을 양도한 사실이 없음에도 세무당국이 착오로 한 양도소득세 부과, 금치산선고를 받은 자에 대한 공무원임명, 국가시험에 불합격한 자에 대한 의사면허)에는 무효이다.

(2) 내용이 불명확한 경우

행정행위의 내용이 사회통념상 인식할 수 없을 정도로 불명확하거나 확정되지 아니한 경우에는 원칙적으로 무효이다(⑩ 경계를 명확히 하지 않은 도로구역결정, 목적물을 특정하지 않은 귀속재산 임대처분, 범위가 특정되지 아니한 계고처분).

판례

이행의무의 내용을 구체적으로 특정하지 아니한 계고처분(무효)

행정청이 행정대집행법 제3조 제1항에 의한 대집행의 계고를 함에 있어서는 의무자가 스스로 이행하지 아니하는 경우에 대집행할 행위의 내용을 구체적으로 특정하여야 하며 그 이행의무의 내용이 구체적으로 특정되지 아니한 계고처분은 위법하다(대법원 1985. 9. 10. 85누257).

(3) 법령에 위반된 행위

위법성의 정도에 따라 취소 또는 무효사유가 된다. 즉 헌법재판소 또는 대법원의 위헌·위법 결정과 행정처분의 효력은 처분이 위헌·위법결정 이전에 있었는지 이후에 있었는지에 따라 다르다.

① 처분 → 처분의 근거가 된 법령에 대한 위헌결정 → 취소사유
② 위헌결정 → 위헌결정된 법령에 근거한 처분 → 무효사유

판례

일반적으로 시행령이 헌법이나 법률에 위반된다는 사정은 그 시행령의 규정을 위헌 또는 위법하여 무효라고 선언한 대법원의 판결이 선고되지 아니한 상태에서는 명백하다고 볼 수 없다.

하자 있는 행정처분이 당연무효로 되려면 그 하자가 법규의 중요한 부분을 위반한 중대한 것이어야 할 뿐 아니라 객관적으로 명백한 것이어야 하고, 행정청이 위헌이거나 위법하여 무효인 시행령을 적용하여 한 행정처분이 당연무효로 되려면 그 규정이 행정처분의 중요한 부분에 관한 것이어서 결과적으로 그에 따른 행정처분의 중요한 부분에 하자가 있는 것으로 귀착되고, 또한 그 규정의 위헌성 또는 위법성이 객관적으로 명백하여 그에 따른 행정처분의 하자가 객관적으로 명백한 것으로 귀착되어야 하는바, 일반적으로 시행령이 헌법이나 법률에 위반된다는 사정은 그 시행령의 규정을 위헌 또는 위법하여 무효라고 선언한 대법원의 판결이 선고되지 아니한 상태에서는 그 시행령 규정의 위헌 내지 위법 여부가 해석상 다툼의 여지가 없을 정도로 명백하였다고 인정되지 아니하는 이상 객관적으로 명백한 것이라 할 수 없으므로, 이러한 시행령에 근거한 행정처분의 하자는 취소사유에 해당할 뿐 무효사유가 되지 아니한다(대법원 2007. 6. 14. 2004두619).

위헌결정 이후에는 별도의 행정처분인 공매처분 등 후속 체납처분절차를 진행하였다면 그 하자가 중대하고도 명백하여 당연무효이다.

위헌결정 이전에 이미 택지초과소유부담금 부과처분과 압류처분 및 이에 기한 압류등기가 이루어지고 각 처분이 확정되었다고 하여도, 위헌결정 이후에는 별도의 행정처분인 공매처분 등 후속 체납처분 절차를 진행할 수 없고, 만일 그와 같은 절차를 진행하였다면 그로 인한 공매처분은 법률의 근거 없이 이루어진 것으로서 그 하자가 중대하고도 명백하여 당연무효라고 할 것이며, 그 공매처분에 기하여 이루어진 소유권 이전등기 역시 원인무효의 등기라고 할 것이다(대법원 2002. 11. 22. 2002다46102).

과세관청이 헌법재판소의 위헌결정이 있은 후에 행한 압류처분은 당연무효이다.

갑 주식회사의 체납국세에 관하여, 과세관청이 구 국세기본법 제39조 제1항 제2호 (다)목에 따라 을에게 과세처분을 하였는데, 이후 위 규정에 대해 헌법재판소의 위헌결정이 있으나 과세관청이 조세채권의 집행을 위해 을의 예금채권에 압류처분을 한 사안에서, 압류처분은 당연무효이다(대법원 2012. 2. 16. 2010두 10907 전원합의체).

3) 형식에 관한 하자

법령상 서면에 의하도록 되어 있는 행정행위를 서면에 의하지 않은 경우는 무효사유이다.

4) 절차에 관한 하자

⑴ 상대방의 신청 또는 동의를 결한 행위

법령이 상대방의 신청 또는 동의를 필요적 절차로 규정하고 있는 경우 이를 결여한 행위는 무효이다. 판례도 "분배신청을 한 바 없고 분배받은 사실조차 알지 못하고 있는 자에 대한 농지분배는 허무인에게 분배한 것이나 다름이 없는 당연무효의 처분이라고 할 것이다."라고 판시하였다.

⑵ 타기관의 필요한 협력을 결한 행위

행정청이 행정행위를 함에 있어 타 기관의 의결·인가·협의를 거치도록 규정한 경우 그들 절차를 결한 경우는 하자의 정도에 따라 무효 또는 취소원인이 된다.

① 무효사유에 해당하는 예

    ㉠ 징계위원회의 의결을 거치지 않고 한 징계처분

    ㉡ 교육위원회의 의결을 거치지 않고 한 유치원설립인가

    ㉢ 지방자치단체장이 반드시 필요한 지방의회의 의결을 거치지 않고 한 행위

    ㉣ 대통령의 승인을 거치지 않고 한 공공요금결정

    ㉤ 국토해양부장관이 관계 장관과 협의 없이 공유수면매립면허를 한 경우

    ㉥ 농지위원회의 의결을 거지치 않은 농지분배처분

    ㉦ 다른 기관의 필요적 협력을 결여한 행위(**비교** 필요한 자문을 결여한 경우 – 취소)

판례

환경영향평가를 거쳐야 할 대상사업에 대하여 환경영향평가를 거치지 아니한 처분은 무효이다.

환경영향평가를 거쳐야 할 대상사업에 대하여 환경영향평가를 거치지 아니하였음에도 불구하고 승인 등 처분이 이루어진다면, 사전에 환경영향평가를 함에 있어 평가대상지역 주민들의 의견을 수렴하고 그 결과를 토대로 하여 환경부장관과의 협의내용을 사업계획에 미리 반영시키는 것 자체가 원천적으로 봉쇄되는 바, 이렇게 되면 환경파괴를 미연에 방지하고 쾌적한 환경을 유지·조성하기 위하여 환경영향평가제도를 둔 입법 취지를 달성할 수 없게 되는 결과를 초래할 뿐만 아니라 환경영향평가대상지역 안의 주민들의 직접적이고 개별적인 이익을 근본적으로 침해하게 되므로, 이러한 행정처분의 하자는 법규의 중요한 부분을 위반한 중대한 것이고 객관적으로도 명백한 것이라고 하지 않을 수 없어, 이와 같은 행정처분은 당연무효이다(대법원 2006. 6. 30. 2005두14363).

│ **비교판례** │ **환경영향평가를 거쳐야 할 대상사업에 대하여 부실한 환경영향평가를 거친 것만으로 처분이 위법하게 되는 것은 아니다.**

환경영향평가법령에서 정한 환경영향평가를 거쳐야 할 대상사업에 대하여 그러한 환경영향평가를 거치지 아니하였음에도 승인 등 처분을 하였다면 그 처분은 위법하다 할 것이나, 그러한 절차를 거쳤다면, 비록 그 환경영향평가의 내용이 다소 부실하다 하더라도, 그 부실의 정도가 환경영향평가제도를 둔 입법 취지를 달성할 수 없을 정도이어서 환경영향평가를 하지 아니한 것과 다를 바 없는 정도의 것이 아닌 이상, 그 부실은 당해 승인 등 처분에 재량권 일탈·남용의 위법이 있는지 여부를 판단하는 하나의 요소로 됨에 그

칠 뿐, 그 부실로 인하여 당연히 당해 승인 등 처분이 위법하게 되는 것이 아니다(대법원 2006. 3. 16. 2006두330 전원합의체).

과세예고 통지 후 과세전 적부심사 청구나 그에 대한 결정이 있기도 전에 과세처분을 하는 것은 무효이다.

사전구제절차로서 과세전 적부심사 제도가 가지는 기능과 이를 통해 권리구제가 가능한 범위, 이러한 제도가 도입된 경위와 취지, 납세자의 절차적 권리 침해를 효율적으로 방지하기 위한 통제 방법과 더불어, 헌법 제12조 제1항에서 규정하고 있는 적법절차의 원칙은 형사소송절차에 국한되지 아니하고, 세무공무원이 과세권을 행사하는 경우에도 마찬가지로 준수하여야 하는 점 등을 고려하여 보면, 국세기본법 및 국세기본법 시행령이 과세전 적부심사를 거치지 않고 곧바로 과세처분을 할 수 있거나 과세전 적부심사에 대한 결정이 있기 전이라도 과세처분을 할 수 있는 예외사유로 정하고 있다는 등의 특별한 사정이 없는 한, 과세예고 통지 후 과세전 적부심사 청구나 그에 대한 결정이 있기도 전에 과세처분을 하는 것은 원칙적으로 과세전 적부심사 이후에 이루어져야 하는 과세처분을 그보다 앞서 함으로써 과세전 적부심사 제도 자체를 형해화시킬 뿐만 아니라 과세전 적부심사 결정과 과세처분 사이의 관계 및 불복절차를 불분명하게 할 우려가 있으므로, 그와 같은 과세처분은 납세자의 절차적 권리를 침해하는 것으로서 절차상 하자가 중대하고도 명백하여 무효이다(대법원 2016. 12. 27. 2016두49228).

② 취소사유에 해당하는 예

판례

건설부장관이 택지개발예정지구를 지정함에 있어 미리 관계중앙행정기관의 장과 협의를 거치지 아니하였다고 하더라도 이는 취소사유이다.

건설부장관이 택지개발예정지구를 지정함에 있어 미리 관계중앙행정기관의 장과 협의를 하라고 규정한 의미는 그의 자문을 구하라는 것이지 그 의견을 따라 처분을 하라는 의미는 아니라 할 것이므로 이러한 협의를 거치지 아니하였다고 하더라도 이는 위 지정처분을 취소할 수 있는 원인이 되는 하자 정도에 불과하고 위 지정처분이 당연무효가 되는 하자에 해당하는 것은 아니다(대법원 2000. 10. 13. 99두653).

(3) 공무원징계에 있어서의 의견진술 기회의 흠결 - 무효

국가공무원법 제13조【소청인의 진술권】 ① 소청심사위원회가 소청 사건을 심사할 때에는 대통령령등으로 정하는 바에 따라 소청인 또는 제76조 제1항 후단에 따른 대리인에게 진술 기회를 주어야 한다.
② 제1항에 따른 진술 기회를 주지 아니한 결정은 무효로 한다.

(4) 기타 절차

판례

토지의 소유와 동의 요건을 갖추지 못한 사업시행자의 지정은 무효이다.

국토계획법이 사인을 도시·군계획시설사업의 시행자로 지정하기 위한 요건으로 소유 요건과 동의 요건을 둔 취지는 사인이 시행하는 도시·군계획시설사업의 공공성을 보완하고 사인에 의한 일방적인 수용을 제어하기 위한 것이다. 그러므로 만일 국토계획법령이 정한 도시계획시설사업의 대상 토지의 소유와 동의 요건을 갖추지 못하였는데도 사업시행자로 지정하였다면, 이는 국토계획법령이 정한 법규의 중요한 부분을 위반한 것으로서 특별한 사정이 없는 한 그 하자가 중대하다고 보아야 한다(대법원 2017. 7. 11. 2016두 35120).

재개발조합의 설립추진위원회가 토지 등 소유자로부터 받아 행정청에 제출한 동의서에 하자가 있음에도 이를 유효한 동의로 처리하여 재개발조합의 설립인가를 한 처분은 무효이다.

[1] 재개발조합설립인가신청에 대한 행정청의 조합설립인가처분은 단순히 사인들의 조합설립행위에 대한 보충행위로서의 성질을 가지는 것이 아니라 법령상 일정한 요건을 갖추는 경우 행정주체(공법인)의 지위를 부여하는 일종의 설권적 처분의 성질을 가진다고 보아야 한다. 그러므로 재개발조합설립인가신청에 대하여 행정청의 조합설립인가처분이 있은 이후에는, 조합설립동의에 하자가 있음을 이유로 재개발조합 설립의 효력을 부정하려면 항고소송으로 조합설립인가처분의 효력을 다투어야 한다.

[2] 재개발조합의 설립추진위원회가 토지 등 소유자로부터 받아 행정청에 제출한 동의서에 구 도시 및 주거환경정비법 시행령(2008. 12. 17. 대통령령 제21171호로 개정되기 전의 것) 제26조 제1항 제1호와 제2호에 정한 '건설되는 건축물의 설계의 개요'와 '건축물의 철거 및 신축에 소요되는 비용의 개략적인 금액'에 관하여 그 내용의 기재가 누락되어 있음에도 이를 유효한 동의로 처리하여 재개발조합의 설립인가를 한 처분은 위법하고 그 하자가 중대하고 명백하여 무효이다(대법원 2010. 1. 28. 2009두4845).

5. 하자의 치유와 전환

1) 하자의 치유

(1) 개념

하자의 치유란 처분 당시에는 위법한 행정행위가 사후에 그 적법요건이 충족되거나, 또는 그 위법성이 경미하여 취소할 만한 성질의 것은 아니라고 판단되는 경우에, 당해 행위를 적법한 행위로 취급하는 것을 말한다.

(2) 인정 여부

① 하자 있는 행정행위에 있어서 하자의 치유는 행정행위의 성질이나 법치주의의 관점에서 원칙적으로 허용될 수 없고, 행정행위의 무용한 반복을 피하고 당사자의 법적 안정성을 보호하기 위하여 국민의 권익을 침해하지 아니하는 범위 내에서 예외적으로만 허용된다.

② 하자의 치유는 늦어도 당해 처분에 대한 쟁송제기 이전에는 이루어져야 한다.

③ 치유의 대상이 되는 하자에는 절차상·형식상 하자만 포함되고 처분의 내용에 관한 하자는 치유가 허용되지 않는다.

> 판례

| 하자의 치유를 인정한 사례 |

과세예고통지서 등에 납세고지서의 필요적 기재사항을 기재

증여세의 납세고지서에 과세표준과 세액의 계산명세가 기재되어 있지 아니하거나 그 계산명세서를 첨부하지 아니하였다면 그 납세고지는 위법하다고 할 것이나, 한편 과세관청이 과세처분에 앞서 납세의무자에게 보낸 과세예고통지서 등에 납세고지서의 필요적 기재사항이 제대로 기재되어 있어 납세의무자가 그 처분에 대한 불복 여부의 결정 및 불복신청에 전혀 지장을 받지 않았음이 명백하다면, 이로써 납세고지서의 하자가 보완되거나 치유될 수 있다(대법원 2001. 3. 27. 99두8039).

청문서 도달기간을 준수하지 아니한 하자

행정청이 식품위생법상의 청문절차를 이행함에 있어 소정의 청문서 도달기간을 지키지 아니하였다면 이는 청문의 절차적 요건을 준수하지 아니한 것이므로 이를 바탕으로 한 행정처분은 일단 위법하다고 보아야 할 것이지만 이러한 청문제도의 취지는 처분으로 말미암아 받게 될 영업자에게 미리 변명과 유리한 자료를 제출할 기회를 부여함으로써 부당한 권리침해를 예방하려는 데에 있는 것임을 고려하여 볼 때, 가령 행정청이 청문서 도달기간을 다소 어겼다 하더라도 영업자가 이에 대하여 이의하지 아니한 채 스스로 청문일에 출석하여 그 의견을 진술하고 변명하는 등 방어의 기회를 충분히 가졌다면 청문서 도달기간을 준수하지 아니한 하자는 치유되었다고 봄이 상당하다(대법원 1992. 10. 23. 92누2844).

징계처분에 대한 재심절차에서는 하자의 치유가 인정된다.

징계처분에 대한 재심절차는 원래의 징계절차와 함께 전부가 하나의 징계처분 절차를 이루는 것으로서 그 절차의 정당성도 징계 과정 전부에 관하여 판단되어야 할 것이므로, 원래의 징계 과정에 절차 위반의 하자가 있더라도 재심 과정에서 보완되었다면 그 절차 위반의 하자는 치유된다(대법원 1999. 3. 26. 98두4672).

┃**비교판례**┃ 절차 위반의 하자가 있는 징계처분에 대한 재심절차에 중대한 하자 등이 있어 재심의 효력을 인정할 수 없는 경우, 그 징계처분의 하자가 치유되지 않는다.

징계처분에 대한 재심절차는 원래의 징계절차와 함께 전부가 하나의 징계처분절차를 이루는 것으로서 그 절차의 정당성도 징계과정 전부에 관하여 판단되어야 할 것이므로 원래의 징계과정에 절차 위반의 하자가 있더라도 재심과정에서 보완되었다면 그 절차 위반의 하자는 치유되지만, 그 재심절차를 전혀 이행하지 않거나 재심절차에 중대한 하자가 있어 재심의 효력을 인정할 수 없는 경우에는 그 징계처분이 무효가 된다(대법원 2002. 12. 26. 2002다57201).

┃**하자의 치유를 부정한 사례**┃

알고 있다거나 사실상 이를 알고 있었다는 사정만으로 하자가 치유되지 않는다.

납세고지서에 세액산출근거 등의 기재사항이 누락되었거나 과세표준과 세액의 계산명세서가 첨부되지 않았다면 적법한 납세의 고지라고 볼 수 없으며, 위와 같은 납세고지의 하자는 납세의무자가 그 나름대로 산출근거를 알고 있다거나 사실상 이를 알고서 쟁송에 이르렀다 하더라도 치유되지 않는다(대법원 2002. 11. 13. 2001두1543).

알고 있다거나 사실상 이를 알고 있었다는 사정만으로 하자가 치유되지 않는다.

면허의 취소처분에는 그 근거가 되는 법령이나 취소권 유보의 부관 등을 명시하여야 함은 물론 처분을 받은 자가 어떠한 위반사실에 대하여 당해 처분이 있었는지를 알 수 있을 정도로 사실을 적시할 것을 요하며, 이와 같은 취소처분의 근거와 위반사실의 적시를 빠뜨린 하자는 피처분자가 처분 당시 그 취지를 알고 있었다거나 그 후 알게 되었다 하여도 치유될 수 없다(대법원 1990. 9. 11. 90누1786).

이의신청 단계에서 의견을 제출하였다고 하더라도, 절차상 하자가 치유되지 않는다.

행정절차법 제3조 제2항, 같은법 시행령 제2조 제6호에 의하면 공정거래위원회의 의결·결정을 거쳐 행하는 사항에는 행정절차법의 적용이 제외되게 되어 있으므로, 설사 피고의 '판매가격 합의' 부분에 대한 시정조치 및 과징금납부명령에 행정절차법 소정의 의견청취절차 생략사유가 존재한다고 하더라도, 공정거래위원회는 행정절차법을 적용하여 의견청취절차를 생략할 수는 없다고 할 것이다. 이 점을 다투는 상고이유 주장도 이유 없다.

그리고 원고가 위 시정조치 및 과징금납부명령에 불복하여 피고에게 이의신청을 하면서 뒤늦게나마 '판매가격 합의' 부분에 대한 의견을 제출하였다고 하더라도, 이로써 그 처분 전에 발생한 절차상 하자가 치유된다고 볼 수도 없다(대법원 2001. 5. 8. 2000두10212).

(3) 치유의 효과

치유의 효과는 소급적이기 때문에 행정행위의 하자가 치유되면, 행정행위는 처음부터 적법한 행위가 된다.

2) 하자의 전환

(1) 개념

원래 행정청이 의도하였던 행정행위는 무효이나, 그것을 다른 종류의 행정행위로 본다면 그 요건을 완전히 갖추고 있는 경우 행정청의 의도에 반하지 아니하는 한, 그 다른 행위로서 효력이 인정되는 것을 말한다. 예컨대 사망자에 대한 조세부과처분을 상속인에 대한 처분으로 전환하는 것이다.

(2) 치유와의 차이

하자의 치유는 하자 있는 행정행위가 하자가 없는 것으로 되어 본래의 행정행위로서의 효력이 발생하지만, 하자의 전환은 본래의 행정행위가 아닌 다른 행위로서 유효하게 성립한다. 따라서 하자의 전환은 그 자체가 새로운 행정행위이므로 하자의 승계가 인정되지 않는다.

판례

사망한 귀속재산 수불하자에 대하여 한 불하처분의 취소처분을 그 상속인에게 송달한 효력

귀속재산을 불하받은 자가 사망한 후에 그 수불하자에 대하여 한 그 불하처분은 사망자에 대한 행정처분이므로 무효이지만 그 취소처분을 수불하자의 상속인에게 송달한 때에는 그 송달시에 그 상속인에 대하여 다시 그 불하처분을 취소한다는 새로운 행정처분을 한 것이라고 할 것이다(대법원 1969. 1. 21. 68누190).

(3) 인정 여부

법적 안정성, 행정행위의 무용한 반복회피 등을 이유로 무효인 행정행위에 대하여 하자의 전환을 인정한다.

그러나 ① 전환이 처분청의 의도에 명백히 반하는 경우, ② 관계인에게 원래의 행정행위보다 불이익이 되는 경우, ③ 기속행위의 재량행위로의 전환 등은 전환이 인정되지 않는다.

(4) 전환의 효과

전환으로 인하여 생긴 새로운 행정행위는 이전의 행정행위 당시로 소급하여 효력이 발생한다. 또한 전환은 그 자체가 하나의 새로운 행정행위이기 때문에 하자 있는 행정행위의 전환을 행정쟁송으로 다툴 수 있다.

판례

행정행위의 전환의 소급효

채권집행 절차에 있어서 제3채무자는 집행당사자가 아니라 이해관계인에 불과하여 그 압류 및 전부명령을 신청하기 이전에 제3채무자가 사망하였다는 사정만으로는 채무자에 대한 강제집행요건이 구비되지 아니하였다고 볼 수 없어, 이미 사망한 자를 제3채무자로 표시한 압류 및 전부명령이 있었다고 하더라도 이러한 오류는 위와 같은 경정결정에 의하여 시정될 수 있다고 할 것이므로, 채권압류 및 전부명령의 제3채무자의 표시를 사망자에서 그 상속인으로 경정하는 결정이 있고 그 경정결정이 확정되는 경우에는 당초의 압류 및 전부명령 정본이 제3채무자에게 송달된 때에 소급하여 제3채무자가 사망자의 상속인으로 경정된 내용의 압류 및 전부명령의 효력이 발생한다(대법원 1998. 2. 13. 95다15667).

6. 하자의 승계

1) 개념

하자의 승계란 두 개 이상의 행정행위가 서로 연속하여 행해지는 경우, 후행행위 자체가 위법하지 아니함에도 불구하고 선행행위의 위법을 이유로 후행행위의 위법을 주장하는 것을 의미한다.

2) 전제사유

(1) 선행행위에는 당연무효가 아닌 취소사유가 존재하여야 한다. 선행행위가 무효이면 후행행위가 당연히 하자 있는 처분이 된다(대법원 1999. 4. 27. 97누6780).

(2) 선행행위에는 불가쟁력이 발생하여야 한다.

(3) 후행행위 그 자체는 적법하여야 한다.

(4) 선행행위와 후행행위는 모두 항고소송의 대상이 되는 행정처분이어야 한다.

3) 인정 여부

(1) 선행처분과 후행처분이 서로 결합하여 하나의 법적 효과를 완성하는 경우에만 승계를 인정한다.

(2) 선행행위와 후행행위가 독립하여 별개의 법적 효과를 발생하는 경우에는 하자가 승계되지 않는다.

하자의 승계 인정	하자의 승계 부정
• 대집행에 있어서 계고·대집행영장통지·대집행실행·비용징수의 각 행위 사이 • 무효인 조례와 그에 근거한 지방세부과처분 • 조세체납처분에 있어서 독촉·압류·매각·청산의 각 행위 사이 • 개별공시지가결정과 과세처분 • 표준지공시지가결정과 수용재결(보상금결정) • 환지예정지지정처분과 공작물이전명령 • 귀속재산의 임대처분과 후행매각처분 • 친일반민족행위자 결정처분과 독립유공자법 적용배제자 결정처분 • 한지의사시험자격인정과 한지의사면허처분 • 안경사국가시험합격무효처분과 안경사면허취소처분	• 건물철거명령과 대집행행위 사이 • 조세부과처분과 체납처분 • 납세의무자의 신고행위와 징수처분 • 표준공시지가결정과 개별공시지가결정 • 표준공시지가결정과 과세처분 • 도시계획결정과 수용재결처분 • 사업인정처분과 재결처분 • 택지개발예정지구지정과 택지개발계획승인처분 • 도시계획시설변경·지적승인고시처분과 사업계획승인처분 • 직위해제처분과 직권면직처분 • 보충역편입처분과 공익근무요원소집처분 • 변상판정과 변상명령 • 감사원시정요구결정과 그에 따른 처분취소 • 액화석유가스판매사업허가처분과 사업개시신고반려처분

판례

과세처분 등 행정처분의 취소를 구하는 행정소송에서 선행처분인 개별공시지가결정의 위법을 독립된 위법사유로 주장할 수 있다.

[1] 두 개 이상의 행정처분이 연속적으로 행하여지는 경우 선행처분과 후행처분이 서로 결합하여 1개의 법률효과를 완성하는 때에는 선행처분에 하자가 있으면 그 하자는 후행처분에 승계되므로 선행처분에 불가쟁력이 생겨 그 효력을 다툴 수 없게 된 경우에도 선행처분의 하자를 이유로 후행처분의 효력을 다툴 수 있는 반면 선행처분과 후행처분이 서로 독립하여 별개의 법률효과를 목적으로 하는 때에는 선행처분에 불가쟁력이 생겨 그 효력을 다툴 수 없게 된 경우에는 선행처분의 하자가 중대하고 명백하여 당연무효인 경우를 제외하고는 선행처분의 하자를 이유로 후행처분의 효력을 다툴 수 없는 것이 원칙이나 선행처분과 후행처분이 서로 독립하여 별개의 효과를 목적으로 하는 경우에도 선행처분의 불가쟁력이나 구속력이 그로 인하여 불이익을 입게 되는 자에게 수인한도를 넘는 가혹함을 가져오며, 그 결과가 당사자에게 예측가능한 것이 아닌 경우에는 국민의 재판받을 권리를 보장하고 있는 헌법의 이념에 비추어 선행처분의 후행처분에 대한 구속력은 인정될 수 없다.

[2] 개별공시지가결정은 이를 기초로 한 과세처분 등과는 별개의 독립된 처분으로서 서로 독립하여 별개의 법률효과를 목적으로 하는 것이나, 개별공시지가는 이를 토지소유자나 이해관계인에게 개별적으로 고지하도록 되어 있는 것이 아니어서 토지소유자 등이 개별공시지가결정 내용을 알고 있었다고 전제하기도 곤란할 뿐만 아니라 결정된 개별공시지가가 자신에게 유리하게 작용될 것인지 또는 불이익하게 작용될 것인지 여부를 쉽사리 예견할 수 있는 것도 아니며, 더욱이 장차 어떠한 과세처분 등 구체적인 불이익이 현실적으로 나타나게 되었을 경우에 비로소 권리구제의 길을 찾는 것이 우리 국민의 권리의식임을 감안하여 볼 때 토지소유자 등으로 하여금 결정된 개별공시지가를 기초로 하여 장차 과세처분 등이 이루어질 것에 대비하여 항상 토지의 가격을 주시하고 개별공시지가결정이 잘못된 경우 정해진 시정절차를 통하여 이를 시정하도록 요구하는 것은 부당하게 높은 주의의무를 지우는 것이라고 아니할 수 없고, 위법한 개별공시지가결정에 대하여 그 정해진 시정절차를 통하여 시정하도록 요구하지 아니하였다는 이유로 위법한 개별공시지가를 기초로 한 과세처분 등 후행 행정처분에서 개별공시지가결정의 위법을 주장할 수 없도록 하는 것은 수인한도를 넘는 불이익을 강요하는 것으로서 국민의 재산권과 재판받을 권리를 보장한 헌법의 이념에도 부합하는 것이 아니라고 할 것이므로, 개별공시지가결정에 위법이 있는 경우에는 그 자체를 행정소송의 대상이 되는 행정처분으로 보아 그 위법 여부를 다툴 수 있음은 물론 이를 기초로 한 과세처분 등 행정처분의 취소를 구하는 행정소송에서도 선행처분인 개별공시지가결정의 위법을 독립된 위법사유로 주장할 수 있다고 해석함이 타당하다(대법원 1994. 1. 25. 93누8542).

수용보상금의 증액을 구하는 소송에서 선행처분으로서 그 수용대상 토지 가격 산정의 기초가 된 비교표준공시지가결정의 위법을 독립한 사유로 주장할 수 있다.

표준지공시지가결정은 이를 기초로 한 수용재결 등과는 별개의 독립된 처분으로서 서로 독립하여 별개의 법률효과를 목적으로 하지만, 표준지공시지가는 이를 인근 토지의 소유자나 기타 이해관계인에게 개별적으로 고지하도록 되어 있는 것이 아니어서 인근 토지의 소유자 등이 표준지공시지가결정 내용을 알고 있었다고 전제하기가 곤란할 뿐만 아니라, 결정된 표준지공시지가가 공시될 당시 보상금 산정의 기준이 되는 표준지의 인근 토지를 함께 공시하는 것이 아니어서 인근 토지 소유자는 보상금 산정의 기준이 되는 표준지가 어느 토지인지를 알 수 없으므로, 인근 토지 소유자가 표준지의 공시지가가 확정되기 전에 이를 다투는 것은 불가능하다. 더욱이 장차 어떠한 수용재결 등 구체적인 불이익이 현실적으로 나타나게 되었을 경우에 비로소 권리구제의 길을 찾는 것이 우리 국민의 권리의식임을 감안하여 볼 때, 인근 토지소유자 등으로 하여금 결정된 표준지공시지가를 기초로 하여 장차 토지보상 등이 이루어질 것에 대비하여 항상 토지의 가격을 주시하고 표준지공시지가결정이 잘못된 경우 정해진 시정절차를 통하여 이를 시정하도록 요구하는 것은 부당하게 높은 주의의무를 지우는 것이고, 위법한 표준지공시지가결정에 대하여 그 정해진 시정절차를 통하여 시정하도록 요구하지 않았다는 이유로 위법한 표준지공시지가를 기초로 한 수용재결 등 후행 행정처분에서 표준지공시지가결정의 위법을 주장할 수 없도록 하는 것은 수인한도를 넘는 불이익을 강요하는 것으로서 국민의 재산권과 재판받을 권리를 보장한 헌법의 이념에도 부합하는 것이 아니다. 따라서 표준지공시지가결정이 위법한 경우에는 그 자체를 행정소송의 대상이 되는 행정처분으로 보아 그 위법 여부를 다툴 수 있음은 물론, 수용보상금의 증액을 구하는 소송에서도 선행처분으로서 그 수용대상 토지 가격 산정의 기초가 된 비교표준지공시지가결정의 위법을 독립한 사유로 주장할 수 있다(대법원 2008. 8. 21. 2007두13845).

확인학습

1 하자의 치유는 사실심변론종결시까지 가능하다는 입장이다. ☒

　해설 쟁송제기 이전까지 치유가 가능하다.

2 적법한 건축신고에 의하여 축조된 건축물에 대한 철거명령은 그 하자가 중대하고 명백하여 당연무효라 할 것이고, 그 후행행위인 건축물철거 대집행계고처분 역시 당연무효이다. ◯

3 환경영향평가법령의 규정상 환경영향평가를 거쳐야 할 사업인 경우에, 환경영향평가를 거치지 아니하였음에도 불구하고 사업승인처분을 한 것은 중대하고 명백한 하자가 있어 당연무효이다. ◯

4 법령상 환경영향평가 대상사업에 대하여 환경영향평가를 부실하게 거쳐 사업승인을 하였다면 그러한 부실로 인하여 당연히 승인처분은 위법하게 된다. ☒

　해설 환경영향평가의 내용이 다소 부실하다 하더라도, 그 부실의 정도가 환경영향평가제도를 둔 입법 취지를 달성할 수 없을 정도여서 환경영향평가를 하지 아니한 것과 다를 바 없는 정도의 것이 아닌 이상, 그 부실로 인하여 당연히 당해 승인 등 처분이 위법하게 되는 것이 아니다.

5 폐기물처리시설 설치 촉진 및 주변지역지원 등에 관한 법률에서 정한 입지선정위원회가 군수와 주민대표가 선정·추천한 전문가를 포함시키지 않은 채 임의로 구성되어 의결한 경우 폐기물처리시설 입지결정처분의 하자는 중대하고 명백하므로 무효사유에 해당한다. ◯

6 무권한의 행위는 원칙적으로 무효라고 할 것이므로, 5급 이상의 국가정보원 직원에 대해 임면권자인 대통령이 아닌 국가정보원장이 행한 의원면직처분은 당연무효에 해당한다. ☒

　해설 당연무효는 아니다.

7 음주운전단속경찰관이 자신의 명의로 운전면허행정처분통지서를 작성·교부하여 행한 운전면허정지처분은 위법하며, 취소의 원인이 된다. ☒

　해설 무효이다.

8 무효선언을 구하는 의미에서 제기된 취소소송도 제소기간 제한 등의 소송요건을 갖추어야 한다. ◯

9 민원사무를 처리하는 행정기관이 민원 1회방문 처리제를 시행하는 절차의 일환으로 민원사항의 심의·조정 등을 위한 민원조정위원회를 개최하면서 민원인에게 회의일정 등을 사전에 통지하지 아니하였다 하더라도, 이러한 사정만으로 곧바로 민원사항에 대한 행정기관의 장의 거부처분에 취소사유에 이를 정도의 흠이 존재한다고 보기는 어렵다. ◯

　해설 절차하자가 경미한 경우에는 처분의 효력에 영향을 미치지 않는다. 그러나 사전통지의 흠결로 민원인에게 의견진술의 기회를 주지 아니한 결과 민원조정위원회의 심의과정에서 고려대상에 마땅히 포함시켜야 할 사항을 누락하는 등 재량권의 불행사 또는 해태로 볼 수 있는 구체적 사정이 있다면, 거부처분은 재량권을 일탈·남용한 것으로서 위법하다.

10 행정처분이 행하여진 이후에 그 근거법률이 헌법재판소에 의하여 위헌판결을 받은 경우에는 특별한 사정이 없는 한 무효사유에 해당한다. ☒

　해설 취소사유에 해당한다.

11 처분 이후 그 근거법률이 위헌결정된 경우 당해 처분에 대한 제소기간이 경과하여 확정력이 발생한 처분에 대해서는 위헌결정의 소급효가 미치지 아니한다. ◯

12 연속하는 행정행위라도 각 행위가 서로 독립하여 별개의 효과를 발생하는 경우에는 당연무효가 아 닌 한 언제나 위법성이 승계되지 않는다. ☒

해설 선행처분과 후행처분이 서로 독립하여 별개의 법률효과를 목적으로 하는 때에는 선행처분에 불가쟁력이 생겨 그 효력을 다툴 수 없게 된 경우에는 선행처분의 하자가 중대하고 명백하여 당연무효인 경우를 제외하고는 선행처분의 하자를 이유로 후행처분의 효력을 다툴 수 없는 것이 원칙이나 선행처분과 후행처분이 서로 독립하여 별개의 효과를 목적으로 하는 경우에도 선행처분의 불가쟁력이나 구속력이 그로 인하여 불이익을 입게 되는 자에게 수인한도를 넘는 가혹함을 가져오며, 그 결과가 당사자에게 예측가능한 것이 아닌 경우에는 하자의 승계를 인정하고 있다.

13 적법한 건축물에 대한 철거명령의 하자가 중대하고 명백하여 당연무효라 히더라도, 그 후행행위인 건축물철거 대집행계고처분이 당연무효인 것은 아니다. ☒

해설 선행행위가 당연무효라면 그 하자는 후행행위에 승계된다.

행정행위의 취소와 철회

1. 행정행위의 취소

1) 개념

행정행위의 취소라 함은 그 성립에 하자가 있음에도 불구하고 일단 유효하게 성립한 행정행위를 그 하자(원시적 하자)를 이유로 권한 있는 기관이 그 효력을 원칙적으로 소급하여 상실시키는 행위를 말한다. 이는 직권취소와 쟁송취소를 포함하는 개념이다.

2) 직권취소와 쟁송취소

(1) 직권취소

일단 유효하게 성립한 행정행위를 그 성립상의 하자를 이유로 권한 있는 행정기관이 직권으로 그 효력을 원칙적으로 소급하여 상실시키는 행위로 그 자체도 행정행위이다.

(2) 쟁송취소

위법·부당한 행정행위로 인하여 그 권한이 침해된 자에 의한 쟁송(행정심판·행정소송)의 제기에 의하여 권한 있는 기관(행정심판위원회·행정법원)이 당해 행위의 효력을 소멸시키는 것이다.

✦ **직권취소와 쟁송취소의 차이**

구별	직권취소	쟁송취소
취소권자	행정청(처분청 또는 감독청)	행정심판위원회 또는 행정법원
취소의 목적	행정목적의 실현(공익우선)	국민의 권익구제(사익우선) + 행정작용의 위법성 시정
취소대상	• 부담적 행정행위: 가능 • 수익적 행정행위: 가능(제한) • 제3자효 행정행위: 가능(제한) • 불가변력이 발생한 행정행위: 불가능 • 불가쟁력이 발생한 행정행위: 가능	• 부담적 행정행위: 가능 • 수익적 행정행위: 불가능 • 제3자효 행정행위: 가능 • 불가변력이 발생한 행정행위: 가능 • 불가쟁력이 발생한 행정행위: 불가능
취소사유	위법·부당한 경우	• 위법한 경우(행정소송) • 위법·부당한 경우(행정심판)

	적극적 변경을 할 수 있음	• 행정심판: 적극적 변경 가능 • 행정소송: 소극적 변경(일부취소)만 가능
내용	적극적 변경을 할 수 있음	• 행정심판: 적극적 변경 가능 • 행정소송: 소극적 변경(일부취소)만 가능
법적 근거/절차	법적 근거 불요/행정절차법	행정심판법, 행정소송법
취소기간	기간의 제한이 없음, 단 실권의 법리에 의한 제한이 있음	쟁송기간의 제한이 있음
효과	• 부담적 행정행위: 소급효(원칙) • 수익적 행정행위: 장래효(원칙) • 불가쟁력 부정	• 소급효(원칙) • 불가쟁력 인정

3) 직권취소

> **행정기본법 제18조【위법 또는 부당한 처분의 취소】** ① 행정청은 위법 또는 부당한 처분의 전부나 일부를 소급하여 취소할 수 있다. 다만, 당사자의 신뢰를 보호할 가치가 있는 등 정당한 사유가 있는 경우에는 장래를 향하여 취소할 수 있다.
> ② 행정청은 제1항에 따라 당사자에게 권리나 이익을 부여하는 처분을 취소하려는 경우에는 취소로 인하여 당사자가 입게 될 불이익을 취소로 달성되는 공익과 비교·형량(衡量)하여야 한다. 다만, 다음 각 호의 어느 하나에 해당하는 경우에는 그러하지 아니하다.
> 1. 거짓이나 그 밖의 부정한 방법으로 처분을 받은 경우
> 2. 당사자가 처분의 위법성을 알고 있었거나 중대한 과실로 알지 못한 경우

(1) 법적 근거

행정의 법률적합성원칙의 관점에서 행정청은 별도의 명시적 근거규정 없이도 위법한 행정작용을 스스로 시정할 수 있는 권한이 있다.

(2) 취소사유

관계법에서 명문으로 규정하고 있는 경우도 있으나, 그러한 규정이 없는 경우에는 내용적으로 단순한 위법(실정법·불문법원리 위반) 또는 부당이 취소사유가 된다. 즉 중대·명백한 사유는 무효가 되고 그 외의 위법사유는 취소사유가 된다.

판례

당사자의 사실은폐나 기타 사위의 방법에 기인한 수익적 행정행위의 효력

처분청은 행정처분에 하자가 있는 경우에는 별도의 법적 근거가 없더라도 스스로 이를 취소할 수 있고, 다만 수익적 행정처분을 취소할 때에는 이를 취소하여야 할 중대한 공익상 필요와 취소로 인하여 처분상대방이 입게 될 기득권과 법적 안정성에 대한 침해 정도 등 불이익을 비교·교량한 후 공익상 필요가 처분상대방이 입을 불이익을 정당화할 만큼 강한 경우에 한하여 취소할 수 있다. 수익적 행정처분의 하자가 처분상대방의 사실은폐나 그 밖의 부정한 방법에 의한 신청행위에 기인한 것이라면 처분상대방은 행정처분에

의한 이익을 위법하게 취득하였음을 스스로 알아 취소가능성도 예상하고 있었다고 보아야 하므로, 그 자신이 행정처분에 관한 신뢰이익을 원용할 수 없음은 물론이고, 행정청이 이를 고려하지 아니하였다고 하여도 재량권 일탈·남용에는 해당하지 않는다(대법원 2020. 7. 23. 2019두31839).

도로점용허가의 범위는 점용목적 달성에 필요한 한도로 제한되어야 하며, 행정청은 도로점용허가 중 사용의 필요가 없는 부분에 대하여 직권취소할 수 있다.

도로점용허가는 도로의 일부에 대한 특정사용을 허가하는 것으로서 도로의 일반사용을 저해할 가능성이 있으므로 그 범위는 점용목적 달성에 필요한 한도로 제한되어야 한다. 도로관리청이 도로점용허가를 하면서 특별사용의 필요가 없는 부분을 점용장소 및 점용면적에 포함하는 것은 그 재량권 행사의 기초가 되는 사실인정에 잘못이 있는 경우에 해당하므로 그 도로점용허가 중 특별사용의 필요가 없는 부분은 위법하다. 이러한 경우 도로점용허가를 한 도로관리청은 위와 같은 흠이 있다는 이유로 유효하게 성립한 도로점용허가 중 특별사용의 필요가 없는 부분을 직권취소할 수 있음이 원칙이다. 다만 이 경우 행정청이 소급적 직권취소를 하려면 이를 취소하여야 할 공익상 필요와 그 취소로 당사자가 입을 기득권 및 신뢰보호와 법률생활 안정의 침해 등 불이익을 비교 교량한 후 공익상 필요가 당사자의 기득권 침해 등 불이익을 정당화할 수 있을 만큼 강한 경우여야 한다. 이에 따라 도로관리청이 도로점용허가 중 특별사용의 필요가 없는 부분을 소급적으로 직권취소하였다면, 도로관리청은 이미 징수한 점용료 중 취소된 부분의 점용면적에 해당하는 점용료를 반환하여야 한다(대법원 2019. 1. 17. 2016두56721·56738).

직권취소를 할 수 있다는 사정만으로 이해관계인에게 처분청에 대하여 그 취소를 요구할 신청권이 부여된 것으로 볼 수는 없다.

산림법령에는 채석허가처분을 한 처분청이 산림을 복구한 자에 대하여 복구설계서승인 및 복구준공통보를 한 경우 그 취소신청과 관련하여 아무런 규정을 두고 있지 않고, 원래 행정처분을 한 처분청은 그 처분에 하자가 있는 경우에는 원칙적으로 별도의 법적 근거가 없더라도 스스로 이를 직권으로 취소할 수 있지만, 그와 같이 직권취소를 할 수 있다는 사정만으로 이해관계인에게 처분청에 대하여 그 취소를 요구할 신청권이 부여된 것으로 볼 수는 없으므로, 처분청이 위와 같이 법규상 또는 조리상의 신청권이 없이 한 이해관계인의 복구준공통보 등의 취소신청을 거부하더라도, 그 거부행위는 항고소송의 대상이 되는 처분에 해당하지 않는다(대법원 2006. 6. 30. 2004두701).

(3) 직권취소의 제한

① 직권취소는 기본적으로 행정의 법률적합성원리와 신뢰보호원칙의 비교·형량에 따르는 제한을 받는다.
② 부담적 행정행위의 취소는 상대방에게 이익이 되므로 자유롭게 취소할 수 있다.
③ 수익적 행정행위의 취소는 사익과 공익을 비교·형량하여 결정하여야 한다.
④ 위법한 행정행위의 치유·전환이 인정되는 경우 및 형식·절차상의 하자가 경미하여 행정행위의 실체적인 결과에 영향이 없는 경우에는 취소가 제한된다.
⑤ 직권취소는 취소기간의 제한이 없다. 따라서 해당 처분에 대한 취소소송이 진행 중이어도 처분청은 위법한 처분을 스스로 취소하고 그 하자를 보완하여 다시 적법한 처분을 할 수 있다. 다만, 취소권자가 상당한 장기간에 걸쳐 그 권한을 행사하지 아니한 결과, 장차 당해 행위는 취소되지 아니할 것이라는 신뢰가 형성된 경우에는 그 취소권이 상실된다(실권의 법리).

⑥ 불가변력이 발생한 행정행위는 직권취소를 할 수 없지만, 불가쟁력이 발생한 경우에는 직권취소가 가능하다(불가쟁력은 쟁송취소의 제한사유이고 불가변력은 직권취소의 제한사유이다).

⑷ 일부취소의 가능 여부

행위의 일부에만 취소사유가 있고 그 행위가 가분적일 때는 일부취소가 가능하다.

판례

당초 과세처분에 취소사유인 하자가 있는 경우, 하자가 있는 부분의 세액을 감액하는 경정처분에 의하여 당초 과세처분의 하자를 시정할 수 있다.

감액경정처분은 당초처분의 일부 취소로서의 성질을 가지고 있으므로, 당초처분에 취소사유인 하자가 있는 경우 그것이 처분 전체에 영향을 미치는 절차상 사유에 해당하는 등의 사정이 없는 한 당초처분 자체를 취소하고 새로운 과세처분을 하는 대신 하자가 있는 해당 부분 세액을 감액하는 경정처분에 의해 당초처분의 하자를 시정할 수 있다(대법원 2006. 3. 9. 2003두2861).

처분대상의 일부가 특정될 수 있다면 일부만의 취소도 가능하다.

외형상 하나의 행정처분이라 하더라도 가분성이 있거나 그 처분대상의 일부가 특정될 수 있다면 일부만의 취소도 가능하고 그 일부의 취소는 당해 취소부분에 관하여만 효력이 생기는 것인바, 공정거래위원회가 사업자에 대하여 행한 법위반사실공표명령은 비록 하나의 조항으로 이루어진 것이라고 하여도 그 대상이 된 사업자의 광고행위와 표시행위로 인한 각 법위반사실은 별개로 특정될 수 있어 위 각 법위반사실에 대한 독립적인 공표명령이 경합된 것으로 보아야 할 것이므로, 이 중 표시행위에 대한 법위반사실이 인정되지 아니하는 경우에 그 부분에 대한 공표명령의 효력만을 취소할 수 있을 뿐, 공표명령 전부를 취소할 수 있는 것은 아니다(대법원 2000. 12. 12. 99두12243).

변상금부과처분에 대한 취소소송이 진행 중이라도 그 부과권자는 위법한 처분을 스스로 취소할 수 있다.

소멸시효는 객관적으로 권리가 발생하여 그 권리를 행사할 수 있는 때로부터 진행하고 그 권리를 행사할 수 없는 동안만은 진행하지 아니하는데, 여기서 권리를 행사할 수 없는 경우라 함은 그 권리행사에 법률상의 장애사유가 있는 경우를 말하는데, 변상금 부과처분에 대한 취소소송이 진행중이라도 그 부과권자로서는 위법한 처분을 스스로 취소하고 그 하자를 보완하여 다시 적법한 부과처분을 할 수도 있는 것이어서 그 권리행사에 법률상의 장애사유가 있는 경우에 해당한다고 할 수 없으므로, 그 처분에 대한 취소소송이 진행되는 동안에도 그 부과권의 소멸시효가 진행된다(대법원 2006. 2. 10. 2003두5686).

⑸ 취소의 효과

① 직권취소의 경우 부담적 행정행위에 대한 취소는 원칙적으로 소급효가 인정되고, 수익적 행정행위에 대한 취소는 장래에 대하여 효력이 발생한다. 다만 수익적 행정행위에 대한 취소의 경우에도 상대방에게 귀책사유가 있는 경우에는 소급효가 인정된다.
② 쟁송취소의 경우 쟁송취소는 행정행위의 위법상태를 시정하여 행정의 적법 상태를 회복시키는 것을 목적으로 하는 것이므로 취소의 효과는 당연히 소급한다.

판례

영업허가취소처분의 효력은 그 처분시로 소급한다.

영업의 금지를 명한 영업허가취소처분 자체가 나중에 행정쟁송절차에 의하여 취소되었다면 그 영업허가취소처분은 그 처분시에 소급하여 효력을 잃게 되며, 그 영업허가취소처분에 복종할 의무가 원래부터 없었음이 확정되었다고 봄이 타당하고, 영업허가취소처분이 장래에 향하여서만 효력을 잃게 된다고 볼 것은 아니므로 그 영업허가취소처분 이후의 영업행위를 무허가영업이라고 볼 수는 없다(대법원 1993. 6. 25. 93도277).

운전면허취소처분을 받은 후 자동차를 운전하였으나 위 취소처분이 행정쟁송절차에 의하여 취소된 경우, 무면허운전은 성립하지 않는다.

피고인이 행정청으로부터 자동차 운전면허취소처분을 받았으나 나중에 그 행정처분 자체가 행정쟁송절차에 의하여 취소되었다면, 위 운전면허취소처분은 그 처분시에 소급하여 효력을 잃게 되고, 피고인은 위 운전면허취소처분에 복종할 의무가 원래부터 없었음이 후에 확정되었다고 봄이 타당할 것이고, 행정행위에 공정력의 효력이 인정된다고 하여 행정소송에 의하여 적법하게 취소된 운전면허취소처분이 단지 장래에 향하여서만 효력을 잃게 된다고 볼 수는 없다(대법원 1999. 2. 5. 98도4239).

지급결정을 변경 또는 취소하는 처분이 적법하다고 하여 그에 터 잡은 징수처분이 반드시 적법한 것은 아니다.

[1] 산재보상법상 각종 보험급여 등의 지급결정을 변경 또는 취소하는 처분과 처분에 터 잡아 잘못 지급된 보험급여액에 해당하는 금액을 징수하는 처분이 적법한지를 판단하는 경우 비교·교량할 각 사정이 동일하다고는 할 수 없으므로, 지급결정을 변경 또는 취소하는 처분이 적법하다고 하여 그에 터 잡은 징수처분도 반드시 적법하다고 판단해야 하는 것은 아니다.

[2] 근로복지공단이, 출장 중 교통사고로 사망한 甲의 아내 乙에게 요양급여 등을 지급하였다가 甲의 음주운전 사실을 확인한 후 요양급여 등 지급결정을 취소하고 이미 지급된 보험급여를 부당이득금으로 징수하는 처분을 한 사안에서, 위 사고는 망인의 음주운전이 주된 원인으로서 망인의 업무와 사고 발생 사이에는 상당인과관계가 있다고 볼 수 없어 망인의 사망은 업무상 재해에 해당하지 않으므로 요양급여 등 지급결정은 하자 있는 위법한 처분인 점 등을 고려하면, 요양급여 등 지급결정은 취소해야 할 공익상의 필요가 중대하여 乙 등 유족이 입을 불이익을 정당화할 만큼 강하지만, 위 사고는 망인이 사업주의 지시에 따라 출장을 다녀오다가 발생하였고, 사고 발생에 망인의 음주 외에 업무로 인한 과로, 과로로 인한 피로 등이 경합하여 발생한 점 등을 고려하면, 이미 지급한 보험급여를 부당이득금으로 징수하는 처분은 공익상의 필요가 乙 등이 입게 된 기득권과 신뢰보호 및 법률생활 안정의 침해 등 불이익을 정당화할 만큼 강한 경우에 해당하지 않는다(대법원 2014. 7. 24. 2013두27159).

(6) 취소의 취소(하자 있는 취소의 효력)

① 수익적 행정행위의 취소의 취소에 있어서는 취소처분을 한 후 새로운 이해관계인이 생기기 전까지는 다시 직권취소하여 수익적 행정행위의 효력을 회복시킬 수 있다.

② 부담적 행정행위의 취소를 다시 직권취소하여 원행정처분을 소생시킬 수는 없다.

판례

과세관청이 부과의 취소를 다시 취소함으로써 원부과처분을 소생시킬 수 없다.

국세기본법 제26조 제1호는 부과의 취소를 국세납부의무 소멸사유의 하나로 들고 있으나, 그 부과의 취소에 하자가 있는 경우의 부과의 취소의 취소에 대하여는 법률이 명문으로 그 취소요건이나 그에 대한 불복절차에 대하여 따로 규정을 둔 바도 없으므로, 설사 부과의 취소에 위법사유가 있다고 하더라도 당연무효가 아닌 한 일단 유효하게 성립하여 부과처분을 확정적으로 상실시키는 것이므로, 과세관청은 부과의 취소를 다시 취소함으로써 원부과처분을 소생시킬 수는 없고 납세의무자에게 종전의 과세대상에 대한 납부의무를 지우려면 다시 법률에서 정한 부과절차에 좇아 동일한 내용의 새로운 처분을 하는 수밖에 없다(대법원 1995. 3. 10. 94누7027).

보충역편입처분의 성립에 하자가 있음을 이유로 이를 취소한다고 하더라도 종전의 병역처분의 효력이 되살아난다고 할 수 없다.

지방병무청장이 재신체검사 등을 거쳐 현역병입영대상편입처분을 보충역편입처분이나 제2국민역편입처분으로 변경하거나 보충역편입처분을 제2국민역편입처분으로 변경하는 경우 비록 새로운 병역처분의 성립에 하자가 있다고 하더라도 그것이 당연무효가 아닌 한 일단 유효하게 성립하고 제소기간의 경과 등 형식적 존속력이 생김과 동시에 종전의 병역처분의 효력은 취소 또는 철회되어 확정적으로 상실된다고 보아야 할 것이므로 그 후 새로운 병역처분의 성립에 하자가 있었음을 이유로 하여 이를 취소한다고 하더라도 종전의 병역처분의 효력이 되살아난다고 할 수 없다(대법원 2002. 5. 28. 2001두9653).

2. 행정행위의 철회

행정기본법 제19조【적법한 처분의 철회】 ① 행정청은 적법한 처분이 다음 각 호의 어느 하나에 해당하는 경우에는 그 처분의 전부 또는 일부를 장래를 향하여 철회할 수 있다.
  1. 법률에서 정한 철회 사유에 해당하게 된 경우
  2. 법령등의 변경이나 사정변경으로 처분을 더 이상 존속시킬 필요가 없게 된 경우
  3. 중대한 공익을 위하여 필요한 경우
② 행정청은 제1항에 따라 처분을 철회하려는 경우에는 철회로 인하여 당사자가 입게 될 불이익을 철회로 달성되는 공익과 비교·형량하여야 한다.

1) 개념

행정행위의 철회란 하자 없이 적법하게 성립한 행정행위를 행정청이 후발적 사유를 이유로 장래를 향하여 그 효력의 전부 또는 일부를 상실시키는 별개의 행정행위를 말한다.

철회는 강학상의 용어이고 실정법에서는 취소라는 표현을 일반적으로 사용한다. 예컨대 음주운전으로 인한 운전면허취소는 취소가 아니라 철회에 해당한다.

2) 취소와의 구별

(1) 취소는 행정행위의 원시적 하자를 이유로 하는 데 비하여, 철회는 후발적 사유에 기하여 그 효력을 소멸시키는 것이다.

(2) 취소는 처분청·감독청이 할 수 있으나, 철회는 처분청만이 할 수 있다. 감독청은 처분청에 철회를 명할 수는 있으나, 법률에 특별한 규정이 없는 한 직접 당해 행위를 철회할 수는 없다.

(3) 취소의 효과는 원칙적으로 소급하는 데 비하여, 철회는 장래에 향하여만 발생한다는 점에서 양자는 구별된다.

3) 법적 근거

부담적 행정행위의 철회는 상대방에게 이익이 되므로 법적 근거가 필요 없다.

수익적 행정행위인 경우에도 판례는 처분 당시에 그 행정처분에 별다른 하자가 없었고 또 그 처분 후에 이를 취소할 별도의 법적 근거가 없다 하더라도 원래의 처분을 그대로 존속시킬 필요가 없게 된 사정변경이 생겼거나 또한 중대한 공익상의 필요가 발생한 경우에는 별개의 행정행위로 이를 철회하거나 변경할 수 있다는 입장이다(대법원 1995. 6. 9. 95누1194).

4) 철회권의 제한

(1) 부담적 행정행위의 철회의 제한

상대방의 불이익을 제거하는 것이므로 신뢰보호에 따르는 제한이 없어 원칙적으로 이를 철회할 수 있다. 다만, 당해 행위가 복효적 행정행위로서 그로 인하여 제3자가 법률상의 이익을 받고 있는 경우에는 그 철회 여부는 철회로 달성하려는 공익과 그로 인하여 침해되는 사익을 구체적으로 비교·형량하여 결정하여야 할 것이다.

> **판례**
>
> **경찰서장이 운전면허취소처분을 하기 위해 운전면허정지처분을 철회하는 것은 허용될 수 없다.**
>
> [1] 행정청이 일단 행정처분을 한 경우에는 행정처분을 한 행정청이라도 법령에 규정이 있는 때, 행정처분에 하자가 있는 때, 행정처분의 존속이 공익에 위반되는 때, 또는 상대방의 동의가 있는 때 등의 특별한 사유가 있는 경우를 제외하고는 행정처분을 자의로 취소(철회의 의미를 포함한다)할 수 없다.
>
> [2] 운전면허 취소사유에 해당하는 음주운전을 적발한 경찰관의 소속 경찰서장이 사무착오로 위반자에게 운전면허정지처분을 한 상태에서 위반자의 주소지 관할 지방경찰청장이 위반자에게 운전면허취소처분을 한 것은 선행처분에 대한 당사자의 신뢰 및 법적 안정성을 저해하는 것으로서 허용될 수 없다(대법원 2000. 2. 25. 99두10520).

(2) **수익적 행정행위의 철회의 제한**

수익적 행정행위의 경우에는 부담적 행정행위보다 강화된 신뢰보호의 원칙과 비례원칙에 있어서 두터운 이익형량이 요구된다.

> **판례**
>
> **수익적 행정처분에 대한 철회권 행사의 요건**
>
> 행정행위를 한 처분청은 비록 그 처분 당시에 별나른 하자가 없었고, 또 그 처분 후에 이를 철회할 별도의 법적 근거가 없다 하더라도 원래의 처분을 존속시킬 필요가 없게 된 사정변경이 생겼거나 또는 중대한 공익상의 필요가 발생한 경우에는 그 효력을 상실케 하는 별개의 행정행위로 이를 철회할 수 있다고 할 것이나, 수익적 행정처분을 취소 또는 철회하는 경우에는 이미 부여된 그 국민의 기득권을 침해하는 것이 되므로, 비록 취소 등의 사유가 있다고 하더라도 그 취소권 등의 행사는 기득권의 침해를 정당화할 만한 중대한 공익상의 필요 또는 제3자의 이익보호의 필요가 있는 때에 한하여 상대방이 받는 불이익과 비교·교량하여 결정하여야 하고, 그 처분으로 인하여 공익상의 필요보다 상대방이 받게 되는 불이익 등이 막대한 경우에는 재량권의 한계를 일탈한 것으로서 그 자체가 위법하다(대법원 2004. 11. 26. 2003두10251·10268).

(3) 확인행위 등 불가변력이 발생한 행위는 철회가 제한된다.

(4) 행정청이 일정 기간 철회권을 행사하지 아니한 경우 신뢰보호원칙의 견지에서 행정청은 그 행위를 철회할 수 없다(실권의 법리).

5) 철회의 효과

원칙적으로 장래에 향하여만 발생한다. 예외적으로 소급효를 인정하려면 법적 근거가 필요하다.

확인학습

1   처분청은 명문의 규정이 없어도 직권취소할 수 있다. ⭕

2   수익적 행정행위에 대하여도 직권취소가 가능하다. ⭕

3   법령에 근거가 없어도 직권취소를 할 수 있다는 사정이 있으면, 이해관계인에게 처분청에 대하여
    그 취소를 요구할 신청권이 부여된 것으로 볼 수 있다. ❌

4   취소소송이 진행 중인 경우에는 처분청은 위법한 처분을 직권취소할 수 없다. ❌
    해설 취소소송의 제기 중에도 직권취소가 가능하다.

5   수익적 행정행위의 취소에 있어서는 행정행위의 상대방에게 귀책사유가 없는 한 취소의 효과가 소
    급되지 않는 것이 원칙이다. ⭕

6   과세관청은 과세부과의 취소를 다시 취소함으로써 원과세부과처분을 소생시킬 수 있다. ❌
    해설 부담적 행정행위의 취소를 다시 직권취소하여 원행정처분을 소생시킬 수는 없다.

7   처분청은 처분 후에 원래의 처분을 존속시킬 필요가 없게 된 사정변경이 생겼거나 중대한 공익상의
    필요가 발생한 경우 별도의 법적 근거가 없어도 철회·변경할 수 있다. ⭕

8   철회의 효과는 소급하여 발생함이 원칙이다. ❌
    해설 장래를 향하는 것이 원칙이다.

행정상의 확약

> **행정절차법 제40조의2 【확약】** ① 법령등에서 당사자가 신청할 수 있는 처분을 규정하고 있는 경우 행정청은 당사자의 신청에 따라 장래에 어떤 처분을 하거나 하지 아니할 것을 내용으로 하는 의사표시(이하 "확약"이라 한다)를 할 수 있다.
> ② 확약은 문서로 하여야 한다.
> ③ 행정청은 다른 행정청과의 협의 등의 절차를 거쳐야 하는 처분에 대하여 확약을 하려는 경우에는 확약을 하기 전에 그 절차를 거쳐야 한다.
> ④ 행정청은 다음 각 호의 어느 하나에 해당하는 경우에는 확약에 기속되지 아니한다.
> 1. 확약을 한 후에 확약의 내용을 이행할 수 없을 정도로 법령등이나 사정이 변경된 경우
> 2. 확약이 위법한 경우
> ⑤ 행정청은 확약이 제4항 각 호의 어느 하나에 해당하여 확약을 이행할 수 없는 경우에는 지체 없이 당사자에게 그 사실을 통지하여야 한다.

1. 의의

행정청이 자기구속을 할 의도로 국민에게 일정한 행정행위를 하거나 하지 않을 것을 내용으로 하는 약속의 의사표시를 말한다. 예컨대 각종 인·허가의 발급 약속, 공무원임용의 내정, 자진납세 신고자에 대한 세율 인하의 약속, 어업면허의 우선순위의 결정 등이 있다.

2. 법적 성질

판례는 확약의 처분성을 부정한다. 따라서 확약은 공정력이나 불가쟁력이 발생하지 않는다. 그러나 확약(내인가)의 취소에 대해서는 처분성을 인정한다.

어업면허 우선순위결정(처분성 부정)

어업권면허에 선행하는 우선순위결정은 행정청이 우선권자로 결정된 자의 신청이 있으면 어업권면허처분을 하겠다는 것을 약속하는 행위로서 강학상 확약에 불과하고 행정처분은 아니므로, 우선순위결정에 공정력이나 불가쟁력과 같은 효력은 인정되지 아니하며, 따라서 우선순위결정이 잘못되었다는 이유로 종전의 어업권면허처분이 취소되면 행정청은 종전의 우선순위결정을 무시하고 다시 우선순위를 결정한 다음 새로운 우선순위결정에 기하여 새로운 어업권면허를 할 수 있다(대법원 1995. 1. 20. 94누6529).

내인가의 취소는 인가신청을 거부하는 처분으로 본다.

자동차운송사업양도양수계약에 기한 양도양수인가신청에 대하여 피고 시장이 내인가를 한 후 위 내인가에 기한 본인가신청이 있었으나 자동차운송사업 양도양수인가신청서가 합의에 의한 정당한 신청서라고 할 수 없다는 이유로 위 내인가를 취소한 경우, 위 내인가의 법적 성질이 행정행위의 일종으로 볼 수 있든 아니든 그것이 행정청의 상대방에 대한 의사표시임이 분명하고, 피고가 위 내인가를 취소함으로써 다시 본인가에 대하여 따로이 인가 여부의 처분을 한다는 사정이 보이지 않는다면 위 내인가취소를 인가신청을 거부하는 처분으로 보아야 할 것이다(대법원 1991. 6. 28. 90누4402).

3. 구별개념

확약은 일방적 행위라는 점에서 복수당사자의 의사의 합치인 공법상 계약과는 구분된다. 또한 확약은 종국적 규율이 아니라는 점에서 종국적 규율을 하는 사전결정이나 부분허가와는 구분된다.

4. 확약의 허용 여부

법적 근거가 없더라도 재량행위는 물론 기속행위도 확약이 가능하다.

5. 확약의 요건

1) 주체

확약은 그 대상인 본행정행위를 할 수 있는 권한을 가진 행정청이 그 권한의 범위 내에서 행하여야 한다.

2) 내용

적법하여야 하고, 또한 실현가능한 것이어야 한다.

3) 형식

문서로 하여야 한다.

4) 절차

확약의 내용인 본행정행위에 관하여 일정한 절차(᠐ 청문, 협의 등)가 규정되어 있는 경우에는 확약도 그 절차를 이행하여야 한다.

6. 효과

1) 확약의 이행의무

행정청은 상대방에게 확약된 행위를 하여야 할 자기구속적 의무를 지게 되며, 행정청이 의무를 이행하지 않을 때는 상대방은 의무이행심판과 부작위위법확인소송, 손해배상청구를 제기할 수 있다.

2) 법령 등이나 사정이 변경된 경우

판례는 "행정청이 상대방에게 장차 어떤 처분을 하겠다고 확약 또는 공적인 의사표명을 하였다고 하더라도, 그 자체에서 상대방으로 하여금 언제까지 처분의 발령을 신청을 하도록 유효기간을 두었는데도 그 기간 내에 상대방의 신청이 없었다거나 확약 또는 공적인 의사표명이 있은 후에 사실적·법률적 상태가 변경되었다면, 그와 같은 확약 또는 공적인 의사표명은 행정청의 별다른 의사표시를 기다리지 않고 실효된다(대법원 1996. 8. 20. 95누10877)."라고 판시하였다.

7. 권리구제

1) 행정쟁송

확약 자체의 처분성은 부정되므로 확약 그 자체에 대한 항고소송은 불가능하다.
행정청의 확약의 불이행에 대해서 의무이행심판을 통해 직접 의무의 이행을 청구할 수 있고, 부작위위법확인소송을 통해서 간접적으로 의무이행을 촉구할 수 있다.

2) 손해배상·손실보상

확약의 불이행으로 인해 손해를 입은 자는 국가배상법 제2조에 따라 손해배상을 청구할 수 있다. 또한 확약의 철회에 '행정행위의 철회에 관한 법리'가 준용된다고 보면, '공익상의 이유로 확약이 철회된 경우에 손실보상의 청구'도 가능할 것이다. 손실보상은 확약이 실효되는 경우에도 적용된다.

구분	처분성	신뢰보호원칙	사례
확약	×	○	어업면허 우선순위결정
사전결정 (예비결정)	○	○	• 폐기물처리업에 대한 사전적정통보(구속력 ○) • 주택건설 사업계획 승인(구속력 ×)
부분허가	○	○	원자로건설의 부지사전승인
가행정행위	○	×	직위해제처분

공법상 계약

행정기본법 제27조【공법상 계약의 체결】① 행정청은 법령등을 위반하지 아니하는 범위에서 행정목적을 달성하기 위하여 필요한 경우에는 공법상 법률관계에 관한 계약(이하 "공법상 계약"이라 한다)을 체결할 수 있다. 이 경우 계약의 목적 및 내용을 명확하게 적은 계약서를 작성하여야 한다.
② 행정청은 공법상 계약의 상대방을 선정하고 계약 내용을 정할 때 공법상 계약의 공공성과 제3자의 이해관계를 고려하여야 한다.

1. 의의

공법적 효과의 발생을 목적으로 하고 행정주체가 일방 당사자이며 다수 당사자 사이의 반대 방향의 의사합치에 의하여 성립하는 비권력적·쌍방적 행위를 말한다.

2. 구별개념

1) 사법상 계약과의 구별

공법상 계약은 대등한 복수당사자 사이의 의사의 합치에 의하여 성립하는 점에서 사법상 계약과 유사한 면도 있으나, 일방 당사자가 행정주체라는 점, 공익을 목적으로 하고 공법상의 효과가 발생한다는 점에서 사법상 계약과 구별된다.

2) 행정행위와의 구별

공법상 계약은 대등한 복수당사자 사이의 의사의 합치에 의하여 성립하는 점에서 행정주체가 우월한 지위에서 단독의사로 행하는 행정행위와 구별된다.

3. 법적 근거

공법상 계약은 비권력적 행정작용의 일종으로서, 권력적 행위인 행정행위 등과 달리 당사자 사이의 의사합치에 의하여 성립하는 것이기 때문에 법률의 명시적 근거가 없어도 성립할 수 있다(법률유보원칙이 적용되지 않는다). 다만 공법상 계약에도 법률우위원칙은 적용된다.

4. 종류

1) 행정주체 상호 간의 공법상 계약

공법상 계약은 행정주체 상호 간에도 이루어진다. 행정주체 상호 간에서 이루어지는 공법상 계약으로 ① 지방자치단체 사이의 교육사무위탁, ② 지방자치단체 상호 간의 도로·하천 등 공공시설의 관리 및 비용분담에 관한 협의 등을 들 수 있다.

2) 행정주체와 사인 간의 계약

행정주체와 사인 간에서 이루어지는 공법상 계약으로는 계약직 공무원임용·채용 계약, 서울특별시 시립무용단원의 위촉, 공중보건의사 채용계약 등과 같은 특별행정법관계 설정 합의를 들 수 있다(헌법재판소는 공법인인 한국방송공사의 직원채용을 사법상의 계약으로 보고 있다).

3) 사인 상호 간의 계약

사인 상호 간에도 공법상의 계약이 가능하다. 공무수탁사인과 사인 사이에 이루어지는 계약으로, 토지수용에 있어서 사업시행자와 피수용자 간의 보상 등에 관한 협의를 들 수 있다.

5. 특징

1) 성립상의 특징

계약을 체결하는 경우 계약의 목적 및 내용을 명확하게 적은 계약서를 작성하여야 한다. 계약을 해지하는 경우 행정처분이 아니므로 처분을 규율하는 행정절차법 규정이 적용되지 않는다. 행정청은 공법상 계약의 상대방을 선정하고 계약 내용을 정할 때 공법상 계약의 공공성과 제3자의 이해관계를 고려하여야 한다.

행정청이 공법상 계약을 체결할 때에도 법령 등에 따른 관계 행정청의 동의, 승인 등이 필요하다면 이를 모두 거쳐야 한다.

2) 효력상의 특징

(1) 비권력성

공법상의 계약은 비권력적 작용이기 때문에 원칙적으로 행정행위에 인정되는 공정력·자력집행력·불가쟁력·불가변력 등과 같은 효력이 인정되지 않는다. 공법상의 계약에서는 법률에 명문 규정이 있는 경우를 제외하고는 상대방의 의무불이행에 대해 자력집행권은 인정되지 않는 것이 원칙이다.

(2) 계약의 하자

공법상의 계약에는 공정력이 인정되지 않기 때문에 하자가 있는 경우에도 행정행위의 하자이론이 적용되지 않는다. 즉 하자 있는 공법상의 계약은 무효이다.

3) 쟁송형태

(1) 공법상의 계약에 관한 분쟁은 공법상의 당사자소송으로 행정소송법이 적용된다.

(2) 공법상 계약에 대한 의무불이행으로 인한 손해배상청구소송과 불법행위로 인한 손해배상청구소송은 실무상 민사소송의 절차로 하고 있다.

확인학습

1 원칙적으로 상대방의 의무불이행에 대한 강제적 실행이 가능하다. ☒
   해설 공법상의 계약에서는 법률에 명문 규정이 있는 경우를 제외하고는 상대방의 의무불이행에 대해 자력집행권은 인정되지 않는 것이 원칙이다. 따라서 법원의 판결을 받아 계약내용을 실현할 수 있다.

2 공법상 계약에 관한 소송은 공법상 당사자소송에 의한다. ☑

3 공법상 계약도 공행정작용이므로 행정절차법이 적용된다. ☒

4 계약의 일방 당사자인 행정주체가 공익상 사유가 있는 경우는 일방적으로 계약해제 또는 변경할 수 있다. ☑

5 위법한 공법상 계약은 무효이므로 공법상 계약에는 원칙적으로 공정력이 인정되지 않는다. ☑

6 공법상 계약은 당사자 사이의 의사합치에 의하여 성립하는 것이기 때문에 법률유보원칙이 적용되지 않는다. ☑

7 공법상 계약도 법률우위의 원칙에 의하여 제한된다. ☑

8 중소기업기술정보진흥원장이 갑 주식회사와 체결한 중소기업정보화지원사업 지원대상인 사업의 지원협약을 갑의 책임 있는 사유로 해지하고 협약에서 정한 대로 지급받은 정부지원금을 반환할 것을 통보한 경우, 협약의 해지 및 그에 따른 환수통보는 행정청이 우월한 지위에서 행하는 공권력의 행사로서 행정처분에 해당한다. ☒
   해설 협약의 해지 및 그에 따른 환수통보는 공법상 계약에 따라 행정청이 대등한 당사자의 지위에서 하는 의사표시에 해당한다.

행정절차법
제48조【행정지도의 원칙】 ① 행정지도는 그 목적 달성에 필요한 최소한도에 그쳐야 하며, 행정지도의 상대방의 의사에 반하여 부당하게 강요하여서는 아니 된다.
② 행정기관은 행정지도의 상대방이 행정지도에 따르지 아니하였다는 것을 이유로 불이익한 조치를 하여서는 아니 된다.
제49조【행정지도의 방식】 ① 행정지도를 하는 자는 그 상대방에게 그 행정지도의 취지 및 내용과 신분을 밝혀야 한다.
② 행정지도가 말로 이루어지는 경우에 상대방이 제1항의 사항을 적은 서면의 교부를 요구하면 그 행정지도를 하는 자는 직무 수행에 특별한 지장이 없으면 이를 교부하여야 한다.
제50조【의견제출】 행정지도의 상대방은 해당 행정지도의 방식·내용 등에 관하여 행정기관에 의견제출을 할 수 있다.
제51조【다수인을 대상으로 하는 행정지도】 행정기관이 같은 행정목적을 실현하기 위하여 많은 상대방에게 행정지도를 하려는 경우에는 특별한 사정이 없으면 행정지도에 공통적인 내용이 되는 사항을 공표하여야 한다.

1. 의의

행정기관이 그 소관사무의 범위 안에서 일정한 행정목적을 실현하기 위하여 특정인에게 일정한 행위를 하거나 하지 아니하도록 지도·권고·조언 등을 하는 행정작용을 말한다.

2. 법적 성질

행정지도는 그 자체로는 아무런 법적 효과를 발생시키지 않는 비권력적 사실행위이다.

3. 법적 근거

행정지도는 국민의 동의나 임의적인 협력을 전제로 하는 비권력적 사실행위이므로 법률유보의 원칙이 적용되지 않아 별도의 법적 근거를 요하지 아니한다. 다만, 행정지도의 절차에 관하여는 행정절차법에 그 근거가 있다.

4. 기본원칙

1) 일반원칙

(1) 법률우위의 원칙

행정지도는 법규에 위반되지 않아야 하며, 법령에서 이에 관한 기준·절차·방식 등을 규정하고 있으면 이에 따라야 한다.

(2) 조직법상 원칙

행정지도는 조직법상의 목적·소관사무·권한의 범위 내에서 실시되어야 한다.

(3) 행정법의 일반원칙 적용

행정지도는 행정주체에 의한 행정작용에 해당하므로 비례의 원칙, 평등의 원칙, 신뢰보호의 원칙 등 행정법의 일반원칙을 준수하여야 한다.

2) 행정절차법상 기본원칙

(1) 비례의 원칙

행정지도는 그 목적 달성에 필요한 최소한도에 그쳐야 한다.

(2) 임의성의 원칙

행정지도의 상대방의 의사에 반하여 부당하게 강요하여서는 아니 된다.

(3) 불이익조치금지의 원칙

행정기관은 행정지도의 상대방이 행정지도에 따르지 아니하였다는 것을 이유로 불이익한 조치를 하여서는 아니 된다.

5. 행정지도의 한계

1) 행정지도는 상대방의 임의적 협력을 전제로 하므로 책임소재가 명확하지 않다.

2) 행정지도는 비권력적 사실행위로서 강제력이 없으므로 상대방이 행정지도에 응하지 아니하면 행정주체가 의도하는 결과의 발생을 기대할 수 없으므로 실효성 확보가 곤란하다.

3) 행정지도는 행정기관에 의하여 행하여지므로 행정지도의 내용이 상대방에게 사실상 강제되는 경우가 있다.

4) 행정지도에 의하여 발생한 피해에 대하여 사후적인 구제 수단이 마련되어 있지 않다.

6. 권리구제 수단

1) 행정쟁송 제기의 인정 여부

행정지도는 비권력적 사실행위로서 실정법상 처분이 아니므로 법적 효과가 발생하지 않으며, 따라서 행정쟁송의 대상이 아니다. 다만, 행정지도의 형식이라 할지라도 사실상 강제력을 가지는 경우에는 처분성을 인정하여 행정쟁송의 대상이 되어야 한다고 본다.

> **판례**
>
> **| 예외적으로 행정지도의 처분성을 인정한 판례 |**
>
> **행정규칙에 의한 '불문경고조치'는 처분에 해당한다.**
>
> 행정규칙에 의한 '불문경고조치'가 비록 법률상의 징계처분은 아니지만 위 처분을 받지 아니하였다면 차후 다른 징계처분이나 경고를 받게 될 경우 징계감경사유로 사용될 수 있었던 표창공적의 사용가능성을 소멸시키는 효과와 1년 동안 인사기록카드에 등재됨으로써 그동안은 장관표창이나 도지사표창 대상자에서 제외시키는 효과 등이 있다는 이유로 항고소송의 대상이 되는 행정처분에 해당한다(대법원 2002. 7. 26. 2001두3532).
>
> **국가인권위원회의 성희롱결정과 이에 따른 시정조치는 처분에 해당한다.**
>
> 구 남녀차별금지및구제에관한법률(2003. 5. 29. 법률 제6915호로 개정되기 전의 것) 제28조에 의하면, 국가인권위원회의 성희롱결정과 이에 따른 시정조치의 권고는 불가분의 일체로 행하여지는 것인데 국가인권위원회의 이러한 결정과 시정조치의 권고는 성희롱 행위자로 결정된 자의 인격권에 영향을 미침과 동시에 공공기관의 장 또는 사용자에게 일정한 법률상의 의무를 부담시키는 것이므로 국가인권위원회의 성희롱결정 및 시정조치권고는 행정소송의 대상이 되는 행정처분에 해당한다고 보지 않을 수 없다(대법원 2005. 7. 8. 2005두487).
>
> **공정거래위원회의 표준약관 사용권장행위는 처분에 해당한다.**
>
> 공정거래위원회의 '표준약관 사용권장행위'는 그 통지를 받은 해당 사업자 등에게 표준약관과 다른 약관을 사용할 경우 표준약관과 다르게 정한 주요내용을 고객이 알기 쉽게 표시하여야 할 의무를 부과하고, 그 불이행에 대해서는 과태료에 처하도록 되어 있으므로, 이는 사업자 등의 권리·의무에 직접 영향을 미치는 행정처분으로서 항고소송의 대상이 된다(대법원 2010. 10. 14. 2008두23184).

2) 손해배상청구

(1) 직무행위성

직무행위의 범위는 권력적 작용뿐만 아니라 비권력적 공행정작용까지 포함하므로 행정지도는 직무행위에 해당한다.

(2) 위법성

행정지도가 통상의 한계를 넘어 사실상 강제성을 갖고 국민의 권익을 침해하는 경우 이러한 행정지도는 위법하다.

(3) 인과관계

위법한 행정지도에 따라 손해가 발생한 경우에도 행정지도는 비권력적 사실행위로서 임의성을 가지므로, 손해발생의 인과관계를 인정하기 어려우므로 국가배상법에 의한 손해배상청구는 사실상 인정하기 어렵다고 본다. 다만 규제적 행정행위의 경우에 사실상 상대방이 따르지 않을 수 없는 정도라면 예외적으로 손해배상을 인정할 수 있다.

3) 헌법소원 제기 가능성

행정지도에 의해서 헌법상 기본권이 침해되었음을 이유로 헌법재판소에 헌법소원을 제기할 수 있으려면 행정지도가 공권력 행사로서의 성질을 가져야 한다.

행정지도의 성질은 일반적으로 비권력적 사실행위의 성질을 가지므로 행정지도를 공권력의 행사로 보기 어렵다. 다만, 예외적으로 헌법재판소는 행정지도의 일종이지만, 규제적·구속적 성격이 강한 경우 헌법소원의 대상인 공권력의 행사에 해당한다고 판시한 바 있다.

> **판례**
>
> **교육인적자원부장관의 학칙시정요구는 헌법소원의 대상이 되는 공권력 행사이다.**
>
> 교육인적자원부장관의 대학총장들에 대한 이 사건 학칙시정요구는 고등교육법 제6조 제2항, 동법시행령 제4조 제3항에 따른 것으로서 그 법적 성격은 대학총장의 임의적인 협력을 통하여 사실상의 효과를 발생시키는 행정지도의 일종이지만, 그에 따르지 않을 경우 일정한 불이익조치를 예정하고 있어 사실상 상대방에게 그에 따를 의무를 부과하는 것과 다를 바 없으므로 단순한 행정지도로서의 한계를 넘어 규제적·구속적 성격을 상당히 강하게 갖는 것으로서 헌법소원의 대상이 되는 공권력의 행사라고 볼 수 있다(헌재 2003. 6. 26. 2002헌마337).

7. 종류

1) 규제적 행정지도

주로 위해방지나 위법·부당한 행위를 시정하기 위한 것으로 자연보호를 위한 오물 투기의 제한, 공해방지를 위한 규제, 물가억제를 위한 권고 등이 있다.

2) 조정적 행정지도

경제적 이해관계의 대립이나 노사 간 쟁의의 조정, 수출입의 조정, 기계공업시설의 계열화권고와 같이 관련단체 간의 이해의 대립이나 과열경쟁으로 인하여 생기는 장애를 방지하기 위한 것을 말한다.

3) 조성적 행정지도

새로운 기술이나 정보의 제공을 통하여 사회적·경제적 약자를 보호하고 그 지위를 향상하기 위한 것으로 생활개선지도, 중소기업의 합리화 지도, 영농지도, 장학지도, 세무지도, 기술·정보·지식의 제공이 있다.

확인학습

1 행정지도는 비권력적 사실행위이다. ◎

2 행정지도를 위해서는 개별 법령상의 근거를 필요로 한다. ☒

3 행정지도에 있어서는 비례의 원칙이 적용되지 않는다. ☒

4 행정지도는 원칙적으로는 항고소송의 대상이 되지 않는다. ◎

5 교육인적자원부장관의 국·공립대학총장들에 대한 학칙시정요구는 행정지도이므로 헌법소원의 대상인 공권력의 행사로 볼 수 없다. ☒

　　해설 단순한 행정지도로서의 한계를 넘어 규제적·구속적 성격을 상당히 강하게 갖는 것으로서 헌법소원의 대상이 되는 공권력의 행사라고 볼 수 있다.

6 행정지도는 국가배상책임의 대상이 되는 공무원의 직무행위에 해당하지 않는다. ☒

　　해설 국가배상법이 정한 배상청구의 요건인 '공무원의 직무'에는 권력적 작용만이 아니라 행정지도와 같은 비권력적 작용도 포함되며 단지 행정주체가 사경제의 주체로서 하는 활동만 제외된다.

7 행정지도가 강제성을 띠지 않은 비권력적 작용으로서 행정지도의 한계를 일탈하지 아니하였다면 그로 인하여 상대방에게 어떤 손해가 발생하였다 하더라도 행정기관은 그에 대한 손해배상책임이 없다. ◎

Chapter 20 행정계획

1. 의의

행정계획이란 행정주체가 행정목표를 설정하고 그 목표를 달성하기 위하여 서로 관련되는 행정수단을 종합·조정함으로써 장래의 일정한 시점에 있어서 일정한 목표를 실현할 것을 목적으로 하는 행정형식을 말한다.

2. 법적 성질

행정계획은 일반적·추상적 성격을 지닌 행정계획이 있고, 개인의 권리 또는 의무를 개별적·구체적으로 규제하는 효과를 가져오는 처분성이 있는 행정계획이 있다.

처분성 긍정	처분성 부정
• 도시계획결정 • 택지개발촉진법상의 택지개발 예정지구지정과 택지개발사업시행자에 대한 택지개발계획 승인 • 재건축조합이 행정주체의 지위에서 수립하는 사업시행계획·관리처분계획 • 환지예정지 지정·환지처분 • 개발제한구역 지정처분	• 도시기본계획 • 택지개발사업시행자의 택지공급방법결정 • 환지계획 • 4대강 살리기 마스터플랜 • 94학년도 대학입학고사 주요 요강(공권력 행사로서 헌법소원의 대상 인정)

판례

┃ 처분성을 인정한 사례 ┃

도시계획결정

도시계획법 제12조 소정의 도시계획결정이 고시되면 도시계획구역 안의 토지나 건물 소유자의 토지형질변경, 건축물의 신축, 개축 또는 증축 등 권리행사가 일정한 제한을 받게 되는바 이런 점에서 볼 때 고시된 도시계획결정은 특정 개인의 권리 내지 법률상의 이익을 개별적이고 구체적으로 규제하는 효과를 가져오게 하는 행정청의 처분이라 할 것이고, 이는 행정소송의 대상이 되는 것이라 할 것이다(대법원 1982. 3. 9. 80누105).

도시재개발법상의 관리처분계획(분양계획, 환권계획, 정비계획)

도시재개발법에 의한 재개발조합은 조합원에 대한 법률관계에서 적어도 특수한 존립목적을 부여받은 특수한 행정주체로서 국가의 감독하에 그 존립 목적인 특정한 공공사무를 행하고 있다고 볼 수 있는 범위 내에서는 공법상의 권리의무 관계에 서 있는 것이므로 분양신청 후에 정하여진 관리처분계획의 내용에 관하여 다툼이 있는 경우에는 그 관리처분계획은 토지 등의 소유자에게 구체적이고 결정적인 영향을 미치는 것으로서 조합이 행한 처분에 해당하므로 항고소송의 방법으로 그 무효확인이나 취소를 구할 수 있다(대법원 2002. 12. 10. 2001두6333).

| 처분성을 부정한 사례 |

도시기본계획

도시기본계획은 도시의 기본적인 공간구조와 장기발전방향을 제시하는 종합계획으로서 그 계획에는 토지 이용계획, 환경계획, 공원녹지계획 등 장래의 도시개발의 일반적인 방향이 제시되지만, 그 계획은 도시계획 입안의 지침이 되는 것에 불과하여 일반 국민에 대한 직접적인 구속력은 없다(대법원 2002. 10. 11. 2000두 8226).

환지예정지 지정이나 환지처분은 처분이라고 볼 수 있으나, 환지계획은 처분이 아니다.

토지구획정리사업법 제57조, 제62조 등의 규정상 환지예정지 지정이나 환지처분은 그에 의하여 직접 토지 소유자 등의 권리의무가 변동되므로 이를 항고소송의 대상이 되는 처분이라고 볼 수 있으나, 환지계획은 위와 같은 환지예정지 지정이나 환지처분의 근거가 될 뿐 그 자체가 직접 토지소유자 등의 법률상의 지위 를 변동시키거나 또는 환지예정지 지정이나 환지처분과는 다른 고유한 법률효과를 수반하는 것이 아니어 서 이를 항고소송의 대상이 되는 처분에 해당한다고 할 수가 없다(대법원 1999. 8. 20. 97누6889).

'4대강 살리기 마스터플랜' 등은 행정처분이 아니다.

[1] 항고소송 대상이 되는 행정청의 처분이란 원칙적으로 행정청의 공법상 행위로서 특정사항에 대하여 법규에 의한 권리의 설정 또는 의무의 부담을 명하거나 기타 법률상 효과를 직접 발생하게 하는 등 국민의 권리의무에 직접 관계가 있는 행위를 말하므로, 행정청의 내부적인 의사결정 등과 같이 상대방 또는 관계자들의 법률상 지위에 직접 법률적 변동을 일으키지 않는 행위는 그에 해당하지 아니한다.

[2] 국토해양부, 환경부, 문화체육관광부, 농림수산부, 식품부가 합동으로 2009. 6. 8. 발표한 '4대강 살리기 마스터플랜' 등은 4대강 정비사업과 주변 지역의 관련 사업을 체계적으로 추진하기 위하여 수립한 종 합계획이자 '4대강 살리기 사업'의 기본방향을 제시하는 계획으로서, 행정기관 내부에서 사업의 기본방 향을 제시하는 것일 뿐, 국민의 권리·의무에 직접 영향을 미치는 것이 아니어서 행정처분에 해당하지 않는다[대법원 2011. 4. 21. 2010무111 전원합의체 결정(집행정지)].

대학입학고사 주요 요강은 공권력 행사로서 헌법소원의 대상이다.

국립대학인 서울대학교의 "94학년도 대학입학고사 주요 요강"은 사실상의 준비행위 내지 사전안내로서 행 정쟁송의 대상이 될 수 있는 행정처분이나 공권력의 행사는 될 수 없지만 그 내용이 국민의 기본권에 직접 영향을 끼치는 내용이고 앞으로 법령의 뒷받침에 의하여 그대로 실시될 것이 틀림없을 것으로 예상되어 그로 인하여 직접적으로 기본권 침해를 받게 되는 사람에게는 사실상의 규범작용으로 인한 위험성이 이미 현실적으로 발생하였다고 보아야 할 것이므로 이는 헌법소원의 대상이 되는 헌법재판소법 제68조 제1항 소정의 공권력의 행사에 해당된다고 할 것이며, 이 경우 헌법소원외에 달리 구제방법이 없다(헌재 1992. 10. 1. 92헌마68).

3. 절차

행정절차법

제40조의4【행정계획】 행정청은 행정청이 수립하는 계획 중 국민의 권리·의무에 직접 영향을 미치는 계획을 수립하거나 변경·폐지할 때에는 관련된 여러 이익을 정당하게 형량하여야 한다.

제46조【행정예고】 ① 행정청은 정책, 제도 및 계획(이하 "정책등"이라 한다)을 수립·시행하거나 변경하려는 경우에는 이를 예고하여야 한다. 다만, 다음 각 호의 어느 하나에 해당하는 경우에는 예고를 하지 아니할 수 있다.

1. 신속하게 국민의 권리를 보호하여야 하거나 예측이 어려운 특별한 사정이 발생하는 등 긴급한 사유로 예고가 현저히 곤란한 경우
2. 법령등의 단순한 집행을 위한 경우
3. 정책등의 내용이 국민의 권리·의무 또는 일상생활과 관련이 없는 경우
4. 정책등의 예고가 공공의 안전 또는 복리를 현저히 해칠 우려가 상당한 경우

판례

공람절차 등을 밟지 아니한 채 수정된 내용에 따라 한 환지예정지 지정처분은 당연무효이다.

[1] 토지구획정리사업법 제47조, 제33조 등의 규정에서 환지계획의 인가신청에 앞서 관계 서류를 공람시켜 토지소유자 등의 이해관계인으로 하여금 의견서를 제출할 기회를 주도록 규정하고 있는 것은 환지계획의 입안에 토지구획정리사업에 대한 다수의 이해관계인의 의사를 반영하고 그들 상호간의 이익을 합리적으로 조정하는 데 그 취지가 있다고 할 것이므로, 최초의 공람과정에서 이해관계인으로부터 의견이 제시되어 그에 따라 환지계획을 수정하여 인가신청을 하고자 할 경우에는 그 전에 다시 수정된 내용에 대한 공람절차를 거쳐야 한다고 봄이 위와 같은 제도의 취지에 부합하는 것이라고 할 것이다.

[2] 환지계획 인가 후에 당초의 환지계획에 대한 공람과정에서 토지소유자 등 이해관계인이 제시한 의견에 따라 수정하고자 하는 내용에 대하여 다시 공람절차 등을 밟지 아니한 채 수정된 내용에 따라 한 환지예정지 지정처분은 환지계획에 따르지 아니한 것이거나 환지계획을 적법하게 변경하지 아니한 채 이루어진 것이어서 당연무효라고 할 것이다(대법원 1999. 8. 20. 97누6889).

적법한 도시계획 변경절차를 거치지 않은 도시계획결정은 당연무효이다.

도시계획결정고시 및 그 도면에 의하여도 특정 토지가 그 도시계획에 포함되지 않음이 명백한데도 지적고시도면에는 마치 위 토지가 도시계획에 포함된 것처럼 되어 있다면 그에 대한 지적승인은 실질적으로 도시계획결정의 변경을 초래하는 것으로 도시계획법 제12조 소정의 적법한 도시계획 변경절차를 거치지 않는 한 당연무효라고 할 것이다(대법원 2000. 3. 23. 99두11851).

공청회를 거치지 아니하고 이주대책을 수집하지 아니한 도시계획결정은 취소사유에 해당한다.

도시계획의 수립에 있어서 도시계획법 제16조의2 소정의 공청회를 열지 아니하고 공공용지의취득및손실보상에관한특례법 제8조 소정의 이주대책을 수립하지 아니하였더라도 이는 절차상의 위법으로서 취소사유에 불과하고 그 하자가 도시계획결정 또는 도시계획사업시행인가를 무효라고 할 수 있을 정도로 중대하고 명백하다고는 할 수 없으므로 이러한 위법을 선행처분인 도시계획결정이나 사업시행인가 단계에서 다투지 아니하였다면 그 쟁소기간이 이미 도과한 후인 수용재결단계에 있어서는 도시계획수립 행위의 위와 같은 위법을 들어 재결처분의 취소를 구할 수는 없다고 할 것이다(대법원 1990. 1. 23. 87누947).

폐기물처리시설의 입지선정위원회가 주민의 의견이 반영된 전문연구기관의 재조사결과에 관하여 새로이 공람·공고절차를 거치지 않고 입지를 선정한 경우, 그 입지선정은 위법하지 않다.

관련 법령이 전문연구기관의 입지타당성조사결과를 공람·공고토록 하고 주민의 의견이 있을 경우 이를 제출할 수 있다고 규정하고 있을 뿐 주민의 의견제출이 있다 하여 반드시 전문연구기관에 재조사를 의뢰하여야 한다거나 그 재조사결과에 대하여 다시 공람·공고 절차를 거쳐야 하는 것으로는 규정하고 있지 아니하고, 전문연구기관의 당초의 입지타당성조사결과나 재조사결과 모두가 특정 지역에 쓰레기매립장을 설치하는 것이 타당하다는 결론에 있어서 차이가 없어 재조사결과에 관하여 지역주민들 사이에 새로운 이해관계가 발생하지도 않았는바, 이러한 경우에 입지선정위원회가 재조사결과에 대하여 다시 공람·공고 절차를 거치지 않았다 하여 입지선정에 있어서 요구되는 지역주민들의 절차적 권리가 침해된 것이라고 보기 어려운 점 등에 비추어 보면, 입지선정위원회가 주민의 의견이 반영된 전문연구기관의 재조사결과에 관하여 새로이 공람·공고 절차를 거치지 않고 입지를 선정하였다 하여 그 입지선정이 위법하다고 볼 수 없다 (대법원 2002. 5. 28. 2001두8469).

4. 효력발생

적법한 권한을 가진 행정청이 수립한 행정계획은 공포(법령형식의 행정계획) 또는 고시(법령의 형식이 아닌 행정계획)가 있어야 효력이 발생한다.

[판례]

후행 도시계획의 결정을 하는 행정청이 선행 도시계획의 결정·변경 등에 관한 권한을 가지고 있지 아니한 경우, 선행 도시계획과 양립할 수 없는 내용이 포함된 후행 도시계획결정은 무효이다.

도시계획의 결정·변경 등에 관한 권한을 가진 행정청은 이미 도시계획이 결정·고시된 지역에 대하여도 다른 내용의 도시계획을 결정·고시할 수 있고, 이때에 후행 도시계획에 선행 도시계획과 서로 양립할 수 없는 내용이 포함되어 있다면, 특별한 사정이 없는 한 선행 도시계획은 후행 도시계획과 같은 내용으로 변경되는 것이나, 후행 도시계획의 결정을 하는 행정청이 선행 도시계획의 결정·변경 등에 관한 권한을 가지고 있지 아니한 경우에 선행 도시계획과 서로 양립할 수 없는 내용이 포함된 후행 도시계획결정을 하는 것은 아무런 권한 없이 선행 도시계획결정을 폐지하고, 양립할 수 없는 새로운 내용이 포함된 후행 도시계획결정을 하는 것으로서, 선행 도시계획결정의 폐지 부분은 권한 없는 자에 의하여 행해진 것으로서 무효이고, 같은 대상지역에 대하여 선행 도시계획결정이 적법하게 폐지되지 아니한 상태에서 그 위에 다시 한 후행 도시계획결정 역시 위법하고, 그 하자는 중대하고도 명백하여 다른 특별한 사정이 없는 한 무효라고 보아야 한다(대법원 2000. 9. 8. 99두11257).

5. 계획재량

행정계획이 법적 근거를 두고 있더라도, 행정계획 그 자체는 장래목표를 설정하는 기능을 담당하고 있기 때문에 매우 광범위한 재량이 인정된다. 따라서 행정계획은 그 계획의 수립뿐만 아니라 변경에 있어서도 광범위한 형성의 자유를 인정하고 있다. 이처럼 행정기관이 행정계획을 입안하고 결정함에 있어서 법적으로 미리 규정할 수 없어서 재량으로 결정하는 부분을 계획재량이라 한다.

판례✦

계획재량과 불확정적인 개념 사용의 필요성

행정계획에 있어서는 다수의 상충하는 사익과 공익들의 조정에 따르는 다양한 결정가능성과 그 미래전망적인 성격으로 인하여 그에 대한 입법적 규율은 상대적으로 제한될 수밖에 없다. 따라서 행정청이 행정계획을 수립함에 있어서는 일반 재량행위의 경우에 비하여 더욱 광범위한 판단 여지 내지는 형성의 자유, 즉 계획재량이 인정되는바, 이 경우 일반적인 행정행위의 요건을 규정하는 경우보다 추상적이고 불확정적인 개념을 사용하여야 할 필요성이 더욱 커진다(헌재 2007. 10. 4. 2006헌바91).

정당성과 객관성을 갖춘 이익형량을 행한 경우 그 행정계획결정은 적법하다.

개발제한구역지정처분은 건설부장관이 법령의 범위 내에서 도시의 무질서한 확산 방지 등을 목적으로 도시정책상의 전문적·기술적 판단에 기초하여 행하는 일종의 행정계획으로서 그 입안·결정에 관하여 광범위한 형성의 자유를 가지는 계획재량처분이므로, 그 지정에 관련된 공익과 사익을 전혀 비교교량하지 아니하였거나 비교교량을 하였더라도 그 정당성과 객관성이 결여되어 비례의 원칙에 위반되었다고 볼 만한 사정이 없는 이상, 그 개발제한구역지정처분은 재량권을 일탈·남용한 위법한 것이라고 할 수 없다(대법원 1997. 6. 24. 96누1313).

이익형량을 전혀 행하지 아니하거나 이익형량을 하였으나 정당성과 객관성이 결여된 경우 그 행정계획결정은 위법하다.

행정계획이라 함은 행정에 관한 전문적·기술적 판단을 기초로 하여 도시의 건설·정비·개량 등과 같은 특정한 행정목표를 달성하기 위하여 서로 관련되는 행정수단을 종합·조정함으로써 장래의 일정한 시점에 있어서 일정한 질서를 실현하기 위한 활동기준으로 설정된 것으로서, 관계 법령에는 추상적인 행정목표와 절차만이 규정되어 있을 뿐 행정계획의 내용에 관하여는 별다른 규정을 두고 있지 아니하므로 행정주체는 구체적인 행정계획을 입안·결정함에 있어서 비교적 광범위한 형성의 자유를 가지는 것이지만, 행정주체가 가지는 이와 같은 형성의 자유는 무제한적인 것이 아니라 그 행정계획에 관련되는 자들의 이익을 공익과 사익 사이에서는 물론이고 공익 상호간과 사익 상호간에도 정당하게 비교교량하여야 한다는 제한이 있으므로, 행정주체가 행정계획을 입안·결정함에 있어서 이익형량을 전혀 행하지 아니하거나 이익형량의 고려 대상에 마땅히 포함시켜야 할 사항을 누락한 경우 또는 이익형량을 하였으나 정당성과 객관성이 결여된 경우에는 그 행정계획결정은 형량에 하자가 있어 위법하게 된다(대법원 2007. 4. 12. 2005두1893).

6. 계획보장청구권

행정계획의 폐지, 변경 및 그 내용의 불이행이 있는 경우에 당사자가 신뢰보호를 주장하면서 계획의 보장(계획존속청구권, 계획이행청구권, 경과조치청구권)을 청구할 수 있는지가 문제된다. 행정계획에는 변화가능성이 내재되어 있으므로 계획보장청구권이 원칙적으로 부정된다. 다만, 당사자는 행정계획의 변화로 재산상의 손실이 발생한 경우 법령이 이러한 손실보상의 근거규정을 두고 있다면 손실보상청구가 가능할 수는 있다.

7. 계획변경청구권

계획변경청구권이란 계획이 확정된 후에 상대방이 사정변경을 이유로 확정된 행정계획의 변경을 청구할 수 있는 권리를 말한다.

계획변경청구권은 원칙적으로 인정되지 아니한다. 따라서 계획변경청구에 대한 행정청의 거부에 대해 원칙적으로는 취소소송으로 다툴 수 없다. 그러나 예외적으로 일정한 행정처분을 신청할 수 있는 지위에 있는 자의 계획변경신청을 거부하는 것이 실질적으로 행정처분 자체를 거부하는 결과가 되는 경우에는 계획변경청구권을 인정한다. 예를 들면, 국토의 계획 및 이용에 관한 법률 제26조 제1항은 주민은 도시·군관리계획을 입안할 수 있는 자에게 도시·군관리계획의 입안을 제안할 수 있다고 규정하여 주민의 계획변경청구권을 인정한다.

판례

▌부정사례(원칙)▌

장기성, 종합성이 요구되는 행정계획에 있어서 그 계획이 일단 확정된 후 어떤 사정의 변동이 있다 하여 지역주민에게 일일이 그 계획의 변경을 청구할 권리를 인정해 줄 수도 없다.

도시계획법상 주민이 행정청에 대하여 도시계획 및 그 변경에 대하여 어떤 신청을 할 수 있다는 규정이 없고, 도시계획과 같이 장기성, 종합성이 요구되는 행정계획에 있어서 그 계획이 일단 확정된 후 어떤 사정의 변동이 있다 하여 지역주민에게 일일이 그 계획의 변경을 청구할 권리를 인정해 줄 수도 없는 것이므로 그 변경 거부행위를 항고소송의 대상이 되는 행정처분에 해당한다고 볼 수 없다(대법원 1994. 1. 28. 93누22029).

▌인정사례(예외)▌

일정한 행정처분을 구하는 신청을 할 수 있는 법률상 지위에 있는 자의 국토이용계획변경신청을 거부하는 것이 실질적으로 당해 행정처분 자체를 거부하는 결과가 되는 경우에는 예외적으로 그 신청인에게 국토이용계획변경을 신청할 권리가 인정된다.

국토건설종합계획의 효율적인 추진과 국토이용질서를 확립하기 위한 국토이용계획은 장기성, 종합성이 요구되는 행정계획이어서 원칙적으로는 그 계획이 일단 확정된 후에 어떤 사정의 변동이 있다고 하여 그러한 사유만으로는 지역주민이나 일반 이해관계인에게 일일이 그 계획의 변경을 신청할 권리를 인정하여 줄 수는 없을 것이지만, 장래 일정한 기간 내에 관계 법령이 규정하는 시설 등을 갖추어 일정한 행정처분을 구하는 신청을 할 수 있는 법률상 지위에 있는 자의 국토이용계획변경신청을 거부하는 것이 실질적으로 당해 행정처분 자체를 거부하는 결과가 되는 경우에는 예외적으로 그 신청인에게 국토이용계획변경을 신청할 권리가 인정된다고 봄이 상당하므로, 이러한 신청에 대한 거부행위는 항고소송의 대상이 되는 행정처분에 해당한다(대법원 2003. 9. 23. 2001두10936).

도시계획구역 내 주민은 도시계획입안을 요구할 수 있는 법규상 또는 조리상의 신청권이 있다.

도시계획구역 내 토지 등을 소유하고 있는 주민으로서는 입안권자에게 도시계획입안을 요구할 수 있는 법규상 또는 조리상의 신청권이 있다고 할 것이고, 이러한 신청에 대한 거부행위는 항고소송의 대상이 되는 행정처분에 해당한다(대법원 2004. 4. 28. 2003두1806).

문화재보호구역 내에 있는 토지소유자 등은 위 보호구역의 지정해제를 요구할 수 있는 신청권이 있다.

문화재보호구역 내에 있는 토지소유자 등으로서는 위 보호구역의 지정해제를 요구할 수 있는 법규상 또는 조리상의 신청권이 있다고 할 것이고, 이러한 신청에 대한 거부행위는 항고소송의 대상이 되는 행정처분에 해당한다(대법원 2004. 4. 27. 2003두8821).

8. 사후적 권리구제

1) 행정쟁송

행정계획의 처분성이 인정된다면 행정쟁송의 대상이 된다.

2) 헌법소원

(1) 헌법재판소는 행정계획에 대해서는 원칙적으로 헌법소원을 인정하지 아니한다. 개발제한구역제도개선방안은 건설교통부장관이 개발제한구역의 해제 내지 조정을 위한 일반적인 기준을 제시하고, 개발제한구역의 운용에 대한 국가의 기본방침을 천명하는 정책계획안으로서 비구속적 행정계획안에 불과하므로 공권력행위가 될 수 없으며, 이 사건 개선방안을 발표한 행위도 대내외적 효력이 없는 단순한 사실행위에 불과하므로 공권력의 행사라고 할 수 없다 (헌재 2000. 6. 1. 99헌마538).

(2) 다만, 예외적으로 비구속적 행정계획안이나 행정지침이라도 국민의 기본권에 직접적으로 영향을 끼치고, 앞으로 법령의 뒷받침에 의하여 그대로 실시될 것이 틀림없을 것으로 예상될 수 있을 때에는, 공권력행위로서 예외적으로 헌법소원의 대상이 될 수 있다(헌재 2000. 6. 1. 99헌마538). 또한 헌법재판소는 국립대학의 '대학입학고사 주요 요강'이 처분은 아니지만 국민의 기본권에 직접 영향을 미치는 내용이므로 공권력 행사로 헌법소원의 대상이 된다고 판시하였다.

확인학습

1   국토의 계획 및 이용에 관한 법률에 따른 도시기본계획은 일반국민에 대한 직접적인 구속력은 인정
    되지 않지만, 도시의 장기적 개발방향과 미래상을 제시하는 도시계획 입안의 지침이 되기에 행정청
    에 대한 직접적인 구속력은 인정된다.   ☒

    해설 도시기본계획은 일반국민에 대해서 직접적인 구속력을 가지지 않는다.

2   관리처분계획은 항고소송의 대상이 되는 처분이다.   ⭕

3   환지예정지 지정이나 환지처분을 하기 위한 환지계획은 법률효과를 수반하기 때문에 항고소송의
    대상이 되는 행정처분에 해당한다.   ☒

    해설 환지계획은 처분이 아니다.

4   정부가 발표한 '4대강 살리기 마스터플랜'은 행정처분에 해당하지 않는다.   ⭕

5   후행 도시계획의 결정을 하는 행정청이 선행 도시계획의 결정·변경 등에 관한 권한을 가지고 있지
    아니한 경우에 선행 도시계획과 양립할 수 없는 내용이 포함된 후행 도시계획결정은 무효이다.
       ⭕

6   행정절차법은 행정계획의 절차상 통제방법으로 관계 행정기관과의 협의와 주민·이해관계인의 참
    여에 관한 일반적인 규정을 두고 있다.   ☒

7   행정절차법은 국민생활에 매우 큰 영향을 주는 사항에 대한 행정계획을 수립·시행하거나 변경하
    고자 하는 때에는 이를 예고하도록 규정하고 있다.   ⭕

8   원칙적으로 이해관계인들의 계획보장청구권과 계획변경청구권이 인정된다.   ☒

9   문화재보호구역 내에 있는 토지소유자 등으로서는 보호구역의 지정해제를 요구할 수 있는 법규상
    또는 조리상 신청권이 있다는 입장이다.   ⭕

10 도시계획구역 내에 토지를 소유하고 있는 주민이 도시계획변경입안을 요구할 수 있는 신청권은 인
    정되지 않는다.   ☒

    해설 법규상 또는 조리상 신청권이 있다.

21 그 밖의 행정작용

1. 사법 형식의 행정작용

1) 행정사법

(1) 개념

행정활동이 사법의 형식으로 행하여졌으나, 그것이 직접 행정목적 달성상 필요한 경우에는 일정한 공법적 규율의 대상이 되는 것을 의미한다. 즉, 행정주체가 공행정작용을 수행하는 방식으로 사법적 수단을 선택한 경우에 이를 규율하는 사법은 공법원리 내지 공법규정의 제한을 받게 된다.

(2) 적용영역

행정사법은 행정주체가 당해 행정작용의 수행에 대한 법적 수단에 대한 선택가능성이 있는 경우에 적용된다. 주로 급부행정에서 이루어진다(① 교통·운수·전기·수도·가스 등의 공급행정, ② 폐수·오물·쓰레기·폐기물 처리 등의 생활배려행정, ③ 국민주택임대차, 추곡수매 등).

경찰행정·조세행정과 같이 행정주체가 수단을 선택할 수 없는 경우에는 적용되지 않는다.

(3) 공법에 의한 구속

사법상 계약으로 계약자유의 원칙이 적용된다. 그러나 국가권력은 남용될 가능성이 있고, '공법의 사법으로서의 도피' 현상을 막기 위해서도 통상의 사법관계와는 다른 재산권보장·신뢰보호원칙·평등원칙·비례원칙 등의 행정법상 일반원칙을 지켜야 한다.

(4) 권리구제

행정사법의 작용이 공법에 의한 구속을 받는 제한이 있지만, 그 본질은 사법작용에 해당한다. 따라서 행정사법으로 인한 위법·부당한 행위로 손해가 발생한 경우에 민사소송으로 손해배상청구가 가능하다.

2) 협의의 국고작용

행정주체가 재산권의 주체로서 일반 사인과 같은 지위에서 사법상 행위를 하는 작용이다. 조달행정(예 물품구매계약, 건축도급계약 등)과 영리활동(예 우체국 예금이나 각종 공기업의 활동 등)이 있다. 사법작용에 해당하며 분쟁은 민사소송으로 해결한다.

2. 행정상의 사실행위

1) 개념

일정한 법률적 효과를 발생시키기 위한 것이 아니라, 직접적으로는 사실상의 결과 발생만을 목적으로 하는 행위를 말한다.

2) 행정상 사실행위의 종류

구분	권력적 사실행위	비권력적 사실행위
개념	권력주체가 사인보다 우월한 지위에서 행하는 사실행위	행정주체가 사인과 대등한 지위에서 행하는 사실행위
종류	강제집행(대집행실행, 불법영업소폐쇄, 불법건축물 철거), 즉시강제(전염병환자격리, 위법한 관세품 임시영치, 경찰관의 무기사용, 수형자의 서신검열)	행정지도, 폐기물 수거

3) 법적 근거

행정상의 사실행위는 직접적인 법적 효과를 발생하지 않으므로 법적 근거가 필요하지 않음이 원칙이다. 여기서 법적 근거가 필요하지 않다는 의미는 작용법적 근거가 필요하지 않다는 의미이고, 행정작용인 이상 조직법적인 근거는 당연히 필요하다. 그러나 권력적 사실행위는 작용법적 근거가 필요하다.

4) 한계

행정상 사실행위는 행정주체의 행정작용의 하나이기 때문에 법률우위의 원칙이 적용되며, 행정법의 일반원리인 신뢰보호의 원칙, 평등의 원칙 및 비례의 원칙을 준수하여야 한다.

5) 행정쟁송

권력적 사실행위는 행정행위는 아니지만 처분성이 인정된다. 판례는 미결수용자의 교도소 이송조치, 동장의 주민등록직권말소행위, 수형자의 서신검열 등의 처분성을 인정한 바 있다. 비권력적 사실행위의 경우에는 처분성을 부정한다.

3. 자동적 처분

행정기본법 제20조【자동적 처분】 행정청은 법률로 정하는 바에 따라 완전히 자동화된 시스템(인공지능 기술을 적용한 시스템을 포함한다)으로 처분을 할 수 있다. 다만, 처분에 재량이 있는 경우는 그러하지 아니하다.

행정절차

행정절차 일반론

1. 분류

1) 광의의 행정절차

행정의사의 결정과 집행에 관련된 일체의 과정, 즉 모든 행정작용에서 행정청이 밟아야 할 절차를 의미한다. 여기에는 사전적·사후적 구제절차가 모두 포함되며 입법절차·사법절차에 대응한 개념이다.

2) 협의의 행정절차

행정청이 행정입법, 행정계획, 행정처분, 행정지도, 공법상 계약 등 기타 행정권을 행사하여 행정의 의사를 결정함에 거쳐야 할 사전절차에 한정된다.

3) 실정법적 개념

현행 행정절차법은 행정작용에서의 사전적 절차를 규정하고 있다. 이는 협의의 행정절차에 해당한다.

2. 법적 근거

1) 헌법

"모든 국민은 신체의 자유를 가진다. 누구든지 법률에 의하지 아니하고는 체포·구속·압수·수색 또는 심문을 받지 아니하며, 법률과 적법한 절차에 의하지 아니하고는 처벌·보안처분 또는 강제노역을 받지 아니한다."는 헌법 제12조 제1항 후단의 규정은 형사법작용은 물론이고 행정작용의 근거 규정이 된다고 본다.

> **판례**
>
> **헌법 제12조 제3항 적법절차원리는 일반조항에 해당한다.**
>
> 헌법 제12조 제3항 본문은 동조 제1항과 함께 적법절차원리의 일반조항에 해당하는 것으로서, 형사절차상의 영역에 한정되지 않고 입법, 행정 등 국가의 모든 공권력의 작용에는 절차상의 적법성뿐만 아니라 법률의 구체적 내용도 합리성과 정당성을 갖춘 실체적인 적법성이 있어야 한다(헌재 1992. 12. 24. 92헌가8).

2) 법률

행정절차에 관한 일반법으로 행정절차법이 있고, 민원사무와 관련된 일반법으로 민원사무처리에 관한 법률이 있다. 그 외의 많은 개별법에서 행정절차에 관한 규정을 두고 있다.

행정절차 하자의 효력

1. 문제제기

행정입법·행정행위 등에 절차상의 하자가 있는 경우 효력에 대하여 명문의 규정이 없으므로 행정절차상의 하자에 어떠한 효과를 부여할 것인지가 문제된다.

2. 독자적 위법성 인정 여부

1) 문제의 소재

재량행위에 절차상 하자가 있는 경우 당해 처분이 취소된다는 것에는 이론이 없으나, 기속행위에 절차상 하자가 있는 경우 당해 처분이 취소될 수 있는지가 문제된다.

2) 학설

⑴ 소극설

① 절차규정이란 적정한 행정절차의 확보수단에 불과하고, ② 취소하더라도 동일처분을 하게 되어 행정경제·소송경제에 반한다는 점 등을 논거로 부정하는 견해이다.

⑵ 적극설(多)

① 적정한 절차는 적정한 결정을 담보하고, ② 재처분의 경우 반드시 동일한 결론이 아닐 수 있으며, ③ 절차 역시 헌법상 적법절차원리가 적용되는 기본권에 해당한다는 논거로 독자적 위법사유가 된다는 견해이다.

3) 판례

판례는 세법상 과세표준과 세율·세액·세액산출근거 등을 누락한 과세처분의 경우, 이유제시의 하자만을 이유로 행정행위의 취소를 구할 수 있다고 판시하여 적극설의 입장이다.

4) 검토

절차의 적정성을 강조하는 현대적 법치주의 관점과 헌법 제12조 적법절차원리가 행정절차에 적용된다는 점, 그리고 행정심판법 제49조 제3항의 실정법상으로도 적극설이 타당하다.

3. 위법성의 정도

절차상 하자가 무효인지 취소인지의 구별은 통설과 판례의 견해인 중대·명백설에 따라 판단함이 타당하다. 즉 절차상 하자로 인한 행정행위 자체의 하자가 중대하고 명백하다면 그 행정행위는 무효이나, 그 정도가 아니라면 그 행정행위는 취소할 수 있다고 보아야 한다.

4. 치유

1) 치유의 의의

절차상 하자의 치유란 행정행위 당시에 절차상 흠결이 존재하였으나 그 흠결을 사후에 보완하면 그 행정행위를 적법한 행위로 취급하는 것을 말한다.

2) 치유가능성에 대한 견해 대립

(1) 부정설

사인의 권리보호, 행정결정의 신중성 확보·자의배제 등을 이유로 하자의 치유를 전면적으로 부정하는 견해이다.

(2) 긍정설

행정경제·소송경제, 행정의 효율성 확보 등을 이유로 하자의 치유를 전면적으로 긍정하는 견해이다.

(3) 제한적 긍정설

하자의 치유는 원칙적으로 부정되지만, 예외적으로 하자의 치유를 인정하더라도 국민의 권익침해가 없고 행정의 능률적 수행이 가능하다면 그 한도 내에서 제한적으로 하자의 치유가 가능하다는 견해로, 통설이다.

(4) 판례

판례는 행정행위의 하자의 치유를 법치주의 관점에서 원칙적으로 부정하지만, 행정행위의 무용한 반복을 피하고 당사자의 법적 안정성을 위해 국민의 권익침해가 없는 범위에서 구체적 사정에 따라 예외적으로 인정할 수 있다고 판시하고 있다.

3) 치유시기

학설은 ① 쟁송제기 이전시설과, ② 쟁송종결 이전시설이 대립하며, 판례는 치유를 허용하려면 적어도 처분에 대한 불복 여부의 결정 및 불복신청에 편의를 줄 수 있는 상당한 기간 내에 행정청의 치유행위가 있어야 한다고 판시하였다.

이 중 국민의 권리구제에 유리한 행정쟁송제기 이전시설이 타당하다.

4) 치유의 효과

행정행위의 절차상 하자의 치유를 인정하면 절차상 위법은 제거되고 당해 행정행위는 적법한 것으로 간주된다. 치유의 효과는 소급적이므로 그 행정행위는 처음부터 적법한 행위가 된다.

Chapter 03 행정절차법

1. 구성

① 처분, ② 신고, ③ 확약, ④ 위반사실 등의 공표, ⑤ 행정계획, ⑥ 행정상 입법예고, ⑦ 행정예고, ⑧ 행정지도에 대한 내용으로 구성된다.

행정절차법은 대부분 절차에 관한 규정으로 이루어져 있으나, 실체적인 내용도 일부 포함되어 있다(신의성실, 신뢰보호 등).

2. 목적과 정의

제1조【목적】 이 법은 행정절차에 관한 공통적인 사항을 규정하여 국민의 행정 참여를 도모함으로써 행정의 공정성·투명성 및 신뢰성을 확보하고 국민의 권익을 보호함을 목적으로 한다.

제2조【정의】 이 법에서 사용하는 용어의 뜻은 다음과 같다.
1. "행정청"이란 다음 각 목의 자를 말한다.
   가. 행정에 관한 의사를 결정하여 표시하는 국가 또는 지방자치단체의 기관
   나. 그 밖에 법령 또는 자치법규(이하 "법령등"이라 한다)에 따라 행정권한을 가지고 있거나 위임 또는 위탁받은 공공단체 또는 그 기관이나 사인(私人)
2. "처분"이란 행정청이 행하는 구체적 사실에 관한 법 집행으로서의 공권력의 행사 또는 그 거부와 그 밖에 이에 준하는 행정작용(行政作用)을 말한다.
3. "행정지도"란 행정기관이 그 소관 사무의 범위에서 일정한 행정목적을 실현하기 위하여 특정인에게 일정한 행위를 하거나 하지 아니하도록 지도, 권고, 조언 등을 하는 행정작용을 말한다.
4. "당사자등"이란 다음 각 목의 자를 말한다.
   가. 행정청의 처분에 대하여 직접 그 상대가 되는 당사자
   나. 행정청이 직권으로 또는 신청에 따라 행정절차에 참여하게 한 이해관계인
5. "청문"이란 행정청이 어떠한 처분을 하기 전에 당사자등의 의견을 직접 듣고 증거를 조사하는 절차를 말한다.
6. "공청회"란 행정청이 공개적인 토론을 통하여 어떠한 행정작용에 대하여 당사자등, 전문지식과 경험을 가진 사람, 그 밖의 일반인으로부터 의견을 널리 수렴하는 절차를 말한다.
7. "의견제출"이란 행정청이 어떠한 행정작용을 하기 전에 당사자등이 의견을 제시하는 절차로서 청문이나 공청회에 해당하지 아니하는 절차를 말한다.
8. "전자문서"란 컴퓨터 등 정보처리능력을 가진 장치에 의하여 전자적인 형태로 작성되어 송신·수신 또는 저장된 정보를 말한다.
9. "정보통신망"이란 전기통신설비를 활용하거나 전기통신설비와 컴퓨터 및 컴퓨터 이용기술을 활용하여 정보를 수집·가공·저장·검색·송신 또는 수신하는 정보통신체제를 말한다.

3. 적용범위

> **제3조【적용범위】** ① 처분, 신고, 확약, 위반사실 등의 공표, 행정계획, 행정상 입법예고, 행정예고 및 행정지도의 절차(이하 "행정절차"라 한다)에 관하여 다른 법률에 특별한 규정이 있는 경우를 제외하고는 이 법에서 정하는 바에 따른다.
> ② 이 법은 다음 각 호의 어느 하나에 해당하는 사항에 대하여는 적용하지 아니한다.
> 1. 국회 또는 지방의회의 의결을 거치거나 동의 또는 승인을 받아 행하는 사항
> 2. 법원 또는 군사법원의 재판에 의하거나 그 집행으로 행하는 사항
> 3. 헌법재판소의 심판을 거쳐 행하는 사항
> 4. 각급 선거관리위원회의 의결을 거쳐 행하는 사항
> 5. 감사원이 감사위원회의의 결정을 거쳐 행하는 사항
> 6. 형사(刑事), 행형(行刑) 및 보안처분 관계 법령에 따라 행하는 사항
> 7. 국가안전보장·국방·외교 또는 통일에 관한 사항 중 행정절차를 거칠 경우 국가의 중대한 이익을 현저히 해칠 우려가 있는 사항
> 8. 심사청구, 해양안전심판, 조세심판, 특허심판, 행정심판, 그 밖의 불복절차에 따른 사항
> 9. 「병역법」에 따른 징집·소집, 외국인의 출입국·난민인정·귀화, 공무원 인사 관계 법령에 따른 징계와 그 밖의 처분, 이해 조정을 목적으로 하는 법령에 따른 알선·조정·중재(仲裁)·재정(裁定) 또는 그 밖의 처분 등 해당 행정작용의 성질상 행정절차를 거치기 곤란하거나 거칠 필요가 없다고 인정되는 사항과 행정절차에 준하는 절차를 거친 사항으로서 대통령령으로 정하는 사항

판례

공무원 인사관계 법령에 의한 처분에 관한 사항에 대하여 행정절차법의 적용이 배제되는 범위

[1] 행정과정에 대한 국민의 참여와 행정의 공정성, 투명성 및 신뢰성을 확보하고 국민의 권익을 보호함을 목적으로 하는 행정절차법의 입법목적과 행정절차법 제3조 제2항 제9호의 규정 내용 등에 비추어 보면, 공무원 인사관계 법령에 의한 처분에 관한 사항 전부에 대하여 행정절차법의 적용이 배제되는 것이 아니라 성질상 행정절차를 거치기 곤란하거나 불필요하다고 인정되는 처분이나 행정절차에 준하는 절차를 거치도록 하고 있는 처분의 경우에만 행정절차법의 적용이 배제된다.

[2] 군인사법령에 의하여 진급예정자명단에 포함된 자에 대하여 의견제출의 기회를 부여하지 아니한 채 진급선발을 취소하는 처분을 한 것이 절차상 하자가 있어 위법하다(대법원 2007. 9. 21. 2006두20631).

보직해임처분은 행정절차법의 규정이 별도로 적용되지 아니한다.

구 군인사법상 보직해임처분은 구 행정절차법 제3조 제2항 제9호, 같은 법 시행령 제2조 제3호에 의하여 당해 행정작용의 성질상 행정절차를 거치기 곤란하거나 불필요하다고 인정되는 사항 또는 행정절차에 준하는 절차를 거친 사항에 해당하므로, 처분의 근거와 이유 제시 등에 관한 구 행정절차법의 규정이 별도로 적용되지 아니한다고 봄이 상당하다(대법원 2014. 10. 15. 2012두5756).

직위해제처분은 행정절차법의 규정이 별도로 적용되지 아니한다.

국가공무원법(이하 '법'이라 한다) 제73조의3 제1항에 규정한 직위해제는 일반적으로 공무원이 직무수행능력이 부족하거나 근무성적이 극히 불량한 경우, 공무원에 대한 징계절차가 진행 중인 경우, 공무원이 형사사건으로 기소된 경우 등에 있어서 당해 공무원이 장래에 있어서 계속 직무를 담당하게 될 경우 예상되는 업무상의 장애, 공무집행 및 행정의 공정성과 그에 대한 국민의 신뢰저해 등을 예방하기 위하여 일시적인 인사조치로서 당해 공무원에게 직위를 부여하지 아니함으로써 직무에 종사하지 못하도록 하는 잠정적이고

가처분적인 성격을 가진 조치이다. 따라서 그 성격상 과거공무원의 비위행위에 대한 공직질서 유지를 목적으로 행하여지는 징벌적 제재로서의 징계 등에서 요구되는 것과 같은 동일한 절차적 보장을 요구할 수는 없는바(대법원 2003. 10. 10. 2003두5945, 대법원 2013. 5. 9. 2012다64833, 헌법재판소 2006. 5. 25. 2004헌바12 전원재판부 결정 등 참조), 직위해제에 관한 법 제73조의3 제1항 제2호 및 제3항은 임용권자는 직무수행 능력이 부족하거나 근무성적이 극히 나쁜 자에게 직위해제 처분을 할 수 있고, 직위해제된 자에게는 3개월의 범위에서 대기를 명한다고 규정하면서, 법 제75조 및 제76조 제1항에서 공무원에 대하여 직위해제를 할 때에는 그 처분권자 또는 처분제청권자는 처분사유를 적은 설명서를 교부하도록 하고, 처분사유 설명서를 받은 공무원이 그 처분에 불복할 때에는 그 설명서를 받은 날부터 30일 이내에 소청심사청구를 할 수 있도록 함으로써 임용권자가 직위해제처분을 행함에 있어서 구체적이고도 명확한 사실의 적시가 요구되는 처분사유 설명서를 반드시 교부하도록 하여 해당 공무원에게 방어의 준비 및 불복의 기회를 보장하고 임용권자의 판단에 신중함과 합리성을 담보하게 하고 있고, 직위해제처분을 받은 공무원은 사후적으로 소청이나 행정소송을 통하여 충분한 의견진술 및 자료제출의 기회를 보장하고 있다. 그리고 위와 같이 대기명령을 받은 자가 그 기간에 능력 또는 근무성적의 향상을 기대하기 어렵다고 인정되면 법 제70조 제1항 제5호에 의해 직권면직 처분을 받을 수 있지만 이 경우에는 같은 조 제2항 단서에 의하여 징계위원회의 동의를 받도록 하고 있어 절차적 보장이 강화되어 있다. 그렇다면 국가공무원법상 직위해제처분은 구 행정절차법 제3조 제2항 제9호, 동법 시행령 제2조 제3호에 의하여 당해 행정작용의 성질상 행정절차를 거치기 곤란하거나 불필요하다고 인정되는 사항 또는 행정절차에 준하는 절차를 거친 사항에 해당하므로, 처분의 사전통지 및 의견청취 등에 관한 행정절차법의 규정이 별도로 적용되지 아니한다고 봄이 상당하다(대법원 2014. 5. 16. 2012두26180).

공정거래위원회의 의결·결정을 거쳐 행하는 사항은 행정절차법의 적용이 제외되므로 행정절차법상의 의견청취절차 생략사유의 적용도 제외한다.

행정절차법 제3조 제2항, 같은법 시행령 제2조 제6호에 의하면 공정거래위원회의 의결·결정을 거쳐 행하는 사항에는 행정절차법의 적용이 제외되게 되어 있으므로, 설사 공정거래위원회의 시정조치 및 과징금납부명령에 행정절차법 소정의 의견청취절차 생략사유가 존재한다고 하더라도, 공정거래위원회는 행정절차법을 적용하여 의견청취절차를 생략할 수는 없다(대법원 2001. 5. 8. 2000두10212).

외국인의 출입국에 관한 사항이라고 하여 행정절차를 거칠 필요가 당연히 부정되는 것은 아니다.

[1] 행정절차에 관한 일반법인 행정절차법은 제24조 제1항에서 "행정청이 처분을 할 때에는 다른 법령 등에 특별한 규정이 있는 경우를 제외하고는 문서로 하여야 하며, 전자문서로 하는 경우에는 당사자 등의 동의가 있어야 한다. 다만 신속히 처리할 필요가 있거나 사안이 경미한 경우에는 말 또는 그 밖의 방법으로 할 수 있다."라고 정하고 있다. 이 규정은 처분내용의 명확성을 확보하고 처분의 존부에 관한 다툼을 방지하여 처분상대방의 권익을 보호하기 위한 것이므로, 이를 위반한 처분은 하자가 중대·명백하여 무효이다.

[2] 甲이 재외공관의 장에게 재외동포(F-4) 체류자격의 사증발급을 신청하자 재외공관장이 처분이유를 기재한 사증발급 거부처분서를 작성해 주지 않은 채 甲의 아버지에게 전화로 사증발급이 불허되었다고 통보한 사안에서, 甲의 재외동포(F-4) 체류자격 사증발급 신청에 대하여 재외공관장이 6일 만에 한 사증발급 거부처분이 문서에 의한 처분 방식의 예외로 행정절차법 제24조 제1항 단서에서 정한 '신속히 처리할 필요가 있거나 사안이 경미한 경우'에 해당한다고 볼 수도 없으므로 사증발급 거부처분에는 행정절차법 제24조 제1항을 위반한 하자가 있음에도, 외국인의 사증발급 신청에 대한 거부처분이 성질상 행정절차를 거치기 곤란하거나 불필요하다고 인정되는 처분에 해당하여 행정절차법의 적용이 배제된다고 판단한 것은 위법하다(대법원 2019. 7. 11. 2017두38874).

4. 일반원칙

1) 신의성실 및 신뢰보호원칙

> **제4조【신의성실 및 신뢰보호】**① 행정청은 직무를 수행할 때 신의(信義)에 따라 성실히 하여야 한다.
> ② 행정청은 법령등의 해석 또는 행정청의 관행이 일반적으로 국민들에게 받아들여졌을 때에는 공익 또는 제3자의 정당한 이익을 현저히 해칠 우려가 있는 경우를 제외하고는 새로운 해석 또는 관행에 따라 소급하여 불리하게 처리하여서는 아니 된다.

2) 투명성의 원칙

> **제5조【투명성】**① 행정청이 행하는 행정작용은 그 내용이 구체적이고 명확하여야 한다.
> ② 행정작용의 근거가 되는 법령등의 내용이 명확하지 아니한 경우 상대방은 해당 행정청에 그 해석을 요청할 수 있으며, 해당 행정청은 특별한 사유가 없으면 그 요청에 따라야 한다.
> ③ 행정청은 상대방에게 행정작용과 관련된 정보를 충분히 제공하여야 한다.

3) 행정업무 혁신

> **제5조의2【행정업무 혁신】**① 행정청은 모든 국민이 균등하고 질 높은 행정서비스를 누릴 수 있도록 노력하여야 한다.
> ② 행정청은 정보통신기술을 활용하여 행정절차를 적극적으로 혁신하도록 노력하여야 한다. 이 경우 행정청은 국민이 경제적·사회적·지역적 여건 등으로 인하여 불이익을 받지 아니하도록 하여야 한다.
> ③ 행정청은 행정청이 생성하거나 취득하여 관리하고 있는 데이터(정보처리능력을 갖춘 장치를 통하여 생성 또는 처리되어 기계에 의한 판독이 가능한 형태로 존재하는 정형 또는 비정형의 정보를 말한다)를 행정과정에 활용하도록 노력하여야 한다.
> ④ 행정청은 행정업무 혁신 추진에 필요한 행정적·재정적·기술적 지원방안을 마련하여야 한다.

5. 행정청의 관할 및 협조

1) 행정청의 관할

> **제6조【관할】**① 행정청이 그 관할에 속하지 아니하는 사안을 접수하였거나 이송받은 경우에는 지체 없이 이를 관할 행정청에 이송하여야 하고 그 사실을 신청인에게 통지하여야 한다. 행정청이 접수하거나 이송받은 후 관할이 변경된 경우에도 또한 같다.
> ② 행정청의 관할이 분명하지 아니한 경우에는 해당 행정청을 공통으로 감독하는 상급 행정청이 그 관할을 결정하며, 공통으로 감독하는 상급 행정청이 없는 경우에는 각 상급 행정청이 협의하여 그 관할을 결정한다.

2) 행정청의 협조

제7조【행정청 간의 협조 등】 ① 행정청은 행정의 원활한 수행을 위하여 서로 협조하여야 한다.
② 행정청은 업무의 효율성을 높이고 행정서비스에 대한 국민의 만족도를 높이기 위하여 필요한 경우 행정협업(다른 행정청과 공동의 목표를 설정하고 행정청 상호 간의 기능을 연계하거나 시설·장비 및 정보 등을 공동으로 활용하는 것을 말한다. 이하 같다)의 방식으로 적극적으로 협조하여야 한다.
③ 행정청은 행정협업을 활성화하기 위한 시책을 마련하고 그 추진에 필요한 행정적·재정적 지원방안을 마련하여야 한다.
④ 행정협업의 촉진 등에 필요한 사항은 대통령령으로 정한다.

3) 행정응원

제8조【행정응원】 ① 행정청은 다음 각 호의 어느 하나에 해당하는 경우에는 다른 행정청에 행정응원(行政應援)을 요청할 수 있다.
  1. 법령등의 이유로 독자적인 직무 수행이 어려운 경우
  2. 인원·장비의 부족 등 사실상의 이유로 독자적인 직무 수행이 어려운 경우
  3. 다른 행정청에 소속되어 있는 전문기관의 협조가 필요한 경우
  4. 다른 행정청이 관리하고 있는 문서(전자문서를 포함한다. 이하 같다)·통계 등 행정자료가 직무 수행을 위하여 필요한 경우
  5. 다른 행정청의 응원을 받아 처리하는 것이 보다 능률적이고 경제적인 경우
② 제1항에 따라 행정응원을 요청받은 행정청은 다음 각 호의 어느 하나에 해당하는 경우에는 응원을 거부할 수 있다.
  1. 다른 행정청이 보다 능률적이거나 경제적으로 응원할 수 있는 명백한 이유가 있는 경우
  2. 행정응원으로 인하여 고유의 직무 수행이 현저히 지장받을 것으로 인정되는 명백한 이유가 있는 경우
③ 행정응원은 해당 직무를 직접 응원할 수 있는 행정청에 요청하여야 한다.
④ 행정응원을 요청받은 행정청은 응원을 거부하는 경우 그 사유를 응원을 요청한 행정청에 통지하여야 한다.
⑤ 행정응원을 위하여 파견된 직원은 응원을 요청한 행정청의 지휘·감독을 받는다. 다만, 해당 직원의 복무에 관하여 다른 법령등에 특별한 규정이 있는 경우에는 그에 따른다.
⑥ 행정응원에 드는 비용은 응원을 요청한 행정청이 부담하며, 그 부담금액 및 부담방법은 응원을 요청한 행정청과 응원을 하는 행정청이 협의하여 결정한다.

6. 당사자 등

1) 의의

"당사자 등"이라 함은 행정청의 처분에 대하여 직접 그 상대가 되는 당사자와 행정청이 직권 또는 신청에 의하여 행정절차에 참여하게 한 이해관계인을 말한다.

2) 당사자 등의 자격

> **제9조 【당사자등의 자격】** 다음 각 호의 어느 하나에 해당하는 자는 행정절차에 있어서 당사자등이 될 수 있다.
> 1. 자연인
> 2. 법인, 법인 아닌 사단 또는 재단(이하 "법인등"이라 한다)
> 3. 그 밖에 다른 법령등에 의하여 권리·의무의 주체가 될 수 있는 자

3) 당사자 등의 지위의 승계

> **제10조 【지위의 승계】** ① 당사자등이 사망하였을 때의 상속인과 다른 법령등에 따라 당사자등의 권리 또는 이익을 승계한 자는 당사자등의 지위를 승계한다.
> ② 당사자등인 법인등이 합병하였을 때에는 합병 후 존속하는 법인등이나 합병 후 새로 설립된 법인등이 당사자등의 지위를 승계한다.
> ③ 제1항 및 제2항의 규정에 따라 당사자등의 지위를 승계한 자는 행정청에 그 사실을 통지하여야 한다.
> ④ 처분에 관한 권리 또는 이익을 사실상 양수한 자는 행정청의 승인을 받아 당사자등의 지위를 승계할 수 있다.
> ⑤ 제3항에 따른 통지가 있을 때까지 사망자 또는 합병 전의 법인등에 대하여 행정청이 한 통지는 제1항 또는 제2항에 따라 당사자등의 지위를 승계한 자에게도 효력이 있다.

4) 대표자

> **제11조 【대표자】** ① 다수의 당사자등이 공동으로 행정절차에 관한 행위를 할 때에는 대표자를 선정할 수 있다.
> ② 행정청은 제1항의 규정에 의하여 당사자등이 대표자를 선정하지 아니하거나 대표자가 지나치게 많아 행정절차가 지연될 우려가 있는 경우에는 그 이유를 들어 상당한 기간 내에 3인 이내의 대표자를 선정할 것을 요청할 수 있다. 이 경우 당사자등이 그 요청에 따르지 아니하였을 때에는 행정청이 직접 대표자를 선정할 수 있다.
> ③ 당사자등은 대표자를 변경하거나 해임할 수 있다.
> ④ 대표자는 각자 그를 대표자로 선정한 당사자등을 위하여 행정절차에 관한 모든 행위를 할 수 있다. 다만, 행정절차를 끝맺는 행위에 대하여는 당사자등의 동의를 얻어야 한다.
> ⑤ 대표자가 있는 경우에는 당사자등은 그 대표자를 통하여서만 행정절차에 관한 행위를 할 수 있다.
> ⑥ 다수의 대표자가 있는 경우 그중 1인에 대한 행정청의 행위는 모든 당사자등에게 효력이 있다. 다만, 행정청의 통지는 대표자 모두에게 하여야 그 효력이 있다.

5) 대리인

제12조 【대리인】 ① 당사자등은 다음 각 호의 어느 하나에 해당하는 자를 대리인으로 선임할 수 있다.
1. 당사자등의 배우자, 직계 존속·비속 또는 형제자매
2. 당사자등이 법인등인 경우 그 임원 또는 직원
3. 변호사
4. 행정청 또는 청문 주재자(청문의 경우만 해당한다)의 허가를 받은 자
5. 법령등에 따라 해당 사안에 대하여 대리인이 될 수 있는 자

판례

대리인으로 선임된 변호사는 당사자 등을 위하여 행정절차에 관한 모든 행위를 할 수 있다.

[1] 행정절차법 제12조 제1항 제3호, 제2항, 제11조 제4항 본문에 따르면, 당사자 등은 변호사를 대리인으로 선임할 수 있고, 대리인으로 선임된 변호사는 당사자 등을 위하여 행정절차에 관한 모든 행위를 할 수 있다고 규정되어 있다. 위와 같은 행정절차법령의 규정과 취지, 헌법상 법치국가원리와 적법절차원칙에 비추어 징계와 같은 불이익처분절차에서 징계심의대상자에게 변호사를 통한 방어권의 행사를 보장하는 것이 필요하고, 징계심의대상자가 선임한 변호사가 징계위원회에 출석하여 징계심의대상자를 위하여 필요한 의견을 진술하는 것은 방어권 행사의 본질적 내용에 해당하므로, 행정청은 특별한 사정이 없는 한 이를 거부할 수 없다.

[2] 행정절차법 제3조 제2항, 행정절차법 시행령 제2조 등 행정절차법령 관련 규정들의 내용을 행정의 공정성, 투명성 및 신뢰성을 확보하고 국민의 권익보호를 목적으로 하는 행정절차법의 입법 목적에 비추어 보면, 행정절차법의 적용이 제외되는 공무원 인사관계 법령에 의한 처분에 관한 사항이란 성질상 행정절차를 거치기 곤란하거나 불필요하다고 인정되는 처분이나 행정절차에 준하는 절차를 거치도록 하고 있는 처분에 관한 사항만을 말하는 것으로 보아야 한다. 이러한 법리는 '공무원 인사관계 법령에 의한 처분'에 해당하는 육군3사관학교 생도에 대한 퇴학처분에도 마찬가지로 적용된다. 그리고 행정절차법 시행령 제2조 제8호는 '학교·연수원 등에서 교육·훈련의 목적을 달성하기 위하여 학생·연수생들을 대상으로 하는 사항'을 행정절차법의 적용이 제외되는 경우로 규정하고 있으나, 이는 교육과정과 내용의 구체적 결정, 과제의 부과, 성적의 평가, 공식적 징계에 이르지 아니한 질책·훈계 등과 같이 교육·훈련의 목적을 직접 달성하기 위하여 행하는 사항을 말하는 것으로 보아야 하고, 생도에 대한 퇴학처분과 같이 신분을 박탈하는 징계처분은 여기에 해당한다고 볼 수 없다.

[3] 육군3사관학교의 사관생도에 대한 징계절차에서 징계심의대상자가 대리인으로 선임한 변호사가 징계위원회 심의에 출석하여 진술하려고 하였음에도, 징계권자나 그 소속 직원이 변호사가 징계위원회의 심의에 출석하는 것을 막았다면 징계위원회 심의·의결의 절차적 정당성이 상실되어 그 징계의결에 따른 징계처분은 위법하여 원칙적으로 취소되어야 한다. 다만 징계심의대상자의 대리인이 관련된 행정절차나 소송절차에서 이미 실질적인 증거조사를 하고 의견을 진술하는 절차를 거쳐서 징계심의대상자의 방어권 행사에 실질적으로 지장이 초래되었다고 볼 수 없는 특별한 사정이 있는 경우에는, 징계권자가 징계심의대상자의 대리인에게 징계위원회에 출석하여 의견을 진술할 기회를 주지 아니하였더라도 그로 인하여 징계위원회 심의에 절차적 정당성이 상실되었다고 볼 수 없으므로 징계처분을 취소할 것은 아니다(대법원 2018. 3. 13. 2016두33339).

6) 통지

> **제13조【대표자 · 대리인의 통지】** ① 당사자등이 대표자 또는 대리인을 선정하거나 선임하였을 때에는 지체 없이 그 사실을 행정청에 통지하여야 한다. 대표자 또는 대리인을 변경하거나 해임하였을 때에도 또한 같다.
> ② 제1항에도 불구하고 제12조 제1항 제4호에 따라 청문 주재자가 대리인의 선임을 허가한 경우에는 청문 주재자가 그 사실을 행정청에 통지하여야 한다.

7. 송달 및 기간 · 기한의 특례

1) 송달 방법

> **제14조【송달】** ① 송달은 우편, 교부 또는 정보통신망 이용 등의 방법으로 하되, 송달받을 자(대표자 또는 대리인을 포함한다. 이하 같다)의 주소 · 거소(居所) · 영업소 · 사무소 또는 전자우편주소(이하 "주소등"이라 한다)로 한다. 다만, 송달받을 자가 동의하는 경우에는 그를 만나는 장소에서 송달할 수 있다.
> ② 교부에 의한 송달은 수령확인서를 받고 문서를 교부함으로써 하며, 송달하는 장소에서 송달받을 자를 만나지 못한 경우에는 그 사무원 · 피용자(被傭者) 또는 동거인으로서 사리를 분별할 지능이 있는 사람(이하 이 조에서 "사무원등"이라 한다)에게 문서를 교부할 수 있다. 다만, 문서를 송달받을 자 또는 그 사무원등이 정당한 사유 없이 송달받기를 거부하는 때에는 그 사실을 수령확인서에 적고, 문서를 송달할 장소에 놓아둘 수 있다.
> ③ 정보통신망을 이용한 송달은 송달받을 자가 동의하는 경우에만 한다. 이 경우 송달받을 자는 송달받을 전자우편주소 등을 지정하여야 한다.
> ④ 다음 각 호의 어느 하나에 해당하는 경우에는 송달받을 자가 알기 쉽도록 관보, 공보, 게시판, 일간신문 중 하나 이상에 공고하고 인터넷에도 공고하여야 한다.
>   1. 송달받을 자의 주소등을 통상적인 방법으로 확인할 수 없는 경우
>   2. 송달이 불가능한 경우
> ⑤ 제4항에 따른 공고를 할 때에는 민감정보 및 고유식별정보 등 송달받을 자의 개인정보를 「개인정보 보호법」에 따라 보호하여야 한다.
> ⑥ 행정청은 송달하는 문서의 명칭, 송달받는 자의 성명 또는 명칭, 발송방법 및 발송 연월일을 확인할 수 있는 기록을 보존하여야 한다.

2) 송달의 효력발생

> **제15조【송달의 효력발생】** ① 송달은 다른 법령등에 특별한 규정이 있는 경우를 제외하고는 해당 문서가 송달받을 자에게 도달됨으로써 그 효력이 발생한다.
> ② 제14조 제3항에 따라 정보통신망을 이용하여 전자문서로 송달하는 경우에는 송달받을 자가 지정한 컴퓨터 등에 입력된 때에 도달된 것으로 본다.

③ 제14조 제4항의 경우에는 다른 법령등에 특별한 규정이 있는 경우를 제외하고는 공고일부터 14일이 지난 때에 그 효력이 발생한다. 다만, 긴급히 시행하여야 할 특별한 사유가 있어 효력발생시기를 달리 정하여 공고한 경우에는 그에 따른다.

3) 기간 및 기한의 특례

제16조【기간 및 기한의 특례】 ① 천재지변이나 그 밖에 당사자등에게 책임이 없는 사유로 기간 및 기한을 지킬 수 없는 경우에는 그 사유가 끝나는 날까지 기간의 진행이 정지된다.
② 외국에 거주하거나 체류하는 자에 대한 기간 및 기한은 행정청이 그 우편이나 통신에 걸리는 일수 (日數)를 고려하여 정하여야 한다.

8. 처분절차

공통절차	신청에 의한 처분절차	불이익한 처분절차
1. 처분기준의 설정과 공표 2. 처분의 이유제시 3. 문서에 의한 처분방식 4. 오기나 오산에 의한 처분의 정정 5. 행정심판이나 소송에 관한 고지	1. 처분의 신청 2. 신청의 접수와 보완 3. 신청의 처리 　① 다수의 행정청이 관여하는 처분 　② 처리기간의 설정·공표	1. 처분의 사전통지 2. 의견청취 　① 의견제출 　② 청문 　③ 공청회

1) 공통절차

(1) 처분기준의 설정공표

제20조【처분기준의 설정·공표】 ① 행정청은 필요한 처분기준을 해당 처분의 성질에 비추어 되도록 구체적으로 정하여 공표하여야 한다. 처분기준을 변경하는 경우에도 또한 같다.
② 「행정기본법」 제24조에 따른 인허가의제의 경우 관련 인허가 행정청은 관련 인허가의 처분기준을 주된 인허가 행정청에 제출하여야 하고, 주된 인허가 행정청은 제출받은 관련 인허가의 처분기준을 통합하여 공표하여야 한다. 처분기준을 변경하는 경우에도 또한 같다.
③ 제1항에 따른 처분기준을 공표하는 것이 해당 처분의 성질상 현저히 곤란하거나 공공의 안전 또는 복리를 현저히 해치는 것으로 인정될 만한 상당한 이유가 있는 경우에는 처분기준을 공표하지 아니할 수 있다.
④ 당사자등은 공표된 처분기준이 명확하지 아니한 경우 해당 행정청에 그 해석 또는 설명을 요청할 수 있다. 이 경우 해당 행정청은 특별한 사정이 없으면 그 요청에 따라야 한다.

판례

처분의 적법 여부는 위 처분기준만이 아니라 관계 법령의 규정 내용과 취지에 따라 판단되어야 한다.

[1] 제재적 행정처분이 사회통념상 재량권의 범위를 일탈하였거나 남용하였는지 여부는 처분사유인 위반 행위의 내용과 당해 처분행위에 의하여 달성하려는 공익목적 및 이에 따르는 제반 사정 등을 객관적으로 심리하여 공익 침해의 정도와 그 처분으로 인하여 개인이 입게 될 불이익을 비교·형량하여 판단하여야 한다.

[2] 제재적 행정처분의 기준이 부령의 형식으로 규정되어 있더라도 그것은 행정청 내부의 사무처리준칙을 정한 것에 지나지 아니하여 대외적으로 국민이나 법원을 기속하는 효력이 없고, 당해 처분의 적법 여부는 위 처분기준만이 아니라 관계 법령의 규정 내용과 취지에 따라 판단되어야 하므로, 위 처분기준에 적합하다 하여 곧바로 당해 처분이 적법한 것이라고 할 수는 없지만, 위 처분기준이 그 자체로 헌법 또는 법률에 합치되지 아니하거나 위 처분기준에 따른 제재적 행정처분이 그 처분사유가 된 위반행위의 내용 및 관계 법령의 규정 내용과 취지에 비추어 현저히 부당하다고 인정할 만한 합리적인 이유가 없는 한 섣불리 그 처분이 재량권의 범위를 일탈하였거나 재량권을 남용한 것이라고 판단해서는 안 된다(대법원 2007. 9. 20. 2007두6946).

(2) 처분의 이유제시

> **제23조【처분의 이유제시】** ① 행정청은 처분을 할 때에는 다음 각 호의 어느 하나에 해당하는 경우를 제외하고는 당사자에게 그 근거와 이유를 제시하여야 한다.
> 1. 신청 내용을 모두 그대로 인정하는 처분인 경우
> 2. 단순·반복적인 처분 또는 경미한 처분으로서 당사자가 그 이유를 명백히 알 수 있는 경우
> 3. 긴급히 처분을 할 필요가 있는 경우
> ② 행정청은 제1항제2호 및 제3호의 경우에 처분 후 당사자가 요청하는 경우에는 그 근거와 이유를 제시하여야 한다.

판례

주류도매업면허의 취소처분에 그 대상이 된 위반사실을 특정하지 아니하면 위법하다.

면허의 취소처분에는 그 근거가 되는 법령이나 취소권 유보의 부관 등을 명시하여야 함은 물론 처분을 받은 자가 어떠한 위반사실에 대하여 당해 처분이 있었는지를 알 수 있을 정도로 사실을 적시할 것을 요하며, 이와 같은 취소처분의 근거와 위반사실의 적시를 빠뜨린 하자는 피처분자가 처분 당시 그 취지를 알고 있었다거나 그 후 알게 되었다 하여도 치유될 수 없다고 할 것인바, 세무서장인 피고가 주류도매업자인 원고에 대하여 한 이 사건 일반주류도매업면허취소통지에 "상기 주류도매장은 무면허 주류판매업자에게 주류를 판매하여 주세법 제11조 및 국세법사무처리규정 제26조에 의거 지정조건위반으로 주류판매면허를 취소합니다"라고만 되어 있어서 원고의 영업기간과 거래상대방 등에 비추어 원고가 어떠한 거래행위로 인하여 이 사건 처분을 받았는지 알 수 없게 되어 있다면 이 사건 면허취소처분은 위법하다(대법원 1990. 9. 11. 90누1786).

상대방이 위반 조문을 알 수 있는 경우에는 구체적 근거규정이 제시되지 않았어도 적법하다.

[1] 행정절차법 제23조 제1항은 행정청은 처분을 하는 때에는 당사자에게 그 근거와 이유를 제시하여야 한다고 규정하고 있는바, 일반적으로 당사자가 근거규정 등을 명시하여 신청하는 인·허가 등을 거부하는 처분을 함에 있어 당사자가 그 근거를 알 수 있을 정도로 상당한 이유를 제시한 경우에는 당해

처분의 근거 및 이유를 구체적 조항 및 내용까지 명시하지 않았더라도 그로 말미암아 그 처분이 위법한 것이 된다고 할 수 없다.

[2] 행정청이 토지형질변경허가신청을 불허하는 근거규정으로 '도시계획법시행령 제20조'를 명시하지 아니하고 '도시계획법'이라고만 기재하였으나, 신청인이 자신의 신청이 개발제한구역의 지정목적에 현저히 지장을 초래하는 것이라는 이유로 구 도시계획법시행령(2000. 7. 1. 대통령령 제16891호로 전문 개정되기 전의 것) 제20조 제1항 제2호에 따라 불허된 것임을 알 수 있었던 경우, 그 불허처분이 위법하지 아니하다(대법원 2002. 5. 17. 2000두8912).

납세고지서에 과세대상과 그에 대한 과세표준액, 세액, 세액산출방법 등은 상세히 기재하면서 구체적 근거 법령인 지방세법 시행령과 조례의 규정을 누락한 경우 부과처분은 적법하다.

납세고지서에 과세대상과 그에 대한 과세표준액, 세율, 세액산출방법 등 세액산출의 구체적 과정과 기타 필요한 사항이 상세히 기재되어 있어 납세의무자가 당해 부과처분의 내용을 확연하게 파악할 수 있고 과세표준액과 세율에 관한 근거 법령이 기재되어 있다면 그 근거 법령이 다소 총괄적으로 기재되어 있다 하여도 특별한 사정이 없는 한 위 법이 요구하는 세액산출근거의 기재요건을 충족한 것으로 보아야 할 것이다(대법원 2008. 11. 13. 2007두160).

당사자가 그 근거를 알 수 있을 정도로 이유를 제시한 경우에는 처분의 근거와 이유를 구체적으로 명시하지 않았더라도 적법하다.

행정청이 처분을 할 때에는 원칙적으로 당사자에게 그 근거와 이유를 제시하여야 한다. 이 경우 행정청은 처분의 원인이 되는 사실과 근거가 되는 법령 또는 자치법규의 내용을 구체적으로 명시하여야 한다. 다만 행정청의 자의적 결정을 배제하고 당사자로 하여금 행정구제절차에서 적절히 대처할 수 있도록 하는 처분의 근거 및 이유제시 제도의 취지에 비추어, 처분을 하면서 당사자가 그 근거를 알 수 있을 정도로 이유를 제시한 경우에는 처분의 근거와 이유를 구체적으로 명시하지 않았더라도 그로 말미암아 그 처분이 위법하다고 볼 수는 없다. 이때 '이유를 제시한 경우'는 처분서에 기재된 내용과 관계 법령 및 당해 처분에 이르기까지의 전체적인 과정 등을 종합적으로 고려하여, 처분 당시 당사자가 어떠한 근거와 이유로 처분이 이루어진 것인지를 충분히 알 수 있어서 그에 불복하여 행정구제절차로 나아가는 데 별다른 지장이 없었다고 인정되는 경우를 뜻한다(대법원 2019. 1. 31. 2016두64975).

(3) 처분의 방식

제24조 【처분의 방식】 ① 행정청이 처분을 할 때에는 다른 법령등에 특별한 규정이 있는 경우를 제외하고는 문서로 하여야 하며, 다음 각 호의 어느 하나에 해당하는 경우에는 전자문서로 할 수 있다.
　1. 당사자등의 동의가 있는 경우
　2. 당사자가 전자문서로 처분을 신청한 경우
② 제1항에도 불구하고 공공의 안전 또는 복리를 위하여 긴급히 처분을 할 필요가 있거나 사안이 경미한 경우에는 말, 전화, 휴대전화를 이용한 문자 전송, 팩스 또는 전자우편 등 문서가 아닌 방법으로 처분을 할 수 있다. 이 경우 당사자가 요청하면 지체 없이 처분에 관한 문서를 주어야 한다.
③ 처분을 하는 문서에는 그 처분 행정청과 담당자의 소속·성명 및 연락처(전화번호, 팩스번호, 전자우편주소 등을 말한다)를 적어야 한다.

(4) 처분의 정정

> **제25조【처분의 정정】** 행정청은 처분에 오기(誤記), 오산(誤算) 또는 그 밖에 이에 준하는 명백한 잘못이 있을 때에는 직권으로 또는 신청에 따라 지체 없이 정정하고 그 사실을 당사자에게 통지하여야 한다.

(5) 처분의 고지

> **제26조【고지】** 행정청이 처분을 할 때에는 당사자에게 그 처분에 관하여 행정심판 및 행정소송을 제기할 수 있는지 여부, 그 밖에 불복을 할 수 있는지 여부, 청구절차 및 청구기간, 그 밖에 필요한 사항을 알려야 한다.

판례

고지절차에 관한 규정은 행정처분의 상대방이 그 처분에 대한 행정심판의 절차를 밟는 데 있어 편의를 제공하려는 데 있으며 처분청이 위 규정에 따른 고지의무를 이행하지 아니하였다고 하더라도 경우에 따라서는 행정심판의 제기기간이 연장될 수 있는 것에 그치고 이로 인하여 심판의 대상이 되는 행정처분에 어떤 하자가 수반된다고 할 수 없다(대법원 1987. 11. 24. 87누529).

2) 신청에 의한 처분절차(수익적 처분)

(1) 처분의 신청

> **제17조【처분의 신청】** ① 행정청에 처분을 구하는 신청은 문서로 하여야 한다. 다만, 다른 법령등에 특별한 규정이 있는 경우와 행정청이 미리 다른 방법을 정하여 공시한 경우에는 그러하지 아니하다.
> ② 제1항에 따라 처분을 신청할 때 전자문서로 하는 경우에는 행정청의 컴퓨터 등에 입력된 때에 신청한 것으로 본다.
> ③ 행정청은 신청에 필요한 구비서류, 접수기관, 처리기간, 그 밖에 필요한 사항을 게시(인터넷 등을 통한 게시를 포함한다)하거나 이에 대한 편람을 갖추어 두고 누구나 열람할 수 있도록 하여야 한다.
> ④ 행정청은 신청을 받았을 때에는 다른 법령등에 특별한 규정이 있는 경우를 제외하고는 그 접수를 보류 또는 거부하거나 부당하게 되돌려 보내서는 아니 되며, 신청을 접수한 경우에는 신청인에게 접수증을 주어야 한다. 다만, 대통령령으로 정하는 경우에는 접수증을 주지 아니할 수 있다.
> ⑤ 행정청은 신청에 구비서류의 미비 등 흠이 있는 경우에는 보완에 필요한 상당한 기간을 정하여 지체 없이 신청인에게 보완을 요구하여야 한다.
> ⑥ 행정청은 신청인이 제5항에 따른 기간 내에 보완을 하지 아니하였을 때에는 그 이유를 구체적으로 밝혀 접수된 신청을 되돌려 보낼 수 있다.
> ⑦ 행정청은 신청인의 편의를 위하여 다른 행정청에 신청을 접수하게 할 수 있다. 이 경우 행정청은 다른 행정청에 접수할 수 있는 신청의 종류를 미리 정하여 공시하여야 한다.
> ⑧ 신청인은 처분이 있기 전에는 그 신청의 내용을 보완·변경하거나 취하(取下)할 수 있다. 다만, 다른 법령등에 특별한 규정이 있거나 그 신청의 성질상 보완·변경하거나 취하할 수 없는 경우에는 그러하지 아니하다.

(2) 다수의 행정청이 관여하는 처분

> **제18조【다수의 행정청이 관여하는 처분】** 행정청은 다수의 행정청이 관여하는 처분을 구하는 신청을 접수한 경우에는 관계 행정청과의 신속한 협조를 통하여 당해 처분이 지연되지 아니하도록 하여야 한다.

(3) 처리기간의 설정 · 공표

> **제19조【처리기간의 설정 · 공표】** ① 행정청은 신청인의 편의를 위하여 처분의 처리기간을 종류별로 미리 정하여 공표하여야 한다.
> ② 행정청은 부득이한 사유로 제1항의 규정에 따른 처리기간 내에 처리하기 곤란한 경우에는 해당 처분의 처리기간의 범위에서 한 번만 그 기간을 연장할 수 있다.
> ③ 행정청은 제2항에 따라 처리기간을 연장하는 때에는 처리기간의 연장사유와 처리예정기한을 지체없이 신청인에게 통지하여야 한다.
> ④ 행정청이 정당한 처리기간 내에 처리하지 아니하였을 때에는 신청인은 해당 행정청 또는 그 감독 행정청에 신속한 처리를 요청할 수 있다.

3) 불이익처분의 절차

(1) 처분의 사전통지(불이익 처분에만 적용)

> **제21조【처분의 사전통지】** ① 행정청은 당사자에게 의무를 부과하거나 권익을 제한하는 처분을 하는 경우에는 미리 다음 각 호의 사항을 당사자등에게 통지하여야 한다.
>   1. 처분의 제목
>   2. 당사자의 성명 또는 명칭과 주소
>   3. 처분하려는 원인이 되는 사실과 처분의 내용 및 법적 근거
>   4. 제3호에 대하여 의견을 제출할 수 있다는 뜻과 의견을 제출하지 아니하는 경우의 처리방법
>   5. 의견제출기관의 명칭과 주소
>   6. 의견제출기한
>   7. 그 밖에 필요한 사항
> ② 행정청은 청문을 하려면 청문이 시작되는 날부터 10일 전까지 제1항 각 호의 사항을 당사자등에게 통지하여야 한다. 이 경우 제1항제4호부터 제6호까지의 사항은 청문 주재자의 소속 · 직위 및 성명, 청문의 일시 및 장소, 청문에 응하지 아니하는 경우의 처리방법 등 청문에 필요한 사항으로 갈음한다.
> ③ 제1항 제6호에 따른 기한은 의견제출에 필요한 기간을 10일 이상으로 고려하여 정하여야 한다.
> ④ 다음 각 호의 어느 하나에 해당하는 경우에는 제1항에 따른 통지를 하지 아니할 수 있다.
>   1. 공공의 안전 또는 복리를 위하여 긴급히 처분을 할 필요가 있는 경우
>   2. 법령등에서 요구된 자격이 없거나 없어지게 되면 반드시 일정한 처분을 하여야 하는 경우에 그 자격이 없거나 없어지게 된 사실이 법원의 재판 등에 의하여 객관적으로 증명된 경우
>   3. 해당 처분의 성질상 의견청취가 현저히 곤란하거나 명백히 불필요하다고 인정될 만한 상당한 이유가 있는 경우

⑤ 처분의 전제가 되는 사실이 법원의 재판 등에 의하여 객관적으로 증명된 경우 등 제4항에 따른 사전통지를 하지 아니할 수 있는 구체적인 사항은 대통령령으로 정한다.
⑥ 제4항에 따라 사전 통지를 하지 아니하는 경우 행정청은 처분을 할 때 당사자등에게 통지를 하지 아니한 사유를 알려야 한다. 다만, 신속한 처분이 필요한 경우에는 처분 후 그 사유를 알릴 수 있다.
⑦ 제6항에 따라 당사자등에게 알리는 경우에는 제24조를 준용한다.

판례

특별한 사정이 없는 한, 신청에 대한 거부처분은 행정절차법 제21조 제1항 소정의 처분의 사전통지대상이 되지 않는다.

행정절차법 제21조 제1항은 행정청은 당사자에게 의무를 과하거나 권익을 제한하는 처분을 하는 경우에는 미리 처분의 제목, 당사자의 성명 또는 명칭과 주소, 처분하고자 하는 원인이 되는 사실과 처분의 내용 및 법적 근거, 그에 대하여 의견을 제출할 수 있다는 뜻과 의견을 제출하지 아니하는 경우의 처리방법, 의견제출기관의 명칭과 주소, 의견제출기한 등을 당사자 등에게 통지하도록 하고 있는바, 신청에 따른 처분이 이루어지지 아니한 경우에는 아직 당사자에게 권익이 부과되지 아니하였으므로 특별한 사정이 없는 한 신청에 대한 거부처분이라고 하더라도 직접 당사자의 권익을 제한하는 것은 아니어서 신청에 대한 거부처분을 여기에서 말하는 '당사자의 권익을 제한하는 처분'에 해당한다고 할 수 없는 것이어서 처분의 사전통지대상이 된다고 할 수 없다(대법원 2003. 11. 28. 2003두674).

도로구역변경결정은 행정절차법 제21조 제1항의 사전통지나 제22조 제3항의 의견청취의 대상이 되는 처분이 아니다.

행정절차법 제2조 제4호가 행정절차법의 당사자를 행정청의 처분에 대하여 직접 그 상대가 되는 당사자로 규정하고, 도로법 제25조 제3항이 도로구역을 결정하거나 변경할 경우 이를 고시에 의하도록 하면서, 그 도면을 일반인이 열람할 수 있도록 한 점 등을 종합하여 보면, 도로구역을 변경한 이 사건 처분은 행정절차법 제21조 제1항의 사전통지나 제22조 제3항의 의견청취의 대상이 되는 처분은 아니라고 할 것이다(대법원 2008. 6. 12. 2007두1767).

영업자지위승계신고를 수리하는 처분은 종전의 영업자의 권익을 제한하는 처분이다.

행정절차법 제21조 제1항, 제22조 제3항 및 제2조 제4호의 각 규정에 의하면, 행정청이 당사자에게 의무를 과하거나 권익을 제한하는 처분을 함에 있어서는 당사자 등에게 처분의 사전통지를 하고 의견제출의 기회를 주어야 하며, 여기서 당사자라 함은 행정청의 처분에 대하여 직접 그 상대가 되는 자를 의미한다 할 것이고, 한편 구 식품위생법(2002. 1. 26. 법률 제6627호로 개정되기 전의 것) 제25조 제2항, 제3항의 각 규정에 의하면, 지방세법에 의한 압류재산 매각절차에 따라 영업시설의 전부를 인수함으로써 그 영업자의 지위를 승계한 자가 관계 행정청에 이를 신고하여 행정청이 이를 수리하는 경우에는 종전의 영업자에 대한 영업허가 등은 그 효력을 잃는다 할 것인데, 위 규정들을 종합하면 위 행정청이 구 식품위생법 규정에 의하여 영업자지위승계신고를 수리하는 처분은 종전의 영업자의 권익을 제한하는 처분이라 할 것이고 따라서 종전의 영업자는 그 처분에 대하여 직접 그 상대가 되는 자에 해당한다고 봄이 상당하므로, 행정청으로서는 위 신고를 수리하는 처분을 함에 있어서 행정절차법 규정 소정의 당사자에 해당하는 종전의 영업자에 대하여 위 규정 소정의 행정절차를 실시하고 처분을 하여야 한다(대법원 2003. 2. 14. 2001두7015).

(2) 의견청취절차

제22조【의견청취】① 행정청이 처분을 할 때 다음 각 호의 어느 하나에 해당하는 경우에는 청문을 한다.

　1. 다른 법령등에서 청문을 하도록 규정하고 있는 경우

　2. 행정청이 필요하다고 인정하는 경우

　3. 다음 각 목의 처분을 하는 경우

　　가. 인허가 등의 취소

　　나. 신분·자격의 박탈

　　다. 법인이나 조합 등의 설립허가의 취소

② 행정청이 처분을 할 때 다음 각 호의 어느 하나에 해당하는 경우에는 공청회를 개최한다.

　1. 다른 법령등에서 공청회를 개최하도록 규정하고 있는 경우

　2. 해당 처분의 영향이 광범위하여 널리 의견을 수렴할 필요가 있다고 행정청이 인정하는 경우

　3. 국민생활에 큰 영향을 미치는 처분으로서 대통령령으로 정하는 처분에 대하여 대통령령으로 정하는 수 이상의 당사자등이 공청회 개최를 요구하는 경우

③ 행정청이 당사자에게 의무를 부과하거나 권익을 제한하는 처분을 할 때 제1항 또는 제2항의 경우 외에는 당사자등에게 의견제출의 기회를 주어야 한다.

④ 제1항부터 제3항까지의 규정에도 불구하고 제21조 제4항 각 호의 어느 하나에 해당하는 경우와 당사자가 의견진술의 기회를 포기한다는 뜻을 명백히 표시한 경우에는 의견청취를 하지 아니할 수 있다.

⑤ 행정청은 청문·공청회 또는 의견제출을 거쳤을 때에는 신속히 처분하여 해당 처분이 지연되지 아니하도록 하여야 한다.

⑥ 행정청은 처분 후 1년 이내에 당사자등이 요청하는 경우에는 청문·공청회 또는 의견제출을 위하여 제출받은 서류나 그 밖의 물건을 반환하여야 한다.

제27조【의견제출】① 당사자등은 처분 전에 그 처분의 관할 행정청에 서면이나 말로 또는 정보통신망을 이용하여 의견제출을 할 수 있다.

② 당사자등은 제1항에 따라 의견제출을 하는 경우 그 주장을 입증하기 위한 증거자료 등을 첨부할 수 있다.

③ 행정청은 당사자등이 말로 의견제출을 하였을 때에는 서면으로 그 진술의 요지와 진술자를 기록하여야 한다.

④ 당사자등이 정당한 이유 없이 의견제출기한까지 의견제출을 하지 아니한 경우에는 의견이 없는 것으로 본다.

제27조의2【제출 의견의 반영 등】① 행정청은 처분을 할 때에 당사자등이 제출한 의견이 상당한 이유가 있다고 인정하는 경우에는 이를 반영하여야 한다.

② 행정청은 당사자등이 제출한 의견을 반영하지 아니하고 처분을 한 경우 당사자등이 처분이 있음을 안 날부터 90일 이내에 그 이유의 설명을 요청하면 서면으로 그 이유를 알려야 한다. 다만, 당사자등이 동의하면 말, 정보통신망 또는 그 밖의 방법으로 알릴 수 있다.

제28조【청문 주재자】① 행정청은 소속 직원 또는 대통령령으로 정하는 자격을 가진 사람 중에서 청문 주재자를 공정하게 선정하여야 한다.

② 행정청은 다음 각 호의 어느 하나에 해당하는 처분을 하려는 경우에는 청문 주재자를 2명 이상으로 선정할 수 있다. 이 경우 선정된 청문 주재자 중 1명이 청문 주재자를 대표한다.

　1. 다수 국민의 이해가 상충되는 처분

　2. 다수 국민에게 불편이나 부담을 주는 처분

3. 그 밖에 전문적이고 공정한 청문을 위하여 행정청이 청문 주재자를 2명 이상으로 선정할 필요가 있다고 인정하는 처분

③ 행정청은 청문이 시작되는 날부터 7일 전까지 청문 주재자에게 청문과 관련한 필요한 자료를 미리 통지하여야 한다.

④ 청문 주재자는 독립하여 공정하게 직무를 수행하며, 그 직무 수행을 이유로 본인의 의사에 반하여 신분상 어떠한 불이익도 받지 아니한다.

⑤ 제1항 또는 제2항에 따라 선정된 청문 주재자는 「형법」이나 그 밖의 다른 법률에 따른 벌칙을 적용할 때에는 공무원으로 본다.

⑥ 제1항부터 제5항까지에서 규정한 사항 외에 청문 주재자의 선정 등에 필요한 사항은 대통령령으로 정한다.

제29조【청문 주재자의 제척·기피·회피】 ① 청문 주재자가 다음 각 호의 어느 하나에 해당하는 경우에는 청문을 주재할 수 없다.

1. 자신이 당사자등이거나 당사자등과 「민법」 제777조 각 호의 어느 하나에 해당하는 친족관계에 있거나 있었던 경우
2. 자신이 해당 처분과 관련하여 증언이나 감정(鑑定)을 한 경우
3. 자신이 해당 처분의 당사자등의 대리인으로 관여하거나 관여하였던 경우
4. 자신이 해당 처분업무를 직접 처리하거나 처리하였던 경우
5. 자신이 해당 처분업무를 처리하는 부서에 근무하는 경우. 이 경우 부서의 구체적인 범위는 대통령령으로 정한다.

② 청문 주재자에게 공정한 청문 진행을 할 수 없는 사정이 있는 경우 당사자등은 행정청에 기피신청을 할 수 있다. 이 경우 행정청은 청문을 정지하고 그 신청이 이유가 있다고 인정할 때에는 해당 청문 주재자를 지체 없이 교체하여야 한다.

③ 청문 주재자는 제1항 또는 제2항의 사유에 해당하는 경우에는 행정청의 승인을 받아 스스로 청문의 주재를 회피할 수 있다.

제30조【청문의 공개】 청문은 당사자가 공개를 신청하거나 청문 주재자가 필요하다고 인정하는 경우 공개할 수 있다. 다만, 공익 또는 제3자의 정당한 이익을 현저히 해칠 우려가 있는 경우에는 공개하여서는 아니 된다.

제31조【청문의 진행】 ① 청문 주재자가 청문을 시작할 때에는 먼저 예정된 처분의 내용, 그 원인이 되는 사실 및 법적 근거 등을 설명하여야 한다.

② 당사자등은 의견을 진술하고 증거를 제출할 수 있으며, 참고인이나 감정인 등에게 질문할 수 있다.

③ 당사자등이 의견서를 제출한 경우에는 그 내용을 출석하여 진술한 것으로 본다.

④ 청문 주재자는 청문의 신속한 진행과 질서유지를 위하여 필요한 조치를 할 수 있다.

⑤ 청문을 계속할 경우에는 행정청은 당사자등에게 다음 청문의 일시 및 장소를 서면으로 통지하여야 하며, 당사자등이 동의하는 경우에는 전자문서로 통지할 수 있다. 다만, 청문에 출석한 당사자등에게는 그 청문일에 청문 주재자가 말로 통지할 수 있다.

제32조【청문의 병합·분리】 행정청은 직권으로 또는 당사자의 신청에 따라 여러 개의 사안을 병합하거나 분리하여 청문을 할 수 있다.

제33조【증거조사】 ① 청문 주재자는 직권으로 또는 당사자의 신청에 따라 필요한 조사를 할 수 있으며, 당사자등이 주장하지 아니한 사실에 대하여도 조사할 수 있다.

② 증거조사는 다음 각 호의 어느 하나에 해당하는 방법으로 한다.
  1. 문서·장부·물건 등 증거자료의 수집
  2. 참고인·감정인 등에 대한 질문
  3. 검증 또는 감정·평가
  4. 그 밖에 필요한 조사
③ 청문 주재자는 필요하다고 인정할 때에는 관계 행정청에 필요한 문서의 제출 또는 의견의 진술을 요구할 수 있다. 이 경우 관계 행정청은 직무 수행에 특별한 지장이 없으면 그 요구에 따라야 한다.

제34조【청문조서】① 청문 주재자는 다음 각 호의 사항이 적힌 청문조서(聽聞調書)를 작성하여야 한다.
  1. 제목
  2. 청문 주재자의 소속, 성명 등 인적사항
  3. 당사자등의 주소, 성명 또는 명칭 및 출석 여부
  4. 청문의 일시 및 장소
  5. 당사자등의 진술의 요지 및 제출된 증거
  6. 청문의 공개 여부 및 공개하거나 제30조 단서에 따라 공개하지 아니한 이유
  7. 증거조사를 한 경우에는 그 요지 및 첨부된 증거
  8. 그 밖에 필요한 사항
② 당사자등은 청문조서의 내용을 열람·확인할 수 있으며, 이의가 있을 때에는 그 정정을 요구할 수 있다.

제34조의2【청문 주재자의 의견서】청문 주재자는 다음 각 호의 사항이 적힌 청문 주재자의 의견서를 작성하여야 한다.
  1. 청문의 제목
  2. 처분의 내용, 주요 사실 또는 증거
  3. 종합의견
  4. 그 밖에 필요한 사항

제35조【청문의 종결】① 청문 주재자는 해당 사안에 대하여 당사자등의 의견진술, 증거조사가 충분히 이루어졌다고 인정하는 경우에는 청문을 마칠 수 있다.
② 청문 주재자는 당사자등의 전부 또는 일부가 정당한 사유 없이 청문기일에 출석하지 아니하거나 제31조 제3항에 따른 의견서를 제출하지 아니한 경우에는 이들에게 다시 의견진술 및 증거제출의 기회를 주지 아니하고 청문을 마칠 수 있다.
③ 청문 주재자는 당사자등의 전부 또는 일부가 정당한 사유로 청문기일에 출석하지 못하거나 제31조 제3항에 따른 의견서를 제출하지 못한 경우에는 10일 이상의 기간을 정하여 이들에게 의견진술 및 증거제출을 요구하여야 하며, 해당 기간이 지났을 때에 청문을 마칠 수 있다.
④ 청문 주재자는 청문을 마쳤을 때에는 청문조서, 청문 주재자의 의견서, 그 밖의 관계 서류 등을 행정청에 지체 없이 제출하여야 한다.

제35조의2【청문결과의 반영】행정청은 처분을 할 때에 제35조 제4항에 따라 받은 청문조서, 청문 주재자의 의견서, 그 밖의 관계 서류 등을 충분히 검토하고 상당한 이유가 있다고 인정하는 경우에는 청문결과를 반영하여야 한다.

제36조【청문의 재개】행정청은 청문을 마친 후 처분을 할 때까지 새로운 사정이 발견되어 청문을 재개(再開)할 필요가 있다고 인정할 때에는 제35조 제4항에 따라 받은 청문조서 등을 되돌려 보내고 청문의 재개를 명할 수 있다. 이 경우 제31조 제5항을 준용한다.

제37조【문서의 열람 및 비밀유지】 ① 당사자등은 의견제출의 경우에는 처분의 사전 통지가 있는 날부터 의견제출기한까지, 청문의 경우에는 청문의 통지가 있는 날부터 청문이 끝날 때까지 행정청에 해당 사안의 조사결과에 관한 문서와 그 밖에 해당 처분과 관련되는 문서의 열람 또는 복사를 요청할 수 있다. 이 경우 행정청은 다른 법령에 따라 공개가 제한되는 경우를 제외하고는 그 요청을 거부할 수 없다.

② 행정청은 제1항의 열람 또는 복사의 요청에 따르는 경우 그 일시 및 장소를 지정할 수 있다.

③ 행정청은 제1항 후단에 따라 열람 또는 복사의 요청을 거부하는 경우에는 그 이유를 소명(疎明)하여야 한다.

④ 제1항에 따라 열람 또는 복사를 요청할 수 있는 문서의 범위는 대통령령으로 정한다.

⑤ 행정청은 제1항에 따른 복사에 드는 비용을 복사를 요청한 자에게 부담시킬 수 있다.

⑥ 누구든지 의견제출 또는 청문을 통하여 알게 된 사생활이나 경영상 또는 거래상의 비밀을 정당한 이유 없이 누설하거나 다른 목적으로 사용하여서는 아니 된다.

제38조【공청회 개최의 알림】 행정청은 공청회를 개최하려는 경우에는 공청회 개최 14일 전까지 다음 각 호의 사항을 당사자등에게 통지하고 관보, 공보, 인터넷 홈페이지 또는 일간신문 등에 공고하는 등의 방법으로 널리 알려야 한다. 다만, 공청회 개최를 알린 후 예정대로 개최하지 못하여 새로 일시 및 장소 등을 정한 경우에는 공청회 개최 7일 전까지 알려야 한다.

1. 제목
2. 일시 및 장소
3. 주요 내용
4. 발표자에 관한 사항
5. 발표신청 방법 및 신청기한
6. 정보통신망을 통한 의견제출
7. 그 밖에 공청회 개최에 필요한 사항

제38조의2【온라인공청회】 ① 행정청은 제38조에 따른 공청회와 병행하여서만 정보통신망을 이용한 공청회(이하 "온라인공청회"라 한다)를 실시할 수 있다.

② 제1항에도 불구하고 다음 각 호의 어느 하나에 해당하는 경우에는 온라인공청회를 단독으로 개최할 수 있다.

1. 국민의 생명·신체·재산의 보호 등 국민의 안전 또는 권익보호 등의 이유로 제38조에 따른 공청회를 개최하기 어려운 경우
2. 제38조에 따른 공청회가 행정청이 책임질 수 없는 사유로 개최되지 못하거나 개최는 되었으나 정상적으로 진행되지 못하고 무산된 횟수가 3회 이상인 경우
3. 행정청이 널리 의견을 수렴하기 위하여 온라인공청회를 단독으로 개최할 필요가 있다고 인정하는 경우. 다만, 제22조 제2항 제1호 또는 제3호에 따라 공청회를 실시하는 경우는 제외한다.

③ 행정청은 온라인공청회를 실시하는 경우 의견제출 및 토론 참여가 가능하도록 적절한 전자적 처리 능력을 갖춘 정보통신망을 구축·운영하여야 한다.

④ 온라인공청회를 실시하는 경우에는 누구든지 정보통신망을 이용하여 의견을 제출하거나 제출된 의견 등에 대한 토론에 참여할 수 있다.

⑤ 제1항부터 제4항까지에서 규정한 사항 외에 온라인공청회의 실시 방법 및 절차에 관하여 필요한 사항은 대통령령으로 정한다.

제38조의3 【공청회의 주재자 및 발표자의 선정】 ① 행정청은 해당 공청회의 사안과 관련된 분야에 전문적 지식이 있거나 그 분야에 종사한 경험이 있는 사람으로서 대통령령으로 정하는 자격을 가진 사람 중에서 공청회의 주재자를 선정한다.

② 공청회의 발표자는 발표를 신청한 사람 중에서 행정청이 선정한다. 다만, 발표를 신청한 사람이 없거나 공청회의 공정성을 확보하기 위하여 필요하다고 인정하는 경우에는 다음 각 호의 사람 중에서 지명하거나 위촉할 수 있다.

  1. 해당 공청회의 사안과 관련된 당사자등

  2. 해당 공청회의 사안과 관련된 분야에 전문적 지식이 있는 사람

  3. 해당 공청회의 사안과 관련된 분야에 종사한 경험이 있는 사람

③ 행정청은 공청회의 주재자 및 발표자를 지명 또는 위촉하거나 선정할 때 공정성이 확보될 수 있도록 하여야 한다.

④ 공청회의 주재자, 발표자, 그 밖에 자료를 제출한 전문가 등에게는 예산의 범위에서 수당 및 여비와 그 밖에 필요한 경비를 지급할 수 있다.

제39조 【공청회의 진행】 ① 공청회의 주재자는 공청회를 공정하게 진행하여야 하며, 공청회의 원활한 진행을 위하여 발표 내용을 제한할 수 있고, 질서유지를 위하여 발언 중지 및 퇴장 명령 등 행정안전부장관이 정하는 필요한 조치를 할 수 있다.

② 발표자는 공청회의 내용과 직접 관련된 사항에 대하여만 발표하여야 한다.

③ 공청회의 주재자는 발표자의 발표가 끝난 후에는 발표자 상호간에 질의 및 답변을 할 수 있도록 하여야 하며, 방청인에게도 의견을 제시할 기회를 주어야 한다.

제39조의2 【공청회 및 온라인공청회 결과의 반영】 행정청은 처분을 할 때에 공청회, 온라인공청회 및 정보통신망 등을 통하여 제시된 사실 및 의견이 상당한 이유가 있다고 인정하는 경우에는 이를 반영하여야 한다.

제39조의3 【공청회의 재개최】 행정청은 공청회를 마친 후 처분을 할 때까지 새로운 사정이 발견되어 공청회를 다시 개최할 필요가 있다고 인정할 때에는 공청회를 다시 개최할 수 있다.

판례

의견청취가 현저히 곤란하거나 명백히 불필요하다는 판단은 당해 행정처분의 성질에 비추어 판단하여야 한다.

행정절차법 제21조 제4항 제3호는 침해적 행정처분을 할 경우 청문을 실시하지 않을 수 있는 사유로서 "당해 처분의 성질상 의견청취가 현저히 곤란하거나 명백히 불필요하다고 인정될 만한 상당한 이유가 있는 경우"를 규정하고 있으나, 여기에서 말하는 '의견청취가 현저히 곤란하거나 명백히 불필요하다고 인정될 만한 상당한 이유가 있는지 여부'는 당해 행정처분의 성질에 비추어 판단하여야 하는 것이지, 청문통지서의 반송 여부, 청문통지의 방법 등에 의하여 판단할 것은 아니며, 또한 행정처분의 상대방이 통지된 청문일시에 불출석하였다는 이유만으로 행정청이 관계 법령상 그 실시가 요구되는 청문을 실시하지 아니한 채 침해적 행정처분을 할 수는 없을 것이므로, 행정처분의 상대방에 대한 청문통지서가 반송되었다거나, 행정처분의 상대방이 청문일시에 불출석하였다는 이유로 청문을 실시하지 아니하고 한 침해적 행정처분은 위법하다(대법원 2001. 4. 13. 2000두3337).

행정청과 당사자 사이에 의견청취절차 배제협약을 하였더라도 청문배제의 예외적인 사유가 아니다.

행정청이 당사자와 사이에 도시계획사업의 시행과 관련한 협약을 체결하면서 관계 법령 및 행정절차법에 규정된 청문의 실시 등 의견청취절차를 배제하는 조항을 두었다고 하더라도, 국민의 행정참여를 도모함으로써 행정의 공정성·투명성 및 신뢰성을 확보하고 국민의 권익을 보호한다는 행정절차법의 목적 및 청문제도의 취지 등에 비추어 볼 때, 위와 같은 협약의 체결로 청문의 실시에 관한 규정의 적용을 배제할 수 있다고 볼 만한 법령상의 규정이 없는 한, 이러한 협약이 체결되었다고 하여 청문의 실시에 관한 규정의 적용이 배제된다거나 청문을 실시하지 않아도 되는 예외적인 경우에 해당한다고 할 수 없다(대법원 2004. 7. 8. 2002두8350).

당사자의 범위

행정청이 의무를 부과하거나 권익을 제한하는 처분을 할 때 의견제출의 기회를 주어야 하는 '당사자'는 '행정청의 처분에 대하여 직접 그 상대가 되는 당사자'를 의미한다. 그런데 '고시'의 방법으로 불특정 다수인을 상대로 의무를 부과하거나 권익을 제한하는 처분은 성질상 의견제출의 기회를 주어야 하는 상대방을 특정할 수 없으므로, 이와 같은 처분에 있어서까지 구 행정절차법 제22조 제3항에 의하여 그 상대방에게 의견제출의 기회를 주어야 한다고 해석할 것은 아니다(대법원 2014. 10. 27. 2012두7745).

보조금 반환명령 당시 사전통지 및 의견제출의 기회가 부여되었다 하더라도 사전통지를 거치지 않은 이 사건 평가인증취소처분은 위법하다.

평가인증취소처분은 이로 인하여 원고에 대한 인건비 등 보조금 지급이 중단되는 등 원고의 권익을 제한하는 처분에 해당하며, 보조금 반환명령과는 전혀 별개의 절차로서 보조금 반환명령이 있으면 피고 보건복지부장관이 평가인증을 취소할 수 있지만 반드시 취소하여야 하는 것은 아닌 점 등에 비추어 보면, 보조금 반환명령 당시 사전통지 및 의견제출의 기회가 부여되었다 하더라도 그 사정만으로 이 사건 평가인증취소처분이 구 행정절차법 제21조 제4항 제3호에서 정하고 있는 사전통지 등을 하지 아니하여도 되는 예외사유에 해당한다고도 볼 수 없으므로, 구 행정절차법 제21조 제1항에 따른 사전통지를 거치지 않은 이 사건 평가인증취소처분은 위법하다(대법원 2016. 11. 9. 2014두1260).

9. 행정상 입법예고

제41조【행정상 입법예고】 ① 법령등을 제정·개정 또는 폐지(이하 "입법"이라 한다)하려는 경우에는 해당 입법안을 마련한 행정청은 이를 예고하여야 한다. 다만, 다음 각 호의 어느 하나에 해당하는 경우에는 예고를 하지 아니할 수 있다.
  1. 신속한 국민의 권리 보호 또는 예측 곤란한 특별한 사정의 발생 등으로 입법이 긴급을 요하는 경우
  2. 상위 법령등의 단순한 집행을 위한 경우
  3. 입법내용이 국민의 권리·의무 또는 일상생활과 관련이 없는 경우
  4. 단순한 표현·자구를 변경하는 경우 등 입법내용의 성질상 예고의 필요가 없거나 곤란하다고 판단되는 경우
  5. 예고함이 공공의 안전 또는 복리를 현저히 해칠 우려가 있는 경우
② 삭제
③ 법제처장은 입법예고를 하지 아니한 법령안의 심사 요청을 받은 경우에 입법예고를 하는 것이 적당하다고 판단할 때에는 해당 행정청에 입법예고를 권고하거나 직접 예고할 수 있다.

④ 입법안을 마련한 행정청은 입법예고 후 예고내용에 국민생활과 직접 관련된 내용이 추가되는 등 대통령령으로 정하는 중요한 변경이 발생하는 경우에는 해당 부분에 대한 입법예고를 다시 하여야 한다. 다만, 제1항 각 호의 어느 하나에 해당하는 경우에는 예고를 하지 아니할 수 있다.

⑤ 입법예고의 기준·절차 등에 관하여 필요한 사항은 대통령령으로 정한다.

제42조【예고방법】 ① 행정청은 입법안의 취지, 주요 내용 또는 전문(全文)을 다음 각 호의 구분에 따른 방법으로 공고하여야 하며, 추가로 인터넷, 신문 또는 방송 등을 통하여 공고할 수 있다.

  1. 법령의 입법안을 입법예고하는 경우 : 관보 및 법제처장이 구축·제공하는 정보시스템을 통한 공고

  2. 자치법규의 입법안을 입법예고하는 경우 : 공보를 통한 공고

② 행정청은 대통령령을 입법예고하는 경우 국회 소관 상임위원회에 이를 제출하여야 한다.

③ 행정청은 입법예고를 할 때에 입법안과 관련이 있다고 인정되는 중앙행정기관, 지방자치단체, 그 밖의 단체 등이 예고사항을 알 수 있도록 예고사항을 통지하거나 그 밖의 방법으로 알려야 한다.

④ 행정청은 제1항에 따라 예고된 입법안에 대하여 온라인공청회 등을 통하여 널리 의견을 수렴할 수 있다. 이 경우 제38조의2제3항부터 제5항까지의 규정을 준용한다.

⑤ 행정청은 예고된 입법안의 전문에 대한 열람 또는 복사를 요청받았을 때에는 특별한 사유가 없으면 그 요청에 따라야 한다.

⑥ 행정청은 제5항에 따른 복사에 드는 비용을 복사를 요청한 자에게 부담시킬 수 있다.

제43조【예고기간】 입법예고기간은 예고할 때 정하되, 특별한 사정이 없으면 40일(자치법규는 20일) 이상으로 한다.

제44조【의견제출 및 처리】 ① 누구든지 예고된 입법안에 대하여 의견을 제출할 수 있다.

② 행정청은 의견접수기관, 의견제출기간, 그 밖에 필요한 사항을 해당 입법안을 예고할 때 함께 공고하여야 한다.

③ 행정청은 해당 입법안에 대한 의견이 제출된 경우 특별한 사유가 없으면 이를 존중하여 처리하여야 한다.

④ 행정청은 의견을 제출한 자에게 그 제출된 의견의 처리결과를 통지하여야 한다.

⑤ 제출된 의견의 처리방법 및 처리결과의 통지에 관하여는 대통령령으로 정한다.

제45조【공청회】 ① 행정청은 입법안에 관하여 공청회를 개최할 수 있다.

② 공청회에 관하여는 제38조, 제38조의2, 제38조의3, 제39조 및 제39조의2를 준용한다.

10. 행정예고

제46조【행정예고】 ① 행정청은 정책, 제도 및 계획(이하 "정책등"이라 한다)을 수립·시행하거나 변경하려는 경우에는 이를 예고하여야 한다. 다만, 다음 각 호의 어느 하나에 해당하는 경우에는 예고를 하지 아니할 수 있다.

  1. 신속하게 국민의 권리를 보호하여야 하거나 예측이 어려운 특별한 사정이 발생하는 등 긴급한 사유로 예고가 현저히 곤란한 경우

  2. 법령등의 단순한 집행을 위한 경우

  3. 정책등의 내용이 국민의 권리·의무 또는 일상생활과 관련이 없는 경우

  4. 정책등의 예고가 공공의 안전 또는 복리를 현저히 해칠 우려가 상당한 경우

② 제1항에도 불구하고 법령등의 입법을 포함하는 행정예고는 입법예고로 갈음할 수 있다.

③ 행정예고기간은 예고 내용의 성격 등을 고려하여 정하되, 20일 이상으로 한다.

④ 제3항에도 불구하고 행정목적을 달성하기 위하여 긴급한 필요가 있는 경우에는 행정예고기간을 단축할 수 있다. 이 경우 단축된 행정예고기간은 10일 이상으로 한다.

제46조의2【행정예고 통계 작성 및 공고】 행정청은 매년 자신이 행한 행정예고의 실시 현황과 그 결과에 관한 통계를 작성하고, 이를 관보·공보 또는 인터넷 등의 방법으로 널리 공고하여야 한다.

제47조【예고방법 등】 ① 행정청은 정책등안(案)의 취지, 주요 내용 등을 관보·공보나 인터넷·신문·방송 등을 통하여 공고하여야 한다.

② 행정예고의 방법, 의견제출 및 처리, 공청회 및 온라인공청회에 관하여는 제38조, 제38조의2, 제38조의3, 제39조, 제39조의2, 제39조의3, 제42조(제1항·제2항 및 제4항은 제외한다), 제44조 제1항부터 제3항까지 및 제45조 제1항을 준용한다. 이 경우 "입법안"은 "정책등안"으로, "입법예고"는 "행정예고"로, "처분을 할 때"는 "정책등을 수립·시행하거나 변경할 때"로 본다.

확인학습

1 헌법재판소는 행정절차의 헌법적 근거를 민주국가원리라는 헌법원리에서 찾고 있다. ☒

> [해설] 헌법 제12조에 따르면 적법절차원리에서 찾고 있다.

2 우리나라의 행정절차법은 순수한 절차규정만으로 이루어졌다. ☒

> [해설] 실체적 규정으로 신의성실의 원칙과 신뢰보호의 원칙을 규정하고 있다.

3 행정절차법은 처분의 개념을 정의하고 있고, 그 내용은 행정심판법, 행정소송법과 동일하다. ☒

4 국가공무원법상 직위해제처분은 처분의 사전통지 및 의견청취 등에 관한 행정절차법의 규정이 적용되지 않는다. ○

5 행정절차법 시행령 제2조 제8호는 '학교·연수원 등에서 교육·훈련의 목적을 달성하기 위하여 학생·연수생들을 대상으로 하는 사항'을 행정절차법이 적용되지 않는 경우로 규정하고 있으나 생도의 퇴학처분과 같이 신분을 박탈하는 징계처분은 여기에 해당한다고 할 수 없다. ○

6 징계심의대상자가 선임한 변호사가 징계위원회에 출석하여 징계심의대상자를 위하여 필요한 의견을 진술하는 것은 방어권 행사의 본질적 내용에 해당하므로, 행정청은 특별한 사정이 없는 한 이를 거부할 수 없다. ○

7 공정거래위원회의 시정조치 및 과징금납부명령에 행정절차법 소정의 의견청취절차 생략사유가 존재한다면 공정거래위원회는 행정절차법을 적용하여 의견청취절차를 생략할 수 있다. ☒

8 군진급 예정자 명단에 포함된 자에 대하여 수사과정 및 징계과정에서 비위행위에 대한 충분한 해명기회를 가졌더라도 진급 선발을 취소하는 처분을 함에 있어서 '행정절차법'상 사전통지·의견진술의 기회를 부여하여야 한다. ○

9 행정응원에 소요되는 비용은 응원을 요청한 행정청이 부담하며, 그 부담금액 및 부담방법은 응원을 행하는 행정청의 결정에 의한다. ☒

10 행정절차법상 송달이 불가능한 경우 등에는 다른 법령 등에 특별한 규정이 있는 경우를 제외하고는 공고일로부터 14일이 경과한 때에 그 효력이 발생한다. ⭕

11 처분의 사전통지가 적용되는 제3자는 '행정청이 직권 또는 신청에 따라 행정절차에 참여하게 한 이해관계인'으로 한정된다. ⭕

12 이해관계가 있는 제3자는 자신의 신청 또는 행정청의 직권에 의하여 행정절차에 참여하여 처분 전에 그 처분의 관할 행정청에 서면이나 말로 또는 정보통신망을 이용하여 의견제출을 할 수 있다. ⭕

13 행정청은 처분을 할 때에 당사자 등이 제출한 의견이 상당한 이유가 있다고 인정되는 경우에는 이를 반영할 수 있다. ❌

> 해설 상당한 이유가 있다고 인정하는 경우에는 이를 반영하여야 한다.

14 행정청이 행정처분을 하면서 상대방에게 불복절차에 관한 고지의무를 이행하지 않았다면 이는 절차적 하자로서 그 행정처분은 위법하게 된다. ❌

15 행정청은 필요한 처분기준을 당해 처분의 성질에 비추어 될 수 있는 한 구체적으로 정하여 공표하여야 하지만 처분기준을 공표하는 것이 당해 처분의 성질상 현저히 곤란하거나 공공의 안전 또는 복리를 현저히 해하는 때에는 공표하지 아니할 수 있다. ⭕

16 이유제시는 불이익처분에 한하여 필요한 절차이다. ❌

17 이유제시는 처분의 상대방에게 제시된 이유에 대해 방어할 기회를 보장하기 위해 처분에 앞서 사전에 함이 원칙이다. ❌

18 행정청은 처분을 할 때에는 이해관계인에게 그 근거와 이유를 제시하여야 한다. ❌

> 해설 당사자에게 그 근거와 이유를 제시하여야 한다.

19 당사자가 근거규정 등을 명시하여 신청하는 인·허가 등을 거부하는 처분을 함에 있어 당사자가 근거를 알 수 있을 정도로 상당한 이유를 제시한 경우에는 당해 처분의 근거 및 이유를 구체적 조항 및 내용까지 명시하지 않았더라도 그로 말미암아 그 처분이 위법한 것이 된다고 할 수 없다. ⭕

20 처분 당시 당사자가 어떠한 근거와 이유로 처분이 이루어진 것인지를 충분히 알 수 있어서 그에 불복하여 행정구제절차로 나아가는 데에 별다른 지장이 없었던 것으로 인정되는 경우에도 처분서에 처분의 근거와 이유가 구체적으로 명시되어 있지 않았다면, 그 처분은 위법한 것으로 된다. ❌

> 해설 처분 당시 당사자가 어떠한 근거와 이유로 처분이 이루어진 것인지를 충분히 알 수 있어서 그에 불복하여 행정구제절차로 나아가는 데에 별다른 지장이 없었던 것으로 인정되는 경우에는 처분서에 처분의 근거와 이유가 구체적으로 명시되어 있지 않았다고 하여 그 처분이 위법한 것으로 된다고 할 수는 없다.

21 신청내용을 모두 그대로 인정하는 처분인 경우 이유제시의무가 면제되지만 처분 후 당사자가 요청하는 경우에는 그 근거와 이유를 제시하여야 한다. ❌

22 행정청은 경미한 처분으로 당사자가 이유를 명백하게 알 수 있는 경우에는 처분 후 당사자가 요청하여도 그 근거와 이유를 제시할 필요가 없다. ❌

> 해설 요청이 있으면 이유를 제시하여야 한다.

23 행정청은 긴급히 처분을 할 필요가 있는 경우 당사자에게 처분의 근거와 이유를 제시하지 않아도 되지만, 처분 후에는 당사자의 요청이 없어도 그 근거와 이유를 제시하여야 한다. ☒

해설 요청이 있으면 이유를 제시하여야 한다.

24 행정처분의 이유로 제시한 수 개의 처분사유 중 일부가 위법하면, 다른 처분사유로써 그 처분의 정당성이 인정되더라도 그 처분은 위법하다. ☒

해설 행정처분에 있어 수 개의 처분사유 중 일부가 적법하지 않다고 하더라도 다른 처분사유로써 그 처분의 정당성이 인정되는 경우에는 그 처분을 위법하다고 할 수 없다.

25 퇴직연금의 환수결정은 당사자에게 의무를 과하는 처분이기는 하나, 관련 법령에 따라 당연히 환수금액이 정하여지는 것이므로, 퇴직연금의 환수결정에 앞서 당사자에게 의견진술의 기회를 주지 아니하여도 행정절차법 제22조 제3항이나 신의칙에 어긋나지 아니한다. ☑

26 행정청은 사인의 신청에 구비서류의 미비와 같은 흠이 있는 경우 신청인에게 보완을 요구하여야 하는바, 이때 보완의 대상이 되는 흠은 원칙상 형식적·절차적 요건뿐만 아니라 실체적 발급요건상의 흠을 포함한다. ☒

27 행정절차법이 처분의 처리기간을 정하는 것은 신청에 따른 사무를 가능한 한 조속히 처리하도록 하기 위한 것으로, 처리기간에 관한 규정은 훈시규정에 불과할 뿐 강행규정이라고 볼 수 없으므로, 행정청이 처리기간이 지나 처분을 하였더라도 이를 처분을 취소할 절차상 하자로 볼 수 없다. ☑

28 신청에 대한 거부처분은 특별한 사정이 없는 한 행정절차법상 처분의 사전통지대상이 아니다. ☑

29 수익적 행정행위의 거부처분을 함에 있어서 당사자에게 사전통지를 하지 아니하였다면, 그 거부처분은 위법하여 취소를 면할 수 없다. ☒

30 불이익처분의 직접 상대방인 당사자도 아니고 행정청이 참여하게 한 이해관계인도 아닌 제3자에 대해서는 사전통지에 관한 규정이 적용되지 않는다. ☑

31 고시의 방법으로 불특정한 다수인을 상대로 의무를 부과하거나 권익을 제한하는 처분도 상대방에게 의견제출의 기회를 주어야 한다. ☒

32 국가공무원법상 소청심사위원회가 소청사건을 심사하면서 소청인 또는 대리인에게 진술의 기회를 주지 아니하고 한 결정은 무효이다. ☑

33 병역법에 따라 병역의무 기피자의 인적사항 등을 인터넷 홈페이지에 게시하는 등의 방법으로 공개한 경우 병무청장의 공개결정을 항고소송의 대상이 되는 행정처분으로 보아야 한다. ☑

34 협약이 체결되었다고 하여 청문의 실시에 관한 규정의 적용이 배제된다거나 청문을 실시하지 않아도 되는 예외적인 경우에 해당한다고 할 수 없다. ☑

35 행정청은 공공복리를 위하여 긴급히 처분할 필요가 있는 경우에는 불이익처분의 사전통지를 하지 아니할 수 있다. ☑

36 당해 처분의 성질상 의견청취가 현저히 곤란하다거나 명백히 불필요하다고 인정될 만한 상당한 이유가 있는지의 여부는 당해 행정처분의 성질에 따라 판단한다. ☑

37 행정처분의 상대방이 청문일시에 불출석하였다는 이유로 행정청이 관계 법령상 그 실시가 요구되는 청문을 실시하지 아니하고 한 침해적 행정처분은 위법하다. ⭕

38 사전통지의무가 면제되는 경우에도 의견청취의무가 면제되는 것은 아니다. ❌

해설 면제된다.

39 처분상대방이 이미 행정청에 위반사실을 시인하였다는 사정은 사전통지의 예외가 적용되는 '의견청취가 현저히 곤란하거나 명백히 불필요하다고 인정될 만한 상당한 이유가 있는 경우'에 해당한다. ❌

해설 여기에서 '의견청취가 현저히 곤란하거나 명백히 불필요하다고 인정될 만한 상당한 이유가 있는 경우'에 해당하는지는 해당 행정처분의 성질에 비추어 판단하여야 하며, 처분상대방이 이미 행정청에 위반사실을 시인하였다거나 처분의 사전통지 이전에 의견을 진술할 기회가 있었다는 사정을 고려하여 판단할 것은 아니다.

40 행정청은 청문을 실시하고자 하는 경우에는 그 청문시작 7일 전까지 당사자 등에게 청문회 일시·장소 등을 통지하여야 한다. ❌

해설 10일 전까지 통지하여야 한다.

41 행정청은 공청회를 개최하려는 경우에 공청회 개최 14일 전까지 일정한 사항을 당사자 등에게 통지하여야 한다. ⭕

42 공청회 개최를 알린 후 예정대로 개최하지 못하여 새로 일시 및 장소 등을 정한 경우에는 공청회 개최 7일 전까지 알려야 한다. ⭕

43 당사자 등은 공청회의 통지가 있는 날부터 공청회가 끝날 때까지 행정청에 대하여 당해 사안의 조사결과에 관한 문서와 기타 공청회와 관련되는 문서의 열람 또는 복사를 요청할 수 있다. ❌

44 청문 주재자는 신청 또는 직권에 의하여 필요한 조사를 할 수 있으며, 당사자 등이 주장하지 아니한 사실에 대하여도 조사할 수 있다. ⭕

45 청문을 주재하려는 직원이 해당 처분을 처리하는 부서에 근무하는 경우에는 청문을 주재할 수 없다. ⭕

46 행정청은 처분을 함에 있어 국민생활에 큰 영향을 미치는 처분으로서 대통령령으로 정하는 처분에 대하여 대통령령으로 정하는 수 이상의 당사자 등이 공청회 개최를 요구하는 경우 공청회를 개최한다. ⭕

47 인허가 등을 취소하는 경우에는 개별 법령상 청문을 하도록 하는 근거규정이 없고 의견제출기한 내에 당사자 등의 신청이 없는 경우에도 청문을 하여야 한다. ⭕

48 행정예고기간은 예고 내용의 성격 등을 고려하여 정하되, 특별한 사정이 없으면 40일 이상으로 한다. ❌

49 행정예고를 입법예고로 갈음할 수 없다. ❌

해설 갈음할 수 있다.

50 행정청은 정책, 제도 및 계획을 수립·시행하거나 변경하려는 경우에는 국민생활에 매우 큰 영향을 주거나 많은 국민의 이해가 상충되는 사항 그리고 널리 국민의 의견을 수렴할 필요가 있는 사항에 한하여 행정예고를 하여야 한다. ❌

PART · 03

공공기관의 정보공개에 관한 법률

1. 정보공개청구권의 법적 근거

정보공개청구권이란 사인이 공공기관에 대하여 정보를 제공해 줄 것을 요구할 수 있는 개인적 공권을 말한다. 이는 헌법 제21조에서 직접 파생하는 구체적이고 현실적인 권리이므로, 개별 법률의 제정이 없더라도 헌법상의 기본권으로 보장된다고 보아야 한다. 대법원과 헌법재판소도 정보공개청구권은 국민의 알 권리에서 보장되어야 하며 이러한 알 권리의 핵심적 근거를 헌법 제21조에 규정된 표현의 자유로 보고 있다.

다른 법률에 특별한 규정이 있는 경우를 제외하고는 공공기관의 정보공개에 관한 법률이 일반법으로서 적용된다.

판례

정보공개청구권자의 권리구제 가능성 등은 정보의 공개 여부 결정에 아무런 영향을 미치지 못한다.

공공기관의 정보공개에 관한 법률은 국민의 알권리를 보장하고 국정에 대한 국민의 참여와 국정 운영의 투명성을 확보함을 목적으로 하고(제1조), 공공기관이 보유·관리하는 정보는 국민의 알권리 보장 등을 위하여 적극적으로 공개하여야 한다는 정보공개의 원칙을 선언하고 있으며(제3조), 모든 국민은 정보의 공개를 청구할 권리를 가진다고 하면서(제5조 제1항) 비공개대상정보에 해당하지 않는 한 공공기관이 보유·관리하는 정보는 공개 대상이 된다고 규정하고 있을 뿐(제9조 제1항) 정보공개 청구권자가 공개를 청구하는 정보와 어떤 관련성을 가질 것을 요구하거나 정보공개청구의 목적에 특별한 제한을 두고 있지 아니하므로 정보공개 청구권자의 권리구제 가능성 등은 정보의 공개 여부 결정에 아무런 영향을 미치지 못한다(대법원 2017. 9. 7 2017두44558).

2. 총칙 – 원칙 및 적용범위

제1조【목적】 이 법은 공공기관이 보유·관리하는 정보에 대한 국민의 공개 청구 및 공공기관의 공개 의무에 관하여 필요한 사항을 정함으로써 국민의 알권리를 보장하고 국정(國政)에 대한 국민의 참여와 국정 운영의 투명성을 확보함을 목적으로 한다.

제2조【정의】 이 법에서 사용하는 용어의 뜻은 다음과 같다.

1. "정보"란 공공기관이 직무상 작성 또는 취득하여 관리하고 있는 문서(전자문서를 포함한다. 이하 같다) 및 전자매체를 비롯한 모든 형태의 매체 등에 기록된 사항을 말한다.
2. "공개"란 공공기관이 이 법에 따라 정보를 열람하게 하거나 그 사본·복제물을 제공하는 것 또는 「전자정부법」 제2조 제10호에 따른 정보통신망(이하 "정보통신망"이라 한다)을 통하여 정보를 제공하는 것 등을 말한다.

3. "공공기관"이란 다음 각 목의 기관을 말한다.

　가. 국가기관

　　1) 국회, 법원, 헌법재판소, 중앙선거관리위원회

　　2) 중앙행정기관(대통령 소속 기관과 국무총리 소속 기관을 포함한다) 및 그 소속 기관

　　3) 「행정기관 소속 위원회의 설치·운영에 관한 법률」에 따른 위원회

　나. 지방자치단체

　다. 「공공기관의 운영에 관한 법률」 제2조에 따른 공공기관

　라. 「지방공기업법」에 따른 지방공사 및 지방공단

　마. 그 밖에 대통령령으로 정하는 기관

시행령 제2조【공공기관의 범위】「공공기관의 정보공개에 관한 법률」(이하 "법"이라 한다) 제2조 제3호 마목에서 "대통령령으로 정하는 기관"이란 다음 각 호의 기관 또는 단체를 말한다.

1. 「유아교육법」, 「초·중등교육법」, 「고등교육법」에 따른 각급 학교 또는 그 밖의 다른 법률에 따라 설치된 학교

2. 삭제

3. 「지방자치단체 출자·출연 기관의 운영에 관한 법률」 제2조 제1항에 따른 출자기관 및 출연기관

4. 특별법에 따라 설립된 특수법인

5. 「사회복지사업법」 제42조 제1항에 따라 국가나 지방자치단체로부터 보조금을 받는 사회복지법인과 사회복지사업을 하는 비영리법인

6. 제5호 외에 「보조금 관리에 관한 법률」 제9조 또는 「지방재정법」 제17조 제1항 각 호 외의 부분 단서에 따라 국가나 지방자치단체로부터 연간 5천만원 이상의 보조금을 받는 기관 또는 단체. 다만, 정보공개 대상 정보는 해당 연도에 보조를 받은 사업으로 한정한다.

제3조【정보공개의 원칙】 공공기관이 보유·관리하는 정보는 국민의 알권리 보장 등을 위하여 이 법에서 정하는 바에 따라 적극적으로 공개하여야 한다.

제4조【적용범위】 ① 정보의 공개에 관하여는 다른 법률에 특별한 규정이 있는 경우를 제외하고는 이 법에서 정하는 바에 따른다.

② 지방자치단체는 그 소관사무에 관하여 법령의 범위에서 정보공개에 관한 조례를 정할 수 있다.

③ 국가안전보장에 관련되는 정보 및 보안업무를 관장하는 기관에서 국가안전보장과 관련된 정보의 분석을 목적으로 수집하거나 작성한 정보에 대해서는 이 법을 적용하지 아니한다. 다만, 제8조 제1항의 규정에 따른 정보목록의 작성·비치 및 공개에 대해서는 그러하지 아니한다.

판례

정보를 공공기관이 보유·관리하고 있을 상당한 개연성이 있다는 점은 공개청구자가 입증하며, 그 정보를 더 이상 보유·관리하고 있지 않다는 점에 대한 증명책임은 공공기관에 있다.

공공기관의 정보공개에 관한 법률(이하 '정보공개법'이라고 한다)에서 말하는 공개대상 정보는 정보 그 자체가 아닌 정보공개법 제2조 제1호에서 예시하고 있는 매체 등에 기록된 사항을 의미하고, 공개대상 정보는 원칙적으로 공개를 청구하는 자가 정보공개법 제10조 제1항 제2호에 따라 작성한 정보공개청구서의 기재내용에 의하여 특정되며, 만일 공개청구자가 특정한 바와 같은 정보를 공공기관이 보유·관리하고 있지 않은 경우라면 특별한 사정이 없는 한 해당 정보에 대한 공개거부처분에 대하여는 취소를 구할 법률상 이익이 없다. 이와 관련하여 공개청구자는 그가 공개를 구하는 정보를 공공기관이 보유·관리하고 있을 상당한 개연성이 있다는 점에 대하여 입증할 책임이 있으나, 공개를 구하는 정보를 공공기관이 한때 보유·관

리하였으나 후에 그 정보가 담긴 문서들이 폐기되어 존재하지 않게 된 것이라면 그 정보를 더 이상 보유·관리하고 있지 않다는 점에 대한 증명책임은 공공기관에 있다(대법원 2013. 1. 24. 2010두18918).

공개청구의 대상이 되는 정보는 반드시 원본일 필요는 없다.

공공기관의 정보공개에 관한 법률상 공개청구의 대상이 되는 정보란 공공기관이 직무상 작성 또는 취득하여 현재 보유·관리하고 있는 문서에 한정되는 것이기는 하나, 그 문서가 반드시 원본일 필요는 없다(대법원 2006. 5. 25. 2006두3049).

교육의 공공성 및 공·사립학교의 동질성 등의 이유로 사립학교도 정보공개의무를 지는 공공기관이다.

[1] 정보공개 의무기관을 정하는 것은 입법자의 입법형성권에 속하고, 이에 따라 입법자는 정보공개 의무기관을 공공기관으로 정하였는바, 공공기관은 국가기관에 한정되는 것이 아니라 지방자치단체, 정부투자기관, 그 밖에 공동체 전체의 이익에 중요한 역할이나 기능을 수행하는 기관도 포함되는 것으로 해석되고, 여기에 정보공개의 목적, 교육의 공공성 및 공·사립학교의 동질성, 사립대학교에 대한 국가의 재정지원 및 보조 등 여러 사정을 고려해 보면, 사립대학교에 대한 국비 지원이 한정적·일시적·국부적이라는 점을 고려하더라도, 정보공개의무를 지는 공공기관의 하나로 사립대학교를 들고 있는 것이 모법인 구 공공기관의 정보공개에 관한 법률의 위임 범위를 벗어났다거나 사립대학교가 국비의 지원을 받는 범위 내에서만 공공기관의 성격을 가진다고 볼 수 없다.

[2] 공공기관의 정보공개에 관한 법률의 목적, 규정 내용 및 취지에 비추어 보면 정보공개청구의 목적에 특별한 제한이 없으므로, 오로지 상대방을 괴롭힐 목적으로 정보공개를 구하고 있다는 등의 특별한 사정이 없는 한 정보공개의 청구가 신의칙에 반하거나 권리남용에 해당한다고 볼 수 없다(대법원 2006. 8. 24. 2004두2783).

형사재판확정기록의 공개에 관하여는 정보공개법에 의한 공개청구가 허용되지 아니한다.

형사소송법 제59조의2의 내용·취지 등을 고려하면, 형사소송법 제59조의2는 형사재판확정기록의 공개 여부나 공개 범위, 불복절차 등에 대하여 구 공공기관의 정보공개에 관한 법률(2013. 8. 6. 법률 제11991호로 개정되기 전의 것, 이하 '정보공개법'이라고 한다)과 달리 규정하고 있는 것으로 정보공개법 제4조 제1항에서 정한 '정보의 공개에 관하여 다른 법률에 특별한 규정이 있는 경우'에 해당한다. 따라서 형사재판확정기록의 공개에 관하여는 정보공개법에 의한 공개청구가 허용되지 아니한다(대법원 2016. 12. 15. 2013두20882).

3. 정보공개청구권자와 공공기관의 의무

1) 정보공개청구권자

제5조【정보공개청구권자】 ① 모든 국민은 정보의 공개를 청구할 권리를 가진다.
② 외국인의 정보공개청구에 관하여는 대통령령으로 정한다.

시행령 제3조【외국인의 정보공개청구】 법 제5조 제2항의 규정에 의하여 정보공개를 청구할 수 있는 외국인은 다음 각 호의 어느 하나에 해당하는 자이어야 한다.
  1. 국내에 일정한 주소를 두고 거주하거나 학술·연구를 위하여 일시적으로 체류하는 사람
  2. 국내에 사무소를 두고 있는 법인 또는 단체

판례

정보공개청구권은 법률상 보호되는 구체적인 권리이다.

"모든 국민은 정보의 공개를 청구할 권리를 가진다."고 규정하고 있는데, 여기에서 말하는 국민에는 자연인은 물론 법인, 권리능력 없는 사단·재단도 포함되고, 법인, 권리능력 없는 사단·재단 등의 경우에는 설립목적을 불문하며, 한편 정보공개청구권은 법률상 보호되는 구체적인 권리이므로 청구인이 공공기관에 대하여 정보공개를 청구하였다가 거부처분을 받은 것 자체가 법률상 이익의 침해에 해당한다(대법원 2003. 12. 12. 2003두8050).

2) 공공기관의 의무

제6조【공공기관의 의무】 ① 공공기관은 정보의 공개를 청구하는 국민의 권리가 존중될 수 있도록 이 법을 운영하고 소관 관계 법령을 정비하며, 정보를 투명하고 적극적으로 공개하는 조직문화 형성에 노력하여야 한다.
② 공공기관은 정보의 적절한 보존 및 신속한 검색과 국민에게 유용한 정보의 분석 및 공개 등이 이루어지도록 정보관리체계를 정비하고, 정보공개 업무를 주관하는 부서 및 담당하는 인력을 적정하게 두어야 하며, 정보통신망을 활용한 정보공개시스템 등을 구축하도록 노력하여야 한다.
③ 행정안전부장관은 공공기관의 정보공개에 관한 업무를 종합적·체계적·효율적으로 지원하기 위하여 통합정보공개시스템을 구축·운영하여야 한다.
④ 공공기관(국회·법원·헌법재판소·중앙선거관리위원회는 제외한다)이 제2항에 따른 정보공개시스템을 구축하지 아니한 경우에는 제3항에 따라 행정안전부장관이 구축·운영하는 통합정보공개시스템을 통하여 정보공개 청구 등을 처리하여야 한다.
⑤ 공공기관은 소속 공무원 또는 임직원 전체를 대상으로 국회규칙·대법원규칙·헌법재판소규칙·중앙선거관리위원회규칙 및 대통령령으로 정하는 바에 따라 이 법 및 정보공개 제도 운영에 관한 교육을 실시하여야 한다.
제6조의2【정보공개 담당자의 의무】 공공기관의 정보공개 담당자(정보공개 청구 대상 정보와 관련된 업무 담당자를 포함한다)는 정보공개 업무를 성실하게 수행하여야 하며, 공개 여부의 자의적인 결정, 고의적인 처리 지연 또는 위법한 공개 거부 및 회피 등 부당한 행위를 하여서는 아니 된다.

3) 정보의 사전적 공개

제7조【정보의 사전적 공개 등】 ① 공공기관은 다음 각 호의 어느 하나에 해당하는 정보에 대해서는 공개의 구체적 범위, 주기, 시기 및 방법 등을 미리 정하여 정보통신망 등을 통하여 알리고, 이에 따라 정기적으로 공개하여야 한다. 다만, 제9조 제1항 각 호의 어느 하나에 해당하는 정보에 대해서는 그러하지 아니하다.
  1. 국민생활에 매우 큰 영향을 미치는 정책에 관한 정보
  2. 국가의 시책으로 시행하는 공사(工事) 등 대규모 예산이 투입되는 사업에 관한 정보

　　3. 예산집행의 내용과 사업평가 결과 등 행정감시를 위하여 필요한 정보
　　4. 그 밖에 공공기관의 장이 정하는 정보
② 공공기관은 제1항에 규정된 사항 외에도 국민이 알아야 할 필요가 있는 정보를 국민에게 공개하도록 적극적으로 노력하여야 한다.

4) 정보목록의 작성 · 비치

제8조【정보목록의 작성 · 비치 등】 ① 공공기관은 그 기관이 보유 · 관리하는 정보에 대하여 국민이 쉽게 알 수 있도록 정보목록을 작성하여 갖추어 두고, 그 목록을 정보통신망을 활용한 정보공개시스템 등을 통하여 공개하여야 한다. 다만, 정보목록 중 제9조 제1항에 따라 공개하지 아니할 수 있는 정보가 포함되어 있는 경우에는 해당 부분을 갖추어 두지 아니하거나 공개하지 아니할 수 있다.
② 공공기관은 정보의 공개에 관한 사무를 신속하고 원활하게 수행하기 위하여 정보공개 장소를 확보하고 공개에 필요한 시설을 갖추어야 한다.

제8조의2【공개대상 정보의 원문공개】 공공기관 중 중앙행정기관 및 대통령령으로 정하는 기관은 전자적 형태로 보유 · 관리하는 정보 중 공개대상으로 분류된 정보를 국민의 정보공개 청구가 없더라도 정보통신망을 활용한 정보공개시스템 등을 통하여 공개하여야 한다.

4. 정보공개의 절차

1) 비공개대상정보

제9조【비공개대상정보】 ① 공공기관이 보유 · 관리하는 정보는 공개 대상이 된다. 다만, 다음 각 호의 어느 하나에 해당하는 정보는 공개하지 아니할 수 있다.
　　1. 다른 법률 또는 법률에서 위임한 명령(국회규칙 · 대법원규칙 · 헌법재판소규칙 · 중앙선거관리위원회규칙 · 대통령령 및 조례로 한정한다)에 따라 비밀이나 비공개 사항으로 규정된 정보
　　2. 국가안전보장 · 국방 · 통일 · 외교관계 등에 관한 사항으로서 공개될 경우 국가의 중대한 이익을 현저히 해칠 우려가 있다고 인정되는 정보
　　3. 공개될 경우 국민의 생명 · 신체 및 재산의 보호에 현저한 지장을 초래할 우려가 있다고 인정되는 정보
　　4. 진행 중인 재판에 관련된 정보와 범죄의 예방, 수사, 공소의 제기 및 유지, 형의 집행, 교정(矯正), 보안처분에 관한 사항으로서 공개될 경우 그 직무수행을 현저히 곤란하게 하거나 형사피고인의 공정한 재판을 받을 권리를 침해한다고 인정할 만한 상당한 이유가 있는 정보
　　5. 감사 · 감독 · 검사 · 시험 · 규제 · 입찰계약 · 기술개발 · 인사관리에 관한 사항이나 의사결정 과정 또는 내부검토 과정에 있는 사항 등으로서 공개될 경우 업무의 공정한 수행이나 연구 · 개발에 현저한 지장을 초래한다고 인정할 만한 상당한 이유가 있는 정보. 다만, 의사결정 과정 또는 내부검토 과정을 이유로 비공개할 경우에는 제13조 제5항에 따라 통지를 할 때 의사결정 과정 또는 내부검토 과정의 단계 및 종료 예정일을 함께 안내하여야 하며, 의사결정 과정 및 내부검토 과정이 종료되면 제10조에 따른 청구인에게 이를 통지하여야 한다.

6. 해당 정보에 포함되어 있는 성명·주민등록번호 등 「개인정보 보호법」 제2조 제1호에 따른 개인 정보로서 공개될 경우 사생활의 비밀 또는 자유를 침해할 우려가 있다고 인정되는 정보. 다만, 다음 각 목에 열거한 사항은 제외한다.

    가. 법령에서 정하는 바에 따라 열람할 수 있는 정보

    나. 공공기관이 공표를 목적으로 작성하거나 취득한 정보로서 사생활의 비밀 또는 자유를 부당하게 침해하지 아니하는 정보

    다. 공공기관이 작성하거나 취득한 정보로서 공개하는 것이 공익이나 개인의 권리 구제를 위하여 필요하다고 인정되는 정보

    라. 직무를 수행한 공무원의 성명·직위

    마. 공개하는 것이 공익을 위하여 필요한 경우로서 법령에 따라 국가 또는 지방자치단체가 업무의 일부를 위탁 또는 위촉한 개인의 성명·직업

7. 법인·단체 또는 개인(이하 "법인등"이라 한다)의 경영상·영업상 비밀에 관한 사항으로서 공개될 경우 법인등의 정당한 이익을 현저히 해칠 우려가 있다고 인정되는 정보. 다만, 다음 각 목에 열거한 정보는 제외한다.

    가. 사업활동에 의하여 발생하는 위해(危害)로부터 사람의 생명·신체 또는 건강을 보호하기 위하여 공개할 필요가 있는 정보

    나. 위법·부당한 사업활동으로부터 국민의 재산 또는 생활을 보호하기 위하여 공개할 필요가 있는 정보

8. 공개될 경우 부동산 투기, 매점매석 등으로 특정인에게 이익 또는 불이익을 줄 우려가 있다고 인정되는 정보

② 공공기관은 제1항 각 호의 어느 하나에 해당하는 정보가 기간의 경과 등으로 인하여 비공개의 필요성이 없어진 경우에는 그 정보를 공개 대상으로 하여야 한다.

③ 공공기관은 제1항 각 호의 범위에서 해당 공공기관의 업무 성격을 고려하여 비공개 대상 정보의 범위에 관한 세부 기준(이하 "비공개 세부 기준"이라 한다)을 수립하고 이를 정보통신망을 활용한 정보공개시스템 등을 통하여 공개하여야 한다.

④ 공공기관(국회·법원·헌법재판소 및 중앙선거관리위원회는 제외한다)은 제3항에 따라 수립된 비공개 세부 기준이 제1항 각 호의 비공개 요건에 부합하는지 3년마다 점검하고 필요한 경우 비공개 세부 기준을 개선하여 그 점검 및 개선 결과를 행정안전부장관에게 제출하여야 한다.

> [판례]
>
> **공공기관의 정보공개에 관한 법률 제7조 제1항 제1호 소정의 '법률에 의한 명령'은 법규명령(위임명령)을 의미한다.**
>
> 공공기관의 정보공개에 관한 법률 제1조, 제3조, 헌법 제37조의 각 취지와 행정입법으로는 법률이 구체적으로 범위를 정하여 위임한 범위 안에서만 국민의 자유와 권리에 관련된 규율을 정할 수 있는 점 등을 고려할 때, 공공기관의정보공개에관한법률 제7조 제1항 제1호 소정의 '법률에 의한 명령'은 법률의 위임규정에 의하여 제정된 대통령령, 총리령, 부령 전부를 의미한다기보다는 정보의 공개에 관하여 법률의 구체적인 위임 아래 제정된 법규명령(위임명령)을 의미한다(대법원 2003. 12. 11. 2003두8395).

직무수행을 현저히 곤란하게 한다고 인정할 만한 고도의 개연성이 있고 그 정도가 현저한 경우에 한하여 비공개대상정보에 해당한다.

공공기관의 정보공개에 관한 법률 제7조 제1항 제5호에서 규정하고 있는 '공개될 경우 업무의 공정한 수행에 현저한 지장을 초래한다고 인정할 만한 상당한 이유가 있는 경우'라 함은 같은 법 제1조의 정보공개제도의 목적 및 같은 법 제7조 제1항 제5호의 규정에 의한 비공개대상정보의 입법 취지에 비추어 볼 때 공개될 경우 업무의 공정한 수행이 객관적으로 현저하게 지장을 받을 것이라는 고도의 개연성이 존재하는 경우를 의미한다고 할 것이고, 여기에 해당하는지 여부는 비공개에 의하여 보호되는 업무수행의 공정성 등의 이익과 공개에 의하여 보호되는 국민의 알권리의 보장과 국정에 대한 국민의 참여 및 국정운영의 투명성 확보 등의 이익을 비교·교량하여 구체적인 사안에 따라 신중하게 판단되어야 한다(대법원 2003. 8. 22. 2002두 12946).

인터넷검색 등을 통하여 쉽게 알 수 있다는 사정만으로는 비공개결정이 정당화될 수 없다.

국민의 정보공개청구권은 법률상 보호되는 구체적인 권리이므로, 공공기관에 대하여 정보의 공개를 청구하였다가 공개거부처분을 받은 청구인은 행정소송을 통하여 그 공개거부처분의 취소를 구할 법률상의 이익이 있고, 공개청구의 대상이 되는 정보가 이미 다른 사람에게 공개되어 널리 알려져 있다거나 인터넷 등을 통하여 공개되어 인터넷검색 등을 통하여 쉽게 알 수 있다는 사정만으로는 소의 이익이 없다거나 비공개결정이 정당화될 수 없다(대법원 2010. 12. 23. 2008두13101).

학교폭력대책자치위원회의 회의록은 비공개대상정보에 해당한다.

학교폭력대책자치위원회에서의 자유롭고 활발한 심의·의결이 보장되기 위해서는 위원회가 종료된 후라도 심의·의결 과정에서 개개 위원들이 한 발언 내용이 외부에 공개되지 않는다는 것이 철저히 보장되어야 한다는 점, 학교폭력예방 및 대책에 관한 법률 제21조 제3항이 학교폭력대책자치위원회의 회의를 공개하지 못하도록 명문으로 규정하고 있는 것은, 회의록 공개를 통한 알권리 보장과 학교폭력대책자치위원회 운영의 투명성 확보 요청을 다소 후퇴시켜서라도 초등학교·중학교·고등학교·특수학교 내외에서 학생들 사이에서 발생한 학교폭력의 예방 및 대책에 관련된 사항을 심의하는 학교폭력대책자치위원회 업무수행의 공정성을 최대한 확보하기 위한 것으로 보이는 점 등을 고려하면, 학교폭력대책자치위원회의 회의록은 공공기관의 정보공개에 관한 법률 제9조 제1항 제5호의 '공개될 경우 업무의 공정한 수행에 현저한 지장을 초래한다고 인정할 만한 상당한 이유가 있는 정보'에 해당한다(대법원 2010. 6. 10. 2010두2913).

학교환경위생정화위원회의 회의록에 기재된 발언자의 인적사항에 해당하는 부분은 비공개대상에 해당한다.

[1] 공공기관의 정보공개에 관한 법률상 비공개대상정보의 입법 취지에 비추어 살펴보면, 같은 법 제7조 제1항 제5호에서의 '감사·감독·검사·시험·규제·입찰계약·기술개발·인사관리·의사결정과정 또는 내부검토과정에 있는 사항'은 비공개대상정보를 예시적으로 열거한 것이라고 할 것이므로 의사결정과정에 제공된 회의관련자료나 의사결정과정이 기록된 회의록 등은 의사가 결정되거나 의사가 집행된 경우에는 더 이상 의사결정과정에 있는 사항 그 자체라고는 할 수 없으나, 의사결정과정에 있는 사항에 준하는 사항으로서 비공개대상정보에 포함될 수 있다.

[2] 학교환경위생구역 내 금지행위(숙박시설) 해제결정에 관한 학교환경위생정화위원회의 회의록에 기재된 발언내용에 대한 해당 발언자의 인적사항 부분에 관한 정보는 공공기관의 정보공개에 관한 법률 제7조 제1항 제5호 소정의 비공개대상에 해당한다(대법원 2003. 8. 22. 2002두12946).

법인이 거래하는 금융기관의 계좌번호는 영업상 비밀에 해당한다.

[1] 정보공개를 청구하는 자가 공공기관에 대해 정보의 사본 또는 출력물의 교부의 방법으로 공개방법을 선택하여 정보공개청구를 한 경우에 공개청구를 받은 공공기관으로서는 법 제8조 제2항에서 규정한 정보의 사본 또는 복제물의 교부를 제한할 수 있는 사유에 해당하지 않는 한 정보공개청구자가 선택한 공개방법에 따라 정보를 공개하여야 하므로 그 공개방법을 선택할 재량권이 없다고 해석함이 상당하다.

[2] 법인등의 상호, 단체명, 영업소명, 사업자등록번호 등에 관한 정보는 법인등의 영업상 비밀에 관한 사항으로서 공개될 경우 법인등의 정당한 이익을 현저히 해할 우려가 있다고 인정되는 정보에 해당하지 아니하지만, 법인등이 거래하는 금융기관의 계좌번호에 관한 정보는 법인등의 영업상 비밀에 관한 사항으로서 법인등의 이름과 결합하여 공개될 경우 당해 법인등의 영업상 지위가 위협받을 우려가 있다고 할 것이므로 위 정보는 법인등의 영업상 비밀에 관한 사항으로서 공개될 경우 법인등의 정당한 이익을 현저히 해할 우려가 있다고 인정되는 정보에 해당한다고 할 것이다(대법원 2004. 8. 20. 2003두8302).

진행 중인 재판에 관련된 정보는 진행 중인 재판의 심리 또는 재판결과에 구체적으로 영향을 미칠 위험이 있는 정보에 한정한다.

공공기관의 정보공개에 관한 법률(이하 '정보공개법'이라 한다)의 입법 목적, 정보공개의 원칙, 비공개대상정보의 규정 형식과 취지 등을 고려하면, 법원 이외의 공공기관이 정보공개법 제9조 제1항 제4호에서 정한 '진행 중인 재판에 관련된 정보'에 해당한다는 사유로 정보공개를 거부하기 위하여는 반드시 그 정보가 진행 중인 재판의 소송기록 자체에 포함된 내용일 필요는 없다. 그러나 재판에 관련된 일체의 정보가 그에 해당하는 것은 아니고 진행 중인 재판의 심리 또는 재판결과에 구체적으로 영향을 미칠 위험이 있는 정보에 한정된다고 보는 것이 타당하다(대법원 2011. 11. 24. 2009두19021).

각각의 비공개사유는 기본적 사실관계의 동일성이 없다.

[1] 공공기관의 정보공개에 관한 법률 제1조, 제3조, 제6조는 국민의 알권리를 보장하고 국정에 대한 국민의 참여와 국정운영의 투명성을 확보하기 위하여 공공기관이 보유·관리하는 정보를 모든 국민에게 원칙적으로 공개하도록 하고 있으므로, 국민으로부터 보유·관리하는 정보에 대한 공개를 요구받은 공공기관으로서는 같은 법 제7조 제1항 각 호에서 정하고 있는 비공개사유에 해당하지 않는 한 이를 공개하여야 할 것이고, 만일 이를 거부하는 경우라 할지라도 대상이 된 정보의 내용을 구체적으로 확인·검토하여 어느 부분이 어떠한 법익 또는 기본권과 충돌되어 같은 법 제7조 제1항 몇 호에서 정하고 있는 비공개사유에 해당하는지를 주장·입증하여야만 할 것이며, 그에 이르지 아니한 채 개괄적인 사유만을 들어 공개를 거부하는 것은 허용되지 아니한다.

[2] 행정처분의 취소를 구하는 항고소송에 있어서, 처분청은 당초 처분의 근거로 삼은 사유와 기본적 사실관계가 동일성이 있다고 인정되는 한도 내에서만 다른 사유를 추가하거나 변경할 수 있고, 여기서 기본적 사실관계의 동일성 유무는 처분사유를 법률적으로 평가하기 이전의 구체적인 사실에 착안하여 그 기초인 사회적 사실관계가 기본적인 점에서 동일한지 여부에 따라 결정되며 이와 같이 기본적 사실관계와 동일성이 인정되지 않는 별개의 사실을 들어 처분사유로 주장하는 것이 허용되지 않는다고 해석하는 이유는 행정처분의 상대방의 방어권을 보장함으로써 실질적 법치주의를 구현하고 행정처분의 상대방에 대한 신뢰를 보호하고자 함에 그 취지가 있고, 추가 또는 변경된 사유가 당초의 처분시 그 사유를 명기하지 않았을 뿐 처분시에 이미 존재하고 있었고 당사자도 그 사실을 알고 있었다 하여 당초의 처분사유와 동일성이 있는 것이라 할 수 없다.

[3] 당초의 정보공개거부처분사유인 공공기관의 정보공개에 관한 법률 제7조 제1항 제4호 및 제6호의 사유는 새로이 추가된 같은 항 제5호의 사유와 기본적 사실관계의 동일성이 없다(대법원 2003. 12. 11. 2001두8827).

2) 정보공개의 청구방법

제10조【정보공개의 청구방법】 ① 정보의 공개를 청구하는 자(이하 "청구인"이라 한다)는 해당 정보를 보유하거나 관리하고 있는 공공기관에 다음 각 호의 사항을 적은 정보공개 청구서를 제출하거나 말로써 정보의 공개를 청구할 수 있다.

  1. 청구인의 성명·생년월일·주소 및 연락처(전화번호·전자우편주소 등을 말한다. 이하 이 조에서 같다). 다만, 청구인이 법인 또는 단체인 경우에는 그 명칭, 대표자의 성명, 사업자등록번호 또는 이에 준하는 번호, 주된 사무소의 소재지 및 연락처를 말한다.

  2. 청구인의 주민등록번호(본인임을 확인하고 공개 여부를 결정할 필요가 있는 정보를 청구하는 경우로 한정한다)

  3. 공개를 청구하는 정보의 내용 및 공개방법

② 제1항에 따라 청구인이 말로써 정보의 공개를 청구할 때에는 담당 공무원 또는 담당 임직원(이하 "담당공무원등"이라 한다)의 앞에서 진술하여야 하고, 담당공무원등은 정보공개 청구조서를 작성하여 이에 청구인과 함께 기명날인하거나 서명하여야 한다.

③ 제1항과 제2항에서 규정한 사항 외에 정보공개의 청구방법 등에 관하여 필요한 사항은 국회규칙·대법원규칙·헌법재판소규칙·중앙선거관리위원회규칙 및 대통령령으로 정한다.

3) 정보공개 여부의 결정

제11조【정보공개 여부의 결정】 ① 공공기관은 제10조에 따라 정보공개의 청구를 받으면 그 청구를 받은 날부터 10일 이내에 공개 여부를 결정하여야 한다.

② 공공기관은 부득이한 사유로 제1항에 따른 기간 이내에 공개 여부를 결정할 수 없을 때에는 그 기간이 끝나는 날의 다음 날부터 기산(起算)하여 10일의 범위에서 공개 여부 결정기간을 연장할 수 있다. 이 경우 공공기관은 연장된 사실과 연장 사유를 청구인에게 지체 없이 문서로 통지하여야 한다.

③ 공공기관은 공개 청구된 공개 대상 정보의 전부 또는 일부가 제3자와 관련이 있다고 인정할 때에는 그 사실을 제3자에게 지체 없이 통지하여야 하며, 필요한 경우에는 그의 의견을 들을 수 있다.

④ 공공기관은 다른 공공기관이 보유·관리하는 정보의 공개 청구를 받았을 때에는 지체 없이 이를 소관 기관으로 이송하여야 하며, 이송한 후에는 지체 없이 소관 기관 및 이송 사유 등을 분명히 밝혀 청구인에게 문서로 통지하여야 한다.

⑤ 공공기관은 정보공개 청구가 다음 각 호의 어느 하나에 해당하는 경우로서 「민원 처리에 관한 법률」에 따른 민원으로 처리할 수 있는 경우에는 민원으로 처리할 수 있다.

  1. 공개 청구된 정보가 공공기관이 보유·관리하지 아니하는 정보인 경우

  2. 공개 청구의 내용이 진정·질의 등으로 이 법에 따른 정보공개 청구로 보기 어려운 경우

제11조의2【반복 청구 등의 처리】 ① 공공기관은 제11조에도 불구하고 제10조 제1항 및 제2항에 따른 정보공개 청구가 다음 각 호의 어느 하나에 해당하는 경우에는 정보공개 청구 대상 정보의 성격, 종전 청구와의 내용적 유사성·관련성, 종전 청구와 동일한 답변을 할 수밖에 없는 사정 등을 종합적으로 고려하여 해당 청구를 종결 처리할 수 있다. 이 경우 종결 처리 사실을 청구인에게 알려야 한다.

  1. 정보공개를 청구하여 정보공개 여부에 대한 결정의 통지를 받은 자가 정당한 사유 없이 해당 정보의 공개를 다시 청구하는 경우

  2. 정보공개 청구가 제11조 제5항에 따라 민원으로 처리되었으나 다시 같은 청구를 하는 경우

② 공공기관은 제11조에도 불구하고 제10조 제1항 및 제2항에 따른 정보공개 청구가 다음 각 호의 어느 하나에 해당하는 경우에는 다음 각 호의 구분에 따라 안내하고, 해당 청구를 종결 처리할 수 있다.

1. 제7조 제1항에 따른 정보 등 공개를 목적으로 작성되어 이미 정보통신망 등을 통하여 공개된 정보를 청구하는 경우 : 해당 정보의 소재(所在)를 안내
2. 다른 법령이나 사회통념상 청구인의 여건 등에 비추어 수령할 수 없는 방법으로 정보공개 청구를 하는 경우 : 수령이 가능한 방법으로 청구하도록 안내

4) 정보공개심의회

제12조【정보공개심의회】 ① 국가기관, 지방자치단체, 「공공기관의 운영에 관한 법률」 제5조에 따른 공기업 및 준정부기관, 「지방공기업법」에 따른 지방공사 및 지방공단(이하 "국가기관등"이라 한다)은 제11조에 따른 정보공개 여부 등을 심의하기 위하여 정보공개심의회(이하 "심의회"라 한다)를 설치ㆍ운영한다. 이 경우 국가기관등의 규모와 업무성격, 지리적 여건, 청구인의 편의 등을 고려하여 소속 상급기관(지방공사ㆍ지방공단의 경우에는 해당 지방공사ㆍ지방공단을 설립한 지방자치단체를 말한다)에서 협의를 거쳐 심의회를 통합하여 설치ㆍ운영할 수 있다.

② 심의회는 위원장 1명을 포함하여 5명 이상 7명 이하의 위원으로 구성한다.

③ 심의회의 위원은 소속 공무원, 임직원 또는 외부 전문가로 지명하거나 위촉하되, 그 중 3분의 2는 해당 국가기관등의 업무 또는 정보공개의 업무에 관한 지식을 가진 외부 전문가로 위촉하여야 한다. 다만, 제9조 제1항 제2호 및 제4호에 해당하는 업무를 주로 하는 국가기관은 그 국가기관의 장이 외부 전문가의 위촉 비율을 따로 정하되, 최소한 3분의 1 이상은 외부 전문가로 위촉하여야 한다.

④ 심의회의 위원장은 위원 중에서 국가기관등의 장이 지명하거나 위촉한다.

⑤ 심의회의 위원에 대해서는 제23조 제4항 및 제5항을 준용한다.

⑥ 심의회의 운영과 기능 등에 관하여 필요한 사항은 국회규칙ㆍ대법원규칙ㆍ헌법재판소규칙ㆍ중앙선거관리위원회규칙 및 대통령령으로 정한다.

제12조의2【위원의 제척ㆍ기피ㆍ회피】 ① 심의회의 위원이 다음 각 호의 어느 하나에 해당하는 경우에는 심의회의 심의에서 제척(除斥)된다.

1. 위원 또는 그 배우자나 배우자이었던 사람이 해당 심의사항의 당사자(당사자가 법인ㆍ단체 등인 경우에는 그 임원 또는 직원을 포함한다. 이하 이 호 및 제2호에서 같다)이거나 그 심의사항의 당사자와 공동권리자 또는 공동의무자인 경우
2. 위원이 해당 심의사항의 당사자와 친족이거나 친족이었던 경우
3. 위원이 해당 심의사항에 대하여 증언, 진술, 자문, 연구, 용역 또는 감정을 한 경우
4. 위원이나 위원이 속한 법인 등이 해당 심의사항의 당사자의 대리인이거나 대리인이었던 경우

② 심의회의 심의사항의 당사자는 위원에게 공정한 심의를 기대하기 어려운 사정이 있는 경우에는 심의회에 기피(忌避) 신청을 할 수 있고, 심의회는 의결로 기피 여부를 결정하여야 한다. 이 경우 기피 신청의 대상인 위원은 그 의결에 참여할 수 없다.

③ 위원은 제1항 각 호에 따른 제척 사유에 해당하는 경우에는 심의회에 그 사실을 알리고 스스로 해당 안건의 심의에서 회피(回避)하여야 한다.

④ 위원이 제1항 각 호의 어느 하나에 해당함에도 불구하고 회피신청을 하지 아니하여 심의회 심의의 공정성을 해친 경우 국가기관등의 장은 해당 위원을 해촉하거나 해임할 수 있다.

5) 정보공개 여부 결정의 통지

> **제13조【정보공개 여부 결정의 통지】** ① 공공기관은 제11조에 따라 정보의 공개를 결정한 경우에는 공개의 일시 및 장소 등을 분명히 밝혀 청구인에게 통지하여야 한다.
> ② 공공기관은 청구인이 사본 또는 복제물의 교부를 원하는 경우에는 이를 교부하여야 한다.
> ③ 공공기관은 공개 대상 정보의 양이 너무 많아 정상적인 업무수행에 현저한 지장을 초래할 우려가 있는 경우에는 해당 정보를 일정 기간별로 나누어 제공하거나 사본·복제물의 교부 또는 열람과 병행하여 제공할 수 있다.
> ④ 공공기관은 제1항에 따라 정보를 공개하는 경우에 그 정보의 원본이 더럽혀지거나 파손될 우려가 있거나 그 밖에 상당한 이유가 있다고 인정할 때에는 그 정보의 사본·복제물을 공개할 수 있다.
> ⑤ 공공기관은 제11조에 따라 정보의 비공개 결정을 한 경우에는 그 사실을 청구인에게 지체 없이 문서로 통지하여야 한다. 이 경우 제9조 제1항 각 호 중 어느 규정에 해당하는 비공개 대상 정보인지를 포함한 비공개 이유와 불복(不服)의 방법 및 절차를 구체적으로 밝혀야 한다.

6) 공개방법

> **제14조【부분공개】** 공개 청구한 정보가 제9조 제1항 각 호의 어느 하나에 해당하는 부분과 공개 가능한 부분이 혼합되어 있는 경우로서 공개 청구의 취지에 어긋나지 아니하는 범위에서 두 부분을 분리할 수 있는 경우에는 제9조 제1항 각 호의 어느 하나에 해당하는 부분을 제외하고 공개하여야 한다.
> **제15조【정보의 전자적 공개】** ① 공공기관은 전자적 형태로 보유·관리하는 정보에 대하여 청구인이 전자적 형태로 공개하여 줄 것을 요청하는 경우에는 그 정보의 성질상 현저히 곤란한 경우를 제외하고는 청구인의 요청에 따라야 한다.
> ② 공공기관은 전자적 형태로 보유·관리하지 아니하는 정보에 대하여 청구인이 전자적 형태로 공개하여 줄 것을 요청한 경우에는 정상적인 업무수행에 현저한 지장을 초래하거나 그 정보의 성질이 훼손될 우려가 없으면 그 정보를 전자적 형태로 변환하여 공개할 수 있다.
> ③ 정보의 전자적 형태의 공개 등에 필요한 사항은 국회규칙·대법원규칙·헌법재판소규칙·중앙선거관리위원회규칙 및 대통령령으로 정한다.
> **제16조【즉시처리가 가능한 정보의 공개】** 다음 각 호의 어느 하나에 해당하는 정보로서 즉시 또는 말로 처리가 가능한 정보에 대해서는 제11조에 따른 절차를 거치지 아니하고 공개하여야 한다.
> 1. 법령 등에 따라 공개를 목적으로 작성된 정보
> 2. 일반국민에게 알리기 위하여 작성된 각종 홍보자료
> 3. 공개하기로 결정된 정보로서 공개에 오랜 시간이 걸리지 아니하는 정보
> 4. 그 밖에 공공기관의 장이 정하는 정보

판례

정보공개거부처분의 취소를 구하는 소송에서 공공기관이 정보를 법원에 제출하는 것이 법에 의한 공개라고 볼 수는 없다.

청구인이 정보공개거부처분의 취소를 구하는 소송에서 공공기관이 청구정보를 증거 등으로 법원에 제출하여 법원을 통하여 그 사본을 청구인에게 교부 또는 송달하게 하여 결과적으로 청구인에게 정보를 공개하는 셈이 되었다고 하더라도, 이러한 우회적인 방법은 법이 예정하고 있지 아니한 방법으로서 법에 의한 공개라고 볼 수는 없으므로, 당해 문서의 비공개결정의 취소를 구할 소의 이익은 소멸되지 않는다고 할 것이다(대법원 2004. 3. 26. 2002두6583).

청구인이 신청한 공개방법 이외의 방법으로 공개하기로 하는 결정을 하였다면, 이는 정보공개청구 중 정보공개방법에 관한 부분에 대하여 일부 거부처분을 한 것이다.

구 공공기관의 정보공개에 관한 법률(2013. 8. 6. 법률 제11991호로 개정되기 전의 것, 이하 '구 정보공개법'이라고 한다)은, 정보의 공개를 청구하는 이(이하 '청구인'이라고 한다)가 정보공개방법도 아울러 지정하여 정보공개를 청구할 수 있도록 하고 있고, 전자적 형태의 정보를 전자적으로 공개하여 줄 것을 요청한 경우에는 공공기관은 원칙적으로 요청에 응할 의무가 있고, 나아가 비전자적 형태의 정보에 관해서도 전자적 형태로 공개하여 줄 것을 요청하면 재량판단에 따라 전자적 형태로 변환하여 공개할 수 있도록 하고 있다. 이는 정보의 효율적 활용을 도모하고 청구인의 편의를 제고함으로써 구 정보공개법의 목적인 국민의 알 권리를 충실하게 보장하려는 것이므로, 청구인에게는 특정한 공개방법을 지정하여 정보공개를 청구할 수 있는 법령상 신청권이 있다.

따라서 공공기관이 공개청구의 대상이 된 정보를 공개는 하되, 청구인이 신청한 공개방법 이외의 방법으로 공개하기로 하는 결정을 하였다면, 이는 정보공개청구 중 정보공개방법에 관한 부분에 대하여 일부 거부처분을 한 것이고, 청구인은 그에 대하여 항고소송으로 다툴 수 있다(대법원 2016. 11. 10. 2016두44674).

7) 비용부담

제17조【비용부담】 ① 정보의 공개 및 우송 등에 드는 비용은 실비(實費)의 범위에서 청구인이 부담한다.
② 공개를 청구하는 정보의 사용 목적이 공공복리의 유지·증진을 위하여 필요하다고 인정되는 경우에는 제1항에 따른 비용을 감면할 수 있다.
③ 제1항에 따른 비용 및 그 징수 등에 필요한 사항은 국회규칙·대법원규칙·헌법재판소규칙·중앙선거관리위원회규칙 및 대통령령으로 정한다.

5. 불복 구제 절차

1) 이의신청

제18조【이의신청】 ① 청구인이 정보공개와 관련한 공공기관의 비공개 결정 또는 부분 공개 결정에 대하여 불복이 있거나 정보공개 청구 후 20일이 경과하도록 정보공개 결정이 없는 때에는 공공기관으로부터 정보공개 여부의 결정 통지를 받은 날 또는 정보공개 청구 후 20일이 경과한 날부터 30일 이내에 해당 공공기관에 문서로 이의신청을 할 수 있다.
② 국가기관등은 제1항에 따른 이의신청이 있는 경우에는 심의회를 개최하여야 한다. 다만, 다음 각 호의 어느 하나에 해당하는 경우에는 심의회를 개최하지 아니할 수 있으며 개최하지 아니하는 사유를 청구인에게 문서로 통지하여야 한다.
  1. 심의회의 심의를 이미 거친 사항
  2. 단순·반복적인 청구
  3. 법령에 따라 비밀로 규정된 정보에 대한 청구
③ 공공기관은 이의신청을 받은 날부터 7일 이내에 그 이의신청에 대하여 결정하고 그 결과를 청구인에게 지체 없이 문서로 통지하여야 한다. 다만, 부득이한 사유로 정하여진 기간 이내에 결정할 수 없을 때에는 그 기간이 끝나는 날의 다음 날부터 기산하여 7일의 범위에서 연장할 수 있으며, 연장 사유를 청구인에게 통지하여야 한다.
④ 공공기관은 이의신청을 각하(却下) 또는 기각(棄却)하는 결정을 한 경우에는 청구인에게 행정심판 또는 행정소송을 제기할 수 있다는 사실을 제3항에 따른 결과 통지와 함께 알려야 한다.

2) 행정심판

제19조【행정심판】 ① 청구인이 정보공개와 관련한 공공기관의 결정에 대하여 불복이 있거나 정보공개 청구 후 20일이 경과하도록 정보공개 결정이 없는 때에는 「행정심판법」에서 정하는 바에 따라 행정심판을 청구할 수 있다. 이 경우 국가기관 및 지방자치단체 외의 공공기관의 결정에 대한 감독행정기관은 관계 중앙행정기관의 장 또는 지방자치단체의 장으로 한다.
② 청구인은 제18조에 따른 이의신청 절차를 거치지 아니하고 행정심판을 청구할 수 있다.
③ 행정심판위원회의 위원 중 정보공개 여부의 결정에 관한 행정심판에 관여하는 위원은 재직 중은 물론 퇴직 후에도 그 직무상 알게 된 비밀을 누설하여서는 아니 된다.
④ 제3항의 위원은 「형법」이나 그 밖의 법률에 따른 벌칙을 적용할 때에는 공무원으로 본다.

3) 행정소송

제20조【행정소송】 ① 청구인이 정보공개와 관련한 공공기관의 결정에 대하여 불복이 있거나 정보공개 청구 후 20일이 경과하도록 정보공개 결정이 없는 때에는 「행정소송법」에서 정하는 바에 따라 행정소송을 제기할 수 있다.

② 재판장은 필요하다고 인정하면 당사자를 참여시키지 아니하고 제출된 공개 청구 정보를 비공개로 열람·심사할 수 있다.

③ 재판장은 행정소송의 대상이 제9조 제1항 제2호에 따른 정보 중 국가안전보장·국방 또는 외교관계에 관한 정보의 비공개 또는 부분 공개 결정처분인 경우에 공공기관이 그 정보에 대한 비밀 지정의 절차, 비밀의 등급·종류 및 성질과 이를 비밀로 취급하게 된 실질적인 이유 및 공개를 하지 아니하는 사유 등을 입증하면 해당 정보를 제출하지 아니하게 할 수 있다.

4) 제3자의 불복절차

제21조【제3자의 비공개요청 등】 ① 제11조 제3항에 따라 공개 청구된 사실을 통지받은 제3자는 그 통지를 받은 날부터 3일 이내에 해당 공공기관에 대하여 자신과 관련된 정보를 공개하지 아니할 것을 요청할 수 있다.

② 제1항에 따른 비공개 요청에도 불구하고 공공기관이 공개 결정을 할 때에는 공개 결정 이유와 공개 실시일을 분명히 밝혀 지체 없이 문서로 통지하여야 하며, 제3자는 해당 공공기관에 문서로 이의신청을 하거나 행정심판 또는 행정소송을 제기할 수 있다. 이 경우 이의신청은 통지를 받은 날부터 7일 이내에 하여야 한다.

③ 공공기관은 제2항에 따른 공개 결정일과 공개 실시일 사이에 최소한 30일의 간격을 두어야 한다.

6. 정보공개위원회

1) 설치

제22조【정보공개위원회의 설치】 다음 각 호의 사항을 심의·조정하기 위하여 행정안전부장관 소속으로 정보공개위원회(이하 "위원회"라 한다)를 둔다.

1. 정보공개에 관한 정책 수립 및 제도 개선에 관한 사항
2. 정보공개에 관한 기준 수립에 관한 사항
3. 제12조에 따른 심의회 심의결과의 조사·분석 및 심의기준 개선 관련 의견제시에 관한 사항
4. 제24조 제2항 및 제3항에 따른 공공기관의 정보공개 운영실태 평가 및 그 결과 처리에 관한 사항
5. 정보공개와 관련된 불합리한 제도·법령 및 그 운영에 대한 조사 및 개선권고에 관한 사항
6. 그 밖에 정보공개에 관하여 대통령령으로 정하는 사항

2) 구성

제23조【위원회의 구성 등】 ① 위원회는 성별을 고려하여 위원장과 부위원장 각 1명을 포함한 11명의 위원으로 구성한다.

② 위원회의 위원은 다음 각 호의 사람이 된다. 이 경우 위원장을 포함한 7명은 공무원이 아닌 사람으로 위촉하여야 한다.

> 1. 대통령령으로 정하는 관계 중앙행정기관의 차관급 공무원이나 고위공무원단에 속하는 일반직공무원
> 2. 정보공개에 관하여 학식과 경험이 풍부한 사람으로서 행정안전부장관이 위촉하는 사람
> 3. 시민단체(「비영리민간단체 지원법」 제2조에 따른 비영리민간단체를 말한다)에서 추천한 사람으로서 행정안전부장관이 위촉하는 사람
>
> ③ 위원장·부위원장 및 위원(제2항제1호의 위원은 제외한다)의 임기는 2년으로 하며, 연임할 수 있다.
> ④ 위원장·부위원장 및 위원은 정보공개 업무와 관련하여 알게 된 정보를 누설하거나 그 정보를 이용하여 본인 또는 타인에게 이익 또는 불이익을 주는 행위를 하여서는 아니 된다.
> ⑤ 위원장·부위원장 및 위원 중 공무원이 아닌 사람은 「형법」이나 그 밖의 법률에 따른 벌칙을 적용할 때에는 공무원으로 본다.
> ⑥ 위원회의 구성과 의결 절차 등 위원회 운영에 필요한 사항은 대통령령으로 정한다.

확인학습

1 헌법재판소는 국민의 알 권리를 헌법상의 기본권으로 인정한다. ◎

2 외국인도 원칙적으로 정보공개청구권을 가지나, 국내에 학술 또는 연구를 위하여 일시적으로 체류하는 자도 정보공개를 청구할 수 있다. ◎

3 정보공개청구권은 모든 국민에게 인정되는 것은 아니며, 공개대상정보와 이해관계를 가진 당사자에게 인정되는 권리이다. ✕

4 오로지 담당 공무원을 괴롭힐 목적으로 행사하는 정보공개청구라고 하더라도 그것만으로 정보공개를 거부할 수는 없다. ✕

   해설 오로지 담당 공무원을 괴롭힐 목적으로 행사하는 정보공개청구라면 정보공개를 거부할 수는 있다.

5 형사소송법은 형사재판확정기록의 공개 여부 등에 대하여 공공기관의 정보공개에 관한 법률과 달리 규정하고 있으므로, 형사재판확정기록의 공개에 관하여는 공공기관의 정보공개에 관한 법률에 의한 공개청구가 허용되지 아니한다. ◎

6 정보공개를 청구한 날부터 20일 이내에 공공기관이 공개 여부를 결정하지 아니한 때에는 비공개결정이 있는 것으로 본다. ✕

   해설 현재는 삭제된 조항이다.

7 정보공개청구권은 법률상 보호되는 구체적인 권리이므로 청구인이 공공기관에 대하여 정보공개를 청구하였다가 거부처분을 받은 것 자체가 법률상 이익의 침해에 해당한다. ◎

8 사립대학교는 국비의 지원을 받는 범위 내에서만 정보공개의무를 지는 공공기관의 성격을 가진다. ✕

   해설 사립대학교가 국비의 지원을 받는 범위 내에서만 공공기관의 성격을 가진다고 볼 수 없다.

9 정보공개청구권자의 권리구제 가능성 등은 정보의 공개 여부 결정에 아무런 영향을 미치지 못한다. ⭕

10 공공기관은 공개청구된 정보가 공공기관이 보유·관리하지 아니하는 정보인 경우로서 민원 처리에 관한 법률에 따른 민원으로 처리할 수 있는 경우에는 민원으로 처리할 수 있다. ⭕

11 정당한 사유 없이 반복적으로 동일 대상에 대한 정보를 청구하거나 민원 처리에 관한 법률에 따른 민원으로 처리된 정보를 다시 청구하는 공개청구의 남용이 있는 경우에는 종결 처리할 수 있다. ⭕

12 행정정보공개청구의 대상이 되는 정보는 공공기관이 직무상 작성 또는 취득하여 현재 보유·관리하고 있는 문서로서 원본이어야 한다. ❌

    해설 공공기관의 정보공개에 관한 법률상 공개청구의 대상이 되는 정보는 공공기관이 직무상 작성 또는 취득하여 현재 보유·관리하고 있는 문서에 한정되는 것이기는 하나, 그 문서가 반드시 원본일 필요는 없다.

13 내부적인 의사결정 과정임을 이유로 정보공개를 거부하였다가 정보공개거부처분 취소소송의 계속 중에 개인의 사생활 침해 우려를 공개거부사유로 추가하는 것은 허용되지 않는다. ⭕

14 학교폭력대책자치위원회의 회의록은 '공개될 경우 업무의 공정한 수행에 현저한 지장을 초래한다고 인정할 만한 상당한 이유가 있는 정보'에 해당한다. ⭕

15 공공기관의 정보공개에 관한 법률 제9조 제1항 제4호의 '진행 중인 재판에 관련된 정보'에 해당한다는 사유로 정보공개를 거부하기 위해서는 그 정보가 진행 중인 재판의 소송기록 그 자체에 포함된 내용이어야 한다. ❌

16 비공개대상정보로 '진행 중인 재판에 관련된 정보'는 재판에 관련된 일체의 정보가 그에 해당하는 것은 아니고, 진행 중인 재판의 심리 또는 재판결과에 구체적으로 영향을 미칠 위험이 있는 정보에 한정된다. ⭕

17 정보공개거부처분 취소소송에서 공개를 거부한 정보에 비공개대상 부분과 공개가 가능한 부분이 혼합되어 있는 경우, 공개청구의 취지에 어긋나지 아니하는 범위 안에서 두 부분을 분리할 수 있다면 법원은 청구취지의 변경이 없더라도 공개가 가능한 정보에 관한 부분만의 일부취소를 명할 수 있다. ⭕

18 공공기관이 공개청구대상정보를 청구인이 신청한 공개방법 이외의 방법으로 공개하는 결정을 한 경우, 정보공개청구 중 정보공개방법 부분에 대하여 일부 거부처분을 한 것이다. ⭕

19 정보공개처분의 취소소송에서 공공기관이 청구정보를 증거 등으로 법원에 제출한 것은 공공기관의 정보공개에 관한 법률상 공개에 해당된다. ❌

20 공개청구된 사실을 통지받은 제3자가 당해 공공기관에 공개하지 아니할 것을 요청하는 때에는 공공기관은 비공개결정을 하여야 한다. ❌

    해설 비공개요청에도 불구하고 공개결정을 할 수 있다.

21 공개청구의 대상이 되는 정보가 이미 다른 사람에게 공개되어 널리 알려져 있다거나 인터넷 등을 통하여 공개되어 인터넷 검색 등을 통하여 쉽게 알 수 있는 경우에는 정보공개거부처분을 다툴 소의 이익이 인정되지 않는다. ☒

> 해설 공개청구의 대상이 되는 정보가 인터넷 검색 등을 통하여 쉽게 알 수 있다는 사정만으로는 소의 이익이 없다거나 비공개결정이 정당화될 수 없다.

22 정보비공개결정 취소소송에 공공기관이 청구정보를 증거로 법원에 제출하여 법원을 통하여 그 사본을 청구인에게 교부되게 하여 정보를 공개하게 된 경우에는 비공개결정의 취소를 구할 소의 이익이 소멸한다. ☒

> 해설 이러한 우회적인 방법은 정보공개법이 예정하고 있지 아니한 방법으로서 정보공개법에 의한 공개라고 볼 수는 없으므로, 당해 정보의 비공개결정의 취소를 구할 소의 이익은 소멸되지 않는다.

개인정보 보호법

1. 개인정보자기결정권

개인은 누구나 자신에 관한 정보를 관리하고 외부로 공개함에 있어 스스로 결정할 수 있는 권리인 개인정보자기결정권을 가지며, 국가가 그것을 개인의 기본권의 하나로 보호함을 의미한다. 헌법재판소는 "개인정보자기결정권은 자신에 관한 정보가 언제 누구에게 어느 범위까지 알려지고 또 이용되도록 할 것인지를 그 정보주체가 스스로 결정할 수 있는 권리이다. 즉 정보주체가 개인정보의 공개와 이용에 관하여 스스로 결정할 권리를 말한다."고 판시한다.

2. 법적 근거

1) 헌법적 근거

(1) 대법원의 입장

헌법 제10조는 "모든 국민은 인간으로서의 존엄과 가치를 가지며, 행복을 추구할 권리를 가진다. 국가는 개인이 가지는 불가침의 기본적 인권을 확인하고 이를 보장할 의무를 진다."고 규정하고, 헌법 제17조는 "모든 국민은 사생활의 비밀과 자유를 침해받지 아니한다."라고 규정하고 있는바, 이들 헌법 규정은 개인의 사생활 활동이 타인으로부터 침해되거나 사생활이 함부로 공개되지 아니할 소극적인 권리는 물론, 오늘날 고도로 정보화된 현대 사회에서 자신에 대한 정보를 자율적으로 통제할 수 있는 적극적인 권리까지도 보장하려는 데에 그 취지가 있는 것으로 해석된다(대법원 1998. 7. 24. 96다42789).

(2) 헌법재판소의 입장

개인정보자기결정권의 헌법상 근거로는 헌법 제17조의 사생활의 비밀과 자유, 헌법 제10조 제1문의 인간의 존엄과 가치 및 행복추구권에 근거를 둔 일반적 인격권 또는 위 조문들과 동시에 우리 헌법의 자유민주적 기본질서 규정 또는 국민주권원리와 민주주의원리 등을 고려할 수 있으나, 개인정보자기결정권으로 보호하려는 내용을 위 각 기본권들 및 헌법원리들 중 일부에 완전히 포섭시키는 것은 불가능하다고 할 것이므로, 그 헌법적 근거를 굳이 어느 한두 개에 국한시키는 것은 바람직하지 않은 것으로 보이고, 오히려 개인정보자기결정권은 이들을 이념적 기초로 하는 독자적 기본권으로서 헌법에 명시되지 아니한 기본권이라고 보아야 할 것이다(헌재 2005. 5. 26. 99헌마513, 2004헌마190 병합).

2) 법률적 근거

법률적 근거로는 개인정보보호법이 있다.

3. 총칙

1) 목적과 정의

제1조【목적】 이 법은 개인정보의 처리 및 보호에 관한 사항을 정함으로써 개인의 자유와 권리를 보호하고, 나아가 개인의 존엄과 가치를 구현함을 목적으로 한다.

제2조【정의】 이 법에서 사용하는 용어의 뜻은 다음과 같다.

1. "개인정보"란 살아 있는 개인에 관한 정보로서 다음 각 목의 어느 하나에 해당하는 정보를 말한다.

   가. 성명, 주민등록번호 및 영상 등을 통하여 개인을 알아볼 수 있는 정보

   나. 해당 정보만으로는 특정 개인을 알아볼 수 없더라도 다른 정보와 쉽게 결합하여 알아볼 수 있는 정보. 이 경우 쉽게 결합할 수 있는지 여부는 다른 정보의 입수 가능성 등 개인을 알아보는 데 소요되는 시간, 비용, 기술 등을 합리적으로 고려하여야 한다.

   다. 가목 또는 나목을 제1호의2에 따라 가명처리함으로써 원래의 상태로 복원하기 위한 추가 정보의 사용·결합 없이는 특정 개인을 알아볼 수 없는 정보(이하 "가명정보"라 한다)

   1의2. "가명처리"란 개인정보의 일부를 삭제하거나 일부 또는 전부를 대체하는 등의 방법으로 추가 정보가 없이는 특정 개인을 알아볼 수 없도록 처리하는 것을 말한다.

2. "처리"란 개인정보의 수집, 생성, 연계, 연동, 기록, 저장, 보유, 가공, 편집, 검색, 출력, 정정(訂正), 복구, 이용, 제공, 공개, 파기(破棄), 그 밖에 이와 유사한 행위를 말한다.

3. "정보주체"란 처리되는 정보에 의하여 알아볼 수 있는 사람으로서 그 정보의 주체가 되는 사람을 말한다.

4. "개인정보파일"이란 개인정보를 쉽게 검색할 수 있도록 일정한 규칙에 따라 체계적으로 배열하거나 구성한 개인정보의 집합물(集合物)을 말한다.

5. "개인정보처리자"란 업무를 목적으로 개인정보파일을 운용하기 위하여 스스로 또는 다른 사람을 통하여 개인정보를 처리하는 공공기관, 법인, 단체 및 개인 등을 말한다.

6. "공공기관"이란 다음 각 목의 기관을 말한다.

   가. 국회, 법원, 헌법재판소, 중앙선거관리위원회의 행정사무를 처리하는 기관, 중앙행정기관(대통령 소속 기관과 국무총리 소속 기관을 포함한다) 및 그 소속 기관, 지방자치단체

   나. 그 밖의 국가기관 및 공공단체 중 대통령령으로 정하는 기관

7. "고정형 영상정보처리기기"란 일정한 공간에 설치되어 지속적 또는 주기적으로 사람 또는 사물의 영상 등을 촬영하거나 이를 유·무선망을 통하여 전송하는 장치로서 대통령령으로 정하는 장치를 말한다.

   7의2. "이동형 영상정보처리기기"란 사람이 신체에 착용 또는 휴대하거나 이동 가능한 물체에 부착 또는 거치(据置)하여 사람 또는 사물의 영상 등을 촬영하거나 이를 유·무선망을 통하여 전송하는 장치로서 대통령령으로 정하는 장치를 말한다.

8. "과학적 연구"란 기술의 개발과 실증, 기초연구, 응용연구 및 민간 투자 연구 등 과학적 방법을 적용하는 연구를 말한다.

2) 원칙

제3조【개인정보 보호 원칙】 ① 개인정보처리자는 개인정보의 처리 목적을 명확하게 하여야 하고 그 목적에 필요한 범위에서 최소한의 개인정보만을 적법하고 정당하게 수집하여야 한다.

② 개인정보처리자는 개인정보의 처리 목적에 필요한 범위에서 적합하게 개인정보를 처리하여야 하며, 그 목적 외의 용도로 활용하여서는 아니 된다.

③ 개인정보처리자는 개인정보의 처리 목적에 필요한 범위에서 개인정보의 정확성, 완전성 및 최신성이 보장되도록 하여야 한다.

④ 개인정보처리자는 개인정보의 처리 방법 및 종류 등에 따라 정보주체의 권리가 침해받을 가능성과 그 위험 정도를 고려하여 개인정보를 안전하게 관리하여야 한다.

⑤ 개인정보처리자는 제30조에 따른 개인정보 처리방침 등 개인정보의 처리에 관한 사항을 공개하여야 하며, 열람청구권 등 정보주체의 권리를 보장하여야 한다.

⑥ 개인정보처리자는 정보주체의 사생활 침해를 최소화하는 방법으로 개인정보를 처리하여야 한다.

⑦ 개인정보처리자는 개인정보를 익명 또는 가명으로 처리하여도 개인정보 수집목적을 달성할 수 있는 경우 익명처리가 가능한 경우에는 익명에 의하여, 익명처리로 목적을 달성할 수 없는 경우에는 가명에 의하여 처리될 수 있도록 하여야 한다.

⑧ 개인정보처리자는 이 법 및 관계 법령에서 규정하고 있는 책임과 의무를 준수하고 실천함으로써 정보주체의 신뢰를 얻기 위하여 노력하여야 한다.

3) 정보주체의 권리

제4조【정보주체의 권리】 정보주체는 자신의 개인정보 처리와 관련하여 다음 각 호의 권리를 가진다.
1. 개인정보의 처리에 관한 정보를 제공받을 권리
2. 개인정보의 처리에 관한 동의 여부, 동의 범위 등을 선택하고 결정할 권리
3. 개인정보의 처리 여부를 확인하고 개인정보에 대한 열람(사본의 발급을 포함한다. 이하 같다) 및 전송을 요구할 권리
4. 개인정보의 처리 정지, 정정·삭제 및 파기를 요구할 권리
5. 개인정보의 처리로 인하여 발생한 피해를 신속하고 공정한 절차에 따라 구제받을 권리
6. 완전히 자동화된 개인정보 처리에 따른 결정을 거부하거나 그에 대한 설명 등을 요구할 권리

4. 개인정보 보호위원회

제7조【개인정보 보호위원회】 ① 개인정보 보호에 관한 사무를 독립적으로 수행하기 위하여 국무총리 소속으로 개인정보 보호위원회(이하 "보호위원회"라 한다)를 둔다.

② 보호위원회는 「정부조직법」 제2조에 따른 중앙행정기관으로 본다. 다만, 다음 각 호의 사항에 대하여는 「정부조직법」 제18조를 적용하지 아니한다.
1. 제7조의8 제3호 및 제4호의 사무
2. 제7조의9 제1항의 심의·의결 사항 중 제1호에 해당하는 사항

5. 개인정보의 처리

1) 개인정보의 수집·이용·제공

제15조【개인정보의 수집·이용】 ① 개인정보처리자는 다음 각 호의 어느 하나에 해당하는 경우에는 개인정보를 수집할 수 있으며 그 수집 목적의 범위에서 이용할 수 있다.

1. 정보주체의 동의를 받은 경우
2. 법률에 특별한 규정이 있거나 법령상 의무를 준수하기 위하여 불가피한 경우
3. 공공기관이 법령 등에서 정하는 소관 업무의 수행을 위하여 불가피한 경우
4. 정보주체와 체결한 계약을 이행하거나 계약을 체결하는 과정에서 정보주체의 요청에 따른 조치를 이행하기 위하여 필요한 경우
5. 명백히 정보주체 또는 제3자의 급박한 생명, 신체, 재산의 이익을 위하여 필요하다고 인정되는 경우
6. 개인정보처리자의 정당한 이익을 달성하기 위하여 필요한 경우로서 명백하게 정보주체의 권리보다 우선하는 경우. 이 경우 개인정보처리자의 정당한 이익과 상당한 관련이 있고 합리적인 범위를 초과하지 아니하는 경우에 한한다.
7. 공중위생 등 공공의 안전과 안녕을 위하여 긴급히 필요한 경우

② 개인정보처리자는 제1항 제1호에 따른 동의를 받을 때에는 다음 각 호의 사항을 정보주체에게 알려야 한다. 다음 각 호의 어느 하나의 사항을 변경하는 경우에도 이를 알리고 동의를 받아야 한다.

1. 개인정보의 수집·이용 목적
2. 수집하려는 개인정보의 항목
3. 개인정보의 보유 및 이용 기간
4. 동의를 거부할 권리가 있다는 사실 및 동의 거부에 따른 불이익이 있는 경우에는 그 불이익의 내용

③ 개인정보처리자는 당초 수집 목적과 합리적으로 관련된 범위에서 정보주체에게 불이익이 발생하는지 여부, 암호화 등 안전성 확보에 필요한 조치를 하였는지 여부 등을 고려하여 대통령령으로 정하는 바에 따라 정보주체의 동의 없이 개인정보를 이용할 수 있다.

제16조【개인정보의 수집 제한】 ① 개인정보처리자는 제15조 제1항 각 호의 어느 하나에 해당하여 개인정보를 수집하는 경우에는 그 목적에 필요한 최소한의 개인정보를 수집하여야 한다. 이 경우 최소한의 개인정보 수집이라는 입증책임은 개인정보처리자가 부담한다.

② 개인정보처리자는 정보주체의 동의를 받아 개인정보를 수집하는 경우 필요한 최소한의 정보 외의 개인정보 수집에는 동의하지 아니할 수 있다는 사실을 구체적으로 알리고 개인정보를 수집하여야 한다.

③ 개인정보처리자는 정보주체가 필요한 최소한의 정보 외의 개인정보 수집에 동의하지 아니한다는 이유로 정보주체에게 재화 또는 서비스의 제공을 거부하여서는 아니 된다.

제17조【개인정보의 제공】 ① 개인정보처리자는 다음 각 호의 어느 하나에 해당되는 경우에는 정보주체의 개인정보를 제3자에게 제공(공유를 포함한다. 이하 같다)할 수 있다.

1. 정보주체의 동의를 받은 경우
2. 제15조 제1항 제2호, 제3호 및 제5호부터 제7호까지에 따라 개인정보를 수집한 목적 범위에서 개인정보를 제공하는 경우

② 개인정보처리자는 제1항 제1호에 따른 동의를 받을 때에는 다음 각 호의 사항을 정보주체에게 알려야 한다. 다음 각 호의 어느 하나의 사항을 변경하는 경우에도 이를 알리고 동의를 받아야 한다.

1. 개인정보를 제공받는 자
2. 개인정보를 제공받는 자의 개인정보 이용 목적

3. 제공하는 개인정보의 항목
4. 개인정보를 제공받는 자의 개인정보 보유 및 이용 기간
5. 동의를 거부할 권리가 있다는 사실 및 동의 거부에 따른 불이익이 있는 경우에는 그 불이익의 내용
③ 삭제
④ 개인정보처리자는 당초 수집 목적과 합리적으로 관련된 범위에서 정보주체에게 불이익이 발생하는지 여부, 암호화 등 안전성 확보에 필요한 조치를 하였는지 여부 등을 고려하여 대통령령으로 정하는 바에 따라 정보주체의 동의 없이 개인정보를 제공할 수 있다.

제18조【개인정보의 목적 외 이용·제공 제한】 ① 개인정보처리자는 개인정보를 제15조 제1항에 따른 범위를 초과하여 이용하거나 제17조 제1항 및 제28조의8 제1항에 따른 범위를 초과하여 제3자에게 제공하여서는 아니 된다.
② 제1항에도 불구하고 개인정보처리자는 다음 각 호의 어느 하나에 해당하는 경우에는 정보주체 또는 제3자의 이익을 부당하게 침해할 우려가 있을 때를 제외하고는 개인정보를 목적 외의 용도로 이용하거나 이를 제3자에게 제공할 수 있다. 다만, 제5호부터 제9호까지에 따른 경우는 공공기관의 경우로 한정한다.
　1. 정보주체로부터 별도의 동의를 받은 경우
　2. 다른 법률에 특별한 규정이 있는 경우
　3. 명백히 정보주체 또는 제3자의 급박한 생명, 신체, 재산의 이익을 위하여 필요하다고 인정되는 경우
　4. 삭제
　5. 개인정보를 목적 외의 용도로 이용하거나 이를 제3자에게 제공하지 아니하면 다른 법률에서 정하는 소관 업무를 수행할 수 없는 경우로서 보호위원회의 심의·의결을 거친 경우
　6. 조약, 그 밖의 국제협정의 이행을 위하여 외국정부 또는 국제기구에 제공하기 위하여 필요한 경우
　7. 범죄의 수사와 공소의 제기 및 유지를 위하여 필요한 경우
　8. 법원의 재판업무 수행을 위하여 필요한 경우
　9. 형(刑) 및 감호, 보호처분의 집행을 위하여 필요한 경우
　10. 공중위생 등 공공의 안전과 안녕을 위하여 긴급히 필요한 경우
③ 개인정보처리자는 제2항 제1호에 따른 동의를 받을 때에는 다음 각 호의 사항을 정보주체에게 알려야 한다. 다음 각 호의 어느 하나의 사항을 변경하는 경우에도 이를 알리고 동의를 받아야 한다.
　1. 개인정보를 제공받는 자
　2. 개인정보의 이용 목적(제공 시에는 제공받는 자의 이용 목적을 말한다)
　3. 이용 또는 제공하는 개인정보의 항목
　4. 개인정보의 보유 및 이용 기간(제공 시에는 제공받는 자의 보유 및 이용 기간을 말한다)
　5. 동의를 거부할 권리가 있다는 사실 및 동의 거부에 따른 불이익이 있는 경우에는 그 불이익의 내용
④ 공공기관은 제2항 제2호부터 제6호까지, 제8호부터 제10호까지에 따라 개인정보를 목적 외의 용도로 이용하거나 이를 제3자에게 제공하는 경우에는 그 이용 또는 제공의 법적 근거, 목적 및 범위 등에 관하여 필요한 사항을 보호위원회가 고시로 정하는 바에 따라 관보 또는 인터넷 홈페이지 등에 게재하여야 한다.
⑤ 개인정보처리자는 제2항 각 호의 어느 하나의 경우에 해당하여 개인정보를 목적 외의 용도로 제3자에게 제공하는 경우에는 개인정보를 제공받는 자에게 이용 목적, 이용 방법, 그 밖에 필요한 사항에 대하여 제한을 하거나, 개인정보의 안전성 확보를 위하여 필요한 조치를 마련하도록 요청하여야 한다. 이 경우 요청을 받은 자는 개인정보의 안전성 확보를 위하여 필요한 조치를 하여야 한다.

제19조【개인정보를 제공받은 자의 이용·제공 제한】 개인정보처리자로부터 개인정보를 제공받은 자는 다음 각 호의 어느 하나에 해당하는 경우를 제외하고는 개인정보를 제공받은 목적 외의 용도로 이용하거나 이를 제3자에게 제공하여서는 아니 된다.

1. 정보주체로부터 별도의 동의를 받은 경우
2. 다른 법률에 특별한 규정이 있는 경우

제20조【정보주체 이외로부터 수집한 개인정보의 수집 출처 등 통지】 ① 개인정보처리자가 정보주체 이외로부터 수집한 개인정보를 처리하는 때에는 정보주체의 요구가 있으면 즉시 다음 각 호의 모든 사항을 정보주체에게 알려야 한다.

1. 개인정보의 수집 출처
2. 개인정보의 처리 목적
3. 제37조에 따른 개인정보 처리의 정지를 요구하거나 동의를 철회할 권리가 있다는 사실

② 제1항에도 불구하고 처리하는 개인정보의 종류·규모, 종업원 수 및 매출액 규모 등을 고려하여 대통령령으로 정하는 기준에 해당하는 개인정보처리자가 제17조 제1항 제1호에 따라 정보주체 이외로부터 개인정보를 수집하여 처리하는 때에는 제1항 각 호의 모든 사항을 정보주체에게 알려야 한다. 다만, 개인정보처리자가 수집한 정보에 연락처 등 정보주체에게 알릴 수 있는 개인정보가 포함되지 아니한 경우에는 그러하지 아니하다.

③ 제2항 본문에 따라 알리는 경우 정보주체에게 알리는 시기·방법 및 절차 등 필요한 사항은 대통령령으로 정한다.

④ 제1항과 제2항 본문은 다음 각 호의 어느 하나에 해당하는 경우에는 적용하지 아니한다. 다만, 이 법에 따른 정보주체의 권리보다 명백히 우선하는 경우에 한한다.

1. 통지를 요구하는 대상이 되는 개인정보가 제32조 제2항 각 호의 어느 하나에 해당하는 개인정보 파일에 포함되어 있는 경우
2. 통지로 인하여 다른 사람의 생명·신체를 해할 우려가 있거나 다른 사람의 재산과 그 밖의 이익을 부당하게 침해할 우려가 있는 경우

제20조의2【개인정보 이용·제공 내역의 통지】 ① 대통령령으로 정하는 기준에 해당하는 개인정보처리자는 이 법에 따라 수집한 개인정보의 이용·제공 내역이나 이용·제공 내역을 확인할 수 있는 정보시스템에 접속하는 방법을 주기적으로 정보주체에게 통지하여야 한다. 다만, 연락처 등 정보주체에게 통지할 수 있는 개인정보를 수집·보유하지 아니한 경우에는 통지하지 아니할 수 있다.

② 제1항에 따른 통지의 대상이 되는 정보주체의 범위, 통지 대상 정보, 통지 주기 및 방법 등에 필요한 사항은 대통령령으로 정한다.

2) 파기

제21조【개인정보의 파기】 ① 개인정보처리자는 보유기간의 경과, 개인정보의 처리 목적 달성, 가명정보의 처리 기간 경과 등 그 개인정보가 불필요하게 되었을 때에는 지체 없이 그 개인정보를 파기하여야 한다. 다만, 다른 법령에 따라 보존하여야 하는 경우에는 그러하지 아니하다.

② 개인정보처리자가 제1항에 따라 개인정보를 파기할 때에는 복구 또는 재생되지 아니하도록 조치하여야 한다.

③ 개인정보처리자가 제1항 단서에 따라 개인정보를 파기하지 아니하고 보존하여야 하는 경우에는 해당 개인정보 또는 개인정보파일을 다른 개인정보와 분리하여서 저장·관리하여야 한다.
④ 개인정보의 파기방법 및 절차 등에 필요한 사항은 대통령령으로 정한다.

3) 정보주체의 동의를 받는 방법

제22조【동의를 받는 방법】① 개인정보처리자는 이 법에 따른 개인정보의 처리에 대하여 정보주체(제22조의2 제1항에 따른 법정대리인을 포함한다. 이하 이 조에서 같다)의 동의를 받을 때에는 각각의 동의 사항을 구분하여 정보주체가 이를 명확하게 인지할 수 있도록 알리고 동의를 받아야 한다. 이 경우 다음 각 호의 경우에는 동의 사항을 구분하여 각각 동의를 받아야 한다.
  1. 제15조 제1항 제1호에 따라 동의를 받는 경우
  2. 제17조 제1항 제1호에 따라 동의를 받는 경우
  3. 제18조 제2항 제1호에 따라 동의를 받는 경우
  4. 제19조 제1호에 따라 동의를 받는 경우
  5. 제23조 제1항 제1호에 따라 동의를 받는 경우
  6. 제24조 제1항 제1호에 따라 동의를 받는 경우
  7. 재화나 서비스를 홍보하거나 판매를 권유하기 위하여 개인정보의 처리에 대한 동의를 받으려는 경우
  8. 그 밖에 정보주체를 보호하기 위하여 동의 사항을 구분하여 동의를 받아야 할 필요가 있는 경우로서 대통령령으로 정하는 경우
② 개인정보처리자는 제1항의 동의를 서면(「전자문서 및 전자거래 기본법」 제2조 제1호에 따른 전자문서를 포함한다)으로 받을 때에는 개인정보의 수집·이용 목적, 수집·이용하려는 개인정보의 항목 등 대통령령으로 정하는 중요한 내용을 보호위원회가 고시로 정하는 방법에 따라 명확히 표시하여 알아보기 쉽게 하여야 한다.
③ 개인정보처리자는 정보주체의 동의 없이 처리할 수 있는 개인정보에 대해서는 그 항목과 처리의 법적 근거를 정보주체의 동의를 받아 처리하는 개인정보와 구분하여 제30조 제2항에 따라 공개하거나 전자우편 등 대통령령으로 정하는 방법에 따라 정보주체에게 알려야 한다. 이 경우 동의 없이 처리할 수 있는 개인정보라는 입증책임은 개인정보처리자가 부담한다.
④ 삭제
⑤ 개인정보처리자는 정보주체가 선택적으로 동의할 수 있는 사항을 동의하지 아니하거나 제1항 제3호 및 제7호에 따른 동의를 하지 아니한다는 이유로 정보주체에게 재화 또는 서비스의 제공을 거부하여서는 아니 된다.
⑥ 삭제
⑦ 제1항부터 제5항까지에서 규정한 사항 외에 정보주체의 동의를 받는 세부적인 방법에 관하여 필요한 사항은 개인정보의 수집매체 등을 고려하여 대통령령으로 정한다.
제22조의2【아동의 개인정보 보호】① 개인정보처리자는 만 14세 미만 아동의 개인정보를 처리하기 위하여 이 법에 따른 동의를 받아야 할 때에는 그 법정대리인의 동의를 받아야 하며, 법정대리인이 동의하였는지를 확인하여야 한다.
② 제1항에도 불구하고 법정대리인의 동의를 받기 위하여 필요한 최소한의 정보로서 대통령령으로 정하는 정보는 법정대리인의 동의 없이 해당 아동으로부터 직접 수집할 수 있다.

③ 개인정보처리자는 만 14세 미만의 아동에게 개인정보 처리와 관련한 사항의 고지 등을 할 때에는 이해하기 쉬운 양식과 명확하고 알기 쉬운 언어를 사용하여야 한다.
④ 제1항부터 제3항까지에서 규정한 사항 외에 동의 및 동의 확인 방법 등에 필요한 사항은 대통령령으로 정한다.

6. 개인정보의 처리 제한

1) 민감정보

제23조【민감정보의 처리 제한】 ① 개인정보처리자는 사상·신념, 노동조합·정당의 가입·탈퇴, 정치적 견해, 건강, 성생활 등에 관한 정보, 그 밖에 정보주체의 사생활을 현저히 침해할 우려가 있는 개인정보로서 대통령령으로 정하는 정보(이하 "민감정보"라 한다)를 처리하여서는 아니 된다. 다만, 다음 각 호의 어느 하나에 해당하는 경우에는 그러하지 아니하다.
　1. 정보주체에게 제15조 제2항 각 호 또는 제17조 제2항 각 호의 사항을 알리고 다른 개인정보의 처리에 대한 동의와 별도로 동의를 받은 경우
　2. 법령에서 민감정보의 처리를 요구하거나 허용하는 경우
② 개인정보처리자가 제1항 각 호에 따라 민감정보를 처리하는 경우에는 그 민감정보가 분실·도난·유출·위조·변조 또는 훼손되지 아니하도록 제29조에 따른 안전성 확보에 필요한 조치를 하여야 한다.
③ 개인정보처리자는 재화 또는 서비스를 제공하는 과정에서 공개되는 정보에 정보주체의 민감정보가 포함됨으로써 사생활 침해의 위험성이 있다고 판단하는 때에는 재화 또는 서비스의 제공 전에 민감정보의 공개 가능성 및 비공개를 선택하는 방법을 정보주체가 알아보기 쉽게 알려야 한다.

2) 고유식별정보

제24조【고유식별정보의 처리 제한】 ① 개인정보처리자는 다음 각 호의 경우를 제외하고는 법령에 따라 개인을 고유하게 구별하기 위하여 부여된 식별정보로서 대통령령으로 정하는 정보(이하 "고유식별정보"라 한다)를 처리할 수 없다.
　1. 정보주체에게 제15조 제2항 각 호 또는 제17조 제2항 각 호의 사항을 알리고 다른 개인정보의 처리에 대한 동의와 별도로 동의를 받은 경우
　2. 법령에서 구체적으로 고유식별정보의 처리를 요구하거나 허용하는 경우
② 삭제
③ 개인정보처리자가 제1항 각 호에 따라 고유식별정보를 처리하는 경우에는 그 고유식별정보가 분실·도난·유출·위조·변조 또는 훼손되지 아니하도록 대통령령으로 정하는 바에 따라 암호화 등 안전성 확보에 필요한 조치를 하여야 한다.
④ 보호위원회는 처리하는 개인정보의 종류·규모, 종업원 수 및 매출액 규모 등을 고려하여 대통령령으로 정하는 기준에 해당하는 개인정보처리자가 제3항에 따라 안전성 확보에 필요한 조치를 하였는지에 관하여 대통령령으로 정하는 바에 따라 정기적으로 조사하여야 한다.
⑤ 보호위원회는 대통령령으로 정하는 전문기관으로 하여금 제4항에 따른 조사를 수행하게 할 수 있다.

제24조의2 【주민등록번호 처리의 제한】 ① 제24조 제1항에도 불구하고 개인정보처리자는 다음 각 호의 어느 하나에 해당하는 경우를 제외하고는 주민등록번호를 처리할 수 없다.

1. 법률·대통령령·국회규칙·대법원규칙·헌법재판소규칙·중앙선거관리위원회규칙 및 감사원규칙에서 구체적으로 주민등록번호의 처리를 요구하거나 허용한 경우
2. 정보주체 또는 제3자의 급박한 생명, 신체, 재산의 이익을 위하여 명백히 필요하다고 인정되는 경우
3. 제1호 및 제2호에 준하여 주민등록번호 처리가 불가피한 경우로서 보호위원회가 고시로 정하는 경우

② 개인정보처리자는 제24조 제3항에도 불구하고 주민등록번호가 분실·도난·유출·위조·변조 또는 훼손되지 아니하도록 암호화 조치를 통하여 안전하게 보관하여야 한다. 이 경우 암호화 적용 대상 및 대상별 적용 시기 등에 관하여 필요한 사항은 개인정보의 처리 규모와 유출 시 영향 등을 고려하여 대통령령으로 정한다.

③ 개인정보처리자는 제1항 각 호에 따라 주민등록번호를 처리하는 경우에도 정보주체가 인터넷 홈페이지를 통하여 회원으로 가입하는 단계에서는 주민등록번호를 사용하지 아니하고도 회원으로 가입할 수 있는 방법을 제공하여야 한다.

④ 보호위원회는 개인정보처리자가 제3항에 따른 방법을 제공할 수 있도록 관계 법령의 정비, 계획의 수립, 필요한 시설 및 시스템의 구축 등 제반 조치를 마련·지원할 수 있다.

3) 영상정보처리기기

제25조 【고정형 영상정보처리기기의 설치·운영 제한】 ① 누구든지 다음 각 호의 경우를 제외하고는 공개된 장소에 고정형 영상정보처리기기를 설치·운영하여서는 아니 된다.

1. 법령에서 구체적으로 허용하고 있는 경우
2. 범죄의 예방 및 수사를 위하여 필요한 경우
3. 시설의 안전 및 관리, 화재 예방을 위하여 정당한 권한을 가진 자가 설치·운영하는 경우
4. 교통단속을 위하여 정당한 권한을 가진 자가 설치·운영하는 경우
5. 교통정보의 수집·분석 및 제공을 위하여 정당한 권한을 가진 자가 설치·운영하는 경우
6. 촬영된 영상정보를 저장하지 아니하는 경우로서 대통령령으로 정하는 경우

② 누구든지 불특정 다수가 이용하는 목욕실, 화장실, 발한실(發汗室), 탈의실 등 개인의 사생활을 현저히 침해할 우려가 있는 장소의 내부를 볼 수 있도록 고정형 영상정보처리기기를 설치·운영하여서는 아니 된다. 다만, 교도소, 정신보건 시설 등 법령에 근거하여 사람을 구금하거나 보호하는 시설로서 대통령령으로 정하는 시설에 대하여는 그러하지 아니하다.

③ 제1항 각 호에 따라 고정형 영상정보처리기기를 설치·운영하려는 공공기관의 장과 제2항 단서에 따라 고정형 영상정보처리기기를 설치·운영하려는 자는 공청회·설명회의 개최 등 대통령령으로 정하는 절차를 거쳐 관계 전문가 및 이해관계인의 의견을 수렴하여야 한다.

④ 제1항 각 호에 따라 고정형 영상정보처리기기를 설치·운영하는 자(이하 "고정형영상정보처리기기운영자"라 한다)는 정보주체가 쉽게 인식할 수 있도록 다음 각 호의 사항이 포함된 안내판을 설치하는 등 필요한 조치를 하여야 한다. 다만, 「군사기지 및 군사시설 보호법」 제2조 제2호에 따른 군사시설, 「통합방위법」 제2조 제13호에 따른 국가중요시설, 그 밖에 대통령령으로 정하는 시설의 경우에는 그러하지 아니하다.

  1. 설치 목적 및 장소

  2. 촬영 범위 및 시간

  3. 관리책임자의 연락처

  4. 그 밖에 대통령령으로 정하는 사항

⑤ 고정형영상정보처리기기운영자는 고정형 영상정보처리기기의 설치 목적과 다른 목적으로 고정형 영상정보처리기기를 임의로 조작하거나 다른 곳을 비춰서는 아니 되며, 녹음기능은 사용할 수 없다.

⑥ 고정형영상정보처리기기운영자는 개인정보가 분실·도난·유출·위조·변조 또는 훼손되지 아니하도록 제29조에 따라 안전성 확보에 필요한 조치를 하여야 한다.

⑦ 고정형영상정보처리기기운영자는 대통령령으로 정하는 바에 따라 고정형 영상정보처리기기 운영·관리 방침을 마련하여야 한다. 다만, 제30조에 따른 개인정보 처리방침을 정할 때 고정형 영상정보처리기기 운영·관리에 관한 사항을 포함시킨 경우에는 고정형 영상정보처리기기 운영·관리 방침을 마련하지 아니할 수 있다.

⑧ 고정형영상정보처리기기운영자는 고정형 영상정보처리기기의 설치·운영에 관한 사무를 위탁할 수 있다. 다만, 공공기관이 고정형 영상정보처리기기 설치·운영에 관한 사무를 위탁하는 경우에는 대통령령으로 정하는 절차 및 요건에 따라야 한다.

제25조의2【이동형 영상정보처리기기의 운영 제한】 ① 업무를 목적으로 이동형 영상정보처리기기를 운영하려는 자는 다음 각 호의 경우를 제외하고는 공개된 장소에서 이동형 영상정보처리기기로 사람 또는 그 사람과 관련된 사물의 영상(개인정보에 해당하는 경우로 한정한다. 이하 같다)을 촬영하여서는 아니 된다.

  1. 제15조 제1항 각 호의 어느 하나에 해당하는 경우

  2. 촬영 사실을 명확히 표시하여 정보주체가 촬영 사실을 알 수 있도록 하였음에도 불구하고 촬영 거부 의사를 밝히지 아니한 경우. 이 경우 정보주체의 권리를 부당하게 침해할 우려가 없고 합리적인 범위를 초과하지 아니하는 경우로 한정한다.

  3. 그 밖에 제1호 및 제2호에 준하는 경우로서 대통령령으로 정하는 경우

② 누구든지 불특정 다수가 이용하는 목욕실, 화장실, 발한실, 탈의실 등 개인의 사생활을 현저히 침해할 우려가 있는 장소의 내부를 볼 수 있는 곳에서 이동형 영상정보처리기기로 사람 또는 그 사람과 관련된 사물의 영상을 촬영하여서는 아니 된다. 다만, 인명의 구조·구급 등을 위하여 필요한 경우로서 대통령령으로 정하는 경우에는 그러하지 아니하다.

③ 제1항 각 호에 해당하여 이동형 영상정보처리기기로 사람 또는 그 사람과 관련된 사물의 영상을 촬영하는 경우에는 불빛, 소리, 안내판 등 대통령령으로 정하는 바에 따라 촬영 사실을 표시하고 알려야 한다.

④ 제1항부터 제3항까지에서 규정한 사항 외에 이동형 영상정보처리기기의 운영에 관하여는 제25조 제6항부터 제8항까지의 규정을 준용한다.

4) 개인정보의 이전

제27조【영업양도 등에 따른 개인정보의 이전 제한】 ① 개인정보처리자는 영업의 전부 또는 일부의 양도·합병 등으로 개인정보를 다른 사람에게 이전하는 경우에는 미리 다음 각 호의 사항을 대통령령으로 정하는 방법에 따라 해당 정보주체에게 알려야 한다.

1. 개인정보를 이전하려는 사실
2. 개인정보를 이전받는 자(이하 "영업양수자등"이라 한다)의 성명(법인의 경우에는 법인의 명칭을 말한다), 주소, 전화번호 및 그 밖의 연락처
3. 정보주체가 개인정보의 이전을 원하지 아니하는 경우 조치할 수 있는 방법 및 절차

② 영업양수자등은 개인정보를 이전받았을 때에는 지체 없이 그 사실을 대통령령으로 정하는 방법에 따라 정보주체에게 알려야 한다. 다만, 개인정보처리자가 제1항에 따라 그 이전 사실을 이미 알린 경우에는 그러하지 아니하다.

③ 영업양수자등은 영업의 양도·합병 등으로 개인정보를 이전받은 경우에는 이전 당시의 본래 목적으로만 개인정보를 이용하거나 제3자에게 제공할 수 있다. 이 경우 영업양수자등은 개인정보처리자로 본다.

7. 가명정보의 처리

제28조의2【가명정보의 처리 등】 ① 개인정보처리자는 통계작성, 과학적 연구, 공익적 기록보존 등을 위하여 정보주체의 동의 없이 가명정보를 처리할 수 있다.

② 개인정보처리자는 제1항에 따라 가명정보를 제3자에게 제공하는 경우에는 특정 개인을 알아보기 위하여 사용될 수 있는 정보를 포함해서는 아니 된다.

제28조의3【가명정보의 결합 제한】 ① 제28조의2에도 불구하고 통계작성, 과학적 연구, 공익적 기록보존 등을 위한 서로 다른 개인정보처리자 간의 가명정보의 결합은 보호위원회 또는 관계 중앙행정기관의 장이 지정하는 전문기관이 수행한다.

② 결합을 수행한 기관 외부로 결합된 정보를 반출하려는 개인정보처리자는 가명정보 또는 제58조의2에 해당하는 정보로 처리한 뒤 전문기관의 장의 승인을 받아야 한다.

③ 제1항에 따른 결합 절차와 방법, 전문기관의 지정과 지정 취소 기준·절차, 관리·감독, 제2항에 따른 반출 및 승인 기준·절차 등 필요한 사항은 대통령령으로 정한다.

제28조의4【가명정보에 대한 안전조치의무 등】 ① 개인정보처리자는 제28조의2 또는 제28조의3에 따라 가명정보를 처리하는 경우에는 원래의 상태로 복원하기 위한 추가 정보를 별도로 분리하여 보관·관리하는 등 해당 정보가 분실·도난·유출·위조·변조 또는 훼손되지 않도록 대통령령으로 정하는 바에 따라 안전성 확보에 필요한 기술적·관리적 및 물리적 조치를 하여야 한다.

② 개인정보처리자는 제28조의2 또는 제28조의3에 따라 가명정보를 처리하는 경우 처리 목적 등을 고려하여 가명정보의 처리 기간을 별도로 정할 수 있다.

③ 개인정보처리자는 제28조의2 또는 제28조의3에 따라 가명정보를 처리하고자 하는 경우에는 가명정보의 처리 목적, 제3자 제공 시 제공받는 자, 가명정보의 처리 기간(제2항에 따라 처리 기간을 별도로 정한 경우에 한한다) 등 가명정보의 처리 내용을 관리하기 위하여 대통령령으로 정하는 사항에 대한 관련 기록을 작성하여 보관하여야 하며, 가명정보를 파기한 경우에는 파기한 날부터 3년 이상 보관하여야 한다.

제28조의5【가명정보 처리 시 금지의무 등】 ① 제28조의2 또는 제28조의3에 따라 가명정보를 처리하는 자는 특정 개인을 알아보기 위한 목적으로 가명정보를 처리해서는 아니 된다.

② 개인정보처리자는 제28조의2 또는 제28조의3에 따라 가명정보를 처리하는 과정에서 특정 개인을 알아볼 수 있는 정보가 생성된 경우에는 즉시 해당 정보의 처리를 중지하고, 지체 없이 회수·파기하여야 한다.

제28조의6 삭제

제28조의7【적용범위】 제28조의2 또는 제28조의3에 따라 처리된 가명정보는 제20조, 제20조의2, 제27조, 제34조 제1항, 제35조, 제35조의2, 제36조 및 제37조를 적용하지 아니한다.

8. 개인정보의 국외 이전

제28조의8【개인정보의 국외 이전】 ① 개인정보처리자는 개인정보를 국외로 제공(조회되는 경우를 포함한다)·처리위탁·보관(이하 이 절에서 "이전"이라 한다)하여서는 아니 된다. 다만, 다음 각 호의 어느 하나에 해당하는 경우에는 개인정보를 국외로 이전할 수 있다.
  1. 정보주체로부터 국외 이전에 관한 별도의 동의를 받은 경우
  2. 법률, 대한민국을 당사자로 하는 조약 또는 그 밖의 국제협정에 개인정보의 국외 이전에 관한 특별한 규정이 있는 경우
  3. 정보주체와의 계약의 체결 및 이행을 위하여 개인정보의 처리위탁·보관이 필요한 경우로서 다음 각 목의 어느 하나에 해당하는 경우
    가. 제2항 각 호의 사항을 제30조에 따른 개인정보 처리방침에 공개한 경우
    나. 전자우편 등 대통령령으로 정하는 방법에 따라 제2항 각 호의 사항을 정보주체에게 알린 경우
  4. 개인정보를 이전받는 자가 제32조의2에 따른 개인정보 보호 인증 등 보호위원회가 정하여 고시하는 인증을 받은 경우로서 다음 각 목의 조치를 모두 한 경우
    가. 개인정보 보호에 필요한 안전조치 및 정보주체 권리보장에 필요한 조치
    나. 인증받은 사항을 개인정보가 이전되는 국가에서 이행하기 위하여 필요한 조치
  5. 개인정보가 이전되는 국가 또는 국제기구의 개인정보 보호체계, 정보주체 권리보장 범위, 피해구제 절차 등이 이 법에 따른 개인정보 보호 수준과 실질적으로 동등한 수준을 갖추었다고 보호위원회가 인정하는 경우
② 개인정보처리자는 제1항 제1호에 따른 동의를 받을 때에는 미리 다음 각 호의 사항을 정보주체에게 알려야 한다.
  1. 이전되는 개인정보 항목
  2. 개인정보가 이전되는 국가, 시기 및 방법
  3. 개인정보를 이전받는 자의 성명(법인인 경우에는 그 명칭과 연락처를 말한다)
  4. 개인정보를 이전받는 자의 개인정보 이용목적 및 보유·이용 기간
  5. 개인정보의 이전을 거부하는 방법, 절차 및 거부의 효과
③ 개인정보처리자는 제2항 각 호의 어느 하나에 해당하는 사항을 변경하는 경우에는 정보주체에게 알리고 동의를 받아야 한다.
④ 개인정보처리자는 제1항 각 호 외의 부분 단서에 따라 개인정보를 국외로 이전하는 경우 국외 이전과 관련한 이 법의 다른 규정, 제17조부터 제19조까지의 규정 및 제5장의 규정을 준수하여야 하고, 대통령령으로 정하는 보호조치를 하여야 한다.

⑤ 개인정보처리자는 이 법을 위반하는 사항을 내용으로 하는 개인정보의 국외 이전에 관한 계약을 체결하여서는 아니 된다.

⑥ 제1항부터 제5항까지에서 규정한 사항 외에 개인정보 국외 이전의 기준 및 절차 등에 필요한 사항은 대통령령으로 정한다.

제28조의9【개인정보의 국외 이전 중지 명령】 ① 보호위원회는 개인정보의 국외 이전이 계속되고 있거나 추가적인 국외 이전이 예상되는 경우로서 다음 각 호의 어느 하나에 해당하는 경우에는 개인정보처리자에게 개인정보의 국외 이전을 중지할 것을 명할 수 있다.

  1. 제28조의8 제1항, 제4항 또는 제5항을 위반한 경우

  2. 개인정보를 이전받는 자나 개인정보가 이전되는 국가 또는 국제기구가 이 법에 따른 개인정보 보호 수준에 비하여 개인정보를 적정하게 보호하지 아니하여 정보주체에게 피해가 발생하거나 발생할 우려가 현저한 경우

② 개인정보처리자는 제1항에 따른 국외 이전 중지 명령을 받은 경우에는 명령을 받은 날부터 7일 이내에 보호위원회에 이의를 제기할 수 있다.

③ 제1항에 따른 개인정보 국외 이전 중지 명령의 기준, 제2항에 따른 불복 절차 등에 필요한 사항은 대통령령으로 정한다.

제28조의10【상호주의】 제28조의8에도 불구하고 개인정보의 국외 이전을 제한하는 국가의 개인정보처리자에 대해서는 해당 국가의 수준에 상응하는 제한을 할 수 있다. 다만, 조약 또는 그 밖의 국제협정의 이행에 필요한 경우에는 그러하지 아니하다.

9. 개인정보의 안전한 관리

1) 개인정보 보호책임자

제31조【개인정보 보호책임자의 지정 등】 ① 개인정보처리자는 개인정보의 처리에 관한 업무를 총괄해서 책임질 개인정보 보호책임자를 지정하여야 한다. 다만, 종업원 수, 매출액 등이 대통령령으로 정하는 기준에 해당하는 개인정보처리자의 경우에는 지정하지 아니할 수 있다.

② 제1항 단서에 따라 개인정보 보호책임자를 지정하지 아니하는 경우에는 개인정보처리자의 사업주 또는 대표자가 개인정보 보호책임자가 된다.

2) 개인정보파일의 등록

제32조【개인정보파일의 등록 및 공개】 ① 공공기관의 장이 개인정보파일을 운용하는 경우에는 다음 각 호의 사항을 보호위원회에 등록하여야 한다. 등록한 사항이 변경된 경우에도 또한 같다.

  1. 개인정보파일의 명칭

  2. 개인정보파일의 운영 근거 및 목적

  3. 개인정보파일에 기록되는 개인정보의 항목

  4. 개인정보의 처리방법

  5. 개인정보의 보유기간

6. 개인정보를 통상적 또는 반복적으로 제공하는 경우에는 그 제공받는 자
7. 그 밖에 대통령령으로 정하는 사항

3) 영향평가

제33조【개인정보 영향평가】 ① 공공기관의 장은 대통령령으로 정하는 기준에 해당하는 개인정보파일의 운용으로 인하여 정보주체의 개인정보 침해가 우려되는 경우에는 그 위험요인의 분석과 개선 사항 도출을 위한 평가(이하 "영향평가"라 한다)를 하고 그 결과를 보호위원회에 제출하여야 한다.
② 보호위원회는 대통령령으로 정하는 인력·설비 및 그 밖에 필요한 요건을 갖춘 자를 영향평가를 수행하는 기관(이하 "평가기관"이라 한다)으로 지정할 수 있으며, 공공기관의 장은 영향평가를 평가기관에 의뢰하여야 한다.
③ 영향평가를 하는 경우에는 다음 각 호의 사항을 고려하여야 한다.
　1. 처리하는 개인정보의 수
　2. 개인정보의 제3자 제공 여부
　3. 정보주체의 권리를 해할 가능성 및 그 위험 정도
　4. 그 밖에 대통령령으로 정한 사항
④ 보호위원회는 제1항에 따라 제출받은 영향평가 결과에 대하여 의견을 제시할 수 있다.
⑤ 공공기관의 장은 제1항에 따라 영향평가를 한 개인정보파일을 제32조 제1항에 따라 등록할 때에는 영향평가 결과를 함께 첨부하여야 한다.
⑪ 공공기관 외의 개인정보처리자는 개인정보파일 운용으로 인하여 정보주체의 개인정보 침해가 우려되는 경우에는 영향평가를 하기 위하여 적극 노력하여야 한다.

4) 개인정보의 유출

제34조【개인정보 유출 등의 통지·신고】 ① 개인정보처리자는 개인정보가 분실·도난·유출(이하 이 조에서 "유출등"이라 한다)되었음을 알게 되었을 때에는 지체 없이 해당 정보주체에게 다음 각 호의 사항을 알려야 한다. 다만, 정보주체의 연락처를 알 수 없는 경우 등 정당한 사유가 있는 경우에는 대통령령으로 정하는 바에 따라 통지를 갈음하는 조치를 취할 수 있다.
　1. 유출등이 된 개인정보의 항목
　2. 유출등이 된 시점과 그 경위
　3. 유출등으로 인하여 발생할 수 있는 피해를 최소화하기 위하여 정보주체가 할 수 있는 방법 등에 관한 정보
　4. 개인정보처리자의 대응조치 및 피해 구제절차
　5. 정보주체에게 피해가 발생한 경우 신고 등을 접수할 수 있는 담당부서 및 연락처
② 개인정보처리자는 개인정보가 유출등이 된 경우 그 피해를 최소화하기 위한 대책을 마련하고 필요한 조치를 하여야 한다.

10. 정보주체의 권리 보장

1) 열람 및 전송 요구

제35조【개인정보의 열람】 ① 정보주체는 개인정보처리자가 처리하는 자신의 개인정보에 대한 열람을 해당 개인정보처리자에게 요구할 수 있다.

② 제1항에도 불구하고 정보주체가 자신의 개인정보에 대한 열람을 공공기관에 요구하고자 할 때에는 공공기관에 직접 열람을 요구하거나 대통령령으로 정하는 바에 따라 보호위원회를 통하여 열람을 요구할 수 있다.

제35조의2【개인정보의 전송 요구】 ① 정보주체는 개인정보 처리 능력 등을 고려하여 대통령령으로 정하는 기준에 해당하는 개인정보처리자에 대하여 다음 각 호의 요건을 모두 충족하는 개인정보를 자신에게로 전송할 것을 요구할 수 있다.

1. 정보주체가 전송을 요구하는 개인정보가 정보주체 본인에 관한 개인정보로서 다음 각 목의 어느 하나에 해당하는 정보일 것

   가. 제15조 제1항 제1호, 제23조 제1항 제1호 또는 제24조 제1항 제1호에 따른 동의를 받아 처리되는 개인정보

   나. 제15조 제1항 제4호에 따라 체결한 계약을 이행하거나 계약을 체결하는 과정에서 정보주체의 요청에 따른 조치를 이행하기 위하여 처리되는 개인정보

   다. 제15조 제1항 제2호·제3호, 제23조 제1항 제2호 또는 제24조 제1항 제2호에 따라 처리되는 개인정보 중 정보주체의 이익이나 공익적 목적을 위하여 관계 중앙행정기관의 장의 요청에 따라 보호위원회가 심의·의결하여 전송 요구의 대상으로 지정한 개인정보

2. 전송을 요구하는 개인정보가 개인정보처리자가 수집한 개인정보를 기초로 분석·가공하여 별도로 생성한 정보가 아닐 것

3. 전송을 요구하는 개인정보가 컴퓨터 등 정보처리장치로 처리되는 개인정보일 것

2) 정정·삭제 및 처리정지 요구

제36조【개인정보의 정정·삭제】 ① 제35조에 따라 자신의 개인정보를 열람한 정보주체는 개인정보처리자에게 그 개인정보의 정정 또는 삭제를 요구할 수 있다. 다만, 다른 법령에서 그 개인정보가 수집 대상으로 명시되어 있는 경우에는 그 삭제를 요구할 수 없다.

제37조【개인정보의 처리정지 등】 ① 정보주체는 개인정보처리자에 대하여 자신의 개인정보 처리의 정지를 요구하거나 개인정보 처리에 대한 동의를 철회할 수 있다. 이 경우 공공기관에 대해서는 제32조에 따라 등록 대상이 되는 개인정보파일 중 자신의 개인정보에 대한 처리의 정지를 요구하거나 개인정보 처리에 대한 동의를 철회할 수 있다.

② 개인정보처리자는 제1항에 따른 처리정지 요구를 받았을 때에는 지체 없이 정보주체의 요구에 따라 개인정보 처리의 전부를 정지하거나 일부를 정지하여야 한다. 다만, 다음 각 호의 어느 하나에 해당하는 경우에는 정보주체의 처리정지 요구를 거절할 수 있다.

1. 법률에 특별한 규정이 있거나 법령상 의무를 준수하기 위하여 불가피한 경우

2. 다른 사람의 생명·신체를 해할 우려가 있거나 다른 사람의 재산과 그 밖의 이익을 부당하게 침해할 우려가 있는 경우

3. 공공기관이 개인정보를 처리하지 아니하면 다른 법률에서 정하는 소관 업무를 수행할 수 없는 경우
4. 개인정보를 처리하지 아니하면 정보주체와 약정한 서비스를 제공하지 못하는 등 계약의 이행이 곤란한 경우로서 정보주체가 그 계약의 해지 의사를 명확하게 밝히지 아니한 경우

3) 자동화된 결정에 대한 정보주체의 권리

제37조의2【자동화된 결정에 대한 정보주체의 권리 등】 ① 정보주체는 완전히 자동화된 시스템(인공지능 기술을 적용한 시스템을 포함한다)으로 개인정보를 처리하여 이루어지는 결정(「행정기본법」 제20조에 따른 행정청의 자동적 처분은 제외하며, 이하 이 조에서 "자동화된 결정"이라 한다)이 자신의 권리 또는 의무에 중대한 영향을 미치는 경우에는 해당 개인정보처리자에 대하여 해당 결정을 거부할 수 있는 권리를 가진다. 다만, 자동화된 결정이 제15조 제1항 제1호·제2호 및 제4호에 따라 이루어지는 경우에는 그러하지 아니하다.
② 정보주체는 개인정보처리자가 자동화된 결정을 한 경우에는 그 결정에 대하여 설명 등을 요구할 수 있다.
③ 개인정보처리자는 제1항 또는 제2항에 따라 정보주체가 자동화된 결정을 거부하거나 이에 대한 설명 등을 요구한 경우에는 정당한 사유가 없는 한 자동화된 결정을 적용하지 아니하거나 인적 개입에 의한 재처리·설명 등 필요한 조치를 하여야 한다.
④ 개인정보처리자는 자동화된 결정의 기준과 절차, 개인정보가 처리되는 방식 등을 정보주체가 쉽게 확인할 수 있도록 공개하여야 한다.

4) 손해배상책임

제39조【손해배상책임】 ① 정보주체는 개인정보처리자가 이 법을 위반한 행위로 손해를 입으면 개인정보처리자에게 손해배상을 청구할 수 있다. 이 경우 그 개인정보처리자는 고의 또는 과실이 없음을 입증하지 아니하면 책임을 면할 수 없다.
③ 개인정보처리자의 고의 또는 중대한 과실로 인하여 개인정보가 분실·도난·유출·위조·변조 또는 훼손된 경우로서 정보주체에게 손해가 발생한 때에는 법원은 그 손해액의 5배를 넘지 아니하는 범위에서 손해배상액을 정할 수 있다. 다만, 개인정보처리자가 고의 또는 중대한 과실이 없음을 증명한 경우에는 그러하지 아니하다.

제39조의2【법정손해배상의 청구】 ① 제39조 제1항에도 불구하고 정보주체는 개인정보처리자의 고의 또는 과실로 인하여 개인정보가 분실·도난·유출·위조·변조 또는 훼손된 경우에는 300만원 이하의 범위에서 상당한 금액을 손해액으로 하여 배상을 청구할 수 있다. 이 경우 해당 개인정보처리자는 고의 또는 과실이 없음을 입증하지 아니하면 책임을 면할 수 없다.
② 법원은 제1항에 따른 청구가 있는 경우에 변론 전체의 취지와 증거조사의 결과를 고려하여 제1항의 범위에서 상당한 손해액을 인정할 수 있다.
③ 제39조에 따라 손해배상을 청구한 정보주체는 사실심(事實審)의 변론이 종결되기 전까지 그 청구를 제1항에 따른 청구로 변경할 수 있다.

11. 분쟁조정과 단체소송

1) 분쟁조정 절차

제43조【조정의 신청 등】 ① 개인정보와 관련한 분쟁의 조정을 원하는 자는 분쟁조정위원회에 분쟁조정을 신청할 수 있다.

② 분쟁조정위원회는 당사자 일방으로부터 분쟁조정 신청을 받았을 때에는 그 신청내용을 상대방에게 알려야 한다.

③ 개인정보처리자가 제2항에 따른 분쟁조정의 통지를 받은 경우에는 특별한 사유가 없으면 분쟁조정에 응하여야 한다.

제44조【처리기간】 ① 분쟁조정위원회는 제43조 제1항에 따른 분쟁조정 신청을 받은 날부터 60일 이내에 이를 심사하여 조정안을 작성하여야 한다. 다만, 부득이한 사정이 있는 경우에는 분쟁조정위원회의 의결로 처리기간을 연장할 수 있다.

② 분쟁조정위원회는 제1항 단서에 따라 처리기간을 연장한 경우에는 기간연장의 사유와 그 밖의 기간연장에 관한 사항을 신청인에게 알려야 한다.

제45조의2【진술의 원용 제한】 조정절차에서의 의견과 진술은 소송(해당 조정에 대한 준재심은 제외한다)에서 원용(援用)하지 못한다.

제46조【조정 전 합의 권고】 분쟁조정위원회는 제43조 제1항에 따라 분쟁조정 신청을 받았을 때에는 당사자에게 그 내용을 제시하고 조정 전 합의를 권고할 수 있다.

제47조【분쟁의 조정】 ① 분쟁조정위원회는 다음 각 호의 어느 하나의 사항을 포함하여 조정안을 작성할 수 있다.

1. 조사 대상 침해행위의 중지
2. 원상회복, 손해배상, 그 밖에 필요한 구제조치
3. 같거나 비슷한 침해의 재발을 방지하기 위하여 필요한 조치

② 분쟁조정위원회는 제1항에 따라 조정안을 작성하면 지체 없이 각 당사자에게 제시하여야 한다.

③ 제2항에 따라 조정안을 제시받은 당사자가 제시받은 날부터 15일 이내에 수락 여부를 알리지 아니하면 조정을 수락한 것으로 본다.

④ 당사자가 조정내용을 수락한 경우(제3항에 따라 수락한 것으로 보는 경우를 포함한다) 분쟁조정위원회는 조정서를 작성하고, 분쟁조정위원회의 위원장과 각 당사자가 기명날인 또는 서명을 한 후 조정서 정본을 지체 없이 각 당사자 또는 그 대리인에게 송달하여야 한다. 다만, 제3항에 따라 수락한 것으로 보는 경우에는 각 당사자의 기명날인 및 서명을 생략할 수 있다.

⑤ 제4항에 따른 조정의 내용은 재판상 화해와 동일한 효력을 갖는다.

제48조【조정의 거부 및 중지】 ① 분쟁조정위원회는 분쟁의 성질상 분쟁조정위원회에서 조정하는 것이 적합하지 아니하다고 인정하거나 부정한 목적으로 조정이 신청되었다고 인정하는 경우에는 그 조정을 거부할 수 있다. 이 경우 조정거부의 사유 등을 신청인에게 알려야 한다.

② 분쟁조정위원회는 신청된 조정사건에 대한 처리절차를 진행하던 중에 한 쪽 당사자가 소를 제기하면 그 조정의 처리를 중지하고 이를 당사자에게 알려야 한다.

2) 집단분쟁조정

제49조【집단분쟁조정】 ① 국가 및 지방자치단체, 개인정보 보호단체 및 기관, 정보주체, 개인정보처리자는 정보주체의 피해 또는 권리침해가 다수의 정보주체에게 같거나 비슷한 유형으로 발생하는 경우로서 대통령령으로 정하는 사건에 대하여 분쟁조정위원회에 일괄적인 분쟁조정(이하 "집단분쟁조정"이라 한다)을 의뢰 또는 신청할 수 있다.
② 제1항에 따라 집단분쟁조정을 의뢰받거나 신청받은 분쟁조정위원회는 그 의결로써 제3항부터 제7항까지의 규정에 따른 집단분쟁조정의 절차를 개시할 수 있다. 이 경우 분쟁조정위원회는 대통령령으로 정하는 기간 동안 그 절차의 개시를 공고하여야 한다.
③ 분쟁조정위원회는 집단분쟁조정의 당사자가 아닌 정보주체 또는 개인정보처리자로부터 그 분쟁조정의 당사자에 추가로 포함될 수 있도록 하는 신청을 받을 수 있다.
④ 분쟁조정위원회는 그 의결로써 제1항 및 제3항에 따른 집단분쟁조정의 당사자 중에서 공동의 이익을 대표하기에 가장 적합한 1인 또는 수인을 대표당사자로 선임할 수 있다.
⑤ 분쟁조정위원회는 개인정보처리자가 분쟁조정위원회의 집단분쟁조정의 내용을 수락한 경우에는 집단분쟁조정의 당사자가 아닌 자로서 피해를 입은 정보주체에 대한 보상계획서를 작성하여 분쟁조정위원회에 제출하도록 권고할 수 있다.
⑥ 제48조 제2항에도 불구하고 분쟁조정위원회는 집단분쟁조정의 당사자인 다수의 정보주체 중 일부의 정보주체가 법원에 소를 제기한 경우에는 그 절차를 중지하지 아니하고, 소를 제기한 일부의 정보주체를 그 절차에서 제외한다.
⑦ 집단분쟁조정의 기간은 제2항에 따른 공고가 종료된 날의 다음 날부터 60일 이내로 한다. 다만, 부득이한 사정이 있는 경우에는 분쟁조정위원회의 의결로 처리기간을 연장할 수 있다.
⑧ 집단분쟁조정의 절차 등에 관하여 필요한 사항은 대통령령으로 정한다.

3) 단체소송

제51조【단체소송의 대상 등】 다음 각 호의 어느 하나에 해당하는 단체는 개인정보처리자가 제49조에 따른 집단분쟁조정을 거부하거나 집단분쟁조정의 결과를 수락하지 아니한 경우에는 법원에 권리침해 행위의 금지·중지를 구하는 소송(이하 "단체소송"이라 한다)을 제기할 수 있다.
　　1. 「소비자기본법」 제29조에 따라 공정거래위원회에 등록한 소비자단체로서 다음 각 목의 요건을 모두 갖춘 단체
　　　가. 정관에 따라 상시적으로 정보주체의 권익증진을 주된 목적으로 하는 단체일 것
　　　나. 단체의 정회원수가 1천명 이상일 것
　　　다. 「소비자기본법」 제29조에 따른 등록 후 3년이 경과하였을 것
　　2. 「비영리민간단체 지원법」 제2조에 따른 비영리민간단체로서 다음 각 목의 요건을 모두 갖춘 단체
　　　가. 법률상 또는 사실상 동일한 침해를 입은 100명 이상의 정보주체로부터 단체소송의 제기를 요청받을 것
　　　나. 정관에 개인정보 보호를 단체의 목적으로 명시한 후 최근 3년 이상 이를 위한 활동실적이 있을 것
　　　다. 단체의 상시 구성원수가 5천명 이상일 것
　　　라. 중앙행정기관에 등록되어 있을 것

제55조【소송허가요건 등】 ① 법원은 다음 각 호의 요건을 모두 갖춘 경우에 한하여 결정으로 단체소송을 허가한다.

1. 개인정보처리자가 분쟁조정위원회의 조정을 거부하거나 조정결과를 수락하지 아니하였을 것
2. 제54조에 따른 소송허가신청서의 기재사항에 흠결이 없을 것

② 단체소송을 허가하거나 불허가하는 결정에 대하여는 즉시항고할 수 있다.

제56조【확정판결의 효력】 원고의 청구를 기각하는 판결이 확정된 경우 이와 동일한 사안에 관하여는 제51조에 따른 다른 단체는 단체소송을 제기할 수 없다. 다만, 다음 각 호의 어느 하나에 해당하는 경우에는 그러하지 아니하다.

1. 판결이 확정된 후 그 사안과 관련하여 국가·지방자치단체 또는 국가·지방자치단체가 설립한 기관에 의하여 새로운 증거가 나타난 경우
2. 기각판결이 원고의 고의로 인한 것임이 밝혀진 경우

Chapter 01 행정상 강제

> **행정기본법 제30조【행정상 강제】** ① 행정청은 행정목적을 달성하기 위하여 필요한 경우에는 법률로 정하는 바에 따라 필요한 최소한의 범위에서 다음 각 호의 어느 하나에 해당하는 조치를 할 수 있다.
> 1. 행정대집행 : 의무자가 행정상 의무(법령등에서 직접 부과하거나 행정청이 법령등에 따라 부과한 의무를 말한다. 이하 이 절에서 같다)로서 타인이 대신하여 행할 수 있는 의무를 이행하지 아니하는 경우 법률로 정하는 다른 수단으로는 그 이행을 확보하기 곤란하고 그 불이행을 방치하면 공익을 크게 해칠 것으로 인정될 때에 행정청이 의무자가 하여야 할 행위를 스스로 하거나 제3자에게 하게 하고 그 비용을 의무자로부터 징수하는 것
> 2. 이행강제금의 부과 : 의무자가 행정상 의무를 이행하지 아니하는 경우 행정청이 적절한 이행기간을 부여하고, 그 기한까지 행정상 의무를 이행하지 아니하면 금전급부의무를 부과하는 것
> 3. 직접강제 : 의무자가 행정상 의무를 이행하지 아니하는 경우 행정청이 의무자의 신체나 재산에 실력을 행사하여 그 행정상 의무의 이행이 있었던 것과 같은 상태를 실현하는 것
> 4. 강제징수 : 의무자가 행정상 의무 중 금전급부의무를 이행하지 아니하는 경우 행정청이 의무자의 재산에 실력을 행사하여 그 행정상 의무가 실현된 것과 같은 상태를 실현하는 것
> 5. 즉시강제 : 현재의 급박한 행정상의 장해를 제거하기 위한 경우로서 다음 각 목의 어느 하나에 해당하는 경우에 행정청이 곧바로 국민의 신체 또는 재산에 실력을 행사하여 행정목적을 달성하는 것
>   가. 행정청이 미리 행정상 의무 이행을 명할 시간적 여유가 없는 경우
>   나. 그 성질상 행정상 의무의 이행을 명하는 것만으로는 행정목적 달성이 곤란한 경우
> ② 행정상 강제 조치에 관하여 이 법에서 정한 사항 외에 필요한 사항은 따로 법률로 정한다.
> ③ 형사(刑事), 행형(行刑) 및 보안처분 관계 법령에 따라 행하는 사항이나 외국인의 출입국·난민인정·귀화·국적회복에 관한 사항에 관하여는 이 절을 적용하지 아니한다.

전통적 수단 (직접적 또는 간접적)	행정상 강제	행정상 강제집행(의무불이행을 전제로 한다)	행정대집행
			이행강제금
			직접강제
			강제징수
		행정상 즉시강제(의무불이행을 전제로 하지 않는다)	
	행정벌	행정형벌 : 형법상의 형벌	
		행정질서벌 : 질서위반행위규제법상의 과태료	
새로운 수단 (간접적)	금전적 제재	과징금, 가산세, 부과금	
	비금전적 제재	공급거부, 명단공표, 관허사업의 제한, 세무조사, 시정명령, 출국금지 등	

1. 행정상 강제집행

1) 의의

법령 또는 그에 기한 처분에 의하여 과하여진 행정법상의 의무불이행에 대하여, 행정기관이 장래에 향하여 의무자의 신체·재산에 실력을 가하여 그 의무를 이행시키거나 또는 이행된 것과 같은 상태를 실현하는 작용을 말한다.

2) 구별개념

(1) 행정상 즉시강제와의 구별

행정상 강제집행은 의무의 존재와 의무불이행을 전제로 하지만, 행정상 즉시강제는 의무의 존재를 전제로 하지 않는다.

(2) 행정벌과의 구별

행정상 강제집행은 의무불이행을 전제로 장래에 대하여 의무이행을 실현하는 것을 목적으로 하고, 행정벌은 과거의 의무 위반에 대한 제재라는 점에서 구별된다.

(3) 민사상 강제집행과의 구별

민사상 강제집행	행정상 강제집행
사법상 의무를 대상으로 사인 간의 문제	공법상 의무를 대상으로 개인과 국가 등의 관계
법원의 재판이 집행권원으로 필요함	법원의 개입 없이 행정청이 스스로 강제력을 행사함(자력강제)

판례

행정대집행의 절차가 인정되는 경우에는 따로 민사상 강제집행을 허용할 수는 없다.

토지에 관한 도로구역 결정이 고시된 후 구 토지수용법(1999. 2. 8. 법률 제5909호로 개정되기 전의 것) 제18조의2 제2항에 위반하여 공작물을 축조하고 물건을 부가한 자에 대하여 관리청은 이러한 위반행위에 의하여 생긴 유형적 결과의 시정을 명하는 행정처분을 하여 이에 따르지 않는 경우에는 행정대집행의 방법으로 그 의무내용을 실현할 수 있는 것이고, 이러한 행정대집행의 절차가 인정되는 경우에는 따로 민사소송의 방법으로 공작물의 철거, 수거 등을 구할 수는 없다(대법원 2000. 5. 12. 99다18909).

3) 종류

(1) 행정대집행

대체적 작위의무를 그 의무자가 이행하지 않는 경우에 당해 행정청이 그 의무를 스스로 행하거나 제3자로 하여금 이를 행하게 하고, 그 비용을 의무자로부터 징수하는 행위를 말한다.

(2) 이행강제금(집행벌)

의무자가 행정상 의무를 이행하지 아니하는 경우 행정청이 적절한 이행기간을 부여하고, 그 기한까지 행정상 의무를 이행하지 아니하면 부과하는 금전급부의무로 건축법상의 이행강제금 등이 그 예이다.

(3) 직접강제

행정법상 의무불이행에 대하여 직접 의무자의 신체·재산에 실력을 행사하여 그 행정상 의무의 이행이 있었던 것과 같은 상태를 실현하는 작용으로 강제예방접종, 무허가영업소의 강제폐쇄 등이 그 예이다.

(4) 강제징수

공법상 금전납부의무 불이행의 경우 행정청이 의무자의 재산에 실력을 가하여 이를 징수하는 작용이다.

4) 법적 근거

의무를 명하는 법규와 강제집행은 별개의 행정작용이므로 의무를 명하는 법규와는 별도로 강제집행에 관한 법적 근거가 필요하다.

2. 행정대집행

행정대집행법

제2조【대집행과 그 비용징수】 법률(법률의 위임에 의한 명령, 지방자치단체의 조례를 포함한다. 이하 같다)에 의하여 직접명령되었거나 또는 법률에 의거한 행정청의 명령에 의한 행위로서 타인이 대신하여 행할 수 있는 행위를 의무자가 이행하지 아니하는 경우 다른 수단으로써 그 이행을 확보하기 곤란하고 또한 그 불이행을 방치함이 심히 공익을 해할 것으로 인정될 때에는 당해 행정청은 스스로 의무자가 하여야 할 행위를 하거나 또는 제삼자로 하여금 이를 하게 하여 그 비용을 의무자로부터 징수할 수 있다.

제3조【대집행의 절차】 ① 전조의 규정에 의한 처분(이하 대집행이라 한다)을 하려 함에 있어서는 상당한 이행기한을 정하여 그 기한까지 이행되지 아니할 때에는 대집행을 한다는 뜻을 미리 문서로써 계고하여야 한다. 이 경우 행정청은 상당한 이행기한을 정함에 있어 의무의 성질·내용 등을 고려하여 사회통념상 해당 의무를 이행하는 데 필요한 기간이 확보되도록 하여야 한다.

② 의무자가 전항의 계고를 받고 지정기한까지 그 의무를 이행하지 아니할 때에는 당해 행정청은 대집행영장으로써 대집행을 할 시기, 대집행을 시키기 위하여 파견하는 집행책임자의 성명과 대집행에 요하는 비용의 개산에 의한 견적액을 의무자에게 통지하여야 한다.

③ 비상시 또는 위험이 절박한 경우에 있어서 당해 행위의 급속한 실시를 요하여 전2항에 규정한 수속을 취할 여유가 없을 때에는 그 수속을 거치지 아니하고 대집행을 할 수 있다.

제4조【대집행의 실행 등】① 행정청(제2조에 따라 대집행을 실행하는 제3자를 포함한다. 이하 이 조에서 같다)은 해가 뜨기 전이나 해가 진 후에는 대집행을 하여서는 아니 된다. 다만, 다음 각 호의 어느 하나에 해당하는 경우에는 그러하지 아니하다.
   1. 의무자가 동의한 경우
   2. 해가 지기 전에 대집행을 착수한 경우
   3. 해가 뜬 후부터 해가 지기 전까지 대집행을 하는 경우에는 대집행의 목적 달성이 불가능한 경우
   4. 그 밖에 비상시 또는 위험이 절박한 경우
② 행정청은 대집행을 할 때 대집행 과정에서의 안전 확보를 위하여 필요하다고 인정하는 경우 현장에 긴급 의료장비나 시설을 갖추는 등 필요한 조치를 하여야 한다.
③ 대집행을 하기 위하여 현장에 파견되는 집행책임자는 그가 집행책임자라는 것을 표시한 증표를 휴대하여 대집행시에 이해관계인에게 제시하여야 한다.
제5조【비용납부명령서】대집행에 요한 비용의 징수에 있어서는 실제에 요한 비용액과 그 납기일을 정하여 의무자에게 문서로써 그 납부를 명하여야 한다.
제6조【비용징수】① 대집행에 요한 비용은 국세징수법의 예에 의하여 징수할 수 있다.
② 대집행에 요한 비용에 대하여서는 행정청은 사무비의 소속에 따라 국세에 다음가는 순위의 선취득권을 가진다.
③ 대집행에 요한 비용을 징수하였을 때에는 그 징수금은 사무비의 소속에 따라 국고 또는 지방자치단체의 수입으로 한다.
제7조【행정심판】대집행에 대하여는 행정심판을 제기할 수 있다.

1) 의의

대체적 작위의무를 그 의무자가 이행하지 않는 경우에 당해 행정청이 그 의무를 스스로 행하거나 제3자로 하여금 이를 행하게 하고, 그 비용을 의무자로부터 징수하는 행위를 말한다.

2) 법적 근거

일반법으로는 행정대집행법, 개별법으로는 도로교통법 등이 있다.

3) 대집행의 주체

대집행의 주체는 당해 행정청(처분청)이다. 그러나 대집행 실행행위는 제3자에 의해서도 가능하며, 이때 제3자는 사실상의 집행자로서 대집행을 하는 것에 불과하기 때문에 대집행의 주체는 아니다. 다만, 법령에 의해서 대집행권한을 위탁받은 경우 그 제3자는 대집행의 주체로서 행정주체에 해당한다.

> **판례**
>
> **법령에 의해서 대집행권한을 위탁받은 한국토지공사는 행정주체에 해당한다.**
>
> 본래 시·도지사나 시장·군수 또는 구청장의 업무에 속하는 대집행권한을 한국토지공사에게 위탁하도록 되어 있는바, 한국토지공사는 이러한 법령의 위탁에 의하여 대집행을 수권받은 자로서 공무인 대집행을 실시함에 따르는 권리·의무 및 책임이 귀속되는 행정주체의 지위에 있다고 볼 것이지 지방자치단체 등의 기관으로서 국가배상법 제2조 소정의 공무원에 해당한다고 볼 것은 아니다(대법원 2010. 1. 28. 2007다 82950·82967).

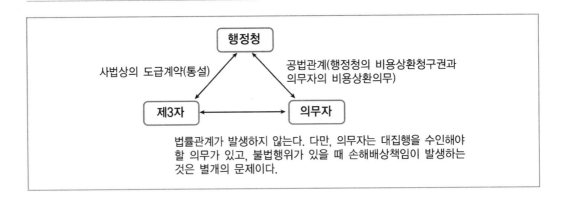

4) 대집행의 요건

(1) 공법상 대체적 작위의무의 불이행이 있을 것

① 대집행의 대상이 되는 의무는 공법상의 의무에 한정된다. 법령(법규명령과 조례를 모두 포함한다)에 의하여 직접 부과된 의무와 법령에 기한 행정청의 처분에 의하여 부가된 의무를 모두 포함한다.

> **판례**
>
> **협의취득시 건물소유자가 매매대상 건물에 대한 철거의무를 부담하겠다는 취지의 약정은 대집행의 대상이 아니다(사법상 의무의 불이행은 대집행의 대상이 아니다).**
>
> 행정대집행법상 대집행의 대상이 되는 대체적 작위의무는 공법상 의무이어야 할 것인데, 토지 등의 협의취 득은 공공사업에 필요한 토지 등을 그 소유자와의 협의에 의하여 취득하는 것으로서 공공기관이 사경제주 체로서 행하는 사법상 매매 내지 사법상 계약의 실질을 가지는 것이므로, 그 협의취득시 건물소유자가 매 매대상 건물에 대한 철거의무를 부담하겠다는 취지의 약정을 하였다고 하더라도 이러한 철거의무는 공법 상의 의무가 될 수 없고, 이 경우에도 행정대집행법을 준용하여 대집행을 허용하는 별도의 규정이 없는 한 위와 같은 철거의무는 행정대집행법에 의한 대집행의 대상이 되지 않는다(대법원 2006. 10. 13. 2006두 7096).

② 대집행의 대상이 되는 의무는 타인이 대신하여 이행할 수 있는 행위인 대체적 작위의무여 야 한다. 따라서 수인의무 또는 부작위의무 등은 대집행의 대상이 아니다.

예를 들어, 도로·공원부지 등의 불법점거 및 불법공작물의 설치행위는 부작위의무의 위반이므로 그에 대하여 직접 대집행을 할 수는 없고, 먼저 당해 불법공작물의 철거를 명함으로써 작위의무로 전환시킨 후 그 작위의무 위반에 기하여 대집행을 할 수 있게 된다.

> **판례**

금지규정에서 작위의무 명령권이 당연히 도출되는 것이 아니며, 권한 없는 자의 원상복구명령에 따른 의무 불이행을 이유로 한 계고처분은 무효이다.

[1] 행정대집행법 제2조는 대집행의 대상이 되는 의무를 "법률(법률의 위임에 의한 명령, 지방자치단체의 조례를 포함한다. 이하 같다)에 의하여 직접 명령되었거나 또는 법률에 의거한 행정청의 명령에 의한 행위로서 타인이 대신하여 행할 수 있는 행위"라고 규정하고 있으므로, 대집행계고처분을 하기 위하여는 법령에 의하여 직접 명령되거나 법령에 근거한 행정청의 명령에 의한 의무자의 대체적 작위의무 위반행위가 있어야 한다. 따라서 단순한 부작위의무의 위반, 즉 관계 법령에 정하고 있는 절대적 금지나 허가를 유보한 상대적 금지를 위반한 경우에는 당해 법령에서 그 위반자에 대하여 위반에 의하여 생긴 유형적 결과의 시정을 명하는 행정처분의 권한을 인정하는 규정(예컨대, 건축법 제69조, 도로법 제74조, 하천법 제67조, 도시공원법 제20조, 옥외광고물등관리법 제10조 등)을 두고 있지 아니한 이상, 법치주의의 원리에 비추어 볼 때 위와 같은 부작위의무로부터 그 의무를 위반함으로써 생긴 결과를 시정하기 위한 작위의무를 당연히 끌어낼 수는 없으며, 또 위 금지규정(특히 허가를 유보한 상대적 금지규정)으로부터 작위의무, 즉 위반결과의 시정을 명하는 권한이 당연히 추론(추론)되는 것도 아니다.

[2] 행정기관의 권한에는 사무의 성질 및 내용에 따르는 제약이 있고, 지역적·대인적으로 한계가 있으므로 이러한 권한의 범위를 넘어서는 권한유월의 행위는 무권한 행위로서 원칙적으로 무효이고, 선행행위가 부존재하거나 무효인 경우에는 그 하자는 당연히 후행행위에 승계되어 후행행위도 무효로 된다. 그런데 주택건설촉진법 제38조 제2항은 공동주택 및 부대시설·복리시설의 소유자·입주자·사용자 등은 부대시설 등에 대하여 도지사의 허가를 받지 않고 사업계획에 따른 용도 이외의 용도에 사용하는 행위 등을 금지하고(정부조직법 제5조 제1항, 행정권한의위임및위탁에관한규정 제4조에 따른 인천광역시사무위임규칙에 의하여 위 허가권이 구청장에게 재위임되었다), 그 위반행위에 대하여 위 주택건설촉진법 제52조의2 제1호에서 1천만 원 이하의 벌금에 처하도록 하는 벌칙규정만을 두고 있을 뿐, 건축법 제69조 등과 같은 부작위의무 위반행위에 대하여 대체적 작위의무로 전환하는 규정을 두고 있지 아니하므로 위 금지규정으로부터 그 위반결과의 시정을 명하는 원상복구명령을 할 수 있는 권한이 도출되는 것은 아니다. 결국 행정청의 원고에 대한 원상복구명령은 권한 없는 자의 처분으로 무효라고 할 것이고, 위 원상복구명령이 당연무효인 이상 후행처분인 계고처분의 효력에 당연히 영향을 미쳐 그 계고처분 역시 무효로 된다(대법원 1996. 6. 28. 96누4374).

관계 법령에 위반하여 장례식장 영업을 하고 있는 자의 장례식장 사용 중지의무는 행정대집행법 제2조의 규정에 의한 대집행의 대상이 아니다.

행정대집행법 제2조는 '행정청의 명령에 의한 행위로서 타인이 대신하여 행할 수 있는 행위를 의무자가 이행하지 아니하는 경우'에 대집행할 수 있도록 규정하고 있는데, 이 사건 용도위반 부분을 장례식장으로 사용하는 것이 관계 법령에 위반한 것이라는 이유로 장례식장의 사용을 중지할 것과 이를 불이행할 경우 행정대집행법에 의하여 대집행하겠다는 내용의 이 사건 처분은, 이 사건 처분에 따른 '장례식장 사용중지 의무'가 원고 이외의 '타인이 대신'할 수도 없고, 타인이 대신하여 '행할 수 있는 행위'라고도 할 수 없는 비대체적 부작위 의무에 대한 것이므로, 그 자체로 위법함이 명백하다고 할 것인데도, 원심은 그 판시와 같은 이유를 들어 이 사건 처분이 적법하다고 판단하고 말았으니, 거기에는 대집행계고처분의 요건에 관한 법리를 오해한 위법이 있다고 할 것이다(대법원 2005. 9. 28. 2005두7464).

③ 토지·건물 등의 인도·이전의무 또는 명도의무는 비대체적 작위의무에 해당하므로 대집행에 의한 강제는 할 수 없다.

판례

도시공원시설 점유자의 퇴거 및 명도의무는 행정대집행법에 의한 대집행의 대상이 아니다.

도시공원시설인 매점의 관리청이 그 공동점유자 중의 1인에 대하여 소정의 기간 내에 위 매점으로부터 퇴거하고 이에 부수하여 그 판매 시설물 및 상품을 반출하지 아니할 때에는 이를 대집행하겠다는 내용의 계고처분은 그 주된 목적이 매점의 원형을 보존하기 위하여 점유자가 설치한 불법 시설물을 철거하고자 하는 것이 아니라, 매점에 대한 점유자의 점유를 배제하고 그 점유이전을 받는 데 있다고 할 것인데, 이러한 의무는 그것을 강제적으로 실현함에 있어 직접적인 실력행사가 필요한 것이지 대체적 작위의무에 해당하는 것은 아니어서 직접강제의 방법에 의하는 것은 별론으로 하고 행정대집행법에 의한 대집행의 대상이 되는 것은 아니다(대법원 1998. 10. 23. 97누157).

(2) 다른 수단으로는 그 이행확보가 곤란할 것

대집행은 의무이행확보를 위한 다른 수단이 없는 부득이한 경우에만 발동되어야 한다(비례의 원칙 중 최소침해의 원칙). 이때 다른 수단에는 행정벌이나 민사상의 강제집행은 포함되지 않는다.

(3) 의무의 불이행을 방치할 경우 심히 공익을 해할 것

판례

위법한 건축물은 도시미관, 주거환경, 교통소통에 지장이 없어도 대집행 대상이다.

무허가로 불법 건축되어 철거할 의무가 있는 건축물을 도시미관, 주거환경, 교통소통에 지장이 없다는 등의 사유만을 들어 그대로 방치한다면 불법 건축물을 단속하는 당국의 권능을 무력화하여 건축행정의 원활한 수행을 위태롭게 하고 건축허가 및 준공검사시에 소방시설, 주차시설 기타 건축법 소정의 제한규정을 회피하는 것을 사전 예방한다는 더 큰 공익을 해칠 우려가 있다(대법원 1989. 3. 28. 87누930).

불법건축물로 인하여 도시미관이 월등히 좋아진 경우에도 대집행 대상이다.

건축법위반의 불법건축물을 그것이 완공 후에 단순히 도시미관상 월등히 좋아졌다 하여 소관기관의 사전 철거명령에도 불구하고 그대로 방치한다면 불법건축물을 단속하는 당국의 권능을 무력화하여 건축행정의 원활한 수행이 위태롭게 되고, 법에 의한 허가 및 그 준공검사시에 소방시설, 주차시설, 교통소통의 원활화, 건물의 높이 등 인접건물과의 조화, 적정한 생활환경의 보호를 위한 건폐율, 용적율 기타 건축법 소정의 제한규정을 회피하는 것을 사전예방한다는 더 큰 공익을 해칠 우려가 있으므로 위 건축법위반건축물에 대한 철거명령 및 대집행계고처분은 적법하다(대법원 1988. 12. 13. 87누714).

위법건축 부분의 그 면적이 지나치게 큰 경우에 해당하더라도 철거계고처분이 적법하다.

위법건축 부분은 그 면적이 지나치게 클 뿐 아니라 무단 증축함으로써 결국 2층 공장건물을 그 구조 및 용도가 전혀 다른 4층 일반건물로 변경한 결과가 되었으므로 합법화될 가능성도 없어서 위법건축 부분을 그대로 방치하여야 한다면 불법건축물을 단속하는 당국의 권능을 무력화하여 건축행정의 원활한 수행을 위태롭게 하고, 건축법이 정하고 있는 여러 제한규정을 회피하는 것을 사전에 예방하지 못하게 되어 이는 더 큰 공익을 해하는 것이 된다는 이유로 이에 대한 철거계고처분이 적법하다(대법원 1995. 12. 26. 95누14114).

⑷ 불가쟁력

불가쟁력의 발생은 대집행의 요건이 아니다. 따라서 불가쟁력이 발생하기 전에도 대집행이 가능하다.

⑸ 재량행위

대집행 요건이 충족된 경우에 행정청의 대집행 행사는 재량행위에 해당한다.

대집행의 대상이 될 수 없는 의무	비대체적 작위의무	① 의사의 진료의무, 전문가의 감정의무 ② 증인출석의무 ③ 국유지로부터의 퇴거의무 ④ 토지·건물의 명도나 인도의무
	부작위의무	① 출입금지구역에 출입하지 않을 의무 ② 야간통행금지의무 ③ 야간에 소음을 내지 않을 의무 ④ 장례식장사용중지의무 ⑤ 허가 없이 영업하지 아니할 의무
	수인의무	신체검사, 예방접종, 건강진단을 받을 의무 등

5) 절차

대집행은 대체적 작위의무 부과처분(철거명령 등)을 전제로 하여, 대집행의 계고 → 대집행 영장에 의한 통지 → 대집행실행 → 비용징수의 단계로 이루어진다.

6) 계고

⑴ 개념

계고란 의무이행을 최고함과 동시에 상당한 이행기간을 정하여 그 기한까지 이행되지 아니할 때는 대집행을 한다는 뜻을 미리 문서로 통지하는 것을 말한다.

⑵ 성질

계고는 준법률행위적 행정행위 중 통지에 해당한다. 따라서 위법한 계고에 대하여는 취소소송 등을 제기할 수 있다.

반복된 계고의 경우 제1차 계고만 처분성을 가진다. 제2차, 제3차 계고는 새로운 철거의무를 부과한 것이 아니고 대집행 기한의 연기 통지에 불과하다.

판례⁺

제2차, 제3차의 계고처분은 새로운 철거의무를 부과한 것이 아니다.

건물의 소유자에게 위법건축물을 일정기간까지 철거할 것을 명함과 아울러 불이행할 때에는 대집행한다는 내용의 철거대집행 계고처분을 고지한 후 이에 불응하자 다시 제2차, 제3차 계고서를 발송하여 일정기간까지의 자진철거를 촉구하고 불이행하면 대집행을 한다는 뜻을 고지하였다면 행정대집행법상의 건물철거의무는 제1차 철거명령 및 계고처분으로서 발생하였고 제2차, 제3차의 계고처분은 새로운 철거의무를 부과한 것이 아니고 다만 대집행기한의 연기통지에 불과하므로 행정처분이 아니다(대법원 1994. 10. 28. 94누5144).

(3) 방법

① 계고는 상당한 이행기간을 부여하여야 한다. 이행기간이 상당하지 않은 계고는 위법하다.

판례⁺

상당한 이행기간을 통지하지 않았다면, 비록 대집행의 시기를 늦추었다 해도 위법하다.

행정대집행법 제3조 제1항은 행정청이 의무자에게 대집행영장으로써 대집행할 시기 등을 통지하기 위하여는 그 전제로서 대집행계고처분을 함에 있어서 의무이행을 할 수 있는 상당한 기간을 부여할 것을 요구하고 있으므로, 행정청인 피고가 의무이행기한이 1988. 5. 24.까지로 된 이 사건 대집행계고서를 5. 19. 원고에게 발송하여 원고가 그 이행종기인 5. 24. 이를 수령하였다면, 설사 피고가 대집행영장으로써 대집행의 시기를 1988. 5. 27 15:00로 늦추었더라도 위 대집행계고처분은 상당한 이행기한을 정하여 한 것이 아니어서 대집행의 적법절차에 위배한 것으로 위법한 처분이라고 할 것이다(대법원 1990. 9. 14. 90누2048).

② 계고는 문서로 하여야 한다. 구두에 의한 계고는 무효이다.
③ 의무 내용은 계고시에 특정되어야 한다. 계고의 내용은 계고서에 의하여만 특정되어야 하는 것은 아니고 그 처분 전후에 송달된 문서나 기타 사정을 종합하여 특정할 수 있으면 된다.

판례⁺

대집행할 행위의 내용·범위가 반드시 대집행계고서에 의하여만 특정되어야 하는 것은 아니다.

행정청이 행정대집행법 제3조 제1항에 의한 대집행계고를 함에 있어서는 의무자가 스스로 이행하지 아니하는 경우에 대집행할 행위의 내용 및 범위가 구체적으로 특정되어야 하나, 그 행위의 내용 및 범위는 반드시 대집행계고서에 의하여서만 특정되어야 하는 것이 아니고, 계고처분 전후에 송달된 문서나 기타 사정을 종합하여 행위의 내용이 특정되거나 실제건물의 위치, 구조, 평수 등을 계고서의 표시와 대조·검토하여 대집행의무자가 그 이행의무의 범위를 알 수 있을 정도로 하면 족하다(대법원 1996. 10. 11. 96누8086).

④ 의무부과와 계고의 결합도 가능하다. 즉, 위법건축물에 대한 철거명령과 일정 기간 내에 철거하지 않으면 대집행하겠다는 계고를 동시에 하는 것이 가능하다. 이 경우에 철거명령에서 자진철거에 필요한 상당한 기간을 부여하였다면, 그 기간 속에 계고시 필요한 '상당한 이행기간'도 포함되어 있는 것으로 본다.

철거명령과 계고를 동시에 하는 것이 가능하다.

계고서라는 명칭의 1장의 문서로서 일정기간 내에 위법건축물의 자진철거를 명함과 동시에 그 소정기한 내에 자진철거를 하지 아니할 때에는 대집행할 뜻을 미리 계고한 경우라도 건축법에 의한 철거명령과 행정대집행법에 의한 계고처분은 독립하여 있는 것으로서 각 그 요건이 충족되었다고 볼 것이다(대법원 1992. 6. 12. 91누13564).

⑷ 계고의 생략

법률에 다른 규정이 있는 경우 또는 비상시 또는 위험이 절박한 경우에 있어서 당해 행위의 급속한 실시를 요하여 계고 절차를 취할 여유가 없을 때에는 계고를 생략하고 대집행을 할 수 있다.

7) 대집행영장에 의한 통지

준법률적 행정행위로서의 통지이고 항고소송의 대상으로서의 처분성이 인정된다. 이때, 계고와 대집행영장에 의한 통지는 동시에 생략할 수 있다.

8) 대집행의 실행

권력적 사실행위이므로 처분성이 인정되어 항고소송을 제기할 수 있다.

건물의 점유자가 철거의무자일 때에는 건물철거 대집행 과정에서 부수적으로 퇴거조치를 할 수 있다.

[1] 관계 법령상 행정대집행의 절차가 인정되어 행정청이 행정대집행의 방법으로 건물의 철거 등 대체적 작위의무의 이행을 실현할 수 있는 경우에는 따로 민사소송의 방법으로 그 의무의 이행을 구할 수 없다. 한편 건물의 점유자가 철거의무자일 때에는 건물철거의무에 퇴거의무도 포함되어 있는 것이어서 별도로 퇴거를 명하는 집행권원이 필요하지 않다.

[2] 행정청이 행정대집행의 방법으로 건물철거의무의 이행을 실현할 수 있는 경우에는 건물철거 대집행 과정에서 부수적으로 건물의 점유자들에 대한 퇴거 조치를 할 수 있고, 점유자들이 적법한 행정대집행을 위력을 행사하여 방해하는 경우 형법상 공무집행방해죄가 성립하므로, 필요한 경우에는 '경찰관 직무집행법'에 근거한 위험발생 방지조치 또는 형법상 공무집행방해죄의 범행방지 내지 현행범체포의 차원에서 경찰의 도움을 받을 수도 있다(대법원 2017. 4. 28. 2016다213916).

9) 비용징수

대집행 비용은 의무자가 부담하고, 의무자에 대한 비용납부명령은 하명으로서 처분성이 인정되며, 항고소송의 대상이 된다.

의무자가 납부기일까지 납부하지 않을 때에는 국세징수법의 예에 의하여 강제징수한다.

10) 대집행에 대한 구제

(1) 행정쟁송

① 대집행의 각 단계는 모두 처분성이 긍정되므로 행정쟁송의 대상이 된다. 대집행은 성질상 단기간에 완료되는 것이 보통이므로 소의 이익을 인정하는 데 문제가 있을 수 있다.

> **판례**
>
> **대집행의 실행이 완료된 경우에는 계고처분의 취소를 구할 법률상 이익은 없다.**
>
> 대집행계고처분 취소소송의 변론종결 전에 대집행영장에 의한 통지절차를 거쳐 사실행위로서 대집행의 실행이 완료된 경우에는 행위가 위법한 것이라는 이유로 손해배상이나 원상회복 등을 청구하는 것은 별론으로 하고 처분의 취소를 구할 법률상 이익은 없다(대법원 1993. 6. 8. 93누6164).

② 대집행 요건의 구비 여부는 행정청이 입증하여야 한다.

> **판례**
>
> **건물철거 대집행계고처분의 요건 및 그 주장입증책임은 처분 행정청에 있다.**
>
> 건축법에 위반하여 건축한 것이어서 철거의무가 있는 건물이라 하더라도 그 철거의무를 대집행하기 위한 계고처분을 하려면 다른 방법으로는 이행의 확보가 어렵고 불이행을 방치함이 심히 공익을 해하는 것으로 인정될 때에 한하여 허용되고 이러한 요건의 주장입증책임은 처분 행정청에 있다(대법원 1993. 9. 14. 92누16690).

(2) 하자의 승계 여부

① 대체적 작위의무 부과처분(예 무허가건물철거명령 등)과 계고처분 사이에는 당연무효가 아닌 한 하자가 승계되지 않는다.

> **판례**
>
> **계고처분의 취소소송에서 그 선행행위인 행정청의 명령에 대한 위법은 주장할 수 없다.**
>
> 법률에 의거한 행정청의 무허가건물철거명령에 대하여 소원이나 소송제기 등 소구절차를 거치지 아니하여 이미 선행행위가 적법한 것으로 확정된 경우에는 후행행위인 대집행계고처분에서는 위 건물이 무허가건물이 아닌 적법한 건축물이라는 주장이나 그러한 사실인정을 하지 못한다(대법원 1975. 12. 9. 75누218).

철거명령이 당연무효라면 계고처분 역시 당연무효이다.

적법한 건축물에 대한 철거명령은 그 하자가 중대하고 명백하여 당연무효라고 할 것이고, 그 후행행위인 건축물철거 대집행계고처분 역시 당연무효라고 할 것이다(대법원 1999. 4. 27. 97누6780).

② 계고처분과 대집행영장통지, 실행, 비용납부명령 사이에는 하자가 승계된다.

> [판례]
>
> **후행처분인 대집행비용납부명령 취소청구소송에서 선행처분인 계고처분이 위법하다는 이유로 대집행비용납부명령의 취소를 구할 수 있다.**
>
> 대집행의 계고·대집행영장에 의한 통지·대집행의 실행·대집행에 요한 비용의 납부명령 등은, 타인이 대신하여 행할 수 있는 행정의무의 이행을 의무자의 비용부담하에 확보하고자 하는, 동일한 행정목적을 달성하기 위하여 단계적인 일련의 절차로 연속하여 행하여지는 것으로서, 서로 결합하여 하나의 법률효과를 발생시키는 것이므로, 선행처분인 계고처분이 하자가 있는 위법한 처분이라면, 비록 하자가 중대하고도 명백한 것이 아니어서 당연무효의 처분이라고 볼 수 없고 대집행의 실행이 이미 사실행위로서 완료되어 계고처분의 취소를 구할 법률상 이익이 없게 되었으며, 또 대집행비용납부명령 자체에는 아무런 하자가 없다 하더라도, 후행처분인 대집행비용납부명령의 취소를 청구하는 소송에서 청구원인으로 선행처분인 계고처분이 위법한 것이기 때문에 그 계고처분을 전제로 행하여진 대집행비용납부명령도 위법한 것이라는 주장을 할 수 있다(대법원 1993. 11. 9. 93누14271).
>
> **후속절차의 위법을 선행절차의 위법사유로 삼을 수는 없다.**
>
> 계고처분의 후속절차인 대집행에 위법이 있다고 하더라도, 그와 같은 후속절차에 위법성이 있다는 점을 들어 선행절차인 계고처분이 부적법하다는 사유로 삼을 수는 없다(대법원 1997. 2. 14 96누15428).

(3) 국가배상청구

위법한 대집행으로 인하여 손해를 입은 경우에는 국가배상법상의 손해배상을 청구할 수 있다. 위법한 행정대집행이 완료되면 그 처분의 무효확인 또는 취소를 구할 소의 이익은 없다 하더라도, 미리 그 행정처분의 취소판결이 있어야만 그 행정처분의 위법임을 이유로 한 손해배상청구를 할 수 있는 것은 아니다(대법원 1972. 4. 28. 72다337).

3. 이행강제금(집행벌)

1) 의의

의무자가 행정상 의무를 이행하지 아니하는 경우 행정청이 적절한 이행기간을 부여하고, 그 기한까지 행정상 의무를 이행하지 아니하면 금전급부의무를 부과하는 것을 말한다.

일정한 기한 내에 의무를 이행하지 않으면 일정한 금전부담을 부과한다는 뜻을 미리 계고함으로써 심리적 압박을 가하여 의무이행을 간접으로 강제함을 목적으로 하며, 이행이 없을 때에는 반복적으로 부과할 수 있다.

판례

행정법상 의무의 내용을 초과하는 것을 '불이행 내용'으로 기재한 이행강제금 부과 예고는 위법하고, 이행강제금 부과처분 역시 위법하다.

이행강제금은 행정법상의 부작위의무 또는 비대체적 작위의무를 이행하지 않은 경우에 '일정한 기한까지 의무를 이행하지 않을 때에는 일정한 금전적 부담을 과할 뜻'을 미리 '계고'함으로써 의무자에게 심리적 압박을 주어 장래를 향하여 의무의 이행을 확보하려는 간접적인 행정상 강제집행 수단이고, 노동위원회가 근로기준법 제33조에 따라 이행강제금을 부과하는 경우 그 30일 전까지 하여야 하는 이행강제금 부과 예고는 이러한 '계고'에 해당한다.

따라서 사용자가 이행하여야 할 행정법상 의무의 내용을 초과하는 것을 '불이행 내용'으로 기재한 이행강제금 부과 예고서에 의하여 이행강제금 부과 예고를 한 다음 이를 이행하지 않았다는 이유로 이행강제금을 부과하였다면, 초과한 정도가 근소하다는 등의 특별한 사정이 없는 한 이행강제금 부과 예고는 이행강제금 제도의 취지에 반하는 것으로서 위법하고, 이에 터 잡은 이행강제금 부과처분 역시 위법하다(대법원 2015. 6. 24. 2011두2170).

2) 성질

이행강제금의 부과는 행정행위 중 명령적 행정행위로서 하명이다.

이행강제금 납부의무는 상속인 등에게 승계될 수 없는 일신전속적인 성질을 가진다. 의무자가 이행강제금을 납부한 경우에는 더 이상 부과할 수 없다.

판례

이행강제금과 시정명령은 그 요건이 법률로써 엄격하게 정해져야 한다.

이행강제금은 위법건축물에 대하여 시정명령 이행시까지 지속적으로 부과함으로써 건축물의 안전과 기능, 미관을 향상시켜 공공복리의 증진을 도모하는 시정명령 이행확보 수단으로서, 국민의 자유와 권리를 제한한다는 의미에서 행정상 간접강제의 일종인 이른바 침익적 행정행위에 속하므로 그 부과요건, 부과대상, 부과금액, 부과회수 등이 법률로써 엄격하게 정하여져야 하고, 위 이행강제금 부과의 전제가 되는 시정명령도 그 요건이 법률로써 엄격하게 정해져야 한다(헌재 2000. 3. 30. 98헌가8).

이행강제금 납부의무는 일신전속적인 것이다.

이행강제금은 건축법의 위반행위에 대하여 시정명령을 받은 후 시정기간 내에 당해 시정명령을 이행하지 아니한 건축주 등에 대하여 부과되는 간접강제의 일종으로서 그 이행강제금 납부의무는 상속인 기타의 사람에게 승계될 수 없는 일신전속적인 성질의 것이므로 이미 사망한 사람에게 이행강제금을 부과하는 내용의 처분이나 결정은 당연무효이다(대결 2006. 12. 8. 2006마470).

3) 대상

대체적 작위의무에 대집행을 하는 것이 사실상 불가능한 경우도 있기 때문에 대체적 작위의무에 대해서도 이행강제금을 부과할 수 있다.

판례

이행강제금은 대체적 작위의무의 위반에 대하여도 부과될 수 있다.

전통적으로 행정대집행은 대체적 작위의무에 대한 강제집행수단으로, 이행강제금은 부작위의무나 비대체적 작위의무에 대한 강제집행수단으로 이해되어 왔으나, 이는 이행강제금제도의 본질에서 오는 제약은 아니며, 이행강제금은 대체적 작위의무의 위반에 대하여도 부과될 수 있다. 현행 건축법상 위법건축물에 대한 이행강제수단으로 대집행과 이행강제금(제83조 제1항)이 인정되고 있는데, 양 제도는 각각의 장·단점이 있으므로 행정청은 개별사건에 있어서 위반내용, 위반자의 시정의지 등을 감안하여 대집행과 이행강제금을 선택적으로 활용할 수 있으며, 이처럼 그 합리적인 재량에 의해 선택하여 활용하는 이상 중첩적인 제재에 해당한다고 볼 수 없다. 건축법 제78조에 의한 무허가 건축행위에 대한 형사처벌과 건축법 제83조 제1항에 의한 시정명령 위반에 대한 이행강제금의 부과는 그 처벌 내지 제재대상이 되는 기본적 사실관계로서의 행위를 달리하며, 또한 그 보호법익과 목적에서도 차이가 있으므로 헌법 제13조 제1항이 금지하는 이중처벌에 해당한다고 할 수 없다(헌재 2004. 2. 26. 2001헌바80).

4) 이행강제금과 행정벌의 비교

구분	이행강제금	행정벌
시간적 측면	장래에 대한 의무이행 확보수단	과거의 의무 위반에 대한 제재
반복부과	반복부과 가능(처벌이 아니므로 일사부재리원칙이 적용되지 않음)	반복부과 불가(일사부재리 원칙이 적용)
고의·과실	불요	필요
병과 가능성	이행강제금과 행정벌은 병과하여 부과할 수 있음(이중처벌이 아님)	

5) 이행강제금의 부과 절차 및 형식

행정기본법 제31조【이행강제금의 부과】① 이행강제금 부과의 근거가 되는 법률에는 이행강제금에 관한 다음 각 호의 사항을 명확하게 규정하여야 한다. 다만, 제4호 또는 제5호를 규정할 경우 입법목적이나 입법취지를 훼손할 우려가 크다고 인정되는 경우로서 대통령령으로 정하는 경우는 제외한다.

1. 부과·징수 주체
2. 부과 요건
3. 부과 금액
4. 부과 금액 산정기준
5. 연간 부과 횟수나 횟수의 상한

② 행정청은 다음 각 호의 사항을 고려하여 이행강제금의 부과 금액을 가중하거나 감경할 수 있다.
  1. 의무 불이행의 동기, 목적 및 결과
  2. 의무 불이행의 정도 및 상습성
  3. 그 밖에 행정목적을 달성하는 데 필요하다고 인정되는 사유
③ 행정청은 이행강제금을 부과하기 전에 미리 의무자에게 적절한 이행기간을 정하여 그 기한까지 행정상 의무를 이행하지 아니하면 이행강제금을 부과한다는 뜻을 문서로 계고(戒告)하여야 한다.
④ 행정청은 의무자가 제3항에 따른 계고에서 정한 기한까지 행정상 의무를 이행하지 아니한 경우 이행강제금의 부과 금액·사유·시기를 문서로 명확하게 적어 의무자에게 통지하여야 한다.
⑤ 행정청은 의무자가 행정상 의무를 이행할 때까지 이행강제금을 반복하여 부과할 수 있다. 다만, 의무자가 의무를 이행하면 새로운 이행강제금의 부과를 즉시 중지하되, 이미 부과한 이행강제금은 징수하여야 한다.
⑥ 행정청은 이행강제금을 부과받은 자가 납부기한까지 이행강제금을 내지 아니하면 국세강제징수의 예 또는 「지방행정제재·부과금의 징수 등에 관한 법률」에 따라 징수한다.

판례

시정명령을 이행할 수 있는 기회를 준 후가 아니면 이행강제금을 부과할 수 없다.

건축법 제79조 제1항 및 제80조 제1항에 의하면, 허가권자는 먼저 건축주 등에 대하여 상당한 기간을 정하여 시정명령을 하고, 건축주 등이 그 시정기간 내에 시정명령을 이행하지 아니하면, 다시 그 시정명령의 이행에 필요한 상당한 이행기한을 정하여 그 기한까지 시정명령을 이행할 수 있는 기회를 준 후가 아니면 이행강제금을 부과할 수 없다(대법원 2010. 6. 24. 2010두3978).

장기간 시정명령을 이행하지 아니하였더라도 시정명령의 이행 기회 제공을 전제로 한 1회분의 이행강제금만을 부과할 수 있고, 시정명령의 이행 기회가 제공되지 아니한 과거의 기간에 대한 이행강제금까지 한꺼번에 부과할 수는 없다.

비록 건축주 등이 장기간 시정명령을 이행하지 아니하였더라도, 그 기간 중에는 시정명령의 이행 기회가 제공되지 아니하였다가 뒤늦게 시정명령의 이행 기회가 제공된 경우라면, 시정명령의 이행 기회 제공을 전제로 한 1회분의 이행강제금만을 부과할 수 있고, 시정명령의 이행 기회가 제공되지 아니한 과거의 기간에 대한 이행강제금까지 한꺼번에 부과할 수는 없다. 그리고 이를 위반하여 이루어진 이행강제금 부과처분은 과거의 위반행위에 대한 제재가 아니라 행정상의 간접강제 수단이라는 이행강제금의 본질에 반하여 구 건축법 제80조 제1항, 제4항 등 법규의 중요한 부분을 위반한 것으로서, 그러한 하자는 중대할 뿐만 아니라 객관적으로도 명백하다(대법원 2016. 7. 14. 2015두46598).

장기미등기자가 이행강제금 부과 전에 등기신청의무를 이행하였다면 이행강제금을 부과할 수 없다.

부동산 실권리자명의 등기에 관한 법률(이하 '부동산실명법'이라 한다) 제10조 제1항, 제4항, 제6조 제2항의 내용, 체계 및 취지 등을 종합하면, 부동산의 소유권이전을 내용으로 하는 계약을 체결하고 반대급부의 이행을 완료한 날로부터 3년 이내에 소유권이전등기를 신청하지 아니한 등기권리자 등(이하 '장기미등기자'라 한다)에 대하여 부과되는 이행강제금은 소유권이전등기신청의무 불이행이라는 과거의 사실에 대한 제재인 과징금과 달리, 장기미등기자에게 등기신청의무를 이행하지 아니하면 이행강제금이 부과된다는 심리적 압박을 주어 의무의 이행을 간접적으로 강제하는 행정상의 간접강제 수단에 해당한다. 따라서 장기미등기자가 이행강제금 부과 전에 등기신청의무를 이행하였다면 이행강제금의 부과로써 이행을 확보하고자 하는 목적은 이미 실현된 것이므로 부동산실명법 제6조 제2항에 규정된 기간이 지나서 등기신청의무를 이행한 경우라 하더라도 이행강제금을 부과할 수 없다(대법원 2016. 6. 23. 2015두36454).

명령을 받은 의무자가 이행강제금이 부과되기 전에 그 의무를 이행한 경우에는 비록 시정명령에서 정한 기간을 지나서 이행한 경우라도 이행강제금을 부과할 수 없다.

건축법상의 이행강제금은 시정명령의 불이행이라는 과거의 위반행위에 대한 제재가 아니라, 의무자에게 시정명령을 받은 의무의 이행을 명하고 그 이행기간 안에 의무를 이행하지 않으면 이행강제금이 부과된다는 사실을 고지함으로써 의무자에게 심리적 압박을 주어 의무의 이행을 간접적으로 강제하는 행정상의 간접강제 수단에 해당한다. 이러한 이행강제금의 본질상 시정명령을 받은 의무자가 이행강제금이 부과되기 전에 그 의무를 이행한 경우에는 비록 시정명령에서 정한 기간을 지나서 이행한 경우라도 이행강제금을 부과할 수 없다(대법원 2018. 1. 25. 2015두35116).

예외 : 행정제제 성격의 이행강제금은 그 의무를 이행한 경우에도 이행강제금을 부과할 수 있다.

독점규제 및 공정거래에 관한 법률(이하 '공정거래법'이라 한다)상 기업결합 제한 위반행위자에 대한 시정조치 및 이행강제금 부과 등에 관한 구 공정거래법(1999. 2. 5. 법률 제5813호로 개정되기 전의 것) 제17조 제3항, 공정거래법 제7조 제1항 제1호, 제16조 제1항 제7호, 제17조의3 제1항 제1호, 제2항, 독점규제 및 공정거래에 관한 법률 시행령 제23조의4 제1항, 제3항을 종합적·체계적으로 살펴보면, 공정거래법 제17조의3은 같은 법 제16조에 따른 시정조치를 그 정한 기간 내에 이행하지 아니하는 자에 대하여 이행강제금을 부과할 수 있는 근거 규정이고, 시정조치가 공정거래법 제16조 제1항 제7호에 따른 부작위 의무를 명하는 내용이더라도 마찬가지로 보아야 한다. 나아가 이러한 이행강제금이 부과되기 전에 시정조치를 이행하거나 부작위 의무를 명하는 시정조치 불이행을 중단한 경우 과거의 시정조치 불이행기간에 대하여 이행강제금을 부과할 수 있다고 봄이 타당하다(대법원 2019. 12. 12. 2018두63563).

6) 이행강제금에 대한 권리구제

(1) 개별법에 특별한 불복절차가 규정되어 있는 경우

개별법에서 이행강제금의 부과에 대하여 이의를 제기한 경우에는 비송사건절차법의 절차에 따르도록 규정하고 있는 경우(농지법)에는 그 절차에 따라 구제받을 수 있다. 따라서 이 경우에는 이행강제금 부과처분이 항고소송의 대상이 되는 처분이 아니다.

판례⁺

농지 처분명령에 대한 이행강제금 부과처분은 행정소송법상 항고소송의 대상이 아니다.

농지법은 농지 처분명령에 대한 이행강제금 부과처분에 불복하는 자가 그 처분을 고지받은 날부터 30일 이내에 부과권자에게 이의를 제기할 수 있고, 이의를 받은 부과권자는 지체 없이 관할 법원에 그 사실을 통보하여야 하며, 그 통보를 받은 관할 법원은 비송사건절차법에 따른 과태료 재판에 준하여 재판을 하도록 정하고 있다(제62조 제1항, 제6항, 제7항). 따라서 농지법 제62조 제1항에 따른 이행강제금 부과처분에 불복하는 경우에는 비송사건절차법에 따른 재판절차가 적용되어야 하고, 행정소송법상 항고소송의 대상은 될 수 없다(대법원 2019. 4. 11. 2018두42955).

(2) 개별법에 특별한 불복절차가 규정되어 있지 않은 경우

이행강제금의 부과는 행정행위이므로 행정심판이나 행정소송을 제기할 수 있다.

4. 직접강제

> **행정기본법 제32조【직접강제】** ① 직접강제는 행정대집행이나 이행강제금 부과의 방법으로는 행정상 의무 이행을 확보할 수 없거나 그 실현이 불가능한 경우에 실시하여야 한다.
> ② 직접강제를 실시하기 위하여 현장에 파견되는 집행책임자는 그가 집행책임자임을 표시하는 증표를 보여 주어야 한다.
> ③ 직접강제의 계고 및 통지에 관하여는 제31조 제3항 및 제4항을 준용한다.

1) 의의

의무자가 행정상 의무를 이행하지 아니하는 경우 행정청이 의무자의 신체나 재산에 실력을 행사하여 그 행정상 의무의 이행이 있었던 것과 같은 상태를 실현하는 것을 말한다. 식품위생법상 시정명령을 위반한 자에 대한 영업소 폐쇄조치, 출입국관리법상 강제퇴거조치 등이 이에 해당한다.

2) 대상

직접강제는 대체적 작위의무 · 비대체적 작위의무 · 부작위의무 · 수인의무 등 모든 의무불이행에 대하여 이행을 강제할 수 있다. 다만, 직접강제는 법치국가의 원리상 다른 수단이 없을 때 최후의 강제수단으로서 적용되어야 한다.

3) 권리구제

직접강제는 권력적 사실행위로서 처분성이 인정되므로 항고소송의 대상이 된다. 또한, 위법한 직접강제로 손해를 입은 자는 국가배상법상의 손해배상청구를 할 수 있다.
다만, 행정기본법상 처분의 재심사 대상에서는 제외된다.

5. 강제징수

1) 의의

강제징수란 의무자가 행정상 의무 중 금전급부의무를 이행하지 아니하는 경우 행정청이 의무자의 재산에 실력을 행사하여 그 행정상 의무가 실현된 것과 같은 상태를 실현하는 것을 말한다.

2) 법적 근거

국세징수법이 사실상 일반법으로 기능하고 있다. 원래 국세징수법은 국세의 강제징수에 관한 법이지만 많은 개별법에서 국세징수법을 준용하고 있다.

3) 절차

(1) 독촉

독촉이란 의무자에게 일정 기간 내에 그 이행을 최고하고 불이행시에는 강제징수할 것을 통지하는 준법률행위적 행정행위인 통지이다. 독촉은 압류의 전제요건이며 소멸시효를 중단시키는 시효중단사유이다.

판례

반복된 독촉의 경우에 최초의 독촉만이 항고소송의 대상이 된다.

부당이득금 또는 가산금의 납부를 독촉한 후 다시 동일한 내용의 독촉을 하는 경우 최초의 독촉만이 징수처분으로서 항고소송의 대상이 되는 행정처분이 되고 그 후에 한 동일한 내용의 독촉은 체납처분의 전제요건인 징수처분으로서 소멸시효 중단사유가 되는 독촉이 아니라 민법상의 단순한 최고에 불과하여 국민의 권리의무나 법률상의 지위에 직접적으로 영향을 미치는 것이 아니므로 항고소송의 대상이 되는 행정처분이라 할 수 없다(대법원 1999. 7. 13. 97누119).

(2) 재산 압류

압류란 의무자가 독촉장을 받고 지정된 기한까지 이행을 하지 아니한 때에 의무자의 재산을 사실상·법률상으로 처분을 금지하고 확보하는 강제행위를 말한다. 압류는 권력적 사실행위로서 처분성이 인정되며, 항고소송의 대상이 된다.

판례

체납자 아닌 제3자 소유물건에 대한 압류처분은 당연무효이다.

과세관청이 납세자에 대한 체납처분으로서 제3자의 소유물건을 압류하고 공매하더라도 그 처분으로 인하여 제3자가 소유권을 상실하는 것이 아니므로 체납자가 아닌 제3자의 소유물건을 대상으로 한 압류처분은 하자가 객관적으로 명백한 것인지 여부와는 관계없이 처분의 내용이 법률상 실현될 수 없는 것이어서 당연무효라고 하지 않을 수 없다(대법원 1993. 4. 27. 92누12117).

세무공무원이 체납자의 재산을 압류하기 위해 수색을 하였으나 압류할 목적물이 없어 압류를 실행하지 못한 경우에도 시효중단의 효력이 발생한다.

세무공무원이 국세징수법 제26조에 의하여 체납자의 가옥·선박·창고 기타의 장소를 수색하였으나 압류할 목적물을 찾아내지 못하여 압류를 실행하지 못하고 수색조서를 작성하는 데 그친 경우에도 소멸시효 중단의 효력이 있다(대법원 2001. 8. 21. 2000다12419).

위헌결정 이전에 택지초과소유부담금 부과처분과 압류처분이 확정된 경우에도, 그 위헌결정 이후에는 후속 체납처분 절차를 진행할 수 없다.

위헌법률에 기한 행정처분의 집행이나 집행력을 유지하기 위한 행위는 위헌결정의 기속력에 위반되어 허용되지 않는다고 보아야 할 것인데, 그 규정 이외에는 체납부담금을 강제로 징수할 수 있는 다른 법률적 근거가 없으므로, 그 위헌결정 이전에 이미 부담금 부과처분과 압류처분 및 이에 기한 압류등기가 이루어지고 위의 각 처분이 확정되었다고 하여도, 위헌결정 이후에는 별도의 행정처분인 매각처분, 분배처분 등 후속 체납처분절차를 진행할 수 없는 것은 물론이고, 특별한 사정이 없는 한 기존의 압류등기나 교부청구만으로는 다른 사람에 의하여 개시된 경매절차에서 배당을 받을 수도 없다(대법원 2002. 8. 23. 2001두2959).

(3) 압류재산의 매각

압류재산의 매각은 공매로 하는 것이 일반적이며, 그 공매는 처분성이 인정되는 공법상의 대리행위로서 행정행위이다. 공매의 결정과 통지는 내부행위 또는 사실행위로 처분성을 부정한다.

> **판례**
>
> **과세관청이 체납처분으로서 행하는 공매는 행정처분이다.**
>
> 과세관청이 체납처분으로서 행하는 공매는 우월한 공권력의 행사로서 행정소송의 대상이 되는 공법상의 행정처분이며 공매에 의하여 재산을 매수한 자는 그 공매처분이 취소된 경우에 그 취소처분의 위법을 주장하여 행정소송을 제기할 법률상 이익이 있다(대법원 1984. 9. 25. 84누201).
>
> **한국자산공사의 재공매(입찰)결정 및 공매통지는 항고소송의 대상이 되는 행정처분이 아니다.**
>
> 한국자산공사가 당해 부동산을 인터넷을 통하여 재공매(입찰)하기로 한 결정 자체는 내부적인 의사결정에 불과하여 항고소송의 대상이 되는 행정처분이라고 볼 수 없고, 또한 한국자산공사가 한 공매통지는 공매의 요건이 아니라 공매사실 자체를 체납자에게 알려주는 데 불과한 것으로서, 통지의 상대방의 법적 지위나 권리·의무에 직접 영향을 주는 것이 아니라고 할 것이므로 이것 역시 행정처분에 해당한다고 할 수 없다(대법원 2007. 7. 27. 2006두8464).
>
> **체납자 등이 다른 권리자에 대한 공매통지의 하자를 처분의 위법사유로 주장하는 것은 허용되지 않는다.**
>
> 체납자 등에 대한 공매 통지는 국가의 강제력에 의하여 진행되는 공매에서 체납자 등의 권리 내지 재산상의 이익을 보호하기 위하여 법률로 규정한 절차적 요건이라고 보아야 하며, 공매처분을 하면서 체납자 등에게 공매통지를 하지 않았거나 공매통지를 하였더라도 그것이 적법하지 아니한 경우에는 절차상의 흠이 있어 그 공매처분은 위법하다. 다만, 공매통지의 목적이나 취지 등에 비추어 보면, 체납자 등은 자신에 대한 공매통지의 하자만을 공매처분의 위법사유로 주장할 수 있을 뿐 다른 권리자에 대한 공매통지의 하자를 들어 공매처분의 위법사유로 주장하는 것은 허용되지 않는다(대법원 2008. 11. 20. 2007두18154 전원합의체).

(4) 청산

청산이란 압류재산의 매각대금 등을 배분 순위에 따라 배분하고 잔여금이 있으면 체납자에게 지급하는 절차를 말한다. 청산의 성질은 사실행위이다.

4) 행정상 강제징수에 대한 불복

(1) 하자의 승계

독촉과 압류·매각·청산(강제징수)의 일련의 절차는 모두 결합하여 하나의 법률효과를 완성하는 관계이므로 하자의 승계가 인정된다. 그러나 조세부과처분에 하자가 있는 경우, 조세부과처분은 강제징수의 전제가 되는 단계이므로 조세부과처분의 하자는 당연무효가 아닌 한 독촉에 승계되지 않는다.

(2) 행정쟁송

강제징수에 불복하는 자는 행정쟁송절차에 따라 그 취소 또는 변경을 구할 수 있다. 현행 국세기본법에서는 이의신청절차를 규정하고 있으며, 심사청구와 심판청구 중 하나의 절차를 거쳐야 행정소송을 제기할 수 있도록 규정하고 있다(필수적 행정심판전치).

6. 즉시강제

행정기본법 제33조 【즉시강제】 ① 즉시강제는 다른 수단으로는 행정목적을 달성할 수 없는 경우에만 허용되며, 이 경우에도 최소한으로만 실시하여야 한다.
② 즉시강제를 실시하기 위하여 현장에 파견되는 집행책임자는 그가 집행책임자임을 표시하는 증표를 보여 주어야 하며, 즉시강제의 이유와 내용을 고지하여야 한다.
③ 제2항에도 불구하고 집행책임자는 즉시강제를 하려는 재산의 소유자 또는 점유자를 알 수 없거나 현장에서 그 소재를 즉시 확인하기 어려운 경우에는 즉시강제를 실시한 후 집행책임자의 이름 및 그 이유와 내용을 고지할 수 있다. 다만, 다음 각 호에 해당하는 경우에는 게시판이나 인터넷 홈페이지에 게시하는 등 적절한 방법에 의한 공고로써 고지를 갈음할 수 있다.
　1. 즉시강제를 실시한 후에도 재산의 소유자 또는 점유자를 알 수 없는 경우
　2. 재산의 소유자 또는 점유자가 국외에 거주하거나 행방을 알 수 없는 경우
　3. 그 밖에 대통령령으로 정하는 불가피한 사유로 고지할 수 없는 경우

1) 의의

현재의 급박한 행정상의 장해를 제거하기 위하여 행정청이 미리 행정상 의무이행을 명할 시간적 여유가 없는 경우 또는 그 성질상 행정상 의무의 이행을 명하는 것만으로는 행정목적 달성이 곤란한 경우에 해당하여 행정청이 곧바로 국민의 신체 또는 재산에 실력을 행사하여 행정목적을 달성하는 것을 말한다.

2) 성질

권력적 사실행위로서 처분성이 인정되고 항고소송의 대상이 된다. 행정상 즉시강제는 침익적 작용이므로 엄격한 실정법적 근거가 있어야 한다.

> **판례**
>
> **행정상 즉시강제는 엄격한 실정법상의 근거가 필요하다.**
>
> 행정강제는 행정상 강제집행을 원칙으로 하며, 법치국가적 요청인 예측가능성과 법적 안정성에 반하고, 기본권 침해의 소지가 큰 권력작용인 행정상 즉시강제는 어디까지나 예외적인 강제수단이라고 할 것이다. 이러한 행정상 즉시강제는 엄격한 실정법상의 근거를 필요로 할 뿐만 아니라, 그 발동에 있어서는 법규의 범위 안에서도 다시 행정상의 장해가 목전에 급박하고, 다른 수단으로는 행정목적을 달성할 수 없는 경우이어야 하며, 이러한 경우에도 그 행사는 필요 최소한도에 그쳐야 함을 내용으로 하는 조리상의 한계에 기속된다(헌재 2002. 10. 31. 2000헌가12).

3) 종류

대인적 강제	경찰관 직무집행법	• 보호조치 : 미아보호, 정신병자보호 • 위험발생방지조치 : 광견에 대한 방어조치 • 범죄행위의 예방·제지
	개별법	• 감염병 환자의 강제격리, 강제건강진단 • 출입국관리법·마약법상 강제수용 • 화재현장에서의 소방활동종사명령·원조강제 • 응급입원, 응급조치
대물적 강제	경찰관 직무집행법	• 무기·흉기·위험물의 임시영치 • 위해방지조치
	개별법	• 위해식품, 마약 등의 폐기 • 소방대상물에 대한 강제처분 • 불법게임물 수거·폐기 • 청소년유해약물의 수거·폐기 • 자연재해대책으로 위험발생 방지조치
대가택적 강제	경찰관 직무집행법	위험방지를 위한 가택출입·수색
	개별법	• 식품위생법상 출입검사 • 총포·도검·화약류 등 단속 • 조세범처벌법상 수색

4) 영장의 필요 여부

대법원은 헌법상의 영장제도는 원칙적으로는 행정상 즉시강제에도 적용되어야 하나, 행정목적 달성을 위하여 불가피하다고 인정할 만한 합리적인 이유가 있는 특별한 경우에 한하여 영장주의가 적용되지 않는다는 견해이다.

반면에 헌법재판소는 원칙적으로 영장주의가 적용되지 않는다고 본다.

확인학습

1 조례는 행정대집행법상의 대체적 작위의무 부과의 근거가 되는 법령에 해당하지 않는다. ☒

해설 대체적 작위의무가 법률의 위임을 받은 조례에 의해 직접 부과된 경우에는 대집행의 대상에 해당한다.

2 행정상 즉시강제는 소극적 목적을 위해서 발동되어야 하고 적극적 목적으로 발동될 수는 없다. ◯

해설 행정상 즉시강제는 소극적으로 공공의 안녕·질서를 유지하기 위한 것이어야 하고, 적극적으로 공공복리의 달성이라는 목적으로 행사되어서는 아니 된다.

3 의무의 불이행만으로 대집행이 가능한 것은 아니며 의무의 불이행을 방치하는 것이 심히 공익을 해한다고 인정되는 경우에 비로소 대집행이 허용된다. ◯

4 대집행을 결정하고 이를 시행할 수 있는 권한을 가진 자는 당해 행정청이므로 현실로 수행하는 자도 당해 행정청에 국한된다. ☒

해설 대집행을 현실적으로 수행하는 자는 대집행주체는 아니고 행정보조자로서 철거하는 것이다. 행정청과 제3자의 관계는 사법상 도급 관계로 본다.

5 공익사업을 위한 토지 등의 취득 및 보상에 관한 법률에 의한 토지 협의취득시 건물소유자가 협의 취득 대상 건물에 대한 철거의무를 부담하겠다는 취지의 약정을 하였음에도 이러한 철거의무를 불이행한 경우 행정대집행을 할 수 있다. ☒

해설 협의취득시 건물소유자가 매매대상 건물에 대한 철거의무를 부담하겠다는 취지의 약정을 하였다고 하더라도 이러한 철거의무는 공법상의 의무가 될 수 없고, 이러한 사법상 의무의 불이행은 대집행의 대상이 아니다.

6 대집행의 요건이 충족된 경우에는 대집행을 하여야 하며, 대집행권한을 발동할지에 대해 행정청의 재량은 인정되지 않는다. ☒

해설 대집행의 요건이 충족되는 경우 원칙적으로 대집행의 발동 여부는 행정청의 재량에 속한다.

7 행정대집행법상 대집행의 대상이 되는 대체적 작위의무에는 공법상 의무뿐만 아니라, 법령상 규정이 없더라도 사법상 의무도 포함된다. ☒

8 행정처분을 하여 이에 따르지 않는 경우에는 행정대집행의 방법으로 그 의무내용을 실현할 수 있고, 이러한 행정대집행 절차가 인정되는 경우 따로 민사소송의 방법으로 의무이행을 구할 수는 없다. ◯

9 장례식장의 사용중지의무는 타인이 대신할 수도 없고 타인이 대신하여 행할 수 있는 행위라고도 할 수 없는 비대체적 부작위의무이기 때문에 대집행의 대상이 되지 않는다. ◯

10 법률에 시설설치금지의무가 규정되어 있음에도 이를 위반하여 시설을 설치한 경우 별다른 규정이 없어도 대집행의 요건이 충족된다. ⊠

11 도시공원시설인 매점의 관리청이 그 공동점유자 중의 1인에 대하여 소정의 기간 내에 매점으로부터 퇴거하고 그 시설물 및 상품을 반출하지 아니할 때에는 이를 대집행하겠다는 계고처분을 한 사건에서 판례는 도시공원시설 점유자의 퇴거 및 명도의무를 행정대집행법에 의한 대집행의 대상으로 보고 있다. ⊠

12 건물의 점유자가 철거의무자일 때에는 건물철거의무에 퇴거의무도 포함되어 있는 것이어서 별도로 퇴거를 명하는 집행권원이 필요하지 않다. ◯

13 대집행의 계고는 문서에 의한 것이어야 하고, 구두에 의한 계고는 무효가 된다. ◯

14 판례에 따르면 행정청이 대집행의 계고를 할 때에는 '의무자가 스스로 이행하지 않는 경우에 대집행할 행위의 내용 및 범위'를 구체적으로 특정하여야 하는데 그 내용 및 범위가 반드시 대집행계고서에 의해 특정되어야 하는 것은 아니다. ◯

15 계고서라는 명칭의 1장의 문서로서 일정 기간 내에 위법건축물의 자진철거를 명함과 동시에 그 소정 기한 내에 자진철거를 하지 않을 때에는 대집행할 뜻을 미리 계고한 경우라도 건축법에 의한 철거명령과 행정대집행법에 의한 계고처분은 독립하여 있는 것으로서 각 그 요건이 충족되었다고 볼 것이다. ◯

16 철거명령에서 주어진 일정 기간이 자진철거에 필요한 상당한 기간이라고 하여도 그 기간 속에는 계고시에 필요한 '상당한 이행기간'이 포함되어 있다고 볼 수 없다. ⊠

17 상당한 의무이행기간을 부여하지 아니한 대집행계고처분 후에 대집행영장으로써 대집행의 시기를 늦춘 경우에도 그 계고처분은 위법한 처분이다. ◯

18 반복된 제2차·제3차의 계고처분은 새로운 철거의무를 부과한 것이 아니고 다만 대집행기한의 연기 통지에 불과하므로 행정처분이 아니다. ◯

19 대집행계고처분 취소소송의 변론이 종결되기 전에 대집행의 실행이 완료된 경우에는 그 계고처분의 취소를 구할 소의 이익이 없다. ◯

20 건축법상 이행강제금은 시정명령의 불이행이라는 과거의 위반행위에 대한 제재가 아니라 시정명령을 이행하지 않고 있는 건축주 등에 대하여 다시 상당한 이행기한을 부여하고 기한 안에 시정명령을 이행하지 않으면 이행강제금이 부과된다는 사실을 고지함으로써 의무자에게 심리적 압박을 주어 시정명령에 따른 의무의 이행을 간접적으로 강제하는 수단의 성질을 가진다. ◯

21 대체적 작위의무의 위반에 대하여 대집행이 가능한 경우에 대집행을 하지 않고 이행강제금을 부과하는 것은 위법하다. ⊠

> **해설** 전통적으로 행정대집행은 대체적 작위의무에 대한 강제집행수단으로, 이행강제금은 부작위의무나 비대체적 작위의무에 대한 강제집행수단으로 이해되어 왔으나, 이는 이행강제금 제도의 본질에서 오는 제약은 아니며, 이행강제금은 대체적 작위의무의 위반에 대하여도 부과될 수 있다(헌재 2004. 2. 26. 2002헌바26).

22 구 건축법상 이행강제금을 부과받은 자의 이의에 의해 비송사건절차법에 의한 재판절차가 게시된 후에 그 이의한 자가 사망했다면 그 재판절차는 종료된다. ◯

> **해설** 이행강제금 납부의무는 상속인 기타의 사람에게 승계될 수 없는 일신전속적인 성질을 갖는다. (**비교** 과징금 - 상속 ◯)

23 건축법상 이행강제금의 부과에 대해서는 항고소송을 제기할 수 없고 비송사건절차법에 따라 재판을 청구할 수 있다. ☒

　해설　이행강제금은 특별한 불복방법을 규정하고 있지 아니한 경우 행정쟁송의 대상이 된다.

24 농지법상 이행강제금 부과처분은 항고소송의 대상이 되는 처분에 해당하므로 이에 불복하는 경우 항고소송을 제기할 수 있다. ☒

　해설　농지법은 이행강제금 부과처분에 불복하는 경우에는 비송사건절차법의 절차에 따르도록 규정하고 있으므로 행정소송법상 항고소송의 대상은 될 수 없다.

25 이행강제금은 과거의 의무불이행에 대한 제재의 기능을 지니고 있으므로, 이행강제금이 부과되기 전에 의무를 이행한 경우에도 시정명령에 정한 기간을 지나서 이행한 경우라면 이행강제금을 부과할 수 있다. ☒

26 건축주 등이 장기간 시정명령을 이행하지 아니하였으나 그 기간 중에 시정명령의 이행 기회가 제공되지 아니하였다가 뒤늦게 이행 기회가 제공된 경우, 이행 기회가 제공되지 아니한 과거의 기간에 대한 이행강제금까지 한꺼번에 부과하였다면 그러한 이행강제금 부과처분은 하자가 중대·명백하여 당연무효이다. ◯

27 직접강제는 강제집행 수단 중에서 가장 강력한 수단이므로, 국민의 기본권을 제약하는 경우에는 과잉금지의 원칙이 준수되어야 한다. ◯

28 국세징수법이 정하는 강제징수의 절차는 독촉 및 체납처분으로 이루어지고, 체납처분은 재산압류·매각·청산의 3단계로 행하여진다. ◯

29 행정상 강제징수와 관련하여 선행행위인 조세 등 부과처분이 무효라 하더라도 후행행위인 체납처분이 당연무효가 되는 것은 아니다. ☒

　해설　조세부과처분의 하자가 당연무효에 해당한다면 후행행위에 승계된다.

30 독촉과 체납처분에 대하여 불복이 있는 자는 바로 취소소송을 제기할 수 있다. ☒

　해설　심사청구 또는 심판청구 중 하나에 대한 결정을 거친 후 행정소송을 제기하여야 한다.

31 독촉만으로는 시효중단의 효과가 발생하지 않는다. ☒

32 국세징수법상의 체납처분에서 압류재산의 매각은 공매를 통해서만 이루어지며 수의계약으로 해서는 안 된다. ☒

　해설　압류재산의 매각은 공매로 하는 것이 일반적이나 예외적으로 수의계약으로 하는 경우도 있다.

33 즉시강제란 의무의 불이행으로 인하여 발생한 현재의 급박한 행정상의 장해를 제거하기 위하여 행정청이 곧바로 국민의 신체 또는 재산에 실력을 행사하는 작용을 말한다. ☒

　해설　즉시강제는 의무불이행을 전제하지 않는다.

34 행정상 즉시강제는 목전에 급박한 장해를 예방하기 위한 경우에는 예외적으로 법률의 근거가 없이도 발동될 수 있다. ☒

　해설　행정상 즉시강제는 침익적 작용이므로 엄격한 실정법적 근거가 있어야 한다.

행정조사기본법

1. 총칙

1) 개념

> **제2조【정의】** 이 법에서 사용하는 용어의 정의는 다음과 같다.
> 1. "행정조사"란 행정기관이 정책을 결정하거나 직무를 수행하는 데 필요한 정보나 자료를 수집하기 위하여 현장조사·문서열람·시료채취 등을 하거나 조사대상자에게 보고요구·자료제출요구 및 출석·진술요구를 행하는 활동을 말한다.

2) 기본원칙

> **제4조【행정조사의 기본원칙】** ① 행정조사는 조사목적을 달성하는 데 필요한 최소한의 범위 안에서 실시하여야 하며, 다른 목적 등을 위하여 조사권을 남용하여서는 아니 된다.
> ② 행정기관은 조사목적에 적합하도록 조사대상자를 선정하여 행정조사를 실시하여야 한다.
> ③ 행정기관은 유사하거나 동일한 사안에 대하여는 공동조사 등을 실시함으로써 행정조사가 중복되지 아니하도록 하여야 한다.
> ④ 행정조사는 법령등의 위반에 대한 처벌보다는 법령등을 준수하도록 유도하는 데 중점을 두어야 한다.
> ⑤ 다른 법률에 따르지 아니하고는 행정조사의 대상자 또는 행정조사의 내용을 공표하거나 직무상 알게 된 비밀을 누설하여서는 아니 된다.
> ⑥ 행정기관은 행정조사를 통하여 알게 된 정보를 다른 법률에 따라 내부에서 이용하거나 다른 기관에 제공하는 경우를 제외하고는 원래의 조사목적 이외의 용도로 이용하거나 타인에게 제공하여서는 아니 된다.

3) 근거

> **제5조【행정조사의 근거】** 행정기관은 법령등에서 행정조사를 규정하고 있는 경우에 한하여 행정조사를 실시할 수 있다. 다만, 조사대상자의 자발적인 협조를 얻어 실시하는 행정조사의 경우에는 그러하지 아니하다.

2. 조사의 주기 및 조사대상의 선정

1) 정기조사 · 수시조사

> **제7조【조사의 주기】** 행정조사는 법령등 또는 행정조사운영계획으로 정하는 바에 따라 정기적으로 실시함을 원칙으로 한다. 다만, 다음 각 호 중 어느 하나에 해당하는 경우에는 수시조사를 할 수 있다.
> 1. 법률에서 수시조사를 규정하고 있는 경우
> 2. 법령등의 위반에 대하여 혐의가 있는 경우
> 3. 다른 행정기관으로부터 법령등의 위반에 관한 혐의를 통보 또는 이첩받은 경우
> 4. 법령등의 위반에 대한 신고를 받거나 민원이 접수된 경우
> 5. 그 밖에 행정조사의 필요성이 인정되는 사항으로서 대통령령으로 정하는 경우

2) 조사대상의 선정

> **제8조【조사대상의 선정】** ① 행정기관의 장은 행정조사의 목적, 법령준수의 실적, 자율적인 준수를 위한 노력, 규모와 업종 등을 고려하여 명백하고 객관적인 기준에 따라 행정조사의 대상을 선정하여야 한다.
> ② 조사대상자는 조사대상 선정기준에 대한 열람을 행정기관의 장에게 신청할 수 있다.
> ③ 행정기관의 장이 제2항에 따라 열람신청을 받은 때에는 다음 각 호의 어느 하나에 해당하는 경우를 제외하고 신청인이 조사대상 선정기준을 열람할 수 있도록 하여야 한다.
> 1. 행정기관이 당해 행정조사업무를 수행할 수 없을 정도로 조사활동에 지장을 초래하는 경우
> 2. 내부고발자 등 제3자에 대한 보호가 필요한 경우

3. 현장조사

> **제11조【현장조사】** ① 조사원이 가택 · 사무실 또는 사업장 등에 출입하여 현장조사를 실시하는 경우에는 행정기관의 장은 다음 각 호의 사항이 기재된 현장출입조사서 또는 법령등에서 현장조사시 제시하도록 규정하고 있는 문서를 조사대상자에게 발송하여야 한다.
> 1. 조사목적
> 2. 조사기간과 장소
> 3. 조사원의 성명과 직위
> 4. 조사범위와 내용
> 5. 제출자료
> 6. 조사거부에 대한 제재(근거 법령 및 조항 포함)
> 7. 그 밖에 당해 행정조사와 관련하여 필요한 사항

② 제1항에 따른 현장조사는 해가 뜨기 전이나 해가 진 뒤에는 할 수 없다. 다만, 다음 각 호의 어느 하나에 해당하는 경우에는 그러하지 아니하다.

1. 조사대상자(대리인 및 관리책임이 있는 자를 포함한다)가 동의한 경우
2. 사무실 또는 사업장 등의 업무시간에 행정조사를 실시하는 경우
3. 해가 뜬 후부터 해가 지기 전까지 행정조사를 실시하는 경우에는 조사목적의 달성이 불가능하거나 증거인멸로 인하여 조사대상자의 법령등의 위반 여부를 확인할 수 없는 경우

③ 제1항 및 제2항에 따라 현장조사를 하는 조사원은 그 권한을 나타내는 증표를 지니고 이를 조사대상자에게 내보여야 한다.

제12조【시료채취】 ① 조사원이 조사목적의 달성을 위하여 시료채취를 하는 경우에는 그 시료의 소유자 및 관리자의 정상적인 경제활동을 방해하지 아니하는 범위 안에서 최소한도로 하여야 한다.

② 행정기관의 장은 제1항에 따른 시료채취로 조사대상자에게 손실을 입힌 때에는 대통령령으로 정하는 절차와 방법에 따라 그 손실을 보상하여야 한다.

제13조【자료등의 영치】 ① 조사원이 현장조사 중에 자료·서류·물건 등(이하 이 조에서 "자료등"이라 한다)을 영치하는 때에는 조사대상자 또는 그 대리인을 입회시켜야 한다.

② 조사원이 제1항에 따라 자료등을 영치하는 경우에 조사대상자의 생활이나 영업이 사실상 불가능하게 될 우려가 있는 때에는 조사원은 자료등을 사진으로 촬영하거나 사본을 작성하는 등의 방법으로 영치에 갈음할 수 있다. 다만, 증거인멸의 우려가 있는 자료등을 영치하는 경우에는 그러하지 아니하다.

③ 조사원이 영치를 완료한 때에는 영치조서 2부를 작성하여 입회인과 함께 서명날인하고 그중 1부를 입회인에게 교부하여야 한다.

④ 행정기관의 장은 영치한 자료등이 다음 각 호의 어느 하나에 해당하는 경우에는 이를 즉시 반환하여야 한다.

1. 영치한 자료등을 검토한 결과 당해 행정조사와 관련이 없다고 인정되는 경우
2. 당해 행정조사의 목적의 달성 등으로 자료등에 대한 영치의 필요성이 없게 된 경우

4. 공동조사와 중복조사의 제한

제14조【공동조사】 ① 행정기관의 장은 다음 각 호의 어느 하나에 해당하는 행정조사를 하는 경우에는 공동조사를 하여야 한다.

1. 당해 행정기관 내의 2 이상의 부서가 동일하거나 유사한 업무분야에 대하여 동일한 조사대상자에게 행정조사를 실시하는 경우
2. 서로 다른 행정기관이 대통령령으로 정하는 분야에 대하여 동일한 조사대상자에게 행정조사를 실시하는 경우

② 제1항 각 호에 따른 사항에 대하여 행정조사의 사전통지를 받은 조사대상자는 관계 행정기관의 장에게 공동조사를 실시하여 줄 것을 신청할 수 있다. 이 경우 조사대상자는 신청인의 성명·조사일시·신청이유 등이 기재된 공동조사신청서를 관계 행정기관의 장에게 제출하여야 한다.

③ 제2항에 따라 공동조사를 요청받은 행정기관의 장은 이에 응하여야 한다.

④ 국무조정실장은 행정기관의 장이 제6조에 따라 제출한 행정조사운영계획의 내용을 검토한 후 관계 부처의 장에게 공동조사의 실시를 요청할 수 있다.

⑤ 그 밖에 공동조사에 관하여 필요한 사항은 대통령령으로 정한다.

제15조【중복조사의 제한】 ① 제7조에 따라 정기조사 또는 수시조사를 실시한 행정기관의 장은 동일한 사안에 대하여 동일한 조사대상자를 재조사하여서는 아니 된다. 다만, 당해 행정기관이 이미 조사를 받은 조사대상자에 대하여 위법행위가 의심되는 새로운 증거를 확보한 경우에는 그러하지 아니하다.
② 행정조사를 실시할 행정기관의 장은 행정조사를 실시하기 전에 다른 행정기관에서 동일한 조사대상자에게 동일하거나 유사한 사안에 대하여 행정조사를 실시하였는지 여부를 확인할 수 있다.
③ 행정조사를 실시할 행정기관의 장이 제2항에 따른 사실을 확인하기 위하여 행정조사의 결과에 대한 자료를 요청하는 경우 요청받은 행정기관의 장은 특별한 사유가 없는 한 관련 자료를 제공하여야 한다.

5. 조사 실시

1) 행정조사의 일반적 절차

제17조【조사의 사전통지】 ① 행정조사를 실시하고자 하는 행정기관의 장은 제9조에 따른 출석요구서, 제10조에 따른 보고요구서·자료제출요구서 및 제11조에 따른 현장출입조사서(이하 "출석요구서 등"이라 한다)를 조사개시 7일 전까지 조사대상자에게 서면으로 통지하여야 한다. 다만, 다음 각 호의 어느 하나에 해당하는 경우에는 행정조사의 개시와 동시에 출석요구서등을 조사대상자에게 제시하거나 행정조사의 목적 등을 조사대상자에게 구두로 통지할 수 있다.
  1. 행정조사를 실시하기 전에 관련 사항을 미리 통지하는 때에는 증거인멸 등으로 행정조사의 목적을 달성할 수 없다고 판단되는 경우
  2. 「통계법」 제3조 제2호에 따른 지정통계의 작성을 위하여 조사하는 경우
  3. 제5조 단서에 따라 조사대상자의 자발적인 협조를 얻어 실시하는 행정조사의 경우
② 행정기관의 장이 출석요구서등을 조사대상자에게 발송하는 경우 출석요구서등의 내용이 외부에 공개되지 아니하도록 필요한 조치를 하여야 한다.

제18조【조사의 연기신청】 ① 출석요구서등을 통지받은 자가 천재지변이나 그 밖에 대통령령으로 정하는 사유로 인하여 행정조사를 받을 수 없는 때에는 당해 행정조사를 연기하여 줄 것을 행정기관의 장에게 요청할 수 있다.
② 제1항에 따라 연기요청을 하고자 하는 자는 연기하고자 하는 기간과 사유가 포함된 연기신청서를 행정기관의 장에게 제출하여야 한다.
③ 행정기관의 장은 제2항에 따라 행정조사의 연기요청을 받은 때에는 연기요청을 받은 날부터 7일 이내에 조사의 연기 여부를 결정하여 조사대상자에게 통지하여야 한다.

제21조【의견제출】 ① 조사대상자는 제17조에 따른 사전통지의 내용에 대하여 행정기관의 장에게 의견을 제출할 수 있다.
② 행정기관의 장은 제1항에 따라 조사대상자가 제출한 의견이 상당한 이유가 있다고 인정하는 경우에는 이를 행정조사에 반영하여야 한다.

제22조【조사원 교체신청】 ① 조사대상자는 조사원에게 공정한 행정조사를 기대하기 어려운 사정이 있다고 판단되는 경우에는 행정기관의 장에게 당해 조사원의 교체를 신청할 수 있다.
② 제1항에 따른 교체신청은 그 이유를 명시한 서면으로 행정기관의 장에게 하여야 한다.
③ 제1항에 따른 교체신청을 받은 행정기관의 장은 즉시 이를 심사하여야 한다.

④ 행정기관의 장은 제1항에 따른 교체신청이 타당하다고 인정되는 경우에는 다른 조사원으로 하여금 행정조사를 하게 하여야 한다.

⑤ 행정기관의 장은 제1항에 따른 교체신청이 조사를 지연할 목적으로 한 것이거나 그 밖에 교체신청에 타당한 이유가 없다고 인정되는 때에는 그 신청을 기각하고 그 취지를 신청인에게 통지하여야 한다.

제24조【조사결과의 통지】 행정기관의 장은 법령등에 특별한 규정이 있는 경우를 제외하고는 행정조사의 결과를 확정한 날부터 7일 이내에 그 결과를 조사대상자에게 통지하여야 한다.

2) 제3자에 대한 보충조사

제19조【제3자에 대한 보충조사】 ① 행정기관의 장은 조사대상자에 대한 조사만으로는 당해 행정조사의 목적을 달성할 수 없거나 조사대상이 되는 행위에 대한 사실 여부 등을 입증하는 데 과도한 비용 등이 소요되는 경우로서 다음 각 호의 어느 하나에 해당하는 경우에는 제3자에 대하여 보충조사를 할 수 있다.

1. 다른 법률에서 제3자에 대한 조사를 허용하고 있는 경우
2. 제3자의 동의가 있는 경우

② 행정기관의 장은 제1항에 따라 제3자에 대한 보충조사를 실시하는 경우에는 조사개시 7일 전까지 보충조사의 일시·장소 및 보충조사의 취지 등을 제3자에게 서면으로 통지하여야 한다.

③ 행정기관의 장은 제3자에 대한 보충조사를 하기 전에 그 사실을 원래의 조사대상자에게 통지하여야 한다. 다만, 제3자에 대한 보충조사를 사전에 통지하여서는 조사목적을 달성할 수 없거나 조사목적의 달성이 현저히 곤란한 경우에는 제3자에 대한 조사결과를 확정하기 전에 그 사실을 통지하여야 한다.

④ 원래의 조사대상자는 제3항에 따른 통지에 대하여 의견을 제출할 수 있다.

3) 자발적인 협조에 따라 실시하는 행정조사

제20조【자발적인 협조에 따라 실시하는 행정조사】 ① 행정기관의 장이 제5조 단서에 따라 조사대상자의 자발적인 협조를 얻어 행정조사를 실시하고자 하는 경우 조사대상자는 문서·전화·구두 등의 방법으로 당해 행정조사를 거부할 수 있다.

② 제1항에 따른 행정조사에 대하여 조사대상자가 조사에 응할 것인지에 대한 응답을 하지 아니하는 경우에는 법령등에 특별한 규정이 없는 한 그 조사를 거부한 것으로 본다.

③ 행정기관의 장은 제1항 및 제2항에 따른 조사거부자의 인적 사항 등에 관한 기초자료는 특정 개인을 식별할 수 없는 형태로 통계를 작성하는 경우에 한하여 이를 이용할 수 있다.

4) 조사권 행사의 제한

> **제23조【조사권 행사의 제한】** ① 조사원은 제9조부터 제11조까지에 따라 사전에 발송된 사항에 한하여 조사대상자를 조사하되, 사전통지한 사항과 관련된 추가적인 행정조사가 필요할 경우에는 조사대상자에게 추가조사의 필요성과 조사내용 등에 관한 사항을 서면이나 구두로 통보한 후 추가조사를 실시할 수 있다.
> ② 조사대상자는 법률·회계 등에 대하여 전문지식이 있는 관계 전문가로 하여금 행정조사를 받는 과정에 입회하게 하거나 의견을 진술하게 할 수 있다.
> ③ 조사대상자와 조사원은 조사과정을 방해하지 아니하는 범위 안에서 행정조사의 과정을 녹음하거나 녹화할 수 있다. 이 경우 녹음·녹화의 범위 등은 상호 협의하여 정하여야 한다.
> ④ 조사대상자와 조사원이 제3항에 따라 녹음이나 녹화를 하는 경우에는 사전에 이를 당해 행정기관의 장에게 통지하여야 한다.

6. 자율관리체제의 구축 등

> **제25조【자율신고제도】** ① 행정기관의 장은 법령등에서 규정하고 있는 조사사항을 조사대상자로 하여금 스스로 신고하도록 하는 제도를 운영할 수 있다.
> ② 행정기관의 장은 조사대상자가 제1항에 따라 신고한 내용이 거짓의 신고라고 인정할 만한 근거가 있거나 신고내용을 신뢰할 수 없는 경우를 제외하고는 그 신고내용을 행정조사에 갈음할 수 있다.
> **제26조【자율관리체제의 구축】** ① 행정기관의 장은 조사대상자가 자율적으로 행정조사사항을 신고·관리하고, 스스로 법령준수사항을 통제하도록 하는 체제(이하 "자율관리체제"라 한다)의 기준을 마련하여 고시할 수 있다.
> ② 다음 각 호의 어느 하나에 해당하는 자는 제1항에 따른 기준에 따라 자율관리체제를 구축하여 대통령령으로 정하는 절차와 방법에 따라 행정기관의 장에게 신고할 수 있다.
>   1. 조사대상자
>   2. 조사대상자가 법령등에 따라 설립하거나 자율적으로 설립한 단체 또는 협회
> ③ 국가와 지방자치단체는 행정사무의 효율적인 집행과 법령등의 준수를 위하여 조사대상자의 자율관리체제 구축을 지원하여야 한다.
> **제27조【자율관리에 대한 혜택의 부여】** 행정기관의 장은 제25조에 따라 자율신고를 하는 자와 제26조에 따라 자율관리체제를 구축하고 자율관리체제의 기준을 준수한 자에 대하여는 법령등으로 규정한 바에 따라 행정조사의 감면 또는 행정·세제상의 지원을 하는 등 필요한 혜택을 부여할 수 있다.

확인학습

1 위법한 세무조사를 통하여 수집된 과세자료에 기초하여 과세처분을 하였더라도 그러한 사정만으로 그 과세처분이 위법하게 되는 것은 아니다. ☒

2 행정조사기본법은 행정조사 실시를 위한 일반적인 근거규범으로서 행정기관은 다른 법령 등에서 따로 행정조사를 규정하고 있지 않더라도 행정조사기본법을 근거로 행정조사를 실시할 수 있다. ☒

  해설 임의조사를 제외하고 행정기관은 법령 등에서 행정조사를 규정한 경우에 한하여서만 행정조사를 실시할 수 있다.

3 자발적인 협조에 따라 실시하는 행정조사에 있어 조사대상자가 조사에 응할 것인지에 대한 응답을 하지 않은 경우에는 그 조사에 거부한 것으로 간주한다. ⭕

4 조사원이 조사목적의 달성을 위하여 시료채취를 하는 경우 이로 인하여 조사대상자에게 손실을 입힐 때에는 법령이 정하는 절차와 방법에 따라 그 손실을 보상하여야 한다. ⭕

5 행정기관 내의 2 이상의 부서가 동일하거나 유사한 업무분야에 대하여 동일한 조사대상자에게 행정조사를 실시하는 경우 행정기관의 장은 공동조사를 실시할 수 있다. ☒

  해설 공동조사를 실시하여야 한다.

6 정기조사 또는 수시조사를 실시한 행정기관의 장은 조사대상자의 자발적인 협조를 얻어 실시하는 경우가 아닌 한, 동일한 사안에 대하여 동일한 조사대상자를 재조사하여서는 아니 된다. ☒

  해설 당해 행정기관이 이미 조사를 받은 조사대상자에 대하여 위법행위가 의심되는 새로운 증거를 확보한 경우에는 동일한 사안에 대하여 동일한 조사대상자를 재조사할 수 있다.

7 행정조사를 실시하고자 하는 행정기관의 장은 출석요구서, 보고요구서, 자료제출요구서 및 현장출입조사서를 조사개시 7일 전까지 조사대상자에게 서면으로 통지하여야 한다. ⭕

8 조사대상자는 법령 등에서 규정하고 있는 경우에 한하여 조사대상 선정기준에 대한 열람을 행정기관의 장에게 신청할 수 있다. ☒

  해설 조사대상자는 조사대상 선정기준에 대한 열람을 행정기관의 장에게 신청할 수 있다.

9 조사대상자와 조사원은 조사과정을 방해하지 아니하는 범위 안에서 상호 협의하에 행정조사의 과정을 녹음하거나 녹화할 수 있다. ⭕

10 조사대상자는 법률·회계 등에 대하여 전문지식이 있는 관계 전문가로 하여금 행정조사를 받는 과정에 입회하게 하거나 의견을 진술하게 할 수 있다. ⭕

03 행정벌

1. 행정벌의 의의

행정벌이란 행정상의 의무 위반에 대한 제재를 말한다. 행정벌은 과거의 의무 위반에 대한 제재를 직접적인 목적으로 하지만 간접적으로 의무자에게 심리적 압박을 가하여 행정법상의 의무이행의 실효성을 확보하는 수단이다.

✦ 행정상 강제집행과 행정벌

구분	행정상 강제집행	행정벌
대상	의무불이행	의무 위반
성격	장래의 의무이행을 강제	과거의 의무 위반에 대한 제재
병과 여부	직접적인 목적이 다르므로 양자의 병과가 가능	

2. 행정벌의 근거

죄형법정주의와 형법총칙 규정은 행정형벌에도 적용된다. 따라서 행정형벌의 부과에는 반드시 법률의 근거가 있어야 한다. 반면에 행정질서벌에는 죄형법정주의와 형법총칙 규정이 적용되지 않는다.

> **판례**
>
> **행정법규가 규정한 사항을 내용으로 하는 경우에도 죄형법정주의가 적용된다.**
>
> 형벌법규의 해석은 엄격하여야 하고 명문규정의 의미를 피고인에게 불리한 방향으로 지나치게 확장 해석하거나 유추 해석하는 것은 죄형법정주의의 원칙에 어긋나는 것으로서 허용되지 않으며, 이러한 법해석의 원리는 그 형벌법규의 적용대상이 행정법규가 규정한 사항을 내용으로 하고 있는 경우에 그 행정법규의 규정을 해석하는 데에도 마찬가지로 적용된다(대법원 2007. 6. 29. 2006도4582).
>
> **행정질서벌에는 죄형법정주의가 적용되지 않는다.**
>
> 죄형법정주의는 무엇이 범죄이며 그에 대한 형벌이 어떠한 것인가는 국민의 대표로 구성된 입법부가 제정한 법률로써 정하여야 한다는 원칙인데, 부동산등기특별조치법 제11조 제1항 본문 중 제2조 제1항에 관한 부분이 정하고 있는 과태료는 행정상의 질서유지를 위한 행정질서벌에 해당할 뿐 형벌이라고 할 수 없어 죄형법정주의의 규율대상에 해당하지 아니한다(헌재 1998. 5. 28. 96헌바83).

3. 행정벌의 종류

1) 행정형벌

행정형벌이란 형법에 정해져 있는 형벌(사형·징역·금고·벌금 등)이 과하여지는 것을 말한다. 행정형벌에는 특별한 규정이 있는 경우를 제외하고는 형법총칙이 적용된다.

2) 행정질서벌

행정질서벌이란 법률 또는 조례상 의무를 위반하여 과태료가 과하여지는 것을 말한다. 형법총칙이 적용되지 않으며, 질서위반행위규제법이 적용된다.

3) 양자의 관계

행정형벌은 행정목적의 직접적인 침해에 대한 제재이고, 행정질서벌은 단순한 행정상 의무태만에 대한 제재이다. 양자는 그 목적을 달리하므로 행정형벌과 행정질서벌의 병과는 일사부재리 원칙에 위반되지 않는다.

> 판례
>
> **행정형벌을 과할 것인지 행정질서벌을 과할 것인지는 국회의 입법재량에 속한다.**
>
> 어떤 행정법규 위반행위에 대하여 이를 단지 간접적으로 행정상의 질서에 장해를 줄 위험성이 있음에 불과한 경우로 보아 행정질서벌인 과태료를 과할 것인가 아니면 직접적으로 행정목적과 공익을 침해한 행위로 보아 행정형벌을 과할 것인가, 그리고 행정형벌을 과할 경우 그 법정형의 형종과 형량을 어떻게 정할 것인가는 당해 위반행위가 위의 어느 경우에 해당하는가에 대한 법적 판단을 그르친 것이 아닌 한 그 처벌내용은 기본적으로 입법권자가 제반사정을 고려하여 결정할 입법재량에 속하는 문제라고 할 수 있다(헌재 1994. 4. 28. 91헌바14).

4. 행정형벌

1) 성립

행정범은 원칙적으로 고의가 있어야 성립한다.
과실범의 경우에는 과실범을 처벌할 수 있는 명문의 규정이 있어야 한다. 판례는 명문의 규정이 없는 경우에도 행정벌 규정의 해석상 과실범을 처벌한다는 뜻이 도출되는 경우에는 과실범을 처벌할 수 있다고 본다.

판례

허가를 담당하는 공무원의 말을 믿은 경우에는 처벌할 수 없다.

행정청의 허가가 있어야 함에도 불구하고 허가를 받지 아니하여 처벌대상의 행위를 한 경우라도, 허가를 담당하는 공무원이 허가를 요하지 않는 것으로 잘못 알려 주어 이를 믿었기 때문에 허가를 받지 아니한 것이라면 허가를 받지 않더라도 죄가 되지 않는 것으로 착오를 일으킨 데 대하여 정당한 이유가 있는 경우에 해당하여 처벌할 수 없다(대법원 1992. 5. 22. 91도2525).

법률의 부지는 용서받지 못한다.

유흥접객업소의 업주가 경찰당국의 단속대상에서 제외되어 있는 만 18세 이상의 고등학생이 아닌 미성년자는 출입이 허용되는 것으로 알고 있었더라도 이는 미성년자보호법 규정을 알지 못한 단순한 법률의 부지에 해당하고 특히 법령에 의하여 허용된 행위로서 죄가 되지 않는다고 적극적으로 그릇 인정한 경우는 아니므로 비록 경찰당국이 단속대상에서 제외하였다 하여 이를 법률의 착오에 기인한 행위라고 할 수는 없다(대법원 1985. 4. 9. 85도25).

관련법규의 목적과 취지를 고려해서 과실범을 처벌할 수 있다.

구 대기환경보전법(1992. 12. 8. 법률 제4535호로 개정되기 전의 것)의 입법목적이나 제반 관계규정의 취지 등을 고려하면, 법정의 배출허용기준을 초과하는 배출가스를 배출하면서 자동차를 운행하는 행위를 처벌하는 위 법 제57조 제6호의 규정은 자동차의 운행자가 그 자동차에서 배출되는 배출가스가 소정의 운행 자동차 배출허용기준을 초과한다는 점을 실제로 인식하면서 운행한 고의범의 경우는 물론 과실로 인하여 그러한 내용을 인식하지 못한 과실범의 경우도 함께 처벌하는 규정이다(대법원 1993. 9. 10. 92도1136).

2) 양벌규정

(1) 개념

양벌규정은 금지위반행위자와 행위자 이외의 자를 함께 처벌하는 법규정이다. 영업주가 고용한 종업원 등이 그 업무와 관련하여 위반행위를 한 경우에, 그와 같은 종업원 등의 범죄행위에 대해 영업주가 종업원 등에 대한 선임감독상의 주의의무를 위반한 고의·과실 기타 영업주의 귀책사유가 있는 경우에만 처벌된다. 따라서 행위자 이외의 자도 본인의 고의·과실로 처벌된다는 점에서 행위자가 무죄인 경우에도 단독으로 양벌규정에 의한 처벌이 가능하다.

판례

종업원의 범죄성립이나 처벌은 영업주 처벌의 전제조건이 아니다.

양벌규정에 의한 영업주의 처벌은 금지위반행위자인 종업원의 처벌에 종속하는 것이 아니라 독립하여 그 자신의 종업원에 대한 선임감독상의 과실로 인하여 처벌되는 것이므로 종업원의 범죄성립이나 처벌이 영업주 처벌의 전제조건이 될 필요는 없다(대법원 2006. 2. 24. 2005도7673).

(2) 지방자치단체의 경우

지방자치단체도 고유의 자치사무를 처리하면서 소속 공무원이 위반행위를 한 경우 양벌규정이 적용된다. 반면에 국가의 기관위임사무를 처리하면서 소속 공무원이 위반행위를 한 경우에는 양벌규정의 적용을 받지 않는다.

> **판례⁺**
>
> **지방자치단체가 자치사무를 처리하는 경우에는 양벌규정의 대상이 된다.**
>
> 국가가 본래 그의 사무의 일부를 지방자치단체의 장에게 위임하여 그 사무를 처리하게 하는 기관위임사무의 경우에는 지방자치단체는 국가기관의 일부로 볼 수 있는 것이지만, 지방자치단체가 그 고유의 자치사무를 처리하는 경우에는 지방자치단체는 국가기관의 일부가 아니라 국가기관과는 별도의 독립한 공법인이므로, 지방자치단체 소속 공무원이 지방자치단체 고유의 자치사무를 수행하던 중 도로법 제81조 내지 제85조의 규정에 의한 위반행위를 한 경우에는 지방자치단체는 도로법 제86조의 양벌규정에 따라 처벌대상이 되는 법인에 해당한다(대법원 2005. 11. 10. 2004도2657).

3) 행정형벌의 과벌 절차

행정형벌도 형벌과 마찬가지로 형사소송법에 따라 법원이 부과하는 것이 원칙이다.

4) 행정형벌의 특별한 절차

(1) 즉결심판

즉결심판이라 함은 20만 원 이하의 벌금, 구류 또는 과료에 처할 범칙사건에 대하여 경찰서장의 청구에 의하여 지방법원, 지원 또는 시·군법원의 판사가 즉결심판에 관한 절차법이 정하는 바에 따라 재판하는 것을 말한다. 형의 집행은 경찰서장이 행한다.

(2) 통고처분

① **개념**: 통고처분이란 일정한 행정형벌을 부과해야 할 행정범에 대하여 행정청이 정식재판에 대신하여 벌금 또는 과료에 상당하는 금액의 납부를 명하는 준사법적 행위를 말한다.

② **적용범위**: 통고처분은 모든 행정상의 의무불이행에 대해 취할 수 있는 제재가 아니다. 조세범, 관세범, 경범죄사범, 도로교통사범, 출입국관리사범 등에서 벌금 또는 과료의 경우에 부과할 수 있다.

③ **법적 성질**: 통고처분을 받은 자가 이에 불복하여 통고된 내용을 이행하지 않으면 통고처분은 효력을 잃고, 형사재판에서 통고처분의 위법 여부를 다툴 수 있기 때문에 통고처분은 행정쟁송의 대상인 처분이 아니다.

판례

통고처분에 대하여 이의가 있으면 통고내용을 이행하지 않음으로써 형사재판절차에서 통고처분의 위법·부당함을 다툴 수 있다.

통고처분은 상대방의 임의의 승복을 그 발효요건으로 하기 때문에 그 자체만으로는 통고이행을 강제하거나 상대방에게 아무런 권리의무를 형성하지 않으므로 행정심판이나 행정소송의 대상으로서의 처분성을 부여할 수 없고, 통고처분에 대하여 이의가 있으면 통고내용을 이행하지 않음으로써 고발되어 형사재판절차에서 통고처분의 위법·부당함을 얼마든지 다툴 수 있기 때문에 관세법 제38조 제3항 제2호가 법관에 의한 재판받을 권리를 침해한다든가 적법절차의 원칙에 저촉된다고 볼 수 없다(헌재 1998. 5. 28. 96헌바4).

④ **통고권자**: 통고권자는 국세청장·지방국세청장 또는 세무서장, 경찰서장, 출입국관리소장 등의 행정청이다. 법원이나 검사 등은 통고처분을 할 수 없다.

⑤ **통고처분의 효력**: 통고처분을 할 것인지 여부는 행정청의 재량에 속한다. 따라서 통고처분 없이 이루어진 고발의 효력은 유효하다. 한편, 통고가 있으면 공소시효가 중단된다. 통고처분을 받은 자가 그 통고에 따라 이행한 경우에는 일사부재리 원칙에 따라 다시 소추할 수 없다. 즉 확정판결과 동일한 효과가 발생한다.

판례

통고처분제도는 범칙자에 대하여 형사소추와 형사처벌을 면제받을 기회를 부여하고 있다.

통고처분제도의 입법 취지를 고려하면, 경범죄 처벌법상 범칙금제도는 범칙행위에 대하여 형사절차에 앞서 경찰서장의 통고처분에 따라 범칙금을 납부할 경우 이를 납부하는 사람에 대하여는 기소를 하지 않는 처벌의 특례를 마련해 둔 것으로 법원의 재판절차와는 제도적 취지와 법적 성질에서 차이가 있다. 또한 범칙자가 통고처분을 불이행하였더라도 기소독점주의의 예외를 인정하여 경찰서장의 즉결심판청구를 통하여 공판절차를 거치지 않고 사건을 간이하고 신속·적정하게 처리함으로써 소송경제를 도모하되, 즉결심판 선고 전까지 범칙금을 납부하면 형사처벌을 면할 수 있도록 함으로써 범칙자에 대하여 형사소추와 형사처벌을 면제받을 기회를 부여하고 있다.

따라서 경찰서장이 범칙행위에 대하여 통고처분을 한 이상, 범칙자의 위와 같은 절차적 지위를 보장하기 위하여 통고처분에서 정한 범칙금 납부기간까지는 원칙적으로 경찰서장은 즉결심판을 청구할 수 없고, 검사도 동일한 범칙행위에 대하여 공소를 제기할 수 없다. 또한 범칙자가 범칙금 납부기간이 지나도록 범칙금을 납부하지 아니하였다면 경찰서장이 즉결심판을 청구하여야 하고, 검사는 동일한 범칙행위에 대하여 공소를 제기할 수 없다. 나아가 특별한 사정이 없는 이상 경찰서장은 범칙행위에 대한 형사소추를 위하여 이미 한 통고처분을 임의로 취소할 수 없다(대법원 2021. 4. 1. 2020도15194).

⑥ **통고처분의 불이행**: 통고처분을 받은 자가 법정기간 내에 통고된 내용을 이행하지 않으면 통고처분은 당연히 효력을 상실하고, 행정청의 고발 또는 즉결심판청구에 의하여 정식재판으로 이행되게 된다.

5. 행정질서벌

1) 법적 근거

행정질서벌에 관한 일반법으로 질서위반행위규제법이 있고, 지방자치법은 "조례로써 조례위반행위에 대하여 1,000만 원 이하의 과태료를 정할 수 있다."고 규정하고 있다.

2) 과태료부과처분의 처분성 여부

질서위반행위규제법상의 과태료부과처분은 행정쟁송의 대상인 행정처분이 아니다. 과태료부과처분에 대해 이의를 제기하면 과태료부과처분은 효력을 상실하고 과태료 재판이 진행되기 때문이다.

> **판례**⁺
>
> **과태료부과처분은 항고소송의 대상이 아니다.**
>
> 행정기관의 과태료부과처분에 대하여 그 상대방이 이의를 제기함으로써 비송사건절차법에 의한 과태료의 재판을 하게 되는 경우, 법원은 당초 행정기관의 과태료부과처분을 심판의 대상으로 하여 그 당부를 심사한 후 이의가 이유 있다고 인정하여 그 처분을 취소하거나 이유 없다는 이유로 이의를 기각하는 재판을 하는 것이 아니라, 직권으로 과태료부과요건이 있는지를 심사하여 그 요건이 있다고 인정하면 새로이 위반자에 대하여 과태료를 부과하는 것이므로, 행정기관의 과태료부과처분에 대하여 상대방이 이의를 하여 그 사실이 비송사건절차법에 의한 과태료의 재판을 하여야 할 법원에 통지되면 당초의 행정기관의 부과처분은 그 효력을 상실한다 할 것이다. 따라서 이미 효력을 상실한 피청구인의 과태료부과처분의 취소를 구하는 이 사건 심판청구는 권리보호의 이익이 없다(헌재 1998. 9. 30. 98헌마18).

3) 행정질서벌과 이중처벌의 문제

형벌과 행정질서벌의 병과가 가능하다. 행정질서벌은 엄격한 의미의 형벌이 아니기 때문에 행정법상의 질서벌인 과태료를 납부한 후에 형사처벌을 하여도 일사부재리의 원칙에 반하는 것은 아니다.

4) 질서위반행위규제법 – 적용범위

제2조 【정의】 이 법에서 사용하는 용어의 뜻은 다음과 같다.
1. "질서위반행위"란 법률(지방자치단체의 조례를 포함한다. 이하 같다)상의 의무를 위반하여 과태료를 부과하는 행위를 말한다. 다만, 다음 각 목의 어느 하나에 해당하는 행위를 제외한다.
   가. 대통령령으로 정하는 사법(私法)상·소송법상 의무를 위반하여 과태료를 부과하는 행위
   나. 대통령령으로 정하는 법률에 따른 징계사유에 해당하여 과태료를 부과하는 행위

2. "행정청"이란 행정에 관한 의사를 결정하여 표시하는 국가 또는 지방자치단체의 기관, 그 밖의 법령 또는 자치법규에 따라 행정권한을 가지고 있거나 위임 또는 위탁받은 공공단체나 그 기관 또는 사인(私人)을 말한다.

3. "당사자"란 질서위반행위를 한 자연인 또는 법인(법인이 아닌 사단 또는 재단으로서 대표자 또는 관리인이 있는 것을 포함한다. 이하 같다)을 말한다.

제3조【법 적용의 시간적 범위】① 질서위반행위의 성립과 과태료 처분은 행위 시의 법률에 따른다.
② 질서위반행위 후 법률이 변경되어 그 행위가 질서위반행위에 해당하지 아니하게 되거나 과태료가 변경되기 전의 법률보다 가볍게 된 때에는 법률에 특별한 규정이 없는 한 변경된 법률을 적용한다.
③ 행정청의 과태료 처분이나 법원의 과태료 재판이 확정된 후 법률이 변경되어 그 행위가 질서위반행위에 해당하지 아니하게 된 때에는 변경된 법률에 특별한 규정이 없는 한 과태료의 징수 또는 집행을 면제한다.

제4조【법 적용의 장소적 범위】① 이 법은 대한민국 영역 안에서 질서위반행위를 한 자에게 적용한다.
② 이 법은 대한민국 영역 밖에서 질서위반행위를 한 대한민국의 국민에게 적용한다.
③ 이 법은 대한민국 영역 밖에 있는 대한민국의 선박 또는 항공기 안에서 질서위반행위를 한 외국인에게 적용한다.

제5조【다른 법률과의 관계】과태의 부과·징수, 재판 및 집행 등의 절차에 관한 다른 법률의 규정 중 이 법의 규정에 저촉되는 것은 이 법으로 정하는 바에 따른다.

5) 질서위반행위규제법 − 성립

제6조【질서위반행위 법정주의】법률에 따르지 아니하고는 어떤 행위도 질서위반행위로 과태료를 부과하지 아니한다.

제7조【고의 또는 과실】고의 또는 과실이 없는 질서위반행위는 과태료를 부과하지 아니한다.

제8조【위법성의 착오】자신의 행위가 위법하지 아니한 것으로 오인하고 행한 질서위반행위는 그 오인에 정당한 이유가 있는 때에 한하여 과태료를 부과하지 아니한다.

제9조【책임연령】14세가 되지 아니한 자의 질서위반행위는 과태료를 부과하지 아니한다. 다만, 다른 법률에 특별한 규정이 있는 경우에는 그러하지 아니하다.

제10조【심신장애】① 심신(心神)장애로 인하여 행위의 옳고 그름을 판단할 능력이 없거나 그 판단에 따른 행위를 할 능력이 없는 자의 질서위반행위는 과태료를 부과하지 아니한다.
② 심신장애로 인하여 제1항에 따른 능력이 미약한 자의 질서위반행위는 과태료를 감경한다.
③ 스스로 심신장애 상태를 일으켜 질서위반행위를 한 자에 대하여는 제1항 및 제2항을 적용하지 아니한다.

제11조【법인의 처리 등】① 법인의 대표자, 법인 또는 개인의 대리인·사용인 및 그 밖의 종업원이 업무에 관하여 법인 또는 그 개인에게 부과된 법률상의 의무를 위반한 때에는 법인 또는 그 개인에게 과태료를 부과한다.
② 제7조부터 제10조까지의 규정은 「도로교통법」 제56조 제1항에 따른 고용주등을 같은 법 제160조 제3항에 따라 과태료를 부과하는 경우에는 적용하지 아니한다.

제12조【다수인의 질서위반행위 가담】 ① 2인 이상이 질서위반행위에 가담한 때에는 각자가 질서위반행위를 한 것으로 본다.

② 신분에 의하여 성립하는 질서위반행위에 신분이 없는 자가 가담한 때에는 신분이 없는 자에 대하여도 질서위반행위가 성립한다.

③ 신분에 의하여 과태료를 감경 또는 가중하거나 과태료를 부과하지 아니하는 때에는 그 신분의 효과는 신분이 없는 자에게는 미치지 아니한다.

제13조【수개의 질서위반행위의 처리】 ① 하나의 행위가 2 이상의 질서위반행위에 해당하는 경우에는 각 질서위반행위에 대하여 정한 과태료 중 가장 중한 과태료를 부과한다.

② 제1항의 경우를 제외하고 2 이상의 질서위반행위가 경합하는 경우에는 각 질서위반행위에 대하여 정한 과태료를 각각 부과한다. 다만, 다른 법령(지방자치단체의 조례를 포함한다. 이하 같다)에 특별한 규정이 있는 경우에는 그 법령으로 정하는 바에 따른다.

제15조【과태료의 시효】 ① 과태료는 행정청의 과태료 부과처분이나 법원의 과태료 재판이 확정된 후 5년간 징수하지 아니하거나 집행하지 아니하면 시효로 인하여 소멸한다.

② 제1항에 따른 소멸시효의 중단·정지 등에 관하여는 「국세기본법」 제28조를 준용한다.

6) 질서위반행위규제법 − 행정청의 과태료부과 및 징수

제16조【사전통지 및 의견 제출 등】 ① 행정청이 질서위반행위에 대하여 과태료를 부과하고자 하는 때에는 미리 당사자(제11조 제2항에 따른 고용주등을 포함한다. 이하 같다)에게 대통령령으로 정하는 사항을 통지하고, 10일 이상의 기간을 정하여 의견을 제출할 기회를 주어야 한다. 이 경우 지정된 기일까지 의견 제출이 없는 경우에는 의견이 없는 것으로 본다.

제17조【과태료의 부과】 ① 행정청은 제16조의 의견 제출 절차를 마친 후에 서면(당사자가 동의하는 경우에는 전자문서를 포함한다. 이하 이 조에서 같다)으로 과태료를 부과하여야 한다.

제18조【자진납부자에 대한 과태료 감경】 ① 행정청은 당사자가 제16조에 따른 의견 제출 기한 이내에 과태료를 자진하여 납부하고자 하는 경우에는 대통령령으로 정하는 바에 따라 과태료를 감경할 수 있다.

② 당사자가 제1항에 따라 감경된 과태료를 납부한 경우에는 해당 질서위반행위에 대한 과태료 부과 및 징수절차는 종료한다.

제19조【과태료 부과의 제척기간】 ① 행정청은 질서위반행위가 종료된 날(다수인이 질서위반행위에 가담한 경우에는 최종행위가 종료된 날을 말한다)부터 5년이 경과한 경우에는 해당 질서위반행위에 대하여 과태료를 부과할 수 없다.

② 제1항에도 불구하고 행정청은 제36조 또는 제44조에 따른 법원의 결정이 있는 경우에는 그 결정이 확정된 날부터 1년이 경과하기 전까지는 과태료를 정정부과 하는 등 해당 결정에 따라 필요한 처분을 할 수 있다.

제20조【이의제기】 ① 행정청의 과태료 부과에 불복하는 당사자는 제17조 제1항에 따른 과태료 부과 통지를 받은 날부터 60일 이내에 해당 행정청에 서면으로 이의제기를 할 수 있다.

② 제1항에 따른 이의제기가 있는 경우에는 행정청의 과태료 부과처분은 그 효력을 상실한다.

③ 당사자는 행정청으로부터 제21조 제3항에 따른 통지를 받기 전까지는 행정청에 대하여 서면으로 이의제기를 철회할 수 있다.

제21조【법원에의 통보】 ① 제20조 제1항에 따른 이의제기를 받은 행정청은 이의제기를 받은 날부터 14일 이내에 이에 대한 의견 및 증빙서류를 첨부하여 관할 법원에 통보하여야 한다.

제24조【가산금 징수 및 체납처분 등】 ① 행정청은 당사자가 납부기한까지 과태료를 납부하지 아니한 때에는 납부기한을 경과한 날부터 체납된 과태료에 대하여 100분의 3에 상당하는 가산금을 징수한다.
② 체납된 과태료를 납부하지 아니한 때에는 납부기한이 경과한 날부터 매 1개월이 경과할 때마다 체납된 과태료의 1천분의 12에 상당하는 가산금(이하 이 조에서 "중가산금"이라 한다)을 제1항에 따른 가산금에 가산하여 징수한다. 이 경우 중가산금을 가산하여 징수하는 기간은 60개월을 초과하지 못한다.

제24조의3【과태료의 징수유예 등】 ① 행정청은 당사자가 다음 각 호의 어느 하나에 해당하여 과태료(체납된 과태료와 가산금, 중가산금 및 체납처분비를 포함한다. 이하 이 조에서 같다)를 납부하기가 곤란하다고 인정되면 1년의 범위에서 대통령령으로 정하는 바에 따라 과태료의 분할납부나 납부기일의 연기(이하 "징수유예등"이라 한다)를 결정할 수 있다.
  1. 「국민기초생활 보장법」에 따른 수급권자
  2. 「국민기초생활 보장법」에 따른 차상위계층 중 다음 각 목의 대상자
     가. 「의료급여법」에 따른 수급권자
     나. 「한부모가족지원법」에 따른 지원대상자
     다. 자활사업 참여자
  3. 「장애인복지법」 제2조 제2항에 따른 장애인
  4. 본인 외에는 가족을 부양할 사람이 없는 사람
  5. 불의의 재난으로 피해를 당한 사람
  6. 납부의무자 또는 그 동거 가족이 질병이나 중상해로 1개월 이상의 장기 치료를 받아야 하는 경우
  7. 「채무자 회생 및 파산에 관한 법률」에 따른 개인회생절차개시결정자
  8. 「고용보험법」에 따른 실업급여수급자
  9. 그 밖에 제1호부터 제8호까지에 준하는 것으로서 대통령령으로 정하는 부득이한 사유가 있는 경우

제24조의4【결손처분】 ① 행정청은 당사자에게 다음 각 호의 어느 하나에 해당하는 사유가 있을 경우에는 결손처분을 할 수 있다.
  1. 제15조 제1항에 따라 과태료의 소멸시효가 완성된 경우
  2. 체납자의 행방이 분명하지 아니하거나 재산이 없는 등 징수할 수 없다고 인정되는 경우로서 대통령령으로 정하는 경우
② 행정청은 제1항 제2호에 따라 결손처분을 한 후 압류할 수 있는 다른 재산을 발견하였을 때에는 지체 없이 그 처분을 취소하고 체납처분을 하여야 한다.

7) 질서위반행위규제법 ― 질서위반행위의 재판 및 집행

제25조【관할 법원】 과태료 사건은 다른 법령에 특별한 규정이 있는 경우를 제외하고는 당사자의 주소지의 지방법원 또는 그 지원의 관할로 한다.

제31조【심문 등】 ① 법원은 심문기일을 열어 당사자의 진술을 들어야 한다.
② 법원은 검사의 의견을 구하여야 하고, 검사는 심문에 참여하여 의견을 진술하거나 서면으로 의견을 제출하여야 한다.
③ 법원은 당사자 및 검사에게 제1항에 따른 심문기일을 통지하여야 한다.

제32조 【행정청에 대한 출석 요구 등】 ① 법원은 행정청의 참여가 필요하다고 인정하는 때에는 행정청으로 하여금 심문기일에 출석하여 의견을 진술하게 할 수 있다.

② 행정청은 법원의 허가를 받아 소속 공무원으로 하여금 심문기일에 출석하여 의견을 진술하게 할 수 있다.

제33조 【직권에 의한 사실탐지와 증거조사】 ① 법원은 직권으로 사실의 탐지와 필요하다고 인정하는 증거의 조사를 하여야 한다.

② 제1항의 증거조사에 관하여는 「민사소송법」에 따른다.

제36조 【재판】 ① 과태료 재판은 이유를 붙인 결정으로써 한다.

② 결정서의 원본에는 판사가 서명날인하여야 한다. 다만, 제20조 제1항에 따른 이의제기서 또는 조서에 재판에 관한 사항을 기재하고 판사가 이에 서명날인함으로써 원본에 갈음할 수 있다.

③ 결정서의 정본과 등본에는 법원사무관등이 기명날인하고, 정본에는 법원인을 찍어야 한다.

④ 제2항의 서명날인은 기명날인으로 갈음할 수 있다.

제37조 【결정의 고지】 ① 결정은 당사자와 검사에게 고지함으로써 효력이 생긴다.

② 결정의 고지는 법원이 적당하다고 인정하는 방법으로 한다. 다만, 공시송달을 하는 경우에는 「민사소송법」에 따라야 한다.

③ 법원사무관등은 고지의 방법·장소와 연월일을 결정서의 원본에 부기하고 이에 날인하여야 한다.

제38조 【항고】 ① 당사자와 검사는 과태료 재판에 대하여 즉시항고를 할 수 있다. 이 경우 항고는 집행정지의 효력이 있다.

② 검사는 필요한 경우에는 제1항에 따른 즉시항고 여부에 대한 행정청의 의견을 청취할 수 있다.

제39조 【항고법원의 재판】 항고법원의 과태료 재판에는 이유를 적어야 한다.

제42조 【과태료 재판의 집행】 ① 과태료 재판은 검사의 명령으로써 집행한다. 이 경우 그 명령은 집행력 있는 집행권원과 동일한 효력이 있다.

제44조 【약식재판】 법원은 상당하다고 인정하는 때에는 제31조 제1항에 따른 심문 없이 과태료 재판을 할 수 있다.

제45조 【이의신청】 ① 당사자와 검사는 제44조에 따른 약식재판의 고지를 받은 날부터 7일 이내에 이의신청을 할 수 있다.

제50조 【이의신청에 따른 정식재판절차로의 이행】 ① 법원이 이의신청이 적법하다고 인정하는 때에는 약식재판은 그 효력을 잃는다.

② 제1항의 경우 법원은 제31조 제1항에 따른 심문을 거쳐 다시 재판하여야 한다.

8) 질서위반행위규제법 - 보칙

제52조 【관허사업의 제한】 ① 행정청은 허가·인가·면허·등록 및 갱신(이하 "허가등"이라 한다)을 요하는 사업을 경영하는 자로서 다음 각 호의 사유에 모두 해당하는 체납자에 대하여 사업의 정지 또는 허가등의 취소를 할 수 있다.

1. 해당 사업과 관련된 질서위반행위로 부과받은 과태료를 3회 이상 체납하고 있고, 체납발생일부터 각 1년이 경과하였으며, 체납금액의 합계가 500만원 이상인 체납자 중 대통령령으로 정하는 횟수와 금액 이상을 체납한 자

   2. 천재지변이나 그 밖의 중대한 재난 등 대통령령으로 정하는 특별한 사유 없이 과태료를 체납
      한 자
② 허가등을 요하는 사업의 주무관청이 따로 있는 경우에는 행정청은 당해 주무관청에 대하여 사업의
정지 또는 허가등의 취소를 요구할 수 있다.
③ 행정청은 제1항 또는 제2항에 따라 사업의 정지 또는 허가등을 취소하거나 주무관청에 대하여 그
요구를 한 후 당해 과태료를 징수한 때에는 지체 없이 사업의 정지 또는 허가등의 취소나 그 요구를
철회하여야 한다.
④ 제2항에 따른 행정청의 요구가 있는 때에는 당해 주무관청은 정당한 사유가 없는 한 이에 응하여야
한다.

제54조【고액·상습체납자에 대한 제재】① 법원은 검사의 청구에 따라 결정으로 30일의 범위 이내에
서 과태료의 납부가 있을 때까지 다음 각 호의 사유에 모두 해당하는 경우 체납자(법인인 경우에는 대
표자를 말한다. 이하 이 조에서 같다)를 감치(監置)에 처할 수 있다.
   1. 과태료를 3회 이상 체납하고 있고, 체납발생일부터 각 1년이 경과하였으며, 체납금액의 합계가
      1천만원 이상인 체납자 중 대통령령으로 정하는 횟수와 금액 이상을 체납한 경우
   2. 과태료 납부능력이 있음에도 불구하고 정당한 사유 없이 체납한 경우
② 행정청은 과태료 체납자가 제1항 각 호의 사유에 모두 해당하는 경우에는 관할 지방검찰청 또는
지청의 검사에게 체납자의 감치를 신청할 수 있다.
③ 제1항의 결정에 대하여는 즉시항고를 할 수 있다.
④ 제1항에 따라 감치에 처하여진 과태료 체납자는 동일한 체납사실로 인하여 재차 감치되지 아니한다.

제55조【자동차 관련 과태료 체납자에 대한 자동차 등록번호판의 영치】① 행정청은 「자동차관리법」
제2조 제1호에 따른 자동차의 운행·관리 등에 관한 질서위반행위 중 대통령령으로 정하는 질서위반행
위로 부과받은 과태료(이하 "자동차 관련 과태료"라 한다)를 납부하지 아니한 자에 대하여 체납된 자동
차 관련 과태료와 관계된 그 소유의 자동차의 등록번호판을 영치할 수 있다.
④ 행정청은 제1항에 따라 자동차의 등록번호판이 영치된 당사자가 해당 자동차를 직접적인 생계유지
목적으로 사용하고 있어 자동차 등록번호판을 영치할 경우 생계유지가 곤란하다고 인정되는 경우 자동
차 등록번호판을 내주고 영치를 일시 해제할 수 있다. 다만, 그 밖의 다른 과태료를 체납하고 있는 당사
자에 대하여는 그러하지 아니하다.

제56조【자동차 관련 과태료 납부증명서의 제출】자동차 관련 과태료와 관계된 자동차가 그 자동차
관련 과태료의 체납으로 인하여 압류등록된 경우 그 자동차에 대하여 소유권 이전등록을 하려는 자는
압류등록의 원인이 된 자동차 관련 과태료(제24조에 따른 가산금 및 중가산금을 포함한다)를 납부한
증명서를 제출하여야 한다. 다만, 「전자정부법」 제36조 제1항에 따른 행정정보의 공동이용을 통하여
납부사실을 확인할 수 있는 경우에는 그러하지 아니하다.

확인학습

1 형사벌의 경우와는 달리 행정형벌에 대해서는 죄형법정주의의 원칙이 적용되지 아니한다. ☒

해설 행정형벌은 죄형법정주의가 적용된다.

2 과태료도 행정벌로서의 금전적 제재이므로 죄형법정주의의 규율대상에 해당한다는 것이 헌법재판소의 입장이다. ☒

해설 과태료는 행정상의 질서유지를 위한 행정질서벌에 해당할 뿐 형벌이라고 할 수는 없어 죄형법정주의의 규율대상에 해당하지 아니한다.

3 헌법재판소는 행정형벌과 행정질서벌은 서로 다른 행정벌이므로 동일 법규위반행위에 대하여 형벌을 부과하면서 행정질서벌인 과태료까지 부과하였다 하더라도 이중처벌금지의 기본정신에 배치되는 것은 아니라고 보고 있다. ☒

해설 대법원의 입장이다. 헌법재판소는 이중처벌금지의 기본정신에 배치되는 것으로 보고 있다.

4 지방자치단체 소속 공무원이 지방자치단체 고유의 자치사무를 처리하면서 위반행위를 한 경우 지방자치단체도 양벌규정에 따라 처벌대상이 되는 법인에 해당한다. ☐

5 국가가 그의 사무의 일부를 지방자치단체의 장에게 위임하여 처리하게 하는 기관위임사무의 경우 지방자치단체는 양벌규정에 의한 처벌대상이 되는 법인에 해당한다고 볼 수 없다. ☐

6 종업원의 위반행위에 대해 양벌규정으로 사업주도 처벌하는 경우, 사업주가 지는 책임은 무과실책임이다. ☒

해설 사업주가 지는 책임은 과실책임으로 자기책임에 해당한다.

7 행정형벌은 원칙적으로 형사소송법의 절차에 따라 과해지나, 특별과벌절차로서 통고처분과 즉결심판 등이 있다. ☐

8 통고처분은 현행법상 조세범, 관세범, 출입국사범, 교통사범 등에 대하여 형사소송절차에 대신하여 벌금 또는 과료에 상당하는 금액의 납부를 명하는 것으로 통고처분권자는 검찰청의 검사이다. ☒

9 통고처분권자는 국세청장·세무서장·관세청장·경찰서장·출입국관리소장 등의 행정청이 되며, 검사나 법원은 통고처분권자가 아니다. ☐

10 도로교통법에 따른 경찰서장의 통고처분은 행정소송의 대상이 되는 행정처분이다. ☒

11 도로교통법상 경찰서장의 통고처분은 행정청에 의한 행정처분에 해당하여 그 처분에 대하여 이의가 있는 경우 처분의 취소를 구하는 행정소송을 제기하거나 그 범칙금의 납부를 이행하지 아니함으로써 경찰서장의 즉결심판청구에 의하여 법원의 심판을 받을 수 있다. ☒

12 통고처분에 의해 범칙금이 부과되는 경우, 부과된 금액을 납부하면 동일한 사건에 대하여 다시 처벌받지 아니한다. ☐

13 지방국세청장이 조세범칙행위에 대하여 고발을 한 후에 동일한 조세범칙행위에 대하여 통고처분을
하여 조세범칙행위자가 이를 이행하였다면 고발에 따른 형사절차의 이행은 일사부재리의 원칙에
반하여 위법하다. ❌

> 해설 통고처분을 거치지 아니하고 즉시 고발하였다면 이로써 조세범칙사건에 대한 조사 및 처분절차는 종료되고 형사사
> 건 절차로 이행된다. 따라서 지방국세청장 또는 세무서장으로서는 동일한 조세범칙행위에 대하여 더 이상 통고처분을
> 할 권한이 없다.

14 경찰서장이 범칙행위에 대하여 통고처분을 한 이상, 통고처분에서 정한 범칙금 납부 기간까지는
원칙적으로 경찰서장은 즉결심판을 청구할 수 없고, 검사도 동일한 범칙행위에 대하여 공소를 제기
할 수 없다. ⭕

15 행정질서벌 부과의 근거는 국가의 법령에 의하여야 하므로 지방자치단체의 조례에 근거하여 과태
료를 부과할 수 없다. ❌

> 해설 지방자치단체의 조례로 과태료를 부과할 수 있다.

16 질서위반행위란 '법률(조례를 포함한다)상의 의무를 위반하여 과태료를 부과하는 행위'를 말하고,
이에는 대통령령으로 정하는 법률에 따른 징계사유에 해당하여 과태료를 부과하는 행위가 포함
된다. ❌

> 해설 포함되지 않는다.

17 과태료는 행정질서유지를 위한 의무 위반이라는 객관적 사정에 대하여 과하는 제재이므로 과태료
부과에는 고의, 과실을 요하지 않는다. ❌

> 해설 현행 질서위반행위규제법에서는 과태료부과에 고의, 과실을 요한다.

18 질서위반행위규제법에 따르면 행정청의 과태료부과처분에 대하여 당사자가 이의제기를 통해 불복
할 수 있고, 이의제기가 있게 되면 행정청의 과태료부과처분은 그 효력을 상실한다. ⭕

19 당사자는 과태료 재판에 대하여 즉시항고할 수 있으나 이 경우 항고는 집행정지의 효력이 없다. ❌

> 해설 집행정지의 효력이 있다.

Chapter 04 새로운 실효성 확보수단

1. 과징금

> **행정기본법**
> **제28조【과징금의 기준】** ① 행정청은 법령등에 따른 의무를 위반한 자에 대하여 법률로 정하는 바에 따라 그 위반행위에 대한 제재로서 과징금을 부과할 수 있다.
> ② 과징금의 근거가 되는 법률에는 과징금에 관한 다음 각 호의 사항을 명확하게 규정하여야 한다.
> 　1. 부과·징수 주체
> 　2. 부과 사유
> 　3. 상한액
> 　4. 가산금을 징수하려는 경우 그 사항
> 　5. 과징금 또는 가산금 체납 시 강제징수를 하려는 경우 그 사항
> **제29조【과징금의 납부기한 연기 및 분할 납부】** 과징금은 한꺼번에 납부하는 것을 원칙으로 한다. 다만, 행정청은 과징금을 부과받은 자가 다음 각 호의 어느 하나에 해당하는 사유로 과징금 전액을 한꺼번에 내기 어렵다고 인정될 때에는 그 납부기한을 연기하거나 분할 납부하게 할 수 있으며, 이 경우 필요하다고 인정하면 담보를 제공하게 할 수 있다.
> 　1. 재해 등으로 재산에 현저한 손실을 입은 경우
> 　2. 사업 여건의 악화로 사업이 중대한 위기에 처한 경우
> 　3. 과징금을 한꺼번에 내면 자금 사정에 현저한 어려움이 예상되는 경우
> 　4. 그 밖에 제1호부터 제3호까지에 준하는 경우로서 대통령령으로 정하는 사유가 있는 경우

1) 의의

과징금이란 행정법상의 의무를 위반하거나 이행하지 않은 데 대하여 행정청이 그 의무자에게 부과·징수하는 금전적 제재를 말한다. 과징금은 경제법상의 의무 위반행위로 인하여 얻은 불법적 이익을 박탈하여 불법적인 경제활동을 금하고 공정한 거래질서를 확보하는 기능을 한다.

판례

부과관청이 과징금을 부과하면서 추후에 과징금액이 변경될 수도 있다고 유보한다든지, 실제로 추후에 발견한 자료를 근거로 새로운 부과처분을 할 수는 없다.

불공정거래행위를 한 사업자에 대하여 부과되는 과징금은 행정법상의 의무를 위반한 자에 대하여 당해 위반행위로 얻게 된 경제적 이익을 박탈하기 위한 목적으로 부과하는 금전적인 제재로서, 같은 법이 규정한 범위 내에서 그 부과처분 당시까지 부과관청이 확인한 사실을 기초로 일의적으로 확정되어야 할 것이고, 그렇지 아니하고 부과관청이 과징금을 부과하면서 추후에 부과금 산정 기준이 되는 새로운 자료가 나올 경우에는 과징금액이 변경될 수도 있다고 유보한다든지, 실제로 추후에 새로운 자료가 나왔다고 하여 새로운 부과처분을 할 수는 없다 할 것인바, 왜냐하면 과징금의 부과와 같이 재산권의 직접적인 침해를 가져오는 처분을 변경하려면 법령에 그 요건 및 절차가 명백히 규정되어 있어야 할 것인데, 위와 같은 변경처분에 대한 법령상의 근거규정이 없고, 이를 인정하여야 할 합리적인 이유 또한 찾아 볼 수 없기 때문이다(대법원 1999. 5. 28. 99두1571).

과징금부과처분은 위반자의 고의 · 과실을 요하지 않는다.

과징금부과처분은 제재적 행정처분으로서 공공복리를 증진한다는 행정목적의 달성을 위하여 행정법규 위반이라는 객관적 사실에 착안하여 가하는 제재이므로 반드시 현실적인 행위자가 아니라도 법령상 책임자로 규정된 자에게 부과되고 원칙적으로 위반자의 고의 · 과실을 요하지 아니하나, 위반자의 의무해태를 탓할 수 없는 정당한 사유가 있는 등의 특별한 사정이 있는 경우에는 이를 부과할 수 없다(대법원 2014. 10. 15. 2013두5005).

형사처벌과 과징금을 병과하더라도 이중처벌에 해당하지 않는다.

구 독점규제 및 공정거래에 관한 법률 제24조의2에 의한 부당내부거래에 대한 과징금은 그 취지와 기능, 부과의 주체와 절차 등을 종합할 때 부당내부거래 억지라는 행정목적을 실현하기 위하여 그 위반행위에 대하여 제재를 가하는 행정상의 제재금으로서의 기본적 성격에 부당이득환수적 요소도 부가되어 있는 것이라 할 것이고, 이를 두고 헌법 제13조 제1항에서 금지하는 국가형벌권 행사로서의 '처벌'에 해당한다고는 할 수 없으므로, 공정거래법에서 형사처벌과 아울러 과징금의 병과를 예정하고 있더라도 이중처벌금지원칙에 위반된다고 볼 수 없으며, 이 과징금부과처분에 대하여 공정력과 집행력을 인정한다고 하여 이를 확정판결 전의 형벌집행과 같은 것으로 보아 무죄추정의 원칙에 위반된다고도 할 수 없다(헌재 2003. 7. 24. 2001헌가25).

위반행위의 종류와 금액을 열거하지 않은 위반행위에 대해서 사업정지처분을 갈음하여 과징금을 부과하는 것은 허용되지 않는다.

화물자동차 운송사업자가 화물자동차 운수사업법(이하 '화물자동차법'이라 한다) 제19조 제1항 각호에서 정한 사업정지처분사유에 해당하는 위반행위를 한 경우에는 화물자동차법 제19조 제1항에 따라 사업정지처분을 하는 것이 원칙이다. 다만 입법자는 화물자동차 운송사업자에 대하여 사업정지처분을 하는 것이 운송사업의 이용자에게 불편을 주거나 그 밖에 공익을 해칠 우려가 있으면 대통령령으로 정하는 바에 따라 사업정지처분을 갈음하여 과징금을 부과할 수 있도록 허용하고 있다. 이처럼 입법자는 대통령령에 단순히 '과징금의 산정기준'을 구체화하는 임무만을 위임한 것이 아니라, 사업정지처분을 갈음하여 과징금을 부과할 수 있는 '위반행위의 종류'를 구체화하는 임무까지 위임한 것이라고 보아야 한다. 따라서 구 화물자동차 운수사업법 시행령(2017. 1. 10. 대통령령 제27782호로 개정되기 전의 것) 제7조 제1항 [별표 2] '과징금을 부과하는 위반행위의 종류와 과징금의 금액'에 열거되지 않은 위반행위의 종류에 대해서 사업정지처분을 갈음하여 과징금을 부과하는 것은 허용되지 않는다고 보아야 한다(대법원 2020. 5. 28. 2017두73693).

2) 종류

(1) 본래의 과징금

행정법상의 의무 위반행위로 인하여 얻은 경제적 이익을 박탈하는 행정제재금을 말한다.

(2) 변형된 과징금

변형된 과징금이란 공중의 일상생활에 필수적인 사업인 경우 의무 위반행위에 대해 사업의 인·허가를 철회 또는 정지하여야 할 사유가 있어도 공공의 불편함 등을 고려하여 사업은 계속하게 하고 그에 따른 이익을 박탈하는 내용의 과징금을 말한다.

3) 법적 성질

과징금의 부과처분은 급부하명으로 행정쟁송의 대상이 되는 처분에 해당하며, 원칙적으로 행정절차법이 적용된다. 과징금과 행정벌의 동시부과가 가능하며 이중처벌금지원칙에 위배되지 않는다.

과징금부과처분은 원칙적으로 재량행위로 규정되어 있으나, 부동산실권리자명의 등기에 관한 법률상의 명의신탁자에 대한 과징금부과처분은 기속행위로 보는 것이 판례의 입장이다.

판례

공정거래위원회의 독점규제 및 공정거래에 관한 법률 위반행위자에 대한 과징금부과처분의 법적 성질은 재량행위이다.

공정거래위원회는 법 위반행위에 대하여 과징금을 부과할 것인지 여부와 만일 과징금을 부과할 경우 법과 시행령이 정하고 있는 일정한 범위 안에서 과징금의 액수를 구체적으로 얼마로 정할 것인지에 관하여 재량을 가지고 있다고 할 것이므로, 공정거래위원회의 법 위반행위자에 대한 과징금 부과처분은 재량행위라 할 것이고, 다만 이러한 재량을 행사함에 있어 과징금 부과의 기초가 되는 사실을 오인하였거나, 비례·평등의 원칙에 위배하는 등의 사유가 있다면 이는 재량권의 일탈·남용으로서 위법하다(대법원 2010. 3. 11. 2008두15176).

과징금의 액수는 행정청의 재량이므로 과징금 처분기준은 최고한도액이다.

과징금 처분기준은 법규명령이기는 하나 모법의 위임규정의 내용과 취지 및 헌법상의 과잉금지의 원칙과 평등의 원칙 등에 비추어 같은 유형의 위반행위라 하더라도 그 규모나 기간·사회적 비난 정도·위반행위로 인하여 다른 법률에 의하여 처벌받은 다른 사정·행위자의 개인적 사정 및 위반행위로 얻은 불법이익의 규모 등 여러 요소를 종합적으로 고려하여 사안에 따라 적정한 과징금의 액수를 정하여야 할 것이므로 그 수액은 정액이 아니라 최고한도액이다(대법원 2001. 3. 9. 99두5207).

법원이 과징금액을 산정할 수 있는 자료가 없는 경우에는 하나의 과징금납부명령 전부를 취소하여야 한다.

처분을 할 것인지 여부와 처분의 정도에 관하여 재량이 인정되는 과징금 납부명령에 대하여 그 명령이 재량권을 일탈하였을 경우 법원으로서는 재량권의 일탈 여부만 판단할 수 있을 뿐이지 재량권의 범위 내에서 어느 정도가 적정한 것인지에 관하여 판단할 수 없으므로 그 전부를 취소할 수밖에 없고, 법원이 적정하다고 인정되는 부분을 초과한 부분만 취소할 수는 없는 것이며, 또한 수개의 위반행위에 대하여 하나의 과징금 납부명령을 하였으나 수개의 위반행위 중 일부의 위반행위만이 위법하지만, 소송상 그 일부의 위반행위를 기초로 한 과징금액을 산정할 수 있는 자료가 없는 경우에는 하나의 과징금 납부명령 전부를 취소할 수밖에 없다(대법원 2007. 10. 26. 2005두3172).

법원이 과징금액을 산정할 수 있는 자료가 있는 경우에는, 하나의 과징금납부명령일지라도 그중 위법하여 그 처분을 취소하게 된 일부의 위반행위에 대한 과징금액에 해당하는 부분만을 취소할 수 있다.

공정거래위원회가 부당지원행위에 대한 과징금을 부과함에 있어 여러 개의 위반행위에 대하여 하나의 과징금 납부명령을 하였으나 여러 개의 위반행위 중 일부의 위반행위만이 위법하고 소송상 그 일부의 위반행위를 기초로 한 과징금액을 산정할 수 있는 자료가 있는 경우에는, 하나의 과징금 납부명령일지라도 그 중 위법하여 그 처분을 취소하게 된 일부의 위반행위에 대한 과징금액에 해당하는 부분만을 취소할 수 있다(대법원 2006. 12. 22. 2004두1483).

부동산 실권리자명의 등기에 관한 법률 및 시행령상 명의신탁자에 대한 과징금부과처분의 법적 성질은 기속행위이다.

부동산 실권리자명의 등기에 관한 법률 제3조 제1항, 제5조 제1항, 같은 법 시행령 제3조 제1항의 규정을 종합하면, 명의신탁자에 대하여 과징금을 부과할 것인지 여부는 기속행위에 해당하므로, 명의신탁이 조세를 포탈하거나 법령에 의한 제한을 회피할 목적이 아닌 경우에 한하여 그 과징금을 일정한 범위 내에서 감경할 수 있을 뿐이지 그에 대하여 과징금 부과처분을 하지 않거나 과징금을 전액 감면할 수 있는 것은 아니다(대법원 2007. 7. 12. 2005두17287).

4) 과징금의 부과 및 징수절차

과징금은 행정청이 직접 부과한다. 제재적 행정처분으로서의 과징금은 현실적인 행위자가 아닌 법령상 책임자에게 부과할 수 있다.

과징금부과처분을 받은 자는 소정의 기한 내에 납부하여야 하며, 납부의무의 불이행시에는 국세 또는 지방세 체납처분의 절차에 따라 강제징수를 할 수 있다.

2. 위반사실 등의 공표

행정절차법 제40조의3【위반사실 등의 공표】 ① 행정청은 법령에 따른 의무를 위반한 자의 성명·법인명, 위반사실, 의무 위반을 이유로 한 처분사실 등(이하 "위반사실등"이라 한다)을 법률로 정하는 바에 따라 일반에게 공표할 수 있다.

② 행정청은 위반사실등의 공표를 하기 전에 사실과 다른 공표로 인하여 당사자의 명예·신용 등이 훼손되지 아니하도록 객관적이고 타당한 증거와 근거가 있는지를 확인하여야 한다.

③ 행정청은 위반사실등의 공표를 할 때에는 미리 당사자에게 그 사실을 통지하고 의견제출의 기회를 주어야 한다. 다만, 다음 각 호의 어느 하나에 해당하는 경우에는 그러하지 아니하다.

1. 공공의 안전 또는 복리를 위하여 긴급히 공표를 할 필요가 있는 경우
2. 해당 공표의 성질상 의견청취가 현저히 곤란하거나 명백히 불필요하다고 인정될 만한 타당한 이유가 있는 경우
3. 당사자가 의견진술의 기회를 포기한다는 뜻을 명백히 밝힌 경우

④ 제3항에 따라 의견제출의 기회를 받은 당사자는 공표 전에 관할 행정청에 서면이나 말 또는 정보통신망을 이용하여 의견을 제출할 수 있다.

⑤ 제4항에 따른 의견제출의 방법과 제출 의견의 반영 등에 관하여는 제27조 및 제27조의2를 준용한다. 이 경우 "처분"은 "위반사실등의 공표"로 본다.

⑥ 위반사실등의 공표는 관보, 공보 또는 인터넷 홈페이지 등을 통하여 한다.

⑦ 행정청은 위반사실등의 공표를 하기 전에 당사자가 공표와 관련된 의무의 이행, 원상회복, 손해배상 등의 조치를 마친 경우에는 위반사실등의 공표를 하지 아니할 수 있다.

⑧ 행정청은 공표된 내용이 사실과 다른 것으로 밝혀지거나 공표에 포함된 처분이 취소된 경우에는 그 내용을 정정하여, 정정한 내용을 지체 없이 해당 공표와 같은 방법으로 공표된 기간 이상 공표하여야 한다. 다만, 당사자가 원하지 아니하면 공표하지 아니할 수 있다.

판례

병역의무 기피자의 인적사항 등의 공개결정은 항고소송의 대상이 되는 행정처분이다.

[1] 병무청 인터넷 홈페이지에 공개 대상자의 인적사항 등이 게시되는 경우 그의 명예가 훼손되므로, 공개 대상자는 자신에 대한 공개결정이 병역법령에서 정한 요건과 절차를 준수한 것인지를 다툴 법률상 이익이 있다. 병무청장이 인터넷 홈페이지 등에 게시하는 사실행위를 함으로써 공개 대상자의 인적사항 등이 이미 공개되었더라도, 재판에서 병무청장의 공개결정이 위법함이 확인되어 취소판결이 선고되는 경우, 병무청장은 취소판결의 기속력에 따라 위법한 결과를 제거하는 조치를 할 의무가 있으므로 공개 대상자의 실효적 권리구제를 위해 병무청장의 공개결정을 행정처분으로 인정할 필요성이 있다. 만약 병무청장의 공개결정을 항고소송의 대상이 되는 처분으로 보지 않는다면 국가배상청구 외에는 침해된 권리 또는 법률상 이익을 구제받을 적절한 방법이 없다.

[2] 관할 지방병무청장이 1차로 공개 대상자 결정을 하고, 그에 따라 병무청장이 같은 내용으로 최종적 공개결정을 하였다면, 공개 대상자는 병무청장의 최종적 공개결정만을 다투는 것으로 충분하고, 관할 지방병무청장의 공개 대상자 결정을 별도로 다툴 소의 이익은 없어진다(대법원 2019. 6. 27. 2018두49130).

---

3. 관허사업의 제한

관허사업의 제한이란 행정법상의 의무를 위반하거나 불이행한 자에 대하여 각종 인·허가 등을 거부하거나 정지·철회하는 등의 간접적인 수단으로 행정의 실효성을 확보하는 수단을 말한다. 관허사업의 제한은 행정법상 의무 위반을 발생시킨 당해 사업에 대해서만 할 수 있는 것이 아니라 관련이 없는 사업에 대해서도 할 수 있다.

관허사업의 제한도 비례의 원칙을 지켜야 한다. 관허사업의 제한은 부당결부금지원칙에 위배될 가능성이 있다. 따라서 관허사업의 제한은 권익침해의 효과가 있으므로 법적 근거가 있어야 한다.

확인학습

1 행정기본법 제28조 제1항에 과징금부과의 법적 근거를 마련하였으므로 행정청은 직접 이 규정에 근거하여 과징금을 부과할 수 있다. ☒

　　해설 행정기본법 제28조 제2항에서 개별법적 근거를 요구하고 있다.

2 독점규제 및 공정거래에 관한 법률상 부당내부거래에 대한 과징금에는 행정상의 제재금으로서의 기본적 성격과 함께 부당이득 환수적 요소도 부과되어 있다. ☒

3 영업정지에 갈음하여 부과되는 이른바 변형된 과징금의 부과 여부는 통상 행정상의 재량행위이다. ☒

4 부동산 실권리자명의 등기에 관한 법률상 명의신탁자에 대한 과징금의 부과 여부는 행정청의 재량행위이다. ☒

5 과징금부과처분은 제재적 행정처분이므로 현실적인 행위자에 부과하여야 하며 위반자의 고의·과실을 요한다. ☒

　　해설 행정목적의 달성을 위하여 행정법규 위반이라는 객관적 사실에 착안하여 가하는 제재이므로 반드시 현실적인 행위자가 아니라도 법령상 책임자로 규정된 자에게 부과되고 원칙적으로 위반자의 고의·과실을 요하지 아니하나, 위반자의 의무해태를 탓할 수 없는 정당한 사유가 있는 등의 특별한 사정이 있는 경우에는 이를 부과할 수 없다.

6 행정청이 행정제재수단으로 사업정지 또는 과징금을 부과할 것인지, 과징금의 경우 얼마로 할 것인지의 재량이 부여된 경우 과징금부과처분이 법이 정한 한도액을 초과하여 위법한 경우 법원은 그 초과된 부분만을 취소할 수 있다. ☒

　　해설 행정청의 재량이 부여된 경우에는 법원으로서는 재량권의 일탈 여부만 판단할 수 있을 뿐이지 재량권의 범위 내에서 어느 정도가 적절한 것인지에 관하여 판단할 수 없으므로 그 전부를 취소할 수밖에 없다.

7 공정거래위원회가 위반행위에 대한 과징금을 부과하면서 여러 개의 위반행위에 대하여 외형상 하나의 과징금납부명령을 하였으나 여러 개의 위반행위 중 일부의 위반행위에 대한 과징금부과만이 위법하고 소송상 그 일부의 위반행위를 기초로 한 과징금액을 산정할 수 있는 자료가 있는 경우에는, 하나의 과징금납부명령일지라도 그 일부의 위반행위에 대한 과징금액에 해당하는 부분만을 취소하여야 한다. ◯

8 행정청이 과징금부과처분을 하였다가 감액처분을 한 것에 대하여 그 감액처분으로도 아직 취소되지 않고 남아 있는 부분이 위법하다고 하여 다투는 경우 항고소송의 대상은 감액처분이다. ☒

　　해설 항고소송의 대상은 당초처분 중에서 감액되고 남은 부분이다.

9 과징금은 행정상 제재금이고 범죄에 대한 국가 형벌권의 실행이 아니므로 행정법규 위반에 대해 벌금 이외에 과징금을 부과하는 것은 이중처벌금지의 원칙에 위반되지 않는다. ◯

10 병무청장이 병역법에 따라 병역의무 기피자의 인적사항 등을 인터넷 홈페이지에 게시하는 등의 방법으로 공개한 경우 병무청장의 공개결정을 항고소송의 대상이 되는 행정처분으로 보아야 한다. ◯

11 병역법에 따라 관할 지방병무청장이 1차로 병역의무 기피자 인적사항 공개 대상자 결정을 하고 그에 따라 병무청장이 같은 내용으로 최종적 공개결정을 하였더라도, 해당 공개 대상자는 관할 지방병무청장의 공개 대상자 결정을 다툴 수 있다. ☒

> 해설 관할 지방병무청장이 1차로 공개 대상자 결정을 하고, 그에 따라 병무청장이 같은 내용으로 최종적 공개결정을 하였다면, 공개 대상자는 병무청장의 최종적 공개결정만을 다투는 것으로 충분하고, 관할 지방병무청장의 공개 대상자 결정을 별도로 다툴 소의 이익은 없어진다.

손해배상

✦ **손해배상과 손실보상의 비교**

구분	손해배상	손실보상
기본이념	개인주의 사상에 입각	단체주의 사상에 입각한 배분적 정의
헌법적 근거	헌법 제29조	헌법 제23조 제3항
적용법률	국가배상법	개별법 규정의 보상규정
발생원인	① 위법한 공무원의 직무상 행위(고의·과실을 요함) ② 공공영조물의 설치·관리상의 하자(무과실책임)	적법한 행정작용, 무과실책임
성립요건	공무원의 직무집행, 위법성, 고의·과실, 손해의 발생, 상당인과관계	공공필요, 특별한 희생, 재산상 손해발생
손해의 범위	재산상 손해와 생명, 신체에 대한 손해와 정신적 손해 포함	재산적 손실만 보상
양도·압류의 가능성	• 생명, 신체에 대한 손해로 발생한 청구권은 양도·압류 금지 • 재산상 손해에 대한 청구권은 양도·압류 가능	양도·압류 가능
청구절차	배상심의회의 결정(임의) → 법원	협의 → 재결 → 법원
책임자	① 헌법: 국가·공공단체 ② 국가배상법: 국가·지방자치단체	사업시행자
공통점	사후적 구제제도, 금전적 구제제도(손해의 전보)	

헌법 제29조 ① 공무원의 직무상 불법행위로 손해를 받은 국민은 법률이 정하는 바에 의하여 국가 또는 공공단체에 정당한 배상을 청구할 수 있다. 이 경우 공무원 자신의 책임은 면제되지 아니한다.
② 군인·군무원·경찰공무원 기타 법률이 정하는 자가 전투·훈련등 직무집행과 관련하여 받은 손해에 대하여는 법률이 정하는 보상 외에 국가 또는 공공단체에 공무원의 직무상 불법행위로 인한 배상은 청구할 수 없다.

국가배상법

제2조【배상책임】 ① 국가나 지방자치단체는 공무원 또는 공무를 위탁받은 사인(이하 "공무원"이라 한다)이 직무를 집행하면서 고의 또는 과실로 법령을 위반하여 타인에게 손해를 입히거나, 「자동차손해배상 보장법」에 따라 손해배상의 책임이 있을 때에는 이 법에 따라 그 손해를 배상하여야 한다. 다만, 군인·군무원·경찰공무원 또는 예비군대원이 전투·훈련 등 직무 집행과 관련하여 전사(戰死)·순직(殉職)하거나 공상(公傷)을 입은 경우에 본인이나 그 유족이 다른 법령에 따라 재해보상금·유족연금·상이연금 등의 보상을 지급받을 수 있을 때에는 이 법 및 「민법」에 따른 손해배상을 청구할 수 없다.
② 제1항 본문의 경우에 공무원에게 고의 또는 중대한 과실이 있으면 국가나 지방자치단체는 그 공무원에게 구상(求償)할 수 있다.

제5조【공공시설 등의 하자로 인한 책임】 ① 도로·하천, 그 밖의 공공의 영조물(營造物)의 설치나 관리에 하자(瑕疵)가 있기 때문에 타인에게 손해를 발생하게 하였을 때에는 국가나 지방자치단체는 그 손해를 배상하여야 한다. 이 경우 제2조 제1항 단서, 제3조 및 제3조의2를 준용한다.
② 제1항을 적용할 때 손해의 원인에 대하여 책임을 질 자가 따로 있으면 국가나 지방자치단체는 그 자에게 구상할 수 있다.

✦ 헌법과 국가배상법의 비교

구분	헌법	국가배상법
배상주체	국가, 공공단체	국가, 지방자치단체
영조물책임 규정	×	○
공무원 책임	공무원 자신의 책임은 면제되지 않는다.	공무원에게 고의·중과실이 있으면 국가, 지방자치단체는 구상할 수 있다.
이중배상금지 대상자	군인, 군무원, 경찰공무원	군인, 군무원, 경찰공무원, 예비군대원

1. 행정상 손해배상의 유형과 법적 성질

1) 공무원의 직무상 불법행위로 인한 손해배상청구

공무원 또는 공무를 위탁받은 사인이 직무를 집행하면서 고의 또는 과실로 법령을 위반하여 타인에게 손해를 입힌 경우에 국가 또는 지방자치단체가 피해를 입은 개인에게 손해를 배상하는 제도를 말한다.

2) 영조물의 설치·관리상의 하자로 인한 손해배상청구

도로·하천, 그 밖의 공공의 영조물의 설치나 관리에 하자가 있기 때문에 타인에게 손해를 발생하게 하였을 때에 국가나 지방자치단체가 그 손해를 배상하여야 하는 제도를 말한다.

PART 05

3) 법적 성질

국가배상법은 공무원의 위법행위에 대한 책임과 영조물책임에 대한 일반법이며, 민사상 손해
배상책임에 대한 특별법이다. 따라서 국가배상청구소송은 민사소송에 해당한다.

> **판례**
>
> **국가배상청구권의 기본권성**
>
> 우리 헌법상의 국가배상청구권에 관한 규정은 단순한 재산권의 보장만을 의미하는 것은 아니고 국가배상
> 청구권을 청구권적 기본권으로 보장하고 있는 것이다(헌재 1997. 2. 20. 96헌바24).

2. 외국인의 청구 가능성

> **국가배상법 제7조【외국인에 대한 책임】** 이 법은 외국인이 피해자인 경우에는 해당 국가와 상호 보증
> 이 있을 때에만 적용한다.

3. 공무원의 직무상 행위로 인한 배상책임의 요건

1) 일반

국가의 배상책임이 성립하기 위해서는 ① 공무원이 직무를 집행함에 있어서 행해졌을 것,
② 위법할 것, ③ 고의 또는 과실에 기한 것일 것, ④ 타인에게 손해가 발생하였을 것, ⑤ 공무
원의 행위와 손해 사이에 상당인과관계가 존재할 것이라는 요건이 충족되어야 한다.

2) 공무원

공무원은 조직법상의 의미뿐만 아니라 기능적 의미까지 포함한다. 따라서 국가공무원법・지방
공무원법상의 공무원뿐만 아니라 널리 공무를 위탁받아 그에 종사하는 모든 자를 포함한다.

> **판례**
>
> **공무원의 범위**
>
> [1] 국가배상법 제2조 소정의 '공무원'이라 함은 국가공무원법이나 지방공무원법에 의하여 공무원으로서의
>   신분을 가진 자에 국한하지 않고, 널리 공무를 위탁받아 실질적으로 공무에 종사하고 있는 일체의 자를
>   가리키는 것으로서, 공무의 위탁이 일시적이고 한정적인 사항에 관한 활동을 위한 것이어도 달리 볼
>   것은 아니다.
> [2] 국가배상청구의 요건인 '공무원의 직무'에는 권력적 작용만이 아니라 비권력적 작용도 포함되며 단지
>   행정주체가 사경제주체로서 하는 활동만 제외된다.

[3] 국가배상법 제2조 제1항 소정의 '직무를 집행함에 당하여'라 함은 직접 공무원의 직무집행행위이거나 그와 밀접한 관계에 있는 행위를 포함하고, 이를 판단함에 있어서는 행위 자체의 외관을 객관적으로 관찰하여 공무원의 직무행위로 보여질 때에는 비록 그것이 실질적으로 직무행위에 속하지 않는다 하더라도 그 행위는 공무원이 '직무를 집행함에 당하여' 한 것으로 보아야 한다(대법원 2001. 1. 5. 98다39060).

✦ 판례에 따른 공무원과 비공무원

공무원 ○	공무원 ×
• 청소차량 운전수 • 공중보건의 • 조세원천징수의무자 • 파출소에 근무하는 방범원 • 소집 중인 향토예비군 • 철도건널목의 간수 • 소방대원 • 전입신고서에 확인인을 찍는 통장 • 교통할아버지 • 지방자치단체에서 근무하는 청원경찰 • 전투경찰 • 별정우체국장	• 의용소방대원 • 우체국에서 아르바이트를 하는 자 • 공무집행에 자진 협력하는 사인 • 공공조합의 직원 • 한국도로공사 사장 • 대집행권한을 위탁받은 한국토지공사

3) 직무행위

(1) 직무행위의 범위에는 권력작용 이외에 관리작용도 포함된다(국고작용 포함 ×).

(2) 직무행위에는 법률행위적 행정행위, 준법률행위적 행정행위, 사실행위, 재량행위, 입법작용 및 사법작용도 모두 포함된다. 또한 행정청이 작위의무를 위반한 경우 부작위에 대하여도 행정상의 손해배상책임을 물을 수 있다.
국가배상법이 정한 배상청구의 요건인 '공무원의 직무'에는 권력적 작용만이 아니라 행정지도와 같은 비권력적 작용도 포함되며 단지 행정주체가 사경제주체로서 하는 활동만 제외된다(대법원 1998. 7. 10. 96다38971).

(3) 공무원의 직무가 사익을 보호하는 목적을 포함하여야 한다. 사익보호성은 부수적인 목적이어도 상관없다.

> **판례**

직무의 사익보호성

일반적으로 국가 또는 지방자치단체가 권한을 행사할 때에는 국민에 대한 손해를 방지하여야 하고, 국민의 안전을 배려하여야 하며, 소속 공무원이 전적으로 또는 부수적으로라도 국민 개개인의 안전과 이익을 보호하기 위하여 법령에서 정한 직무상의 의무에 위반하여 국민에게 손해를 가하면 상당인과관계가 인정되는 범위 안에서 국가 또는 지방자치단체가 배상책임을 부담하는 것이지만, 공무원이 직무를 수행하면서 그 근거되는 법령의 규정에 따라 구체적으로 의무를 부여받아도 그것이 국민의 이익과는 관계없이 순전히 행정기관 내부의 질서를 유지하기 위한 것이거나, 또는 국민의 이익과 관련된 것이라도 직접 국민 개개인의 이익을 위한 것이 아니라 전체적으로 공공 일반의 이익을 도모하기 위한 것이라면 그 의무에 위반하여 국민에게 손해를 가하여도 국가 또는 지방자치단체는 배상책임을 부담하지 아니한다(대법원 2006. 4. 14. 2003다41746).

(4) 입법작용

> **판례**

국회에 구체적인 입법의무가 인정되지 않는 경우에는 입법부작위로 인한 불법행위가 성립할 여지가 없다.

국회의원은 입법에 관하여 원칙적으로 국민 전체에 대한 관계에서 정치적 책임을 질 뿐 국민 개개인의 권리에 대응하여 법적 의무를 지는 것은 아니므로, 국회의원의 입법행위는 그 입법 내용이 헌법의 문언에 명백히 위배됨에도 불구하고 국회가 군이 당해 입법을 한 것과 같은 특수한 경우가 아닌 한 국가배상법 제2조 제1항 소정의 위법행위에 해당한다고 볼 수 없고 같은 맥락에서 국가가 일정한 사항에 관하여 헌법에 의하여 부과되는 구체적인 입법의무를 부담하고 있음에도 불구하고 그 입법에 필요한 상당한 기간이 경과하도록 고의 또는 과실로 이러한 입법의무를 이행하지 아니하는 등 극히 예외적인 사정이 인정되는 사안에 한정하여 국가배상법 소정의 배상책임이 인정될 수 있으며 위와 같은 구체적인 입법의무 자체가 인정되지 않는 경우에는 애당초 부작위로 인한 불법행위가 성립할 여지가 없다(대법원 2008. 5. 29. 2004다33469).

행정입법부작위는 불법행위가 성립한다.

입법부가 법률로써 행정부에게 특정한 사항을 위임했음에도 불구하고 행정부가 정당한 이유 없이 이를 이행하지 않는다면 권력분립의 원칙과 법치국가 내지 법치행정의 원칙에 위배되는 것으로서 위법함과 동시에 위헌적인 것이 된다(대법원 2007. 11. 29. 2006다3561).

(5) 사법작용

> **판례**

법원 또는 헌법재판소의 재판에 대한 국가배상청구

[1] 법관의 재판에 법령의 규정을 따르지 아니한 잘못이 있다 하더라도 이로써 바로 그 재판상 직무행위가 국가배상법 제2조 제1항에서 말하는 위법한 행위로 되어 국가의 손해배상책임이 발생하는 것은 아니고, 그 국가배상책임이 인정되려면 당해 법관이 위법 또는 부당한 목적을 가지고 재판을 하였다거나 법이 법관의 직무수행상 준수할 것을 요구하고 있는 기준을 현저하게 위반하는 등 법관이 그에게 부여된 권한의 취지에 명백히 어긋나게 이를 행사하였다고 인정할 만한 특별한 사정이 있어야 한다.

[2] 헌법재판소 재판관이 청구기간 내에 제기된 헌법소원심판청구 사건에서 청구기간을 오인하여 각하결정을 한 경우, 이에 대한 불복절차 내지 시정절차가 없는 때에는 국가배상책임(위법성)을 인정할 수 있다.

[3] 헌법소원심판을 청구한 자로서는 헌법재판소 재판관이 일자 계산을 정확하게 하여 본안판단을 할 것으로 기대하는 것이 당연하고, 따라서 헌법재판소 재판관의 위법한 직무집행의 결과 잘못된 각하결정을 함으로써 청구인으로 하여금 본안판단을 받을 기회를 상실하게 한 이상, 설령 본안판단을 하였더라도 어차피 청구가 기각되었을 것이라는 사정이 있다고 하더라도 잘못된 판단으로 인하여 헌법소원심판 청구인의 위와 같은 합리적인 기대를 침해한 것이고 이러한 기대는 인격적 이익으로서 보호할 가치가 있다고 할 것이므로 그 침해로 인한 정신상 고통에 대하여는 위자료를 지급할 의무가 있다(대법원 2003. 7. 11. 99다24218).

(6) 수사기관

판례

형사재판 과정에서 무죄판결이 확정되었다고 하더라도 그러한 사정만으로 바로 검사의 구속 및 공소제기가 위법하다고 할 수는 없다.

검사는 수사기관으로서 피의사건을 조사하여 진상을 명백히 하고, 죄를 범하였다고 의심할 만한 상당한 이유가 있는 피의자에게 증거 인멸 및 도주의 염려 등이 있을 때에는 법관으로부터 영장을 발부받아 피의자를 구속할 수 있으며, 나아가 수집·조사된 증거를 종합하여 객관적으로 볼 때, 피의자가 유죄판결을 받을 가능성이 있는 정도의 혐의를 가지게 된 데에 합리적인 이유가 있다고 판단될 때에는 피의자에 대하여 공소를 제기할 수 있으므로 그 후 형사재판 과정에서 범죄사실의 존재를 증명함에 충분한 증거가 없다는 이유로 무죄판결이 확정되었다고 하더라도 그러한 사정만으로 바로 검사의 구속 및 공소제기가 위법하다고 할 수 없고, 그 구속 및 공소제기에 관한 검사의 판단이 그 당시의 자료에 비추어 경험칙이나 논리칙상 도저히 합리성을 긍정할 수 없는 정도에 이른 경우에만 그 위법성을 인정할 수 있다(대법원 2002. 2. 22. 2001다23447).

검사가 무죄를 입증할 수 있는 결정적인 증거를 은폐한 행위는 위법하다.

강도강간의 피해자가 제출한 팬티에 대한 국립과학수사연구소의 유전자검사결과 그 팬티에서 범인으로 지목되어 기소된 원고나 피해자의 남편과 다른 남자의 유전자형이 검출되었다는 감정결과를 검사가 공판과정에서 입수한 경우 그 감정서는 원고의 무죄를 입증할 수 있는 결정적인 증거에 해당하는데도 검사가 그 감정서를 법원에 제출하지 아니하고 은폐하였다면 검사의 그와 같은 행위는 위법하다고 보아 국가배상책임을 인정한다(대법원 2002. 2. 22. 2001다23447).

4) 직무의 집행

직무의 집행이란 실질적으로 공무원의 직무행위 자체는 물론이고 객관적으로 보아 직무행위의 외형을 갖추고 있는 모든 행위를 의미한다. 즉, 공무원의 행위의 외관을 객관적으로 관찰하여 공무원의 직무행위로 보여질 때에는 그것이 실질적으로 직무행위에 해당하는지 여부나 행위자의 주관적 의사에 관계없이 그 행위는 공무원의 직무집행행위에 해당한다. 반면에, 공무원의 행위가 본래의 직무와는 관련이 없는 행위로서 외형상으로도 직무범위 내에 속하는 행위라고 볼 수 없을 때에는 공무원의 행위에 의한 손해에 대하여 국가배상법에 의한 국가 또는 지방자치단체의 책임을 인정할 수 없다(대법원 1993. 1. 15. 92다8514).

판례

직무집행은 직무행위에 부수하여 행하여지는 행위로서 직무와 밀접한 관련이 있는 것도 포함한다.

국가배상법 제2조 소정의 "공무원이 그 직무를 집행함에 당하여"라고 함은 직무의 범위 내에 속한 행위이거나 직무수행의 수단으로써 또는 직무행위에 부수하여 행하여지는 행위로서 직무와 밀접한 관련이 있는 것도 포함되는바, 육군중사가 자신의 개인소유 오토바이 뒷좌석에 같은 부대 소속 군인을 태우고 다음날부터 실시예정인 훈련에 대비하여 사전정찰차 훈련지역 일대를 살피고 귀대하던 중 교통사고가 일어났다면, 그가 비록 개인소유의 오토바이를 운전한 경우라 하더라도 실질적, 객관적으로 위 운전행위는 그에게 부여된 훈련지역의 사전정찰임무를 수행하기 위한 직무와 밀접한 관련이 있다고 보아야 한다(대법원 1994. 5. 27. 94다6741).

✦ **대법원 판례의 직무상 행위 인정 여부**

직무행위 ○	직무행위 ×
• 감방 내, 소년원 내의 폭력행위 • 제복을 착용한 비번인 경찰관의 강도행위 • 군의 후생사업 • 상관의 명에 의한 상관의 이삿짐 운반 • 훈계권 행사로서의 기합 • 학교 교수 장례식 참석을 위해 학군단 소속차량의 운행 • 시위 진압 중 전경이 조경수를 짓밟는 행위 • 훈련 도중인 군인의 휴식 중 꿩사냥 • 운전을 임무로 하지 않은 군인이 군복을 입고 군용차량을 불법 운전한 경우 • 지휘나 승낙 없이 한 유흥목적의 군용차량 운행 • 수사 도중의 고문행위 • 출장갔다가 퇴근하기 위하여 집으로 운행하던 중 사고 • 군부대표시의 개인오토바이 운행	• 개인적 원한에 의한 총기사고 • 상사기합에 격하여 총기난사 • 권총으로 서로 장난 중의 오발사고 • 결혼식참석을 위한 군용차 운행 • 군의관의 포경수술 • 고참병의 훈계살인 • 불법휴대한 칼빈총으로 꿩사격 • 부대이탈 후 민간인 사살 • 공무원의 통상적인 출근 중의 교통사고 • 압류 도중 절도행위

5) 고의 또는 과실로 인한 행위

(1) 국가 등의 공무원에 대한 선임·감독의무

공무원의 불법행위가 인정되면 국가는 공무원에 대한 선임·감독을 게을리함이 없어도 배상책임을 진다. 즉 민법상의 사용자 면책사유는 국가배상법의 고의·과실을 판단하는 데는 적용되지 않는다(대법원 1996. 2. 15. 95다38677).

(2) 입증책임

고의 · 과실의 입증책임은 원고(피해자)에게 있다.

(3) 공무원의 법령해석 잘못과 과실 인정 여부

판례

일반적으로 공무원이 관계 법규를 알지 못한 경우에는 과실을 인정한다.

법령에 대한 해석이 복잡, 미묘하여 워낙 어렵고, 이에 대한 학설, 판례조차 귀일되어 있지 않는 등의 특별한 사정이 없는 한 일반적으로 공무원이 관계 법규를 알지 못하거나 필요한 지식을 갖추지 못하고 법규의 해석을 그르쳐 행정처분을 하였다면 그가 법률전문가가 아닌 행정직 공무원이라고 하여 과실이 없다고는 할 수 없다(대법원 2001. 2. 9. 98다52988).

과실 인정 여부는 성실한 평균적 공무원을 기준으로 한다.

행정청이 관계 법령의 해석이 확립되기 전에 어느 한 견해를 취하여 업무를 처리한 것이 결과적으로 위법하게 되어 그 법령의 부당집행이라는 결과를 빚었다고 하더라도 처분 당시 그와 같은 처리방법 이상의 것을 성실한 평균적 공무원에게 기대하기 어려웠던 경우라면 특별한 사정이 없는 한 이를 두고 공무원의 과실로 인한 것이라고 볼 수는 없다 할 것이지만, 대법원의 판단으로 관계 법령의 해석이 확립되고 이어 상급 행정기관 내지 유관 행정부서로부터 시달된 업무지침이나 업무연락 등을 통하여 이를 충분히 인식할 수 있게 된 상태에서, 확립된 법령의 해석에 어긋나는 견해를 고집하여 계속하여 위법한 행정처분을 하거나 이에 준하는 행위로 평가될 수 있는 불이익을 처분상대방에게 주게 된다면, 이는 그 공무원의 고의 또는 과실로 인한 것이 되어 그 손해를 배상할 책임이 있다(대법원 2007. 5. 10. 2005다31828).

변호인의 접견교통권을 침해한 경우에는 공무원에게 고의나 과실이 있다.

수사기관이 법령에 의하지 않고는 변호인의 접견교통권을 제한할 수 없다는 것은 대법원이 오래전부터 선언해 온 확고한 법리로서 변호인의 접견신청에 대하여 허용 여부를 결정하는 수사기관으로서는 마땅히 이를 숙지해야 한다. 이러한 법리에 반하여 변호인의 접견신청을 허용하지 않고 변호인의 접견교통권을 침해한 경우에는 접견 불허결정을 한 공무원에게 고의나 과실이 있다고 볼 수 있다(대법원 2018. 12. 27. 2016다266736).

법령해석과 실무사례가 없는 경우에는 공무원의 과실을 부정한다.

법령에 대한 해석이 그 문언 자체만으로는 명백하지 아니하여 여러 견해가 있을 수 있고, 이에 대한 신례나 학설, 판례 등도 귀일된 바 없는 경우에 관계 공무원이 그 나름대로 신중을 다하여 합리적인 근거를 찾아 그중 어느 한 견해를 따라 내린 해석이 후에 대법원이 내린 입장과 같지 않아 결과적으로 잘못된 해석에 돌아가고, 이에 따른 처리가 역시 결과적으로 위법하게 되어 그 법령의 부당집행이라는 결과를 가져오게 되었다고 하더라도 그와 같은 처리방법 이상의 것을 성실한 평균적 공무원에게 기대하기는 어려운 일이고, 따라서 이러한 경우에까지 공무원의 과실을 인정할 수는 없다(대법원 2010. 4. 29. 2009다97925).

행정처분이 위법하다고 할지라도 그 자체만으로 공무원의 고의 또는 과실이 인정되는 것은 아니다.

어떠한 행정처분이 위법하다고 할지라도 그 자체만으로 곧바로 그 행정처분이 공무원의 고의 또는 과실로 인한 불법행위를 구성한다고 단정할 수는 없고, 공무원의 고의 또는 과실의 유무에 대하여는 별도의 판단을 요한다고 할 것이다. 왜냐하면 행정청이 관계 법령의 해석이 확립되기 전에 어느 한 설을 취하여 업무를 처리한 것이 결과적으로 위법하게 되어 그 법령의 부당집행이라는 결과를 빚었다고 하더라도 처분 당시 그와 같은 처리방법 이상의 것을 성실한 평균적 공무원에게 기대하기 어려웠던 경우라면 특별한 사정이 없는 한 이를 두고 공무원의 과실로 인한 것이라고 볼 수는 없기 때문이다(대법원 2004. 6. 11. 2002다31018).

⑷ 항고소송에서 처분이 취소된 경우

행정처분이 후에 항고소송에서 취소되었다고 할지라도 그 행정처분이 곧바로 공무원의 고의 또는 과실로 인한 것으로서 불법행위를 구성한다고 단정할 수는 없는 것이고, 그 행정처분의 담당 공무원이 보통 일반의 공무원을 표준으로 하여 볼 때 객관적 주의의무를 결하여 그 행정처분이 객관적 정당성을 상실하였다고 인정될 정도에 이른 경우에 국가배상법 제2조 소정의 국가배상책임의 요건을 충족하였다고 봄이 상당할 것이다(대법원 2000. 5. 12. 99다70600).

⑸ 행정규칙에 따른 처분

> **판례**
>
> **재량준칙에 따라 처분을 한 경우에는 결과적으로 그 처분이 위법하게 되었다는 사실만으로 공무원의 과실을 인정할 수 없다.**
>
> 영업허가취소처분이 나중에 행정심판에 의하여 재량권을 일탈한 위법한 처분임이 판명되어 취소되었다고 하더라도 그 처분이 당시 시행되던 공중위생법시행규칙에 정하여진 행정처분의 기준에 따른 것인 이상 그 영업허가취소처분을 한 행정청 공무원에게 그와 같은 위법한 처분을 한 데 있어 어떤 직무집행상의 과실이 있다고 할 수는 없다(대법원 1994. 11. 8. 94다26141).
>
> **공무원의 조치가 적법한지는 행정규칙에 적합한지 여부가 아니라 상위법령의 규정과 입법 목적 등에 적합한지 여부에 따라 판단해야 한다.**
>
> 상급행정기관이 소속 공무원이나 하급행정기관에 대하여 업무처리지침이나 법령의 해석·적용 기준을 정해 주는 '행정규칙'은 일반적으로 행정조직 내부에서만 효력을 가질 뿐 대외적으로 국민이나 법원을 구속하는 효력이 없다. 공무원의 조치가 행정규칙을 위반하였다고 해서 그러한 사정만으로 곧바로 위법하게 되는 것은 아니고, 공무원의 조치가 행정규칙을 따른 것이라고 해서 적법성이 보장되는 것도 아니다. 공무원의 조치가 적법한지는 행정규칙에 적합한지 여부가 아니라 상위법령의 규정과 입법 목적 등에 적합한지 여부에 따라 판단해야 한다(대법원 2020. 5. 28. 2017다211559).

⑹ 행정입법에 관여한 공무원

> **판례**
>
> **행정입법에 관여한 공무원이 입법 당시의 상황에서 다양한 요소를 고려하여 나름대로 합리적인 근거를 찾아 판단하였다면 공무원의 과실이 있다고 할 수는 없다.**
>
> 법령의 개정에서 입법자의 광범위한 재량이 인정되는 경우라 하더라도 구 법령의 존속에 대한 당사자의 신뢰가 합리적이고도 정당하며 법령의 개정으로 야기되는 당사자의 손해가 극심하여 새로운 법령으로 달성하고자 하는 공익적 목적이 그러한 신뢰의 파괴를 정당화할 수 없다면 입법자는 경과규정을 두는 등 당사자의 신뢰를 보호할 적절한 조치를 하여야 하며 이와 같은 적절한 조치 없이 새 법령을 그대로 시행하거나 적용하는 것은 허용될 수 없는바, 이는 헌법의 기본원리인 법치주의 원리에서 도출되는 신뢰보호의 원칙에 위배되기 때문이다. 그러나 입법자가 이러한 신뢰보호 조치가 필요한지를 판단하기 위하여는 관련 당사자의 신뢰의 정도, 신뢰이익의 보호가치와 새 법령을 통해 실현하고자 하는 공익적 목적 등을 종합적으로 비교·형량하여야 하는데, 이러한 비교·형량에 관하여는 여러 견해가 있을 수 있으므로, 행정입법에 관여한 공무원이 입법 당시의 상황에서 다양한 요소를 고려하여 나름대로 합리적인 근거를 찾아 어느 하나의 견해에 따라 경과규정을 두는 등의 조치 없이 새 법령을 그대로 시행하거나 적용하였다면, 그와 같은

공무원의 판단이 나중에 대법원이 내린 판단과 같지 아니하여 결과적으로 시행령 등이 신뢰보호의 원칙 등에 위배되는 결과가 되었다고 하더라도, 이러한 경우에까지 국가배상법 제2조 제1항에서 정한 국가배상 책임의 성립요건인 공무원의 과실이 있다고 할 수는 없다(대법원 2013. 4. 26. 2011다14428).

6) 위법성(공무원의 법령 위반)

(1) 법령의 범위

판례

법령 위반의 의미

국가배상책임에 있어 공무원의 가해행위는 법령을 위반한 것이어야 하고, 법령을 위반하였다 함은 엄격한 의미의 법령 위반뿐 아니라 인권존중, 권력남용금지, 신의성실과 같이 공무원으로서 마땅히 지켜야 할 준칙 이나 규범을 지키지 아니하고 위반한 경우를 포함하여 널리 그 행위가 객관적인 정당성을 결여하고 있음을 뜻하는 것이므로, 경찰관이 범죄수사를 함에 있어 경찰관으로서 의당 지켜야 할 법규상 또는 조리상의 한 계를 위반하였다면 이는 법령을 위반한 경우에 해당한다(대법원 2008. 6. 12. 2007다64365).

(2) 법률상 이익의 침해

판례

공무원이 범죄경력자료를 조회하여 범죄경력을 확인하고도 이를 기재하지 않은 것은 중과실이 인정된다.

[1] 공무원이 고의 또는 과실로 그에게 부과된 직무상 의무를 위반하였을 경우라고 하더라도 국가는 그러 한 직무상의 의무 위반과 피해자가 입은 손해 사이에 상당인과관계가 인정되는 범위 내에서만 배상책 임을 지는 것이고, 이 경우 상당인과관계가 인정되기 위하여는 공무원에게 부과된 직무상 의무의 내용 이 단순히 공공 일반의 이익을 위한 것이거나 행정기관 내부의 질서를 규율하기 위한 것이 아니고 전적 으로 또는 부수적으로 사회구성원 개인의 안전과 이익을 보호하기 위하여 설정된 것이어야 한다.

[2] 공직선거법이 후보자가 되고자 하는 자와 그 소속 정당에게 전과기록을 조회할 권리를 부여하고 수사 기관에 회보의무를 부과한 것은 단순히 유권자의 알권리 보호 등 공공 일반의 이익만을 위한 것이 아니 라, 그와 함께 후보자가 되고자 하는 자가 자신의 피선거권 유무를 정확하게 확인할 수 있게 하고, 정당 이 후보자가 되고자 하는 자의 범죄경력을 파악함으로써 부적격자를 공천함으로 인하여 생길 수 있는 정당의 신뢰도 하락을 방지할 수 있게 하는 등 개별적인 이익도 보호하기 위한 것이다.

[3] 공무원 갑이 내부전산망을 통해 을에 대한 범죄경력자료를 조회하여 공직선거 및 선거부정방지법 위반 죄로 실형을 선고받는 등 실효된 4건의 금고형 이상의 전과가 있음을 확인하고도 을의 공직선거 후보 자용 범죄경력조회 회보서에 이를 기재하지 않은 사안에서, 갑의 중과실을 인정하여 국가배상책임 외 에 공무원 개인의 배상책임까지 인정한다(대법원 2011. 9. 8. 2011다34521).

상수원수의 수질을 환경기준에 따라 유지하도록 규정하고 있는 관련 법령은 국민 개개인의 안전과 이익을 직접적으로 보호하기 위한 규정이 아니다.

[1] 일반적으로 국가 또는 지방자치단체가 권한을 행사할 때에는 국민에 대한 손해를 방지하여야 하고, 국 민의 안전을 배려하여야 하며, 소속 공무원이 전적으로 또는 부수적으로라도 국민 개개인의 안전과 이 익을 보호하기 위하여 법령에서 정한 직무상의 의무에 위반하여 국민에게 손해를 가하면 상당인과관계 가 인정되는 범위 안에서 국가 또는 지방자치단체가 배상책임을 부담하는 것이지만, 공무원이 직무를

수행하면서 그 근거되는 법령의 규정에 따라 구체적으로 의무를 부여받았어도 그것이 국민의 이익과는 관계없이 순전히 행정기관 내부의 질서를 유지하기 위한 것이거나, 또는 국민의 이익과 관련된 것이라도 직접 국민 개개인의 이익을 위한 것이 아니라 전체적으로 공공 일반의 이익을 도모하기 위한 것이라면 그 의무에 위반하여 국민에게 손해를 가하여도 국가 또는 지방자치단체는 배상책임을 부담하지 아니한다.

[2] 상수원수의 수질을 환경기준에 따라 유지하도록 규정하고 있는 관련 법령의 규정은 국민에게 양질의 수돗물이 공급되게 함으로써 국민 일반의 건강을 보호하여 공공 일반의 전체적인 이익을 도모하기 위한 것이지, 국민 개개인의 안전과 이익을 직접적으로 보호하기 위한 규정이 아니므로, 국민에게 공급된 수돗물의 상수원의 수질이 수질기준에 미달한 경우가 있고, 이로 말미암아 국민이 법령에 정하여진 수질기준에 미달한 상수원수로 생산된 수돗물을 마심으로써 건강상의 위해 발생에 대한 염려 등에 따른 정신적 고통을 받았다고 하더라도, 공급된 수돗물이 음용수 기준에 적합하고 몸에 해로운 물질이 포함되어 있지 아니한 이상, 지방자치단체의 위와 같은 수돗물 생산·공급행위가 국민에 대한 불법행위가 되지 아니한다(대법원 2001. 10. 23. 99다36280).

(3) 부작위의 위법성

작위의 위법성과 마찬가지로 국가배상법 제2조 제1항의 요건이 충족되어야 한다.

직무상 작위의무는 기속행위와 재량이 "0"으로 수축된 재량행위의 경우에는 일반적으로 인정된다. 또한 이러한 작위의무는 조리에 의해서도 성립할 수 있다.

판례

부작위의 위법성 판단기준

국민의 생명·신체·재산 등에 관하여 절박하고 중대한 위험상태가 발생하였거나 발생할 우려가 있어서 국민의 생명·신체·재산 등을 보호하는 것을 본래적 사명으로 하는 국가가 초법규적, 일차적으로 그 위험 배제에 나서지 않으면 국민의 생명·신체·재산 등을 보호할 수 없는 경우에는 형식적 의미의 법령에 근거가 없더라도 국가나 관련 공무원에 대하여 그러한 위험을 배제할 작위의무를 인정할 수 있다. 그러나 그와 같이 절박하고 중대한 위험상태가 발생하였거나 발생할 우려가 없는 경우에는 원칙적으로 공무원이 관련 법령을 준수하여 직무를 수행하였다면 공무원의 부작위를 가지고 '고의 또는 과실로 법령을 위반'하였다고 할 수는 없다. 따라서 공무원의 부작위로 인한 국가배상책임을 인정할 것인지 여부가 문제 되는 경우에 관련 공무원에 대하여 작위의무를 명하는 법령 규정이 없다면 공무원의 부작위로 인하여 침해된 국민의 법익 또는 국민에게 발생한 손해가 어느 정도 심각하고 절박한 것인지, 관련 공무원이 그와 같은 결과를 예견하여 결과를 회피하기 위한 조치를 취할 가능성이 있는지 등을 종합적으로 고려하여 판단하여야 한다(대법원 2020. 5. 28. 2017다211559).

경찰관의 권한의 불행사는 직무상의 의무를 위반한 것으로 위법하다.

[1] 경찰은 범죄의 예방, 진압 및 수사와 함께 국민의 생명, 신체 및 재산의 보호 등과 기타 공공의 안녕과 질서유지도 직무로 하고 있고, 그 직무의 원활한 수행을 위하여 경찰관직무집행법, 형사소송법 등 관계 법령에 의하여 여러 가지 권한이 부여되어 있으므로, 구체적인 직무를 수행하는 경찰관으로서는 제반 상황에 대응하여 자신에게 부여된 여러 가지 권한을 적절하게 행사하여 필요한 조치를 취할 수 있는 것이고, 그러한 권한은 일반적으로 경찰관의 전문적 판단에 기한 합리적인 재량에 위임되어 있는 것이나, 경찰관에게 권한을 부여한 취지와 목적에 비추어 볼 때 구체적인 사정에 따라 경찰관이 그 권한을

행사하여 필요한 조치를 취하지 아니하는 것이 현저하게 불합리하다고 인정되는 경우에는 그러한 권한의 불행사는 직무상의 의무를 위반한 것이 되어 위법하게 된다.

[2] 윤락녀들이 윤락업소에 감금된 채로 윤락을 강요받으면서 생활하고 있음을 쉽게 알 수 있는 상황이었음에도, 경찰관이 이러한 감금 및 윤락강요행위를 제지하거나 윤락업주들을 체포·수사하는 등 필요한 조치를 취하지 아니하고 오히려 업주들로부터 뇌물을 수수하며 그와 같은 행위를 방치한 것은 경찰관의 직무상 의무에 위반하여 위법하므로 국가는 이로 인한 정신적 고통에 대하여 위자료를 지급할 의무가 있다(대법원 2004. 9. 23. 2003다49009).

수사과정에서의 피해자 보호의무 위반도 국가배상책임의 대상이 된다.

[1] 성폭력범죄의 담당 경찰관이 경찰서에 설치되어 있는 범인식별실을 사용하지 않고 공개된 장소인 형사과 사무실에서 피의자들을 한꺼번에 세워 놓고 나이 어린 학생인 피해자에게 범인을 지목하도록 한 행위가 국가배상법상의 '법령 위반' 행위에 해당한다.

[2] 성폭력범죄의 수사를 담당하거나 수사에 관여하는 경찰관이 피해자의 인적사항 등을 공개 또는 누설함으로써 피해자가 손해를 입은 경우, 국가의 배상책임이 성립한다(대법원 2008. 6. 12. 2007다64365).

(4) 절차상 하자

절차상 위법도 국가배상법상의 법령 위반에 해당한다. 다만, 절차상 위법하지만 실체상 적법하여 실질적으로 손해가 발생하였다고 볼 수 없다면 국가배상책임이 인정될 수 없다.

7) 타인에게 손해가 발생하였을 것

(1) 타인의 의미

타인이란 가해 공무원 이외의 모든 자를 말한다. 공무원도 다른 공무원의 불법행위로 손해를 입은 때는 타인에 해당한다. 다만, 군인·군무원·경찰공무원·향토예비군 등의 경우에는 이중배상금지가 적용된다.

(2) 손해의 의미

손해는 적극적 손해, 소극적 손해, 정신적 손해, 생명·신체·재산에 대한 손해 등 모든 손해를 포함한다.

일반적으로 타인의 불법행위로 인하여 재산권이 침해된 경우에는 특별한 사정이 없는 한 그 재산적 손해의 배상에 의하여 정신적 고통도 회복된다고 보아야 할 것이고 재산적 손해의 배상만으로는 회복할 수 없는 정신적 손해가 있다면 그 위자료를 인정할 수 있다(대법원 2003. 7. 25. 2003다22912).

8) 직무행위와 손해발생 간의 인과관계

판례

소방공무원이 시정조치를 명하지 않은 직무상 의무 위반은 화재사고로 인한 사망과 상당인과관계가 있다 (비교 지방자치단체의 담당 공무원은 상당인과관계가 없다).

[1] 공무원에게 부과된 직무상 의무의 내용이 단순히 공공 일반의 이익을 위한 것이거나 행정기관 내부의 질서를 규율하기 위한 것이 아니고 전적으로 또는 부수적으로 사회구성원 개인의 안전과 이익을 보호하기 위하여 설정된 것이라면, 공무원이 그와 같은 직무상 의무를 위반함으로 인하여 피해자가 입은 손해에 대하여는 상당인과관계가 인정되는 범위 내에서 국가가 배상책임을 지는 것이고, 이때 상당인과관계의 유무를 판단함에 있어서는 일반적인 결과 발생의 개연성은 물론 직무상 의무를 부과하는 법령 기타 행동규범의 목적이나 가해행위의 태양 및 피해의 정도 등을 종합적으로 고려하여야 하며, 이는 지방자치단체와 그 소속 공무원에 대하여도 마찬가지이다.

[2] 유흥주점에 감금된 채 윤락을 강요받으며 생활하던 여종업원들이 유흥주점에 화재가 났을 때 미처 피신하지 못하고 유독가스에 질식해 사망한 사안에서, 지방자치단체의 담당 공무원이 위 유흥주점의 용도변경, 무허가 영업 및 시설기준에 위배된 개축에 대하여 시정명령 등 식품위생법상 취하여야 할 조치를 게을리 한 직무상 의무 위반행위와 위 종업원들의 사망 사이에 상당인과관계가 존재하지 않는다.

[3] 구 소방법(2003. 5. 29. 법률 제6893호 소방기본법 부칙 제2조로 폐지)은 화재를 예방·경계·진압하고 재난·재해 및 그 밖의 위급한 상황에서의 구조·구급활동을 통하여 국민의 생명·신체 및 재산을 보호함으로써 공공의 안녕질서의 유지와 복리증진에 이바지함을 목적으로 하여 제정된 법으로서, 소방법의 규정들은 단순히 전체로서의 공공 일반의 안전을 도모하기 위한 것에서 더 나아가 국민 개개인의 인명과 재화의 안전보장을 목적으로 하여 둔 것이므로, 소방공무원이 소방법 규정에서 정하여진 직무상의 의무를 게을리 한 경우 그 의무 위반이 직무에 충실한 보통 일반의 공무원을 표준으로 할 때 객관적 정당성을 상실하였다고 인정될 정도에 이른 경우에는 국가배상법 제2조에서 말하는 위법의 요건을 충족하게 된다. 그리고 소방공무원의 행정권한 행사가 관계 법률의 규정 형식상 소방공무원의 재량에 맡겨져 있다고 하더라도 소방공무원에게 그러한 권한을 부여한 취지와 목적에 비추어 볼 때 구체적인 상황 아래에서 소방공무원이 그 권한을 행사하지 않은 것이 현저하게 합리성을 잃어 사회적 타당성이 없는 경우에는 소방공무원의 직무상 의무를 위반한 것으로서 위법하게 된다.

[4] 유흥주점에 감금된 채 윤락을 강요받으며 생활하던 여종업원들이 유흥주점에 화재가 났을 때 미처 피신하지 못하고 유독가스에 질식해 사망한 사안에서, 소방공무원이 위 유흥주점에 대하여 화재 발생 전 실시한 소방점검 등에서 구 소방법상 방염 규정 위반에 대한 시정조치 및 화재 발생시 대피에 장애가 되는 잠금장치의 제거 등 시정조치를 명하지 않은 직무상 의무 위반은 현저히 불합리한 경우에 해당하여 위법하고, 이러한 직무상 의무 위반과 위 사망의 결과 사이에 상당인과관계가 존재한다(대법원 2008. 4. 10. 2005다48994).

4. 배상책임

1) 배상책임의 성질

책임의 성질	• 경과실: 국가의 자기책임 • 고의·중과실: 대외적으로 국가의 자기책임
피해자의 선택적 청구 (공무원의 외부적 책임)	• 경과실: 부정 • 고의·중과실: 긍정(직무행위의 외관이 있는 경우)
국가의 구상권 (공무원의 내부적 책임)	• 경과실: 부정 • 고의·중과실: 긍정

판례

배상책임의 성질

[1] 헌법 제29조 제1항 단서는 공무원이 한 직무상 불법행위로 인하여 국가 등이 배상책임을 진다고 할지라도 그 때문에 공무원 자신의 민·형사책임이나 징계책임이 면제되지 아니한다는 원칙을 규정한 것이나, 그 조항 자체로 공무원 개인의 구체적인 손해배상책임의 범위까지 규정한 것으로 보기는 어렵다.

[2] 공무원이 직무수행 중 불법행위로 타인에게 손해를 입힌 경우에 국가 등이 국가배상책임을 부담하는 외에 공무원 개인도 고의 또는 중과실이 있는 경우에는 불법행위로 인한 손해배상책임을 진다고 할 것이지만, 공무원에게 경과실뿐인 경우에는 공무원 개인은 손해배상책임을 부담하지 아니한다고 해석하는 것이 헌법 제29조 제1항 본문과 단서 및 국가배상법 제2조의 입법취지에 조화되는 올바른 해석이다(대법원 1996. 2. 15. 95다38677 전원합의체).

2) 배상책임자

(1) 국가 또는 지방자치단체

공무원이 소속된 국가 또는 지방자치단체이다. 이와 관련하여, 국가배상법상 배상책임자를 확정하는 기준은 불법행위자인 공무원이 소속하는 단체를 기준으로 판단하는 것이 아니라, 그 사무의 귀속주체로 판단한다. 즉 공무원의 행위가 국가사무이면 비록 그 공무원이 지방자치단체 소속이라 하더라도 배상책임자는 국가가 된다.

(2) 국가배상법 제6조의 비용부담자

국민은 '선임·감독자'와 '비용부담자'에 대하여 선택적 배상청구가 가능하다.

국가배상법 제6조【비용부담자 등의 책임】 ① 제2조·제3조 및 제5조에 따라 국가나 지방자치단체가 손해를 배상할 책임이 있는 경우에 공무원의 선임·감독 또는 영조물의 설치·관리를 맡은 자와 공무원의 봉급·급여, 그 밖의 비용 또는 영조물의 설치·관리 비용을 부담하는 자가 동일하지 아니하면 그 비용을 부담하는 자도 손해를 배상하여야 한다.

② 제1항의 경우에 손해를 배상한 자는 내부관계에서 그 손해를 배상할 책임이 있는 자에게 구상할 수 있다.

판례

비용부담자의 의미

가. 국가배상법 제6조 제1항 소정의 '공무원의 봉급·급여 기타의 비용'이란 공무원의 인건비만을 가리키는 것이 아니라 당해사무에 필요한 일체의 경비를 의미한다고 할 것이고, 적어도 대외적으로 그러한 경비를 지출하는 자는 경비의 실질적·궁극적 부담자가 아니더라도 그러한 경비를 부담하는 자에 포함된다.

나. 지방자치단체의 장이 기관위임된 국가행정사무를 처리하는 경우 그에 소요되는 경비의 실질적·궁극적 부담자는 국가라고 하더라도 당해 지방자치단체는 국가로부터 내부적으로 교부된 금원으로 그 사무에 필요한 경비를 대외적으로 지출하는 자이므로, 이러한 경우 지방자치단체는 국가배상법 제6조 제1항 소정의 비용부담자로서 공무원의 불법행위로 인한 같은 법에 의한 손해를 배상할 책임이 있다(대법원 1994. 12. 9. 94다38137).

지방자치단체장이 설치하여 관할 지방경찰청장에게 관리권한이 위임된 교통신호기의 고장으로 인하여 교통사고가 발생한 경우, 지방자치단체뿐만 아니라 국가도 손해배상책임을 진다.

지방자치단체장이 교통신호기를 설치하여 그 관리권한이 도로교통법 제71조의2 제1항의 규정에 의하여 관할 지방경찰청장에게 위임되어 지방자치단체 소속 공무원과 지방경찰청 소속 공무원이 합동근무하는 교통종합관제센터에서 그 관리업무를 담당하던 중 위 신호기가 고장난 채 방치되어 교통사고가 발생한 경우, 국가배상법 제2조 또는 제5조에 의한 배상책임을 부담하는 것은 지방경찰청장이 소속된 국가가 아니라, 그 권한을 위임한 지방자치단체장이 소속된 지방자치단체라고 할 것이나, 한편 국가배상법 제6조 제1항은 같은 법 제2조, 제3조 및 제5조의 규정에 의하여 국가 또는 지방자치단체가 손해를 배상할 책임이 있는 경우에 공무원의 선임·감독 또는 영조물의 설치·관리를 맡은 자와 공무원의 봉급·급여 기타의 비용 또는 영조물의 설치·관리의 비용을 부담하는 자가 동일하지 아니한 경우에는 그 비용을 부담하는 자도 손해를 배상하여야 한다고 규정하고 있으므로 교통신호기를 관리하는 지방경찰청장 산하 경찰관들에 대한 봉급을 부담하는 국가도 국가배상법 제6조 제1항에 의한 배상책임을 부담한다(대법원 1999. 6. 25. 99다11120).

(3) 공무원의 국가에 대한 구상권

피해자에게 개인책임이 없는 경과실로 손해를 입힌 공무원이 피해자에게 손해를 직접 배상했다면 공무원은 원칙적으로 국가에 대해 구상권을 취득한다.

3) 배상책임의 내용

(1) 배상기준(정당한 배상)

헌법 제29조 제1항은 국가배상의 기준으로 정당한 배상을 규정하고 있다. 정당한 배상이란 가해행위와 상당인과관계가 있는 모든 손해를 배상하는 것을 말한다. 손해는 보통 적극적 손해, 소극적 손해, 정신적 손해로 구분하는 것이 일반적이다(판례, 손해3분설).

⑵ 이익의 공제

① **손익상계**: 피해자가 손해를 입은 동시에 이익을 얻은 경우에는 손해배상액에서 그 이익에 상당하는 금액을 빼야 한다.

② **과실상계**: 배상금을 지급하는 결정을 함에 있어 피해자 측의 과실이 있을 때에는 그 과실의 정도에 따른 과실상계를 하여야 한다.

⑶ 배상청구권의 양도·압류 금지

배상청구권 중 생명·신체의 침해로 인한 국가배상을 받을 권리는 양도하거나 압류하지 못한다. 다만, 배상청구권 중 재산의 침해로 인한 국가배상을 받을 권리는 양도하거나 압류할 수 있다.

⑷ 배상청구권의 소멸시효

① **손해 및 가해자를 안 경우**: 국가배상법에 규정이 없으므로 민법이 적용되는 결과 피해자가 '손해 및 가해자를 안 날'로부터 3년간 행사하지 않으면 시효로 소멸한다.

② **피해자가 손해 및 가해자를 알지 못한 경우**: 5년간 행사하지 않으면 시효로 소멸한다(불법행위를 한 날로부터 10년이 경과하면 소멸한다는 민법 제766조 제2항은 국가배상청구에는 적용되지 아니한다).

판례

소멸시효의 기산점

국가배상법 제2조 제1항 본문 전단 규정에 따른 국가에 대한 손해배상청구권은 그 불법행위의 종료일로부터 5년의 기간 동안 이를 행사하지 아니하면 시효로 인하여 소멸하는 것이고, 이 경우 그 소멸시효는 피해자가 손해의 결과발생을 알았거나 예상할 수 있는가 여부에 관계없이 '가해행위로 인한 손해가 현실적인 것으로 되었다고 볼 수 있는 때'로부터 진행하는 것이다(대법원 2008. 11. 27. 2008다60223).

국가에게 국민을 보호할 의무가 있다는 사유만으로 국가가 소멸시효의 완성을 주장하는 것 자체가 신의성실의 원칙에 반하여 권리남용에 해당한다고 할 수는 없다.

[1] 국가배상법 제2조 제1항 본문 전단 규정에 따른 배상책임을 묻는 사건에 대하여는 같은 법 제8조의 규정에 의하여 민법 제766조 제1항 소정의 단기소멸시효제도가 적용되는 것인바, 여기서 가해자를 안다는 것은 피해자나 그 법정대리인이 가해 공무원이 국가 또는 지방자치단체와 공법상 근무관계가 있다는 사실을 알고, 또한 일반인이 당해 공무원의 불법행위가 국가 또는 지방자치단체의 직무를 집행함에 있어서 행해진 것이라고 판단하기에 족한 사실까지 인식하는 것을 의미한다. 한편, 민법 제766조 제1항 소정의 '손해 및 가해자를 안 날'이라 함은 손해의 발생, 위법한 가해행위의 존재, 가해행위와 손해의 발생 사이에 상당인과관계가 있다는 사실 등 불법행위의 요건사실에 대하여 현실적이고도 구체적으로 인식하였을 때를 의미하고, 피해자 등이 언제 불법행위의 요건사실을 현실적이고도 구체적으로 인식한 것으로 볼 것인지는 개별적 사건에 있어서의 여러 객관적 사정을 참작하고 손해배상청구가 사실상 가능하게 된 상황을 고려하여 합리적으로 인정하여야 한다.

[2] 채무자의 소멸시효에 기한 항변권의 행사도 우리 민법의 대원칙인 신의성실의 원칙과 권리남용금지의 원칙의 지배를 받는 것이어서, 채무자가 시효완성 전에 채권자의 권리행사나 시효중단을 불가능 또는 현저히 곤란하게 하였거나, 그러한 조치가 불필요하다고 믿게 하는 행동을 하였거나, 객관적으로 채권자가 권리를 행사할 수 없는 장애사유가 있었거나, 또는 일단 시효완성 후에 채무자가 시효를 원용하지 아니할 것 같은 태도를 보여 권리자로 하여금 그와 같이 신뢰하게 하였거나, 채권자보호의 필요성이 크고, 같은 조건의 다른 채권자가 채무의 변제를 수령하는 등의 사정이 있어 채무이행의 거절을 인정함이 현저히 부당하거나 불공평하게 되는 등의 특별한 사정이 있는 경우에는 채무자가 소멸시효의 완성을 주장하는 것이 신의성실의 원칙에 반하여 권리남용으로서 허용될 수 없다. 그러나 국가에게 국민을 보호할 의무가 있다는 사유만으로 국가가 소멸시효의 완성을 주장하는 것 자체가 신의성실의 원칙에 반하여 권리남용에 해당한다고 할 수는 없으므로, 국가의 소멸시효 완성 주장이 신의칙에 반하고 권리남용에 해당한다고 하려면 앞서 본 바와 같은 특별한 사정이 인정되어야 하고, 또한 위와 같은 일반적 원칙을 적용하여 법이 두고 있는 구체적인 제도의 운용을 배제하는 것은 법해석에 있어 또 하나의 대원칙인 법적 안정성을 해할 위험이 있으므로 그 적용에는 신중을 기하여야 한다.

[3] 헌법 제53조에 따라서 국회가 의결한 법률안을 대통령이 공포하는 등의 절차를 거쳐서 법률이 확정되면 그 규정 내용에 따라서 국민의 권리·의무에 관한 새로운 법규가 형성될 수 있지만, 이와 같이 법률이 확정되기 전에는 기존 법규를 수정·변경하는 법적 효과가 발생할 수 없고, 다원적 의견이나 각가지 이익을 반영시킨 토론과정을 거쳐 다수결의 원리에 따라 통일적인 국가의사를 형성하는 국회에서 일정한 법률안을 심의하거나 의결한 적이 있다고 하더라도, 그것이 법률로 확정되지 아니한 이상 국가가 이해관계자들에게 위 법률안에 관련된 사항을 약속하였다고 볼 수 없으며, 이러한 사정만으로 어떠한 신뢰를 부여하였다고 볼 수도 없다(대법원 2008. 5. 29. 2004다33469).

5. 자동차손해배상책임

1) 배상책임의 근거

국가배상법 제2조 제1항은 "국가나 지방자치단체는 자동차손해배상 보장법에 따라 손해배상의 책임이 있을 때에는 이 법에 따라 그 손해를 배상하여야 한다."라고 규정하고 있다. 따라서 자동차손해배상 보장법상 배상책임이 인정되면 이를 국가배상법에 우선하여 적용한다.

2) 자동차손해배상 보장법상의 요건

자동차손해배상 보장법상의 책임이 인정되기 위해서는 ① 자기를 위하여 자동차를 운행하는 자가 ② 자동차의 운행 도중 ③ 다른 사람의 인적 손해를 발생시키고 ④ 이에 대한 면책사유가 없어야 한다.

운행자의 과실 여부를 불문하고 손해배상책임을 진다(무과실책임).

3) 구체적 검토

관용차를 직무로 운행하다가 인적 손해가 발생	관용차를 사적 용도로 운행하다가 인적 손해가 발생	개인 차량을 직무로 운행하다가 인적 손해가 발생	개인 차량을 사적 용도로 운행하다가 인적 손해가 발생
• 국가 등: 자배법상의 운행자 책임 ○ • 공무원: 고의 · 중과실이 있는 경우 국가배상법상 책임 ○	개별 사안에 따라 판단	• 공무원: 자배법상의 운행자 책임 ○ • 국가 등: 국가배상법상 책임 ○(직무관련성 ○)	• 공무원: 자배법상의 운행자 책임 ○ • 국가 등: 국가배상법상 책임 ×(직무관련성 ×)

6. 이중배상금지의 원칙

1) 적용대상자

군인, 군무원, 경찰공무원, 예비군대원이 국가배상법에 명시되어 있다(예비군대원은 헌법에 규정되어 있지 않다).

이중배상금지 대상자에 해당 ○	이중배상금지 대상자에 해당 ×
• 향토예비군 • 전투경찰순경	• 공익근무요원 • 현역병으로 입영하여 경비교도로 전임된 자

2) 전투 · 훈련 등 직무집행과 관련한 손해일 것

> **판례**
>
> **국가배상법 제2조 제1항 단서의 면책조항은 전투 · 훈련 또는 이에 준하는 직무집행뿐만 아니라 '일반 직무집행'에 관하여도 적용된다.**
>
> 경찰공무원이 낙석사고 현장 주변 교통정리를 위하여 사고현장 부근으로 이동하던 중 대형 낙석이 순찰차를 덮쳐 사망하자, 도로를 관리하는 지방자치단체가 국가배상법 제2조 제1항 단서에 따른 면책을 주장한 사안에서, 경찰공무원 등이 '전투 · 훈련 등 직무집행과 관련하여' 순직 등을 한 경우 같은 법 및 민법에 의한 손해배상책임을 청구할 수 없다고 정한 국가배상법 제2조 제1항 단서의 면책조항은 전투 · 훈련 또는 이에 준하는 직무집행뿐만 아니라 '일반 직무집행'에 관하여도 국가나 지방자치단체의 배상책임을 제한하는 것이라고 해석하여, 위 면책 주장은 정당하다(대법원 2011. 3. 10. 2010다85942).

3) 군인연금법 등의 다른 법령에 의한 지급을 받을 수 있을 것

이중배상금지규정에 해당하는 자도 다른 법령에 의한 보상을 지급받을 수 없는 경우에는 국가배상법에 따라 청구할 수 있다. 다만 다른 법령에 의한 보상을 받을 수 있었으나 그 청구권이 시효로 소멸한 경우에는 국가배상청구를 할 수 없다.

> **판례**
>
> **군인연금법상의 재해보상 등 별도의 보상을 받을 수 없는 경우에는 국가배상을 청구할 수 있다.**
>
> 군인 또는 경찰공무원으로서 교육훈련 또는 직무 수행 중 상이(공무상의 질병 포함)를 입고 전역 또는 퇴직한 자라고 하더라도 국가유공자예우등에관한법률에 의하여 국가보훈처장이 실시하는 신체검사에서 대통령령이 정하는 상이등급에 해당하는 신체의 장애를 입지 않은 것으로 판명되고 또한 군인연금법상의 재해보상 등을 받을 수 있는 장애등급에도 해당하지 않는 것으로 판명된 자는 위 각 법에 의한 적용 대상에서 제외되고, 따라서 그러한 자는 국가배상법 제2조 제1항 단서의 적용을 받지 않아 국가배상을 청구할 수 있다(대법원 1997. 2. 14. 96다28066).

4) 이중배상금지 대상자에 해당하는 자가 손해배상금을 지급받은 경우

> **판례**
>
> **국가배상법에 따라 손해배상을 받았다는 사정을 들어 보상금 등 보훈급여금의 지급을 거부할 수 없다.**
>
> 전투·훈련 등 직무집행과 관련하여 공상을 입은 군인·군무원·경찰공무원 또는 향토예비군대원이 먼저 국가배상법에 따라 손해배상금을 지급받은 다음 보훈보상대상자 지원에 관한 법률(이하 '보훈보상자법'이라 한다)이 정한 보상금 등 보훈급여금의 지급을 청구하는 경우, 국가배상법 제2조 제1항 단서가 명시적으로 '다른 법령에 따라 보상을 지급받을 수 있을 때에는 국가배상법 등에 따른 손해배상을 청구할 수 없다'고 규정하고 있는 것과 달리 보훈보상자법은 국가배상법에 따른 손해배상금을 지급받은 자를 보상금 등 보훈급여금의 지급대상에서 제외하는 규정을 두고 있지 않은 점, 국가배상법 제2조 제1항 단서의 입법 취지 및 보훈보상자법이 정한 보상과 국가배상법이 정한 손해배상의 목적과 산정방식의 차이 등을 고려하면 국가배상법 제2조 제1항 단서가 보훈보상자법 등에 의한 보상을 받을 수 있는 경우 국가배상법에 따른 손해배상청구를 하지 못한다는 것을 넘어 국가배상법상 손해배상금을 받은 경우 보훈보상자법상 보상금 등 보훈급여금의 지급을 금지하는 것으로 해석하기는 어려운 점 등에 비추어, 국가보훈처장은 국가배상법에 따라 손해배상을 받았다는 사정을 들어 보상금 등 보훈급여금의 지급을 거부할 수 없다(대법원 2017. 2. 3. 2015두60075).
>
> **국가배상법에 따라 손해배상을 받았다면, 군인연금법이 정하고 있는 급여의 지급을 거부할 수 있다.**
>
> 다른 법령에 따라 지급받은 급여와의 조정에 관한 조항을 두고 있지 아니한 보훈보상대상자 지원에 관한 법률과 달리, 군인연금법 제41조 제1항은 "다른 법령에 따라 국가나 지방자치단체의 부담으로 이 법에 따른 급여와 같은 종류의 급여를 받은 사람에게는 그 급여금에 상당하는 금액에 대하여는 이 법에 따른 급여를 지급하지 아니한다."라고 명시적으로 규정하고 있다. 나아가 군인연금법이 정하고 있는 급여 중 사망보상금(군인연금법 제31조)은 일실손해의 보전을 위한 것으로 불법행위로 인한 소극적 손해배상과 같은 종류의 급여라고 봄이 타당하다. 따라서 피고에게 군인연금법 제41조 제1항에 따라 원고가 받은 손해배상금 상당 금액에 대하여는 사망보상금을 지급할 의무가 존재하지 아니한다(대법원 2018. 7. 20. 2018두36691).

5) 공동불법행위에서의 구상권 문제

일반인과 군인 등의 과실이 경합하여 제3자인 군인에게 피해를 입힌 경우 가해자인 일반인은 자신의 과실부분에 한하여 손해배상을 하면 된다. 이 경우에 일반인이 자신의 과실부분을 초과하여 국가의 책임부분까지 배상한 경우에도 국가에 대해 구상권을 행사할 수 없다(대법원 입장).

판례

┃헌법재판소 판례┃

이중배상금지와 구상권

국가배상법 제2조 제1항 단서 중 군인에 관련되는 부분을, 일반국민이 직무집행 중인 군인과의 공동불법행위로 직무집행 중인 다른 군인에게 공상을 입혀 그 피해자에게 공동의 불법행위로 인한 손해를 배상한 다음 공동불법행위자인 군인의 부담부분에 관하여 국가에 대하여 구상권을 행사하는 것을 허용하지 않는다고 해석한다면, 이는 위 단서 규정의 헌법상 근거규정인 헌법 제29조가 구상권의 행사를 배제하지 아니하는데도 이를 배제하는 것으로 해석하는 것으로서 합리적인 이유 없이 일반국민을 국가에 대하여 지나치게 차별하는 경우에 해당하므로 헌법 제11조, 제29조에 위반되며, 또한 국가에 대한 구상권은 헌법 제23조 제1항에 의하여 보장되는 재산권이고 위와 같은 해석은 그러한 재산권의 제한에 해당하며 재산권의 제한은 헌법 제37조 제2항에 의한 기본권제한의 한계 내에서만 가능한데, 위와 같은 해석은 헌법 제37조 제2항에 의하여 기본권을 제한할 때 요구되는 비례의 원칙에 위배하여 일반국민의 재산권을 과잉제한하는 경우에 해당하여 헌법 제23조 제1항 및 제37조 제2항에도 위반된다(헌재 1994. 12. 29 93헌바21).

┃대법원 판례┃

이중배상금지와 구상권

헌법 제29조 제2항, 국가배상법 제2조 제1항 단서의 입법 취지를 관철하기 위하여는, 국가배상법 제2조 제1항 단서가 적용되는 공무원의 직무상 불법행위로 인하여 직무집행과 관련하여 피해를 입은 군인 등에 대하여 위 불법행위에 관련된 일반국민(법인을 포함한다. 이하 '민간인'이라 한다)이 공동불법행위책임, 사용자책임, 자동차운행자책임 등에 의하여 그 손해를 자신의 귀책부분을 넘어서 배상한 경우에도, 국가 등은 피해 군인 등에 대한 국가배상책임을 면할 뿐만 아니라, 나아가 민간인에 대한 국가의 귀책비율에 따른 구상의무도 부담하지 않는다고 하여야 할 것이다(대법원 2001. 2. 15. 96다42420 전원합의체).

7. 영조물의 설치·관리상의 하자로 인한 손해배상

1) 배상책임의 성질 − 민법 제758조, 국가배상법 제2조와의 비교

국가배상법 제5조는 민법 제758조(공작물 등의 점유자, 소유자의 책임)에 상응하는 것이나, 점유자의 면책규정을 두지 아니하고, 그 대상이 공작물에 한정되지 아니한다는 점에서 차이가 있다. 국가배상법 제5조는 국가배상법 제2조와 달리 과실을 배상책임의 요건으로 하고 있지 아니하다는 점에서 통설과 판례는 이를 무과실책임으로 보고 있다.

2) 공공의 영조물

행정주체에 의하여 행정목적으로 제공된 유체물 내지 물적 설비, 즉 공물을 말한다. 이에는 동산, 부동산, 인공공물, 자연공물 및 동물 등이 포함된다. 또한, 국가 또는 지방자치단체가 소유권, 임차권 그 밖의 권한에 기하여 관리하고 있는 경우뿐만 아니라 사실상의 관리를 하고 있는 경우도 포함한다. 따라서 사적 소유물이라도 국가 또는 지방자치단체가 관리하고 있는 경우에는 영조물에 해당한다.

판례

영조물의 개념

국가배상법 제5조 제1항 소정의 "공공의 영조물"이라 함은 국가 또는 지방자치단체에 의하여 특정 공공의 목적에 공여된 유체물 내지 물적 설비를 지칭하며, 특정 공공의 목적에 공여된 물이라 함은 일반 공중의 자유로운 사용에 직접적으로 제공되는 공공용물에 한하지 아니하고, 행정주체 자신의 사용에 제공되는 공용물도 포함하며 국가 또는 지방자치단체가 소유권, 임차권 그 밖의 권한에 기하여 관리하고 있는 경우뿐만 아니라 사실상의 관리를 하고 있는 경우도 포함한다(대법원 1995. 1. 24. 94다45302).

✦ 영조물에 해당하는 경우와 해당하지 않는 경우(판례)

영조물에 해당하는 경우	영조물에 해당하지 않는 경우
① 수도	① 국유림, 국유임야(일반재산)
② 교통신호기	② 공사 중이며 아직 완성되지 않아 일반 공중의 이용에 제공되지 않는 옹벽
③ 도로의 맨홀	③ 공용개시 없이 사실상 통행에 제공되고 있던 도로
④ 여의도광장	④ 폐차된 관용차, 공용폐지된 도로
⑤ 철도역 대합실과 승강장	
⑥ 철도건널목 자동경보기, 차단기	
⑦ 공중화장실	
⑧ 제방과 하천부지	
⑨ 육교·도로, 가로수 등	

3) 설치 또는 관리의 하자

(1) 고의 · 과실

판례는 영조물의 하자의 유무는 객관적으로 판단해야 할 것으로 하자발생에 있어 관리자의 과실 유무는 문제되지 않는다고 본다. 따라서 영조물에 일단 흠결이 있어 손해가 발생한 경우 국가는 그의 관리의무 위반이나 재정력과는 무관하게 배상책임을 지게 된다.

> **판례**
>
> **영조물의 설치·관리상의 하자로 인한 책임은 무과실책임이다.**
>
> 가. 국가배상법 제5조 소정의 영조물의 설치·관리상의 하자라 함은 영조물의 설치 및 관리에 불완전한 점이 있어 이 때문에 영조물 자체가 통상 갖추어야 할 안전성을 갖추지 못한 상태에 있는 것을 말하는 것이다.
>
> 나. 지방자치단체가 관리하는 도로 지하에 매설되어 있는 상수도관에 균열이 생겨 그 틈으로 새어 나온 물이 도로 위까지 유출되어 노면이 결빙되었다면 도로로서의 안전성에 결함이 있는 상태로서 설치·관리상의 하자가 있다.
>
> 다. 국가배상법 제5조 소정의 영조물의 설치·관리상의 하자로 인한 책임은 무과실책임이고 나아가 민법 제758조 소정의 공작물의 점유자의 책임과는 달리 면책사유도 규정되어 있지 않으므로, 국가 또는 지방자치단체는 영조물의 설치·관리상의 하자로 인하여 타인에게 손해를 가한 경우에 그 손해의 방지에 필요한 주의를 해태하지 아니하였다 하여 면책을 주장할 수 없다.
>
> 라. 영조물의 설치 또는 관리상의 하자로 인한 사고라 함은 영조물의 설치 또는 관리상의 하자만이 손해발생의 원인이 되는 경우만을 말하는 것이 아니고, 다른 자연적 사실이나 제3자의 행위 또는 피해자의 행위와 경합하여 손해가 발생하더라도 영조물의 설치 또는 관리상의 하자가 공동원인의 하나가 되는 이상 그 손해는 영조물의 설치 또는 관리상의 하자에 의하여 발생한 것이라고 해석함이 상당하다(대법원 1994. 11. 22. 94다32924).

(2) 하자

영조물을 구성하는 물적 시설 그 자체에 있는 물리적·외형적 흠결이나 불비로 인하여 그 이용자에게 위해를 끼칠 위험성이 있는 경우뿐만 아니라, 그 영조물이 공공의 목적에 이용됨에 있어 그 이용 상태 및 정도가 일정한 한도를 초과하여 제3자에게 사회통념상 수인할 것이 기대되는 한도를 넘는 피해를 입히는 경우까지 포함된다(대법원 2005. 1. 27. 2003다49566). 즉, 영조물의 하자는 물적 하자뿐만 아니라 기능적인 하자와 이용상의 하자까지도 포함한다.

4) 타인에게 손해가 발생할 것

영조물의 설치·관리상의 하자로 인하여 손해가 발생하여야 하고, 이 경우 영조물의 하자와 손해 사이에는 상당인과관계가 인정되어야 한다.

5) 면책사유

영조물이 그 용도에 따라 통상 갖추어야 할 안전성을 갖추고 있으나 불가항력적인 사유로 손해를 발생시킨 경우에는 책임을 면한다. 그러나 예산부족과 같은 재정적인 문제는 참작사유에는 해당할 수 있지만 절대적 면책사유는 되지 못한다.

손해발생의 예견가능성이나 회피가능성이 없다면 영조물의 하자를 인정할 수 없다.

국가배상법 제5조 제1항에 정해진 영조물의 설치 또는 관리의 하자라 함은 영조물이 그 용도에 따라 통상 갖추어야 할 안전성을 갖추지 못한 상태에 있음을 말하는 것이며, 다만 영조물이 완전무결한 상태에 있지 아니하고 그 기능상 어떠한 결함이 있다는 것만으로 영조물의 설치 또는 관리에 하자가 있다고 할 수 없는 것이고, 위와 같은 안전성의 구비 여부를 판단함에 있어서는 당해 영조물의 용도, 그 설치장소의 현황 및 이용 상황 등 제반 사정을 종합적으로 고려하여 설치 · 관리자가 그 영조물의 위험성에 비례하여 사회통념상 일반적으로 요구되는 정도의 방호조치의무를 다하였는지 여부를 그 기준으로 삼아야 하며, 만일 객관적으로 보아 시간적 · 장소적으로 영조물의 기능상 결함으로 인한 손해발생의 예견가능성과 회피가능성이 없는 경우 즉 그 영조물의 결함이 영조물의 설치 · 관리자의 관리행위가 미칠 수 없는 상황 아래에 있는 경우임이 입증되는 경우라면 영조물의 설치 · 관리상의 하자를 인정할 수 없다(대법원 2001. 7. 27. 2000다56822).

이례적인 사고에 대하여는 설치 · 관리상의 하자를 인정할 수 없다.

[1] 영조물의 설치 · 보존의 하자라 함은 영조물이 그 용도에 따라 통상 갖추어야 할 안전성을 갖추지 못한 상태에 있음을 말하는 것이고, 영조물의 설치 및 보존에 있어서 항상 완전무결한 상태를 유지할 정도의 고도의 안전성을 갖추지 아니하였다고 하여 영조물의 설치 또는 관리에 하자가 있는 것으로는 할 수 없는 것이므로, 따라서 영조물의 설치자 또는 관리자에게 부과되는 방호조치의무의 정도는 영조물의 위험성에 비례하여 사회통념상 일반적으로 요구되는 정도의 것을 말한다.

[2] 고등학교 3학년 학생이 교사의 단속을 피해 담배를 피우기 위하여 3층 건물 화장실 밖의 난간을 지나다가 실족하여 사망한 사안에서 학교 관리자에게 그와 같은 이례적인 사고가 있을 것을 예상하여 복도나 화장실 창문에 난간으로의 출입을 막기 위하여 출입금지장치나 추락위험을 알리는 경고표지판을 설치할 의무가 있다고 볼 수는 없다는 이유로 학교시설의 설치 · 관리상의 하자가 없다(대법원 1997. 5. 16. 96다54102).

적설지대가 아닌 지역의 도로 또는 고속도로 등 특수 목적의 도로가 아닌 일반 도로에서 강설로 인하여 발생한 도로통행상의 위험을 즉시 배제하여 그 안전성을 확보할 의무가 도로의 설치 · 관리자에게 있다고 할 수 없다.

적설지대에 속하는 지역의 도로라든가 최저속도의 제한이 있는 고속도로 등 특수 목적을 갖고 있는 도로가 아닌 일반 보통의 도로까지도 도로관리자에게 완전한 인적, 물적 설비를 갖추고 제설작업을 하여 도로통행상의 위험을 즉시 배제하여 그 안전성을 확보하도록 하는 관리의무를 부과하는 것은 도로의 안전성의 성질에 비추어 적당하지 않고, 오히려 그러한 경우의 도로통행의 안전성은 그와 같은 위험에 대면하여 도로를 이용하는 통행자 개개인의 책임으로 확보하여야 한다(대법원 2000. 4. 25. 99다54998).

100년 발생빈도의 강우량을 기준으로 책정된 계획홍수위를 초과하여 600년 또는 1,000년 발생빈도의 강우량에 의한 하천의 범람은 예측가능성 및 회피가능성이 없는 불가항력적인 재해로서 그 영조물의 관리청에게 책임을 물을 수 없다.

하천의 관리청이 관계 규정에 따라 설정한 계획홍수위를 변경시켜야 할 사정이 생기는 등 특별한 사정이 없는 한, 이미 존재하는 하천의 제방이 계획홍수위를 넘고 있다면 그 하천은 용도에 따라 통상 갖추어야 할 안전성을 갖추고 있다고 보아야 하고, 그와 같은 하천이 그 후 새로운 하천시설을 설치할 때 기준으로 삼기 위하여 제정한 '하천시설기준'이 정한 여유고를 확보하지 못하고 있다는 사정만으로 바로 안전성이 결여된 하자가 있다고 볼 수는 없다(대법원 2003. 10. 23. 2001다48057).

위험의 존재를 인식하면서 그 피해를 용인하였다면 가해자의 면책을 인정할 수 있다. 그러나 그 피해가 사회통념상 수인한도를 넘는 것이라면 손해배상액의 산정에 있어 형평의 원칙상 과실상계에 준하여 감액사유로 고려한다.

[1] 국가배상법 제5조 제1항에 정하여진 '영조물의 설치 또는 관리의 하자'라 함은 공공의 목적에 공여된 영조물이 그 용도에 따라 갖추어야 할 안전성을 갖추지 못한 상태에 있음을 말하고, 안전성을 갖추지 못한 상태, 즉 타인에게 위해를 끼칠 위험성이 있는 상태라 함은 당해 영조물을 구성하는 물적 시설 그 자체에 있는 물리적·외형적 흠결이나 불비로 인하여 그 이용자에게 위해를 끼칠 위험성이 있는 경우뿐만 아니라, 그 영조물이 공공의 목적에 이용됨에 있어 그 이용상태 및 정도가 일정한 한도를 초과하여 제3자에게 사회통념상 수인할 것이 기대되는 한도를 넘는 피해를 입히는 경우까지 포함된다고 보아야 한다.

[2] 소음 등을 포함한 공해 등의 위험지역으로 이주하여 들어가서 거주하는 경우와 같이 위험의 존재를 인식하면서 그로 인한 피해를 용인하며 접근한 것으로 볼 수 있는 경우에, 그 피해가 직접 생명이나 신체에 관련된 것이 아니라 정신적 고통이나 생활방해의 정도에 그치고 그 침해행위에 고도의 공공성이 인정되는 때에는, 위험에 접근한 후 실제로 입은 피해 정도가 위험에 접근할 당시에 인식하고 있었던 위험의 정도를 초과하는 것이거나 위험에 접근한 후에 그 위험이 특별히 증대하였다는 등의 특별한 사정이 없는 한 가해자의 면책을 인정하여야 하는 경우도 있을 수 있을 것이나, 일반인이 공해 등의 위험지역으로 이주하여 거주하는 경우라고 하더라도 위험에 접근할 당시에 그러한 위험이 존재하는 사실을 정확하게 알 수 없는 경우가 많고, 그 밖에 위험에 접근하게 된 경위와 동기 등의 여러 가지 사정을 종합하여 그와 같은 위험의 존재를 인식하면서 굳이 위험으로 인한 피해를 용인하였다고 볼 수 없는 경우에는 손해배상액의 산정에 있어 형평의 원칙상 과실상계에 준하여 감액사유로 고려하는 것이 상당하다.

[3] 김포공항에서 발생하는 소음 등으로 인근 주민들이 입은 피해는 사회통념상 수인한도를 넘는 것으로서 김포공항의 설치·관리에 하자가 있다(대법원 2005. 1. 27. 2003다49566).

6) 영조물의 하자와 공무원의 직무상 불법행위가 경합한 경우

피해자는 국가배상법 제2조와 제5조를 선택적으로 주장하여 청구를 할 수 있다(선택적 청구가 가능한 경우에 피해자는 제5조의 책임을 묻는 것이 보다 유리하다. 왜냐하면 제2조의 책임은 공무원의 고의·과실을 필요로 하지만 제5조의 책임은 무과실책임이기 때문이다).

7) 배상책임자

(1) 원칙

영조물의 설치·관리의 하자로 인한 손해배상책임자는 사무의 귀속주체인 국가 또는 지방자치단체가 지는 것이 원칙이다.

(2) 기관위임사무

위임사무가 속하는 국가나 상급자치단체가 사무의 귀속주체로서 배상책임이 있고 수임기관은 관리비용 지출자로서 배상책임이 있다.

(3) 영조물의 설치·관리자와 비용부담자가 다른 경우

피해자는 영조물의 설치·관리자와 비용부담자 중에서 선택적으로 손해배상을 청구할 수 있다.

> **판례**
>
> **도로법 제22조 제2항에 의하여 지방자치단체의 장인 시장이 국도의 관리청에 해당하더라도 이는 시장이 국가로부터 관리업무를 위임받아 국가행정기관의 지위에서 집행하는 것이므로 국가는 도로관리상 하자로 인한 손해배상책임을 면할 수 없다.**
>
> 시가 국도의 관리상 비용부담자로서 책임을 지는 것은 국가배상법이 정한 자신의 고유한 배상책임이므로 도로의 하자로 인한 손해에 대하여 시는 부진정연대채무자인 공동불법행위자와의 내부관계에서 배상책임을 분담하는 관계에 있으며 국가배상법 제6조 제2항의 규정은 도로의 관리주체인 국가와 그 비용을 부담하는 경제주체인 시 상호간에 내부적으로 구상의 범위를 정하는 데 적용될 뿐 이를 들어 구상권자인 공동불법행위자에게 대항할 수 없다(대법원 1993. 1. 26. 92다2684).

8. 손해배상청구의 절차

1) 임의적 전치주의

배상심의회의 심의를 거치지 않고 국가배상소송을 제기할 수 있다.

2) 배상심의회의 결정

신청인은 배상심의회의 결정에 동의하여 배상금을 수령한 후에도 배상액의 증액을 요구하는 소송이 가능하다. 따라서 국가배상법에 의한 배상심의회의 결정은 행정처분에 해당하지 않는다(행정소송의 대상이 아니다).

3) 사법절차에 의한 배상청구

판례는 국가배상법을 사법으로 보아 국가배상청구권을 사권으로 파악한다. 따라서 국가배상청구소송을 민사소송으로 처리하고 있다.

확인학습

1 국가나 지방자치단체는 공무원이 직무를 집행하면서 고의 또는 과실로 위법하게 타인에게 손해를 가한 때에 국가배상법상 배상책임을 지며, 다만 국가나 지방자치단체가 그 공무원의 선임 및 감독에 상당한 주의를 하였다면 국가나 지방자치단체는 국가배상책임을 면한다. ✕

　해설 면책사유에 관한 규정이 없다.

2 국가배상법은 외국인이 피해자인 경우에는 해당 국가와 상호 보증이 있는 때에만 국가배상법이 적용된다고 규정하고 있다. 〇

3 공무원은 국가공무원법 및 지방공무원법상의 공무원뿐만 아니라 널리 공무를 위탁받아 그에 종사하는 모든 자를 포함한다. 〇

4 공무를 위탁받아 실질적으로 공무에 종사하고 있는 자는 공무의 위탁이 일시적이고 한정적이라고 할지라도 공무원이 될 수 있다. 〇

5 법령의 위탁에 의하여 대집행권한을 수권받은 구 한국토지공사는 대집행을 실시함에 따르는 권리·의무 및 책임이 귀속되는 행정주체의 지위에 있으며, 지방자치단체의 기관으로서 국가배상법 제2조 소정의 공무원에 해당한다. ✕

　해설 한국토지공사는 이러한 법령의 위탁에 의하여 대집행을 수권받은 자로서 공무인 대집행을 실시함에 따르는 권리·의무 및 책임이 귀속되는 행정주체의 지위에 있다고 볼 것이지 지방자치단체 등의 기관으로서 국가배상법 제2조 소정의 공무원에 해당한다고 볼 것은 아니다(대법원 2010. 1. 28. 2007다82950·82967).

6 국가배상법이 정한 손해배상청구의 요건인 ‘공무원의 직무’에는 국가나 지방자치단체의 권력적 작용뿐만 아니라 비권력적 작용도 포함되지만 단순한 사경제의 주체로서 하는 작용은 포함되지 아니한다. 〇

7 공무원의 직무에는 권력적 작용만이 아니라 행정지도와 같은 비권력적 작용도 포함된다. 〇

8 국가의 철도운행사업은 사경제적 작용이라 할지라도 공공의 영조물인 철도시설물의 설치 또는 관리의 하자로 인한 불법행위를 원인으로 하여 국가에 대하여 손해배상청구를 하는 경우에는 국가배상법이 적용된다. 〇

9 공무원의 행위가 실질적으로 공무집행행위가 아니라는 사정을 피해자가 알았다면 그것만으로 국가배상책임을 부인할 수 있다. ✕

10 국가배상법은 행정작용뿐만 아니라 입법작용 및 사법작용에도 적용된다. 〇

11 헌법에 의하여 일반적으로 부과된 의무가 있음에도 불구하고 국회가 그 입법을 하지 않고 있다면 국가배상법상 배상책임이 인정된다. ✕

　해설 구체적인 입법의무를 부담하는 경우 국가배상법상 배상책임이 인정된다.

12 국회의원은 원칙적으로 정치적 책임을 질 뿐이므로 헌법에 따른 구체적 입법의무를 부담하고 있음에도 그 입법에 필요한 상당한 기간이 경과하도록 고의 또는 과실로 그 입법의무를 이행하지 아니하는 경우 그 배상책임이 인정되기 어렵다. ✕

　해설 헌법에 의하여 부과되는 구체적인 입법의무를 부담하고 있음에도 불구하고 그 입법에 필요한 상당한 기간이 경과하도록 고의 또는 과실로 이러한 입법의무를 이행하지 아니하는 등 극히 예외적인 사정이 인정되는 사안에 한정하여 국가배상법 소정의 배상책임이 인정될 수 있으며 위와 같은 구체적인 입법의무 자체가 인정되지 않는 경우에는 애당초 부작위로 인한 불법행위가 성립할 여지가 없다.

13 헌법재판소 재판관이 청구기간 내에 제기된 헌법소원심판청구 사건의 청구기간을 오인하여 각하결정을 한 경우, 이에 대한 불복절차 내지 시정절차가 없는 때에는 국가배상책임을 인정할 수 있다. ◯

14 행정처분이 후에 항고소송에서 취소되었다고 할지라도 그 기판력에 의하여 당해 행정처분이 곧바로 공무원의 고의 또는 과실로 인한 것으로서 불법행위를 구성한다고 단정할 수는 없다. ◯

15 준공검사업무를 담당하는 공무원이 준공검사를 현저히 지연시켰고 그러한 지연이 직무에 충실한 보통 일반의 공무원을 표준으로 할 때 객관적 정당성을 상실하였다고 인정될 정도에 이른 경우에는 국가배상법 제2조의 위법성이 인정된다. ◯

16 행정처분의 담당 공무원이 주관적 주의의무를 결하여 그 행정처분이 주관적 정당성을 상실하였다고 인정될 정도에 이른 경우에 국가배상법 제2조의 요건을 충족하였다고 봄이 상당하다. ✕

17 일반적으로 공무원이 관계법규를 알지 못하거나 필요한 지식을 갖추지 못하고 법규의 해석을 그르쳐 행정처분을 하였다면 그가 법률전문가가 아닌 행정직 공무원이라고 하여 과실이 없다고는 할 수 없다. ◯

18 공무원이 관계 법령의 해석이 확립되기 전에 어느 한 설을 취하여 업무를 처리한 것이 결과적으로 위법하더라도 처분 당시 그 이상의 업무처리를 성실한 평균적 공무원에게 기대하기 어려웠던 경우라면 원칙적으로 공무원의 과실을 인정할 수 없다. ◯

19 행정입법에 관여한 공무원이 입법 당시의 상황에서 다양한 요소를 고려하여 나름대로 합리적인 근거를 찾아 어느 하나의 견해에 따라 경과규정을 두는 등의 조치 없이 새 법령을 그대로 시행하거나 적용한 경우, 그와 같은 공무원의 판단이 나중에 대법원이 내린 판단과 같지 않다고 하더라도 국가배상책임의 성립요건인 공무원의 과실이 있다고 할 수는 없다. ◯

20 처분이 있은 후에 근거법률이 위헌으로 결정된 경우, 그 법률을 적용한 공무원에게 고의 또는 과실이 있었다고 단정할 수 있다. ✕

21 법령 위반에는 엄격한 의미의 법령 위반뿐만 아니라 인권존중, 권력남용금지, 신의성실, 공서양속 등의 위반도 포함된다. ◯

22 국가가 초법규적 위험배제에 나서지 아니하면 국민의 생명·신체·재산 등을 보호할 수 없는 경우 그 위험을 배제할 공무원의 작위의무가 인정되며, 그러한 작위의무 위반도 국가배상법 제2조 제1항의 법령 위반에 해당한다. ◯

23 절박하고 중대한 위험상태가 발생하였거나 발생할 우려가 있는 경우가 아닌 한, 원칙적으로 공무원이 관련 법령대로만 직무를 수행하였다면 그와 같은 공무원의 부작위를 가지고 '고의 또는 과실로 법령에 위반'하였다고 할 수는 없다. ◯

24 공무원에 대한 전보인사가 인사권을 다소 부적절하게 행사한 것으로 볼 여지가 있다 하더라도 그러한 사유만으로 그 전보인사가 당연히 불법행위를 구성한다고 볼 수는 없다. ◯

25 공무원의 가해행위에 대해 형사상 무죄판결이 있었더라도 그 가해행위를 이유로 국가배상책임이 인정될 수 있다. ○

해설 형사상 범죄를 구성하지 아니하는 침해행위라고 하더라도 그것이 민사상 불법행위를 구성하는지 여부는 형사책임과 별개의 관점에서 검토하여야 한다. 경찰관이 범인을 제압하는 과정에서 총기를 사용하여 범인을 사망에 이르게 한 경우, 경찰관이 총기사용에 이르게 된 동기나, 목적, 경위 등을 고려하여 형사사건에서 무죄판결이 확정되었더라도 당해 경찰관의 과실의 내용과 그로 인하여 발생한 결과의 중대함에 비추어 민사상 불법행위책임이 인정된다(대법원 2008. 2. 1. 2006다6713).

26 공무원이 고의 또는 과실로 그에게 부과된 직무상 의무를 위반하였을 경우라고 하더라도 국가는 그러한 직무상의 의무 위반과 피해자가 입은 손해 사이에 상당인과관계가 인정되는 범위 내에서만 배상책임을 진다. ○

27 국가 등에게 일정한 기준에 따라 상수원수의 수질을 유지하여야 할 의무를 부과하고 있는 수도법의 규정은 국민에게 양질의 수돗물이 공급되게 함으로써 국민 개개인의 안전과 이익을 직접적으로 보호하기 위한 것으로서, 그 의무에 위반하여 국민에게 손해를 가하였다면 국가 또는 지방자치단체는 배상책임을 부담한다. ✕

28 유흥주점의 화재로 여종업원들이 사망한 경우, 담당 공무원의 유흥주점의 용도변경, 무허가 영업 및 시설기준에 위배된 개축에 대하여 시정명령 등 식품위생법상 취하여야 할 조치를 게을리한 직무상 의무 위반행위와 여종업원들의 사망 사이에는 상당인과관계가 존재하지 아니한다. ○

해설 비교 소방공무원, 경찰관은 직무상 의무를 위반한 것으로서 위법하다.

29 국가배상법은 생명·신체의 침해에 대한 위자료의 지급만을 규정하고 있으므로, 재산권의 침해에 대해서는 위자료를 청구할 수 없다. ✕

30 지방자치단체장이 설치하여 관할 지방경찰청장에게 관리권한이 위임된 교통신호기 고장에 의한 교통사고가 발생한 경우 해당 지방자치단체뿐만 아니라 국가도 손해배상책임을 진다. ○

해설 지방자치단체장이 지방자치단체의 사무로서 교통신호기를 설치하고 그 권리권한을 관할 지방경찰청장에게 위임한 경우에, 국가배상법 제5조(공공시설 등의 하자로 인한 책임)에 의한 배상책임을 부담하는 것은 지방자치단체라고 할 것이나 국가도 국가배상법 제6조 제1항 소정의 비용부담으로써 배상책임을 부담한다.

31 공무원 책임에 대한 규정인 헌법 제29조 제1항 단서는 그 조항 자체로 공무원 개인의 구체적인 손해배상책임의 범위까지 규정한 것으로 보기는 어렵다. ○

해설 헌법 제29조 제1항 단서는 공무원이 한 직무상 불법행위로 인하여 국가 등의 배상책임을 진다고 할지라도 그 때문에 공무원 자신의 민·형사 책임이나 징계책임이 면제되지 아니한다는 원칙을 규정한 것이나, 그 조항 자체로 공무원 개인의 구체적인 손해배상책임의 범위까지 규정한 것으로 보기는 어렵다(대법원 1996. 2. 15. 95다38677 전원합의체).

32 피해자에게 손해를 직접 배상한 경과실이 있는 공무원이 국가에 대하여 국가의 손해배상책임의 범위 내에서 자신이 변제한 금액에 관하여 구상권을 행사하는 것은 권리남용으로 허용되지 아니한다. ✕

해설 경과실이 있는 공무원이 피해자에게 직접 손해를 배상하였다면 그것은 채무자가 아닌 사람이 타인의 채무를 변제한 경우에 해당한다. 따라서 피해자에게 손해를 직접 배상한 경과실이 있는 공무원은 특별한 사정이 없는 한, 국가의 피해자에 대한 손해배상책임의 범위 내에서 자신이 변제한 금액에 관하여 국가에 대한 구상권을 취득한다.

33 자동차손해배상 보장법은 배상책임의 성립요건에 관하여는 국가배상법에 우선하여 적용된다. ○

34 공무원이 자기소유 차량으로 공무수행 중 사고를 일으킨 경우 공무원 개인은 경과실에 의한 것인지, 고의 또는 중과실에 의한 것인지를 가리지 않고 자동차손해배상 보장법상의 운행자성이 인정되는 한 배상책임을 부담한다. 　　　　　　　　　　　　　　　　　　　　　　　　　　　　　　　ⓞ

35 이중배상이 배제되는 군인 및 경찰공무원 등의 경우에도 다른 법령에 의하여 재해보상금·유족연금·상이연금 등의 보상을 지급받을 수 없을 때에는 국가배상법에 의하여 배상을 청구할 수 있다. 　　　ⓞ

36 경찰공무원이 낙석사고 현장 부근으로 이동하던 중 대형 낙석이 순찰차를 덮쳐 사망한 사안에서 국가배상법의 이중배상금지 규정에 따른 면책조항은 전투·훈련 또는 이에 준하는 직무집행뿐만 아니라 일부 직무집행에 관하여도 국가나 지방자치단체의 배상책임을 제한하는 것으로 해석하여야 한다. 　　　　　　　　　　　　　　　　　　　　　　　　　　　　　　　　　　　　ⓞ

37 직무집행과 관련하여 공상을 입은 군인이 먼저 국가배상법상 손해배상을 받은 다음 구 국가유공자 등 예우 및 지원에 관한 법률상 보훈급여금을 지급 청구하는 경우에는 국가배상을 받았다는 이유로 그 지급을 거부할 수 없다. 　　　　　　　　　　　　　　　　　　　　　　　　　　　　　ⓞ

38 국가배상법 제2조 제1항 단서에 의해 군인 등의 국가배상청구권이 제한되는 경우, 공동불법행위자인 민간인은 피해를 입은 군인 등에게 그 손해 전부에 대하여 배상하여야 하는 것은 아니며 자신의 부담부분에 한하여 손해배상의무를 부담한다. 　　　　　　　　　　　　　　　　　　　ⓞ

39 민간인과 직무집행 중인 군인의 공동불법행위로 인하여 직무집행 중인 다른 군인이 피해를 입은 경우 민간인이 피해 군인에게 자신의 과실비율에 따라 내부적으로 부담할 부분을 초과하여 피해금액 전부를 배상한 경우에 대법원 판례에 따르면 민간인은 국가에 대해 가해 군인의 과실비율에 대한 구상권을 행사할 수 있다. 　　　　　　　　　　　　　　　　　　　　　　　　❌

　　해설 구상권을 행사할 수 없다.

40 국가배상법 제5조 제1항 소정의 '공공의 영조물'이라 함은 일반 공중의 자유로운 사용에 직접적으로 제공되는 공공용물에 한하지 아니하고, 행정주체 자신의 사용에 제공되는 공용물도 포함하며 국가 또는 지방자치단체가 소유권, 임차권 그 밖의 권한에 기하여 관리하고 있는 경우뿐만 아니라 사실상의 관리를 하고 있는 경우도 포함된다. 　　　　　　　　　　　　　　　　　　　ⓞ

41 고속도로의 관리상 하자가 인정되더라도 고속도로의 관리상 하자를 판단할 때 고속도로의 점유관리자가 손해의 방지에 필요한 주의의무를 해태하였다는 주장·입증책임은 피해자에게 있다. ❌

　　해설 고속도로의 관리상 하자가 인정되는 이상 고속도로의 점유관리자는 그 하자가 불가항력에 의한 것이거나 손해의 방지에 필요한 주의를 해태하지 아니하였다는 점을 주장·입증하여야 비로소 그 책임을 면할 수 있다.

42 다른 자연적 사실이나 제3자의 행위 또는 피해자의 행위와 경합하여 손해가 발생하였더라도 영조물의 설치·관리상의 하자에 의하여 발생한 것이라고 보아야 한다. 　　　　　　　　　ⓞ

43 차량이 통행하는 도로에 유입되는 소음 때문에 인근 주택의 거주자에게 사회통념상 일반적으로 수인할 정도를 넘어서는 침해가 있는지 여부는 주택법 등에서 제시하는 주택건설 기준보다는 환경정책기본법 등에서 설정하고 있는 환경기준을 우선적으로 고려하여 판단하여야 한다. 　　ⓞ

44 국가배상청구소송 제기 전에 반드시 배상심의회의 전심절차를 거쳐야 한다. 　　　　　❌

45 국가배상청구소송에서 배상심의회에 의한 배상결정은 행정처분이 아니다. 　　　　　ⓞ

02 행정상 손실보상

1. 의의

공공필요에 의한 적법한 공권력 행사에 의하여 개인의 재산에 특별한 손해가 발생한 경우 이에 대한 재산적 보상을 말한다.

2. 손실보상의 근거

1) 헌법적 근거

> **헌법 제23조** ① 모든 국민의 재산권은 보장된다. 그 내용과 한계는 법률로 정한다.
> ② 재산권의 행사는 공공복리에 적합하도록 하여야 한다.
> ③ 공공필요에 의한 재산권의 수용·사용 또는 제한 및 그에 대한 보상은 법률로써 하되, 정당한 보상을 지급하여야 한다.

헌법 제23조 제1항은 재산권에 대한 존속보장을 규정한 것이고, 제2항은 보상을 요하지 않는 사회적 제약을 규정한 조항이다. 제3항이 공용침해에 관한 손실보상의 근거규정에 해당한다.

2) 개별법적 근거

손실보상에 관한 일반법은 존재하지 않는다.

3. 손실보상청구권의 법적 성질

판례

원칙 : 손실보상청구권의 법적 성질은 사권이다.

구 공공용지의 취득 및 손실보상에 관한 특례법(2002. 2. 4. 법률 제6656호로 폐지되기 전의 것)은 사업시행자가 토지 등의 소유자로부터 토지 등의 협의취득 및 그 손실보상의 기준과 방법을 정한 법으로서, 이에 의한 협의취득 또는 보상합의는 공공기관이 사경제주체로서 행하는 사법상 매매 내지 사법상 계약의 실질을 가진다(대법원 2004. 9. 24. 2002다68713).

예외 : 하천법 규정에 의한 하천구역의 편입토지 보상에 관한 손실보상청구권의 법적 성질은 공권이고 그 쟁송절차는 당사자소송이다.

[1] 하천법은 유수지에 해당되어 하천구역으로 된 토지 및 국유로 된 제외지 안의 토지에 대하여는 관리청이 그 손실을 보상하도록 규정하였고, 소멸시효의 만료로 보상청구권이 소멸되어 보상을 받지 못한 토지에 대하여는 시·도지사가 그 손실을 보상하도록 규정하고 있는바, 위 각 규정들에 의한 손실보상청구권은 모두 종전의 하천법 규정 자체에 의하여 하천구역으로 편입되어 국유로 되었으나 그에 대한 보상규정이 없었거나 보상청구권이 시효로 소멸되어 보상을 받지 못한 토지들에 대하여, 국가가 반성적 고려와 국민의 권리구제 차원에서 그 손실을 보상하기 위하여 규정한 것으로서, 그 법적 성질은 하천법 본칙(본칙)이 원래부터 규정하고 있던 하천구역에의 편입에 의한 손실보상청구권과 하등 다를 바가 없는 것이어서 공법상의 권리임이 분명하므로 그에 관한 쟁송도 행정소송절차에 의하여야 한다.

[2] 위 규정들에 의한 손실보상청구권은 1984. 12. 31. 전에 토지가 하천구역으로 된 경우에는 당연히 발생되는 것이지, 관리청의 보상금지급결정에 의하여 비로소 발생하는 것은 아니므로, 위 규정들에 의한 손실보상금의 지급을 구하거나 손실보상청구권의 확인을 구하는 소송은 행정소송법 제3조 제2호 소정의 당사자소송에 의하여야 한다(대법원 2006. 5. 18. 2004다6207 전원합의체).

예외 : 토지보상법상 사업폐지 등에 대한 보상청구권은 공법상 권리이다.

공익사업을 위한 토지 등의 취득 및 보상에 관한 법률 시행규칙 제57조에 따른 사업폐지 등에 대한 보상청구권은 공익사업의 시행 등 적법한 공권력의 행사에 의한 재산상 특별한 희생에 대하여 전체적인 공평부담의 견지에서 공익사업의 주체가 손해를 보상하여 주는 손실보상의 일종으로 공법상 권리임이 분명하므로 그에 관한 쟁송은 민사소송이 아닌 행정소송절차에 의하여야 한다(대법원 2012. 10. 11. 2010다23210).

4. 행정상 손실보상의 요건

1) 공공필요

공공의 필요란 공공의 이익을 위해서 재산권의 제한이 불가피한 경우를 말한다.
공공필요의 판단은 추구하는 사업의 공익성을 중심으로 판단하는 것이지 사업의 주체가 누구인지는 결정적 요소가 아니다. 따라서 공공의 필요성이 있으면 사인도 수용 등이 가능하다.

판례

공공필요에 대한 입증책임

공용수용은 공익사업을 위하여 특정의 재산권을 법률에 의하여 강제적으로 취득하는 것을 내용으로 하므로 그 공익사업을 위한 필요가 있어야 하고, 그 필요가 있는지에 대하여는 수용에 따른 상대방의 재산권침해를 정당화할 만한 공익의 존재가 쌍방의 이익의 비교형량의 결과로 입증되어야 하며, 그 입증책임은 사업시행자에게 있다(대법원 2005. 11. 10. 2003두7507).

2) 재산권

재산권은 재산적 가치가 있는 모든 권리를 포함한다. 따라서 사법상의 권리만이 아니라 공법상의 권리도 손실보상의 대상이다.

다만, 현존하는 재산적 가치가 대상이므로 기대이익이나 자연적·문화적·학술적 가치 등은 원칙적으로 손실보상의 대상인 재산권이 아니며, 생명·신체와 같은 비재산적 권리도 손실보상의 대상이 아니다.

> **판례**
>
> **토지의 문화적, 학술적 가치는 토지수용법상 손실보상의 대상이 될 수 없다.**
>
> 문화적, 학술적 가치는 특별한 사정이 없는 한 그 토지의 부동산으로서의 경제적, 재산적 가치를 높여 주는 것이 아니므로 토지수용법 제51조 소정의 손실보상의 대상이 될 수 없으니, 이 사건 토지가 철새 도래지로서 자연 문화적인 학술가치를 지녔다 하더라도 손실보상의 대상이 될 수 없다(대법원 1989. 9. 12. 88누11216).
>
> **위법한 건물도 재산권에 해당한다.**
>
> 지장물인 건물이 주거용인 경우에 가족수에 따른 주거비를 추가로 지급하되 무허가건물의 경우에는 그러하지 아니하다고 규정함으로써 무허가건물도 보상의 대상에 포함됨을 전제로 하고 있는바, 이와 같은 관계법령을 종합하여 보면, 지장물인 건물은 그 건물이 적법한 건축허가를 받아 건축된 것인지 여부에 관계없이 토지수용법상의 사업인정의 고시 이전에 건축된 건물이기만 하면 손실보상의 대상이 됨이 명백하다(대법원 2000. 3. 10. 99두10896).

3) 적법한 공권력의 행사

손실보상의 대상인 침해는 적법한 공권력 행사에 의한 침해를 말한다. 침해의 근거가 되는 법률은 국회가 제정한 형식적 의미의 법률을 말한다. 따라서 위임이 없는 한 명령이나 조례로는 수용 등을 할 수 없다.

4) 공용침해(수용·사용·제한)

> **판례**
>
> **손실보상을 인정하기 위해서는 재산권에 대한 현실적 침해가 발생해야 하며, 공익사업과 재산권의 침해 사이에 상당인과관계가 있어야 한다.**
>
> [1] 손실보상은 공공필요에 의한 행정작용에 의하여 사인에게 발생한 특별한 희생에 대한 전보라는 점에서 그 사인에게 특별한 희생이 발생하여야 하는 것은 당연히 요구되는 것이고, 공유수면 매립면허의 고시가 있다고 하여 반드시 그 사업이 시행되고 그로 인하여 손실이 발생한다고 할 수 없으므로, 매립면허 고시 이후 매립공사가 실행되어 관행어업권자에게 실질적이고 현실적인 피해가 발생한 경우에만 공유수면매립법에서 정하는 손실보상청구권이 발생하였다고 할 것이다.

[2] 소멸시효는 권리자가 그 권리를 행사할 수 있음에도 일정한 기간 동안 행사하지 않는 권리불행사의 상태가 계속된 경우에 그 권리를 소멸시키는 제도로서, 상당한 기간 동안 권리불행사가 지속되어 있는 이상 그 권리가 사법상의 손실보상청구인지 아니면 공법상 손실보상청구인지에 따라 달리 볼 것은 아니다. 따라서 공유수면매립법상 간척사업의 시행으로 인하여 관행어업권이 상실되었음을 이유로 한 손실보상청구권에도 그 소멸시효에 관하여 달리 정함이 없으면 민법에서 정하는 소멸시효규정이 유추적용될 수 있고, 이 경우 관행어업권자가 그 매립면허를 받은 자 또는 사업시행자에 대하여 가지는 손실보상청구권은 금전의 지급을 구하는 채권적 권리이므로 그 소멸시효기간은 민법 제162조 제1항에 따라 10년이다. 또한 그 소멸시효의 기산일은 손실보상청구권이 객관적으로 발생하여 그 권리를 행사할 수 있는 때, 곧 특별한 사정이 없는 한 이 사건 간척사업으로 인하여 관행어업권자가 자연산 패류 및 해초류 어장으로서의 어장을 상실하는 등 실질적이고 현실적인 손실이 발생한 때부터라고 보는 것이 타당하다(대법원 2010. 12. 9. 2007두6571).

5) 특별한 희생

재산권은 사회공동체라는 관계에서 일정한 한계가 존재한다. 이러한 사회적 제약에서 발생하는 일반적 희생은 손실보상의 대상이 아니다.

판례

공공용물에 대한 일반사용이 적법한 개발행위로 제한됨으로 인한 불이익은 손실보상의 대상이 되는 특별한 손실이 아니다.

일반 공중의 이용에 제공되는 공공용물에 대하여 특허 또는 허가를 받지 않고 하는 일반사용은 다른 개인의 자유이용과 국가 또는 지방자치단체 등의 공공목적을 위한 개발 또는 관리·보존행위를 방해하지 않는 범위 내에서만 허용된다 할 것이므로, 공공용물에 관하여 적법한 개발행위 등이 이루어짐으로 말미암아 이에 대한 일정범위의 사람들의 일반사용이 종전에 비하여 제한받게 되었다 하더라도 특별한 사정이 없는 한 그로 인한 불이익은 손실보상의 대상이 되는 특별한 손실에 해당한다고 할 수 없다(대법원 2002. 2. 26. 99다35300).

개발제한구역 지정으로 인한 재산권 행사의 제한은 사회적 제약에 불과하다.

도시계획법 제21조의 규정에 의하여 개발제한구역 안에 있는 토지의 소유자는 재산상의 권리 행사에 많은 제한을 받게 되고 그 한도 내에서 일반 토지소유자에 비하여 불이익을 받게 됨은 명백하지만, '도시의 무질서한 확산을 방지하고 도시주변의 자연환경을 보전하여 도시민의 건전한 생활환경을 확보하기 위하여 또는 국방부장관의 요청이 있어 보안상 도시의 개발을 제한할 필요가 있다고 인정되는 때'에 한하여 가하여지는 그와 같은 제한으로 인한 토지소유자의 불이익은 공공의 복리를 위하여 감수하지 아니하면 안 될 정도의 것이라고 인정되므로, 그에 대하여 손실보상의 규정을 두지 아니하였다 하여 도시계획법 제21조의 규정을 헌법 제23조 제3항, 제11조 제1항 및 제37조 제2항에 위배되는 것으로 볼 수 없다(대법원 1996. 6. 28. 94다54511).

개발제한구역의 설정으로 종래의 지목과 토지현황에 의한 이용방법에 따른 토지의 사용도 할 수 없거나 실질적으로 사용·수익을 전혀 할 수 없는 예외적인 경우에는 특별한 희생에 해당한다.

개발제한구역의 지정으로 인한 개발가능성의 소멸과 그에 따른 지가의 하락이나 지가상승률의 상대적 감소는 토지소유자가 감수해야 하는 사회적 제약의 범주에 속하는 것으로 보아야 한다. 자신의 토지를 장래에 건축이나 개발목적으로 사용할 수 있으리라는 기대가능성이나 신뢰 및 이에 따른 지가상승의 기회는 원칙적으로 재산권의 보호범위에 속하지 않는다. 구역지정 당시의 상태대로 토지를 사용·수익·처분할 수 있는 이상, 구역지정에 따른 단순한 토지이용의 제한은 원칙적으로 재산권에 내재하는 사회적 제약의 범주를 넘지 않는다.

도시계획법 제21조에 의한 재산권의 제한은 개발제한구역으로 지정된 토지를 원칙적으로 지정 당시의 지목과 토지현황에 의한 이용방법에 따라 사용할 수 있는 한, 재산권에 내재하는 사회적 제약을 비례의 원칙에 합치하게 합헌적으로 구체화한 것이라고 할 것이나, 종래의 지목과 토지현황에 의한 이용방법에 따른 토지의 사용도 할 수 없거나 실질적으로 사용·수익을 전혀 할 수 없는 예외적인 경우에도 아무런 보상 없이 이를 감수하도록 하고 있는 한, 비례의 원칙에 위반되어 당해 토지소유자의 재산권을 과도하게 침해하는 것으로서 헌법에 위반된다(헌재 1998. 12. 24. 89헌마214).

5. 손실보상의 기준

판례

정당보상의 의미

헌법 제23조 제3항이 규정하는 정당한 보상이란 원칙적으로 피수용재산의 객관적인 재산가치를 완전하게 보상하는 것이어야 한다는 완전보상을 의미한다(헌재 1995. 4. 20. 93헌바20·66).

당해 사업의 시행으로 인한 개발이익은 포함되지 아니한다.

당해 수용사업의 시행으로 인한 개발이익은 수용대상토지의 수용 당시의 객관적 가치에 포함되지 아니하는 것이므로 수용대상토지에 대한 손실보상액을 산정함에 있어서 손실보상액 산정의 기준이 되는 공시지가에 당해 수용사업의 시행으로 인한 개발이익이 포함되어 있을 경우 그 공시지가에서 그러한 개발이익을 배제한 다음 이를 기준으로 하여 손실보상액을 평가하는 것이 정당보상의 원리에 합당하다(대법원 1993. 7. 27. 92누11084).

당해 사업과 관계없는 사업으로 인한 개발이익은 배제하지 아니한 가격으로 평가하여야 한다.

토지수용으로 인한 손실보상액을 산정함에 있어서 당해 공공사업의 시행을 직접목적으로 하는 계획의 승인, 고시로 인한 가격변동은 이를 고려함이 없이 수용재결 당시의 가격을 기준으로 하여 적정가격을 정하여야 하나, 당해 공공사업과는 관계없는 다른 사업의 시행으로 인한 개발이익은 이를 배제하지 아니한 가격으로 평가하여야 한다(대법원 1992. 2. 11. 91누7774).

6. 공익사업을 위한 토지 등의 취득 및 보상에 관한 법률(토지보상법)

1) 공용수용 또는 사용의 절차

(1) 사업인정

> **토지보상법**
>
> **제19조 【토지등의 수용 또는 사용】** ① 사업시행자는 공익사업의 수행을 위하여 필요하면 이 법에서 정하는 바에 따라 토지등을 수용하거나 사용할 수 있다.
>
> ② 공익사업에 수용되거나 사용되고 있는 토지등은 특별히 필요한 경우가 아니면 다른 공익사업을 위하여 수용하거나 사용할 수 없다.
>
> **제20조 【사업인정】** ① 사업시행자는 제19조에 따라 토지등을 수용하거나 사용하려면 대통령령으로 정하는 바에 따라 국토교통부장관의 사업인정을 받아야 한다.
>
> **제22조 【사업인정의 고시】** ① 국토교통부장관은 제20조에 따른 사업인정을 하였을 때에는 지체 없이 그 뜻을 사업시행자, 토지소유자 및 관계인, 관계 시·도지사에게 통지하고 사업시행자의 성명이나 명칭, 사업의 종류, 사업지역 및 수용하거나 사용할 토지의 세목을 관보에 고시하여야 한다.
>
> ③ 사업인정은 제1항에 따라 고시한 날부터 그 효력이 발생한다.
>
> **제23조 【사업인정의 실효】** ① 사업시행자가 제22조 제1항에 따른 사업인정의 고시(이하 "사업인정고시"라 한다)가 된 날부터 1년 이내에 제28조 제1항에 따른 재결신청을 하지 아니한 경우에는 사업인정고시가 된 날부터 1년이 되는 날의 다음 날에 사업인정은 그 효력을 상실한다.
>
> ② 사업시행자는 제1항에 따라 사업인정이 실효됨으로 인하여 토지소유자나 관계인이 입은 손실을 보상하여야 한다.

판례

사업인정의 성질

사업인정은 일정한 절차를 거칠 것을 조건으로 하여 일정한 내용의 수용권을 설정해주는 행정처분의 성격을 띠는 것으로서 그 사업인정을 받음으로써 일종의 공법상의 권리로서의 효력을 발생시킨다(대법원 1987. 9. 8. 87누395).

사업인정처분의 위법·부당함을 이유로 수용재결처분의 취소를 구할 수 없다.

토지수용법 제14조에 따른 사업인정은 그 후 일정한 절차를 거칠 것을 조건으로 하여 일정한 내용의 수용권을 설정해 주는 행정처분의 성격을 띠는 것으로서 그 사업인정을 받음으로써 수용할 목적물의 범위가 확정되고 수용권으로 하여금 목적물에 관한 현재 및 장래의 권리자에게 대항할 수 있는 일종의 공법상의 권리로서의 효력을 발생시킨다고 할 것이므로 위 사업인정단계에서의 하자를 다투지 아니하여 이미 쟁송기간이 도과한 수용재결단계에 있어서는 위 사업인정처분에 중대하고 명백한 하자가 있어 당연무효라고 볼만한 특단의 사정이 없다면 그 처분의 불가쟁력에 의하여 사업인정처분의 위법, 부당함을 이유로 수용재결처분의 취소를 구할 수 없다(대법원 1987. 9. 8. 87누395).

도시계획의 수립에 있어서 공청회를 열지 아니하였더라도 이는 절차상의 위법으로서 취소사유에 해당한다.

도시계획의 수립에 있어서 도시계획법 제16조의2 소정의 공청회를 열지 아니하고 공공용지의취득및손실보상에관한특례법 제8조 소정의 이주대책을 수립하지 아니하였더라도 이는 절차상의 위법으로서 취소사유에 불과하고 그 하자가 도시계획결정 또는 도시계획사업시행인가를 무효라고 할 수 있을 정도로 중대하고 명백하다고는 할 수 없으므로 이러한 위법을 선행처분인 도시계획결정이나 사업시행인가 단계에서 다투지 아니하였다면 그 쟁소기간이 이미 도과한 후인 수용재결단계에 있어서는 도시계획수립 행위의 위와 같은 위법을 들어 재결처분의 취소를 구할 수는 없다고 할 것이다(대법원 1990. 1. 23. 87누947).

(2) 협의전치주의(사법상 계약)

> **토지보상법**
> **제26조【협의 등 절차의 준용】** ① 제20조에 따른 사업인정을 받은 사업시행자는 토지조서 및 물건조서의 작성, 보상계획의 공고·통지 및 열람, 보상액의 산정과 토지소유자 및 관계인과의 협의 절차를 거쳐야 한다.
> **제29조【협의 성립의 확인】** ① 사업시행자와 토지소유자 및 관계인 간에 제26조에 따른 절차를 거쳐 협의가 성립되었을 때에는 사업시행자는 제28조 제1항에 따른 재결 신청기간 이내에 해당 토지소유자 및 관계인의 동의를 받아 대통령령으로 정하는 바에 따라 관할 토지수용위원회에 협의 성립의 확인을 신청할 수 있다.
> ③ 사업시행자가 협의가 성립된 토지의 소재지·지번·지목 및 면적 등 대통령령으로 정하는 사항에 대하여 「공증인법」에 따른 공증을 받아 제1항에 따른 협의 성립의 확인을 신청하였을 때에는 관할 토지수용위원회가 이를 수리함으로써 협의 성립이 확인된 것으로 본다.
> ④ 제1항 및 제3항에 따른 확인은 이 법에 따른 재결로 보며, 사업시행자, 토지소유자 및 관계인은 그 확인된 협의의 성립이나 내용을 다툴 수 없다.

(3) 수용재결

토지수용위원회의 수용재결은 행정심판의 재결이 아니라 최초의 처분에 해당한다.

신청은 사업시행자만 할 수 있으며 소유자 등은 사업시행자에게 수용재결신청을 청구할 수 있다.

> **토지보상법**
> **제28조【재결의 신청】** ① 제26조에 따른 협의가 성립되지 아니하거나 협의를 할 수 없을 때(제26조 제2항 단서에 따른 협의 요구가 없을 때를 포함한다)에는 사업시행자는 사업인정고시가 된 날부터 1년 이내에 대통령령으로 정하는 바에 따라 관할 토지수용위원회에 재결을 신청할 수 있다.
> **제30조【재결 신청의 청구】** ① 사업인정고시가 된 후 협의가 성립되지 아니하였을 때에는 토지소유자와 관계인은 대통령령으로 정하는 바에 따라 서면으로 사업시행자에게 재결을 신청할 것을 청구할 수 있다.
> ② 사업시행자는 제1항에 따른 청구를 받았을 때에는 그 청구를 받은 날부터 60일 이내에 대통령령으로 정하는 바에 따라 관할 토지수용위원회에 재결을 신청하여야 한다.

(4) 이의신청(특별행정심판)

> **토지보상법**
>
> **제83조 【이의의 신청】** ① 중앙토지수용위원회의 제34조에 따른 재결에 이의가 있는 자는 중앙토지수용위원회에 이의를 신청할 수 있다.
>
> ② 지방토지수용위원회의 제34조에 따른 재결에 이의가 있는 자는 해당 지방토지수용위원회를 거쳐 중앙토지수용위원회에 이의를 신청할 수 있다.
>
> ③ 제1항 및 제2항에 따른 이의의 신청은 재결서의 정본을 받은 날부터 30일 이내에 하여야 한다.
>
> **제84조 【이의신청에 대한 재결】** ① 중앙토지수용위원회는 제83조에 따른 이의신청을 받은 경우 제34조에 따른 재결이 위법하거나 부당하다고 인정할 때에는 그 재결의 전부 또는 일부를 취소하거나 보상액을 변경할 수 있다.
>
> ② 제1항에 따라 보상금이 늘어난 경우 사업시행자는 재결의 취소 또는 변경의 재결서 정본을 받은 날부터 30일 이내에 보상금을 받을 자에게 그 늘어난 보상금을 지급하여야 한다. 다만, 제40조 제2항 제1호·제2호 또는 제4호에 해당할 때에는 그 금액을 공탁할 수 있다.

토지수용위원회의 수용재결에 대한 이의절차는 실질적으로 행정심판의 성질을 갖는 것이므로 토지수용법에 특별한 규정이 있는 것을 제외하고는 행정심판법의 규정이 적용된다.

(5) 행정소송

> **토지보상법 제85조 【행정소송의 제기】** ① 사업시행자, 토지소유자 또는 관계인은 제34조에 따른 재결에 불복할 때에는 재결서를 받은 날부터 90일 이내에, 이의신청을 거쳤을 때에는 이의신청에 대한 재결서를 받은 날부터 60일 이내에 각각 행정소송을 제기할 수 있다. 이 경우 사업시행자는 행정소송을 제기하기 전에 제84조에 따라 늘어난 보상금을 공탁하여야 하며, 보상금을 받을 자는 공탁된 보상금을 소송이 종결될 때까지 수령할 수 없다.
>
> ② 제1항에 따라 제기하려는 행정소송이 보상금의 증감(增減)에 관한 소송인 경우 그 소송을 제기하는 자가 토지소유자 또는 관계인일 때에는 사업시행자를, 사업시행자일 때에는 토지소유자 또는 관계인을 각각 피고로 한다.

이의신청은 임의적 절차이다(임의적 전치주의). 따라서 토지수용위원회의 재결에 불복이 있는 자는 이의신청을 거치지 아니하고 바로 행정소송을 제기할 수 있다. 토지소유자 등이 수용 여부 자체에 불복하여 수용결정 자체를 대상으로 하는 때는 토지수용위원회를 피고로 취소소송을 제기하며, 보상액결정에 불복할 때는 사업시행자를 피고로 보상액증감청구소송(형식적 당사자소송)을 제기할 수 있다.

이의신청을 거친 때에는 수용재결을 대상으로 행정소송을 제기할 수 있으며, 이의재결에 고유한 위법이 있다면 그 이의재결에 대해 행정소송을 제기할 수 있다.

2) 공용수용의 효과

사업시행자의 소유권 취득은 원권리자의 소유권을 승계취득하는 것이 아니라 원시취득하는 것이다. 따라서 아무런 부담이나 하자가 없는 소유권을 취득한다.

판례

수용재결로 인한 토지소유권 취득은 원시취득에 해당한다.

토지수용법에 의한 수용재결의 효과로서 수용에 의한 기업자의 토지소유권취득은 토지소유자와 수용자와의 법률행위에 의하여 승계취득하는 것이 아니라, 법률의 규정에 의하여 원시취득하는 것이므로, 토지소유자가 토지수용법 제63조의 규정에 의하여 부담하는 토지의 인도의무에는 수용목적물에 숨은 하자가 있는 경우에도 하자담보책임이 포함되지 아니하여 토지소유자는 수용시기까지 수용 대상 토지를 현존 상태 그대로 기업자에게 인도할 의무가 있을 뿐이다(대법원 2001. 1. 16. 98다58511).

3) 환매

토지보상법 제91조【환매권】 ① 공익사업의 폐지·변경 또는 그 밖의 사유로 취득한 토지의 전부 또는 일부가 필요 없게 된 경우 토지의 협의취득일 또는 수용의 개시일(이하 이 조에서 "취득일"이라 한다) 당시의 토지소유자 또는 그 포괄승계인(이하 "환매권자"라 한다)은 다음 각 호의 구분에 따른 날부터 10년 이내에 그 토지에 대하여 받은 보상금에 상당하는 금액을 사업시행자에게 지급하고 그 토지를 환매할 수 있다.
  1. 사업의 폐지·변경으로 취득한 토지의 전부 또는 일부가 필요 없게 된 경우: 관계 법률에 따라 사업이 폐지·변경된 날 또는 제24조에 따른 사업의 폐지·변경 고시가 있는 날
  2. 그 밖의 사유로 취득한 토지의 전부 또는 일부가 필요 없게 된 경우: 사업완료일
④ 토지의 가격이 취득일 당시에 비하여 현저히 변동된 경우 사업시행자와 환매권자는 환매금액에 대하여 서로 협의하되, 협의가 성립되지 아니하면 그 금액의 증감을 법원에 청구할 수 있다.

4) 보상

(1) 보상 방법

토지보상법

제61조【사업시행자 보상】 공익사업에 필요한 토지등의 취득 또는 사용으로 인하여 토지소유자나 관계인이 입은 손실은 사업시행자가 보상하여야 한다.

제62조【사전보상】 사업시행자는 해당 공익사업을 위한 공사에 착수하기 이전에 토지소유자와 관계인에게 보상액 전액(全額)을 지급하여야 한다. 다만, 제38조에 따른 천재지변 시의 토지 사용과 제39조에 따른 시급한 토지 사용의 경우 또는 토지소유자 및 관계인의 승낙이 있는 경우에는 그러하지 아니하다.

제63조【현금보상 등】 ① 손실보상은 다른 법률에 특별한 규정이 있는 경우를 제외하고는 현금으로 지급하여야 한다. 다만, 토지소유자가 원하는 경우로서 사업시행자가 해당 공익사업의 합리적인 토지이용계획과 사업계획 등을 고려하여 토지로 보상이 가능한 경우에는 토지소유자가 받을 보상금 중 본문에 따른 현금 또는 제7항 및 제8항에 따른 채권으로 보상받는 금액을 제외한 부분에 대하여 다음 각 호에서 정하는 기준과 절차에 따라 그 공익사업의 시행으로 조성한 토지로 보상할 수 있다.

제64조【개인별 보상】 손실보상은 토지소유자나 관계인에게 개인별로 하여야 한다. 다만, 개인별로 보상액을 산정할 수 없을 때에는 그러하지 아니하다.

제65조【일괄보상】 사업시행자는 동일한 사업지역에 보상시기를 달리하는 동일인 소유의 토지등이 여러 개 있는 경우 토지소유자나 관계인이 요구할 때에는 한꺼번에 보상금을 지급하도록 하여야 한다.

제66조【사업시행 이익과의 상계금지】 사업시행자는 동일한 소유자에게 속하는 일단(一團)의 토지의 일부를 취득하거나 사용하는 경우 해당 공익사업의 시행으로 인하여 잔여지(殘餘地)의 가격이 증가하거나 그 밖의 이익이 발생한 경우에도 그 이익을 그 취득 또는 사용으로 인한 손실과 상계(相計)할 수 없다.

제67조【보상액의 가격시점 등】 ① 보상액의 산정은 협의에 의한 경우에는 협의 성립 당시의 가격을, 재결에 의한 경우에는 수용 또는 사용의 재결 당시의 가격을 기준으로 한다.
② 보상액을 산정할 경우에 해당 공익사업으로 인하여 토지등의 가격이 변동되었을 때에는 이를 고려하지 아니한다.

(2) 보상 대상에 대한 평가

토지보상법 시행규칙
제22조【취득하는 토지의 평가】 ① 취득하는 토지를 평가함에 있어서는 평가대상토지와 유사한 이용가치를 지닌다고 인정되는 하나 이상의 표준지의 공시지가를 기준으로 한다.
② 토지에 건축물등이 있는 때에는 그 건축물등이 없는 상태를 상정하여 토지를 평가한다.

제23조【공법상 제한을 받는 토지의 평가】 ① 공법상 제한을 받는 토지에 대하여는 제한받는 상태대로 평가한다. 다만, 그 공법상 제한이 당해 공익사업의 시행을 직접 목적으로 하여 가하여진 경우에는 제한이 없는 상태를 상정하여 평가한다.
② 당해 공익사업의 시행을 직접 목적으로 하여 용도지역 또는 용도지구 등이 변경된 토지에 대하여는 변경되기 전의 용도지역 또는 용도지구 등을 기준으로 평가한다.

토지보상법
제76조【권리의 보상】 ① 광업권·어업권·양식업권 및 물(용수시설을 포함한다) 등의 사용에 관한 권리에 대하여는 투자비용, 예상 수익 및 거래가격 등을 고려하여 평가한 적정가격으로 보상하여야 한다.

제77조【영업의 손실 등에 대한 보상】 ① 영업을 폐업하거나 휴업함에 따른 영업손실에 대하여는 영업이익과 시설의 이전비용 등을 고려하여 보상하여야 한다.
② 농업의 손실에 대하여는 농지의 단위면적당 소득 등을 고려하여 실제 경작자에게 보상하여야 한다. 다만, 농지소유자가 해당 지역에 거주하는 농민인 경우에는 농지소유자와 실제 경작자가 협의하는 바에 따라 보상할 수 있다.

③ 휴직하거나 실직하는 근로자의 임금손실에 대하여는 「근로기준법」에 따른 평균임금 등을 고려하여 보상하여야 한다.

> **토지보상법 시행규칙 제64조【공익사업시행지구밖의 영업손실에 대한 보상】** ① 공익사업시행지구밖에서 제45조에 따른 영업손실의 보상대상이 되는 영업을 하고 있는 자가 공익사업의 시행으로 인하여 다음 각 호의 어느 하나에 해당하는 경우에는 그 영업자의 청구에 의하여 당해 영업을 공익사업시행지구에 편입되는 것으로 보아 보상하여야 한다.
>   1. 배후지의 3분의 2 이상이 상실되어 그 장소에서 영업을 계속할 수 없는 경우
>   2. 진출입로의 단절, 그 밖의 부득이한 사유로 인하여 일정한 기간 동안 휴업하는 것이 불가피한 경우

5) 이주대책

> **토지보상법**
> **제78조【이주대책의 수립 등】** ① 사업시행자는 공익사업의 시행으로 인하여 주거용 건축물을 제공함에 따라 생활의 근거를 상실하게 되는 자(이하 "이주대책대상자"라 한다)를 위하여 대통령령으로 정하는 바에 따라 이주대책을 수립·실시하거나 이주정착금을 지급하여야 한다.
> ② 사업시행자는 제1항에 따라 이주대책을 수립하려면 미리 관할 지방자치단체의 장과 협의하여야 한다.
> ③ 국가나 지방자치단체는 이주대책의 실시에 따른 주택지의 조성 및 주택의 건설에 대하여는 「주택도시기금법」에 따른 주택도시기금을 우선적으로 지원하여야 한다.
> ④ 이주대책의 내용에는 이주정착지(이주대책의 실시로 건설하는 주택단지를 포함한다)에 대한 도로, 급수시설, 배수시설, 그 밖의 공공시설 등 통상적인 수준의 생활기본시설이 포함되어야 하며, 이에 필요한 비용은 사업시행자가 부담한다. 다만, 행정청이 아닌 사업시행자가 이주대책을 수립·실시하는 경우에 지방자치단체는 비용의 일부를 보조할 수 있다.
> ⑥ 주거용 건물의 거주자에 대하여는 주거 이전에 필요한 비용과 가재도구 등 동산의 운반에 필요한 비용을 산정하여 보상하여야 한다.
> **제78조의2【공장의 이주대책 수립 등】** 사업시행자는 대통령령으로 정하는 공익사업의 시행으로 인하여 공장부지가 협의 양도되거나 수용됨에 따라 더 이상 해당 지역에서 공장(「산업집적활성화 및 공장설립에 관한 법률」 제2조 제1호에 따른 공장을 말한다)을 가동할 수 없게 된 자가 희망하는 경우 「산업입지 및 개발에 관한 법률」에 따라 지정·개발된 인근 산업단지에 입주하게 하는 등 대통령령으로 정하는 이주대책에 관한 계획을 수립하여야 한다.

(1) 이주대책은 이주자들에 대하여 종전의 생활상태를 원상으로 회복시키면서 동시에 인간다운 생활을 보장하여 주기 위한 이른바 생활보상의 일환으로 국가의 적극적인 정책적인 배려에 의하여 마련된 제도이다.

(2) 이주대책은 헌법 제23조 제3항의 정당한 보상에 포함되는 것이 아니다. 따라서 이주대책의 실시 여부는 입법자의 입법정책적 재량에 속한다.

(3) 이주대책의 대상은 공익사업의 시행으로 인하여 ① 주거용 건축물을 제공함에 따라 생활의 근거를 상실하게 되는 자와 ② 공장 부지가 협의 양도되거나 수용됨에 따라 더 이상 해당 지역에서 공장을 가동할 수 없게 된 자이다. 따라서 허가를 받거나 신고를 하고 건축하여야 하는 건축물을 허가를 받지 아니하거나 신고를 하지 아니한 건축물의 소유자와 타인이 소유하는 건축물의 세입자는 이주대책의 대상에 포함하지 않는다.

(4) 사업시행자가 재량으로 이주대책의 대상자가 아닌 세입자를 이주대책 대상자로 포함시킬 수 있으며, 이러한 경우에는 세입자도 이주대책을 청구할 신청권을 가진다.

(5) 이주대책의 실시를 입법자가 결정한 경우 사업시행자는 이주대책을 수립할 의무를 진다. 이러한 경우 사업시행자는 이주대책의 내용 결정에 있어서는 재량권을 가진다.

(6) 이주자는 이주대책계획수립공고에 따라 이주대책 대상자 선정 신청을 하며, 사업시행자가 심사를 통해 이주대책 대상자로 확인·결정을 하여야 비로소 구체적인 수분양권을 가진다. 따라서 사업시행자의 이주대책 대상자 확인·결정은 항고소송의 대상이 되는 처분이다.

판례

이주대책의 대상자에서 세입자를 제외하고 있는 것은 세입자의 재산권을 침해하지 아니한다.

이주대책은 헌법 제23조 제3항에 규정된 정당한 보상에 포함되는 것이라기보다는 이에 부가하여 이주자들에게 종전의 생활상태를 회복시키기 위한 생활보상의 일환으로서 국가의 정책적인 배려에 의하여 마련된 제도라고 볼 것이다. 따라서 이주대책의 실시 여부는 입법자의 입법정책적 재량의 영역에 속하므로 이주대책의 대상자에서 세입자를 제외하고 있는 것이 세입자의 재산권을 침해하는 것이라 볼 수 없다(헌재 2006. 2. 23. 2004헌마19).

사업시행자는 이주대책 내용에 있어서는 재량을 가진다.

사업시행자는 이주대책기준을 정하여 이주대책대상자 중에서 이주대책을 수립·실시하여야 할 자를 선정하여 그들에게 공급할 택지 또는 주택의 내용이나 수량을 정할 수 있고 이를 정하는 데 재량을 가지므로, 이를 위해 사업시행자가 설정한 기준은 그것이 객관적으로 합리적이 아니라거나 타당하지 않다고 볼 만한 다른 특별한 사정이 없는 한 존중되어야 한다(대법원 2010. 3. 25. 2009두23709).

6) 생활대책

판례

| 대법원 판례 |

생활대책은 헌법 제23조 제3항에 따른 정당한 보상에 포함된다.

생활대책용지의 공급과 같이 공익사업 시행 이전과 같은 경제수준을 유지할 수 있도록 하는 내용의 생활대책에 관한 분명한 근거 규정을 두고 있지는 않으나, 사업시행자 스스로 공익사업의 원활한 시행을 위하여 필요하다고 인정함으로써 생활대책을 수립·실시할 수 있도록 하는 내부규정을 두고 있고 내부규정에 따라 생활대책대상자 선정기준을 마련하여 생활대책을 수립·실시하는 경우에는, 이러한 생활대책 역시 "공공필요에 의한 재산권의 수용·사용 또는 제한 및 그에 대한 보상은 법률로써 하되, 정당한 보상을 지급하여야 한다."고 규정하고 있는 헌법 제23조 제3항에 따른 정당한 보상에 포함되는 것으로 보아야 한다. 따라서 이러한 생활대책대상자 선정기준에 해당하는 자는 사업시행자에게 생활대책대상자 선정 여부의 확인·결정을 신청할 수 있는 권리를 가지는 것이어서, 만일 사업시행자가 그러한 자를 생활대책대상자에서 제외하거나 선정을 거부하면, 이러한 생활대책대상자 선정기준에 해당하는 자는 사업시행자를 상대로 항고소송을 제기할 수 있다고 보는 것이 타당하다(대법원 2011. 10. 13. 2008두17905).

| **헌법재판소 판례** |

생활대책은 헌법 제23조 제3항에 따른 정당한 보상이 아니다.

'생업의 근거를 상실하게 된 자에 대하여 일정 규모의 상업용지 또는 상가분양권 등을 공급하는' 생활대책은 헌법 제23조 제3항에 규정된 정당한 보상에 포함되는 것이라기보다는 생활보상의 일환으로서 국가의 정책적인 배려에 의하여 마련된 제도이므로, 그 실시 여부는 입법자의 입법정책적 재량의 영역에 속한다. 이 사건 법률조항이 공익사업의 시행으로 인하여 농업 등을 계속할 수 없게 되어 이주하는 농민 등에 대한 생활대책 수립의무를 규정하고 있지 않다는 것만으로 재산권을 침해한다고 볼 수 없다(헌재 2013. 7. 25. 2012헌바71).

7) 사업손실(간접손실)보상

(1) 수입손실

판례

보상에 관한 명문의 법령이 없는 경우에도 피해자는 공공사업의 시행 결과 발생한 간접손실에 대하여 사업시행자에게 보상을 청구할 수 있다.

수산업협동조합이 수산물 위탁판매장을 운영하면서 위탁판매 수수료를 지급받아 왔고, 그 대상지역에서의 독점적 지위가 부여되어 있었는데, 공유수면매립사업의 시행으로 그 사업대상지역에서 어업활동을 하던 조합원들의 조업이 불가능하게 되어 일부 위탁판매장에서의 위탁판매사업을 중단하게 된 경우, 그로 인해 수산업협동조합이 상실하게 된 위탁판매수수료 수입은 사업시행자의 매립사업으로 인한 직접적인 영업손실이 아니고 간접적인 영업손실이라고 하더라도 피침해자인 수산업협동조합이 공공의 이익을 위하여 당연히 수인하여야 할 재산권에 대한 제한의 범위를 넘어 수산업협동조합의 위탁판매사업으로 얻고 있는 영업상의 재산이익을 본질적으로 침해하는 특별한 희생에 해당하고, 사업시행자는 공유수면매립면허 고시 당시 그 매립사업으로 인하여 위와 같은 영업손실이 발생한다는 것을 상당히 확실하게 예측할 수 있었고 그 손실의 범위도 구체적으로 확정할 수 있으므로, 위 위탁판매수수료 수입손실은 헌법 제23조 제3항에 규정한 손실보상의 대상이 된다(대법원 1999. 10. 8. 99다27231).

(2) 잔여지 등 보상

토지보상법
제73조 【잔여지의 손실과 공사비 보상】 ① 사업시행자는 동일한 소유자에게 속하는 일단의 토지의 일부가 취득되거나 사용됨으로 인하여 잔여지의 가격이 감소하거나 그 밖의 손실이 있을 때 또는 잔여지에 통로·도랑·담장 등의 신설이나 그 밖의 공사가 필요할 때에는 국토교통부령으로 정하는 바에 따

라 그 손실이나 공사의 비용을 보상하여야 한다. 다만, 잔여지의 가격 감소분과 잔여지에 대한 공사의 비용을 합한 금액이 잔여지의 가격보다 큰 경우에는 사업시행자는 그 잔여지를 매수할 수 있다.

② 제1항 본문에 따른 손실 또는 비용의 보상은 관계 법률에 따라 사업이 완료된 날 또는 제24조의2에 따른 사업완료의 고시가 있는 날(이하 "사업완료일"이라 한다)부터 1년이 지난 후에는 청구할 수 없다.

제74조【잔여지 등의 매수 및 수용 청구】① 동일한 소유자에게 속하는 일단의 토지의 일부가 협의에 의하여 매수되거나 수용됨으로 인하여 잔여지를 종래의 목적에 사용하는 것이 현저히 곤란할 때에는 해당 토지소유자는 사업시행자에게 잔여지를 매수하여 줄 것을 청구할 수 있으며, 사업인정 이후에는 관할 토지수용위원회에 수용을 청구할 수 있다. 이 경우 수용의 청구는 매수에 관한 협의가 성립되지 아니한 경우에만 할 수 있으며, 사업완료일까지 하여야 한다.

② 제1항에 따라 매수 또는 수용의 청구가 있는 잔여지 및 잔여지에 있는 물건에 관하여 권리를 가진 자는 사업시행자나 관할 토지수용위원회에 그 권리의 존속을 청구할 수 있다.

판례

잔여지 수용청구를 받아들이지 않은 토지수용위원회의 재결에 대하여 토지소유자가 불복하여 제기하는 소송은 당사자소송에 해당한다.

잔여지 수용청구권은 손실보상의 일환으로 토지소유자에게 부여되는 권리로서 그 요건을 구비한 때에는 잔여지를 수용하는 토지수용위원회의 재결이 없더라도 그 청구에 의하여 수용의 효과가 발생하는 형성권적 성질을 가지므로, 잔여지 수용청구를 받아들이지 않은 토지수용위원회의 재결에 대하여 토지소유자가 불복하여 제기하는 소송은 위 법 제85조 제2항에 규정되어 있는 '보상금의 증감에 관한 소송'에 해당하여 사업시행자를 피고로 하여야 한다(대법원 2010. 8. 19. 2008두822).

확인학습

1 헌법재판소는 헌법 제23조 제3항의 '공공필요'는 '국민의 재산을 그 의사에 반하여 강제적으로라도 취득해야 할 공익적 필요성'을 의미하고, 이 요건 중 공익성은 기본권 일반의 제한사유인 '공공복리'보다 좁은 것으로 보고 있다. ◎

2 헌법 제23조 제3항은 공공필요에 의한 재산권의 수용·사용 또는 제한 및 그에 대한 보상은 법률 또는 규칙에 의해야 한다고 규정하고 있다. ✕

3 공익사업을 위한 토지 등의 취득 및 보상에 관한 법률 및 동법 시행령에는 정신적 손해의 보상에 대한 규정이 없다. ◎

4 손실보상청구권의 성질에 관하여 대법원은 민사소송으로 다루고 있다. ◎

5 하천법상 하천구역 편입토지에 대한 손실보상청구권은 공법상 권리이므로 행정소송절차에 의해야 한다. ◎

해설 행정소송법상 당사자소송에 의해야 한다.

6 공익사업을 위한 토지 등의 취득 및 보상에 관한 법률상 사업폐지에 대한 손실보상청구권은 사법상 권리로서 민사소송절차에 의해야 한다. ☒

해설 행정소송법상 당사자소송에 의해야 한다.

7 형식적 당사자소송인 보상금의 증감에 관한 소송을 제기하는 경우 그 소송을 제기하는 자가 토지소 유자일 때에는 사업시행자를, 사업시행자일 때에는 토지소유자를 각각 피고로 한다. ☑

8 사업시행자, 토지소유자 또는 관계인은 토지수용위원회의 수용재결에 불복할 때에는 재결서를 받은 날부터 60일 이내에, 이의신청을 거쳤을 때에는 이의신청에 대한 재결서를 받은 날부터 30일 이내에 각각 행정소송을 제기할 수 있다. ☒

해설 토지수용위원회의 수용재결에 불복할 때에는 재결서를 받은 날부터 90일 이내에, 이의신청을 거쳤을 때에는 이의 신청에 대한 재결서를 받은 날부터 60일 이내에 각각 행정소송을 제기할 수 있다.

9 하나의 수용재결에서 여러 가지의 토지, 물건, 권리 또는 영업의 손실의 보상에 관하여 심리·판단 이 이루어졌을 때, 피보상자는 재결 전부에 관하여 불복하여야 하고 여러 보상 항목들 중 일부에 관해서만 개별적으로 불복할 수는 있다. ☑

10 공익사업을 위한 토지 등의 취득 및 보상에 관한 법률상 손실보상은 원칙적으로 현금으로 지급하여 야 하고 토지 등의 현물로 보상하는 것은 다른 법률에 특별한 규정이 있는 경우에 예외적으로 허용 된다. ☑

11 헌법 제23조 제3항에서 정한 정당한 보상이란 피수용재산의 객관적인 재산가치를 완전하게 보상 하여야 한다는 완전보상을 뜻하는 것이므로, 해당 공익사업의 시행으로 인한 개발이익도 완전보상 의 범위에 포함된다. ☒

해설 공익사업의 시행으로 인한 개발이익을 손실보상액에서 배제하는 것은 헌법에 위반되지 않는다.

12 토지수용으로 인한 보상액을 산정함에 있어서 당해 공공사업과 관계없는 다른 사업의 시행으로 인 한 개발이익은 이를 배제하지 아니한 가격으로 평가하여야 한다. ☑

13 보상액의 산정은 협의에 의한 경우에는 협의성립 당시의 가격을, 재결에 의한 경우에는 수용 또는 사용의 재결 당시의 가격을 기준으로 한다. ☑

14 동일한 토지소유자에 속하는 일단의 토지의 일부가 취득됨으로써 잔여지의 가격이 감소한 때에는 잔여지를 종래의 목적으로 사용하는 것이 가능한 경우라도 그 잔여지는 손실보상의 대상이 된다. ☑

해설 사업시행자가 동일한 토지소유자에 속하는 토지 일부를 취득함으로 인하여 잔여지의 가격이 감소하거나 그 밖의 손실이 있을 때 등에는 잔여지를 종래의 목적으로 사용하는 것이 가능한 경우라도 잔여지 손실보상의 대상이 되며, 잔여지를 종래의 목적에 사용하는 것이 불가능하거나 현저히 곤란한 경우이어야만 잔여지 손실보상청구를 할 수 있는 것이 아니다.

15 공익사업을 위한 토지 등의 취득 및 보상에 관한 법령에 의한 잔여지수용청구권은 토지수용위원회 의 재결이 없더라도 그 청구에 의하여 수용의 효과가 발생하는 청구권적 성질을 가진다. ☒

해설 잔여지수용청구권은 그 요건을 구비한 때에 형성권의 성질을 가지며, 잔여지수용청구권의 행사기간은 제척기간이다.

16 공익사업을 위한 토지 등의 취득 및 보상에 관한 법률상 잔여지수용청구를 받아들이지 않은 토지수용위원회의 재결에 대하여 토지소유자가 불복하여 제기하는 소송은 항고소송에 해당하여 토지수용위원회를 피고로 하여야 한다.　　☒

해설 형성권이므로 사업시행자를 상대로 보상금증감소송(당사자소송)을 제기하여야 한다.

17 사업인정은 고시한 날부터 효력이 발생한다.　　⭕

18 공익사업을 위한 토지 등의 취득 및 보상에 관한 법률에 따라서 사업시행자가 토지를 수용하려면 국토교통부장관의 사업인정을 받아야 하고, 국토교통부장관은 사업인정을 하려면 중앙토지수용위원회와 협의하여야 한다.　　⭕

19 사업시행자가 이주대책을 수립하고자 하는 때에는 미리 관할 지방자치단체의 장과 협의하여야 한다.　　⭕

20 이주대책의 실시 여부는 입법자의 입법정책적 재량의 영역에 속한다.　　⭕

행정사
이준희 행정법

PART

06

행정쟁송

행정심판절차 일반

1. 의의

> **행정심판법 제1조【목적】**이 법은 행정심판 절차를 통하여 행정청의 위법 또는 부당한 처분(處分)이나 부작위(不作爲)로 침해된 국민의 권리 또는 이익을 구제하고, 아울러 행정의 적정한 운영을 꾀함을 목적으로 한다.

행정심판이란 행정청의 위법·부당한 처분이나 부작위로 인하여 권익이 침해된 자가 행정기관에 대해 시정을 구하는 일련의 쟁송절차를 말한다.

2. 성질

분쟁에 대한 심판작용이면서 동시에 그 자체가 행정행위라는 이중적 성격을 가지고 있다.

> **헌법 제107조** ③ 재판의 전심절차로서 행정심판을 할 수 있다. 행정심판의 절차는 법률로 정하되, 사법절차가 준용되어야 한다.

판례

행정심판은 적어도 사법절차의 본질적 요소는 구비하여야 한다.

헌법 제107조 제3항은 "재판의 전심절차로서 행정심판을 할 수 있다. 행정심판의 절차는 법률로 정하되, 사법절차가 준용되어야 한다"고 규정하고 있으므로, 입법자가 행정심판을 전심절차가 아니라 종심절차로 규정함으로써 정식재판의 기회를 배제하거나, 어떤 행정심판을 필요적 전심절차로 규정하면서도 그 절차에 사법절차가 준용되지 않는다면 이는 헌법 제107조 제3항, 나아가 재판청구권을 보장하고 있는 헌법 제27조에도 위반된다(헌재 2000. 6. 1. 98헌바8).

3. 대상

> **행정심판법**
> **제3조【행정심판의 대상】** ① 행정청의 처분 또는 부작위에 대하여는 다른 법률에 특별한 규정이 있는 경우 외에는 이 법에 따라 행정심판을 청구할 수 있다.
> ② 대통령의 처분 또는 부작위에 대하여는 다른 법률에서 행정심판을 청구할 수 있도록 정한 경우 외에는 행정심판을 청구할 수 없다.

> **제51조【행정심판 재청구의 금지】** 심판청구에 대한 재결이 있으면 그 재결 및 같은 처분 또는 부작위에 대하여 다시 행정심판을 청구할 수 없다.

1) 개괄주의

행정심판법은 특정 사항에 한정하지 않고 행정청의 위법·부당한 처분 또는 부작위에 대하여 일반적으로 행정심판을 제기할 수 있는 개괄주의를 채택하고 있다.

2) 행정심판의 대상이 아닌 경우

(1) 대통령의 처분 또는 부작위

대통령의 처분 또는 부작위에 대하여는 행정심판을 청구할 수 없고, 직접 행정소송을 제기하여야 한다.

(2) 재심판청구의 금지

심판청구에 대한 재결이 있으면 그 재결 및 같은 처분 또는 부작위에 대하여 다시 행정심판을 청구할 수 없다.

4. 특별행정심판

> **행정심판법 제4조【특별행정심판 등】** ① 사안(事案)의 전문성과 특수성을 살리기 위하여 특히 필요한 경우 외에는 이 법에 따른 행정심판을 갈음하는 특별한 행정불복절차(이하 "특별행정심판"이라 한다)나 이 법에 따른 행정심판 절차에 대한 특례를 다른 법률로 정할 수 없다.
> ② 다른 법률에서 특별행정심판이나 이 법에 따른 행정심판 절차에 대한 특례를 정한 경우에도 그 법률에서 규정하지 아니한 사항에 관하여는 이 법에서 정하는 바에 따른다.
> ③ 관계 행정기관의 장이 특별행정심판 또는 이 법에 따른 행정심판 절차에 대한 특례를 신설하거나 변경하는 법령을 제정·개정할 때에는 미리 중앙행정심판위원회와 협의하여야 한다.

1) 특별행정심판의 의의

특별행정심판이란 사안의 전문성과 특수성을 살리기 위해 행정심판법이 아닌 개별법에서 정한 다른 기관에서 심리·재결하는 행정심판을 말한다.

2) 특별행정심판절차의 종류

전문적인 분야	엄정한 심사가 필요한 분야	대량반복적인 경우
① 세무서장의 과세처분에 대한 심사청구 및 심판청구(국세청장 및 조세심판원) ② 특허처분에 대한 특허심판 및 재심(특허심판원) ③ 토지수용재결에 대한 이의신청(중앙토지수용위원회) ④ 공정거래 관련 처분에 대한 이의신청(공정거래위원회)	① 국가·지방공무원의 징계처분에 대한 소청심사(소청심사위원회) ② 교육공무원법상의 교원징계에 대한 소청심사(소청심사위원회) ③ 감사원에 대한 심사청구(감사원)	① 부당해고에 관한 구제명령에 대한 재심(중앙노동위원회) ② 국민건강보험금 급여결정에 대한 심판(건강보험분쟁조정위원회) ③ 고용보험급여결정에 대한 재심사(고용보험심사위원회) ④ 산재보험급여결정에 대한 재심사(산업배해보상보험재심사위원회)

단, 도로교통법상의 운전면허취소·정지처분에 대한 심판(특별행정심판에 해당 ×)은 중앙행정심판위원회의 4인으로 구성된 소위원회에서 심리·의결한다.

5. 이의신청 · 행정소송과의 비교

1) 이의신청

(1) 차이점

행정심판은 처분청의 직근 상급행정기관에 제기하는 불복절차이고, 이의신청은 처분청 자체에 제기하는 불복절차이다.

(2) 행정기본법상 이의신청

행정기본법 제36조【처분에 대한 이의신청】 ① 행정청의 처분(「행정심판법」 제3조에 따라 같은 법에 따른 행정심판의 대상이 되는 처분을 말한다. 이하 이 조에서 같다)에 이의가 있는 당사자는 처분을 받은 날부터 30일 이내에 해당 행정청에 이의신청을 할 수 있다.
② 행정청은 제1항에 따른 이의신청을 받으면 그 신청을 받은 날부터 14일 이내에 그 이의신청에 대한 결과를 신청인에게 통지하여야 한다. 다만, 부득이한 사유로 14일 이내에 통지할 수 없는 경우에는 그 기간을 만료일 다음 날부터 기산하여 10일의 범위에서 한 차례 연장할 수 있으며, 연장 사유를 신청인에게 통지하여야 한다.
③ 제1항에 따라 이의신청을 한 경우에도 그 이의신청과 관계없이 「행정심판법」에 따른 행정심판 또는 「행정소송법」에 따른 행정소송을 제기할 수 있다.
④ 이의신청에 대한 결과를 통지받은 후 행정심판 또는 행정소송을 제기하려는 자는 그 결과를 통지받은 날(제2항에 따른 통지기간 내에 결과를 통지받지 못한 경우에는 같은 항에 따른 통지기간이 만료되는 날의 다음 날을 말한다)부터 90일 이내에 행정심판 또는 행정소송을 제기할 수 있다.

⑤ 다른 법률에서 이의신청과 이에 준하는 절차에 대하여 정하고 있는 경우에도 그 법률에서 규정하지 아니한 사항에 관하여는 이 조에서 정하는 바에 따른다.

⑥ 제1항부터 제5항까지에서 규정한 사항 외에 이의신청의 방법 및 절차 등에 관한 사항은 대통령령으로 정한다.

⑦ 다음 각 호의 어느 하나에 해당하는 사항에 관하여는 이 조를 적용하지 아니한다.

1. 공무원 인사 관계 법령에 따른 징계 등 처분에 관한 사항
2. 「국가인권위원회법」 제30조에 따른 진정에 대한 국가인권위원회의 결정
3. 「노동위원회법」 제2조의2에 따라 노동위원회의 의결을 거쳐 행하는 사항
4. 형사, 행형 및 보안처분 관계 법령에 따라 행하는 사항
5. 외국인의 출입국·난민인정·귀화·국적회복에 관한 사항
6. 과태료 부과 및 징수에 관한 사항

구분	이의신청	재심사
대상	행정청의 처분 (행정심판의 대상인 처분)	불가쟁력이 발생한 행정청의 처분 (신청사유에 해당하는 경우)
기간	처분을 받은 날부터 30일 이내	신청사유를 안 날부터 60일 이내 (처분이 있은 날부터 5년이 지나면 신청 ×)
쟁송과의 관계	• 이의신청과 관계없이 행정심판 또는 행정소송을 제기할 수 있다. • 이의신청에 대한 결과를 통지받은 날(통지기간 내에 결과를 통지받지 못한 경우에는 통지기간이 만료되는 날의 다음 날)부터 90일 이내에 행정심판 또는 행정소송을 제기할 수 있다.	처분의 재심사 결과 중 처분을 유지하는 결과에 대해서는 행정심판, 행정소송 및 그 밖의 쟁송수단을 통하여 불복할 수 없다.

2) 행정소송

구분	행정심판	행정소송
성질	형식적 의미의 행정이지만 실질적 의미의 사법작용	형식적 의미의 사법인 동시에 실질적 의미의 사법작용
심판기관	행정심판위원회	법원
절차	약식쟁송	정식쟁송
특징	자율적 통제, 전문성확보 등	타율적 통제, 독립성확보
종류	취소심판, 무효등확인심판, 의무이행심판	취소소송, 무효등확인소송, 부작위위법확인소송
당사자심판(소송)	×	○

심판대상	위법·부당한 처분과 부작위 (대통령의 처분이나 부작위는 제외)	위법한 처분과 부작위 (대통령의 처분이나 부작위도 포함)
적극적 변경 여부	가능(취소처분을 정지처분으로 변경하 는 것)	적극적 변경은 불가능, 소극적 변경으로서 일부취소는 가능(영업정지 6월을 3월로)
제기기간	① 취소심판·거부처분에 대한 의무이행 심판: 처분을 알게 된 날로부터 90일, 처분이 있은 날로부터 180일 ② 무효등확인심판: 기간제한 없음 ③ 부작위 의무이행심판: 기간제한 없음	① 취소소송: 처분을 안 날로부터 90일, 처분이 있은 날로부터 1년 ② 무효등확인소송: 기간제한 없음 ③ 부작위위법확인소송: 기간제한 없 음(행정심판을 거친 경우 재결서의 송달을 받은 날로부터 90일 이내)
심리방식	• 구술심리 또는 서면심리 • 비공개 원칙	• 구술심리주의 • 공개 원칙
사정재결(판결)	취소심판, 의무이행심판	취소소송
의무이행 확보수단	시정명령과 직접처분·간접강제	간접강제(권력분립원칙상 시정명령 등 은 할 수 없고 배상을 명한다)
참가통지	제3자의 참가 여부에 대한 통지규정 있음	제3자의 참가 여부에 대한 통지규정 없음
가구제	집행정지, 임시처분	집행정지
집행정지	중대한 손해가 생기는 것을 예방할 필요 성이 긴급한 경우	회복하기 어려운 손해를 예방하기 위하 여 긴급한 필요가 있는 경우
오고지·불고지	○	×
기판력	×	○
피청구인 (피고인) 경정	위원회 직권 또는 당사자 신청	원고 신청
적용법률	행정심판법	행정소송법

6. 행정심판의 종류

> **행정심판법 제5조 【행정심판의 종류】** 행정심판의 종류는 다음 각 호와 같다.
> 1. 취소심판: 행정청의 위법 또는 부당한 처분을 취소하거나 변경하는 행정심판
> 2. 무효등확인심판: 행정청의 처분의 효력 유무 또는 존재 여부를 확인하는 행정심판
> 3. 의무이행심판: 당사자의 신청에 대한 행정청의 위법 또는 부당한 거부처분이나 부작위에 대하여
>   일정한 처분을 하도록 하는 행정심판

구분	취소심판	무효등확인심판	의무이행심판
개념	행정청의 위법 또는 부당한 처분의 취소 또는 변경을 구하는 심판	행정청의 처분의 효력 유무 또는 존재 여부에 대한 확인을 구하는 심판	행정청의 위법 또는 부당한 거부처분 또는 부작위로 인하여 권익의 침해를 당한 자의 청구에 의하여 일정한 처분을 하도록 하는 심판
청구기간 제한	○	×	• 거부처분 : ○ • 부작위 : ×
사정재결	○	×	○
인용재결	• 취소재결 • 변경재결 • 변경명령재결	• 처분무효확인재결 • 처분유효확인재결 • 처분실효확인재결 • 처분부존재확인재결 • 처분존재확인재결	• 처분재결 • 처분명령재결
실효성 확보수단	간접강제	간접강제	• 직접처분 • 간접강제

PART · 06

행정심판기관 – 행정심판위원회

> **행정심판법 제6조【행정심판위원회의 설치】** ① 다음 각 호의 행정청 또는 그 소속 행정청(행정기관의 계층구조와 관계없이 그 감독을 받거나 위탁을 받은 모든 행정청을 말하되, 위탁을 받은 행정청은 그 위탁받은 사무에 관하여는 위탁한 행정청의 소속 행정청으로 본다. 이하 같다)의 처분 또는 부작위에 대한 행정심판의 청구(이하 "심판청구"라 한다)에 대하여는 다음 각 호의 행정청에 두는 행정심판위원회에서 심리·재결한다.
> 1. 감사원, 국가정보원장, 그 밖에 대통령령으로 정하는 대통령 소속기관의 장
> 2. 국회사무총장·법원행정처장·헌법재판소사무처장 및 중앙선거관리위원회사무총장
> 3. 국가인권위원회, 그 밖에 지위·성격의 독립성과 특수성 등이 인정되어 대통령령으로 정하는 행정청
> ② 다음 각 호의 행정청의 처분 또는 부작위에 대한 심판청구에 대하여는 「부패방지 및 국민권익위원회의 설치와 운영에 관한 법률」에 따른 국민권익위원회(이하 "국민권익위원회"라 한다)에 두는 중앙행정심판위원회에서 심리·재결한다.
> 1. 제1항에 따른 행정청 외의 국가행정기관의 장 또는 그 소속 행정청
> 2. 특별시장·광역시장·특별자치시장·도지사·특별자치도지사(특별시·광역시·특별자치시·도 또는 특별자치도의 교육감을 포함한다. 이하 "시·도지사"라 한다) 또는 특별시·광역시·특별자치시·도·특별자치도(이하 "시·도"라 한다)의 의회(의장, 위원회의 위원장, 사무처장 등 의회 소속 모든 행정청을 포함한다)
> 3. 「지방자치법」에 따른 지방자치단체조합 등 관계 법률에 따라 국가·지방자치단체·공공법인 등이 공동으로 설립한 행정청. 다만, 제3항 제3호에 해당하는 행정청은 제외한다.
> ③ 다음 각 호의 행정청의 처분 또는 부작위에 대한 심판청구에 대하여는 시·도지사 소속으로 두는 행정심판위원회에서 심리·재결한다.
> 1. 시·도 소속 행정청
> 2. 시·도의 관할구역에 있는 시·군·자치구의 장, 소속 행정청 또는 시·군·자치구의 의회(의장, 위원회의 위원장, 사무국장, 사무과장 등 의회 소속 모든 행정청을 포함한다)
> 3. 시·도의 관할구역에 있는 둘 이상의 지방자치단체(시·군·자치구를 말한다)·공공법인 등이 공동으로 설립한 행정청
> ④ 제2항 제1호에도 불구하고 대통령령으로 정하는 국가행정기관 소속 특별지방행정기관의 장의 처분 또는 부작위에 대한 심판청구에 대하여는 해당 행정청의 직근 상급행정기관에 두는 행정심판위원회에서 심리·재결한다.

중앙행정심판위원회	① 국가행정기관의 장 또는 그 소속 행정청 ② 특별시·광역시·특별자치시·도·특별자치도의 장, 교육감, 의회
시·도지사 소속 행정심판위원회	① 시·도 소속 행정청 ② 시·도의 관할구역에 있는 시·군·자치구의 장, 소속 행정청, 의회
해당 행정청의 소속	① 감사원, 국가정보원장 등 ② 국회사무총장·법원행정처장·헌법재판소사무처장, 중앙선거관리위원회 사무총장 등 ③ 국가인권위원회 등
직근 상급행정기관	그 밖의 행정청
특별행정심판위원회	소청심사위원회, 조세심판원, 중앙토지수용위원회 등 (도로교통법상 행정심판 → 특별행정심판×)

행정심판의 당사자 등

1. 청구인

> **행정심판법**
> **제13조 【청구인 적격】** ① 취소심판은 처분의 취소 또는 변경을 구할 법률상 이익이 있는 자가 청구할 수 있다. 처분의 효과가 기간의 경과, 처분의 집행, 그 밖의 사유로 소멸된 뒤에도 그 처분의 취소로 회복되는 법률상 이익이 있는 자의 경우에도 또한 같다.
> ② 무효등확인심판은 처분의 효력 유무 또는 존재 여부의 확인을 구할 법률상 이익이 있는 자가 청구할 수 있다.
> ③ 의무이행심판은 처분을 신청한 자로서 행정청의 거부처분 또는 부작위에 대하여 일정한 처분을 구할 법률상 이익이 있는 자가 청구할 수 있다.
> **제14조 【법인이 아닌 사단 또는 재단의 청구인 능력】** 법인이 아닌 사단 또는 재단으로서 대표자나 관리인이 정하여져 있는 경우에는 그 사단이나 재단의 이름으로 심판청구를 할 수 있다.

2. 선정대표자

> **행정심판법 제15조 【선정대표자】** ① 여러 명의 청구인이 공동으로 심판청구를 할 때에는 청구인들 중에서 3명 이하의 선정대표자를 선정할 수 있다.
> ② 청구인들이 제1항에 따라 선정대표자를 선정하지 아니한 경우에 위원회는 필요하다고 인정하면 청구인들에게 선정대표자를 선정할 것을 권고할 수 있다.
> ③ 선정대표자는 다른 청구인들을 위하여 그 사건에 관한 모든 행위를 할 수 있다. 다만, 심판청구를 취하하려면 다른 청구인들의 동의를 받아야 하며, 이 경우 동의받은 사실을 서면으로 소명하여야 한다.
> ④ 선정대표자가 선정되면 다른 청구인들은 그 선정대표자를 통해서만 그 사건에 관한 행위를 할 수 있다.
> ⑤ 선정대표자를 선정한 청구인들은 필요하다고 인정하면 선정대표자를 해임하거나 변경할 수 있다. 이 경우 청구인들은 그 사실을 지체 없이 위원회에 서면으로 알려야 한다.

판례

선정대표자 자격

행정심판절차에서 청구인들이 당사자가 아닌 자를 선정대표자로 선정하였더라도 행정심판법에 위반되어 그 선정행위는 그 효력이 없다(대법원 1991. 1. 25. 90누7791).

3. 청구인의 지위승계

1) 당연승계

행정심판법 제16조【청구인의 지위 승계】 ① 청구인이 사망한 경우에는 상속인이나 그 밖에 법령에 따라 심판청구의 대상에 관계되는 권리나 이익을 승계한 자가 청구인의 지위를 승계한다.
② 법인인 청구인이 합병(合倂)에 따라 소멸하였을 때에는 합병 후 존속하는 법인이나 합병에 따라 설립된 법인이 청구인의 지위를 승계한다.
③ 제1항과 제2항에 따라 청구인의 지위를 승계한 자는 위원회에 서면으로 그 사유를 신고하여야 한다. 이 경우 신고서에는 사망 등에 의한 권리·이익의 승계 또는 합병 사실을 증명하는 서면을 함께 제출하여야 한다.
④ 제1항 또는 제2항의 경우에 제3항에 따른 신고가 있을 때까지 사망자나 합병 전의 법인에 대하여 한 통지 또는 그 밖의 행위가 청구인의 지위를 승계한 자에게 도달하면 지위를 승계한 자에 대한 통지 또는 그 밖의 행위로서의 효력이 있다.

2) 허가승계

행정심판법 제16조【청구인의 지위 승계】 ⑤ 심판청구의 대상과 관계되는 권리나 이익을 양수한 자는 위원회의 허가를 받아 청구인의 지위를 승계할 수 있다.
⑥ 위원회는 제5항의 지위 승계 신청을 받으면 기간을 정하여 당사자와 참가인에게 의견을 제출하도록 할 수 있으며, 당사자와 참가인이 그 기간에 의견을 제출하지 아니하면 의견이 없는 것으로 본다.
⑦ 위원회는 제5항의 지위 승계 신청에 대하여 허가 여부를 결정하고, 지체 없이 신청인에게는 결정서 정본을, 당사자와 참가인에게는 결정서 등본을 송달하여야 한다.
⑧ 신청인은 위원회가 제5항의 지위 승계를 허가하지 아니하면 결정서 정본을 받은 날부터 7일 이내에 위원회에 이의신청을 할 수 있다.

4. 피청구인

1) 행정청

행정심판법 제2조【정의】 이 법에서 사용하는 용어의 뜻은 다음과 같다.
  4. "행정청"이란 행정에 관한 의사를 결정하여 표시하는 국가 또는 지방자치단체의 기관, 그 밖에 법령 또는 자치법규에 따라 행정권한을 가지고 있거나 위탁을 받은 공공단체나 그 기관 또는 사인(私人)을 말한다.

2) 피청구인 적격

> **행정심판법 제17조【피청구인의 적격 및 경정】** ① 행정심판은 처분을 한 행정청(의무이행심판의 경우에는 청구인의 신청을 받은 행정청)을 피청구인으로 하여 청구하여야 한다. 다만, 심판청구의 대상과 관계되는 권한이 다른 행정청에 승계된 경우에는 권한을 승계한 행정청을 피청구인으로 하여야 한다.

3) 피청구인 경정

> **행정심판법 제17조【피청구인의 적격 및 경정】** ② 청구인이 피청구인을 잘못 지정한 경우에는 위원회는 직권으로 또는 당사자의 신청에 의하여 결정으로써 피청구인을 경정(更正)할 수 있다.
> ③ 위원회는 제2항에 따라 피청구인을 경정하는 결정을 하면 결정서 정본을 당사자(종전의 피청구인과 새로운 피청구인을 포함한다. 이하 제6항에서 같다)에게 송달하여야 한다.
> ④ 제2항에 따른 결정이 있으면 종전의 피청구인에 대한 심판청구는 취하되고 종전의 피청구인에 대한 행정심판이 청구된 때에 새로운 피청구인에 대한 행정심판이 청구된 것으로 본다.
> ⑤ 위원회는 행정심판이 청구된 후에 제1항 단서의 사유가 발생하면 직권으로 또는 당사자의 신청에 의하여 결정으로써 피청구인을 경정한다. 이 경우에는 제3항과 제4항을 준용한다.
> ⑥ 당사자는 제2항 또는 제5항에 따른 위원회의 결정에 대하여 결정서 정본을 받은 날부터 7일 이내에 위원회에 이의신청을 할 수 있다.

피청구인 경정	행정심판법	행정소송법
잘못 지정	직권 또는 신청	신청
승계	직권 또는 신청	직권 또는 신청

5. 대리인

> **행정심판법**
> **제18조【대리인의 선임】** ① 청구인은 법정대리인 외에 다음 각 호의 어느 하나에 해당하는 자를 대리인으로 선임할 수 있다.
>   1. 청구인의 배우자, 청구인 또는 배우자의 사촌 이내의 혈족
>   2. 청구인이 법인이거나 제14조에 따른 청구인 능력이 있는 법인이 아닌 사단 또는 재단인 경우 그 소속 임직원
>   3. 변호사
>   4. 다른 법률에 따라 심판청구를 대리할 수 있는 자
>   5. 그 밖에 위원회의 허가를 받은 자
> ② 피청구인은 그 소속 직원 또는 제1항 제3호부터 제5호까지의 어느 하나에 해당하는 자를 대리인으로 선임할 수 있다.
> ③ 제1항과 제2항에 따른 대리인에 관하여는 제15조 제3항 및 제5항을 준용한다.

제18조의2【국선대리인】① 청구인이 경제적 능력으로 인해 대리인을 선임할 수 없는 경우에는 위원회에 국선대리인을 선임하여 줄 것을 신청할 수 있다.

② 위원회는 제1항의 신청에 따른 국선대리인 선정 여부에 대한 결정을 하고, 지체 없이 청구인에게 그 결과를 통지하여야 한다. 이 경우 위원회는 심판청구가 명백히 부적법하거나 이유 없는 경우 또는 권리의 남용이라고 인정되는 경우에는 국선대리인을 선정하지 아니할 수 있다.

③ 국선대리인 신청절차, 국선대리인 지원 요건, 국선대리인의 자격·보수 등 국선대리인 운영에 필요한 사항은 국회규칙, 대법원규칙, 헌법재판소규칙, 중앙선거관리위원회규칙 또는 대통령령으로 정한다.

제19조【대표자 등의 자격】① 대표자·관리인·선정대표자 또는 대리인의 자격은 서면으로 소명하여야 한다.

② 청구인이나 피청구인은 대표자·관리인·선정대표자 또는 대리인이 그 자격을 잃으면 그 사실을 서면으로 위원회에 신고하여야 한다. 이 경우 소명 자료를 함께 제출하여야 한다.

6. 참가인

행정심판법

제20조【심판참가】① 행정심판의 결과에 이해관계가 있는 제3자나 행정청은 해당 심판청구에 대한 제7조 제6항 또는 제8조 제7항에 따른 위원회나 소위원회의 의결이 있기 전까지 그 사건에 대하여 심판참가를 할 수 있다.

② 제1항에 따른 심판참가를 하려는 자는 참가의 취지와 이유를 적은 참가신청서를 위원회에 제출하여야 한다. 이 경우 당사자의 수만큼 참가신청서 부본을 함께 제출하여야 한다.

③ 위원회는 제2항에 따라 참가신청서를 받으면 참가신청서 부본을 당사자에게 송달하여야 한다.

④ 제3항의 경우 위원회는 기간을 정하여 당사자와 다른 참가인에게 제3자의 참가신청에 대한 의견을 제출하도록 할 수 있으며, 당사자와 다른 참가인이 그 기간에 의견을 제출하지 아니하면 의견이 없는 것으로 본다.

⑤ 위원회는 제2항에 따라 참가신청을 받으면 허가 여부를 결정하고, 지체 없이 신청인에게는 결정서 정본을, 당사자와 다른 참가인에게는 결정서 등본을 송달하여야 한다.

⑥ 신청인은 제5항에 따라 송달을 받은 날부터 7일 이내에 위원회에 이의신청을 할 수 있다.

제21조【심판참가의 요구】① 위원회는 필요하다고 인정하면 그 행정심판 결과에 이해관계가 있는 제3자나 행정청에 그 사건 심판에 참가할 것을 요구할 수 있다.

② 제1항의 요구를 받은 제3자나 행정청은 지체 없이 그 사건 심판에 참가할 것인지 여부를 위원회에 통지하여야 한다.

제22조【참가인의 지위】① 참가인은 행정심판 절차에서 당사자가 할 수 있는 심판절차상의 행위를 할 수 있다.

Chapter 04 행정심판의 청구

1. 행정심판의 제출 및 접수·처리 절차

> **행정심판법**
>
> **제23조【심판청구서의 제출】** ① 행정심판을 청구하려는 자는 제28조에 따라 심판청구서를 작성하여 피청구인이나 위원회에 제출하여야 한다. 이 경우 피청구인의 수만큼 심판청구서 부본을 함께 제출하여야 한다.
>
> ② 행정청이 제58조에 따른 고지를 하지 아니하거나 잘못 고지하여 청구인이 심판청구서를 다른 행정기관에 제출한 경우에는 그 행정기관은 그 심판청구서를 지체 없이 정당한 권한이 있는 피청구인에게 보내야 한다.
>
> ③ 제2항에 따라 심판청구서를 보낸 행정기관은 지체 없이 그 사실을 청구인에게 알려야 한다.
>
> ④ 제27조에 따른 심판청구 기간을 계산할 때에는 제1항에 따른 피청구인이나 위원회 또는 제2항에 따른 행정기관에 심판청구서가 제출되었을 때에 행정심판이 청구된 것으로 본다.
>
> **제24조【피청구인의 심판청구서 등의 접수·처리】** ① 피청구인이 제23조 제1항·제2항 또는 제26조 제1항에 따라 심판청구서를 접수하거나 송부받으면 10일 이내에 심판청구서(제23조 제1항·제2항의 경우만 해당된다)와 답변서를 위원회에 보내야 한다. 다만, 청구인이 심판청구를 취하한 경우에는 그러하지 아니하다.
>
> ② 제1항에도 불구하고 심판청구가 그 내용이 특정되지 아니하는 등 명백히 부적법하다고 판단되는 경우에 피청구인은 답변서를 위원회에 보내지 아니할 수 있다. 이 경우 심판청구서를 접수하거나 송부받은 날부터 10일 이내에 그 사유를 위원회에 문서로 통보하여야 한다.
>
> ③ 제2항에도 불구하고 위원장이 심판청구에 대하여 답변서 제출을 요구하면 피청구인은 위원장으로부터 답변서 제출을 요구받은 날부터 10일 이내에 위원회에 답변서를 제출하여야 한다.
>
> ④ 피청구인은 처분의 상대방이 아닌 제3자가 심판청구를 한 경우에는 지체 없이 처분의 상대방에게 그 사실을 알려야 한다. 이 경우 심판청구서 사본을 함께 송달하여야 한다.
>
> ⑤ 피청구인이 제1항 본문에 따라 심판청구서를 보낼 때에는 심판청구서에 위원회가 표시되지 아니하였거나 잘못 표시된 경우에도 정당한 권한이 있는 위원회에 보내야 한다.
>
> ⑥ 피청구인은 제1항 본문 또는 제3항에 따라 답변서를 보낼 때에는 청구인의 수만큼 답변서 부본을 함께 보내되, 답변서에는 다음 각 호의 사항을 명확하게 적어야 한다.
>
> 1. 처분이나 부작위의 근거와 이유
> 2. 심판청구의 취지와 이유에 대응하는 답변
> 3. 제4항에 해당하는 경우에는 처분의 상대방의 이름·주소·연락처와 제4항의 의무 이행 여부
>
> ⑦ 제4항과 제5항의 경우에 피청구인은 송부 사실을 지체 없이 청구인에게 알려야 한다.
>
> ⑧ 중앙행정심판위원회에서 심리·재결하는 사건인 경우 피청구인은 제1항 또는 제3항에 따라 위원회에 심판청구서 또는 답변서를 보낼 때에는 소관 중앙행정기관의 장에게도 그 심판청구·답변의 내용을 알려야 한다.

제25조【피청구인의 직권취소등】 ① 제23조 제1항·제2항 또는 제26조 제1항에 따라 심판청구서를 받은 피청구인은 그 심판청구가 이유 있다고 인정하면 심판청구의 취지에 따라 직권으로 처분을 취소·변경하거나 확인을 하거나 신청에 따른 처분(이하 이 조에서 "직권취소등"이라 한다)을 할 수 있다. 이 경우 서면으로 청구인에게 알려야 한다.

② 피청구인은 제1항에 따라 직권취소등을 하였을 때에는 청구인이 심판청구를 취하한 경우가 아니면 제24조 제1항 본문에 따라 심판청구서·답변서를 보내거나 같은 조 제3항에 따라 답변서를 보낼 때 직권취소등의 사실을 증명하는 서류를 위원회에 함께 제출하여야 한다.

제26조【위원회의 심판청구서 등의 접수·처리】 ① 위원회는 제23조 제1항에 따라 심판청구서를 받으면 지체 없이 피청구인에게 심판청구서 부본을 보내야 한다.

② 위원회는 제24조 제1항 본문 또는 제3항에 따라 피청구인으로부터 답변서가 제출된 경우 답변서 부본을 청구인에게 송달하여야 한다.

2. 청구기간

행정심판법 제27조【심판청구의 기간】 ① 행정심판은 처분이 있음을 알게 된 날부터 90일 이내에 청구하여야 한다.

② 청구인이 천재지변, 전쟁, 사변, 그 밖의 불가항력으로 인하여 제1항에서 정한 기간에 심판청구를 할 수 없었을 때에는 그 사유가 소멸한 날부터 14일 이내에 행정심판을 청구할 수 있다. 다만, 국외에서 행정심판을 청구하는 경우에는 그 기간을 30일로 한다.

③ 행정심판은 처분이 있었던 날부터 180일이 지나면 청구하지 못한다. 다만, 정당한 사유가 있는 경우에는 그러하지 아니하다.

④ 제1항과 제2항의 기간은 불변기간으로 한다.

⑤ 행정청이 심판청구 기간을 제1항에 규정된 기간보다 긴 기간으로 잘못 알린 경우 그 잘못 알린 기간에 심판청구가 있으면 그 행정심판은 제1항에 규정된 기간에 청구된 것으로 본다.

⑥ 행정청이 심판청구 기간을 알리지 아니한 경우에는 제3항에 규정된 기간에 심판청구를 할 수 있다.

⑦ 제1항부터 제6항까지의 규정은 무효등확인심판청구와 부작위에 대한 의무이행심판청구에는 적용하지 아니한다.

판례

아파트 경비원을 통한 납세고지서 송달이 적법하다고 한 사례

납세의무자가 거주하는 아파트에서 일반우편물이나 등기우편물 등 특수우편물이 배달되는 경우 관례적으로 아파트 경비원이 이를 수령하여 거주자에게 전달하여 왔고, 이에 대하여 납세의무자를 비롯한 아파트 주민들이 평소 이러한 특수우편물 배달방법에 관하여 아무런 이의도 제기한 바 없었다면, 납세의무자가 거주하는 아파트의 주민들은 등기우편물 등의 수령권한을 아파트 경비원에게 묵시적으로 위임한 것이라고 봄이 상당하므로 아파트 경비원이 우편집배원으로부터 납세고지서를 수령한 날이 처분의 통지를 받은 날에 해당한다(대법원 2000. 7. 4. 2000두1164).

고시 또는 공고(불특정 다수인)에 의하여 행정처분을 하는 경우, 그에 대한 취소소송의 제소기간의 기산일은 고시 또는 공고의 효력발생일이다.

통상 고시 또는 공고에 의하여 행정처분을 하는 경우에는 그 처분의 상대방이 불특정 다수인이고, 그 처분의 효력이 불특정 다수인에게 일률적으로 적용되는 것이므로, 그 행정처분에 이해관계를 갖는 자는 고시 또는 공고가 있었다는 사실을 현실적으로 알았는지 여부에 관계없이 고시가 효력을 발생하는 날에 행정처분이 있음을 알았다고 보아야 하고, 따라서 그에 대한 취소소송은 그날로부터 90일 이내에 제기하여야 한다(대법원 2006. 4. 14. 2004두3847).

특정인에 대한 고시 또는 공고는 상대방이 처분 사실을 현실적으로 안 날에 그 처분이 있음을 알았다고 보아야 한다.

특정인에 대한 행정처분을 주소불명 등의 이유로 송달할 수 없어 관보·공보·게시판·일간신문 등에 공고한 경우에는, 공고가 효력을 발생하는 날에 상대방이 그 행정처분이 있었음을 알았다고 볼 수는 없고, 상대방이 당해 처분이 있었다는 사실을 현실적으로 안 날에 그 처분이 있음을 알았다고 보아야 한다(대법원 2006. 4. 28. 2005두14851).

제3자의 정당한 사유가 인정되는 경우

행정심판법 제18조 제3항에 의하면 행정처분의 상대방이 아닌 제3자라도 처분이 있은 날로부터 180일을 경과하면 행정심판청구를 제기하지 못하는 것이 원칙이지만, 다만 정당한 사유가 있는 경우에는 그러하지 아니하도록 규정되어 있는바, 행정처분의 직접 상대방이 아닌 제3자는 일반적으로 처분이 있는 것을 바로 알 수 없는 처지에 있으므로, 위와 같은 심판청구기간 내에 심판청구를 제기하지 아니하였다고 하더라도, 그 기간 내에 처분이 있은 것을 알았거나 쉽게 알 수 있었기 때문에 심판청구를 제기할 수 있었다고 볼 만한 특별한 사정이 없는 한, 위 법조항 본문의 적용을 배제할 "정당한 사유"가 있는 경우에 해당한다고 보아 위와 같은 심판청구기간이 경과한 뒤에도 심판청구를 제기할 수 있다(대법원 1992. 7. 28. 91누12844).

제3자의 정당한 사유가 부정되는 경우

행정처분의 상대방이 아닌 제3자는 일반적으로 처분이 있는 것을 바로 알 수 있는 처지에 있지 아니하므로 처분이 있은 날로부터 180일이 경과하더라도 특별한 사유가 없는 한 정당한 사유가 있는 것으로 보아 심판청구가 가능하다고 할 것이나, 그 제3자가 어떤 경위로든 행정처분이 있음을 알았거나 쉽게 알 수 있는 등 행정심판법 제18조 제1항 소정의 심판청구기간 내에 심판청구가 가능하였다는 사정이 있는 경우에는 그때로부터 90일 이내에 행정심판을 청구하여야 한다(대법원 1997. 9. 12. 96누14661).

---

3. 심판청구의 방식

> **행정심판법 제28조【심판청구의 방식】** ① 심판청구는 서면으로 하여야 한다.
> ② 처분에 대한 심판청구의 경우에는 심판청구서에 다음 각 호의 사항이 포함되어야 한다.
> 1. 청구인의 이름과 주소 또는 사무소(주소 또는 사무소 외의 장소에서 송달받기를 원하면 송달장소를 추가로 적어야 한다)
> 2. 피청구인과 위원회
> 3. 심판청구의 대상이 되는 처분의 내용
> 4. 처분이 있음을 알게 된 날

5. 심판청구의 취지와 이유
6. 피청구인의 행정심판 고지 유무와 그 내용

③ 부작위에 대한 심판청구의 경우에는 제2항제1호·제2호·제5호의 사항과 그 부작위의 전제가 되는 신청의 내용과 날짜를 적어야 한다.

④ 청구인이 법인이거나 제14조에 따른 청구인 능력이 있는 법인이 아닌 사단 또는 재단이거나 행정심판이 선정대표자나 대리인에 의하여 청구되는 것일 때에는 제2항 또는 제3항의 사항과 함께 그 대표자·관리인·선정대표자 또는 대리인의 이름과 주소를 적어야 한다.

⑤ 심판청구서에는 청구인·대표자·관리인·선정대표자 또는 대리인이 서명하거나 날인하여야 한다.

판례⁺

행정심판청구는 엄격한 형식을 요하지 아니하는 서면행위이다.

행정소송의 전치요건인 행정심판청구는 엄격한 형식을 요하지 아니하는 서면행위로 해석되므로, 위법·부당한 행정처분으로 인하여 권리나 이익을 침해당한 자로부터 그 처분의 취소나 변경을 구하는 서면이 제출되었을 때에는 그 표제와 제출기관의 여하를 불문하고, 이를 행정소송법 제18조 소정의 행정심판청구로 본다(대법원 1995. 9. 5. 94누16250).

'진정서'라는 제목의 서면 제출을 행정심판청구로 볼 수 있다.

비록 제목이 '진정서'로 되어 있고, 재결청의 표시, 심판청구의 취지 및 이유, 처분을 한 행정청의 고지의 유무 및 그 내용 등 행정심판법 제19조 제2항 소정의 사항들을 구분하여 기재하고 있지 아니하여 행정심판청구서로서의 형식을 다 갖추고 있다고 볼 수는 없으나, 피청구인인 처분청과 청구인의 이름과 주소가 기재되어 있고, 청구인의 기명이 되어 있으며, 문서의 기재 내용에 의하여 심판청구의 대상이 되는 행정처분의 내용과 심판청구의 취지 및 이유, 처분이 있은 것을 안 날을 알 수 있는 경우, 위 문서에 기재되어 있지 않은 재결청, 처분을 한 행정청의 고지의 유무 등의 내용과 날인 등의 불비한 점은 보정이 가능하므로 위 문서를 행정처분에 대한 행정심판청구로 보는 것이 옳다(대법원 2000. 6. 9. 98두2621).

4. 심판청구의 변경 및 취하

행정심판법
제29조【청구의 변경】 ① 청구인은 청구의 기초에 변경이 없는 범위에서 청구의 취지나 이유를 변경할 수 있다.

② 행정심판이 청구된 후에 피청구인이 새로운 처분을 하거나 심판청구의 대상인 처분을 변경한 경우에는 청구인은 새로운 처분이나 변경된 처분에 맞추어 청구의 취지나 이유를 변경할 수 있다.

③ 제1항 또는 제2항에 따른 청구의 변경은 서면으로 신청하여야 한다. 이 경우 피청구인과 참가인의 수만큼 청구변경신청서 부본을 함께 제출하여야 한다.

④ 위원회는 제3항에 따른 청구변경신청서 부본을 피청구인과 참가인에게 송달하여야 한다.

⑤ 제4항의 경우 위원회는 기간을 정하여 피청구인과 참가인에게 청구변경 신청에 대한 의견을 제출하도록 할 수 있으며, 피청구인과 참가인이 그 기간에 의견을 제출하지 아니하면 의견이 없는 것으로 본다.

⑥ 위원회는 제1항 또는 제2항의 청구변경 신청에 대하여 허가할 것인지 여부를 결정하고, 지체 없이 신청인에게는 결정서 정본을, 당사자 및 참가인에게는 결정서 등본을 송달하여야 한다.

⑦ 신청인은 제6항에 따라 송달을 받은 날부터 7일 이내에 위원회에 이의신청을 할 수 있다.

⑧ 청구의 변경결정이 있으면 처음 행정심판이 청구되었을 때부터 변경된 청구의 취지나 이유로 행정심판이 청구된 것으로 본다.

제42조 【심판청구 등의 취하】 ① 청구인은 심판청구에 대하여 제7조 제6항 또는 제8조 제7항에 따른 의결이 있을 때까지 서면으로 심판청구를 취하할 수 있다.

② 참가인은 심판청구에 대하여 제7조 제6항 또는 제8조 제7항에 따른 의결이 있을 때까지 서면으로 참가신청을 취하할 수 있다.

③ 제1항 또는 제2항에 따른 취하서에는 청구인이나 참가인이 서명하거나 날인하여야 한다.

④ 청구인 또는 참가인은 취하서를 피청구인 또는 위원회에 제출하여야 한다. 이 경우 제23조 제2항부터 제4항까지의 규정을 준용한다.

⑤ 피청구인 또는 위원회는 계속 중인 사건에 대하여 제1항 또는 제2항에 따른 취하서를 받으면 지체 없이 다른 관계 기관, 청구인, 참가인에게 취하 사실을 알려야 한다.

Chapter 05 행정심판의 청구의 효과

1. 행정심판위원회에 대한 효과

심판청구가 제기되면 행정심판위원회는 심판사항을 심리·의결하고 그에 따라 재결할 의무를 진다.

2. 처분에 대한 효과 – 집행부정지 원칙

행정심판의 청구는 원칙적으로 처분의 효력이나 집행 또는 절차의 속행을 정지시키지 아니한다.

3. 집행정지

행정심판법 제30조【집행정지】 ① 심판청구는 처분의 효력이나 그 집행 또는 절차의 속행(續行)에 영향을 주지 아니한다.
② 위원회는 처분, 처분의 집행 또는 절차의 속행 때문에 중대한 손해가 생기는 것을 예방할 필요성이 긴급하다고 인정할 때에는 직권으로 또는 당사자의 신청에 의하여 처분의 효력, 처분의 집행 또는 절차의 속행의 전부 또는 일부의 정지(이하 "집행정지"라 한다)를 결정할 수 있다. 다만, 처분의 효력정지는 처분의 집행 또는 절차의 속행을 정지함으로써 그 목적을 달성할 수 있을 때에는 허용되지 아니한다.
③ 집행정지는 공공복리에 중대한 영향을 미칠 우려가 있을 때에는 허용되지 아니한다.
④ 위원회는 집행정지를 결정한 후에 집행정지가 공공복리에 중대한 영향을 미치거나 그 정지사유가 없어진 경우에는 직권으로 또는 당사자의 신청에 의하여 집행정지 결정을 취소할 수 있다.
⑤ 집행정지 신청은 심판청구와 동시에 또는 심판청구에 대한 제7조 제6항 또는 제8조 제7항에 따른 위원회나 소위원회의 의결이 있기 전까지, 집행정지 결정의 취소신청은 심판청구에 대한 제7조 제6항 또는 제8조 제7항에 따른 위원회나 소위원회의 의결이 있기 전까지 신청의 취지와 원인을 적은 서면을 위원회에 제출하여야 한다. 다만, 심판청구서를 피청구인에게 제출한 경우로서 심판청구와 동시에 집행정지 신청을 할 때에는 심판청구서 사본과 접수증명서를 함께 제출하여야 한다.
⑥ 제2항과 제4항에도 불구하고 위원회의 심리·결정을 기다릴 경우 중대한 손해가 생길 우려가 있다고 인정되면 위원장은 직권으로 위원회의 심리·결정을 갈음하는 결정을 할 수 있다. 이 경우 위원장은 지체 없이 위원회에 그 사실을 보고하고 추인(追認)을 받아야 하며, 위원회의 추인을 받지 못하면 위원장은 집행정지 또는 집행정지 취소에 관한 결정을 취소하여야 한다.
⑦ 위원회는 집행정지 또는 집행정지의 취소에 관하여 심리·결정하면 지체 없이 당사자에게 결정서 정본을 송달하여야 한다.

4. 임시처분

> **행정심판법 제31조【임시처분】** ① 위원회는 처분 또는 부작위가 위법·부당하다고 상당히 의심되는 경우로서 처분 또는 부작위 때문에 당사자가 받을 우려가 있는 중대한 불이익이나 당사자에게 생길 급박한 위험을 막기 위하여 임시지위를 정하여야 할 필요가 있는 경우에는 직권으로 또는 당사자의 신청에 의하여 임시처분을 결정할 수 있다.
> ② 제1항에 따른 임시처분에 관하여는 제30조 제3항부터 제7항까지를 준용한다. 이 경우 같은 조 제6항 전단 중 "중대한 손해가 생길 우려"는 "중대한 불이익이나 급박한 위험이 생길 우려"로 본다.
> ③ 제1항에 따른 임시처분은 제30조 제2항에 따른 집행정지로 목적을 달성할 수 있는 경우에는 허용되지 아니한다.

Chapter 06 행정심판의 심리

1. 의의

행정심판의 심리란 재결의 기초가 될 사실관계 및 법률관계를 명확히 하기 위하여 당사자 및 관계인의 주장과 반박을 듣고, 증거 기타의 자료를 수집·조사하는 일련의 절차를 말한다.

2. 내용

1) 요건심리

(1) 개념

요건심리란 행정심판을 청구하는 데 있어 필요한 형식적 요건을 충족하고 있는지를 심사하는 것을 말한다. 부적법한 경우는 재결로 각하한다.

(2) 법적 성질

행정심판청구 요건은 직권조사사항이다. 따라서 당사자의 주장이 없어도 위원회는 직권으로 조사할 수 있다.

(3) 판단의 시기

행정심판청구 요건 여부는 재결시를 기준으로 판단한다. 따라서 요건심리와 본안심리는 항상 시간적으로 전후관계에 있는 것은 아니다. 예컨대, 본안심리 중에서도 심판청구의 형식적 요건에 흠이 발견되면 언제든지 각하재결을 할 수 있다.

(4) 보정

> **행정심판법**
> **제32조 【보정】** ① 위원회는 심판청구가 적법하지 아니하나 보정(補正)할 수 있다고 인정하면 기간을 정하여 청구인에게 보정할 것을 요구할 수 있다. 다만, 경미한 사항은 직권으로 보정할 수 있다.
> ② 청구인은 제1항의 요구를 받으면 서면으로 보정하여야 한다. 이 경우 다른 당사자의 수만큼 보정서 부본을 함께 제출하여야 한다.
> ③ 위원회는 제2항에 따라 제출된 보정서 부본을 지체 없이 다른 당사자에게 송달하여야 한다.
> ④ 제1항에 따른 보정을 한 경우에는 처음부터 적법하게 행정심판이 청구된 것으로 본다.
> ⑤ 제1항에 따른 보정기간은 제45조에 따른 재결 기간에 산입하지 아니한다.

⑥ 위원회는 청구인이 제1항에 따른 보정기간 내에 그 흠을 보정하지 아니한 경우에는 그 심판청구를 각하할 수 있다.

제32조의2【보정할 수 없는 심판청구의 각하】 위원회는 심판청구서에 타인을 비방하거나 모욕하는 내용 등이 기재되어 청구 내용을 특정할 수 없고 그 흠을 보정할 수 없다고 인정되는 경우에는 제32조 제1항에 따른 보정요구 없이 그 심판청구를 각하할 수 있다.

2) 본안심리

행정심판법
제37조【절차의 병합 또는 분리】 위원회는 필요하면 관련되는 심판청구를 병합하여 심리하거나 병합된 관련 청구를 분리하여 심리할 수 있다.

제38조【심리기일의 지정과 변경】 ① 심리기일은 위원회가 직권으로 지정한다.
② 심리기일의 변경은 직권으로 또는 당사자의 신청에 의하여 한다.
③ 위원회는 심리기일이 변경되면 지체 없이 그 사실과 사유를 당사자에게 알려야 한다.
④ 심리기일의 통지나 심리기일 변경의 통지는 서면으로 하거나 심판청구서에 적힌 전화, 휴대전화를 이용한 문자전송, 팩시밀리 또는 전자우편 등 간편한 통지 방법(이하 "간이통지방법"이라 한다)으로 할 수 있다.

본안심리란 심판청구의 본안, 즉 심판청구인의 청구의 당부에 대한 심리를 말한다. 이는 심판청구가 적법한 경우에 심판청구인의 청구의 당부에 대하여 실질적으로 심사하는 것을 말한다. 심리결과 청구가 이유 있으면 인용, 이유 없으면 기각한다.

3. 범위

행정심판법 제47조【재결의 범위】 ① 위원회는 심판청구의 대상이 되는 처분 또는 부작위 외의 사항에 대하여는 재결하지 못한다.
② 위원회는 심판청구의 대상이 되는 처분보다 청구인에게 불리한 재결을 하지 못한다.

1) 불고불리의 원칙

불고불리의 원칙이란 행정심판의 심리에 있어서 심판이 청구된 처분이나 부작위 이외의 사항에 대해서는 심리하지 못하는 것을 말한다.

2) 불이익변경금지의 원칙

불이익변경금지의 원칙이란 심판청구의 대상이 되는 처분보다 청구인에게 불이익하게 심리하지 못하는 것을 말한다.

3) 법률문제, 재량문제, 사실문제

행정처분이나 부작위의 위법·적법 여부뿐만 아니라 공익에의 부합 여부인 당·부당의 재량문제나 사실문제도 심리할 수 있다.

4. 위법성 판단 시기

적극적 처분의 경우에 원칙적으로 처분시를 기준으로 위법 또는 부당 여부를 판단한다. 거부처분 또는 부작위의 경우에는 과거에 행하여진 거부처분이나 부작위를 계속 유지하는 것이 위법·부당한지 여부가 판단의 핵심이므로 재결시를 기준으로 위법 또는 부당 여부를 판단한다.

5. 기본원칙

1) 대심주의(당사자주의)

행정심판법은 서로 대립하는 당사자인 청구인과 피청구인의 공격과 방어를 바탕으로 하여 심리를 진행시키는 대심주의(당사자주의)를 취하고 있다.

2) 처분권주의

처분권주의란 행정심판의 개시, 진행(대상과 범위), 종료에 대하여 당사자가 주도권을 가지고 이들에 대하여 자유로이 결정할 수 있는 원칙을 말한다.

공익적 견지에서 심판청구기간이 제한되고, 청구인낙 등이 부인되는 등 처분권주의는 일정 부분 제한을 받고 있다.

3) 직권심리주의(직권탐지주의)의 보충

> **행정심판법 제39조【직권심리】** 위원회는 필요하면 당사자가 주장하지 아니한 사실에 대하여도 심리할 수 있다.

4) 구술심리주의 또는 서면심리주의

> **행정심판법 제40조 【심리의 방식】** ① 행정심판의 심리는 구술심리나 서면심리로 한다. 다만, 당사자가 구술심리를 신청한 경우에는 서면심리만으로 결정할 수 있다고 인정되는 경우 외에는 구술심리를 하여야 한다.
> ② 위원회는 제1항 단서에 따라 구술심리 신청을 받으면 그 허가 여부를 결정하여 신청인에게 알려야 한다.
> ③ 제2항의 통지는 간이통지방법으로 할 수 있다.

5) 비공개주의

행정심판법에는 이에 관한 명문 규정은 없다. 다만, 행정심판법이 직권심리주의 및 서면심리주의 규정 등을 둔 점을 고려할 때 비공개주의를 채택하고 있다고 보는 것이 타당하다.

> **행정심판법 제41조 【발언 내용 등의 비공개】** 위원회에서 위원이 발언한 내용이나 그 밖에 공개되면 위원회의 심리 · 재결의 공정성을 해칠 우려가 있는 사항으로서 대통령령으로 정하는 사항은 공개하지 아니한다.

6. 절차적 권리

1) 위원 · 직원에 대한 기피신청권

당사자는 위원 · 직원에게 공정한 심리 · 의결을 기대하기 어려운 사정이 있으면 위원장에게 기피신청을 할 수 있다.

2) 이의신청권

행정심판위원회의 결정 중 당사자 또는 심판참가인의 절차적 권리에 중대한 영향을 미치는 지위승계의 불허가, 참가신청의 불허가 또는 청구의 변경 불허가 등에 대하여는 행정심판위원회에 이의신청을 할 수 있다.

3) 보충서면제출권

> **행정심판법 제33조【주장의 보충】** ① 당사자는 심판청구서·보정서·답변서·참가신청서 등에서 주장한 사실을 보충하고 다른 당사자의 주장을 다시 반박하기 위하여 필요하면 위원회에 보충서면을 제출할 수 있다. 이 경우 다른 당사자의 수만큼 보충서면 부본을 함께 제출하여야 한다.
> ② 위원회는 필요하다고 인정하면 보충서면의 제출기한을 정할 수 있다.
> ③ 위원회는 제1항에 따라 보충서면을 받으면 지체 없이 다른 당사자에게 그 부본을 송달하여야 한다.

4) 구술심리신청권

> **행정심판법 제40조【심리의 방식】** ① 행정심판의 심리는 구술심리나 서면심리로 한다. 다만, 당사자가 구술심리를 신청한 경우에는 서면심리만으로 결정할 수 있다고 인정되는 경우 외에는 구술심리를 하여야 한다.

5) 물적 증거제출권

> **행정심판법**
> **제34조【증거서류 등의 제출】** ① 당사자는 심판청구서·보정서·답변서·참가신청서·보충서면 등에 덧붙여 그 주장을 뒷받침하는 증거서류나 증거물을 제출할 수 있다.
> ② 제1항의 증거서류에는 다른 당사자의 수만큼 증거서류 부본을 함께 제출하여야 한다.
> ③ 위원회는 당사자가 제출한 증거서류의 부본을 지체 없이 다른 당사자에게 송달하여야 한다.
> **제35조【자료의 제출 요구 등】** ① 위원회는 사건 심리에 필요하면 관계 행정기관이 보관 중인 관련 문서, 장부, 그 밖에 필요한 자료를 제출할 것을 요구할 수 있다.
> ② 위원회는 필요하다고 인정하면 사건과 관련된 법령을 주관하는 행정기관이나 그 밖의 관계 행정기관의 장 또는 그 소속 공무원에게 위원회 회의에 참석하여 의견을 진술할 것을 요구하거나 의견서를 제출할 것을 요구할 수 있다.
> ③ 관계 행정기관의 장은 특별한 사정이 없으면 제1항과 제2항에 따른 위원회의 요구에 따라야 한다.
> ④ 중앙행정심판위원회에서 심리·재결하는 심판청구의 경우 소관 중앙행정기관의 장은 의견서를 제출하거나 위원회에 출석하여 의견을 진술할 수 있다.

6) 증거조사신청권

> **행정심판법 제36조 【증거조사】** ① 위원회는 사건을 심리하기 위하여 필요하면 직권으로 또는 당사자의 신청에 의하여 다음 각 호의 방법에 따라 증거조사를 할 수 있다.
>   1. 당사자나 관계인(관계 행정기관 소속 공무원을 포함한다. 이하 같다)을 위원회의 회의에 출석하게 하여 신문(訊問)하는 방법
>   2. 당사자나 관계인이 가지고 있는 문서·장부·물건 또는 그 밖의 증거자료의 제출을 요구하고 영치(領置)하는 방법
>   3. 특별한 학식과 경험을 가진 제3자에게 감정을 요구하는 방법
>   4. 당사자 또는 관계인의 주소·거소·사업장이나 그 밖의 필요한 장소에 출입하여 당사자 또는 관계인에게 질문하거나 서류·물건 등을 조사·검증하는 방법
> ② 위원회는 필요하면 위원회가 소속된 행정청의 직원이나 다른 행정기관에 촉탁하여 제1항의 증거조사를 하게 할 수 있다.
> ③ 제1항에 따른 증거조사를 수행하는 사람은 그 신분을 나타내는 증표를 지니고 이를 당사자나 관계인에게 내보여야 한다.
> ④ 제1항에 따른 당사자 등은 위원회의 조사나 요구 등에 성실하게 협조하여야 한다.

7. 처분사유 추가·변경

1) 개념

처분사유의 추가·변경이란 행정심판의 심리 중에 처분청이 처분 당시 근거로 삼았던 사유와 다른 사유를 추가적으로 주장하거나 처분 근거 사유를 변경하는 것을 말한다.

2) 인정 여부

처분사유의 추가·변경을 전혀 허용하지 않으면 청구인이 행정심판의 인용 결정을 받은 후에 처분청이 다른 사유를 근거로 동일(또는 유사한) 처분을 할 수 있다는 점에서 분쟁의 1회적 해결이 어렵게 된다. 반면에 처분사유의 추가·변경을 허용하면 청구인이 심판 준비에 어려움을 겪게 된다. 이에 판례는 당초에 처분의 근거로 삼은 것과 기본적 사실관계의 동일성이 인정되는 범위에서 처분사유의 추가·변경을 허용함으로써 제한적으로 긍정하고 있다.

3) 인정 요건

(1) 처분의 기본적 사실관계의 동일성이 유지되어야 한다.

(2) 처분시에 존재하였던 사유여야 한다.

(3) 처분사유의 추가·변경은 재결시까지 하여야 한다.

판례

행정심판에서의 처분사유 추가·변경

행정처분의 취소를 구하는 항고소송에서 처분청은 당초 처분의 근거로 삼은 사유와 기본적 사실관계가 동일성이 있다고 인정되는 한도 내에서만 다른 사유를 추가 또는 변경할 수 있고, 이러한 기본적 사실관계의 동일성 유무는 처분사유를 법률적으로 평가하기 이전의 구체적 사실에 착안하여 그 기초인 사회적 사실관계가 기본적인 점에서 동일한지에 따라 결정되므로, 추가 또는 변경된 사유가 처분 당시에 이미 존재하고 있었다거나 당사자가 그 사실을 알고 있었다고 하여 당초의 처분사유와 동일성이 있다고 할 수 없다. 그리고 이러한 법리는 행정심판 단계에서도 그대로 적용된다(대법원 2014. 5. 16. 2013두26118).

기본적 사실관계의 동일성 여부

갑이 '사실상의 도로'로서 인근 주민들의 통행로로 이용되고 있는 토지를 매수한 다음 2층 규모의 주택을 신축하겠다는 내용의 건축신고서를 제출하였으나, 구청장이 '위 토지가 건축법상 도로에 해당하여 건축을 허용할 수 없다'는 사유로 건축신고수리 거부처분을 하자 갑이 처분에 대한 취소를 구하는 소송을 제기하였는데, 1심법원이 위 토지가 건축법상 도로에 해당하지 않는다는 이유로 갑의 청구를 인용하는 판결을 선고하자 구청장이 항소하여 '위 토지가 인근 주민들의 통행에 제공된 사실상의 도로인데, 주택을 건축하여 주민들의 통행을 막는 것은 사회공동체와 인근 주민들의 이익에 반하므로 갑의 주택 건축을 허용할 수 없다'는 주장을 추가한 사안에서, 당초 처분사유와 구청장이 원심에서 추가로 주장한 처분사유는 위 토지상의 사실상 도로의 법적 성질에 관한 평가를 다소 달리하는 것일 뿐, 모두 토지의 이용현황이 '도로'이므로 거기에 주택을 신축하는 것은 허용될 수 없다는 것이므로 기본적 사실관계의 동일성이 인정된다(대법원 2019. 10. 31. 2017두74320).

행정심판이 아닌 이의신청의 경우에는 기본적 사실관계의 동일성이 인정되지 않는 사유도 추가할 수 있다.

산업재해보상보험법상 심사청구에 관한 절차의 성격은 근로복지공단 내부의 시정절차이므로 근로복지공단이 당초 처분의 근거로 삼은 사유와 기본적 사실관계의 동일성이 인정되지 않는 사유를 처분사유로 추가·변경할 수 있다(대법원 2012. 9. 13. 2012두3859).

행정심판의 재결

1. 개념

재결이란 행정심판위원회가 행정심판의 청구에 대하여 심리한 후 그 청구에 대하여 행하는 판단을 말한다.

2. 성질

재결은 준법률행위적 행정행위 중 확인행위로서의 성질과 준사법적 작용의 성질을 동시에 갖는다. 준법률행위적 행정행위라는 점에서 처분에 해당하고, 재결 자체에 고유한 위법이 있는 경우에는 행정소송의 대상이 된다.

3. 재결기간

> **행정심판법 제45조【재결 기간】** ① 재결은 제23조에 따라 피청구인 또는 위원회가 심판청구서를 받은 날부터 60일 이내에 하여야 한다. 다만, 부득이한 사정이 있는 경우에는 위원장이 직권으로 30일을 연장할 수 있다.
> ② 위원장은 제1항 단서에 따라 재결 기간을 연장할 경우에는 재결 기간이 끝나기 7일 전까지 당사자에게 알려야 한다.

4. 재결의 방식

> **행정심판법 제46조【재결의 방식】** ① 재결은 서면으로 한다.
> ② 제1항에 따른 재결서에는 다음 각 호의 사항이 포함되어야 한다.
>   1. 사건번호와 사건명
>   2. 당사자·대표자 또는 대리인의 이름과 주소
>   3. 주문
>   4. 청구의 취지
>   5. 이유
>   6. 재결한 날짜
> ③ 재결서에 적는 이유에는 주문 내용이 정당하다는 것을 인정할 수 있는 정도의 판단을 표시하여야 한다.

5. 재결의 범위

> **행정심판법 제47조【재결의 범위】** ① 위원회는 심판청구의 대상이 되는 처분 또는 부작위 외의 사항에 대하여는 재결하지 못한다.
> ② 위원회는 심판청구의 대상이 되는 처분보다 청구인에게 불리한 재결을 하지 못한다.

6. 재결서의 송달 및 효력발생

> **행정심판법 제48조【재결의 송달과 효력 발생】** ① 위원회는 지체 없이 당사자에게 재결서의 정본을 송달하여야 한다. 이 경우 중앙행정심판위원회는 재결 결과를 소관 중앙행정기관의 장에게도 알려야 한다.
> ② 재결은 청구인에게 제1항 전단에 따라 송달되었을 때에 그 효력이 생긴다.
> ③ 위원회는 재결서의 등본을 지체 없이 참가인에게 송달하여야 한다.
> ④ 처분의 상대방이 아닌 제3자가 심판청구를 한 경우 위원회는 재결서의 등본을 지체 없이 피청구인을 거쳐 처분의 상대방에게 송달하여야 한다.

7. 재결의 종류

> **행정심판법**
> **제43조【재결의 구분】** ① 위원회는 심판청구가 적법하지 아니하면 그 심판청구를 각하(却下)한다.
> ② 위원회는 심판청구가 이유가 없다고 인정하면 그 심판청구를 기각(棄却)한다.
> ③ 위원회는 취소심판의 청구가 이유가 있다고 인정하면 처분을 취소 또는 다른 처분으로 변경하거나 처분을 다른 처분으로 변경할 것을 피청구인에게 명한다.
> ④ 위원회는 무효등확인심판의 청구가 이유가 있다고 인정하면 처분의 효력 유무 또는 처분의 존재 여부를 확인한다.
> ⑤ 위원회는 의무이행심판의 청구가 이유가 있다고 인정하면 지체 없이 신청에 따른 처분을 하거나 처분을 할 것을 피청구인에게 명한다.
> **제43조의2【조정】** ① 위원회는 당사자의 권리 및 권한의 범위에서 당사자의 동의를 받아 심판청구의 신속하고 공정한 해결을 위하여 조정을 할 수 있다. 다만, 그 조정이 공공복리에 적합하지 아니하거나 해당 처분의 성질에 반하는 경우에는 그러하지 아니하다.
> ② 위원회는 제1항의 조정을 함에 있어서 심판청구된 사건의 법적·사실적 상태와 당사자 및 이해관계자의 이익 등 모든 사정을 참작하고, 조정의 이유와 취지를 설명하여야 한다.
> ③ 조정은 당사자가 합의한 사항을 조정서에 기재한 후 당사자가 서명 또는 날인하고 위원회가 이를 확인함으로써 성립한다.
> ④ 제3항에 따른 조정에 대하여는 제48조부터 제50조까지, 제50조의2, 제51조의 규정을 준용한다.

> **제44조 【사정재결】** ① 위원회는 심판청구가 이유가 있다고 인정하는 경우에도 이를 인용(認容)하는 것이 공공복리에 크게 위배된다고 인정하면 그 심판청구를 기각하는 재결을 할 수 있다. 이 경우 위원회는 재결의 주문(主文)에서 그 처분 또는 부작위가 위법하거나 부당하다는 것을 구체적으로 밝혀야 한다.
> ② 위원회는 제1항에 따른 재결을 할 때에는 청구인에 대하여 상당한 구제방법을 취하거나 상당한 구제방법을 취할 것을 피청구인에게 명할 수 있다.
> ③ 제1항과 제2항은 무효등확인심판에는 적용하지 아니한다.

1) 각하재결

심판청구의 요건심리의 결과 그 제기요건이 갖추어져 있지 않아 적법하지 않은 청구라는 이유로 본안심리를 거부하는 행정심판위원회의 판단을 말한다.

2) 기각재결

본안심리를 한 후 청구인이 신청한 내용을 받아들이지 않고 행정청이 했던 원래의 처분을 그대로 유지시키기로 하는 행정심판위원회의 판단을 말한다.

3) 사정재결

(1) 의의

사정재결이란 행정심판위원회가 심리의 결과 그 심판청구가 이유 있다고 인정하는 경우에도 이를 인용하는 것이 공공복리에 크게 위배된다고 인정할 때에는 그 심판청구를 기각하는 재결을 할 수 있는 것을 말한다(행정심판법 제44조 제1항). 따라서 사정재결도 기각재결의 일종이다.

(2) 인정 이유

사정재결은 청구를 인용하여 사익을 보호하면 결과적으로 공익에 중대한 침해를 가져올 때 이를 시정하여 다수인 또는 국가 전체의 이익을 우선 시켜 전체로서 공익보호를 확보하기 위한 것이다. 사정재결은 공익과 사익을 조화시키는 제도라고 할 수 있다.

(3) 적용범위

사정재결은 취소심판 및 의무이행심판에만 인정되고, 무효등확인심판에는 인정되지 아니한다.

⑷ 요건

① **실질적 요건**: 사정재결은 심판청구를 인용하는 것이 공공복리에 크게 위배된다고 인정하는 때에 한하여 행해질 수 있다.

② **형식적 요건**: 사정재결을 함에 있어서 행정심판위원회는 그 재결의 주문에서 그 처분 또는 부작위가 위법 또는 부당함을 명시하여야 한다.

⑸ 구제방법

행정심판위원회는 사정재결을 함에 있어서, 직접 청구인에 대하여 상당한 구제방법을 취하거나 피청구인에게 상당한 구제방법을 취할 것을 명할 수 있다.

4) 인용재결

⑴ 의의

인용재결은 본안심리의 결과 심판청구가 이유 있다고 판단하여 청구인의 청구취지를 받아들이는 재결을 말한다.

⑵ 취소심판의 인용재결(취소재결·변경재결 및 변경명령재결)

취소심판의 청구가 이유가 있다고 인정할 때에는 행정심판위원회는 그 심판청구를 인용하는 재결로써 심판청구의 대상이 된 처분을 직접 취소·변경(= 취소재결, 변경재결 − 형성재결)하거나 처분청에게 변경(변경명령재결 − 이행재결)을 명할 수 있다.

⑶ 무효등확인심판의 인용재결

행정심판위원회가 무효등확인심판의 청구가 이유 있다고 인정할 때에 처분의 효력 유무 또는 존재 여부를 확인하는 재결이다.

⑷ 의무이행심판의 인용재결

① **의의 및 성질**: 의무이행심판의 청구가 이유가 있다고 인정될 때 신청에 따른 처분을 하거나(처분재결 − 형성재결) 처분을 할 것을 피청구인에게 명하는 재결(처분명령재결 − 이행재결)이다.

② **위법·부당 판단의 기준시**: 취소·변경재결의 경우에 원칙적으로 처분시가 되나, 의무이행재결의 경우에는 과거에 행하여진 거부처분이나 부작위를 계속 유지하는 것이 위법·부당한지 여부가 판단의 핵심이므로 재결시를 기준으로 위법·부당 여부를 판단하여야 할 것이다.

③ **처분재결과 처분명령재결의 선택**: 위원회가 처분재결과 처분명령재결 중 어느 것을 선택할 것인지는 위원회의 재량에 속하나 처분청의 처분권을 존중하여 원칙적으로 처분명령재결을 하고, 만약 처분청이 이를 따르지 않는다면 위원회가 직접처분을 하는 것이 타당할 것이다.

④ **처분명령재결의 내용**: 청구대상의 행위가 기속행위인 경우에는 청구인의 내용대로 처분을 할 것을 명하는 재결을 하여야 하나, 재량행위의 경우에는 재량의 하자가 없는 일정한 처분을 하도록 명하는 재결을 하여야 한다.

8. 재결의 효력

1) 일반

행정심판법은 재결의 효력에 관하여 기속력(반복금지효, 재처분의무)에 관한 규정(제49조)만을 두고 있으나, 재결도 행정행위의 하나이므로, 그것이 당연무효인 경우 외에는 다른 행정행위와 마찬가지로 불가변력·불가쟁력·공정력·형성력 등을 가진다.

> **판례**
>
> **재결의 형성력에 의하여 당해 처분은 별도의 행정처분을 기다릴 것 없이 당연히 소멸한다.**
>
> 행정심판법 제32조 제3항에 의하면 재결청은 취소심판의 청구가 이유 있다고 인정할 때에는 처분을 취소·변경하거나 처분청에게 변경할 것을 명한다고 규정하고 있으므로, 행정심판 재결의 내용이 재결청이 스스로 처분을 취소하는 것일 때에는 그 재결의 형성력에 의하여 당해 처분은 별도의 행정처분을 기다릴 것 없이 당연히 취소되어 소멸되는 것이다(대법원 1998. 4. 24. 97누17131).
>
> **재결의 결과통보는 항고소송의 대상이 되는 행정처분이 아니다.**
>
> 재결청으로부터 '처분청의 공장설립변경신고수리처분을 취소한다'는 내용의 형성적 재결을 송부받은 처분청이 당해 처분의 상대방에게 재결결과를 통보하면서 공장설립변경신고 수리시 발급한 확인서를 반납하도록 요구한 것은 사실의 통지에 불과하고 항고소송의 대상이 되는 새로운 행정처분이라고 볼 수 없다(대법원 1997. 5. 30. 96누14678).

2) 기속력

> **행정심판법 제49조【재결의 기속력 등】** ① 심판청구를 인용하는 재결은 피청구인과 그 밖의 관계 행정청을 기속(覊束)한다.
> ② 재결에 의하여 취소되거나 무효 또는 부존재로 확인되는 처분이 당사자의 신청을 거부하는 것을 내용으로 하는 경우에는 그 처분을 한 행정청은 재결의 취지에 따라 다시 이전의 신청에 대한 처분을 하여야 한다.

③ 당사자의 신청을 거부하거나 부작위로 방치한 처분의 이행을 명하는 재결이 있으면 행정청은 지체 없이 이전의 신청에 대하여 재결의 취지에 따라 처분을 하여야 한다.

④ 신청에 따른 처분이 절차의 위법 또는 부당을 이유로 재결로써 취소된 경우에는 제2항을 준용한다.

⑤ 법령의 규정에 따라 공고하거나 고시한 처분이 재결로써 취소되거나 변경되면 처분을 한 행정청은 지체 없이 그 처분이 취소 또는 변경되었다는 것을 공고하거나 고시하여야 한다.

⑥ 법령의 규정에 따라 처분의 상대방 외의 이해관계인에게 통지된 처분이 재결로써 취소되거나 변경되면 처분을 한 행정청은 지체 없이 그 이해관계인에게 그 처분이 취소 또는 변경되었다는 것을 알려야 한다.

(1) 의의

기속력이란 피청구인인 행정청과 그 밖의 관계 행정청이 재결의 취지에 따르도록 구속하는 효력을 말한다. 재결의 기속력은 인용재결에만 인정되며, 기각 또는 각하재결에는 인정되지 않는다. 기각재결이 있은 후에도 처분청은 정당한 사유가 있으면 직권으로 원처분을 취소·변경 또는 철회할 수 있다.

(2) 내용

① **반복금지의무(소극적 의무)**: 행정청은 동일한 사정 아래서 동일한 사유로 동일인에 대하여 같은 내용의 처분을 반복하여서는 아니 된다.

② **재처분의무**

　㉠ 재결의 취지에 따른 재처분의무(처분명령재결의 경우): 당사자의 신청을 거부하거나 부작위로 방치한 처분의 이행을 명하는 재결이 있는 경우에는 행정청은 지체 없이 그 재결의 취지에 따라 다시 이전의 신청에 대한 처분을 하여야 한다.

　　이때 기속행위의 경우에는 신청된 대로의 처분을, 재량행위의 경우에는 신청에 대한 하자 없는 처분을, 영으로서의 재량수축의 경우에는 기속행위와 동일한 처분, 즉 신청한 대로의 처분을 하여야 한다.

　㉡ 시정명령 · 직접처분 · 간접강제

> **행정심판법 제50조 【위원회의 직접 처분】** ① 위원회는 피청구인이 제49조 제3항에도 불구하고 처분을 하지 아니하는 경우에는 당사자가 신청하면 기간을 정하여 서면으로 시정을 명하고 그 기간에 이행하지 아니하면 직접 처분을 할 수 있다. 다만, 그 처분의 성질이나 그 밖의 불가피한 사유로 위원회가 직접 처분을 할 수 없는 경우에는 그러하지 아니하다.
>
> ② 위원회는 제1항 본문에 따라 직접 처분을 하였을 때에는 그 사실을 해당 행정청에 통보하여야 하며, 그 통보를 받은 행정청은 위원회가 한 처분을 자기가 한 처분으로 보아 관계 법령에 따라 관리 · 감독 등 필요한 조치를 하여야 한다.

판례

행정심판법 제37조 제2항에 기한 재결청의 직접처분의 요건

행정심판법 제37조 제2항, 같은법시행령 제27조의2 제1항의 규정에 따라 재결청이 직접 처분을 하기 위하여는 처분의 이행을 명하는 재결이 있었음에도 당해 행정청이 아무런 처분을 하지 아니하였어야 하므로, 당해 행정청이 어떠한 처분을 하였다면 그 처분이 재결의 내용에 따르지 아니하였다고 하더라도 재결청이 직접 처분을 할 수는 없다(대법원 2002. 7. 23. 2000두9151).

> **행정심판법 제50조의2 【위원회의 간접강제】** ① 위원회는 피청구인이 제49조 제2항(제49조 제4항에서 준용하는 경우를 포함한다) 또는 제3항에 따른 처분을 하지 아니하면 청구인의 신청에 의하여 결정으로 상당한 기간을 정하고 피청구인이 그 기간 내에 이행하지 아니하는 경우에는 그 지연기간에 따라 일정한 배상을 하도록 명하거나 즉시 배상을 할 것을 명할 수 있다.
> ② 위원회는 사정의 변경이 있는 경우에는 당사자의 신청에 의하여 제1항에 따른 결정의 내용을 변경할 수 있다.
> ③ 위원회는 제1항 또는 제2항에 따른 결정을 하기 전에 신청 상대방의 의견을 들어야 한다.
> ④ 청구인은 제1항 또는 제2항에 따른 결정에 불복하는 경우 그 결정에 대하여 행정소송을 제기할 수 있다.
> ⑤ 제1항 또는 제2항에 따른 결정의 효력은 피청구인인 행정청이 소속된 국가·지방자치단체 또는 공공단체에 미치며, 결정서 정본은 제4항에 따른 소송제기와 관계없이 「민사집행법」에 따른 강제집행에 관하여는 집행권원과 같은 효력을 가진다. 이 경우 집행문은 위원장의 명에 따라 위원회가 소속된 행정청 소속 공무원이 부여한다.
> ⑥ 간접강제 결정에 기초한 강제집행에 관하여 이 법에 특별한 규정이 없는 사항에 대하여는 「민사집행법」의 규정을 준용한다. 다만, 「민사집행법」 제33조(집행문부여의 소), 제34조(집행문부여 등에 관한 이의신청), 제44조(청구에 관한 이의의 소) 및 제45조(집행문부여에 대한 이의의 소)에서 관할 법원은 피청구인의 소재지를 관할하는 행정법원으로 한다.

ⓒ **절차위법의 경우** : 신청에 따른 처분이 절차의 위법 또는 부당을 이유로 재결로써 취소된 경우에는 재결의 취지에 따라 다시 처분을 하여야 한다. 이때 기속행위의 경우에는 사실상 동일한 처분이 이루어지게 될 것이다.

ⓔ **거부처분취소심판에 대한 재처분의무** : 현재 행정심판법은 재결에 의하여 취소되거나 무효 또는 부존재로 확인되는 처분이 당사자의 신청을 거부하는 것을 내용으로 하는 경우에는 그 처분을 한 행정청은 재결의 취지에 따라 다시 이전의 신청에 대한 처분을 하여야 한다고 규정함으로써 입법적으로 거부처분취소심판의 재처분의무를 인정하였다.

③ **결과제거의무** : 행정청은 위법·부당으로 판정된 처분에 의해 야기된 상태를 제거해야 할 원상회복의무가 있다.

(3) 범위

① **주관적 범위**: 피청구인인 행정청뿐만 아니라 그 밖의 모든 관계 행정청을 기속한다. 처분청은 중대한 사유가 있다 하더라도 취소재결에 기속된다. 재결의 기속력으로 인해 처분청은 위원회의 재결에 대하여 재의를 요구할 수 없다.

② **객관적 범위**

  ㉠ **절차나 형식의 위법이 있는 경우**: 재결의 기속력은 재결에 적시된 개개의 위법사유에 미치기 때문에 재결 후 행정청이 재결에 의해 적시된 절차나 형식의 위법사유를 보완한 경우에는 다시 동일한 내용의 처분을 하더라도 기속력에 반하지 않는다.

  ㉡ **내용상 위법이 있는 경우**: 재결의 기속력은 재결의 주문 및 그 전제가 된 요건사실의 인정과 판단, 즉 처분 등의 구체적 위법사유에 관한 판단에만 미친다고 할 것이고, 종전 처분이 재결에 의하여 취소되었다 하더라도 종전 처분시와는 다른 사유를 들어서 처분을 하는 것은 기속력에 저촉되지 않는다고 할 것이며, 여기에서 동일 사유인지 다른 사유인지는 종전 처분에 관하여 위법한 것으로 재결에서 판단된 사유와 기본적 사실관계에 있어 동일성이 인정되는 사유인지 여부에 따라 판단되어야 한다.

  기본적 사실관계의 동일성 여부는 처분사유를 법률적으로 평가하기 이전의 구체적 사실에 착안하여 그 기초인 사회적 사실관계가 기본적인 점에서 동일한지 여부에 따라 결정된다고 한다. 구체적 판단은 시간적, 장소적 근접성, 행위의 태양, 결과 등의 제반 사정을 종합적으로 고려해야 한다.

> **판례**
>
> **재결의 기속력은 재결의 주문과 처분 등의 구체적 위법사유에 관한 판단에 미친다.**
>
> 재결의 기속력은 재결의 주문 및 그 전제가 된 요건사실의 인정과 판단, 즉 처분 등의 구체적 위법사유에 관한 판단에만 미친다고 할 것이고, 종전 처분이 재결에 의하여 취소되었다 하더라도 종전 처분시와는 다른 사유를 들어서 처분을 하는 것은 기속력에 저촉되지 않는다고 할 것이며, 여기에서 동일 사유인지 다른 사유인지는 종전 처분에 관하여 위법한 것으로 재결에서 판단된 사유와 기본적 사실관계에 있어 동일성이 인정되는 사유인지 여부에 따라 판단되어야 한다(대법원 2005. 12. 9. 2003두7705).
>
> **재결의 취지에 반하지 아니한 처분은 기속력에 저촉되지 아니한다.**
>
> 택지초과소유부담금 부과처분을 취소하는 재결이 있는 경우 당해 처분청은 재결의 취지에 반하지 아니하는 한, 즉 당초 처분과 동일한 사정 아래에서 동일한 내용의 처분을 반복하는 것이 아닌 이상, 그 재결에 적시된 위법사유를 시정·보완하여 정당한 부담금을 산출한 다음 새로이 부담금을 부과할 수 있는 것이고, 이러한 새로운 부과처분은 재결의 기속력에 저촉되지 아니한다(대법원 1997. 2. 25. 96누14784·14791).
>
> **재결의 취지에 반하지 아니한다면 다시 거부처분을 할 수 있다.**
>
> 당사자의 신청을 받아들이지 않은 거부처분이 재결에서 취소된 경우에 행정청은 종전 거부처분 또는 재결 후에 발생한 새로운 사유를 내세워 다시 거부처분을 할 수 있다. 그 재결의 취지에 따라 이전의 신청에

대하여 다시 어떠한 처분을 하여야 할지는 처분을 할 때의 법령과 사실을 기준으로 판단하여야 하기 때문이다(대법원 2017. 10. 31. 2015두45045).

③ **시간적 범위**: 기속력은 처분 당시를 기준으로 그 당시까지 존재하였던 처분사유에만 미치고 그 이후에 생긴 사유에는 미치지 않는다. 따라서 처분시 이후에 생긴 새로운 처분사유(새로운 사실관계나 개정된 법령)를 들어 동일한 내용의 처분을 하는 것은 무방하다.

⑷ **부수적 효과**

① **처분의 취소·변경의 공고**: 법령의 규정에 따라 공고하거나 고시한 처분이 재결로써 취소되거나 변경되면 처분을 한 행정청은 지체 없이 그 처분이 취소 또는 변경되었다는 것을 공고하거나 고시하여야 한다.

② **취소·변경의 통지**: 법령의 규정에 따라 처분의 상대방 외의 이해관계인에게 통지된 처분이 재결로써 취소되거나 변경되면 처분을 한 행정청은 지체 없이 그 이해관계인에게 그 처분이 취소 또는 변경되었다는 것을 알려야 한다.

⑸ **기속력 위반시 처분의 효과**

기속력을 위반한 처분은 중대·명백한 하자로 무효이다.

9. 재결에 대한 불복

1) 재심판청구의 금지

심판청구에 대한 재결이 있으면 그 재결 및 같은 처분 또는 부작위에 대하여 다시 행정심판을 청구할 수 없다.

2) 재결에 대한 행정소송

⑴ 신청인은 재결 자체에 고유한 위법이 있음을 이유로 행정소송을 제기할 수 있다. 재결 자체에 고유한 위법이 없음에도 취소소송을 제기한 경우 해당 소송은 기각된다.

⑵ 인용재결이 있는 경우에 피청구인인 행정청은 재결의 기속력으로 인해 취소소송을 제기할 수 없다.

행정심판의 고지

> **행정심판법 제58조【행정심판의 고지】** ① 행정청이 처분을 할 때에는 처분의 상대방에게 다음 각 호의 사항을 알려야 한다.
>   1. 해당 처분에 대하여 행정심판을 청구할 수 있는지
>   2. 행정심판을 청구하는 경우의 심판청구 절차 및 심판청구 기간
> ② 행정청은 이해관계인이 요구하면 다음 각 호의 사항을 지체 없이 알려 주어야 한다. 이 경우 서면으로 알려 줄 것을 요구받으면 서면으로 알려 주어야 한다.
>   1. 해당 처분이 행정심판의 대상이 되는 처분인지
>   2. 행정심판의 대상이 되는 경우 소관 위원회 및 심판청구 기간

1. 의의

고지제도란 행정청이 처분을 함에 있어 그 상대방 또는 이해관계인에게 당해 처분에 대한 불복청구의 가능성 및 그를 위한 필요사항을 알려주는 제도를 말한다.

2. 성질

1) 비권력적 사실행위이므로 그 자체로서는 아무런 법적 효과도 발생하지 않는다.

2) 행정심판법에 기하여 처분의 통지시에 이행해야 할 법정절차이나, 행정처분 자체의 절차는 아니므로 고지를 하지 않았더라도 그것이 당해 처분의 위법사유 내지 취소사유로 되는 것은 아니다.

3. 행정절차법상 고지제도와의 비교

행정절차법은 직권고지만을 규정하고 있으며, 오고지·불고지 효과를 규정하고 있지 않다.

구분	행정절차법	행정심판법	행정소송법
고지	○	○	×
오고지·불고지	×	○	×

4. 종류

1) 직권에 의한 고지

(1) 대상

고지의 대상인 처분은 행정심판법상의 행정심판청구의 대상이 되는 경우뿐만 아니라 특별법에 의한 행정심판의 대상이 되는 경우도 포함하는 것으로 본다.

침익적 처분인 경우에는 불복제기의 필요성이 인정되므로 고지의 대상이 된다. 반면에 수익적 처분인 경우에는 불복제기의 필요성이 인정되지 않으므로 고지의 대상이 되지 않는 것이 원칙이다. 다만 수익적 처분에 부관이 붙어있거나 복효적 행정행위로서 부담적 효과가 수반되는 경우에는 고지의 대상이 된다.

(2) 고지의 내용

고지되어야 할 내용은 행정심판을 제기할 수 있는지의 여부, 행정심판 청구기간 및 기타 필요한 절차적 사항이다.

(3) 고지의 주체 및 상대방

고지는 행정청이 주체가 되어 처분의 상대방에게 행한다. 제3자에 대해서도 효력을 미치는 처분이 대상이 되는 경우에는 법적 분쟁의 신속한 해결을 위해 제3자에 대해서도 고지하도록 하는 것이 필요하다.

(4) 고지의 방법

고지의 방법에 대해서는 법령에 규정을 두고 있지 않다. 따라서 서면에 의하든 구두에 의하든 자유롭다고 볼 것이다.

2) 신청에 의한 고지

(1) 고지의 청구권자

고지의 청구권자는 당해 처분의 이해관계인이다. 여기에서의 이해관계인은 당해 조문의 취지에 비추어 원칙적으로 제3자효 행정행위에서의 제3자가 이에 해당한다. 또한 경우에 따라서는 직권고지의무를 행정청이 이행하지 않는 경우에 처분의 직접 상대방이 신청하는 경우도 제3자에 포함된다.

(2) 고지의 대상

고지의 대상은 서면 형식의 처분에 한정되지 않으며, 그 고지의 청구권자와 이해관계가 있는 모든 처분이 그에 해당된다 할 것이다.

⑶ 고지의 내용

고지의 내용으로는 청구권자의 청구내용에 상응하는 것이 될 것이나, ① 당해 처분이 행정심판의 대상이 되는 처분인지의 여부와 ② 행정심판의 대상이 되는 경우에는 소관 위원회, ③ 청구기간 등에 관한 사항이 된다.

⑷ 고지의 방법

고지의 방법으로는 법률상의 제한이 없으므로 자유로우나, 청구권자가 서면에 의한 고지를 요구한 경우에는 반드시 서면으로 고지하도록 하고 있다.

⑸ 고지의 시기

시기에 대해서는 청구권자로부터 요청받은 경우에 지체 없이 하도록 하고 있다.

5. 고지의무 위반의 효과 - 불고지·오고지의 효과

1) 의의

불고지·오고지란 행정청이 처분을 하는 경우에 일정한 사항의 고지의무에도 불구하고 고지를 하지 않거나(불고지), 잘못 고지하는 것(오고지)을 말한다. 이는 고지의무를 위반한 것으로 행정심판법상 일정한 효과가 발생한다.

2) 제출기관의 불고지

⑴ 정당한 권한이 있는 피청구인에게 송부

행정청이 행정심판에 관한 사항을 고지하지 아니하여 청구인이 다른 행정기관에 심판청구서를 제출한 경우에는 당해 행정기관은 그 심판청구서를 지체 없이 정당한 권한이 있는 피청구인에게 보내고 그 사실을 청구인에게 알려야 한다(행정심판법 제23조 제2항, 제3항).

⑵ 행정심판의 청구기간 내의 청구 간주

제출기관의 불고지에 관한 심판청구기간을 계산할 때에는 다른 행정기관에 제출되었을 때에 행정심판의 청구기간 내에 행정심판이 청구된 것으로 본다(행정심판법 제23조 제4항).

3) 청구기간의 불고지

⑴ 불고지의 청구기간

행정청이 심판청구기간을 고지하지 아니한 때의 심판청구기간은 처분이 있은 날로부터 180일이 된다. 이 경우 청구인이 실제로 처분이 있었음을 알았는지 여부와 심판청구기간에 관하여 알았는지 여부는 묻지 아니하고 처분이 있었던 날로부터 180일이 적용된다.

(2) 개별법상 짧은 심판청구기간의 불고지

판례는 개별 법률에서 정한 심판청구기간이 행정심판법이 정한 심판청구기간보다 짧은 경우라도 행정청이 그 개별 법률상의 심판청구기간을 알려주지 아니하였다면 행정심판법이 정한 심판청구기간 내에 심판청구가 가능하다고 본다.

4) 제출기관의 오고지

(1) 정당한 권한이 있는 피청구인에게 송부

행정청이 행정심판에 관한 사항을 잘못 고지하여 청구인이 다른 행정기관에 심판청구서를 제출한 경우 당해 행정기관은 그 심판청구서를 지체 없이 정당한 권한이 있는 피청구인에게 보내고 그 사실을 청구인에게 알려야 한다.

(2) 행정심판의 청구기간 내의 청구 간주

제출기관의 오고지에 관한 심판청구기간을 계산할 때에는 다른 행정기관에 제출되었을 때에 행정심판의 청구기간 내에 행정심판이 청구된 것으로 본다.

5) 청구기간의 오고지

(1) 오고지의 청구기간

행정청이 심판청구기간을 처분이 있음을 알게 된 날로부터 90일보다 긴 기간으로 잘못 알린 경우 그 잘못 알린 기간에 심판청구가 있으면 그 행정심판은 처분이 있음을 알게 된 날로부터 90일 내에 청구된 것으로 본다.

(2) 청구기간보다 짧게 고지한 경우

법정기간보다 짧게 고지한 경우에 대하여는 법정기간 내에 제기하면 된다.

확인학습

1 행정심판법은 행정심판의 대상에 대해 개괄주의를 채택하고 있다. ⭕

2 대통령의 처분 또는 부작위는 행정심판의 대상은 아니지만 행정소송의 대상은 된다. ⭕

3 행정심판은 처분의 적법·위법 문제에 국한하지 않고 부당한 경우까지도 심판대상으로 하는데, 이는 행정심판의 행정의 자율적 통제수단으로서의 성질에 기인하는 것이다. ⭕

4 처분의 취소 또는 변경을 구하는 취소심판에서 변경의 의미는 취소소송과는 달리 소극적 변경으로서 처분의 일부취소를 의미한다. ❌

   해설 취소소송과 달리 취소심판의 변경재결은 적극적 변경을 의미한다.

5 행정심판은 서면 또는 구술심리주의를 원칙으로 하나, 행정소송은 구두변론을 원칙으로 한다. ⭕

6 행정심판에서는 의무이행심판을 인정하나, 행정소송에서는 의무이행소송을 인정하지 않고 있다. ⭕

7 진정이라는 표현을 사용하면 그것이 실제로 행정심판의 실체를 가지더라도 행정심판으로 다툴 수 없다. ❌

   해설 행정심판으로 다툴 수 있다(형식적으로 판단하는 것이 아니라 실질로 판단한다).

8 이의신청을 제기하여야 할 사람이 처분청에 표제를 '행정심판청구서'로 한 서류를 제출한 경우 그 서류의 실질이 이의신청일지라도 이를 행정심판으로 다룬다. ❌

   해설 이의신청으로 본다.

9 행정심판법은 권리구제의 실효성을 확보하기 위해서 심리의결기능과 재결기능을 분리시키고 있다. ❌

   해설 심판위원회로 심리의결기능과 재결기능이 일원화되었다.

10 행정심판위원회는 심판청구의 대상이 되는 처분보다 청구인에게 불리한 재결을 할 수 있다. ❌

   해설 불이익변경금지원칙이 적용된다.

11 당사자의 신청에 대한 행정청의 부당한 거부처분에 대하여 일정한 처분을 하도록 하는 행정심판은 현행법상 허용된다. ⭕

12 행정심판법에서 규정한 행정심판의 종류로는 행정소송법상 항고소송에 대응하는 취소심판, 무효등확인심판, 의무이행심판과 당사자소송에 대응하는 당사자심판이 있다. ❌

   해설 당사자심판은 존재하지 않는다.

13 다른 법률에서 특별행정심판이나 이 법에 따른 행정심판절차에 대한 특례를 신설하거나 변경하는 법령을 제정·개정할 때에는 미리 중앙행정심판위원회의 동의를 구하여야 한다. ❌

   해설 중앙행정심판위원회와 협의하여야 한다.

14 행정심판절차에서 청구인들이 '당사자 아닌 자'를 선정대표자로 선정한 행위는 무효이다. ⭕

15 처분이 있음을 안 날이라 함은 당해 처분이 있었다는 사실을 추상적으로 알 수 있었던 날을 의미한다. ☒

> 해설 현실적으로 안 날을 의미한다.

16 처분청이 심판청구기간을 법정기간보다 긴 기간으로 잘못 고지한 경우, 심판청구기간은 당해 처분이 있은 날부터 180일이 된다. ☒

> 해설 잘못 고지한 긴 기간으로 길어진다.

17 행정심판에서는 행정청이 상대방에게 심판청구기간을 법정심판청구기간보다 긴 기간으로 잘못 알린 경우에 그 잘못 알린 기간 내에 심판청구가 있으면 그 심판청구는 법정심판청구기간 내에 제기된 것으로 보나 행정소송에서는 그렇지 않다. ⭕

18 행정청이 행정심판청구기간 등을 고지하지 아니하였다고 하여도 처분의 상대방이 처분이 있었다는 사실을 알았을 경우에는 처분이 있은 날로부터 90일 이내에 심판청구를 하여야 한다. ☒

> 해설 처분이 있은 날로부터 180일 이내에 심판청구를 한다.

19 개별 법률에서 정한 심판청구기간이 행정심판법이 정한 심판청구기간보다 짧은 경우, 행정청이 행정처분을 하면서 그 개별 법률상 심판청구기간을 고지하지 아니하였다면 그 개별 법률에서 정한 심판청구기간 내에 한하여 심판청구가 가능하다. ☒

> 해설 불고지의 효과가 발생한다.

20 고시 또는 공고에 의하여 행정처분을 하는 경우, 행정심판청구기간의 기산일은 고시 또는 공고의 효력발생일이다. ⭕

21 고시에 의하여 행정처분을 하는 경우, 행정심판청구의 기산일인 '안 날'은 고시의 효력발생일인 '고시 또는 공고가 있은 후 5일이 경과한 날'이라는 것이 판례의 입장이다. ⭕

22 위원회는 직권에 의하여 심판청구의 대상이 되는 처분 또는 부작위 외의 사항에 대하여도 재결할 수 있다. ☒

> 해설 불고불리의 원칙이 적용된다. 따라서 위원회는 청구 외의 사항에 대하여는 재결하지 못한다.

23 행정심판에 있어서 행정처분의 위법·부당 여부는 원칙적으로 처분시를 기준으로 판단하여야 할 것이나, 재결 당시까지 제출된 모든 자료를 종합하여 처분 당시 존재하였던 객관적 사실을 확정하고 그 사실에 기초하여 처분의 위법·부당 여부를 판단할 수 있다. ⭕

24 행정청은 당초 처분사유와 기본적 사실관계가 동일하지 아니한 처분사유를 행정소송 계속 중에는 추가·변경할 수 없으나 행정심판 단계에서는 추가·변경할 수 있다. ☒

> 해설 처분사유의 추가·변경에 관한 행정소송법상의 법리는 행정심판의 단계에서도 적용된다. 따라서 기본적 사실관계가 동일하여야 처분사유를 추가·변경할 수 있다.

25 법원행정처장의 부당한 처분에 대해서는 중앙행정심판위원회에 행정심판을 제기할 수 있다. ☒

> 해설 법원행정처 소속 심판위원회에 행정심판을 제기할 수 있다.

26 국가인권위원회의 처분 또는 부작위에 대한 행정심판의 청구는 국민권익위원회에 두는 중앙행정심판위원회에서 심리·재결한다. ☒

> 해설 국가인권위원회 소속 심판위원회에서 심리·재결한다.

27 행정심판 재결은 피청구인인 행정청 또는 위원회가 심판청구서를 받은 날로부터 60일 이내에 하여야 한다. ⓞ

28 요건심리의 결과 심판청구의 제기요건을 갖추고 있지 못한 것으로 판단되는 경우에는 기각재결을 한다. ⊠

해설 각하재결을 한다.

29 취소심판의 인용재결에는 취소재결, 변경재결, 취소명령재결, 변경명령재결이 있다. ⊠

30 중앙행정심판위원회는 위법 또는 불합리한 명령 등의 시정조치를 관계 행정기관에 요청할 수 있다. ⓞ

31 행정심판의 피청구인인 행정청은 인용재결에 대하여 취소소송을 제기할 수 없다. ⓞ

32 정보공개명령재결은 행정심판위원회에 의한 직접처분의 대상이 된다. ⊠

33 재결에 의하여 취소되거나 무효 또는 부존재로 확인되는 처분이 당사자의 신청을 거부하는 것을 내용으로 하는 경우에는 그 처분을 한 행정청은 재결의 취지에 따라 다시 이전의 신청에 대한 처분을 하여야 한다. ⓞ

34 거부처분이 있은 후 법령이 개정되어 시행된 경우에는 개정된 법령과 그에 따른 기준을 새로운 사유로 들어 다시 거부처분을 하더라도 기속력에 반하는 것은 아니다. ⓞ

35 법령의 규정에 따라 공고하거나 고시한 처분이 재결로써 취소되거나 변경되면 처분을 한 행정청은 지체 없이 그 처분이 취소 또는 변경되었다는 것을 공고하거나 고시하여야 한다. ⓞ

36 거부처분에 대한 취소심판이나 무효등확인심판청구에서 인용재결이 있었음에도 불구하고 피청구인인 행정청이 재결의 취지에 따른 처분을 하지 아니한 경우에는 당사자가 신청하면 행정심판위원회는 기간을 정하여 서면으로 시정을 명하고 그 기간에 이행하지 아니하면 직접처분을 할 수 있다. ⊠

해설 간접강제만 할 수 있다. 직접처분은 의무이행심판의 처분명령재결에서 가능하다.

37 행정심판위원회가 처분을 취소하거나 변경하는 재결을 하면, 행정청은 재결의 기속력에 따라 처분을 취소 또는 변경하는 처분을 하여야 하고, 이를 통하여 당해 처분은 처분시에 소급하여 소멸되거나 변경된다. ⊠

해설 처분을 취소 또는 변경하는 처분을 할 필요 없이 형성력에 의하여 자동적으로 소멸한다.

38 행정심판의 재결이 확정되었다 하더라도 처분의 기초가 된 사실관계나 법률적 판단이 확정되는 것은 아니므로, 당사자들이나 법원이 이에 기속되어 모순되는 주장이나 판단을 할 수 없게 되는 것은 아니다. ⓞ

해설 재결에는 기판력이 발생하지 않는다.

39 조정은 당사자가 합의한 사항을 조정서에 기재한 후 당사자가 서명 또는 날인함으로써 완성된다. ⊠

해설 조정은 당사자가 합의한 사항을 조정서에 기재한 후 당사자가 서명 또는 날인하고 위원회가 이를 확인함으로써 성립한다.

40 행정심판위원회는 당사자의 권리 및 권한의 범위에서 직권으로 심판청구의 신속하고 공정한 해결을 위하여 조정을 할 수 있지만, 그 조정이 공공복리에 적합하지 아니하거나 해당 처분의 성질에 반하는 경우에는 그러하지 아니하다. ☒

해설 위원회는 당사자의 권리 및 권한의 범위에서 당사자의 동의를 받아 심판청구의 신속하고 공정한 해결을 위하여 조정을 할 수 있다. 다만, 그 조정이 공공복리에 적합하지 아니하거나 해당 처분의 성질에 반하는 경우에는 그러하지 아니하다.

41 무효확인심판에 있어서도 사정재결을 할 수 있다. ☒

42 사정재결의 필요성으로 인하여 그 요건은 완화되어 해석되어야 한다. ☒

해설 사정재결은 법치행정에 대한 예외이므로 엄격하게 적용되어야 한다.

43 사정재결에 대해서는 행정소송을 제기할 수 없다. ☒

해설 기각재결의 일종이므로 당연히 행정소송을 제기할 수 있다.

44 고지는 행정심판법에 규정된 심판청구에 필요한 사항을 구체적으로 알려주는 비권력적 사실행위로 고지 자체는 아무런 법적 효과를 발생하지 않는다. ☑

해설 고지의무를 이행하지 아니하였다고 하더라도 경우에 따라서는 행정심판의 제기기간이 연장될 수 있는 것에 그치고 이로 인하여 심판의 대상이 되는 행정처분에 어떤 하자가 수반된다고 할 수 없다.

45 행정절차법상 불복방법에 대한 고지절차에 관한 규정을 위반하였다고 하여 그러한 이유만으로 처분이 위법하게 되는 것은 아니다. ☑

46 행정청이 처분을 서면으로 하는 경우 상대방과 제3자에게 행정심판을 제기할 수 있는지 여부와 제기하는 경우의 행정심판절차 및 청구기간을 직접 알려야 한다. ☒

해설 제3자는 직권고지의 상대방이 아니다.

47 행정심판전치주의일 경우 고지에 행정심판을 거치지 않아도 된다고 규정되어 있는 경우 행정심판을 거치지 않아도 행정소송을 제기할 수 있다. ☑

해설 행정소송법에 행정심판전치에 대한 오고지 조문은 있다(행정소송법 제18조 제3항 제4호).

행정소송 일반론

1. 행정소송의 종류

> **행정소송법 제3조【행정소송의 종류】** 행정소송은 다음의 네가지로 구분한다.
> 1. 항고소송 : 행정청의 처분등이나 부작위에 대하여 제기하는 소송
> 2. 당사자소송 : 행정청의 처분등을 원인으로 하는 법률관계에 관한 소송 그 밖에 공법상의 법률관계에 관한 소송으로서 그 법률관계의 한쪽 당사자를 피고로 하는 소송
> 3. 민중소송 : 국가 또는 공공단체의 기관이 법률에 위반되는 행위를 한 때에 직접 자기의 법률상 이익과 관계없이 그 시정을 구하기 위하여 제기하는 소송
> 4. 기관소송 : 국가 또는 공공단체의 기관상호간에 있어서의 권한의 존부 또는 그 행사에 관한 다툼이 있을 때에 이에 대하여 제기하는 소송. 다만, 헌법재판소법 제2조의 규정에 의하여 헌법재판소의 관장사항으로 되는 소송은 제외한다.

1) 주관적 소송

(1) 항고소송

> **행정소송법 제4조【항고소송】** 항고소송은 다음과 같이 구분한다.
> 1. 취소소송 : 행정청의 위법한 처분등을 취소 또는 변경하는 소송
> 2. 무효등 확인소송 : 행정청의 처분등의 효력 유무 또는 존재여부를 확인하는 소송
> 3. 부작위위법확인소송 : 행정청의 부작위가 위법하다는 것을 확인하는 소송

행정소송법이 규정하고 있는 항고소송에는 취소소송, 무효등확인소송, 부작위위법확인소송이 있다.

행정소송법에 규정이 없는 항고소송(무명항고소송)으로는 의무이행소송, 예방적 금지소송 (예방적 부작위소송) 그리고 작위의무확인소송 등이 논의되나, 판례는 권력분립원리상 모두를 인정하지 않는다.

(2) 당사자소송

행정청의 처분 등을 원인으로 하는 법률관계에 관한 소송 그 밖에 공법상의 법률관계에 관한 소송으로서 그 법률관계의 한쪽 당사자를 피고로 하는 소송을 말한다.

2) 객관적 소송

(1) 민중소송

국가 또는 공공단체의 기관이 법률에 위반되는 행위를 한 때에 직접 자기의 법률상 이익과 관계없이 그 시정을 구하기 위하여 제기하는 소송을 말한다.

(2) 기관소송

국가 또는 공공단체의 기관 상호 간에 있어서의 권한의 존부 또는 그 행사에 관한 다툼이 있을 때에 이에 대하여 제기하는 소송을 말한다. 다만, 헌법재판소법 제2조의 규정에 의하여 헌법재판소의 관장사항으로 되는 소송은 제외한다.

2. 명령·규칙의 위헌판결 등 공고

> **행정소송법 제6조【명령·규칙의 위헌판결등 공고】** ① 행정소송에 대한 대법원판결에 의하여 명령·규칙이 헌법 또는 법률에 위반된다는 것이 확정된 경우에는 대법원은 지체없이 그 사유를 행정안전부장관에게 통보하여야 한다.
> ② 제1항의 규정에 의한 통보를 받은 행정안전부장관은 지체없이 이를 관보에 게재하여야 한다.

3. 행정소송의 한계

1) 헌법상의 한계

(1) 헌법은 명시적으로 국회의원의 징계·자격심사에 대해서 법원에 제소를 금지하고 있다(헌법 제64조 제2항, 제4항).

(2) 헌법규정의 해석상 소극적으로 행정소송의 대상이 되지 않는 경우는 헌법 제110조의 군사법원의 재판권, 제111조의 규정에 의한 헌법재판소의 관할 사항(예 위헌법률심판, 헌법소원, 권한쟁의심판, 위헌정당해산심판, 탄핵심판) 등이 있다.

2) 사법권 본질상의 한계

(1) 원칙

행정소송은 당사자 간의 법률상의 쟁송(구체적인 권리의무에 관한 분쟁)을 전제로 소의 이익이 있는 경우에만 허용된다. 여기서 법률상의 쟁송이란 당사자 간의 구체적인 권리의무에 관한 분쟁을 의미한다. 따라서 단순한 사실관계의 존부 등의 문제는 행정소송의 대상이 아니다.

⑵ 법령의 효력 유무에 관한 판단

추상적으로 법령의 효력 유무나 해석의 판단을 구하는 것은 행정소송의 대상이 아니다. 즉 법령은 일반적·추상적 규범이므로 그 자체로서는 국민의 권리의무에 영향을 주는 처분이 아니어서 항고소송의 대상이 될 수 없다.

그러나 집행행위의 매개 없이 직접 적용되는 처분적 법령은 그 법령 자체가 국민의 권리의무에 직접적으로 영향을 미치므로 행정소송의 대상이 된다.

⑶ 객관적 소송

소송은 원칙적으로 개인의 권리구제를 목적으로 하기 때문에 법규의 적정한 적용을 목적으로 하는 객관적 소송은 행정소송의 대상이 아니다. 그러나 민중소송·기관소송과 같이 법률이 특별히 인정하는 경우에는 가능하다.

3) 법적용상의 한계

⑴ 통치행위

고도의 정치성을 갖는 국가행위는 원칙적으로 사법심사의 대상이 아니다. 다만 헌법재판소는 통치행위에 대한 헌법소원을 원칙적으로 인정한다. 대법원은 원칙적으로 부정한다.

⑵ 재량행위

① 소송은 위법 여부를 판단하는 것이다. 재량행위는 위법의 문제가 아니므로 단순히 재량을 그르친 경우에는 사법심사의 대상이 아니다. 그러나 재량행위도 행정심판의 대상은 된다. 다만, 재량행위라도 재량권의 일탈·남용이 있는 경우에는 법원은 이를 취소할 수 있다.

② 재량행위에 대해서 소송이 제기되었을 때는 각하할 것이 아니라 본안심리에서 일탈·남용 여부를 심리하고 일탈·남용이 없는 경우에는 청구를 기각해야 한다.

⑶ 반사적 이익

반사적 이익 내지 사실상의 이익 침해는 행정소송의 대상이 아니다.

⑷ 학술 예술상의 문제(판단여지)

순수한 학술 예술적 차원의 진위 확인, 우열의 평가나 단순한 사실관계의 확인 판단 등은 구체적 권리의무에 관한 것이 아니므로 행정소송의 대상이 아니다.

4) 권력분립상의 한계

(I) 의무이행소송

당사자가 신청한 일정한 행정행위에 대하여 행정청이 거부하거나 부작위한 경우에 행정청에 일정한 행정행위를 해줄 것을 청구하는 내용의 행정소송을 말한다. 현행법상 명문 규정이 없으며 권력분립의 원리상 판례는 의무이행소송을 부정한다.

판례

의무이행소송은 인정되지 않는다.

현행 행정소송법상 행정청으로 하여금 일정한 행정처분을 하도록 명하는 이행판결을 구하는 소송이나 법원으로 하여금 행정청이 일정한 행정처분을 행한 것과 같은 효과가 있는 행정처분을 직접 행하도록 하는 형성판결을 구하는 소송은 허용되지 아니한다(대법원 1997. 9. 30. 97누3200).

압수물 환부 이행소송은 인정되지 않는다.

검사에게 압수물 환부를 이행하라는 청구는 행정청의 부작위에 대하여 일정한 처분을 하도록 하는 의무이행소송으로 현행 행정소송법상 허용되지 아니한다(대법원 1995. 3. 10. 94누14018).

(2) 예방적 금지소송(예방적 부작위청구소송)

장래에 행정청이 어떤 행정행위를 할 것이 예상되는 경우에 사전에 일정한 행정행위를 하지 않을 것을 구하는 소송을 말한다. 현행법상 명문 규정이 없으며 권력분립의 원리상 판례는 예방적 금지소송을 부정한다.

판례

예방적 금지소송은 인정되지 않는다.

행정소송법상 행정청이 일정한 처분을 하지 못하도록 그 부작위를 구하는 청구는 허용되지 않는 부적법한 소송이라 할 것이므로, 피고 국민건강보험공단은 이 사건 고시를 적용하여 요양급여비용을 결정하여서는 아니 된다는 내용의 원고들의 위 피고에 대한 이 사건 청구는 부적법하다 할 것이다(대법원 2006. 5. 25. 2003두11988).

(3) 작위의무확인소송

행정청에게 법률상 일정한 행위를 하여야 할 작위의무가 있음의 확인을 구하는 소송을 말한다. 현행법상 명문 규정이 없으며 권력분립의 원리상 판례는 작위의무확인소송을 부정한다.

판례

국가보훈처장의 서훈추천서의 행사, 불행사는 항고소송의 대상이 아니다.

국가보훈처장 등이 발행한 책자 등에서 독립운동가 등의 활동상을 잘못 기술하였다는 등의 이유로 그 사실관계의 확인을 구하거나, 국가보훈처장의 서훈추천서의 행사, 불행사가 당연무효 또는 위법임의 확인을 구하는 청구는 항고소송의 대상이 되지 아니한다.

피고 국가보훈처장 등에게, 독립운동가들에 대한 서훈추천권의 행사가 적정하지 아니하였으니 이를 바로잡아 다시 추천하고, 잘못 기술된 독립운동가의 활동상을 고쳐 독립운동사 등의 책자를 다시 편찬, 보급하고, 독립기념관 전시관의 해설문, 전시물 중 잘못된 부분을 고쳐 다시 전시 및 배치할 의무가 있음의 확인을 구하는 청구는 작위의무확인소송으로서 항고소송의 대상이 되지 아니한다(대법원 1990. 11. 23. 90누3553).

Chapter 10 당사자소송

1. 의의

당사자소송이란 행정청의 처분 등을 원인으로 하는 법률관계에 관한 소송, 그 밖에 공법상의 법률관계에 관한 소송으로서 그 법률관계의 일방 당사자를 피고로 하는 소송이다.

2. 항고소송과의 차이점

항고소송은 행정청의 공권력 행사를 직접 대상으로 하고, 행정청을 상대방으로 하는 데 비하여, 당사자소송은 행정청에 의한 공권력의 행사·불행사의 결과로 생긴 법률관계를 포함하여 그 밖의 공법상의 법률관계를 직접 대상으로 하고, 대등한 당사자 사이에 법률상의 분쟁을 해결하기 위한 소송이다.

3. 종류

1) 형식적 당사자소송

(1) 의의

행정청 처분 등의 다툼을 원인으로 하지만 처분 등의 효력을 분쟁의 대상으로 삼는 것이 아니라 그로 인해 형성된 법률관계에 대하여 그 일방 당사자를 피고로 하여 제기하는 소송을 말한다. 즉, 실질적으로는 처분 등의 효력을 다투는 항고소송이지만 형식적으로는 당사자소송의 형태를 띠는 것을 말한다.

(2) 인정 여부

개별법에서 형식적 당사자소송을 인정하고 있을 때에 한하여 인정한다.
① 특허법상 특허청의 처분에 대한 소의 피고는 특허청장이 되는 것이 원칙이지만, 보상금 또는 대가에 대한 소송에서는 특허청장이 아닌 보상금을 지급할 출원인 등을 피고로 당사자소송을 제기하여야 한다.
② 보상금증감청구소송(공익사업을 위한 토지 등의 취득 및 보상에 관한 법률)에서 토지소유자 또는 관계인은 재결취소소송을 제기하는 것이 아니라 바로 사업시행자를 피고로 당사자소송을 제기하여야 한다.

2) 실질적 당사자소송

공법상의 법률관계에 관한 다툼으로서, 그 일방 당사자를 피고로 하는 소송이다.

당사자소송	항고소송
• 광주민주화운동 관련 보상금 지급 • 급여지급결정 후에 공무원연금관리공단에 대한 미지급퇴직연금 지급 청구 • 명예퇴직한 법관의 미지급 명예퇴직수당의 지급 청구와 지급신청에 대한 법원행정처장의 거부 • 법령의 변경에 따라 감액된 퇴역연금수급자의 불복 • 주택재건축정비사업조합 관리처분계획안에 대한 조합총회결의 효력	• 민주화운동 보상금 지급대상자 결정 • 공무원연금관리공단의 급여 지급결정 • 퇴역연금에 대한 지급 청구에 대한 국방부장관의 거부 • 진료기관의 보호비용 청구에 대하여 보호기관이 심사 결과 행한 지급 거부 • 관리처분계획에 대한 인가가 있은 후 관리처분계획안에 대한 조합총회결의 효력

당사자소송	민사소송
• 보상청구권의 소멸시효가 만료된 하천구역 편입토지에 관한 손실보상청구권 • 부가가치세 환급세액 지급 청구 • 석탄가격안정지원금 청구 • 재해위로금지급 청구 • 세입자의 주거이전비 보상청구 • 지방공무원의 초과근무수당 지급 • 시립합창단원의 재위촉 거부 • 지방전문직(공중보건의사) 채용계약 해지 • 민간투자사업상 실시협약에 따른 재정지원금 지급청구 • 보조사업자에 대한 지방자치단체의 보조금반환 청구 • 재개발조합을 상대로 한 조합원지위확인	• 부당이득반환청구소송 • 조세과오납금 반환청구소송 • 국가배상청구소송 • 환매권 존부 확인 소송과 환매금액 증감 소송

4. 가집행선고

가집행선고란 미확정의 판결에 대하여 확정판결과 같이 집행력을 인정하는 것을 말한다. 법원은 공법상 당사자소송에서 재산권의 청구를 인용하는 판결을 하는 경우 가집행선고를 할 수 있다(대법원 2000. 11. 28. 99두3416).

5. 가처분

당사자소송에 대하여는 집행정지에 관한 규정이 준용되지 아니하므로 민사집행법상 가처분에 관한 규정이 준용되어야 한다(대법원 2015. 8. 21. 2015무26).

객관적 소송

1. 개념

객관적 소송은 개인의 권리구제를 목적으로 하는 주관적 소송과 달리 행정법규의 적정한 적용, 즉 행정작용의 적법성을 보장하기 위한 소송을 말한다. 객관적 소송은 특별히 법이 인정하고 있는 경우에만 제기할 수 있다.

2. 종류

현행법에서 인정되는 객관적 소송은 민중소송과 기관소송이 있다.

> **행정소송법**
> **제45조 【소의 제기】** 민중소송 및 기관소송은 법률이 정한 경우에 법률에 정한 자에 한하여 제기할 수 있다.
> **제46조 【준용규정】** ① 민중소송 또는 기관소송으로서 처분등의 취소를 구하는 소송에는 그 성질에 반하지 아니하는 한 취소소송에 관한 규정을 준용한다.
> ② 민중소송 또는 기관소송으로서 처분등의 효력 유무 또는 존재 여부나 부작위의 위법의 확인을 구하는 소송에는 그 성질에 반하지 아니하는 한 각각 무효등 확인소송 또는 부작위위법확인소송에 관한 규정을 준용한다.
> ③ 민중소송 또는 기관소송으로서 제1항 및 제2항에 규정된 소송외의 소송에는 그 성질에 반하지 아니하는 한 당사자소송에 관한 규정을 준용한다.

3. 민중소송

1) 개념

국가 또는 공공단체의 기관이 법률에 위반되는 행위를 한 때에 직접 자기의 법률상 이익과 관계없이 그 시정을 구하기 위하여 제기하는 소송을 말한다.

2) 현행법상 인정되는 민중소송의 종류

(1) 공직선거법상의 선거무효소송과 당선무효소송

(2) 국민투표법상의 국민투표무효소송

⑶ 지방자치법상의 주민소송

⑷ 주민투표법상의 주민투표무효소송

4. 기관소송

1) 개념

국가 또는 공공단체의 기관 상호 간에 있어서의 권한의 존부 또는 그 행사에 관한 다툼이 있을 때에 이에 대하여 제기하는 소송을 의미한다. 다만, 헌법재판소법 제2조의 규정에 의하여 헌법재판소의 관장사항으로 되는 소송은 제외한다.

헌법재판소법 제2조【관장사항】 헌법재판소는 다음 각 호의 사항을 관장한다.
1. 법원의 제청(提請)에 의한 법률의 위헌(違憲) 여부 심판
2. 탄핵(彈劾)의 심판
3. 정당의 해산심판
4. 국가기관 상호간, 국가기관과 지방자치단체 간 및 지방자치단체 상호간의 권한쟁의(權限爭議)에 관한 심판
5. 헌법소원(憲法訴願)에 관한 심판

2) 종류

지방자치법상 지방의회의 의결에 대한 자치단체장과 지방의회 간의 소송, 지방교육자치에 관한 법률상의 기관소송이 있다. 이 소송은 대법원이 관할한다.

Chapter 12 취소소송 일반론과 재판관할

1. 의의

취소소송은 행정청의 위법한 처분 등을 취소 또는 변경하는 소송을 말한다.

2. 소송물

취소소송의 소송물은 처분 등의 위법성 그 자체이다. 따라서 하나의 행정행위에 여러 개의 위법사유가 있더라도 각각의 위법사유가 각각의 소송물인 것이 아니라 행정행위의 위법성 여부가 소송물이 된다. 즉 소송물은 하나이다.

3. 취소소송의 소송요건

취소소송을 제기하기 위해서는 ① 원고적격, ② 협의의 소의 이익, ③ 피고적격, ④ 대상적격, ⑤ 행정심판전치주의의 문제, ⑥ 제소기간, ⑦ 관할법원 등이 요구된다.

소송요건의 심사는 법원의 직권조사사항이며, 이상의 요건 중 하나라도 갖추지 못하면 그 소는 부적법 각하를 당하게 된다.

소송요건의 존부를 판단하는 시기는 소제기 당시가 아니라 사실심변론종결시이다. 따라서 소제기 당시에 소송요건이 불비되어도 사실심변론종결시까지만 소송요건을 갖추면 적법한 소가 된다.

4. 재판관할

행정소송법 제9조【재판관할】 ① 취소소송의 제1심관할법원은 피고의 소재지를 관할하는 행정법원으로 한다.

② 제1항에도 불구하고 다음 각 호의 어느 하나에 해당하는 피고에 대하여 취소소송을 제기하는 경우에는 대법원소재지를 관할하는 행정법원에 제기할 수 있다.

  1. 중앙행정기관, 중앙행정기관의 부속기관과 합의제행정기관 또는 그 장

  2. 국가의 사무를 위임 또는 위탁받은 공공단체 또는 그 장

③ 토지의 수용 기타 부동산 또는 특정의 장소에 관계되는 처분등에 대한 취소소송은 그 부동산 또는 장소의 소재지를 관할하는 행정법원에 이를 제기할 수 있다.

5. 관련청구소송의 이송·병합

행정소송법

제10조【관련청구소송의 이송 및 병합】 ① 취소소송과 다음 각호의 1에 해당하는 소송(이하 "關聯請求訴訟"이라 한다)이 각각 다른 법원에 계속되고 있는 경우에 관련청구소송이 계속된 법원이 상당하다고 인정하는 때에는 당사자의 신청 또는 직권에 의하여 이를 취소소송이 계속된 법원으로 이송할 수 있다.

1. 당해 처분등과 관련되는 손해배상·부당이득반환·원상회복등 청구소송
2. 당해 처분등과 관련되는 취소소송

② 취소소송에는 사실심의 변론종결시까지 관련청구소송을 병합하거나 피고외의 자를 상대로 한 관련청구소송을 취소소송이 계속된 법원에 병합하여 제기할 수 있다.

제11조【선결문제】 ① 처분등의 효력 유무 또는 존재 여부가 민사소송의 선결문제로 되어 당해 민사소송의 수소법원이 이를 심리·판단하는 경우에는 제17조, 제25조, 제26조 및 제33조의 규정을 준용한다.

② 제1항의 경우 당해 수소법원은 그 처분등을 행한 행정청에게 그 선결문제로 된 사실을 통지하여야 한다.

---

1) 관련청구소송의 이송

(1) 개념

취소소송과 위의 관련청구소송이 각각 다른 법원에 계속되고 있는 경우에 관련청구소송이 계속된 법원이 상당하다고 인정하는 때에는 당사자의 신청 또는 직권에 의하여 이를 취소소송이 계속된 법원으로 이송할 수 있다.

(2) 관련청구소송의 범위

① **당해 처분이나 재결과 관련되는 손해배상·부당이득반환·원상회복 등 청구소송**: 처분이나 재결이 원인이 되어 발생한 손해배상청구소송(영업정지처분에 대한 취소소송과 손해배상청구소송), 처분이나 재결의 취소 변경을 선결문제로 하는 청구(과세처분에 대한 취소소송과 부당이득반환청구소송), 처분이나 재결과 관련되는 청구(압류처분에 대한 취소소송과 원상회복청구소송) 등이 있다.

그러나 손실보상청구는 관련청구로 규정되어 있지 않다. 손실보상청구는 위법이 아니라 적법한 행정행위를 대상으로 하고 있기 때문이다.

② **당해 처분이나 재결과 관련되는 취소소송**: 당해 처분 등과 함께 하나의 절차를 구성하는 다른 처분에 대한 취소소송(계고처분취소소송과 대집행영장통지취소소송), 당해 처분에 대한 재결 그 자체에 고유한 하자가 있음을 이유로 하는 경우의 재결에 대한 취소소송(복효적 행정행위에서 처분의 직접 상대방이 재결에 불복하여 제기하는 재결취소소송과 제3자가 제기한 원처분취소소송), 당해 처분의 상대방이 제기하는 소송 외에 제3자가 제기하는 취소소송(일반처분에 대해 다수인이 각각 별개의 취소소송을 제기하는 경우) 등이 있다.

(3) 이송의 방향

손해배상·부당이득반환 등의 청구소송을 심리 중인 법원(일반 민사법원)은 당사자의 신청 또는 직권으로 취소소송을 심리 중인 법원(행정법원)으로 이송할 수 있다.

그러나 취소소송을 심리 중인 법원(행정법원)이 손해배상·부당이득반환 등의 청구소송을 심리 중인 법원(일반 민사법원)으로 이송할 수는 없다. 취소소송은 행정법원이 배타적인 관할권을 가지고 있기 때문이다.

2) 관련청구소송의 병합

(1) 개념

청구의 병합이란 하나의 소송절차에서 수 개의 청구에 대하여 일괄하여 심판이 이루어지는 것을 말한다. 취소소송에는 사실심의 변론종결시까지 관련청구소송을 병합하거나 피고 외의 자를 상대로 한 관련청구소송을 취소소송이 계속된 법원에 병합하여 제기할 수 있다.

관련청구소송을 취소소송에 병합하는 경우에 취소소송은 그 자체로 적법한 소송요건을 갖추고 있어야 한다. 따라서 취소소송이 부적합하다면 관련청구소송에 대하여 본안판결을 내릴 수 없다.

(2) 병합의 형태와 허용 여부

① **객관적 병합과 주관적 병합**: 객관적 병합이란 청구가 2개 이상인 경우를 말한다. 즉 1명의 원고가 1명의 피고를 상대로 1개의 소송절차에서 수 개의 청구를 하는 것이 객관적 병합이다. 이에 비해 주관적 병합이란 하나의 소송절차에서 원고 또는 피고가 다수인 경우를 말한다.

② **원시적 병합과 추가적 병합**: 병합은 병합의 시점에 따라 소제기시부터 병합하는 것을 원시적 병합이라 하고 계속 중인 소송에 새로운 청구를 병합하는 것을 추가적 병합이라고 한다.

③ **예비적 병합**: 서로 양립할 수 없는 청구들에 대해 주위적 청구(주된 청구)가 허용되지 아니하거나 이유 없는 경우를 대비하여 보조적 청구를 제기하는 방식을 예비적 병합이라고 한다. 법원은 주위적 청구를 먼저 판단하여야 하며 주위적 청구가 인정되지 않는다면 보조적 청구를 판단한다.

④ **인정 여부**: 행정소송법은 관련청구의 객관적 병합, 주관적 병합, 원시적·추가적 병합을 모두 인정하고 있다. 행정소송에 있어 병합의 여러 형태인 단순병합, 선택적 병합, 예비적 병합도 허용된다. 그러나 행정처분에 대한 무효확인과 취소청구는 서로 양립할 수 없는 청구이기 때문에 예비적 병합은 가능하지만, 선택적 병합이나 단순 병합은 허용되지 아니한다.

판례⁺

행정처분에 대한 무효확인과 취소청구의 선택적 병합 또는 단순병합은 허용되지 않는다.

행정처분에 대한 무효확인과 취소청구는 서로 양립할 수 없는 청구로서 주위적·예비적 청구로서만 병합이 가능하고 선택적 청구로서의 병합이나 단순 병합은 허용되지 아니한다(대법원 1999. 8. 20. 97누6889).

13 취소소송의 당사자

1. 당사자능력

당사자능력이란 소송의 주체(원고 또는 피고)가 될 수 있는 일반적 능력이다. 즉 자기의 이름으로 재판을 청구하거나 소송상의 효과를 받을 수 있는 소송법상의 능력을 말한다. 당사자능력은 권리능력이 있는 모든 자연인과 법인에게 인정된다. 법인이 아닌 사단이나 재단은 대표자 또는 관리인이 있는 경우에는 그 사단이나 재단의 이름으로 당사자가 될 수 있다.

판례

도롱뇽은 당사자능력이 없다.

도롱뇽은 천성산 일원에 서식하고 있는 도롱뇽목 도롱뇽과에 속하는 양서류로서 자연물인 도롱뇽 또는 그를 포함한 자연 그 자체로서는 소송을 수행할 당사자능력을 인정할 수 없다(대법원 2006. 6. 2. 2004마1148 · 1149).

충북대학교 총장은 당사자능력이 없다.

충북대학교 총장의 소는, 원고 충북대학교 총장이 원고 대한민국이 설치한 충북대학교의 대표자일 뿐 항고소송의 원고가 될 수 있는 당사자능력이 없어 부적법하다(대법원 2007. 9. 20. 2005두6935).

국가가 기관위임사무의 처리에 관하여 지방자치단체의 장을 상대로 취소소송을 제기할 수 없다.

건설교통부장관은 지방자치단체의 장이 기관위임사무인 국토이용계획 사무를 처리함에 있어 자신과 의견이 다를 경우 행정협의조정위원회에 협의 · 조정 신청을 하여 그 협의 · 조정 결정에 따라 의견불일치를 해소할 수 있고, 법원에 의한 판결을 받지 않고서도 행정권한의 위임 및 위탁에 관한 규정이나 구 지방자치법에서 정하고 있는 지도 · 감독을 통하여 직접 지방자치단체의 장의 사무처리에 대하여 시정명령을 발하고 그 사무처리를 취소 또는 정지할 수 있으며, 지방자치단체의 장에게 기간을 정하여 직무이행명령을 하고 지방자치단체의 장이 이를 이행하지 아니할 때에는 직접 필요한 조치를 할 수도 있으므로, 국가가 국토이용계획과 관련한 지방자치단체의 장의 기관위임사무의 처리에 관하여 지방자치단체의 장을 상대로 취소소송을 제기하는 것은 허용되지 않는다(대법원 2007. 9. 20. 2005두6935).

2. 원고적격

행정소송법 제12조【원고적격】취소소송은 처분 등의 취소를 구할 법률상 이익이 있는 자가 제기할 수 있다. 처분 등의 효과가 기간의 경과, 처분 등의 집행 그 밖의 사유로 인하여 소멸된 뒤에도 그 처분 등의 취소로 인하여 회복되는 법률상 이익이 있는 자의 경우에는 또한 같다.

1) 개념

원고적격이란 취소소송을 제기하여 원고로서 본안판결을 받을 자격을 말한다. 행정소송법은 처분 등의 취소를 구할 법률상 이익이 있는 자가 원고적격이 있다고 규정하고 있다.

원고적격의 문제는 소송요건으로서 법원의 직권조사사항이고, 이를 갖추지 못하면 소각하판결을 받게 된다.

2) 법률상 이익의 의미

법률상 이익이라 함은 당해 처분의 근거 법규 및 관련 법규에 의하여 보호되는 직접적이고 구체적인 이익이 있는 경우를 가리키며, 간접적이거나 사실적·경제적 이해관계를 가지는 데 불과한 경우는 포함되지 아니한다.

3) 원고적격 인정 여부 개별적 검토

(1) 처분의 직접 상대방

① **침익적·부담적 행정행위의 상대방** : 행정처분에 있어서 불이익처분의 상대방은 직접 개인적 이익의 침해를 받은 자로서 원고적격이 인정된다.

② **수익적 행정행위의 상대방** : 수익처분의 상대방은 그의 권리나 법률상 보호되는 이익이 침해되었다고 볼 수 없으므로 달리 특별한 사정이 없는 한 취소를 구할 이익이 없어 원고적격이 부정된다.

③ **경제적·사실적·반사적 이익의 경우** : 처분의 상대방이라 하더라도 법률상 이익이 아닌 경제적·사실적·반사적 이익을 침해당했을 경우에는 원고적격이 부정된다.

판례

┃ **담배소매인의 거리제한에 따른 이익** ┃

일반소매인 상호 간의 경우

담배 일반소매인의 지정기준으로서 일반소매인의 영업소 간에 일정한 거리제한을 두고 있는 것은 담배유통구조의 확립을 통하여 국민의 건강과 관련되고 국가 등의 주요 세원이 되는 담배산업 전반의 건전한 발전 도모 및 국민경제에의 이바지라는 공익목적을 달성하고자 함과 동시에 일반소매인 간의 과당경쟁으로 인한 불합리한 경영을 방지함으로써 일반소매인의 경영상 이익을 보호하는 데에도 그 목적이 있다고 보이므로, 일반소매인으로 지정되어 영업을 하고 있는 기존업자의 신규 일반소매인에 대한 이익은 단순한 사실상의 반사적 이익이 아니라 법률상 보호되는 이익이라고 해석함이 상당하다(대법원 2008. 3. 27. 2007두23811).

일반소매인과 구내소매인의 경우

일반소매인으로 지정되어 영업을 하고 있는 기존업자의 신규 구내소매인에 대한 이익은 법률상 보호되는 이익이 아니라 단순한 사실상의 반사적 이익이라고 해석함이 상당하므로, 기존 일반소매인은 신규 구내소매인 지정처분의 취소를 구할 원고적격이 없다(대법원 2008. 4. 10. 2008두402).

⑵ 법인 및 단체에 대한 침익적 처분을 그 구성원이 다투는 경우

법인 및 단체의 주주와 임원이 법인 및 단체에 대한 침익적 행정처분을 다투는 경우에는 직접적이고 구체적인 법률상 이해관계를 갖는 자에 해당한다고 볼 수 없어 원고적격을 부정한다.

그러나 법인에 대한 처분이 당해 법인의 존속 자체를 직접 좌우하거나, 그 처분으로 인하여 궁극적으로 주식이 소각되거나 주주의 법인에 대한 권리가 소멸하는 등 주주의 지위에 중대한 영향을 초래하게 되는데도 그 처분의 성질상 당해 법인이 이를 다툴 것을 기대할 수 없고 달리 주주의 지위를 보전할 구제방법이 없는 경우에는 주주도 그 처분에 관하여 직접적이고 구체적인 법률상 이해관계를 가진다고 보이므로 그 취소를 구할 원고적격이 있다.

⑶ 행정심판의 청구인과 피청구인

① **기각재결이 있는 경우** : 청구인은 행정심판의 재결에 불복하여 취소소송을 제기할 수 있다.
② **인용재결이 있는 경우** : 피청구인인 행정청은 재결의 기속력 때문에 취소소송을 제기할 수 없다.

⑷ 공물의 일반사용자

> **판례**
>
> **횡단보도 설치**
>
> 지하상가에서 영업활동을 하는 자들은 새로 생긴 횡단보도의 설치에 대해 취소소송을 제기할 법률상의 이익을 갖지 아니한다(대법원 2000. 10. 27. 98두896).
>
> **도로의 용도폐지처분에 관하여 이러한 직접적인 이해관계를 가지는 사람이 그와 같은 이익을 현실적으로 침해당한 경우에는 그 취소를 구할 법률상의 이익이 있다.**
>
> 일반적으로 도로는 국가나 지방자치단체가 직접 공중의 통행에 제공하는 것으로서 일반국민은 이를 자유로이 이용할 수 있는 것이기는 하나, 그렇다고 하여 그 이용관계로부터 당연히 그 도로에 관하여 특정한 권리나 법령에 의하여 보호되는 이익이 개인에게 부여되는 것이라고까지는 말할 수 없으므로, 일반적인 시민생활에 있어 도로를 이용만 하는 사람은 그 용도폐지를 다툴 법률상의 이익이 있다고 말할 수 없지만, 공공용재산이라고 하여도 당해 공공용재산의 성질상 특정개인의 생활에 개별성이 강한 직접적이고 구체적인 이익을 부여하고 있어서 그에게 그로 인한 이익을 가지게 하는 것이 법률적인 관점으로도 이유가 있다고 인정되는 특별한 사정이 있는 경우에는 그와 같은 이익은 법률상 보호되어야 할 것이고, 따라서 도로의 용도폐지처분에 관하여 이러한 직접적인 이해관계를 가지는 사람이 그와 같은 이익을 현실적으로 침해당한 경우에는 그 취소를 구할 법률상의 이익이 있다(대법원 1992. 9. 22. 91누13212).

⑸ 수익적 처분의 제3자(복효적 행정행위에서 부담적 효과를 받는 제3자)

① **경업자소송** : 경업자소송이란 행정청이 신규 인·허가를 함으로써 새로운 사업자가 시장에 출현하여 기존의 사업자와 경쟁관계를 가지게 될 때 기존업자가 새로운 사업자에게 내려진 인·허가의 취소를 구하는 소송을 말한다.

기존의 업자가 특허업자인 경우에는 특허의 독점적인 지위를 법률상의 이익으로 인정하여 원고적격을 인정한다. 반면에 기존업자가 허가를 받은 경우에는 그 허가로 인한 경제적 이익은 반사적 이익에 불과하다고 보아 원고적격을 인정하지 않는다.

판례

│ 원고적격을 인정한 사례(특허업자의 경우) │

중계유선방송사업허가

방송법은 중계유선방송사업의 허가요건, 기준, 절차에 관하여 엄격하게 규정함으로써 중계유선방송사업의 합리적인 관리를 통하여 중계유선방송사업의 건전한 발전과 이용의 효율화를 기함으로써 공공복리를 증진하려는 목적과 함께 엄격한 요건을 통과한 사업자에 대하여는 사실상 독점적 지위에서 영업할 수 있는 지역사업권을 부여하여 무허가업자의 경업이나 허가를 받은 업자간 과당경쟁으로 인한 유선방송사업 경영의 불합리를 방지함으로써 사익을 보호하려는 목적도 있다고 할 것이므로, 허가를 받은 중계유선방송사업자의 사업상 이익은 단순한 반사적 이익에 그치는 것이 아니라 방송법에 의하여 보호되는 법률상 이익이라고 보아야 한다(대법원 2007. 5. 11. 2004다11162).

화물자동차면허

동일한 사업구역 내의 동종의 사업용 화물자동차면허대수를 늘리는 보충인가처분에 대하여 기존업자에게 그 취소를 구할 법률상 이익이 있다(대법원 1992. 7. 10. 91누9107).

여객자동차운송사업계획변경인가처분취소

[1] 면허나 인·허가 등의 수익적 행정처분의 근거가 되는 법률이 해당 업자들 사이의 과당경쟁으로 인한 경영의 불합리를 방지하는 것도 그 목적으로 하고 있는 경우, 다른 업자에 대한 면허나 인·허가 등의 수익적 행정처분에 대하여 미리 같은 종류의 면허나 인·허가 등의 처분을 받아 영업을 하고 있는 기존의 업자는 경업자에 대하여 이루어진 면허나 인·허가 등 행정처분의 상대방이 아니라 하더라도 당해 행정처분의 취소를 구할 원고적격이 있다.

[2] 갑 회사의 시외버스운송사업과 을 회사의 시외버스운송사업이 다 같이 운행계통을 정하여 여객을 운송하는 노선여객자동차 운송사업에 속하고, 갑 회사에 대한 시외버스운송사업계획변경인가처분으로 기존의 시외버스운송사업자인 을 회사의 노선 및 운행계통과 갑 회사의 노선 및 운행계통이 일부 같고, 기점 혹은 종점이 같거나 인근에 위치한 을 회사의 수익감소가 예상되므로, 기존의 시외버스운송사업자인 을 회사에 위 처분의 취소를 구할 법률상의 이익이 있다(대법원 2010. 6. 10. 2009두10512).

│ 허가임에도 원고적격이 인정된 사례 │

약종상허가

갑이 적법한 약종상허가를 받아 허가지역 내에서 약종상영업을 경영하고 있음에도 불구하고 행정관청이 구 약사법시행규칙(1969. 8. 13. 보건사회부령 제344호)을 위배하여 같은 약종상인 을에게 을의 영업허가지역이 아닌 갑의 영업허가지역내로 영업소를 이전하도록 허가하였다면 갑으로서는 이로 인하여 기존업자로서의 법률상 이익을 침해받았음이 분명하므로 갑에게는 행정관청의 영업소이전허가처분의 취소를 구할 법률상 이익이 있다(대법원 1988. 6. 14. 87누873).

원고적격을 부정한 사례(허가업자의 경우)

석탄가공업허가

석탄수급조정에 관한 임시조치법 소정의 석탄가공업에 관한 허가는 사업경영의 권리를 설정하는 형성적 행정행위가 아니라 질서유지와 공공복리를 위한 금지를 해제하는 명령적 행정행위여서 그 허가를 받은 자는 영업자유를 회복하는 데 불과하고 독점적 영업권을 부여받은 것이 아니기 때문에 기존허가를 받은 원고들이 신규허가로 인하여 영업상 이익이 감소된다 하더라도 이는 원고들의 반사적 이익을 침해하는 것에 지나지 아니하므로 원고들은 신규허가 처분에 대하여 행정소송을 제기할 법률상 이익이 없다(대법원 1980. 7. 22. 80누33·34).

약사의 한약조제권에 대한 한의사들의 이익

한의사 면허는 금지를 해제하는 명령적 행위(강학상 허가)에 해당하고, 한약조제시험을 통하여 약사에게 한약조제권을 인정함으로써 한의사들의 영업상 이익이 감소되었다고 하더라도 이러한 이익은 사실상의 이익에 불과하고 약사법이나 의료법 등의 법률에 의하여 보호되는 이익이라고는 볼 수 없으므로, 한의사들이 한약조제시험을 통하여 한약조제권을 인정받은 약사들에 대한 합격처분의 무효확인을 구하는 당해 소는 원고적격이 없는 자들이 제기한 소로서 부적법하다(대법원 1998. 3. 10. 97누4289).

② **경원자소송** : 경원자관계란 인·허가의 수익적 처분을 신청한 여러 사람 중 일방에 대한 허가가 타방에 대한 불허가로 귀결될 수밖에 없는 양립 불가능한 관계를 말한다.

경원자관계에서 허가를 받지 못한 자는 자신에 대한 허가거부취소소송을 제기할 수도 있고, 상대방에 대한 허가의 취소를 구하는 취소소송을 제기할 수도 있다. 다만 그 처분이 취소된다 하더라도 허가 등의 처분을 받지 못한 불이익이 회복된다고 볼 수 없는 경우에는 당해 처분의 취소를 구할 협의의 소의 이익이 없다. 예컨대 여러 명의 경원자 중 2등으로 탈락한 자가 있음에도 3등으로 탈락한 자가 제기하는 소는 소의 이익이 없는 경우에 해당한다.

판례

법학전문대학원 예비인가에서 탈락한 조선대학교의 원고적격을 인정

인·허가 등의 수익적 행정처분을 신청한 수인이 서로 경쟁관계에 있어서 일방에 대한 허가 등의 처분이 타방에 대한 불허가 등으로 귀결될 수밖에 없는 때 허가 등의 처분을 받지 못한 자는 비록 경원자에 대하여 이루어진 허가 등 처분의 상대방이 아니라 하더라도 당해 처분의 취소를 구할 원고 적격이 있다. 다만, 명백한 법적 장애로 인하여 원고 자신의 신청이 인용될 가능성이 처음부터 배제되어 있는 경우에는 당해 처분의 취소를 구할 정당한 이익이 없다(대법원 2009. 12. 10. 2009두8359).

③ **인근주민**: 특정인에 대한 수익적 처분이 이웃하는 주민에게 불이익한 결과를 발생하는 경우에 침해를 받는 인근주민인 제3자에게 원고적격 즉 법률상의 이익을 인정할 수 있는가의 문제이다. 주로 건축법, 환경법에서 문제된다.

대법원은 종래 환경영향평가 대상지역 안의 주민에게는 원고적격을 인정하고, 밖의 주민에 대해서는 원고적격을 부정하는 입장이었으나, 최근 환경영향평가 대상지역 안의 주민에게는 원고적격을 사실상 추정하고, 밖의 주민에 대해서는 입증을 한 경우에는 원고적격을 인정하는 방향으로 판시하고 있다.

판례

│ **원고적격을 인정한 경우** │

연탄공장허가처분에 대한 인근 지역주민은 원고적격이 있다.

주거지역안에서는 공익상 부득이하다고 인정될 경우를 제외하고는 거주의 안녕과 건전한 생활환경의 보호를 해치는 모든 건축이 금지되고 있을 뿐 아니라 주거지역내에 거주하는 사람이 받는 위와 같은 보호이익은 법률에 의하여 보호되는 이익이라고 할 것이므로 주거지역내에 위 법조 소정 제한면적을 초과한 연탄공장 건축허가처분으로 불이익을 받고 있는 제3거주자는 비록 당해 행정처분의 상대자가 아니라 하더라도 그 행정처분으로 말미암아 위와 같은 법률에 의하여 보호되는 이익을 침해받고 있다면 당해 행정처분의 취소를 소구하여 그 당부의 판단을 받을 법률상의 자격이 있다(대법원 1975. 5. 13. 73누96·97).

공설화장장 인근주민들은 법률상 이익이 인정된다.

근거 법률이 공설화장장은 20호 이상의 인가가 밀집한 지역, 학교 또는 공중이 수시 집합하는 시설 또는 장소로부터 1,000m 이상 떨어진 곳에 설치하도록 제한을 가하고 국민 보건상 위해를 끼칠 우려가 있는 지역, 주거지역, 상업지역, 공업지역 및 녹지지역 안의 풍치지구 등에의 공설화장장 설치를 금지함에 의하여 보호되는 인근 주민들의 이익은 위 도시계획결정처분의 근거 법률에 의하여 보호되는 법률상 이익이다(대법원 1995. 9. 26. 94누14544).

피해 영향권 밖의 주민들도 수인한도를 넘는 환경피해를 받거나 받을 우려가 있음을 증명한다면 원고적격이 인정될 수 있다.

행정처분의 직접 상대방이 아닌 자로서 그 처분에 의하여 자신의 환경상 이익이 침해받거나 침해받을 우려가 있다는 이유로 취소소송을 제기하는 제3자는, 자신의 환경상 이익이 그 처분의 근거 법규 또는 관련 법규에 의하여 개별적·직접적·구체적으로 보호되는 이익, 즉 법률상 보호되는 이익임을 입증하여야 원고적격이 인정되고, 다만 그 행정처분의 근거 법규 또는 관련 법규에 그 처분으로써 이루어지는 행위 등 사업으로 인하여 환경상 침해를 받으리라고 예상되는 영향권의 범위가 구체적으로 규정되어 있는 경우에는, 그 영향권 내의 주민들에 대하여는 당해 처분으로 인하여 직접적이고 중대한 환경피해를 입으리라고 예상할 수 있고, 이와 같은 환경상의 이익은 주민 개개인에 대하여 개별적으로 보호되는 직접적·구체적 이익으로서 그들에 대하여는 특단의 사정이 없는 한 환경상 이익에 대한 침해 또는 침해 우려가 있는 것으로 사실상 추정되어 법률상 보호되는 이익으로 인정됨으로써 원고적격이 인정되며, 그 영향권 밖의 주민들은 당해 처분으로 인하여 그 처분 전과 비교하여 수인한도를 넘는 환경피해를 받거나 받을 우려가 있다는 자신의 환경상 이익에 대한 침해 또는 침해 우려가 있음을 증명하여야만 법률상 보호되는 이익으로 인정되어 원고적격이 인정된다(대법원 2006. 12. 22. 2006두14001).

│ 원고적격을 부정한 경우 │

헌법상 환경권과 환경정책기본법상의 권리에 기한 원고적격은 부정(새만금 사건)

[1] 공유수면매립과 농지개량사업시행으로 인하여 직접적이고 중대한 환경피해를 입으리라고 예상되는 환경영향평가 대상지역 안의 주민들이 전과 비교하여 수인한도를 넘는 환경침해를 받지 아니하고 쾌적한 환경에서 생활할 수 있는 개별적 이익까지도 이를 보호하려는 데에 있다고 할 것이므로, 위 주민들이 공유수면매립면허처분 등과 관련하여 갖고 있는 위와 같은 환경상의 이익은 주민 개개인에 대하여 개별적으로 보호되는 직접적·구체적 이익으로서 그들에 대하여는 특단의 사정이 없는 한 환경상의 이익에 대한 침해 또는 침해우려가 있는 것으로 사실상 추정되어 공유수면매립면허처분 등의 무효확인을 구할 원고적격이 인정된다. 한편, 환경영향평가 대상지역 밖의 주민이라 할지라도 공유수면매립면허처분 등으로 인하여 그 처분 전과 비교하여 수인한도를 넘는 환경피해를 받거나 받을 우려가 있는 경우에는, 공유수면매립면허처분 등으로 인하여 환경상 이익에 대한 침해 또는 침해우려가 있다는 것을 입증함으로써 그 처분 등의 무효확인을 구할 원고적격을 인정받을 수 있다.

[2] 헌법 제35조 제1항에서 정하고 있는 환경권에 관한 규정만으로는 그 권리의 주체·대상·내용·행사방법 등이 구체적으로 정립되어 있다고 볼 수 없고, 환경정책기본법 제6조도 그 규정 내용 등에 비추어 국민에게 구체적인 권리를 부여한 것으로 볼 수 없다는 이유로, 환경영향평가 대상지역 밖에 거주하는 주민에게 헌법상의 환경권 또는 환경정책기본법에 근거하여 공유수면매립면허처분과 농지개량사업 시행인가처분의 무효확인을 구할 원고적격이 없다(대법원 2006. 3. 16. 2006두330 전원합의체).

상수원보호구역 인근주민들은 법률상의 이익이 없다.

상수원보호구역 설정의 근거가 되는 수도법 제5조 제1항 및 동 시행령 제7조 제1항이 보호하고자 하는 것은 상수원의 확보와 수질보전일 뿐이고, 그 상수원에서 급수를 받고 있는 지역주민들이 가지는 상수원의 오염을 막아 양질의 급수를 받을 이익은 직접적이고 구체적으로는 보호하고 있지 않음이 명백하여 위 지역주민들이 가지는 이익은 상수원의 확보와 수질보호라는 공공의 이익이 달성됨에 따라 반사적으로 얻게 되는 이익에 불과하므로 지역주민들에 불과한 원고들에게는 위 상수원보호구역변경처분의 취소를 구할 법률상의 이익이 없다(대법원 1995. 9. 26. 94누14544).

개발제한구역 중 일부 취락을 개발제한구역에서 해제하는 내용의 도시관리계획변경결정에 대하여, 개발제한구역 해제대상에서 누락된 토지의 소유자는 위 결정의 취소를 구할 법률상 이익이 없다.

이 사건 토지는 이 사건 도시관리계획변경결정 전후를 통하여 개발제한구역으로 지정된 상태에 있으므로 이 사건 도시관리계획변경결정으로 인하여 그 소유자인 원고가 위 토지를 사용·수익·처분하는 데 새로운 공법상의 제한을 받거나 종전과 비교하여 더 불이익한 지위에 있게 되는 것은 아니다. 따라서 원고에게 제3자 소유의 토지에 관한 이 사건 도시관리계획변경결정의 취소를 구할 직접적이고 구체적인 이익이 있다고 할 수 없다(대법원 2008. 7. 10. 2007두10242).

3. 협의의 소의 이익(권리보호의 필요성)

1) 개념

협의의 소의 이익이란 구체적 사안에서 재판에 의해 해결할 만한 현실적 필요성을 말한다. 권리보호의 현실적 필요성이 없으면 법원은 각하판결을 내린다. 이러한 소의 이익은 상고심에서도 존속해야 한다.

2) 처분의 효력이 소멸한 경우

(1) 원칙

처분의 효력이 소멸한 후에는 원칙적으로 협의의 소의 이익은 인정되지 않는다. 예컨대, 행정 처분에 그 효력기간이 정하여져 있는 경우(1개월의 영업정지), 그 처분의 효력 또는 집행이 정지된 바 없다면 위 기간의 경과로 그 행정처분의 효력은 상실되므로 그 기간 경과 후에는 그 처분이 외형상 잔존함으로 인하여 어떠한 법률상 이익이 침해되고 있다고 볼 만한 별다른 사정이 없는 한 처분의 취소를 구할 법률상의 이익이 없다.

(2) 예외

① 당해 처분의 존재가 장래의 가중적 처분의 요건으로 되어 있는 경우, ② 처분이 소급적으로 취소됨으로써 원고의 부수적 이익이 구제될 수 있는 경우, ③ 동일한 사유로 위법한 처분이 반복될 위험성이 있어 행정처분의 위법성 확인 내지 불분명한 법률문제에 대한 해결이 필요하다고 판단되는 경우 등은 처분 등의 취소로 인하여 회복되는 법률상 이익이 있는 경우에 해당하여 소의 이익이 있게 된다.

판례

│ 소의 이익이 부정된 경우 │

사실심변론종결일 현재 토석채취허가기간이 경과한 경우

사실심 변론종결일 현재 토석채취 허가기간이 경과하였다면 그 허가는 이미 실효되었다고 할 것이어서 새로 토석채취허가를 받지 아니하고는 채석을 계속할 수 없고, 나아가 토석채취허가 취소처분이 외형상 잔존함으로 말미암아 어떠한 법률상 불이익이 있다고 볼 만한 특별한 사정도 없다면 위 취소처분의 취소를 구하는 소는 소의 이익이 없다(대법원 1993. 7. 27. 93누3899).

환지처분 공고 후에는 환지예정지 지정처분의 취소를 구할 법률상 이익이 없다.

토지구획정리사업법에 의한 토지구획정리는 환지처분을 기본적 요소로 하는 것으로서 환지예정지지정처분은 사업시행자가 사업시행지구 내의 종전 토지 소유자로 하여금 환지예정지지정처분의 효력발생일로부터 환지처분의 공고가 있는 날까지 당해 환지예정지를 사용수익할 수 있게 하는 한편 종전의 토지에 대하여는 사용수익을 할 수 없게 하는 처분에 불과하고 환지처분이 일단 공고되어 효력을 발생하게 되면 환지예정지지정처분은 그 효력이 소멸되는 것이므로, 환지처분이 공고된 후에는 환지예정지지정처분에 대하여 그 취소를 구할 법률상 이익은 없다(대법원 1999. 10. 8. 99두6873).

새로운 직위해제사유에 기한 직위해제처분을 한 경우 기존의 직위해제처분

행정청이 공무원에 대하여 새로운 직위해제사유에 기한 직위해제처분을 한 경우 그 이전에 한 직위해제처분은 이를 묵시적으로 철회하였다고 봄이 상당하므로, 그 이전 처분의 취소를 구하는 부분은 존재하지 않는 행정처분을 대상으로 한 것으로서 그 소의 이익이 없어 부적법하다(대법원 2003. 10. 10. 2003두5945).

파면처분 취소결정에 대한 취소소송 중 징계처분을 파면에서 해임으로 변경한 경우

교원소청심사위원회의 파면처분 취소결정에 대한 취소소송 계속 중 학교법인이 교원에 대한 징계처분을 파면에서 해임으로 변경한 경우, 종전의 파면처분은 소급하여 실효되고 해임만 효력을 발생하므로, 소급하여 효력을 잃은 파면처분을 취소한다는 내용의 교원소청심사결정의 취소를 구하는 것은 법률상 이익이 없다(대법원 2010. 2. 25. 2008두20765).

| 소의 이익이 긍정된 경우 |

처분이 반복될 위험성이 있는 경우

임시이사 선임처분에 대하여 취소를 구하는 소송의 계속중 임기만료 등의 사유로 새로운 임시이사들로 교체된 경우, 선행 임시이사 선임처분의 효과가 소멸하였다는 이유로 그 취소를 구할 법률상 이익이 없다고 보게 되면, 원래의 정식이사들로서는 계속중인 소를 취하하고 후행 임시이사 선임처분을 별개의 소로 다툴 수밖에 없게 되며, 그 별소 진행 도중 다시 임시이사가 교체되면 또 새로운 별소를 제기하여야 하는 등 무익한 처분과 소송이 반복될 가능성이 있으므로, 이러한 경우 법원이 선행 임시이사 선임처분의 취소를 구할 법률상 이익을 긍정하여 그 위법성 내지 하자의 존재를 판결로 명확히 해명하고 확인하여 준다면 위와 같은 구체적인 침해의 반복 위험을 방지할 수 있을 뿐 아니라, 후행 임시이사 선임처분의 효력을 다투는 소송에서 기판력에 의하여 최초 내지 선행 임시이사 선임처분의 위법성을 다투지 못하게 함으로써 그 선임처분을 전제로 이루어진 후행 임시이사 선임처분의 효력을 쉽게 배제할 수 있어 국민의 권리구제에 도움이 된다.

그러므로 취임승인이 취소된 학교법인의 정식이사들로서는 그 취임승인취소처분 및 임시이사 선임처분에 대한 각 취소를 구할 법률상 이익이 있고, 나아가 선행 임시이사 선임처분의 취소를 구하는 소송 도중에 선행 임시이사가 후행 임시이사로 교체되었다고 하더라도 여전히 선행 임시이사 선임처분의 취소를 구할 법률상 이익이 있다(대법원 2007. 7. 19. 2006두19297 전원합의체).

3) 원상회복이 불가능한 경우

처분이 취소되어도 원상회복이 불가능한 경우에는 취소를 구할 소의 이익이 없는 것이 원칙이다.

판례

| 권리보호의 필요를 부정한 사례 |

대집행의 실행이 완료된 경우

대집행계고처분 취소소송의 변론종결 전에 대집행영장에 의한 통지절차를 거쳐 사실행위로서 대집행의 실행이 완료된 경우에는 행위가 위법한 것이라는 이유로 손해배상이나 원상회복 등을 청구하는 것은 별론으로 하고 처분의 취소를 구할 법률상 이익은 없다(대법원 1993. 6. 8. 93누6164).

| 권리보호의 필요를 긍정한 사례 |

제명의결 취소소송 계속 중 임기가 만료된 경우 소의 이익이 있다.

원고가 이 사건 제명의결 취소소송 계속 중 임기가 만료되어 제명의결의 취소로 지방의회의원으로서의 지위를 회복할 수는 없다 할지라도, 그 취소로 인하여 최소한 제명의결시부터 임기만료일까지의 기간에 대해

월정수당의 지급을 구할 수 있는 등 여전히 그 제명의결의 취소를 구할 법률상 이익은 남아 있다고 보아야 한다(대법원 2009. 1. 30. 2007두13487).

대학입학고사 불합격처분의 취소를 구하는 소송 계속 중 당해 연도의 입학시기가 지나고 입학정원에 못 들어가게 된 경우에도 소의 이익이 있다.

합격자는 반드시 당해 연도에만 입학하여야 한다고 볼 수 없으므로 원고들이 불합격처분의 취소를 구하는 이 사건 소송계속 중 당해년도의 입학시기가 지났더라도 당해 연도의 합격자로 인정되면 다음 연도의 입학시기에 입학할 수도 있다고 할 것이고, 피고의 위법한 처분이 있게 됨에 따라 당연히 합격하였어야 할 원고들이 불합격처리되고 불합격되었어야 할 자들이 합격한 결과가 되었다면 원고들은 입학정원에 들어가는 자들이라고 하지 않을 수 없다고 할 것이므로 원고들로서는 피고의 불합격처분의 적법 여부를 다툴만한 법률상의 이익이 있다고 할 것이다(대법원 1990. 8. 28. 89누8255).

고등학교에서 퇴학처분을 당한 후 고등학교졸업학력검정고시에 합격한 경우, 퇴학처분의 취소를 구할 소의 이익이 있다.

고등학교졸업이 대학입학자격이나 학력인정으로서의 의미밖에 없다고 할 수 없으므로 고등학교졸업학력검정고시에 합격하였다 하여 고등학교 학생으로서의 신분과 명예가 회복될 수 없는 것이니 퇴학처분을 받은 자로서는 퇴학처분의 위법을 주장하여 그 취소를 구할 소송상의 이익이 있다(대법원 1992. 7. 14. 91누4737).

현역입영대상자는 입영한 후에 현역병입영통지처분의 취소를 구할 소송상의 이익이 있다.

현역병입영통지처분에 따라 현실적으로 입영을 한 경우에는 그 처분의 집행은 종료되지만, 한편, 입영으로 그 처분의 목적이 달성되어 실효되었다는 이유로 다툴 수 없도록 한다면, 병역법상 현역입영대상자로서는 현역병입영통지처분이 위법하다 하더라도 법원에 의하여 그 처분의 집행이 정지되지 아니하는 이상 현실적으로 입영을 할 수밖에 없으므로 현역병입영통지처분에 대하여는 불복을 사실상 원천적으로 봉쇄하는 것이 되고, 또한 현역입영대상자가 입영하여 현역으로 복무하는 과정에서 현역병입영통지처분 외에는 별도의 다른 처분이 없으므로 입영한 이후에는 불복할 아무런 처분마저 없게 되는 결과가 되므로, 현역입영대상자로서는 현실적으로 입영을 하였다고 하더라도, 입영 이후의 법률관계에 영향을 미치고 있는 현역병입영통지처분 등을 한 관할지방병무청장을 상대로 위법을 주장하여 그 취소를 구할 소송상의 이익이 있다(대법원 2003. 12. 26. 2003두1875).

4) 법령에서 장래의 가중적 제재처분의 기준요건으로 규정하고 있는 경우

(1) 원칙

이전의 처분을 받은 경력이 새로운 법위반 사실로 처분을 받을 때 가중적 제재의 요건으로 규정되어 있다면 비록 이전 처분의 효력이 소멸되었다 하더라도 그 취소를 구할 소의 이익이 있다.

| 소의 이익을 인정한 경우 |

건축사사무소 등록취소

건축사법 제28조 제1항이 건축사 업무정지처분을 연 2회 이상 받고 그 정지기간이 통산하여 12월 이상이 될 경우에는 가중된 제재처분인 건축사사무소 등록취소처분을 받게 되도록 규정하여 건축사에 대한 제재적인 행정처분인 업무정지명령을 보다 무거운 제재처분인 사무소등록취소처분의 기준요건으로 규정하고 있는 이상, 건축사업무정지처분을 받은 건축사로서는 위 처분에서 정한 기간이 도과되었다 하더라도 위 처분을 그대로 방치하여 둠으로써 장래 건축사사무소 등록취소라는 가중된 제재처분을 받게될 우려가 있는 것이므로 건축사로서의 업무를 행할 수 있는 법률상 지위에 대한 위험이나 불안을 제거하기 위하여 건축사 업무정지처분의 취소를 구할 이익이 있다(대법원 1991. 8. 27. 91누3512).

| 소의 이익을 부정한 경우 |

건축사 업무정지처분을 받은 후 1년이 경과한 경우

건축사 업무정지처분을 받은 후 새로운 업무정지처분을 받음이 없이 1년이 경과하여 실제로 가중된 제재처분을 받을 우려가 없게 된 경우, 업무정지처분에서 정한 정지기간이 경과한 후에 업무정지처분의 취소를 구할 법률상 이익이 없다(대법원 2000. 4. 21. 98두10080).

⑵ 법령에 의해서 제재적 처분을 받은 것을 가중적 요건으로 규정한 경우

대법원은 종래 가중요건이 대통령령(시행령)에 규정된 경우에는 소익을 인정하고, 부령(시행규칙)이나 지방자치단체의 규칙으로 규정된 경우에는 소익을 부정해 왔으나, 최근 판례를 변경하여 부령이나 지방자치단체의 규칙으로 규정된 경우에도 소의 이익을 인정한다.

제재적 행정처분이 부령이나 지방자치단체의 규칙으로 규정된 경우에도 소의 이익을 인정한다.

제재적 행정처분이 그 처분에서 정한 제재기간의 경과로 인하여 그 효과가 소멸되었으나, 부령인 시행규칙 또는 지방자치단체의 규칙(이하 이들을 '규칙'이라고 한다)의 형식으로 정한 처분기준에서 제재적 행정처분(이하 '선행처분'이라고 한다)을 받은 것을 가중사유나 전제요건으로 삼아 장래의 제재적 행정처분(이하 '후행처분'이라고 한다)을 하도록 정하고 있는 경우, 제재적 행정처분의 가중사유나 전제요건에 관한 규정이 법령이 아니라 규칙의 형식으로 되어 있다고 하더라도, 그러한 규칙이 법령에 근거를 두고 있는 이상 그 법적 성질이 대외적·일반적 구속력을 갖는 법규명령인지 여부와는 상관없이, 관할 행정청이나 담당공무원은 이를 준수할 의무가 있으므로 이들이 그 규칙에 정해진 바에 따라 행정작용을 할 것이 당연히 예견되고, 그 결과 행정작용의 상대방인 국민으로서는 그 규칙의 영향을 받을 수밖에 없다. 따라서 그러한 규칙이 정한 바에 따라 선행처분을 받은 상대방이 그 처분의 존재로 인하여 장래에 받을 불이익, 즉 후행처분의 위험은 구체적이고 현실적인 것이므로, 상대방에게는 선행처분의 취소소송을 통하여 그 불이익을 제거할 필요가 있다(대법원 2006. 6. 22. 2003두1684 전원합의체).

5) 처분 후의 사정변경이 있는 경우

> **판례**
>
> **불합격처분 이후 새로 실시된 시험에 합격한 자들은 법률상의 이익이 없다.**
>
> 치과의사국가시험 합격은 치과의사 면허를 부여받을 수 있는 전제요건이 된다고 할 것이나 국가시험에 합격하였다고 하여 위 면허취득의 요건을 갖추게 되는 이외에 그 자체만으로 합격한 자의 법률상 지위가 달라지게 되는 것은 아니므로 불합격처분 이후 새로 실시된 국가시험에 합격한 자들로서는 더 이상 위 불합격처분의 취소를 구할 법률상의 이익이 없다(대법원 1993. 11. 9. 93누6867).
>
> **공익근무요원 소집해제신청 거부처분 후에 복무기간 만료로 소집해제처분을 한 경우 법률상의 이익이 없다.**
>
> 공익근무요원 소집해제신청을 거부한 후에 원고가 계속하여 공익근무요원으로 복무함에 따라 복무기간 만료를 이유로 소집해제처분을 한 경우, 원고가 입게 되는 권리와 이익의 침해는 소집해제처분으로 해소되었으므로 위 거부처분의 취소를 구할 소의 이익이 없다(대법원 2005. 5. 13. 2004두4369).
>
> **행정심판절차에서 '처분청의 당해 처분을 취소한다'는 형성적 재결이 이루어졌다면 법률상의 이익이 없다.**
>
> 행정처분에 대하여 그 취소를 구하는 행정심판을 제기하는 한편, 그 처분의 집행으로 생길 중대한 손해를 예방하여야 할 긴급한 필요가 있는 때에 해당한다 하여 행정소송법 제18조 제2항 제2호에 의하여 행정심판의 재결을 거치지 아니하고 그 처분의 취소를 구하는 소를 제기하였는데, 판결선고 이전에 그 행정심판절차에서 '처분청의 당해 처분을 취소한다'는 형성적 재결이 이루어졌다면, 그 취소의 재결로써 당해 처분은 소급하여 그 효력을 잃게 되므로 더 이상 당해 처분의 효력을 다툴 법률상의 이익이 없게 된다(대법원 1997. 5. 30. 96누18632).

4. 피고적격

> **행정소송법 제13조 【피고적격】** ① 취소소송은 다른 법률에 특별한 규정이 없는 한 그 처분등을 행한 행정청을 피고로 한다. 다만, 처분등이 있은 뒤에 그 처분등에 관계되는 권한이 다른 행정청에 승계된 때에는 이를 승계한 행정청을 피고로 한다.
> ② 제1항의 규정에 의한 행정청이 없게 된 때에는 그 처분등에 관한 사무가 귀속되는 국가 또는 공공단체를 피고로 한다.

1) 행정주체 · 행정기관 · 행정청

국가 등의 행정주체는 행정을 직접 처리하지 못하기 때문에 행정주체의 사무를 처리하는 기관이 필요하다. 즉 행정기관은 행정주체의 사무를 담당하는 기관을 말한다. 국가 등의 행정주체는 행정기관을 통해서 현실적으로 행정을 수행하고, 행정기관은 행정주체의 기관에 불과하기 때문에 법인격이 없고 법률효과가 귀속되지 않으며 그 법적 효과는 국가 등에게 귀속된다.

행정청은 국가 등의 행정주체의 의사를 결정하여 외부에 표시할 수 있는 권한을 가진 기관을 말한다. 항고소송의 피고를 행정청으로 하는 취지는 권리의무의 귀속주체가 아니고 단지 국가 등의 행정주체의 기관에 불과한 행정청에게 피고적격을 인정함으로써 국민이 행정소송을 수행함에 있어 피고선정의 편의를 제공하고자 하는 것이다.

2) 피고적격의 구체적 검토

(1) 독임제 행정청

정부조직법상 부·처·청의 장인 장관, 처장, 청장 및 국장, 경찰서장, 지방자치단체의 장인 특별시장, 광역시장, 도지사, 시장, 군수, 구청장(자치구에 한함)은 독임제 행정관청으로 취소소송의 피고적격이 있다.

(2) 합의제 행정청

합의제 행정청은 원칙적으로 그 자체가 피고가 된다. 위원회 중 결정된 의사를 자신의 이름으로 대외적으로 표시할 권한을 가진 위원회만 행정청이 된다. 다만, 중앙노동위원회와 중앙해양안전심판원, 그리고 시·도 인사위원회는 그 장이 피고가 된다.

(3) 대통령 등이 처분청인 경우

① 대통령이 처분청인 경우에는 업무가 속한 소속장관이 피고가 된다.
② 국회의장이 처분청인 경우에는 국회사무총장이 피고가 된다.
③ 대법원장의 처분에 대해서는 법원행정처장이 피고가 된다.
④ 헌법재판소장의 처분에 대해서는 사무처장이 피고가 된다.

(4) 권한의 위임(위탁)·내부위임 또는 대리의 경우

① **권한의 위임(위탁)이 있는 경우**: 권한의 위임이나 위탁이 있게 되면 수임·수탁청이 피고가 된다.
② **권한의 내부위임 또는 대리의 경우**: 내부위임 또는 대리의 경우 받은 행정청이 위임청의 이름으로 처분을 한 경우 대외적으로 권한을 가지고 있는 위임청이 피고가 되며, 내부위임 또는 대리를 받은 자는 피고적격이 없다. 반면에 내부위임 또는 대리를 받은 행정청이 자신의 이름으로 처분을 한 경우 처분의 명의자가 수임청으로 되어 있으므로 수임청이 피고가 된다.

처분을 행할 적법한 권한 있는 행정청만이 피고적격을 가지는 것은 아니다.

행정처분의 취소 또는 무효확인을 구하는 행정소송은 다른 법률에 특별한 규정이 없는 한 그 처분을 행한 행정청을 피고로 하여야 하며, 행정처분을 행할 적법한 권한 있는 상급행정청으로부터 내부위임을 받은 데 불과한 하급행정청이 권한 없이 행정처분을 한 경우에도 실제로 그 처분을 행한 하급행정청을 피고로 하여야 할 것이지 그 처분을 행할 적법한 권한 있는 상급행정청을 피고로 할 것은 아니다(대법원 1994. 8. 12. 94누2763).

(5) 권한의 승계 또는 폐지의 경우

① **승계**: 처분 등이 있은 뒤에 그 처분 등에 관계되는 권한이 다른 행정청에 승계된 때에는 이를 승계한 행정청을 피고로 한다.

② **폐지**: 처분 등을 행한 행정청이 없게 된 때에는 그 처분 등에 관한 사무가 귀속되는 국가 또는 공공단체를 피고로 한다. 이때는 예외적으로 행정주체가 취소소송의 피고가 된다.

(6) 공법인

국가나 지방자치단체의 사무가 공법인에게 위임된 경우에는 그 대표자가 아니라 공법인 자체가 피고가 된다.

(7) 공무수탁사인

공무수탁사인의 경우에는 공무수탁사인 자신이 행정청이 된다.

(8) 재결의 경우

재결에 대한 행정소송은 재결 자체에 고유한 위법이 있음을 이유로 하는 경우에만 가능하며, 피고는 행정심판위원회가 된다.

(9) 지방의회와 지방자치단체장

처분적 조례의 경우 의결은 지방의회가 하지만 이를 대외적으로 공포하는 것은 지방자치단체장이다. 따라서 지방자치단체장이 피고가 된다. 교육조례의 경우에는 교육감이 피고가 된다.

지방의회의원에 대한 징계의결, 의장선거, 의장에 대한 불신임 결의 취소소송에서의 피고는 지방의회가 된다.

판례

조례는 지방자치단체의 장을 피고로 하여야 한다(교육·학예에 관한 조례는 시·도 교육감이 피고이다).

[1] 조례가 집행행위의 개입 없이도 그 자체로서 직접 국민의 구체적인 권리의무나 법적 이익에 영향을 미치는 등의 법률상 효과를 발생하는 경우 그 조례는 항고소송의 대상이 되는 행정처분에 해당하고, 이러한 조례에 대한 무효확인소송을 제기함에 있어서 행정소송법 제38조 제1항, 제13조에 의하여 피고적격이 있는 처분 등을 행한 행정청은, 행정주체인 지방자치단체 또는 지방자치단체의 내부적 의결기관으로서 지방자치단체의 의사를 외부에 표시한 권한이 없는 지방의회가 아니라, 구 지방자치법(1994. 3. 16. 법률 제4741호로 개정되기 전의 것) 제19조 제2항, 제92조에 의하여 지방자치단체의 집행기관으로서 조례로서의 효력을 발생시키는 공포권이 있는 지방자치단체의 장이다.

[2] 구 지방교육자치에관한법률(1995. 7. 26. 법률 제4951호로 개정되기 전의 것) 제14조 제5항, 제25조에 의하면 시·도의 교육·학예에 관한 사무의 집행기관은 시·도 교육감이고 시·도 교육감에게 지방교육에 관한 조례안의 공포권이 있다고 규정되어 있으므로, 교육에 관한 조례의 무효확인소송을 제기함에 있어서는 그 집행기관인 시·도 교육감을 피고로 하여야 한다(대법원 1996. 9. 20. 95누8003).

3) 준용

취소소송의 피고적격은 무효등확인소송과 부작위위법확인소송에 준용된다. 그러나 당사자소송의 피고는 행정청이 아니라 행정주체가 된다.

4) 피고의 경정

행정소송법 제14조【피고경정】① 원고가 피고를 잘못 지정한 때에는 법원은 원고의 신청에 의하여 결정으로써 피고의 경정을 허가할 수 있다.

② 법원은 제1항의 규정에 의한 결정의 정본을 새로운 피고에게 송달하여야 한다.

③ 제1항의 규정에 의한 신청을 각하하는 결정에 대하여는 즉시항고할 수 있다.

④ 제1항의 규정에 의한 결정이 있은 때에는 새로운 피고에 대한 소송은 처음에 소를 제기한 때에 제기된 것으로 본다.

⑤ 제1항의 규정에 의한 결정이 있은 때에는 종전의 피고에 대한 소송은 취하된 것으로 본다.

⑥ 취소소송이 제기된 후에 제13조 제1항 단서 또는 제13조 제2항에 해당하는 사유가 생긴 때에는 법원은 당사자의 신청 또는 직권에 의하여 피고를 경정한다. 이 경우에는 제4항 및 제5항의 규정을 준용한다.

5. 공동소송

행정소송법 제15조【공동소송】수인의 청구 또는 수인에 대한 청구가 처분등의 취소청구와 관련되는 청구인 경우에 한하여 그 수인은 공동소송인이 될 수 있다.

6. 소송참가

1) 개념

소송참가란 현재 계속 중인 타인 간의 소송에 제3자가 자기의 이익을 보호하기 위하여 참가하는 것을 말한다. 행정소송법은 제3자의 소송참가와 행정청의 소송참가를 규정하고 있다.

2) 제3자의 소송참가

> **행정소송법 제16조【제3자의 소송참가】** ① 법원은 소송의 결과에 따라 권리 또는 이익의 침해를 받을 제3자가 있는 경우에는 당사자 또는 제3자의 신청 또는 직권에 의하여 결정으로써 그 제3자를 소송에 참가시킬 수 있다.
> ② 법원이 제1항의 규정에 의한 결정을 하고자 할 때에는 미리 당사자 및 제3자의 의견을 들어야 한다.
> ③ 제1항의 규정에 의한 신청을 한 제3자는 그 신청을 각하한 결정에 대하여 즉시항고할 수 있다.
> ④ 제1항의 규정에 의하여 소송에 참가한 제3자에 대하여는 민사소송법 제67조의 규정을 준용한다.

(1) 개념

제3자의 소송참가란 소송의 결과에 의하여 권리 또는 이익의 침해를 받을 제3자가 있는 경우에 당사자 또는 제3자의 신청 또는 직권에 의하여 결정으로써 그 제3자를 소송에 참가시키는 것을 말한다.

(2) 요건

① 타인 간의 행정소송이 계속 중이어야 한다. 소송이 계속 중인 한 심급을 가리지 아니한다. 따라서 제2심과 법률심인 대법원에서도 참가는 가능하다.
② 소송의 결과에 의하여 권리 또는 이익의 침해(법률상의 이익)를 받을 제3자여야 한다.

판례

학교법인의 이사 겸 이사장에 대한 임원취임승인취소처분 취소소송에서 이사장직무대행자는 학교법인의 이름으로 보조참가를 할 수 있다.

학교법인의 이사장직무대행자가 학교법인의 이름으로 관할청인 피고를 돕기 위하여 임원취임승인취소처분의 취소를 구하는 소송에 보조참가를 함에 있어 이사회의 특별수권결의를 거칠 필요는 없다고 할 것이고, 한편 임원취임승인취소처분이 취소되어 원고가 학교법인의 이사 및 이사장으로서의 지위를 회복하게 되면 학교법인으로서는 결과적으로 그 의사와 관계없이 이사회의 구성원이나 대표자가 변경되는 관계에 있다고 할 것이고, 이는 위 취소소송의 결과에 의하여 그 법률상의 지위가 결정되는 관계로서 보조참가의 요건인 법률상 이해관계에 해당한다(대법원 2003. 5. 30. 2002두11073).

(3) 참가의 절차

제3자의 소송참가는 당사자 또는 제3자의 신청 또는 직권에 의한다. 참가신청이 있으면 법원은 결정으로써 허가 또는 각하의 재판을 하고, 직권참가인 경우에는 결정으로써 제3자에게 참가를 명한다. 법원이 결정을 하고자 할 때에는 미리 당사자 및 제3자의 의견을 들어야 한다(제16조 제2항). 참가신청이 불허된 경우에는 즉시항고할 수 있다.

(4) 참가의 효력

소송에 참가한 제3자는 실제 소송에 참가하여 소송행위를 하였는지 여부를 불문하고 판결의 효력을 받는다.

> **판례**⁺
>
> **행정소송법 제16조에 의한 제3자 참가와 민사소송법의 준용에 의한 보조참가는 모두 공동소송적 보조참가에 해당한다.**
>
> [1] 행정소송 사건에서 참가인이 한 보조참가가 행정소송법 제16조가 규정한 제3자의 소송참가에 해당하지 않는 경우에도, 판결의 효력이 참가인에게까지 미치는 점 등 행정소송의 성질에 비추어 보면 그 참가는 민사소송법 제78조에 규정된 공동소송적 보조참가이다.
>
> [2] 공동소송적 보조참가는 그 성질상 필수적 공동소송 중에서는 이른바 유사필수적 공동소송에 준한다 할 것인데, 유사필수적 공동소송에서는 원고들 중 일부가 소를 취하하는 경우에 다른 공동소송인의 동의를 받을 필요가 없다. 또한 소취하는 판결이 확정될 때까지 할 수 있고 취하된 부분에 대해서는 소가 처음부터 계속되지 아니한 것으로 간주되며(민사소송법 제267조), 본안에 관한 종국판결이 선고된 경우에도 그 판결 역시 처음부터 존재하지 아니한 것으로 간주되므로, 이는 재판의 효력과는 직접적인 관련이 없는 소송행위로서 공동소송적 보조참가인에게 불이익이 된다고 할 것도 아니다. 따라서 피참가인이 공동소송적 보조참가인의 동의 없이 소를 취하하였다 하더라도 이는 유효하다. 그리고 이러한 법리는 행정소송법 제16조에 의한 제3자 참가가 아니라 민사소송법의 준용에 의하여 보조참가를 한 경우에도 마찬가지로 적용된다(대법원 2013. 3. 28. 2011두13729).

(5) 재심청구

> **행정소송법 제31조【제3자에 의한 재심청구】** ① 처분등을 취소하는 판결에 의하여 권리 또는 이익의 침해를 받은 제3자는 자기에게 책임없는 사유로 소송에 참가하지 못함으로써 판결의 결과에 영향을 미칠 공격 또는 방어방법을 제출하지 못한 때에는 이를 이유로 확정된 종국판결에 대하여 재심의 청구를 할 수 있다.
> ② 제1항의 규정에 의한 청구는 확정판결이 있음을 안 날로부터 30일 이내, 판결이 확정된 날로부터 1년 이내에 제기하여야 한다.
> ③ 제2항의 규정에 의한 기간은 불변기간으로 한다.

3) 행정청의 소송참가

> **행정소송법 제17조【행정청의 소송참가】** ① 법원은 다른 행정청을 소송에 참가시킬 필요가 있다고 인정할 때에는 당사자 또는 당해 행정청의 신청 또는 직권에 의하여 결정으로써 그 행정청을 소송에 참가시킬 수 있다.
> ② 법원은 제1항의 규정에 의한 결정을 하고자 할 때에는 당사자 및 당해 행정청의 의견을 들어야 한다.
> ③ 제1항의 규정에 의하여 소송에 참가한 행정청에 대하여는 민사소송법 제76조의 규정을 준용한다.

⑴ 개념

행정청의 소송참가는 법원이 다른 행정청을 소송에 참가시킬 필요가 있다고 인정할 때에 당사자 또는 당해 행정청의 신청 또는 직권에 의하여 결정으로써 그 행정청을 소송에 참가시킬 수 있는 제도를 말한다(제17조 제1항).

⑵ 참가의 절차

참가는 당사자나 당해 행정청의 신청 또는 직권에 의한다. 참가허부의 재판은 결정의 형식으로 하며, 법원이 참가결정을 하고자 할 때에는 당사자 및 당해 행정청의 의견을 들어야 한다(제17조 제2항). 그 결정에 대해서는 당사자나 참가행정청 모두 불복할 수 없다.

⑶ 참가행정청의 지위 − 보조참가인의 성격

참가행정청은 보조참가인의 지위를 가진다. 따라서 피참가인의 소송행위와 저촉되는 행위를 할 수 없다.

✦ **제3자의 소송참가와 행정청의 소송참가 비교**

구분	제3자의 소송참가	행정청의 소송참가
법적 성질	공동소송적 보조참가	보조참가
참가인의 소송행위	참가인은 피참가인에게 불리한 소송행위를 할 수 없지만, 피참가인의 행위와 저촉되는 행위는 허용된다.	피참가인의 행위와 저촉되는 행위를 할 수 없다.
신청	신청 또는 법원 직권	신청 또는 법원 직권
참가의 방향	원·피고 모두 참가 가능	피고 행정청에만 가능

7. 행정소송의 대리인

행정소송법에는 소송대리에 관한 특별한 규정이 없으므로 행정소송의 대리인에 관하여는 민사소송법상의 소송대리인에 관한 규정이 일반적으로 적용된다.

14 취소소송의 대상 – 처분

1. 행정소송의 대상으로서의 행정처분

> **행정소송법 제2조【정의】** ① 이 법에서 사용하는 용어의 정의는 다음과 같다.
> 1. "처분등"이라 함은 행정청이 행하는 구체적 사실에 관한 법집행으로서의 공권력의 행사 또는 그 거부와 그 밖에 이에 준하는 행정작용(이하 "처분"이라 한다) 및 행정심판에 대한 재결을 말한다.

판례

'직장가입자 자격상실 및 자격변동 안내' 통보 또는 사업장 직권탈퇴에 따른 가입자 자격상실 안내' 통보는 권리의무에 직접적 변동을 초래하는 것이 아니므로 처분성이 인정되지 않는다.

[1] 항고소송의 대상이 되는 행정처분이란 행정청의 공법상 행위로서 특정사항에 대하여 법규에 의한 권리의 설정 또는 의무의 부담을 명하며 기타 법률상 효과를 발생하게 하는 등 국민의 구체적 권리의무에 직접적 변동을 초래하는 행위를 말하고, 행정청 내부에서의 행위나 알선, 권유, 사실상의 통지 등과 같이 상대방 또는 기타 관계자들의 법률상 지위에 직접적인 법률적 변동을 일으키지 아니하는 행위는 항고소송의 대상이 될 수 없다.

[2] 국민건강보험 직장가입자 또는 지역가입자 자격 변동은 법령이 정하는 사유가 생기면 별도 처분 등의 개입 없이 사유가 발생한 날부터 변동의 효력이 당연히 발생하므로, 국민건강보험공단이 갑 등에 대하여 가입자 자격이 변동되었다는 취지의 '직장가입자 자격상실 및 자격변동 안내' 통보를 하였거나, 그로 인하여 사업장이 국민건강보험법상의 적용대상사업장에서 제외되었다는 취지의 '사업장 직권탈퇴에 따른 가입자 자격상실 안내' 통보를 하였더라도, 이는 갑 등의 가입자 자격의 변동 여부 및 시기를 확인하는 의미에서 한 사실상 통지행위에 불과할 뿐, 위 각 통보에 의하여 가입자 자격이 변동되는 효력이 발생한다고 볼 수 없고, 또한 위 각 통보로 갑 등에게 지역가입자로서의 건강보험료를 납부하여야 하는 의무가 발생함으로써 갑 등의 권리의무에 직접적 변동을 초래하는 것도 아니라는 이유로, 위 각 통보의 처분성이 인정되지 않는다(대법원 2019. 2. 14. 2016두41729).

참고

- **취소소송의 대상**: ① 행정행위, ② 거부처분, ③ 권력적 사실행위, ④ 행정심판의 재결 자체의 위법, ⑤ 취소 · 철회
- **취소소송의 대상으로 볼 수 없는 것**: ① 공법상 계약 · 사법상 계약 · 기타 사법상의 행위, ② 행정주체의 내부적 의사결정, ③ 행정지도, ④ 통치행위, ⑤ 통고처분 · 검사의 불기소처분

2. 행정행위와 처분의 비교

1) 개념

구분	행정행위	처분
공통점	행정청이 행하는 구체적 사실에 관한 법집행	
차이점	권력적 단독행위인 공법행위	공권력의 행사 또는 그 거부와 그 밖에 이에 준하는 행정작용 및 행정심판에 대한 재결
범위	처분에는 '그 밖에 이에 준하는 행정작용'이 포함되므로 처분이 행정행위보다 넓은 개념이다.	

2) 학설

(1) 실체법적 개념설(일원설)에 의하면 행정소송법상의 처분개념을 행정행위와 동일한 개념으로 파악한다.

(2) 쟁송법적 개념설(이원설)에 의하면 행정소송법상의 처분개념을 행정행위보다 넓게 파악한다. 이원설은 처분개념을 강학상의 행정행위보다 넓은 독자적인 개념으로 보는 입장으로서 행정행위는 원칙적으로 처분성이 있는 것이 된다. 행정행위가 아니면서 처분성이 인정되는 것은 권력적 사실행위가 대표적이다.

판례*

행정처분 여부의 판단 – 상대방의 인식가능성과 예측가능성

[1] 항고소송의 대상인 '처분'이란 "행정청이 행하는 구체적 사실에 관한 법집행으로서의 공권력의 행사 또는 그 거부와 그 밖에 이에 준하는 행정작용"(행정소송법 제2조 제1항 제1호)을 말한다. 행정청의 행위가 항고소송의 대상이 될 수 있는지는 추상적·일반적으로 결정할 수 없고, 구체적인 경우에 관련 법령의 내용과 취지, 그 행위의 주체·내용·형식·절차, 그 행위와 상대방 등 이해관계인이 입는 불이익 사이의 실질적 견련성, 법치행정의 원리와 그 행위에 관련된 행정청이나 이해관계인의 태도 등을 고려하여 개별적으로 결정하여야 한다. 행정청의 행위가 '처분'에 해당하는지가 불분명한 경우에는 그에 대한 불복방법 선택에 중대한 이해관계를 가지는 상대방의 인식가능성과 예측가능성을 중요하게 고려하여 규범적으로 판단하여야 한다.

[2] 수익적 행정처분을 구하는 신청에 대한 거부처분이 있은 후 당사자가 다시 신청을 한 경우에는 신청의 제목 여하에 불구하고 그 내용이 새로운 신청을 하는 취지라면 관할 행정청이 이를 다시 거절하는 것은 새로운 거부처분이라고 보아야 한다. 나아가 어떠한 처분이 수익적 행정처분을 구하는 신청에 대한 거부처분이 아니라고 하더라도, 해당 처분에 대한 이의신청의 내용이 새로운 신청을 하는 취지로 볼 수 있는 경우에는, 그 이의신청에 대한 결정의 통보를 새로운 처분으로 볼 수 있다(대법원 2022. 3. 17. 2021두53894).

작용의 근거가 행정규칙에 규정되어 있는 경우 행정처분에 해당하기 위한 요건

항고소송의 대상이 되는 행정처분이라 함은 원칙적으로 행정청의 공법상 행위로서 특정 사항에 대하여 법규에 의한 권리의 설정 또는 의무의 부담을 명하거나 기타 법률상 효과를 발생하게 하는 등으로 일반 국민의 권리의무에 직접 영향을 미치는 행위를 가리키는 것이지만, 어떠한 처분의 근거가 행정규칙에 규정되어 있다고 하더라도, 그 처분이 상대방에게 권리의 설정 또는 의무의 부담을 명하거나 기타 법적인 효과를 발생하게 하는 등으로 그 상대방의 권리의무에 직접 영향을 미치는 행위라면, 이 경우에도 항고소송의 대상이 되는 행정처분에 해당한다(대법원 2004. 11. 26. 2003두10251·10268).

3. 행정청

행정청은 행정조직법상의 개념이 아니라 기능적으로 보아야 한다. 즉 공공단체나 사인도 법령에 의해 행정권한을 위임(또는 위탁)받아 행정청과 동일한 기능을 수행하면 행정청에 해당한다.

4. 구체적 사실

1) 원칙

처분은 구체적 사실에 관한 공권력 행사이다. 구체적 사실이란 처분의 상대방이 개별적이고 규율의 대상이 구체적인 것을 의미한다.

2) 행정입법 · 조례

상대방이 특정되지 않고 일반인을 대상으로 하며, 규율의 대상도 추상적이기 때문에 원칙적으로 처분이 아니다. 그러나 행정입법도 개별적 집행행위의 매개 없이 직접 적용되는 처분적 성격을 가지는 경우에는 예외적으로 항고소송의 대상이 되는 행정처분에 해당한다. 판례는 조례가 집행행위의 개입 없이도 그 자체로서 직접 국민의 구체적인 권리의무나 법적 이익에 영향을 미치는 등의 법률상 효과를 발생하는 경우 그 조례는 항고소송의 대상이 되는 행정처분에 해당한다고 한다.

3) 일반처분

일반처분은 대상자는 불특정 다수이지만 규율의 내용이 구체적이므로 처분에 해당한다(⑩ 입산금지, 특정지역의 주차금지 등).

4) 행정계획

행정계획은 행정청의 내부적 의사결정으로서 그대로 시행되는 것이 아닌 청사진에 불과하므로 원칙적으로 처분성이 인정되지 않는다. 다만, 도시계획결정의 공고와 같이 직접 권리제한의 효과가 생기는 경우에는 처분성이 인정된다.

판례

두밀분교폐지조례

조례가 집행행위의 개입 없이도 그 자체로서 직접 국민의 구체적인 권리의무나 법적 이익에 영향을 미치는 등의 법률상 효과를 발생하는 경우 그 조례는 항고소송의 대상이 되는 행정처분에 해당하고, 이러한 조례에 대한 무효확인소송을 제기함에 있어서 행정소송법 제38조 제1항, 제13조에 의하여 피고적격이 있는 처분 등을 행한 행정청은, 행정주체인 지방자치단체 또는 지방자치단체의 내부적 의결기관으로서 지방자치단체의 의사를 외부에 표시한 권한이 없는 지방의회가 아니라, 구 지방자치법(1994. 3. 16. 법률 제4741호로 개정되기 전의 것) 제19조 제2항, 제92조에 의하여 지방자치단체의 집행기관으로서 조례로서의 효력을 발생시키는 공포권이 있는 지방자치단체의 장이다(대법원 1996. 9. 20. 95누8003).

구 청소년보호법에 따른 청소년유해매체물 결정·고시는 처분에 해당한다.

구 청소년보호법(2001. 5. 24. 법률 제6479호로 개정되기 전의 것)에 따른 청소년유해매체물 결정 및 고시처분은 당해 유해매체물의 소유자 등 특정인만을 대상으로 한 행정처분이 아니라 일반 불특정 다수인을 상대방으로 하여 일률적으로 표시의무, 포장의무, 청소년에 대한 판매·대여 등의 금지의무 등 각종 의무를 발생시키는 행정처분으로서, 정보통신윤리위원회가 특정 인터넷 웹사이트를 청소년유해매체물로 결정하고 청소년보호위원회가 효력발생시기를 명시하여 고시함으로써 그 명시된 시점에 효력이 발생하였다고 봄이 상당하고, 정보통신윤리위원회와 청소년보호위원회가 위 처분이 있었음을 위 웹사이트 운영자에게 제대로 통지하지 아니하였다고 하여 그 효력 자체가 발생하지 아니한 것으로 볼 수는 없다(대법원 2007. 6. 14. 2004두619).

'민주화운동관련자 명예회복 및 보상 등에 관한 법률' 자체는 추상적인 규정이며, 심의위원회의 결정은 국민의 권리의무에 직접 영향을 미치는 행정처분에 해당한다.

'민주화운동관련자 명예회복 및 보상 등에 관한 법률' 제2조 제1호, 제2호 본문, 제4조, 제10조, 제11조, 제13조 규정들의 취지와 내용에 비추어 보면, 같은 법 제2조 제2호 각 목은 민주화운동과 관련한 피해 유형을 추상적으로 규정한 것에 불과하여 제2조 제1호에서 정의하고 있는 민주화운동의 내용을 함께 고려하더라도 그 규정들만으로는 바로 법상의 보상금 등의 지급 대상자가 확정된다고 볼 수 없고, '민주화운동관련자 명예회복 및 보상 심의위원회'에서 심의·결정을 받아야만 비로소 보상금 등의 지급 대상자로 확정될 수 있다. 따라서 그와 같은 심의위원회의 결정은 국민의 권리의무에 직접 영향을 미치는 행정처분에 해당한다(대법원 2008. 4. 17. 2005두16185 전원합의체).

5. 법집행행위

1) 내부결정, 준비행위

취소소송의 대상이 되는 처분은 대외적으로 표시되어 국민의 권리의무와 관련되어야 한다. 따라서 행정기관 내부의 사무처리절차는 원칙적으로 취소소송의 대상이 아니다.

> **판례**
>
> **단순 사실행위는 행정처분이 아니다.**
>
> 항고소송의 대상이 되는 행정처분이라 함은 행정청의 공법상의 행위로서 특정 사항에 대하여 법규에 의한 권리의 설정 또는 의무의 부담을 명하거나 기타 법률상 효과를 발생하게 하는 등 국민의 권리의무에 직접 관계가 있는 행위를 가리키는 것이고, 행정권 내부에서의 행위나 알선, 권유, 사실상의 통지 등과 같이 상대 방 또는 기타 관계자들의 법률상 지위에 직접적인 법률적 변동을 일으키지 아니하는 행위 등은 항고소송의 대상이 되는 행정처분이 아니다(대법원 1996. 3. 22. 96누433).
>
> **경제기획원장관의 정부투자기관에 대한 예산편성지침통보는 행정처분이 아니다.**
>
> 정부투자기관관리기본법 제21조의 규정에 따른 경제기획원장관의 정부투자기관에 대한 예산편성지침통보 는 정부투자기관의 경영합리화와 정부투자의 효율적 관리를 도모하기 위한 것으로서 그에 대한 감독작용 에 해당할 뿐 그 자체만으로는 직접적으로 국민의 권리, 의무가 설정, 변경, 박탈되거나 그 범위가 확정되는 등 기존의 권리상태에 어떤 변동을 가져오는 것이 아니므로 이를 행정소송의 대상이 되는 행정처분이라고 할 수 없다(대법원 1993. 9. 14. 93누9163).
>
> **징병검사시의 신체등위판정은 행정처분이 아니다.**
>
> 병역법상 신체등위판정은 행정청이라고 볼 수 없는 군의관이 하도록 되어 있으며, 그 자체만으로 바로 병 역법상의 권리의무가 정하여지는 것이 아니라 그에 따라 지방병무청장이 병역처분을 함으로써 비로소 병 역의무의 종류가 정하여지는 것이므로 항고소송의 대상이 되는 행정처분이라 보기 어렵다(대법원 1993. 8. 27. 93누3356).
>
> **교통법규위반에 대한 벌점부과행위는 행정처분이 아니다.**
>
> 운전면허 행정처분처리대장상 벌점의 배점은 도로교통법규 위반행위를 단속하는 기관이 도로교통법시행 규칙 별표 16의 정하는 바에 의하여 도로교통법규 위반의 경중, 피해의 정도 등에 따라 배정하는 점수를 말하는 것으로 자동차운전면허의 취소, 정지처분의 기초자료로 제공하기 위한 것이고 그 배점 자체만으로 는 아직 국민에 대하여 구체적으로 어떤 권리를 제한하거나 의무를 명하는 등 법률적 규제를 하는 효과를 발생하는 요건을 갖춘 것이 아니어서 그 무효확인 또는 취소를 구하는 소송의 대상이 되는 행정처분이라고 할 수 없다(대법원 1994. 8. 12. 94누2190).
>
> **공정거래위원회의 고발 의결은 행정처분이 아니다.**
>
> 고발은 수사의 단서에 불과할 뿐 그 자체 국민의 권리의무에 어떤 영향을 미치는 것이 아니고, 특히 독점규 제및공정거래에관한법률 제71조는 공정거래위원회의 고발을 위 법률위반죄의 소추요건으로 규정하고 있 어 공정거래위원회의 고발조치는 사직 당국에 대하여 형벌권 행사를 요구하는 행정기관 상호간의 행위에 불과하여 항고소송의 대상이 되는 행정처분이라 할 수 없으며, 더욱이 공정거래위원회의 고발 의결은 행정 청 내부의 의사결정에 불과할 뿐 최종적인 처분은 아닌 것이므로 이 역시 항고소송의 대상이 되는 행정처 분이 되지 못한다(대법원 1995. 5. 12. 94누13794).

2) 조세경정처분

조세부과처분(당초처분)에 대하여 경정처분이 있는 경우 취소소송의 대상이 당초처분인지 경정처분인지의 문제이다.

> **판례**
>
> **감액경정처분은 감액되고 남은 당초처분이 취소소송의 대상이다.**
>
> 과세관청이 과세처분을 한 뒤에 과세표준과 세액을 감액하는 경정처분을 한 경우에는 위 감액경정처분은 처음의 과세표준에서 결정된 과세표준과 세액의 일부를 취소하는 데 지나지 아니하는 것이므로 처음의 과세처분이 감액된 범위내에서 존속하게 되고 이 처분만이 쟁송의 대상이 되고 이 경우 전심절차의 적법 여부는 당초처분을 기준으로 하여 판단하여야 한다(대법원 1987. 12. 22. 85누599).
>
> **납세의무자는 증액경정처분의 취소를 구하는 항고소송에서 과세관청의 증액경정사유뿐만 아니라 당초신고에 관한 과다신고사유도 함께 주장하여 다툴 수 있다고 할 것이다.**
>
> 과세표준과 세액을 증액하는 증액경정처분은 당초 납세의무자가 신고하거나 과세관청이 결정한 과세표준과 세액을 그대로 둔 채 탈루된 부분만을 추가로 확정하는 처분이 아니라 당초신고나 결정에서 확정된 과세표준과 세액을 포함하여 전체로서 하나의 과세표준과 세액을 다시 결정하는 것이므로, 당초신고나 결정에 대한 불복기간의 경과 여부 등에 관계없이 오직 증액경정처분만이 항고소송의 심판대상이 되는 점, 증액경정처분의 취소를 구하는 항고소송에서 증액경정처분의 위법 여부는 그 세액이 정당한 세액을 초과하는지 여부에 의하여 판단하여야 하고 당초신고에 관한 과다신고사유나 과세관청의 증액경정사유는 증액경정처분의 위법성을 뒷받침하는 개개의 위법사유에 불과한 점, 경정청구나 부과처분에 대한 항고소송은 모두 정당한 과세표준과 세액의 존부를 정하고자 하는 동일한 목적을 가진 불복수단으로서 납세의무자로 하여금 과다신고사유에 대하여는 경정청구로써, 과세관청의 증액경정사유에 대하여는 항고소송으로써 각각 다투게 하는 것은 납세의무자의 권익보호나 소송경제에도 부합하지 않는 점 등에 비추어 보면, 납세의무자는 증액경정처분의 취소를 구하는 항고소송에서 과세관청의 증액경정사유뿐만 아니라 당초신고에 관한 과다신고사유도 함께 주장하여 다툴 수 있다고 할 것이다(대법원 2013. 4. 18. 2010두11733 전원합의체).
>
> **당초처분의 절차적 하자는 증액경정처분에 승계되지 아니한다.**
>
> 증액경정처분이 있는 경우 당초처분은 증액경정처분에 흡수되어 소멸하고, 소멸한 당초처분의 절차적 하자는 존속하는 증액경정처분에 승계되지 아니한다(대법원 2010. 6. 24. 2007두16493).

3) 중간행위

중간행위는 국민의 구체적인 권리의무에 영향을 주지 않기 때문에 항고소송의 대상이 되지 않는 것이 원칙이다. 그러나 중간행위가 그 자체로 직접 사인의 권리 또는 이익을 침해하는 경우에는 중간행위도 처분성이 인정되고 항고소송으로 다툴 수 있는 경우가 있다.

부분허가 : 원자력부지사전승인제도 - 처분성 인정

원자로 및 관계 시설의 부지사전승인처분은 그 자체로서 건설부지를 확정하고 사전공사를 허용하는 법률 효과를 지닌 독립한 행정처분이기는 하지만, 건설허가 전에 신청자의 편의를 위하여 미리 그 건설허가의 일부 요건을 심사하여 행하는 사전적 부분 건설허가처분의 성격을 갖고 있는 것이어서 나중에 건설허가처 분이 있게 되면 그 건설허가처분에 흡수되어 독립된 존재가치를 상실함으로써 그 건설허가처분만이 쟁송 의 대상이 되는 것이므로, 부지사전승인처분의 취소를 구하는 소는 소의 이익을 잃게 되고, 따라서 부지사 전승인처분의 위법성은 나중에 내려진 건설허가처분의 취소를 구하는 소송에서 이를 다투면 된다(대법원 1998. 9. 4. 97누19588).

예비결정 : 폐기물관리법상의 폐기물처리업의 허가 전의 사업계획서에 대한 적정·부적정 통보 - 처분성 인정

폐기물관리법 관계 법령의 규정에 의하면 폐기물처리업의 허가를 받기 위하여는 먼저 사업계획서를 제출 하여 허가권자로부터 사업계획에 대한 적정통보를 받아야 하고, 그 적정통보를 받은 자만이 일정기간 내에 시설, 장비, 기술능력, 자본금을 갖추어 허가신청을 할 수 있으므로, 결국 부적정통보는 허가신청 자체를 제한하는 등 개인의 권리 내지 법률상의 이익을 개별적이고 구체적으로 규제하고 있어 행정처분에 해당한 다(대법원 1998. 4. 28. 97누21086).

확약 : 어업면허 우선순위결정 - 처분성 부정

어업권면허에 선행하는 우선순위결정은 행정청이 우선권자로 결정된 자의 신청이 있으면 어업권면허처분 을 하겠다는 것을 약속하는 행위로서 강학상 확약에 불과하고 행정처분은 아니므로, 우선순위결정에 공정 력이나 불가쟁력과 같은 효력은 인정되지 아니하며, 따라서 우선순위결정이 잘못되었다는 이유로 종전의 어업권면허처분이 취소되면 행정청은 종전의 우선순위결정을 무시하고 다시 우선순위를 결정한 다음 새로 운 우선순위결정에 기하여 새로운 어업권면허를 할 수 있다(대법원 1995. 1. 20. 94누6529).

4) 반복된 처분

1차 철거명령 및 계고처분이 취소소송의 대상이다.

제1차로 철거명령 및 계고처분을 한 데 이어 제2차로 계고서를 송달하였음에도 불응함에 따라 대집행을 일부 실행한 후 철거의무자의 연기원을 받아들여 나머지 부분의 철거를 진행하지 않고 있다가 연기기한이 지나자 다시 제3차로 철거명령 및 대집행계고를 한 경우, 행정대집행법상의 철거의무는 제1차 철거명령 및 계고처분으로써 발생하였다고 할 것이고, 제3차 철거명령 및 대집행계고는 새로운 철거의무를 부과하는 것이라고는 볼 수 없으며, 단지 종전의 계고처분에 의한 건물철거를 독촉하거나 그 대집행기한을 연기한다 는 통지에 불과하므로 취소소송의 대상이 되는 독립한 행정처분이라고 할 수 없다(대법원 2000. 2. 22. 98두 4665).

동일한 내용을 다시 통지하는 경우는 행정처분이 아니다.

지방병무청장이 복무기관을 정하여 공익근무요원 소집통지를 한 후 소집대상자의 원에 의하여 또는 직권 으로 그 기일을 연기한 다음 다시 한 공익근무요원 소집통지가 항고소송의 대상이 되는 독립된 행정처분이 아니다(대법원 2005. 10. 28. 2003두14550).

동일한 내용을 다시 독촉하는 경우는 행정처분이 아니다.

의료보험법에 기하여 보험자 또는 보험자단체가 의료기관에게 부당이득금 또는 가산금의 납부를 독촉한 후 다시 동일한 내용의 독촉을 한 경우, 후에 한 동일한 내용의 독촉이 항고소송의 대상이 되는 행정처분이 아니다(대법원 1999. 7. 13. 97누119).

반복된 거부처분은 처분성이 인정된다.

거부처분은 행정청이 국민의 처분신청에 대하여 거절의 의사표시를 함으로써 성립되고, 그 이후 동일한 내용의 신청에 대하여 다시 거절의 의사표시를 명백히 한 경우에는 새로운 처분이 있는 것으로 보아야 할 것이며, 이 경우 행정심판 및 행정소송의 제기기간은 각 처분을 기준으로 진행된다(대법원 1992. 12. 8. 92누7542).

5) 별도의 권리구제 수단이 있는 경우

형사소송절차로 다투는 통고처분, 검사의 불기소처분, 공소제기와 비송사건절차에 해당하는 과태료부과처분은 행정소송의 대상이 되는 행정처분이 아니다.

6. 공권력의 행사

1) 원칙

공권력의 행사란 행정청이 우월한 지위에서 일방적으로 행하는 권력적 단독행위를 말한다. 따라서 행정청의 행위라도 사법작용이나 사인과의 대등한 관계에서 이루어지는 공법상의 계약, 공법상의 합동행위 등은 공권력의 행사가 아니므로 처분성이 인정되지 아니한다.

2) 권력적 사실행위

권력적 사실행위는 공권력의 행사로서 처분성을 인정한다. 단수처분, 강제적 행정조사, 영업소폐쇄조치, 즉시강제(예 전염병환자 격리, 불법비디오 등의 수거·폐기), 대집행실행, 체납처분에 기한 압류처분 등은 처분성이 인정된다.

3) 비권력적 사실행위

권고 등의 비권력적 사실행위는 원칙적으로 처분성이 부정된다.

(1) 행정지도

행정지도는 원칙적으로 처분성이 부정된다. 다만, 국가인권위원회의 성희롱결정 및 시정조치 권고와 공정거래위원회의 표준약관 사용권장행위의 경우 처분성을 인정한다.

(2) 사실행위로서의 통지·통보

단순한 사실행위로서 이루어지는 통지·통보(⑩ 정년퇴직 발령, 공무원임용결격사유자에 대한 공무원 임용취소 통보, 당연퇴직의 인사발령 통보 등)는 처분성이 부정된다.

(3) 비권력적 공법행위

공법상 계약은 대등한 당사자 사이의 법률관계이므로 처분성이 인정되지 않는다. 따라서 공법상 계약은 항고소송이 아닌 당사자소송으로 다투어야 한다(⑩ 전문직 공무원인 공중보건의사의 채용계약, 서울특별시립무용단 단원의 해촉 등).

(4) 기타사실행위 – 처분성 부정

① 지방공무원법상의 고충심사결정
② 추첨방식에 의하여 운수사업면허 대상자를 선정하는 경우에 있어서의 추첨
③ 국가보훈처장의 서훈추천권의 행사·불행사

7. 공권력 행사의 거부 – 거부행위가 처분성을 갖기 위한 요건

1) 행정청의 공권력 행사에 대한 신청을 거부하여야 한다.

2) 거부행위가 신청인의 법률관계에 직접 영향을 미치는 거부여야 한다.

> **판례**
>
> ┃ **처분성이 인정된 거부(권리의무와 관련이 있는 거부)** ┃
>
> **거부가 항고소송의 대상이 되는 행정처분이 되기 위한 요건**
>
> 국민의 적극적 행위 신청에 대하여 행정청이 그 신청에 따른 행위를 하지 않겠다고 거부한 행위가 항고소송의 대상이 되는 행정처분에 해당하는 것이라고 하려면, 그 신청한 행위가 공권력의 행사 또는 이에 준하는 행정작용이어야 하고, 그 거부행위가 신청인의 법률관계에 어떤 변동을 일으키는 것이어야 하며, 그 국민에게 그 행위발동을 요구할 법규상 또는 조리상의 신청권이 있어야 하는바, 여기에서 '신청인의 법률관계에 어떤 변동을 일으키는 것'이라는 의미는 신청인의 실체상의 권리관계에 직접적인 변동을 일으키는 것은 물론, 그렇지 않다 하더라도 신청인이 실체상의 권리자로서 권리를 행사함에 중대한 지장을 초래하는 것도 포함한다(대법원 2007. 10. 11. 2007두1316).
>
> **지적 소관청의 토지분할신청 거부행위는 항고소송의 대상인 행정처분이다.**
>
> 토지소유자가 1필지의 일부가 소유자가 다르게 되었음을 이유로 토지분할을 신청하는 경우, 1필지의 토지를 수필로 분할하여 등기하려면 반드시 같은 법이 정하는 바에 따라 분할절차를 밟아 지적공부에 각 필지마다 등록되어야 하고 이러한 절차를 거치지 아니하는 한 1개의 토지로서 등기의 목적이 될 수 없기 때문에 만약 이러한 토지분할신청을 거부한다면 토지소유자는 자기소유 부분을 등기부에 표창할 수 없고 처분도 할 수 없게 된다는 점을 고려할 때, 지적 소관청의 위와 같은 토지분할신청에 대한 거부행위는 국민의

권리관계에 영향을 미친다고 할 것이므로 항고소송의 대상이 되는 처분으로 보아야 한다(대법원 1993. 3. 23. 91누8968).

지적공부 소관청의 지목변경신청 반려행위는 행정처분에 해당한다.

지목은 토지에 대한 공법상의 규제, 개발부담금의 부과대상, 지방세의 과세대상, 공시지가의 산정, 손실보상가액의 산정 등 토지행정의 기초로서 공법상의 법률관계에 영향을 미치고, 토지소유자는 지목을 토대로 토지의 사용·수익·처분에 일정한 제한을 받게 되는 점 등을 고려하면, 지목은 토지소유권을 제대로 행사하기 위한 전제요건으로서 토지소유자의 실체적 권리관계에 밀접하게 관련되어 있으므로 지적공부 소관청의 지목변경신청 반려행위는 국민의 권리관계에 영향을 미치는 것으로서 항고소송의 대상이 되는 행정처분에 해당한다(대법원 2004. 4. 22. 2003두9015 전원합의체).

행정청이 건축물대장의 용도변경신청을 거부한 행위는 행정처분에 해당한다.

건축물의 용도는 토지의 지목에 대응하는 것으로서 건물의 이용에 대한 공법상의 규제, 건축법상의 시정명령, 지방세 등의 과세대상 등 공법상 법률관계에 영향을 미치고, 건물소유자는 용도를 토대로 건물의 사용·수익·처분에 일정한 영향을 받게 된다. 이러한 점 등을 고려해 보면, 건축물대장의 용도는 건축물의 소유권을 제대로 행사하기 위한 전제요건으로서 건축물 소유자의 실체적 권리관계에 밀접하게 관련되어 있으므로, 건축물대장 소관청의 용도변경신청 거부행위는 국민의 권리관계에 영향을 미치는 것으로서 항고소송의 대상이 되는 행정처분에 해당한다(대법원 2009. 1. 30. 2007두7277).

| 처분성이 부정된 거부 |

신고 대상이 아닌 사항에 대한 신고 수리 거부는 행정처분이 아니다.

재단법인이 아닌 종교단체가 설치하고자 하는 납골탑에는 관리사무실, 유족편의시설, 화장한 유골을 뿌릴 수 있는 시설, 그 밖에 필요한 시설물과 주차장을 마련하여야 하나, 위와 같은 시설들은 신고한 납골탑을 실제로 설치·관리함에 있어 마련해야 하는 시설에 불과한 것으로서 이에 관한 사항이 납골탑 설치신고의 신고대상이 되는 것으로 볼 아무런 근거가 없으므로, 종교단체가 납골탑 설치신고를 함에 있어 위와 같은 시설 등에 관한 사항을 신고한 데 대하여 행정청이 그 신고를 이를 일괄 반려하였다고 하더라도 그 반려처분 중 위와 같은 시설 등에 관한 신고를 반려한 부분은 항고소송의 대상이 되는 행정처분이라고 할 수 없다(대법원 2005. 2. 25. 2004두4031).

3) 원고에게 특정행위를 요구할 수 있는 법규상·조리상의 신청권이 있어야 한다.

판례

법규상·조리상의 신청권의 의미

거부처분의 처분성을 인정하기 위한 전제요건이 되는 신청권의 존부는 구체적 사건에서 신청인이 누구인가를 고려하지 않고 관계 법규의 해석에 의하여 일반 국민에게 그러한 신청권을 인정하고 있는가를 살펴 추상적으로 결정되는 것이고, 신청인이 그 신청에 따른 단순한 응답을 받을 권리를 넘어서 신청의 인용이라는 만족적 결과를 얻을 권리를 의미하는 것은 아니다. 따라서 국민이 어떤 신청을 한 경우에 그 신청의 근거가 된 조항의 해석상 행정발동에 대한 개인의 신청권을 인정하고 있다고 보여지면 그 거부행위는 항고소송의 대상이 되는 처분으로 보아야 할 것이고, 구체적으로 그 신청이 인용될 수 있는가 하는 점은 본안에서 판단하여야 할 사항인 것이다(대법원 1996. 6. 11. 95누12460).

취소소송의 대상 – 재결

1. 원처분주의와 재결주의

취소소송은 처분 등을 대상으로 한다. 다만, 재결취소소송의 경우에는 재결 자체에 고유한 위법이 있음을 이유로 하는 경우에 한한다(행정소송법 제19조).

1) 원처분주의

원칙적으로 원처분만 소송의 대상이 되지만, 재결 자체의 위법을 주장하는 경우에는 재결도 소송의 대상이 된다.

원처분에 대한 항고소송에서는 원처분의 위법만 주장할 수 있고 재결의 위법성을 주장하지 못한다. 또한 재결에 대한 항고소송에서는 재결 자체의 고유한 하자만 주장할 수 있고 원처분의 하자는 주장할 수 없다.

> **판례**
>
> **원처분의 취소를 구하는 소송에서는 재결 자체의 고유한 위법을 주장할 수 없다.**
>
> 행정처분에 대한 행정심판의 재결에 이유모순의 위법이 있다는 사유는 재결처분 자체에 고유한 하자로서 재결처분의 취소를 구하는 소송에서는 그 위법사유로서 주장할 수 있으나, 원처분의 취소를 구하는 소송에서는 그 취소를 구할 위법사유로서 주장할 수 없다(대법원 1996. 2. 13. 95누8027).

2) '재결 자체의 고유한 위법'의 의미

재결 자체의 고유한 위법이란 원처분에는 없고 재결에만 있는 하자를 말한다.

> **판례**
>
> **재결 자체의 고유한 위법의 의미**
>
> 행정소송법 제19조에서 말하는 '재결 자체에 고유한 위법'이란 원처분에는 없고 재결에만 있는 재결청의 권한 또는 구성의 위법, 재결의 절차나 형식의 위법, 내용의 위법 등을 뜻하고, 그중 내용의 위법에는 위법·부당하게 인용재결을 한 경우가 해당한다(대법원 1997. 9. 12. 96누14661).

재결취소소송에 있어 재결 자체에 고유한 위법이 없는 경우 법원이 취할 조치 - 기각

행정소송법 제19조는 취소소송은 행정청의 원처분을 대상으로 하되(원처분주의), 다만 "재결 자체에 고유한 위법이 있음을 이유로 하는 경우"에 한하여 행정심판의 재결도 취소소송의 대상으로 삼을 수 있도록 규정하고 있으므로 재결취소소송의 경우 재결 자체에 고유한 위법이 있는지 여부를 심리할 것이고, 재결 자체에 고유한 위법이 없는 경우에는 원처분의 당부와는 상관없이 당해 재결취소소송은 이를 기각하여야 한다(대법원 1994. 1. 25. 93누16901).

주체에 관한 위법	• 행정심판위원회가 아닌 자가 한 재결 • 행정심판위원회의 구성에 위법이 있는 경우 • 행정심판위원회에 권한이 없는 경우
내용상의 위법	• 행정심판청구가 부적법한 것임에도 인용된 재결 • 행정심판의 대상이 되지 않는 사항에 대하여 한 재결 • 행정심판에 있어 원처분보다 불리하게 행한 재결
형식에 관한 위법	• 문서에 의하지 않고 구두로 한 재결 • 재결에 주문만 있고 이유가 전혀 기재되어 있지 않거나 불충분한 경우 • 재결서에 기명날인이 없는 경우
절차에 관한 위법	• 행정심판법상의 절차를 준수하지 않은 경우 • 행정심판위원회의 의결이 없는 경우

2. 구체적 검토

1) 각하재결

적법한 행정심판청구를 각하한 재결은 심판청구인의 실체심리를 받을 권리를 박탈한 것으로서 원처분에 없는 고유한 하자가 있는 경우에 해당한다.

2) 기각재결

원처분을 유지하는 재결이므로 재결 자체의 고유한 위법이 없어 원처분을 대상으로 소를 제기해야 한다.

3) 인용재결

(1) 제3자효 행정행위에 대한 취소재결(인용재결)

판례

제3자효를 수반하는 행정행위에 대하여 제3자가 행정심판을 제기하여 인용재결이 나온 경우 그 원처분의 상대방은 재결에 대한 취소소송을 제기할 수 있다.

이른바 복효적 행정행위, 특히 제3자효를 수반하는 행정행위에 대한 행정심판청구에 있어서 그 청구를 인용하는 내용의 재결로 인하여 비로소 권리이익을 침해받게 되는 자는 그 인용재결에 대하여 다툴 필요가 있고, 그 인용재결은 원처분과 내용을 달리하는 것이므로 그 인용재결의 취소를 구하는 것은 원처분에는 없는 재결에 고유한 하자를 주장하는 셈이어서 당연히 항고소송의 대상이 된다(대법원 1997. 12. 23. 96누10911).

(2) 의무이행심판에서의 인용재결

의무이행심판에서의 처분명령재결의 경우에는 재결에 따른 행정청의 처분이 발생한다. 처분명령재결과 행정청의 처분 모두 항고소송의 대상이 된다.

(3) 일부인용재결과 수정재결

일부취소 또는 수정재결로 인하여 감경되고 남은 원처분(변경된 내용의 원처분 ○ / 변경처분 ×)을 대상으로 원처분청을 피고로 하여 소송을 제기하여야 한다.

판례

취소소송의 대상은 변경된 내용의 당초처분이지 변경처분은 아니고, 제소기간의 준수 여부도 변경처분이 아닌 변경된 내용의 당초처분을 기준으로 판단한다.

행정청이 식품위생법령에 기하여 영업자에 대하여 행정제재처분을 한 후 그 처분을 영업자에게 유리하게 변경하는 처분을 한 경우(이하 처음의 처분을 '당초처분', 나중의 처분을 '변경처분'이라 한다), 변경처분에 의하여 당초처분은 소멸하는 것이 아니고 당초부터 유리하게 변경된 내용의 처분으로 존재하는 것이므로, 변경처분에 의하여 유리하게 변경된 내용의 행정제재가 위법하다 하여 그 취소를 구하는 경우 그 취소소송의 대상은 변경된 내용의 당초처분이지 변경처분은 아니고, 제소기간의 준수 여부도 변경처분이 아닌 변경된 내용의 당초처분을 기준으로 판단하여야 한다(대법원 2007. 4. 27. 2004두9302).

(4) 부적법한 행정심판청구를 인용재결을 한 경우에는 재결 자체에 고유한 하자가 있다.

3. 개별법에서 재결주의를 채택하고 있는 경우

1) 감사원법상의 변상판정처분(원처분)에 대해서는 다툴 수 없고 변상판정에 대한 재심판정을 감사원을 피고로 하여 다투어야 한다.

2) 해고의 효력을 다투는 경우에는 지방노동위원회의 처분을 대상으로 할 수 없고 중앙노동위원회의 재심판정을 대상으로 중앙노동위원장(중앙노동위원회 ×)을 피고로 하여야 한다.

4. 소청심사위원회의 결정

1) 국·공립학교 교원의 경우

국·공립학교 교원이 해임 등의 징계처분을 받은 경우 이는 행정처분으로 공법관계에 해당한다. 국·공립학교 교원의 해임 등의 징계처분은 행정심판전치주의가 적용되므로 소청심사위원회의 결정을 거쳐 원처분청을 피고로 하여 원래의 징계처분에 대해 행정소송을 제기하여야 한다(원처분주의).

2) 사립학교 교원의 경우

사립학교 교원이 해임 등의 징계처분을 받은 경우 이는 교원과 학교법인 사이의 사법관계에 해당하므로 민사소송을 제기할 수 있다. 또한 사립학교 교원이 소청심사를 청구할 수도 있으며, 소청심사위원회의 결정에 불복하는 경우에는 소청심사위원회를 피고로 소청심사위원회의 결정(원처분)을 대상으로 항고소송을 제기할 수 있다.

두 구제절차(민사소송과 행정소송)는 임의적·선택적이다.

취소소송과 행정심판의 관계

행정소송법 제18조 【행정심판과의 관계】① 취소소송은 법령의 규정에 의하여 당해 처분에 대한 행정심판을 제기할 수 있는 경우에도 이를 거치지 아니하고 제기할 수 있다. 다만, 다른 법률에 당해 처분에 대한 행정심판의 재결을 거치지 아니하면 취소소송을 제기할 수 없다는 규정이 있는 때에는 그러하지 아니하다.
② 제1항 단서의 경우에도 다음 각호의 1에 해당하는 사유가 있는 때에는 행정심판의 재결을 거치지 아니하고 취소소송을 제기할 수 있다.
　1. 행정심판청구가 있은 날로부터 60일이 지나도 재결이 없는 때
　2. 처분의 집행 또는 절차의 속행으로 생길 중대한 손해를 예방하여야 할 긴급한 필요가 있는 때
　3. 법령의 규정에 의한 행정심판기관이 의결 또는 재결을 하지 못할 사유가 있는 때
　4. 그 밖의 정당한 사유가 있는 때
③ 제1항 단서의 경우에 다음 각호의 1에 해당하는 사유가 있는 때에는 행정심판을 제기함이 없이 취소소송을 제기할 수 있다.
　1. 동종사건에 관하여 이미 행정심판의 기각재결이 있은 때
　2. 서로 내용상 관련되는 처분 또는 같은 목적을 위하여 단계적으로 진행되는 처분중 어느 하나가 이미 행정심판의 재결을 거친 때
　3. 행정청이 사실심의 변론종결후 소송의 대상인 처분을 변경하여 당해 변경된 처분에 관하여 소를 제기하는 때
　4. 처분을 행한 행정청이 행정심판을 거칠 필요가 없다고 잘못 알린 때
④ 제2항 및 제3항의 규정에 의한 사유는 이를 소명하여야 한다.

1. 원칙 - 임의적 행정심판전치주의

행정소송법은 "취소소송은 법령의 규정에 의하여 당해 처분에 대한 행정심판을 제기할 수 있는 경우에도 이를 거치지 아니하고 제기할 수 있다."라고 규정하여 임의적 전치주의를 채택하고 있다.

2. 예외 - 필요적 행정심판전치주의

1) 개념

행정소송법은 "다른 법률에 당해 처분에 대한 행정심판의 재결을 거치지 아니하면 취소소송을 제기할 수 없다는 규정이 있는 때에는 그러하지 아니하다."라고 규정하여 예외적으로 필요적 행정심판전치주의를 채택하고 있다.

2) 개별법에서 필요적 행정심판전치주의를 채택하는 경우

필요적 행정심판전치주의를 채택하는 개별법은 관세법, 국세기본법, 국가공무원법, 지방공무원법, 교육공무원법, 도로교통법, 특허법 등이 있다.

3. 전치요건 충족 여부의 판단

1) 직권조사사항

전심절차를 거쳤는지 여부는 행정소송 제기의 소송요건으로서 직권조사사항에 해당한다.

2) 판단의 기준시

행정심판의 재결이 있기 전에 제기된 행정소송은 부적법한 소이지만 소가 각하되지 않는 동안 재결이 있으면 전치의 요건은 충족된 것으로 본다. 판례도 "제소 당시로 보면 전치요건을 구비하지 못한 위법이 있다 할 것이지만, 소송 계속 중 심사청구 및 심판청구를 하여 각 기각결정을 받았다면 사실심변론종결일 당시에는 위와 같은 전치요건흠결의 하자는 치유되었다."라고 판시한다.

4. 행정심판전치주의의 적용범위

1) 적용되는 소송형태

행정소송법은 취소소송에 대하여 행정심판전치주의를 규정하고, 이를 부작위위법확인소송에서 준용한다. 따라서 무효등확인소송과 당사자소송, 민중소송, 기관소송에는 행정심판전치주의가 적용되지 않는다.

2) 무효선언을 구하는 의미의 취소소송

행정처분의 무효를 선언하는 의미에서 취소를 구하는 소송(행정처분의 하자가 중대명백하여 당연무효임에도 불구하고 취소소송을 제기한 경우)도 취소소송의 일종이므로 전심절차를 거쳐야 한다.

3) 2단계 이상의 행정심판절차가 규정되어 있는 경우

관계 법령에서 2단계(이의신청, 행정심판) 이상의 행정심판을 규정하고 있는 경우에는 특별한 명문의 규정이 있는 때를 제외하고는 그중의 하나만 거치면 족하다고 본다.

5. 필요적 행정심판전치주의의 예외

행정심판을 제기한 후 재결을 거치지 아니하고 취소소송을 제기할 수 있는 경우	행정심판을 제기함이 없이 취소소송을 제기할 수 있는 경우
① 행정심판청구가 있은 날로부터 60일이 지나도 재결이 없는 때 ② 처분의 집행 또는 절차의 속행으로 생길 중대한 손해를 예방하여야 할 긴급한 필요가 있는 때 ③ 법령의 규정에 의한 행정심판기관이 의결 또는 재결을 하지 못할 사유가 있는 때 ④ 그 밖의 정당한 사유가 있는 때	① 동종사건에 관하여 이미 행정심판의 기각재결이 있은 때 ② 서로 내용상 관련되는 처분 또는 같은 목적을 위하여 단계적으로 진행되는 처분 중 어느 하나가 이미 행정심판의 재결을 거친 때 ③ 행정청이 사실심의 변론종결 후 소송의 대상인 처분을 변경하여 당해 변경된 처분에 관하여 소를 제기하는 때 ④ 처분을 행한 행정청이 행정심판을 거칠 필요가 없다고 잘못 알린 때

6. 주장 사유의 동일성 여부

판례

전심절차에서 주장하지 아니한 처분의 위법사유를 소송절차에서 새롭게 주장할 수 있다.

항고소송에 있어서 원고는 전심절차에서 주장하지 아니한 공격방어방법을 소송절차에서 주장할 수 있고 법원은 이를 심리하여 행정처분의 적법 여부를 판단할 수 있는 것이므로, 원고가 전심절차에서 주장하지 아니한 처분의 위법사유를 소송절차에서 새롭게 주장하였다고 하여 다시 그 처분에 대하여 별도의 전심절차를 거쳐야 하는 것은 아니다(대법원 1996. 6. 14. 96누754).

취소소송의 제소기간

> **행정소송법 제20조【제소기간】** ① 취소소송은 처분등이 있음을 안 날부터 90일 이내에 제기하여야 한다. 다만, 제18조 제1항 단서에 규정한 경우와 그 밖에 행정심판청구를 할 수 있는 경우 또는 행정청이 행정심판청구를 할 수 있다고 잘못 알린 경우에 행정심판청구가 있은 때의 기간은 재결서의 정본을 송달받은 날부터 기산한다.
> ② 취소소송은 처분등이 있은 날부터 1년(제1항 단서의 경우는 재결이 있은 날부터 1년)을 경과하면 이를 제기하지 못한다. 다만, 정당한 사유가 있는 때에는 그러하지 아니하다.
> ③ 제1항의 규정에 의한 기간은 불변기간으로 한다.

1. 제소기간의 기능

제소기간이 경과하면 당해 처분에 불가쟁력이 발생하여 처분의 상대방은 더 이상 다툴 수 없게 된다. 그러나 기간이 도과한 경우 불가쟁력은 발생하지만 불가변력이 발생하는 것은 아니므로 행정청이 직권취소할 수 있다.

제소기간의 도과 여부는 직권조사사항이며, 제소기간이 도과한 소송 제기는 부적법 각하한다.

2. 취소소송의 제소기간

행정심판을 거치지 않은 경우	행정심판을 거친 경우
• 취소소송은 처분 등이 있음을 안 날부터 90일 이내에 제기하여야 한다. • 처분 등이 있은 날부터 1년을 경과하면 이를 제기하지 못한다. 다만 정당한 사유가 있는 때에는 그러하지 아니하다.	• 행정심판을 거친 후 취소소송을 제기하는 경우에는 재결서의 정본을 송달받은 날부터 90일 이내에 제기하여야 한다. • 재결서의 정본을 송달받지 못한 경우에는 재결이 있은 날로부터 1년이 경과하면 취소소송을 제기하지 못한다. 다만, 정당한 사유가 있는 때에는 그러하지 아니하다.

1) 행정심판을 거치지 않은 경우

(1) 불변기간

위 기간 중 90일 부분은 불변기간이고, 1년은 불변기간이 아니다. 불변기간에 대해서는 민사소송법이 준용되므로 당사자가 책임질 수 없는 사유로 기간 준수를 하지 못한 경우에 소송기간의 추완이 허용된다. 그 결과 사유가 소멸된 때로부터 2주 내에 소를 제기할 수 있다. 또한 1년의 기간은 불변기간이 아니지만 '정당한 사유'가 있을 때는 기간 도과 후에도 소를 제기할 수 있다.

(2) 처분이 있음을 안 경우

① 처분이 송달된 경우

> **판례**
>
> **처분이 있음을 안 경우는 처분이 있었다는 사실을 현실적으로 안 날을 의미한다.**
>
> 당해 처분이 있었다는 사실을 현실적으로 안 날을 의미하고, 추상적으로 알 수 있었던 날을 의미하는 것은 아니라 할 것이며, 다만 처분을 기재한 서류가 당사자의 주소에 송달되는 등으로 사회통념상 처분이 있음을 당사자가 알 수 있는 상태에 놓여진 때에는 반증이 없는 한 그 처분이 있음을 알았다고 추정할 수 있다 (대법원 1995. 11. 24. 95누11535).
>
> **처분이 있음을 안 경우는 행정처분의 위법 여부를 판단한 날은 아니다.**
>
> 행정소송법 제20조 제2항 소정의 제소기간 기산점인 "처분이 있음을 안 날"이란 통지, 공고 기타의 방법에 의하여 당해 처분이 있었다는 사실을 현실적으로 안 날을 의미하고 구체적으로 그 행정처분의 위법 여부를 판단한 날을 가리키는 것은 아니다(대법원 1991. 6. 28. 90누6521).

② 고시·공고: 처분이 고시 또는 공고된 경우 처분의 상대방이 고시 또는 공고를 본 경우에는 본 날이 처분이 있음을 안 날이다. 상대방이 고시 또는 공고를 보지 못한 경우에 판례는 특정인의 경우에는 현실적으로 안 날을, 불특정 다수인의 경우에는 고시 또는 공고의 효력발생일이 처분이 있음을 안 날이라고 판시한다.

> **판례**
>
> **특정인에 대한 행정처분을 주소불명 등의 이유로 송달할 수 없어 관보·공보·게시판·일간신문 등에 공고한 경우에는 상대방이 당해 처분이 있었다는 사실을 현실적으로 안 날이다.**
>
> 행정소송법 제20조 제1항 소정의 제소기간 기산점인 '처분이 있음을 안 날'이라 함은 당사자가 통지, 공고 기타의 방법에 의하여 당해 처분이 있었다는 사실을 현실적으로 안 날을 의미하는바, 특정인에 대한 행정처분을 주소불명 등의 이유로 송달할 수 없어 관보·공보·게시판·일간신문 등에 공고한 경우에는, 공고가 효력을 발생하는 날에 상대방이 그 행정처분이 있음을 알았다고 볼 수는 없고, 상대방이 당해 처분이 있었다는 사실을 현실적으로 안 날에 그 처분이 있음을 알았다고 보아야 한다(대법원 2006. 4. 28. 2005두 14851).

불특정 다수인에 대한 처분으로서 고시·공고 등에 의하여 효력이 발생하는 처분에 대해서는 공고 등이 있음을 현실적으로 알았는지 여부를 불문하고, 고시가 효력을 발생하는 날에 처분이 있음을 알았다고 보고 그때부터 제소기간을 기산한다.

통상 고시 또는 공고에 의하여 행정처분을 하는 경우에는 그 처분의 상대방이 불특정 다수인이고 그 처분의 효력이 불특정 다수인에게 일률적으로 적용되는 것이므로, 그 행정처분에 이해관계를 갖는 자가 고시 또는 공고가 있었다는 사실을 현실적으로 알았는지 여부에 관계없이 고시가 효력을 발생하는 날 행정처분이 있음을 알았다고 보아야 한다(대법원 2007. 6. 14. 2004두619).

③ **제3자가 제기하는 경우**: 현행법에서 제3자효 행정행위의 경우 제3자에 대한 처분의 통지의무를 규정하고 있지 않다. 따라서 제3자가 특별한 사유로 행정처분이 있음을 안 경우에는 90일 내에 제기해야 하지만, 일반적으로 제3자는 처분이 있음을 알지 못한 경우에 해당하므로 취소소송은 행정처분이 있은 날로부터 1년 이내에 제기하여야 한다.

④ **유리한 변경 처분 / 법률의 위헌결정**

판례

행정청이 유리하게 변경하는 처분을 한 경우 제소기간의 판단기준은 당초처분으로 하여야 한다.

행정청이 식품위생법령에 따라 영업자에게 행정제재처분을 한 후 그 처분을 영업자에게 유리하게 변경하는 처분을 한 경우, 변경처분에 의하여 당초 처분은 소멸하는 것이 아니고 당초부터 유리하게 변경된 내용의 처분으로 존재하는 것이므로, 변경처분에 의하여 유리하게 변경된 내용의 행정제재가 위법하다 하여 그 취소를 구하는 경우 그 취소소송의 대상은 변경된 내용의 당초 처분이지 변경처분은 아니고, 제소기간의 준수 여부도 변경처분이 아닌 변경된 내용의 당초 처분을 기준으로 판단하여야 한다(대법원 2007. 4. 27. 2004두9302).

처분 당시에는 취소소송의 제기가 법제상 허용되지 않아 소송을 제기할 수 없다가 위헌결정으로 인하여 비로소 취소소송을 제기할 수 있게 된 경우 제소기간의 기산점은 위헌결정이 있은 날 또는 위헌결정이 있음을 안 날이다.

행정소송법 제20조가 제소기간을 규정하면서 '처분 등이 있은 날' 또는 '처분 등이 있음을 안 날'을 각 제소기간의 기산점으로 삼은 것은 그때 비로소 적법한 취소소송을 제기할 객관적 또는 주관적 여지가 발생하기 때문이므로, 처분 당시에는 취소소송의 제기가 법제상 허용되지 않아 소송을 제기할 수 없다가 위헌결정으로 인하여 비로소 취소소송을 제기할 수 있게 된 경우, 객관적으로는 '위헌결정이 있은 날', 주관적으로는 '위헌결정이 있음을 안 날' 비로소 취소소송을 제기할 수 있게 되어 이때를 제소기간의 기산점으로 삼아야 한다(대법원 2008. 2. 1. 2007두20997).

(3) 처분이 있음을 알지 못한 경우(처분이 있은 날로부터 1년)

① 행정소송법 제20조 제2항에서 "처분이 있은 날"이라 함은 상대방이 있는 행정처분의 경우는 특별한 규정이 없는 한 의사표시의 일반적 법리에 따라 그 행정처분이 상대방에게 고지되어 효력이 발생한 날을 말한다고 할 것이다(대법원 1990. 7. 13. 90누2284).

② '안 날로부터 90일'과 '있은 날로부터 1년'은 선택적인 것이 아니라 둘 중 어느 한 기간이 경과하면 제소기간이 만료된다.

③ 정당한 사유의 의미

> **판례**
>
> **정당한 사유는 불가항력적인 사유보다는 넓은 개념이다.**
>
> 행정소송법 제20조 제2항 소정의 "정당한 사유"란 불확정 개념으로서 그 존부는 사안에 따라 개별적, 구체적으로 판단하여야 하나 민사소송법 제160조의 "당사자가 그 책임을 질 수 없는 사유"나 행정심판법 제18조 제2항 소정의 "천재, 지변, 전쟁, 사변 그 밖의 불가항력적인 사유"보다는 넓은 개념이라고 풀이되므로, 제소기간도과의 원인 등 여러 사정을 종합하여 지연된 제소를 허용하는 것이 사회통념상 상당하다고 할 수 있는가에 의하여 판단하여야 한다(대법원 1991. 6. 27. 90누6521).

④ 처분이 있은 날로부터 1년이 경과하여도 정당한 사유가 있으면 제소할 수 있다. 따라서 1년의 기간은 불변기간이 아니다.

⑷ 불고지·오고지의 경우

> **판례**
>
> **행정심판법상 불고지·오고지 규정이 행정소송 제기에도 당연히 적용되는 것은 아니다.**
>
> 행정청이 법정 심판청구기간보다 긴 기간으로 잘못 알린 경우에 그 잘못 알린 기간 내에 심판청구가 있으면 그 심판청구는 법정 심판청구기간 내에 제기된 것으로 본다는 취지의 행정심판법 제18조 제5항의 규정은 행정심판 제기에 관하여 적용되는 규정이지, 행정소송 제기에도 당연히 적용되는 규정이라고 할 수는 없다(대법원 2001. 5. 8. 2000두6916).

2) 행정심판을 거친 경우

재결서의 정본을 송달받은 날로부터 90일 이내에 제기하여야 한다. 재결서의 정본을 송달받지 못한 경우에는 재결이 있은 날로부터 1년 내에 제기하여야 한다. 다만, 정당한 사유가 있는 때에는 그러하지 아니하다.

이미 처분에 대해 불가쟁력이 발생한 후에 행정청이 행정심판청구를 할 수 있다고 잘못 알렸다 하더라도 그 때문에 상대방이 적법한 제소기간 내에 취소소송을 제기할 수 있는 기회를 상실하게 된 것은 아니므로 이러한 경우에는 그 안내에 따라 청구된 행정심판재결서의 정본을 송달받은 날로부터 취소소송의 제소기간이 기산되는 것은 아니다.

또한 행정심판제기기간을 넘긴 것을 이유로 각하재결이 있은 후에 그 재결서의 정본을 송달받은 날로부터 90일 이내에 제기한 취소소송도 제소기간을 준수한 것으로 볼 수 없다.

판례

처분이 있음을 안 날부터 90일 이후에 행정심판을 청구한 경우에는 제소기간 특례를 적용하지 않는다.
행정처분이 있음을 알고 처분에 대하여 곧바로 취소소송을 제기하는 방법을 선택한 때에는 처분이 있음을 안 날부터 90일 이내에 취소소송을 제기하여야 하고, 행정심판을 청구하는 방법을 선택한 때에는 처분이 있음을 안 날부터 90일 이내에 행정심판을 청구하고 행정심판의 재결서를 송달받은 날부터 90일 이내에 취소소송을 제기하여야 한다. 따라서 처분이 있음을 안 날부터 90일 이내에 행정심판을 청구하지도 않고 취소소송을 제기하지도 않은 경우에는 그 후 제기된 취소소송은 제소기간을 경과한 것으로서 부적법하고, 처분이 있음을 안 날부터 90일을 넘겨 청구한 부적법한 행정심판청구에 대한 재결이 있은 후 재결서를 송달받은 날부터 90일 이내에 원래의 처분에 대하여 취소소송을 제기하였다고 하여 취소소송이 다시 제소기간을 준수한 것으로 되는 것은 아니다(대법원 2011. 11. 24. 2011두18786).

3. 제소기간의 적용범위

1) 무효등확인소송

무효등확인소송의 경우는 제소기간의 제한이 없다. 다만, 무효선언을 구하는 취소소송의 경우에는 제소기간의 제한이 있다.

2) 부작위위법확인소송

행정청의 부작위를 다투는 경우에는 부작위가 계속되는 한 제소기간의 도과가 있을 수 없으므로 제소기간의 적용을 받지 않는다. 그러나 행정심판을 거친 경우에는 재결서의 송달을 받은 날로부터 90일 이내에 제기하여야 한다.

3) 당사자소송

당사자소송은 제소기간의 제한이 없다(개별법에 규정이 있으면 예외).

4) 객관적 소송

객관적 소송은 개별법에 제소기간의 규정이 있다.

4. 제소기간의 준수 여부 판단의 기준시점

1) 소 변경의 경우

소 종류의 변경에 해당하는 경우에는 처음 소를 제기한 때를 기준으로, 청구취지의 변경이 있는 경우에는 소의 변경이 있은 때를 기준으로 하여야 한다.

> **판례**
>
> **청구취지의 변경으로 인한 소의 변경은 원칙적으로 소의 변경이 있은 때를 기준으로 제소기간의 준수 등의 판단을 하여야 한다.**
>
> 행정소송법상 취소소송은 처분 등이 있음을 안 날부터 90일 이내에 제기하여야 하고, 처분 등이 있은 날부터 1년을 경과하면 제기하지 못한다(행정소송법 제20조 제1항, 제2항). 그리고 청구취지를 변경하여 구 소가 취하되고 새로운 소가 제기된 것으로 변경되었을 때에 새로운 소에 대한 제소기간의 준수 등은 원칙적으로 소의 변경이 있은 때를 기준으로 하여야 한다.
>
> 그러나 선행 처분에 대하여 제소기간 내에 취소소송이 적법하게 제기되어 계속 중에 행정청이 선행 처분서 문언에 일부 오기가 있어 이를 정정할 수 있음에도 선행 처분을 직권으로 취소하고 실질적으로 동일한 내용의 후행 처분을 함으로써 선행 처분과 후행 처분 사이에 밀접한 관련성이 있고 선행 처분에 존재한다고 주장되는 위법사유가 후행 처분에도 마찬가지로 존재할 수 있는 관계인 경우에는 후행 처분의 취소를 구하는 소변경의 제소기간 준수 여부는 따로 따질 필요가 없다(대법원 2019. 7. 4. 2018두58431).

2) 재조사결정

> **판례**
>
> **재조사결정에 따른 행정소송의 제소기간의 기산점(= 후속 처분의 통지를 받은 날)**
>
> 이의신청 등에 대한 결정의 한 유형으로 실무상 행해지고 있는 재조사결정은 처분청으로 하여금 하나의 과세단위의 전부 또는 일부에 관하여 당해 결정에서 지적된 사항을 재조사하여 그 결과에 따라 과세표준과 세액을 경정하거나 당초 처분을 유지하는 등의 후속 처분을 하도록 하는 형식을 취하고 있다. 이에 따라 재조사결정을 통지받은 이의신청인 등은 그에 따른 후속 처분의 통지를 받은 후에야 비로소 다음 단계의 쟁송절차에서 불복할 대상과 범위를 구체적으로 특정할 수 있게 된다. 그렇다면 재조사결정은 처분청의 후속 처분에 의하여 그 내용이 보완됨으로써 이의신청 등에 대한 결정으로서의 효력이 발생한다고 할 것이므로, 재조사결정에 따른 심사청구기간이나 심판청구기간 또는 행정소송의 제소기간은 이의신청인 등이 후속 처분의 통지를 받은 날부터 기산된다고 봄이 타당하다(대법원 2010. 6. 25. 2007두12514 전원합의체).

취소소송의 소의 변경

1. 행정소송법상의 소 변경의 종류

행정소송법은 소 종류의 변경과 처분변경으로 인한 소의 변경 두 가지를 명문으로 인정하고 있다. 두 가지 모두 소의 변경에는 원고의 신청이 필요하며 법원이 직권으로 소를 변경할 수는 없다.

2. 소 종류의 변경

> **행정소송법 제21조 【소의 변경】** ① 법원은 취소소송을 당해 처분등에 관계되는 사무가 귀속하는 국가 또는 공공단체에 대한 당사자소송 또는 취소소송외의 항고소송으로 변경하는 것이 상당하다고 인정할 때에는 청구의 기초에 변경이 없는 한 사실심의 변론종결시까지 원고의 신청에 의하여 결정으로써 소의 변경을 허가할 수 있다.
> ② 제1항의 규정에 의한 허가를 하는 경우 피고를 달리하게 될 때에는 법원은 새로이 피고로 될 자의 의견을 들어야 한다.
> ③ 제1항의 규정에 의한 허가결정에 대하여는 즉시항고할 수 있다.
> ④ 제1항의 규정에 의한 허가결정에 대하여는 제14조 제2항·제4항 및 제5항의 규정을 준용한다.

1) 개념

청구의 기초에 변경이 없는 한 사실심변론종결시까지 원고의 신청으로 취소소송을 당사자소송 또는 취소소송 외의 항고소송으로 변경하는 것을 말한다.

2) 요건 및 절차

(1) 취소소송이 계속되어 있어야 한다.

(2) 사실심변론종결시까지 원고의 신청이 있어야 한다(상고심에서는 소 변경이 허용되지 않는다).

(3) 취소소송을 당해 처분 등에 관계되는 사무가 귀속하는 국가 또는 공공단체에 대한 당사자소송 또는 취소소송 외의 항고소송으로 변경하는 것이어야 한다.

(4) 청구의 기초에 변경이 없어야 한다.

(5) 법원이 상당하다고 인정하여 허가결정을 해야 한다.

(6) 허가를 하는 경우 피고를 달리하게 될 때에는 법원은 새로이 피고로 될 자의 의견을 들어야 한다.

3) 종류

(1) 항고소송 간의 변경

취소소송을 무효확인소송이나 부작위위법확인소송으로 변경하는 경우와 무효등확인소송이나 부작위위법확인소송을 취소소송으로 변경하는 것이 가능하다.

(2) 항고소송과 당사자소송 간의 변경

취소소송을 당해 처분 등에 관계되는 사무가 귀속하는 국가 또는 공공단체에 대한 당사자소송으로 변경하거나, 무효등확인소송이나 부작위위법확인소송을 당사자소송으로 변경하는 것이 가능하며 당사자소송을 항고소송으로 변경하는 것 또한 가능하다.

4) 효과

소 변경 허가의 결정이 있으면 새로운 소는 처음에 소를 제기한 때에 제기된 것으로 보며, 변경된 구소는 취하된 것으로 본다. 이때 소의 변경을 허가하는 결정에 대하여 종전의 피고와 신소의 피고는 즉시항고할 수 있다.

3. 처분변경으로 인한 소의 변경

> **행정소송법 제22조【처분변경으로 인한 소의 변경】** ① 법원은 행정청이 소송의 대상인 처분을 소가 제기된 후 변경한 때에는 원고의 신청에 의하여 결정으로써 청구의 취지 또는 원인의 변경을 허가할 수 있다.
> ② 제1항의 규정에 의한 신청은 처분의 변경이 있음을 안 날로부터 60일 이내에 하여야 한다.
> ③ 제1항의 규정에 의하여 변경되는 청구는 제18조 제1항 단서의 규정에 의한 요건을 갖춘 것으로 본다.

1) 개념

원고가 소를 제기한 후에 행정청이 소송의 대상인 처분을 변경한 때에 법원은 원고의 신청에 의하여 결정으로써 청구의 취지 또는 원인의 변경을 허가할 수 있다.

2) 요건

(1) 소송의 대상인 처분이 소가 제기된 후에 행정청에 의해 변경되어야 한다.

(2) 처분의 변경을 안 날로부터 60일 이내에 원고가 신청하여야 한다.

(3) 법원의 변경허가결정이 있어야 한다.

(4) 취소소송이 계속 중이고 사실심변론종결 전이어야 하며, 변경되는 새로운 소는 적법하여야 한다. 이때 변경 전의 처분에 대하여 행정심판절차를 거쳤으면 새로운 처분에 대한 소도 행정심판전치의 요건은 갖춘 것으로 본다.

3) 효과

소 변경 허가의 결정이 있으면 새로운 소는 처음에 소를 제기한 때에 제기된 것으로 보며, 변경된 구소는 취하된 것으로 본다.

4) 적용범위

처분변경으로 인한 소의 변경은 취소소송 외에 무효등확인소송 및 당사자소송에 준용된다. 그러나 부작위위법확인소송에는 준용되지 않는다. 부작위위법확인소송은 변경될 처분이 없기 때문이다.

4. 행정소송과 민사소송 간의 소 변경의 허용 여부

> **판례**
>
> **행정소송과 민사소송 간의 소 변경을 허용한다.**
>
> 행정소송법 제7조는 원고의 고의 또는 중대한 과실 없이 행정소송이 심급을 달리하는 법원에 잘못 제기된 경우에 민사소송법 제31조 제1항을 적용하여 이를 관할 법원에 이송하도록 규정하고 있을 뿐 아니라 관할 위반의 소를 부적법하다고 하여 각하하는 것보다 관할 법원에 이송하는 것이 당사자의 권리 구제나 소송경제의 측면에서 바람직하므로, 행정소송으로서의 소송요건을 결하고 있음이 명백하여 행정소송으로 제기되었더라도 어차피 부적법하게 되는 경우가 아닌 이상, 원고로 하여금 항고소송으로 소 변경을 하도록 하여 그 1심법원으로 심리·판단하여야 한다(대법원 1999. 11. 26. 97다42250).

취소소송의 소제기 효과

행정소송법
제23조【집행정지】 ① 취소소송의 제기는 처분등의 효력이나 그 집행 또는 절차의 속행에 영향을 주지 아니한다.
② 취소소송이 제기된 경우에 처분등이나 그 집행 또는 절차의 속행으로 인하여 생길 회복하기 어려운 손해를 예방하기 위하여 긴급한 필요가 있다고 인정할 때에는 본안이 계속되고 있는 법원은 당사자의 신청 또는 직권에 의하여 처분등의 효력이나 그 집행 또는 절차의 속행의 전부 또는 일부의 정지(이하 "집행정지"라 한다)를 결정할 수 있다. 다만, 처분의 효력정지는 처분등의 집행 또는 절차의 속행을 정지함으로써 목적을 달성할 수 있는 경우에는 허용되지 아니한다.
③ 집행정지는 공공복리에 중대한 영향을 미칠 우려가 있을 때에는 허용되지 아니한다.
④ 제2항의 규정에 의한 집행정지의 결정을 신청함에 있어서는 그 이유에 대한 소명이 있어야 한다.
⑤ 제2항의 규정에 의한 집행정지의 결정 또는 기각의 결정에 대하여는 즉시항고할 수 있다. 이 경우 집행정지의 결정에 대한 즉시항고에는 결정의 집행을 정지하는 효력이 없다.
⑥ 제30조 제1항의 규정은 제2항의 규정에 의한 집행정지의 결정에 이를 준용한다.
제24조【집행정지의 취소】 ① 집행정지의 결정이 확정된 후 집행정지가 공공복리에 중대한 영향을 미치거나 그 정지사유가 없어진 때에는 당사자의 신청 또는 직권에 의하여 결정으로써 집행정지의 결정을 취소할 수 있다.
② 제1항의 규정에 의한 집행정지결정의 취소결정과 이에 대한 불복의 경우에는 제23조 제4항 및 제5항의 규정을 준용한다.

1. 원칙 - 집행부정지

행정소송법은 "취소소송의 제기는 처분 등의 효력이나 그 집행 또는 절차의 속행에 영향을 주지 아니한다."라고 규정하여 집행부정지의 원칙을 규정하고 있다.

2. 예외 - 집행정지

1) 취소소송이 제기된 경우에 처분 등이나 그 집행 또는 절차의 속행으로 인하여 생길 회복하기 어려운 손해를 예방하기 위하여 긴급한 필요가 있다고 인정할 때에는 본안이 계속되고 있는 법원은 당사자의 신청 또는 직권에 의하여 처분 등의 효력이나 그 집행 또는 절차의 속행의 전부 또는 일부의 정지를 결정할 수 있다.

2) 동조의 집행정지규정은 무효등확인소송에도 준용된다. 단, 부작위위법확인소송에는 준용되지 않는다. 부작위에 대해 집행정지를 하면 사법부가 행정청에 일정한 처분을 명하는 결과가 되기 때문에 권력분립의 원칙상 허용될 수 없는 것이다.

3. 집행정지결정의 요건

적극적 요건 (신청인이 주장·소명)	• 처분 등이 존재할 것 • 본안소송이 적법하게 계속되어 있을 것 • 회복하기 어려운 손해발생의 우려가 있을 것 • 긴급한 필요가 있을 것
소극적 요건 (행정청이 주장·소명)	• 공공복리에 중대한 영향을 미칠 우려가 없을 것 • 본안청구가 이유 없음이 명백하지 아니할 것

1) 적극적 요건

(1) 집행정지 대상인 처분 등이 존재할 것

① 집행정지 대상인 처분 등이 존재해야 한다. 따라서 ㉠ 처분 등이 효력을 발생하기 전, ㉡ 처분 등이 그의 목적을 달성하여 소멸한 후, 그리고 ㉢ 부작위의 경우에는 원칙적으로 집행정지의 실익이 없다.

② 거부처분은 집행정지의 대상이 아니다.

> **판례**
>
> **거부처분은 집행정지의 대상이 아니다.**
>
> 신청에 대한 거부처분의 효력을 정지하더라도 거부처분이 없었던 것과 같은 상태, 즉 거부처분이 있기 전의 신청시의 상태로 되돌아가는 데에 불과하고 행정청에게 신청에 따른 처분을 하여야 할 의무가 생기는 것이 아니므로, 거부처분의 효력정지는 그 거부처분으로 인하여 신청인에게 생길 손해를 방지하는 데 아무런 보탬이 되지 아니하여 그 효력정지를 구할 이익이 없다(대결 1995. 6. 21. 95두26).
>
> **교도소장이 접견을 불허한 처분은 집행정지의 대상이 아니다.**
>
> 허가신청에 대한 거부처분은 그 효력이 정지되더라도 그 처분이 없었던 것과 같은 상태를 만드는 것에 지나지 아니하는 것이고 그 이상으로 행정청에 대하여 어떠한 처분을 명하는 등 적극적인 상태를 만들어 내는 경우를 포함하지 아니하는 것이므로, 교도소장이 접견을 불허한 처분에 대하여 효력정지를 한다 하여도 이로 인하여 위 교도소장에게 접견의 허가를 명하는 것이 되는 것도 아니고 또 당연히 접견이 되는 것도 아니어서 접견허가거부처분에 의하여 생길 회복할 수 없는 손해를 피하는 데 아무런 보탬도 되지 아니하니 접견허가거부처분의 효력을 정지할 필요성이 없다(대결 1991. 5. 2. 91두15).

(2) 본안소송이 적법하게 계속되어 있을 것

> **판례**
>
> **행정사건의 본안소송의 취하가 행정처분 집행정지결정에 미치는 영향**
>
> 행정처분의 집행정지는 행정처분 집행부정지의 원칙에 대한 예외로서 인정되는 일시적인 응급처분이라 할 것이므로 집행정지결정을 하려면 이에 대한 본안소송이 법원에 제기되어 계속중임을 요건으로 하는 것이 므로 집행정지결정을 한 후에라도 본안소송이 취하되어 소송이 계속하지 아니한 것으로 되면 집행정지결 정은 당연히 그 효력이 소멸되는 것이고 별도의 취소조치를 필요로 하는 것이 아니다(대법원 1975. 11. 11. 75누97).
>
> **행정처분 자체의 적법 여부를 판단하는 것이 아니다.**
>
> 행정처분의 효력정지나 집행정지등을 구하는 신청사건에 있어서는 행정처분 자체의 적법 여부를 판단할 것이 아니고 그 행정처분의 효력이나 집행 등을 정지시킬 것인가의 여부에 대한 행정소송법 소정의 요건의 존부가 그 판단대상이 된다(대결 1986. 3. 21. 86두5).

(3) 회복하기 어려운 손해발생의 우려가 있을 것

> **판례**
>
> ‖ **회복하기 어려운 손해를 인정한 사례** ‖
>
> **회복하기 어려운 손해의 의미**
>
> 행정소송법 제23조 제2항에서 정하고 있는 집행정지 요건인 '회복하기 어려운 손해'란 특별한 사정이 없는 한 금전으로 보상할 수 없는 손해로서 이는 금전보상이 불능인 경우 내지는 금전보상으로는 사회관념상 행정처분을 받은 당사자가 참고 견딜 수 없거나 또는 참고 견디기가 현저히 곤란한 경우의 유형, 무형의 손해를 일컫는다 할 것이고, '처분 등이나 그 집행 또는 절차의 속행으로 인하여 생길 회복하기 어려운 손해를 예방하기 위하여 긴급한 필요'가 있는지 여부는 처분의 성질과 태양 및 내용, 처분상대방이 입는 손해의 성질·내용 및 정도, 원상회복·금전배상의 방법 및 난이 등은 물론 본안청구의 승소가능성의 정도 등을 종합적으로 고려하여 구체적·개별적으로 판단하여야 한다(대법원 2010. 5. 14. 2010무48).
>
> **현역병입영은 회복하기 어려운 손해에 해당된다.**
>
> 현역병입영처분의 효력이 정지되지 아니한 채 본안소송이 진행된다면 신청인은 입영하여 다시 현역병으로 복무하지 않을 수 없는 결과 병역의무를 중복하여 이행하는 셈이 되어 불이익을 입게 되고 상당한 정신적 고통을 받게 될 것임은 짐작하기 어렵지 아니하며 이와 같은 손해는 쉽게 금전으로 보상할 수 있는 성질의 것이 아니어서 사회관념상 회복하기 어려운 손해에 해당된다(대결 1992. 4. 29. 92두7).
>
> **신분과 명예상의 불이익은 회복하기 어려운 손해에 해당된다.**
>
> 신청인의 이 사건 본안소송이 이유 없음이 분명하지도 아니하여 만일 본안소송에서 승소한다면 신청인이 그 기간 동안 지방의회의원으로서의 업무를 수행할 수 없어 신분과 명예상의 불이익을 입게 되고 상당한 정신적 고통을 받게 될 것임은 짐작하기 어렵지 아니하며 이와 같은 손해는 쉽게 금전으로 보상할 수 있는 성질의 것도 아니어서 사회관념상 회복하기 어려운 손해에 해당된다(대결 1997. 9. 9. 97두29).

‖ 회복하기 어려운 손해를 부정한 사례 ‖

경제적 손실, 기업 이미지 및 신용의 훼손은 회복하기 어려운 손해에 해당하지 않는다.

재산상의 손해를 입거나 기업 이미지 및 신용이 훼손당하였다고 주장하는 경우에 그 손해가 금전으로 보상될 수 없어 '회복하기 어려운 손해'에 해당한다고 하기 위해서는 그 경제적 손실이나 기업 이미지 및 신용의 훼손으로 인하여 사업자의 자금사정이나 경영전반에 미치는 파급효과가 매우 중대하여 사업자체를 계속할 수 없거나 중대한 경영상의 위기를 맞게 될 것으로 보이는 등의 사정이 존재하여야 한다.

항정신병 치료제의 요양급여 인정기준에 관한 보건복지부 고시의 효력이 계속 유지됨으로 인한 제약회사의 경제적 손실, 기업 이미지 및 신용의 훼손은 행정소송법 제23조 제2항 소정의 집행정지의 요건인 '회복하기 어려운 손해'에 해당하지 않는다(대결 2003. 10. 9. 2003무23).

면허취소된 택시의 운행수입의 감소는 회복하기 어려운 손해에 해당하지 않는다.

일반택시운송사업면허를 받고 운송사업을 경영하던 택시운송업자가 일부 택시의 주식을 양도하고 양수인들로 하여금 직접 운행하게 함으로써 운송사업면허취소처분을 당한 경우, 면허취소처분의 집행으로 인하여 택시운송업자가 입게 될 손해는 면허취소된 택시의 운행수입의 감소에 따른 것으로서 특별한 사정이 없는 한 금전으로 보상할 수 없는 손해를 말하는 행정소송법 제23조 제2항의 규정에 의한 회복할 수 없는 손해에 해당한다고 보기 어렵다(대결 1993. 3. 30. 93두4).

(4) 긴급한 필요가 있을 것

회복하기 어려운 손해의 발생이 절박하여 본안판결을 기다릴 여유가 없음을 의미한다.

2) 소극적 요건

(1) 공공복리에 중대한 영향을 미칠 우려가 없을 것

판례⁺

'공공복리에 중대한 영향을 미칠 우려'의 의미 및 그 주장·소명책임의 소재

행정소송법 제23조 제3항에서 집행정지의 요건으로 규정하고 있는 '공공복리에 중대한 영향을 미칠 우려'가 없을 것이라고 할 때의 '공공복리'는 그 처분의 집행과 관련된 구체적이고도 개별적인 공익을 말하는 것으로서 이러한 집행정지의 소극적 요건에 대한 주장·소명책임은 행정청에게 있다(대결 1999. 12. 20. 99무42).

(2) 본안청구가 이유 없음이 명백하지 아니할 것

명문의 규정은 없으나, 판례는 본안의 이유 없음이 명백한 경우에는 집행정지결정을 할 수 없다고 판시한다.

본안청구가 이유 없음이 명백하지 않아야 한다는 것도 집행정지의 요건에 해당한다.

행정처분의 효력정지나 집행정지제도는 신청인이 본안 소송에서 승소판결을 받을 때까지 그 지위를 보호
함과 동시에 후에 받을 승소판결을 무의미하게 하는 것을 방지하려는 것이어서 본안 소송에서 처분의 취소
가능성이 없음에도 처분의 효력이나 집행의 정지를 인정한다는 것은 제도의 취지에 반하므로 효력정지나
집행정지사건 자체에 의하여도 신청인의 본안청구가 이유 없음이 명백하지 않아야 한다는 것도 효력정지
나 집행정지의 요건에 포함시켜야 한다(대결 2007. 7. 13. 2005무85).

4. 집행정지의 절차

1) 집행정지는 본안이 계속되고 있는 법원에서 관할한다.

2) 집행정지는 당사자의 신청 또는 직권에 의하여 결정으로써 한다.

5. 집행정지결정의 내용

1) 집행정지결정은 본안소송이 종결될 때까지 처분 등의 효력이나 그 집행 또는 절차의 속
행의 전부 또는 일부를 정지함을 그 내용으로 한다.

2) 처분의 '효력'정지는 처분 등의 집행 또는 절차의 속행을 정지함으로써 목적을 달성할 수
있는 경우에는 허용되지 아니한다(행정소송법 제23조 제2항). 예컨대, 강제징수절차와 같은
일련의 계속적인 절차(독촉·압류·매각·청산)에서 그 절차의 속행을 정지함으로써(압류
정지) 목적을 달성할 수 있는 경우에는 과세처분 자체의 효력을 정지할 필요성이 없다.

6. 집행정지결정의 효력

1) 형성력

처분 등의 효력정지는 행정처분이 없었던 것과 같은 상태를 실현하는 것이므로 그 범위 안에
서 형성력이 있다. 복효적 행정행위의 경우 집행정지의 결정은 제3자에게도 효력을 미친다.

2) 기속력(대인적 효력)

집행정지결정은 그 당사자인 신청인 및 피신청인 외에 관계행정청에게도 효력을 미친다. 그
러므로 집행정지결정에 위반된 행정행위는 그 하자가 중대하고 명백하여 무효로 된다.

3) 시간적 효력

집행정지결정의 효력은 결정의 주문에 정하여진 시기까지 존속하는 것이나, 특별한 정함이 없는 때에는 본안판결이 확정될 때까지 존속한다. 한편 집행정지결정은 장래에 향하여 효력을 발생하여 소급효가 없음이 원칙이다.

> **판례**
>
> **행정처분 집행정지결정의 효력시한**
>
> 행정소송법 제23조에 의한 집행정지결정의 효력은 결정주문에서 정한 시기까지 존속하며 그 시기의 도래와 동시에 효력이 당연히 소멸하는 것이므로, 일정기간 동안 영업을 정지할 것을 명한 행정청의 영업정지처분에 대하여 법원이 집행정지결정을 하면서 주문에서 당해 법원에 계속중인 본안소송의 판결선고시까지 처분의 효력을 정지한다고 선언하였을 경우에는 처분에서 정한 영업정지기간의 진행은 그 때까지 저지되는 것이고 본안소송의 판결선고에 의하여 당해 정지결정의 효력은 소멸하고 이와 동시에 당초의 영업정지처분의 효력이 당연히 부활되어 처분에서 정하였던 정지기간(정지결정 당시 이미 일부 진행되었다면 나머지 기간)은 이 때부터 다시 진행한다(대법원 1999. 2. 23. 98두14471).

7. 집행정지결정의 취소

집행정지의 결정이 확정된 후 집행정지가 공공복리에 중대한 영향을 미치거나 그 정지사유가 없어진 때에는 당사자의 신청 또는 직권에 의하여 결정으로써 집행정지의 결정을 취소할 수 있다. 집행정지결정이 취소되면 일단 발생한 집행정지결정의 효력은 소멸되고 그때부터 집행정지결정이 없던 것과 같은 상태로 돌아간다.

8. 집행정지결정에 대한 불복

집행정지결정이나 집행정지신청 기각결정, 또는 집행정지결정의 취소결정에 대해서는 즉시항고할 수 있다.

9. 민사집행법상 가처분 준용 여부

가처분이란 금전채권 이외의 계쟁물에 관한 청구권의 집행을 보전하거나 또는 임시의 지위를 정하여, 후일 법률관계가 확정될 때까지 잠정적 법률관계를 정하는 절차이다.
행정소송법은 이에 관한 명문의 규정이 없으며, 행정소송법에 특별한 규정이 없는 사항은 민사소송법을 준용한다는 규정도 무제한적으로 적용한다는 뜻이 아니고 그 성질이 허용하는 한도에서만 민사소송법의 규정에 의한다는 뜻으로 해석하여야 한다. 따라서 항고소송에 대하여는 민사집행법 중 가처분에 관한 규정의 적용을 인정할 수 없다.

20 처분사유의 추가 · 변경

1. 의의

처분사유의 추가란 행정소송의 심리 중에 처분청이 처분 당시 근거로 삼았던 사유와 다른 사유를 추가적으로 주장하는 것을 말하며, 처분사유의 변경이란 처분청이 처분 당시 근거로 삼았던 사유를 다른 사유로 변경하는 것을 말한다.

2. 구별개념

1) 근거 법령의 추가 · 변경 ― 허용 ○

처분청이 처분 당시에 적시한 구체적 사실을 변경하지 아니하는 범위 내에서 단지 그 처분의 근거 법령만을 추가 · 변경하거나 당초의 처분사유를 구체적으로 표시하는 것에 불과한 경우에는 새로운 처분사유의 추가 · 변경에 해당하지 않는다(대법원 2007. 2. 8. 2006두4899).

> **판례**
>
> **단지 처분의 근거 법령만을 추가 · 변경하는 것은 새로운 처분사유의 추가라고 볼 수 없다.**
>
> 행정처분이 적법한지는 특별한 사정이 없는 한 처분 당시 사유를 기준으로 판단하면 되고, 처분청이 처분 당시 적시한 구체적 사실을 변경하지 아니하는 범위 내에서 단지 처분의 근거법령만을 추가 · 변경하는 것은 새로운 처분사유의 추가라고 볼 수 없으므로 이와 같은 경우에는 처분청이 처분 당시 적시한 구체적 사실에 대하여 처분 후 추가 · 변경한 법령을 적용하여 처분의 적법 여부를 판단하여도 무방하다. 그러나 처분의 근거법령을 변경하는 것이 종전 처분과 동일성을 인정할 수 없는 별개의 처분을 하는 것과 다름없는 경우에는 허용될 수 없다(대법원 2011. 5. 26. 2010두28106).

2) 처분사유의 근거가 되는 기초사실 내지 평가요소의 추가 ― 허용 ○

> **판례**
>
> **불허가처분의 처분사유 자체가 아니라 그 근거가 되는 기초사실 내지 평가요소인 경우에는 추가로 주장할 수 있다.**
>
> [1] 외국인 갑이 법무부장관에게 귀화신청을 하였으나 법무부장관이 심사를 거쳐 '품행 미단정'을 불허사유로 국적법상의 요건을 갖추지 못하였다며 신청을 받아들이지 않는 처분을 하였는데, 법무부장관이 갑을 '품행 미단정'이라고 판단한 이유에 대하여 제1심 변론절차에서 자동차관리법위반죄로 기소유예를 받은 전력 등을 고려하였다고 주장하였다가 원심 변론절차에서 불법 체류한 전력이 있다는 추가적인 사정까지 고려하였다고 주장한 사안에서, 법무부장관이 처분 당시 갑의 전력 등을 고려하여 갑이

구 국적법(2017. 12. 19. 법률 제15249호로 개정되기 전의 것, 이하 같다) 제5조 제3호의 '품행단정' 요건을 갖추지 못하였다고 판단하여 처분을 하였고, 그 처분서에 처분사유로 '품행 미단정'이라고 기재하였으므로, '품행 미단정'이라는 판단 결과를 위 처분의 처분사유로 보아야 하는데, 법무부장관이 원심에서 추가로 제시한 불법 체류 전력 등의 제반 사정은 불허가처분의 처분사유 자체가 아니라 그 근거가 되는 기초 사실 내지 평가요소에 지나지 않으므로, 법무부장관이 이러한 사정을 추가로 주장할 수 있다.

[2] 귀화신청인이 구 국적법(2017. 12. 19. 법률 제15249호로 개정되기 전의 것) 제5조 각호에서 정한 귀화요건을 갖추지 못한 경우 법무부장관은 귀화 허부에 관한 재량권을 행사할 여지없이 귀화불허처분을 하여야 한다(대법원 2018. 12. 13. 2016두31616).

3. 인정 여부

처분사유의 추가·변경을 전혀 허용하지 않으면 원고가 승소한 후에 처분청이 다른 사유를 근거로 동일(또는 유사한) 처분을 할 수 있고 원고는 다시 소송을 제기해야 하는 점에서 분쟁의 1회적 해결이 어렵게 된다. 또 처분사유의 추가·변경을 무제한 허용하면 원고는 공격 방어에 어려움을 겪게 된다.

따라서 판례는 당초에 처분의 근거로 삼은 것과 기본적 사실관계의 동일성이 인정되는 범위에서 처분사유의 추가·변경을 제한적으로 허용하고 있다.

4. 인정 요건

1) 처분의 기본적 사실관계의 동일성이 유지될 것

> **판례**
>
> **기본적 사실관계의 동일성의 의미**
>
> 기본적 사실관계의 동일성 유무는 처분사유를 법률적으로 평가하기 이전의 구체적인 사실에 착안하여 그 기초가 되는 사회적 사실관계가 기본적인 점에서 동일한지 여부에 따라 결정된다(대법원 2004. 11. 26. 2004두4482).
>
> **사실을 알고 있었다 하여 처분사유와 동일성이 있는 것이라 할 수 없다.**
>
> 추가 또는 변경된 사유가 당초의 처분시 그 사유를 명기하지 않았을 뿐 처분시에 이미 존재하고 있었고 당사자도 그 사실을 알고 있었다 하여 당초의 처분사유와 동일성이 있는 것이라 할 수 없다(대법원 2003. 12. 11. 2003두8395).

2) 처분시에 존재하였던 사유일 것

추가 또는 변경되는 사유는 처분 당시에 객관적으로 존재하고 있었던 사유여야 하므로 처분 후에 발생한 사실관계나 법률관계는 제외된다.

3) 사실심변론종결시까지 해야 할 것

4) 동일한 소송물의 범위 내일 것

처분사유의 추가·변경으로 소송물이 변경된다면 청구가 변경되는 것이므로 처분사유의 추가·변경은 취소소송의 소송물의 범위 내에서만 가능하다.

처분사유의 추가·변경 긍정	처분사유의 추가·변경 부정
• 정보공개거부처분에서 검찰보존사무규칙상의 비공개 사유와 공공기관의 정보공개에 관한 법률상의 비공개대상에 해당한다는 사유 • 석유판매업불허가처분에서 주유소건축예정토지에 도시계획법상 행위제한을 추진하고 있다는 사유와 토지형질변경허가의 요건을 갖추지 못하였다는 사유 및 도심의 환경보전의 공익상 필요라는 사유 • 액화석유가스판매사업불허가처분에서 허가기준에 맞지 아니한다는 사유와 이격거리 기준위배라는 사유 • 토지형질변경행위허가신청반려처분에서 합리적인 이용대책수립시까지 그 허가를 유보한다는 사유와 국립공원 주변의 환경·풍치·미관 등을 크게 손상시킬 우려가 있고 공공목적상 원형유지의 필요가 있는 곳으로서 형질변경허가 금지대상이라는 사유 • 산림형질변경불허가처분에서 준농림지역에의 행위제한이라는 사유와 자연경관 및 생태계의 교란, 국토 및 자연의 유지와 환경보전 등 중대한 공익상 불가하다는 사유 • 폐기물처리업사업계획부적정통보처분에서 인근 농지의 농업경영과 농어촌 생활유지에 피해를 줄 것이 예상되어 농지법상 농지전용이 불가능하다는 사유와 인근주민의 생활이나 주변 농업활동에 피해를 줄 것이 예상된다는 사유 • 정기간행물등록신청거부처분에서 발행주체가 불법단체라는 사유와 법령 소정의 첨부서류 미제출사유	• 정보비공개결정 취소소송에서 비공개사유 간의 추가 • 석유판매업불허가처분에서 군사보호시설구역 내에 위치하고 있는 관할 군부대장의 동의를 얻지 못하였다는 사유와 해당 토지가 탄약창에 근접한 지점에 위치하고 있어 공공의 안전과 군사시설의 보호에 허가할 수 없다는 사유 • 토석채취허가신청반려처분에서 인근주민들의 동의서를 제출하지 아니하였다는 사유와 자연경관이 심히 훼손되는 등 공익에 미치는 영향이 크다는 사유 • 광업권설정출원불허가처분에서 자연환경보전지구이어서 공익을 해한다는 사유와 이미 광업권설정등록이 필하여져 있어서 새로운 광업권의 설정을 허가할 수 없다는 사유 • 온천발견신고수리거부처분에서 규정온도가 미달되어 온천에 해당하지 않는다는 사유와 온천으로서의 이용가치, 기존의 도시계획 및 공공사업에의 지장 여부에 비추어 수리가 불가피하다는 사유 • 자동차관리사업불허처분에서 거리제한규정에 저촉된다는 사유와 최소 주차용지에 미달한다는 사유 • 입찰참가자격을 제한처분에서 정당한 이유 없이 계약을 이행하지 않은 사실과 계약의 이행과 관련하여 관계 공무원에게 뇌물을 준 사실 • 주류도매업면허취소처분에서 무자료 주류판매 및 위장거래하였다는 사유와 무면허판매업자에 대한 주류 판매 사유

• 양도소득세부과처분에서 주택용도 이외 부분의 면적이 주택용도 부분의 면적보다 커서 비과세요건에 해당하지 않는다는 사유와 양도인이 다른 주택 1채를 더 소유하고 있어 비과세요건을 갖추지 못하였다는 사유	

Chapter 21 취소소송의 심리

행정소송법

제25조【행정심판기록의 제출명령】 ① 법원은 당사자의 신청이 있는 때에는 결정으로써 재결을 행한 행정청에 대하여 행정심판에 관한 기록의 제출을 명할 수 있다.

② 제1항의 규정에 의한 제출명령을 받은 행정청은 지체없이 당해 행정심판에 관한 기록을 법원에 제출하여야 한다.

제26조【직권심리】 법원은 필요하다고 인정할 때에는 직권으로 증거조사를 할 수 있고, 당사자가 주장하지 아니한 사실에 대하여도 판단할 수 있다.

1. 의의

심리란 판결을 하기 위하여 그 기초가 되는 자료(사실과 증거 등)를 수집하는 절차를 말한다.

2. 심리의 내용

1) 요건심리

소송은 주장의 당부를 심리하기 전에 소송으로서 갖추어야 할 요건을 구비해야 한다. 요건심사의 결과 요건을 갖추지 못한 경우에는 우선 보정명령을 하고 보정할 수 없으면 부적법 각하한다.

소송요건의 구비 여부 판단 시기는 소제기시가 원칙이나, 제소 당시에 요건을 구비하지 못해도 사실심변론종결시까지 요건을 갖추면 하자는 치유된다.

요건의 심사는 법원의 직권조사사항이며, 법원은 요건을 결한 경우 부적법 각하판결을 한다.

2) 본안심리

당사자 주장의 당부를 판단하는 과정을 본안심리라고 한다. 즉, 처분의 위법성 여부는 소송요건이 아니라 본안판단 사항이다. 본안심리의 결과 원고가 승소하면 인용판결, 원고가 패소하면 기각판결을 하게 된다.

처분에 법령상 근거가 있는지, 행정절차법에서 정한 처분절차를 준수하였는지는 본안판단 사항이다.

처분에 법령상 근거가 있는지, 행정절차법에서 정한 처분절차를 준수하였는지는 본안에서 당해 처분이 적법한가를 판단하는 단계에서 고려할 요소이지, 소송요건 심사단계에서 고려할 요소가 아니다(대법원 2020. 1. 16. 2019다264700).

처분청의 처분권한 유무는 본안판단 사항이다.

행정소송에 있어서 처분청의 처분권한 유무는 직권조사사항이 아니다(대법원 1997. 6. 19. 95누8669 전원합의체)

3. 심리의 범위

1) 불고불리의 원칙

법원은 소제기가 없는 사건에 대해 재판할 수 없음은 물론이고 소제기가 있는 사건에서도 당사자가 청구한 범위를 넘어서 심리하거나 재판할 수는 없다.

2) 재량행위에 대한 심리

행정소송법 제27조【재량처분의 취소】 행정청의 재량에 속하는 처분이라도 재량권의 한계를 넘거나 그 남용이 있는 때에는 법원은 이를 취소할 수 있다.

재량이 인정되는 범위 내에서는 행정청의 선택가능성이 있기 때문에 재량행위의 타당성은 원칙적으로 법원의 심리대상이 아니다. 그러나 재량행위도 일탈·남용이 있는 경우에는 법원의 심리대상이 된다.

4. 심리에 관한 일반원칙

1) 처분권주의

처분권주의는 소송의 개시, 소송의 대상, 소송의 종료 등 소송의 주도권을 당사자의 의사(처분)에 맡기는 원칙을 말한다. 불고불리의 원칙도 처분권주의의 한 내용으로 볼 수 있다. 단, 소송의 종료에 있어서 민사소송에서 인정되는 청구의 인낙이나 화해는 인정되지 않는다.

2) 공개주의

재판의 심리와 판결의 선고를 누구나 방청할 수 있는 것이 원칙이다. 다만, 심리는 국가안전
보장 또는 안녕·질서를 방해하거나 선량한 풍속을 해할 염려가 있을 때에는 법원의 결정으
로 공개하지 아니할 수 있다. 단, 선고는 반드시 공개하여야 한다.

3) 행정심판의 기록제출명령

법원은 당사자의 신청이 있는 때에는 결정으로써 재결을 행한 행정청에 대하여 행정심판에
관한 기록의 제출을 명할 수 있다. 법원의 제출명령을 받은 행정청은 지체 없이 당해 행정심
판에 관한 기록을 법원에 제출하여야 한다.

4) 변론주의와 직권탐지주의(직권심리주의)

변론주의는 재판의 기초가 되는 사실이나 증거의 수집제출을 당사자에게 맡기고 당사자가
제출한 소송자료만을 재판의 기초로 삼는 원칙이다. 반면에 직권탐지주의는 법원이 당사자의
주장에 구속되지 않고 직권으로 필요한 사실과 증거를 조사하는 원칙이다.

행정소송에서 심리의 기본원칙은 변론주의가 되지만 보충적으로 직권탐지주의가 적용된다.
따라서 법원은 필요하다고 인정할 때에는 직권으로 증거조사를 할 수 있고 당사자가 주장하
지 아니한 사실에 대하여도 판단할 수 있다. 다만, 직권탐지주의는 소송기록에 나타난 사실에
한정하여 인정하고 있으며, 기본적 사실관계의 동일성이 없는 사실을 직권으로 심사하는 것
은 허용되지 않는다.

> **판례⁺**
>
> **직권증거조사의 한계**
>
> 행정소송법 제26조가 법원은 필요하다고 인정할 때에는 직권으로 증거조사를 할 수 있고, 당사자가 주장하
> 지 아니한 사실에 대하여도 판단할 수 있다고 규정하고 있지만, 이는 행정소송의 특수성에 연유하는 당사
> 자주의, 변론주의에 대한 일부 예외 규정일 뿐 법원이 아무런 제한 없이 당사자가 주장하지 아니한 사실을
> 판단할 수 있는 것은 아니고, 일건 기록에 현출되어 있는 사항에 관하여서만 직권으로 증거조사를 하고
> 이를 기초로 하여 판단할 수 있을 따름이고, 그것도 법원이 필요하다고 인정할 때에 한하여 청구의 범위내
> 에서 증거조사를 하고 판단할 수 있을 뿐이다(대법원 1994. 10. 11. 94누4820).
>
> **행정소송에서 기록상 자료가 나타나 있다면 당사자가 주장하지 않았더라도 판단할 수 있다.**
>
> 행정소송에서 기록상 자료가 나타나 있다면 당사자가 주장하지 않았더라도 판단할 수 있고, 당사자가 제출
> 한 소송자료에 의하여 법원이 처분의 적법 여부에 관한 합리적인 의심을 품을 수 있음에도 단지 구체적
> 사실에 관한 주장을 하지 아니하였다는 이유만으로 당사자에게 석명을 하거나 직권으로 심리 판단하지 아
> 니함으로써 구체적 타당성이 없는 판결을 하는 것은 행정소송법 제26조의 규정과 행정소송의 특수성에 반
> 하므로 허용될 수 없다(대법원 2006. 9. 22. 2006두7430).

5) 입증책임

(1) 개념

입증책임은 일정한 사실의 존부가 확정되지 않을 때 불리한 법적 판단을 받게 되는 당사자 일방의 위험 또는 불이익을 말한다.

(2) 입증책임의 분배

일정한 사실의 존부가 확정되지 않을 때 당사자 중 누가 입증을 해야 하는가의 문제이다.

구분	원고의 입증사항	피고의 입증사항
원칙	권리근거규정의 요건사실 ① 손해배상청구권에 있어서 공무원의 고의·과실, 위법성, 손해액 등 ② 손실보상청구권과 부당이득반환청구권에 있어서 보상금액 등	원고의 주장을 배척할 수 있는 요건사실 권리장애, 권리소멸(예컨대 소멸시효의 완성 등)
소송요건	소송요건은 직권조사사항이지만 불분명한 경우 원고가 입증	
권한행사규정	행정청이 권한을 행사하지 않았다는 사실	행정청이 권한을 행사했다는 사실
권한불행사규정	행정청이 권한을 행사했다는 사실	행정청이 권한을 행사하지 않았다는 사실
처분	처분에 대한 재량의 일탈·남용	처분의 적법성, 송달, 처분절차의 적법
과세처분	과세대상이 비과세, 면세대상이라는 사실	과세처분의 적법성, 과세요건사실의 존재
정보공개	정보를 공공기관이 보유·관리하고 있을 상당한 개연성	• 비공개사유 • 정보를 보유·관리하고 있지 아니하다는 점에 대한 증명
기타	• 집행정지의 적극적 요건 • 신뢰보호원칙의 요건 충족	• 집행정지의 소극적 요건 • 사정재결·판결의 필요성
부작위위법확인소송	• 부작위가 위법하다는 사실, 즉 일정한 처분을 신청한 사실 • 신청권이 존재한다는 사실 • 상당한 기간이 경과하였다는 사실	부작위가 적법하다는 사실, 즉 상당한 기간이 경과한 것에 대한 정당한 사유가 있었다는 사실

5. 위법판단의 기준시점

적극적 처분에 대한 취소소송과 소극적 거부처분에 대한 취소소송을 가리지 아니하고 일률적으로 처분시를 기준으로 위법성을 판단한다. 다만, 부작위의 경우에는 처분이 없기 때문에 부작위위법확인소송은 판결시를 기준으로 위법성을 판단한다.

판례

행정처분 당시 행정청이 알고 있었던 자료뿐만 아니라 사실심변론종결 당시까지 제출된 모든 자료를 종합하여 처분의 위법 여부를 판단한다.

항고소송에 있어서 행정처분의 위법 여부를 판단하는 기준 시점에 대하여 판결시가 아니라 처분시라고 하는 의미는 행정처분이 있을 때의 법령과 사실상태를 기준으로 하여 위법 여부를 판단할 것이며 처분 후 법령의 개폐나 사실상태의 변동에 영향을 받지 않는다는 뜻이고 처분 당시 존재하였던 자료나 행정청에 제출되었던 자료만으로 위법 여부를 판단한다는 의미는 아니므로, 처분 당시의 사실상태 등에 대한 입증은 사실심 변론종결 당시까지 할 수 있고, 법원은 행정처분 당시 행정청이 알고 있었던 자료뿐만 아니라 사실심 변론종결 당시까지 제출된 모든 자료를 종합하여 처분 당시 존재하였던 객관적 사실을 확정하고 그 사실에 기초하여 처분의 위법 여부를 판단할 수 있다(대법원 1993. 5. 27. 92누19033).

난민 인정 거부처분 후 국적국의 정치적 상황이 변화하였다고 하여 처분의 적법 여부가 달라지지 않는다.

행정소송에서 행정처분의 위법 여부는 행정처분이 행하여졌을 때의 법령과 사실 상태를 기준으로 하여 판단하여야 하고, 처분 후 법령의 개폐나 사실상태의 변동에 의하여 영향을 받지는 않으므로, 난민 인정 거부처분의 취소를 구하는 취소소송에서도 그 거부처분을 한 후 국적국의 정치적 상황이 변화하였다고 하여 처분의 적법 여부가 달라지는 것은 아니다(대법원 2008. 7. 24. 2007두3930).

소제기의 전후를 통하여 판결시까지 행정청이 그 신청에 대하여 적극 또는 소극의 처분을 함으로써 부작위상태가 해소된 때에는 소의 이익을 상실한다.

부작위위법확인의 소는 그 부작위의 위법을 확인함으로써 행정청의 응답을 신속하게 하여 부작위 내지 무응답이라고 하는 소극적인 위법상태를 제거하는 것을 목적으로 하는 것이고, 나아가 당해 판결의 구속력에 의하여 행정청에게 처분 등을 하게 하고 다시 당해 처분 등에 대하여 불복이 있는 때에는 그 처분 등을 다투게 함으로써 최종적으로는 국민의 권리이익을 보호하려는 제도이므로, 소제기의 전후를 통하여 판결시까지 행정청이 그 신청에 대하여 적극 또는 소극의 처분을 함으로써 부작위상태가 해소된 때에는 소의 이익을 상실하게 되어 당해 소는 각하를 면할 수가 없는 것이다(대법원 1990. 9. 25. 89누4758).

6. 처분사유 중 일부가 위법한 경우

판례

처분사유 중 일부가 위법한 경우

여러 개의 처분사유 중 일부가 적법하지 않으나 다른 처분사유로써 처분의 정당성이 인정되는 경우, 그 처분은 적법하다(대법원 2013. 10. 24. 2013두963).

수 개의 징계사유 중 일부가 인정되지 않더라도 인정되는 다른 징계사유만으로도 당해 징계처분의 타당성이 인정된다면 그 징계처분은 적법하다.

경찰공무원이 담당사건의 고소인으로부터 금품을 수수하고 향응과 양주를 제공받았으며 이를 은폐하기 위하여 고소인을 무고하는 범죄행위를 하였다는 사유로 해임처분을 받은 경우, 위 징계사유 중 금품수수사실이 인정되지 않더라도 나머지 징계사유만으로도 해임처분의 타당성이 인정되어 재량권의 범위를 일탈·남용한 것이 아니다(대법원 2002. 9. 24. 2002두6620).

시정조치에 대한 취소판결이 확정된 경우에도 처분의 정당성이 인정된다면 그 처분은 적법하다.

법 위반행위 자체가 존재하지 않아 위반행위에 대한 시정조치에 대하여 취소판결이 확정된 경우에 위반횟수 가중을 위한 횟수 산정에서 제외하더라도, 그 사유가 과징금부과처분에 영향을 미치지 아니하여 처분의 정당성이 인정되는 경우에는 그 처분을 위법하다고 할 수 없다(대법원 2019. 7. 25. 2017두55077).

Chapter
22 취소소송의 판결

1. 판결의 종류

1) 각하판결

소송요건을 갖추지 못하여 부적법한 경우 본안심리를 거부하는 판단이다.

본안에서 소송대상이 적법한 것으로 확정된 것은 아니므로 동일처분에 대하여 다시 소송요건을 갖춘 소가 제기되면 법원은 이를 심리하여 판결하여야 한다.

2) 기각판결

기각판결은 원고의 청구가 이유 없어서 청구를 배척하는 원고 패소의 판결을 말한다. 다만 청구가 이유 있는 경우에도 예외적으로 기각판결을 하는 경우가 있는데 이를 사정판결이라 한다.

3) 사정판결

> **행정소송법 제28조【사정판결】** ① 원고의 청구가 이유있다고 인정하는 경우에도 처분등을 취소하는 것이 현저히 공공복리에 적합하지 아니하다고 인정하는 때에는 법원은 원고의 청구를 기각할 수 있다. 이 경우 법원은 그 판결의 주문에서 그 처분등이 위법함을 명시하여야 한다.
> ② 법원이 제1항의 규정에 의한 판결을 함에 있어서는 미리 원고가 그로 인하여 입게 될 손해의 정도와 배상방법 그 밖의 사정을 조사하여야 한다.
> ③ 원고는 피고인 행정청이 속하는 국가 또는 공공단체를 상대로 손해배상, 제해시설의 설치 그 밖에 적당한 구제방법의 청구를 당해 취소소송등이 계속된 법원에 병합하여 제기할 수 있다.

(l) 개념

원고의 청구가 이유 있다고 인정하는 경우에도 처분 등을 취소하는 것이 현저히 공공복리에 적합하지 않다고 인정하는 때에는 법원이 원고의 청구를 기각할 수 있는 바, 이를 사정판결이라고 한다. 이는 기각판결의 일종이다.

(2) 요건

① 청구가 이유 있는 경우일 것

② 청구인용판결이 현저히 공공복리에 적합하지 아니할 것

③ 당사자의 신청이 반드시 필요한 것은 아니다.

> **판례**
>
> **사정판결은 헌법원칙에 중대한 예외를 이루는 것이므로, 그 요건을 엄격하게 해석하여야 한다.**
>
> 행정처분이 위법한 때에는 이를 취소함이 원칙이고 그 위법한 처분을 취소·변경하는 것이 도리어 현저히 공공의 복리에 적합하지 않은 경우에 극히 예외적으로 위법한 행정처분의 취소를 허용하지 않는다는 사정판결을 할 수 있으므로, 사정판결의 적용은 극히 엄격한 요건 아래 제한적으로 하여야 하고, 그 요건인 '현저히 공공복리에 적합하지 아니한가'의 여부를 판단할 때에는 위법·부당한 행정처분을 취소·변경하여야 할 필요와 그 취소·변경으로 발생할 수 있는 공공복리에 반하는 사태 등을 비교·교량하여 그 적용 여부를 판단하여야 한다(대법원 2009. 12. 10. 2009두8359).
>
> **법원은 직권으로 사정판결을 할 수 있다.**
>
> 행정소송법 제26조, 제28조 제1항 전단의 각 규정에 비추어 행정소송에 있어서 법원이 사정판결을 할 필요가 있다고 인정하는 때에는 당사자의 명백한 주장이 없는 경우에도 일건기록에 나타난 사실을 기초로 하여 직권으로 사정판결을 할 수 있다(대법원 1992. 2. 14. 90누9032).

(3) 위법판단 및 사정판결 필요성의 판단기준시

① 처분의 위법성 판단은 처분시를 기준으로 하여야 한다.

② 사정판결의 필요성은 성질상 처분 후의 사정이 고려되어야 할 것이므로 판결시를 기준으로 판단한다.

(4) 주장·입증책임

사정판결의 필요성에 대한 주장·입증의 책임은 사정판결의 예외성에 비추어 피고인 행정청이 부담하여야 한다. 그러나 대법원은 직권으로 사정판결을 할 수 있다고 판시하고 있다.

(5) 사정판결의 효과

① **판결주문에 위법성 선언**: 사정판결을 함에 있어서는 그 판결의 주문에서 그 처분 등이 위법함을 명시하여야 한다. 이유가 아닌 주문에 명시함으로써 처분의 위법성에 대하여는 기판력이 발생한다. 이는 당해 처분으로 인하여 원고에게 발생한 손해의 배상을 청구하거나 또는 당해 처분이 적법·유효한 것임을 전제로 하는 후속처분 등을 저지할 필요가 있기 때문이다. 즉 사정판결은 위법성을 치유하는 것이 아니라 공익적 이유로 위법성을 지닌 채로 그 효력을 지속하는 것이다.

② **청구기각판결**: 기각판결에 해당하므로 그에 불복하는 원고는 항소 및 상고할 수 있다.

③ **원고의 권리구제**: 법원이 사정판결을 함에 있어서는 미리 원고가 그로 인하여 입게 될 손해의 정도와 배상방법 그 밖의 사정을 조사하여야 한다.

원고는 피고인 행정청이 속하는 국가 또는 공공단체를 상대로 손해배상, 재해시설의 설치 그 밖에 적당한 구제방법의 청구를 당해 취소소송 등이 계속된 법원에 병합하여 제기할 수 있다.

④ **소송비용**: 소송비용은 피고의 부담으로 한다. 일반적으로 소송비용을 패소자가 부담하는 것에 대한 예외적 규정이다.

(6) 사정판결의 적용범위

무효등확인소송, 당사자소송, 부작위위법확인소송에는 사정판결이 인정되지 않는다.

4) 인용판결

(1) 개념

원고의 취소청구가 이유 있다고 인정하여 청구의 전부 또는 일부를 인용하는 형성판결을 말한다.

(2) 일부인용판결(일부취소판결)

법원이 일부인용판결을 하기 위해서는 ① 소송 목적물인 처분의 일부가 특정될 수 있어서 분리가 가능하고, ② 그 일부에 대해서만 위법성이 인정되어야 하며, ③ 일부취소 후 잔존하는 처분만으로도 의미가 있어야 한다. 또한 ④ 처분청의 의사에 명백히 반하지 않아야 한다. 일부취소가 가능한 경우에는 원칙상 전부취소를 하여서는 안 되며 일부취소를 하는 것이 원칙이다. 그러나, 불가분처분이나 재량처분의 경우에는 원칙적으로 일부취소를 할 수 없고 전부취소판결을 하여야 한다.

판례

일부취소판결을 인정한 경우

1. 법원이 행정청의 정보공개거부처분의 위법 여부를 심리한 결과 공개를 거부한 정보에 비공개대상정보에 해당하는 부분과 공개가 가능한 부분이 혼합되어 있고 공개청구의 취지에 어긋나지 아니하는 범위 안에서 두 부분을 분리할 수 있음을 인정할 수 있을 때에는, 위 정보 중 공개가 가능한 부분을 특정하고 판결의 주문에 행정청의 위 거부처분 중 공개가 가능한 정보에 관한 부분만을 취소한다고 표시하여야 한다(대법원 2003. 3. 11. 2001두6425).

2. 과세처분취소소송에 있어 처분의 적법 여부는 정당한 세액을 초과하느냐의 여부에 따라 판단되는 것으로서, 당사자는 사실심 변론종결시까지 객관적인 조세채무액을 뒷받침하는 주장과 자료를 제출할 수 있고, 이러한 자료에 의하여 적법하게 부과될 정당한 세액이 산출되는 때에는 그 정당한 세액을 초과하는 부분만 취소하여야 할 것이고 그 전부를 취소할 것이 아니다(대법원 2001. 6. 12. 99두8930).

3. 공정거래위원회가 위반행위에 대한 과징금을 부과하면서 여러 개의 위반행위에 대하여 외형상 하나의 과징금 납부명령을 하였으나 여러 개의 위반행위 중 일부의 위반행위에 대한 과징금 부과만이 위법하고 소송상 그 일부의 위반행위를 기초로 한 과징금액을 산정할 수 있는 자료가 있는 경우에는, 하나의 과징금 납부명령일지라도 그 일부의 위반행위에 대한 과징금액에 해당하는 부분만을 취소하여야 한다(대법원 2019. 1. 31. 2013두14726).

4. 행정청이 여러 개의 위반행위에 대하여 하나의 제재처분을 하였으나, 위반행위별로 제재처분의 내용을 구분하는 것이 가능하고 여러 개의 위반행위 중 일부의 위반행위에 대한 제재처분 부분만이 위법하다면, 법원은 제재처분 중 위법성이 인정되는 부분만 취소하여야 하고 제재처분 전부를 취소하여서는 아니 된다(대법원 2020. 5. 14. 2019두63515).

일부취소판결을 부정한 경우

1. 행정청이 영업정지처분을 함에 있어서 그 정지기간을 어느 정도로 할 것인지는 행정청의 재량권에 속하는 사항인 것이며, 다만 그것이 공익의 원칙이나 평등의 원칙 또는 비례의 원칙등에 위반하여 재량권의 한계를 벗어난 재량권 남용에 해당하는 경우에만 위법한 처분으로서 사법심사의 대상이 되는 것이나, 법원으로서는 영업정지처분이 재량권 남용이라고 판단될 때에는 위법한 처분으로서 그 처분의 취소를 명할 수 있을 뿐이고, 재량권의 한계 내에서 어느 정도가 적정한 영업정지 기간인지를 가리는 일은 사법심사의 범위를 벗어난다(대법원 1982. 9. 28. 82누2).

2. 자동차운수사업 면허조건 등에 위반한 사업자에 대하여 행정청이 행정제재수단으로서 사업정지를 명할 것인지, 과징금을 부과할 것인지, 과징금을 부과키로 하였다면 그 금액은 얼마로 할 것인지 등에 관하여 재량권이 부여되어 있다 할 것이고, 과징금 최고한도액 5,000,000원의 부과처분만으로는 적절치 않다고 여길 경우 사업정지쪽을 택할 수도 있다 할 것이므로 과징금 부과처분이 법이 정한 한도액을 초과하여 위법할 경우 법원으로서는 그 전부를 취소할 수밖에 없고, 그 한도액을 초과한 부분이나 법원이 적정하다고 인정되는 부분을 초과한 부분만을 취소할 수는 없다(대법원 1993. 7. 27. 93누1077).

3. 수개의 위반행위에 대하여 하나의 과징금납부명령을 하였으나 수개의 위반행위 중 일부의 위반행위만이 위법하지만, 소송상 그 일부의 위반행위를 기초로 한 과징금액을 산정할 수 있는 자료가 없는 경우에는 하나의 과징금납부명령 전부를 취소할 수밖에 없다(대법원 2004. 10. 14. 2001두2881).

4. 당사자가 사실심 변론종결 시까지 객관적인 과세표준과 세액을 뒷받침하는 주장과 자료를 제출하지 아니하여 적법하게 부과될 정당한 세액을 산출할 수 없는 경우에는 과세처분 전부를 취소할 수밖에 없고, 그 경우 법원이 직권에 의하여 적극적으로 납세의무자에게 귀속될 세액을 찾아내어 부과될 정당한 세액을 계산할 의무까지 지는 것은 아니고, 이는 소득금액변동통지의 정당한 소득금액에 관하여도 마찬가지로 보아야 한다(대법원 2020. 8. 20. 2017두44084).

2. 취소판결의 효력

1) 불가변력(선고법원에 대한 효력)

판결이 선고되면 선고한 법원 자신도 그 내용을 취소·변경할 수 없다.

2) 형식적 확정력(당사자에 대한 효력 - 불가쟁력)

판결이 선고된 후 상소기간의 도과, 상소포기 등의 사유로 판결이 확정되면 더 이상 정식재판 절차로는 다툴 수 없다.

3) 실질적 확정력(후소법원과 당사자에 대한 효력 - 기판력)

(1) 개념

취소소송의 판결이 확정되면, 확정된 판단내용은 당사자 및 법원(후소법원)을 구속하여 이후 에 동일 사항이 다시 소송상 문제되는 경우에 당사자 및 법원은 확정판결의 내용과 모순되는 주장·판단을 할 수 없다. 행정소송법에 명문 규정은 없으나, 민사소송법을 준용한다.

> **판례**
>
> **기판력의 의미**
>
> 확정판결의 기판력이라 함은 확정판결의 주문에 포함된 법률적 판단의 내용은 이후 그 소송당사자의 관계 를 규율하는 새로운 기준이 되는 것이므로 동일한 사항이 소송상 문제가 되었을 때 당사자는 이에 저촉되 는 주장을 할 수 없고 법원도 이에 저촉되는 판단을 할 수 없는 기속력을 의미하는 것이고 이 경우 적극당 사자(원고)가 되어 주장하는 경우는 물론이고 소극당사자(피고)로서 항변하는 경우에도 그 기판력에 저촉 되는 주장은 할 수 없다(대법원 1987. 6. 9. 86다카2756).

(2) 인정범위

① **기판력이 인정되는 재판**: 인용판결뿐만 아니라 기각판결에도 기판력이 인정된다.

② **주관적 범위**: 기판력은 당사자 및 당사자와 동일시할 수 있는 승계인에만 미치고, 제3자 에게는 미치지 않는다. 행정소송의 피고의 경우 처분청과 그 처분청이 소속하는 국가 또 는 공공단체도 당사자로서 기판력이 미친다.

③ **객관적 범위**: 기판력은 주문에 표시된 판단에만 미치고, 판결이유에 적시된 개개의 위법 사유에 관한 판단에는 미치지 않는다.

> **판례**
>
> **기판력의 객관적 범위**
>
> 기판력의 객관적 범위는 그 판결의 주문에 포함된 것 즉 소송물로 주장된 법률관계의 존부에 관한 판단의 결론 그 자체에만 미치는 것이고 판결이유에 설시된 그 전제가 되는 법률관계의 존부에까지 미치는 것은 아니다(대법원 1987. 6. 9. 86다카2756).

전소와 후소가 그 소송물을 달리하는 경우에는 기판력이 미치지 않는다.

취소판결의 기판력은 소송물로 된 행정처분의 위법성 존부에 관한 판단 그 자체에만 미치는 것이므로 전소와 후소가 그 소송물을 달리하는 경우에는 전소 확정판결의 기판력이 후소에 미치지 아니한다(대법원 1996. 4. 26. 95누5820).

④ **시간적 범위**: 기판력은 사실심변론종결시를 기준으로 하여 발생한다.

4) 형성력(제3자에 대한 효력)

(1) 형성효

처분을 취소하는 판결이 확정되면 판결의 취지에 따라 법률관계가 소급하여 발생·변경·소멸한다. 형성력은 취소소송의 인용판결에 일반적으로 인정되는 효력이다.

행정처분을 취소한다는 확정판결이 있으면 그 취소판결의 형성력에 의하여 당해 행정처분의 취소나 취소통지 등의 별도의 절차를 요하지 아니하고 당연히 취소의 효과가 발생한다(대법원 1991. 10. 11. 90누5443).

(2) 대세효(제3자효)

> **행정소송법 제29조【취소판결등의 효력】** ① 처분등을 취소하는 확정판결은 제3자에 대하여도 효력이 있다.
> ② 제1항의 규정은 제23조의 규정에 의한 집행정지의 결정 또는 제24조의 규정에 의한 그 집행정지결정의 취소결정에 준용한다.

행정소송법은 취소판결의 제3자효를 무효등확인소송과 부작위위법확인소송은 물론 가구제에도 준용하고 있다. 그러나 당사자소송에는 준용하지 않는다.

5) 기속력(행정기관에 대한 효력)

> **행정소송법 제30조【취소판결등의 기속력】** ① 처분등을 취소하는 확정판결은 그 사건에 관하여 당사자인 행정청과 그 밖의 관계행정청을 기속한다.
> ② 판결에 의하여 취소되는 처분이 당사자의 신청을 거부하는 것을 내용으로 하는 경우에는 그 처분을 행한 행정청은 판결의 취지에 따라 다시 이전의 신청에 대한 처분을 하여야 한다.
> ③ 제2항의 규정은 신청에 따른 처분이 절차의 위법을 이유로 취소되는 경우에 준용한다.

(1) 개념

기속력이란 처분 등을 취소하는 확정판결(인용판결)이 그 내용에 따라 당사자인 행정청과 그 밖의 관계행정청을 구속하여 행정청이 판결의 취지에 따라 행동해야 하는 실체법상의 의무를 발생시키는 효력을 말한다. 행정소송법은 기속력을 취소소송에 규정하고 무효등확인소송과 부작위위법확인소송 및 당사자소송에 준용하고 있다.

(2) 내용

① **소극적 효력(반복금지효)** : 취소판결이 확정되면 행정청은 동일한 사정하에서 동일한 이유로 동일인에 대하여 동일한 내용의 처분을 하여서는 아니 된다. 반복금지효는 침익적 처분뿐만 아니라 거부처분에도 인정된다.

판례

새로운 처분의 처분사유가 종전 처분의 처분사유와 기본적 사실관계에서 동일하지 않은 다른 사유에 해당한다면 그 처분은 적법하다.

[1] 행정소송법 제30조 제1항은 "처분 등을 취소하는 확정판결은 그 사건에 관하여 당사자인 행정청과 그 밖의 관계행정청을 기속한다."라고 규정하고 있다. 이러한 취소 확정판결의 '기속력'은 취소 청구가 인용된 판결에서 인정되는 것으로서 당사자인 행정청과 그 밖의 관계행정청에게 확정판결의 취지에 따라 행동하여야 할 의무를 지우는 작용을 한다. 이에 비하여 행정소송법 제8조 제2항에 의하여 행정소송에 준용되는 민사소송법 제216조, 제218조가 규정하고 있는 '기판력'이란 기판력 있는 전소 판결의 소송물과 동일한 후소를 허용하지 않음과 동시에, 후소의 소송물이 전소의 소송물과 동일하지는 않더라도 전소의 소송물에 관한 판단이 후소의 선결문제가 되거나 모순관계에 있을 때에는 후소에서 전소 판결의 판단과 다른 주장을 하는 것을 허용하지 않는 작용을 한다.

[2] 취소 확정판결의 기속력은 판결의 주문 및 전제가 되는 처분 등의 구체적 위법사유에 관한 판단에도 미치나, 종전 처분이 판결에 의하여 취소되었더라도 종전 처분과 다른 사유를 들어서 새로이 처분을 하는 것은 기속력에 저촉되지 않는다. 여기에서 동일 사유인지 다른 사유인지는 확정판결에서 위법한 것으로 판단된 종전 처분사유와 기본적 사실관계에서 동일성이 인정되는지 여부에 따라 판단되어야 하고, 기본적 사실관계의 동일성 유무는 처분사유를 법률적으로 평가하기 이전의 구체적인 사실에 착안하여 그 기초인 사회적 사실관계가 기본적인 점에서 동일한지에 따라 결정된다. 또한 행정처분의 위법 여부는 행정처분이 행하여진 때의 법령과 사실을 기준으로 판단하므로, 확정판결의 당사자인 처분 행정청은 종전 처분 후에 발생한 새로운 사유를 내세워 다시 처분을 할 수 있고, 새로운 처분의 처분사유가 종전 처분의 처분사유와 기본적 사실관계에서 동일하지 않은 다른 사유에 해당하는 이상, 처분사유가 종전 처분 당시 이미 존재하고 있었고 당사자가 이를 알고 있었더라도 이를 내세워 새로이 처분을 하는 것은 확정판결의 기속력에 저촉되지 않는다(대법원 2016. 3. 24. 2015두48235).

② **적극적 효력(재처분의무)** : 재처분의무란 행정청이 판결의 취지에 따른 처분을 해야 하는 것을 말한다. 따라서 행정청은 당사자의 신청이 없어도 당연히 재처분을 하여야 한다. 거부처분이 취소된 경우 행정청은 판결의 취지에 따라 기속행위이거나 재량권이 0으로 수축되는 경우에는 상대방의 신청을 인용하는 처분을 하여야 하며, 재량권이 인정되는 경우에는 신청을 인용하거나 다른 이유로 거부처분을 할 수도 있다.

신청에 따른 처분이 절차상의 위법을 이유로 취소된 경우 행정청은 판결의 취지에 따라 적법한 절차에 의해 다시 신청을 인용하는 처분을 할 수도 있다.

> **판례**
>
> **거부처분을 취소하는 판결이 확정된 경우에도 새로운 사유를 내세워 다시 이전의 신청에 대하여 거부처분을 할 수 있다.**
>
> 행정소송법 제30조 제2항에 의하면, 행정청의 거부처분을 취소하는 판결이 확정된 경우에는 그 처분을 행한 행정청은 판결의 취지에 따라 이전의 신청에 대하여 재처분할 의무가 있고, 이 경우 확정판결의 당사자인 처분 행정청은 그 행정소송의 사실심 변론종결 이후 발생한 새로운 사유를 내세워 다시 이전의 신청에 대하여 거부처분을 할 수 있으며, 그러한 처분도 이 조항에 규정된 재처분에 해당한다(대법원 1999. 12. 28. 98두1895).
>
> **절차상 하자를 이유로 거부처분을 취소하는 판결이 확정된 경우에는 절차를 보완하여 다시 종전의 신청에 대한 거부처분을 할 수 있다.**
>
> 행정청의 거부처분을 취소하는 판결이 확정된 경우에는 그 처분을 행한 행정청이 판결의 취지에 따라 이전의 신청에 대하여 재처분할 의무가 있다고 할 것이나, 그 취소사유가 행정처분의 절차, 방법의 위법으로 인한 것이라면 그 처분 행정청은 그 확정판결의 취지에 따라 그 위법사유를 보완하여 다시 종전의 신청에 대한 거부처분을 할 수 있다(대법원 2005. 1. 14. 2003두13045).

③ **원상회복의무** : 행정행위에 의하여 법률관계·사실관계가 변동한 경우에 있어서, 당해 행위가 취소되면 이러한 현상은 위법상태로 되는 것이므로, 행정청은 그 원상회복의무를 진다.

(3) 범위

① **주관적 범위** : 당사자인 행정청과 그 밖의 관계행정청을 기속한다.

② **객관적 범위** : 판결주문 및 이유에 적시된 구체적 위법사유에만 미치고, 판결의 결론과 직접 관계없는 방론이나 간접사실의 판단에는 미치지 않는다.

> **판례**
>
> **기속력은 판결의 주문뿐만 아니라 그 전제가 되는 처분 등의 구체적 위법사유에 관한 이유 중의 판단에 대하여도 인정된다.**
>
> 행정소송법 제30조 제1항에 의하여 인정되는 취소소송에서 처분 등을 취소하는 확정판결의 기속력은 주로 판결의 실효성 확보를 위하여 인정되는 효력으로서 판결의 주문뿐만 아니라 그 전제가 되는 처분 등의 구체적 위법사유에 관한 이유 중의 판단에 대하여도 인정된다(대법원 2001. 3. 23. 99두5238).

새로운 처분이 종전 처분과 기본적 사실관계에 있어 동일성이 없다면 그 처분이 기속력에 저촉되는 처분이라고 할 수 없다.

재결의 기속력은 재결의 주문 및 그 전제가 된 요건사실의 인정과 판단, 즉 처분 등의 구체적 위법사유에 관한 판단에만 미친다고 할 것이고, 종전 처분이 재결에 의하여 취소되었다 하더라도 종전 처분시와는 다른 사유를 들어서 처분을 하는 것은 기속력에 저촉되지 않는다고 할 것이며, 여기에서 동일 사유인지 다른 사유인지는 종전 처분에 관하여 위법한 것으로 재결에서 판단된 사유와 기본적 사실관계에 있어 동일성이 인정되는 사유인지 여부에 따라 판단되어야 한다.

이 사건 종전 처분의 처분사유는 이 사건 사업이 주변의 환경, 풍치, 미관 등을 해할 우려가 있다는 것이고, 그에 대한 재결은 이 사건 사업이 환경, 풍치, 미관 등을 정한 1994. 7. 5. 고시와 군산시건축조례에 위반되지 않고, 환경·풍치·미관 등을 유지하여야 하는 공익보다는 이 사건 사업으로 인한 지역경제 승수효과와 도시서민들을 위한 임대주택 공급이라는 또 다른 공익과 재산권행사의 보장이라는 사익까지 더해 보면 결국 종전 처분은 비례의 원칙에 위배되어 재량권을 남용하였다는 것이므로 종전 처분에 대한 재결의 기속력은 그 주문과 재결에서 판단된 이와 같은 사유에 대해서만 생긴다고 할 것이고, 한편 이 사건 처분의 처분사유는 공단대로 및 교통여건상 예정 진입도로계획이 불합리하여 대체 진입도로를 확보하도록 한 보완요구를 이행하지 아니하였다는 것 등인 사실을 알 수 있는바, 그렇다면 이 사건 처분의 처분사유와 종전 처분에 관하여 위법한 것으로 재결에서 판단된 사유와는 기본적 사실관계에 있어 동일성이 없다고 할 것이므로 이 사건 처분이 종전 처분에 대한 재결의 기속력에 저촉되는 처분이라고 할 수 없다(대법원 2005. 12. 9. 2003두7705).

재조사결정도 기속력을 갖는다.

심판청구 등에 대한 결정의 한 유형으로 실무상 행해지고 있는 재조사 결정은 재결청의 결정에서 지적된 사항에 관하여 처분청의 재조사결과를 기다려 그에 따른 후속 처분의 내용을 심판청구 등에 대한 결정의 일부분으로 삼겠다는 의사가 내포된 변형결정에 해당하므로, 처분청은 재조사 결정의 취지에 따라 재조사를 한 후 그 내용을 보완하는 후속 처분만을 할 수 있다. 따라서 처분청이 재조사 결정의 주문 및 그 전제가 된 요건사실의 인정과 판단, 즉 처분의 구체적 위법사유에 관한 판단에 반하여 당초 처분을 그대로 유지하는 것은 재조사 결정의 기속력에 저촉된다(대법원 2017. 5. 11. 2015두37549).

③ **시간적 범위** : 기속력은 처분 당시까지의 위법사유에 대해서만 미친다. 따라서 처분 이후에 발생한 새로운 법령 및 사실상태의 변동을 이유로 한 동일한 내용의 처분을 다시 하는 것은 기속력에 반하지 않는다.

(4) **기속력 위반의 효과**

기속력 위반의 행정처분은 그 하자가 중대하고도 명백한 것이어서 당연무효가 된다.

✦ **기판력과 기속력의 비교**

구분	기판력	기속력
성질	소송법상의 구속력	실체법상의 구속력
인적범위	당사자와 후소 법원을 구속하는 힘	처분청과 관계행정청을 구속하는 힘
인정범위	인용판결과 기각판결에 모두 인정	인용판결에만 인정
시간적 범위	사실심변론종결시까지 발생한 사유	처분시의 사유

객관적 범위	주문에 표시된 처분의 위법 또는 적법성 판단	주문과 이유에 설시된 개개의 위법사유
내용	소송당사자와 법원은 판결내용과 모순·저촉되는 판단을 할 수 없음	반복금지의무, 재처분의무, 결과제거의무
위반효과	재심청구사유	무효

6) 간접강제(기속력의 실효성을 담보하기 위한 수단)

> **행정소송법 제34조【거부처분취소판결의 간접강제】** ① 행정청이 제30조 제2항의 규정에 의한 처분을 하지 아니하는 때에는 제1심수소법원은 당사자의 신청에 의하여 결정으로써 상당한 기간을 정하고 행정청이 그 기간 내에 이행하지 아니하는 때에는 그 지연기간에 따라 일정한 배상을 할 것을 명하거나 즉시 손해배상을 할 것을 명할 수 있다.
> ② 제33조와 민사집행법 제262조의 규정은 제1항의 경우에 준용한다.

(1) 개념

행정청이 취소판결의 취지에 따른 처분을 하지 아니하는 경우, 제1심 수소법원은 당사자의 신청에 의하여 결정으로써 처분을 하여야 할 상당한 기간을 정하고 행정청이 그 기간 내에 처분을 하지 아니하는 때에는, 그 지연기간에 따라 일정한 배상을 할 것을 명하거나, 즉시 손해배상을 할 것을 명할 수 있다.

(2) 적용범위

간접강제제도는 부작위위법확인소송에 준용되고 있으나 무효등확인소송에는 준용되지 않는다.

판례

거부처분에 대하여 무효확인판결이 내려진 경우에는 간접강제가 허용되지 않는다.

행정소송법 제38조 제1항이 무효확인 판결에 관하여 취소판결에 관한 규정을 준용함에 있어서 같은 법 제30조 제2항을 준용한다고 규정하면서도 같은 법 제34조는 이를 준용한다는 규정을 두지 않고 있으므로, 행정처분에 대하여 무효확인 판결이 내려진 경우에는 그 행정처분이 거부처분인 경우에도 행정청에 판결의 취지에 따른 재처분의무가 인정될 뿐 그에 대하여 간접강제까지 허용되는 것은 아니라고 할 것이다 (대법원 1998. 12. 24. 98무37).

(3) 내용

① 간접강제결정은 제1심 수소법원이 한다. 따라서 인용판결이 상고심에서 확정되었다고 하더라도 간접강제결정은 제1심 수소법원이 한다.

② 간접강제는 행정청이 재처분의무를 이행하지 않은 경우 허용된다.

판례

행정청이 기속력에 반하는 재처분을 한 경우에는 간접강제의 대상이다.

[1] 거부처분에 대한 취소의 확정판결이 있음에도 행정청이 아무런 재처분을 하지 아니하거나, 재처분을 하였다 하더라도 그것이 종전 거부처분에 대한 취소의 확정판결의 기속력에 반하는 등으로 당연무효라면 이는 아무런 재처분을 하지 아니한 때와 마찬가지라 할 것이므로 이러한 경우에는 행정소송법 제30조 제2항, 제34조 제1항 등에 의한 간접강제신청에 필요한 요건을 갖춘 것으로 보아야 한다.

[2] 주택건설사업 승인신청 거부처분의 취소를 명하는 판결이 확정되었음에도 행정청이 그에 따른 재처분을 하지 않은 채 위 취소소송 계속중에 도시계획법령이 개정되었다는 이유를 들어 다시 거부처분을 한 사안에서, 개정된 도시계획법령에 그 시행 당시 이미 개발행위허가를 신청중인 경우에는 종전 규정에 따른다는 경과규정을 두고 있으므로 위 사업승인신청에 대하여는 종전 규정에 따른 재처분을 하여야 함에도 불구하고 개정 법령을 적용하여 새로운 거부처분을 한 것은 확정된 종전 거부처분 취소판결의 기속력에 저촉되어 당연무효이다(대법원 2002. 12. 11. 2002무22).

(4) 배상금의 성격

판례

배상금은 재처분의 이행에 관한 심리적 강제수단에 불과하다.

특별한 사정이 없는 한 간접강제결정에서 정한 의무이행기한이 경과한 후에라도 확정판결의 취지에 따른 재처분의 이행이 있으면 배상금을 추심함으로써 심리적 강제를 꾀할 목적이 상실되어 처분상대방이 더 이상 배상금을 추심하는 것은 허용되지 않는다(대법원 2004. 1. 15. 2002두2444).

Chapter 23

취소소송의 종료와 소송비용

1. 취소소송의 종료

1) 판결의 확정에 의한 종료

취소소송은 법원의 종국판결에 의한 판결의 확정으로 종료한다. 이때의 판결은 소송판결과 본안판결을 포함한다. 판결이 확정되는 사유는 상소기간의 도과, 상소권의 포기, 상고의 기각, 상고법원의 종국판결 등이 있다.

2) 당사자의 행위에 의한 종료

(1) 소의 취하

소의 취하란 원고가 법원에 대하여 하는 소의 전부 또는 일부를 철회하는 일방적 의사표시를 말한다.

(2) 청구의 포기와 인낙

청구의 포기는 원고가 법원에 대하여 하는 자신의 소송상 청구가 이유 없음을 자인하는 일방적 의사표시를 말하고, 청구의 인낙은 피고가 법원에 대하여 하는 원고의 청구가 이유 있음을 인정하는 일반적 의사표시를 말한다.

그러나 행정소송에서는 행정소송의 판결의 효력이 제3자에 미치므로 청구의 포기와 인낙이 제3자의 권리를 침해할 우려가 있다는 점과 직권심리주의가 적용되는 점에 비추어 이를 부정한다.

(3) 소송상의 화해

소송상 화해란 소송의 계속 중에 당사자 쌍방이 서로의 주장을 양보하여 소송을 종료시키기로 하는 합의를 말한다. 행정소송에서는 행정소송의 판결의 효력이 제3자에 미치므로 제3자의 권리를 침해할 우려가 있다는 점과 직권심리주의가 적용되는 점에 비추어 이를 부정한다.

3) 원고의 사망

원고가 사망한 경우 소송물의 성질상 이를 승계할 자가 없는 경우에는 소송이 종료된다. 반면에 행정청이 폐지된 경우에는 행정소송법 제13조 제2항이 "행정청이 없게 된 때에는 그 처분 등에 관한 사무가 귀속되는 국가 또는 공공단체를 피고로 한다."라고 규정하고 있으므로 행정청의 폐지는 소송의 종료사유가 아니다.

2. 소송비용

행정소송법
제32조【소송비용의 부담】 취소청구가 제28조의 규정에 의하여 기각되거나 행정청이 처분등을 취소 또는 변경함으로 인하여 청구가 각하 또는 기각된 경우에는 소송비용은 피고의 부담으로 한다.
제33조【소송비용에 관한 재판의 효력】 소송비용에 관한 재판이 확정된 때에는 피고 또는 참가인이었던 행정청이 소속하는 국가 또는 공공단체에 그 효력을 미친다.

1) 원칙

소송비용은 원칙적으로 패소자가 부담한다. 일부승소의 경우에는 법원의 결정으로 원고·피고가 일부씩 부담한다.

2) 예외

취소청구가 사정판결에 의하여 기각되거나 행정청이 처분 등을 취소 또는 변경함으로 인하여 청구가 각하 또는 기각된 경우에는 소송비용은 피고의 부담으로 한다(제32조).

확인학습

1 취소소송과 무효등확인소송은 기본적으로 서로 양립할 수 없는 청구이므로 주위적·예비적 청구로서의 병합은 가능하지만 선택적 청구로서의 병합, 단순병합은 허용되지 아니한다. O

2 무효등확인소송이 제기되었으나 취소원인인 흠만이 존재하는 경우, 법원은 무효가 아니면 취소라도 구하는 취지인지를 석명하게 소를 변경하도록 한 후에 판결하여야 한다. O

3 무효확인의 청구에는 원고가 "취소를 구하지 아니한다."고 명백히 하지 아니하는 한 취소의 청구가 포함되어 있다. O

4 무효인 처분에 대하여 무효선언을 구하는 취소소송을 제기하는 경우 제소기간을 준수하여야 한다. O

5 제소기간의 적용에 있어 '처분이 있음을 안 날'이란 처분의 존재를 현실적으로 안 날을 의미하는 것이 아니라 처분의 위법 여부를 인식한 날을 말한다. ✕

6 고시에 의한 행정처분의 상대방이 불특정 다수인인 경우, 그 행정처분에 이해관계를 갖는 자는 고시가 있었다는 사실을 현실적으로 알았는지 여부에 관계없이 고시가 효력을 발생하는 날부터 90일 이내에 취소소송을 제기하여야 한다. ⭕

7 청구취지를 변경하여 종전의 소가 취하되고 새로운 소가 제기된 것으로 변경되었다면 새로운 소에 대한 제소기간 준수 여부는 원칙적으로 소의 변경이 있은 때를 기준으로 한다. ⭕

> **해설** 소 종류의 변경에 해당하는 경우는 처음 소를 제기한 때를 기준으로, 청구취지의 변경이 있는 경우에는 소의 변경이 있은 때를 기준으로 하여야 한다.

8 공정거래위원회의 처분에 대하여 불복의 소를 제기하였다가 청구취지를 추가하는 경우, 추가된 청구취지에 대한 제소기간의 준수 등은 원칙적으로 청구취지의 추가·변경·신청이 있는 때를 기준으로 판단하여야 한다. ⭕

9 어느 하나의 처분의 취소를 구하는 소에 당해 처분과 관련되는 처분의 취소를 구하는 청구를 추가적으로 병합한 경우, 추가적으로 병합된 소의 소제기 기간의 준수 여부는 그 청구취지의 추가신청이 있은 때를 기준으로 한다. ⭕

10 처분의 불가쟁력이 발생하였고 그 이후에 행정청이 당해 처분에 대해 행정심판청구를 할 수 있다고 잘못 알렸다면, 그 처분의 취소소송의 제소기간은 행정심판의 재결서를 받은 날부터 기산한다. ❌

> **해설** 이미 제소기간이 지남으로써 불가쟁력이 발생하여 불복청구를 할 수 없었던 경우라면 그 이후에 행정청이 행정심판청구를 할 수 있다고 잘못 알렸다고 하더라도 그 때문에 처분 상대방이 적법한 제소기간 내에 취소소송을 제기할 수 있는 기회를 상실하게 된 것은 아니므로 이러한 경우에 잘못된 안내에 따라 청구된 행정심판재결서 정본을 송달받은 날부터 다시 취소소송의 제소기간이 가산되는 것은 아니다(대법원 2012. 9. 27. 2011두27247).

11 행정소송으로 제기해야 할 사건을 민사소송으로 잘못 제기한 경우에 수소법원이 행정소송에 대한 관할이 없다면 특별한 사정이 없는 한 관할법원에 이송하여야 한다. ⭕

12 취소소송에 당해 처분의 취소를 선결문제로 하는 부당이득반환청구가 병합된 경우 그 청구가 인용되려면 소송절차에서 당해 처분의 취소가 확정되어야 한다. ❌

> **해설** 당해 처분이 취소되면 충분하고 그 처분의 취소가 확정되어야 하는 것은 아니다.

13 인격 없는 단체도 대표자를 통해서 단체의 이름으로 소를 제기할 수 있다. ⭕

14 법인의 주주가 그 처분으로 인하여 궁극적으로 주식이 소각되거나 주주의 법인에 대한 권리가 소멸하는 등 주주의 지위에 중대한 영향을 초래하게 되는데도 그 처분의 성질상 당해 법인이 이를 다툴 것을 기대할 수 없고 달리 주주의 지위를 보전할 구제방법이 없는 경우에는 주주도 그 처분에 관하여 직접적이고 구체적인 법률상 이해관계를 가진다고 보이므로 그 취소를 구할 원고적격이 있다. ⭕

15 상수원보호구역 설정의 근거가 되는 구 수도법 제5조 제1항 및 동 시행령 제7조 제1항은 상수원의 오염을 막아 양질의 급수를 받을 직접적이고 구체적인 지역주민들의 이익을 보호하고 있으므로 그 주민들에게는 상수원보호구역변경 처분의 취소를 구할 법률상의 이익이 있다. ❌

> **해설** 상수원에서 급수를 받고 있는 지역주민들이 가지는 상수원의 오염을 막아 양질의 급수를 받을 이익은 반사적 이익에 불과하다.

16 경원자관계에서 허가처분을 받지 못한 사람은 자신에 대한 거부처분이 취소되더라도, 그 판결의 직접적 효과로 경원자에 대한 허가처분이 취소되거나 효력이 소멸하는 것은 아니므로 자신에 대한 거부처분의 취소를 구할 소의 이익이 없다. ☒

> 해설 경원자관계에서 허가를 받지 못한 자는 자신에 대한 허가거부취소소송을 제기할 수도 있고, 상대방에 대한 허가의 취소를 구하는 취소소송을 제기할 수도 있다.

17 환경영향평가 대상지역 밖의 주민이라 할지라도 공유수면매립면허처분 등으로 인하여 그 처분 전과 비교하여 수인한도를 넘는 환경피해를 받거나 받을 우려가 있는 경우에는 그 처분 등의 무효확인을 구할 원고적격을 인정받을 수 있다. ◯

18 행정처분의 취소를 구하는 소에서, 비록 행정처분의 위법을 이유로 취소판결을 받더라도 처분에 의하여 발생한 위법상태를 원상회복시키는 것이 불가능한 경우에는 원칙적으로 취소를 구할 법률상 이익이 없으므로, 수소법원은 소를 각하하여야 한다. ◯

19 가중요건이 법령에 규정되어 있는 경우, 업무정지처분을 받은 후 새로운 제재처분을 받음이 없이 법률이 정한 기간이 경과하여 실제로 가중된 제재처분을 받을 우려가 없어졌다면 특별한 사정이 없는 한 업무정지처분의 취소를 구할 법률상 이익이 인정되지 않는다. ◯

20 건축허가처분의 취소를 구하는 소를 제기하기 전에 건축공사가 완료된 경우에는 소의 이익이 없으나, 소를 제기한 후 사실심변론종결일 전에 건축공사가 완료된 경우에는 소의 이익이 있다. ☒

21 건축물에 대한 사용검사처분이 취소되면 사용검사 전의 상태로 돌아가 건축물을 사용할 수 없게 되므로 구 주택법상 입주자나 입주예정자가 사용검사처분의 무효확인 또는 취소를 구할 법률상 이익이 있다. ☒

> 해설 입주자나 입주예정자들은 사용검사처분의 무효확인을 받거나 처분을 취소하지 않고도 민사소송 등을 통하여 분양계약에 따른 법률관계 및 하자 등을 주장·증명함으로써 사업주체 등으로부터 하자의 제거·보완 등에 관한 권리구제를 받을 수 있다(대법원 2015. 1. 29. 2013두24976).

22 지방의회의원의 제명의결 취소소송 계속 중 임기만료로 지방의원으로서의 지위를 회복할 수 없는 자는 제명의결의 취소를 구할 소의 이익이 없다. ☒

> 해설 지방의회의원의 제명의결 취소소송 계속 중 임기가 만료되어 제명의결 취소로 지방의회의원으로서의 지위를 회복할 수는 없다 할지라도, 그 취소로 인하여 최소한 제명의결시부터 임기만료일까지의 기간에 대해 월정수당의 지급을 구할 수 있는 등 여전히 그 제명의결의 취소를 구할 법률상 이익은 남아 있다.

23 현역입영대상자가 현역병입영통지처분에 따라 현실적으로 입영을 한 후에는 처분의 집행이 종료되었고 입영으로 처분의 목적이 달성되어 실효되었으므로 입영통지처분을 다툴 법률상 이익이 인정되지 않는다. ☒

24 공정거래위원회가 부당한 공동행위를 한 사업자에게 과징금부과처분을 한 뒤 다시 자진신고 등을 이유로 과징금 감면처분을 한 경우, 선행처분은 후행처분에 흡수되어 소멸하므로 선행처분의 취소를 구하는 소는 부적법하다. ◯

25 취임승인이 취소된 학교법인의 정식이사들에 대해 원래 정해져 있던 임기가 만료되면 그 임원취임승인취소처분의 취소를 구할 소의 이익이 없다. ☒

> 해설 정식이사들은 후임이사 선임시까지 민법 제69조의 유추적용에 의하여 직무수행에 관한 긴급처리권을 가지게 되고 이에 터잡아 후임 정식이사들을 선임할 수 있게 된다(대법원 2007. 7. 19. 2006두19297 전원합의체).

26 행정소송의 결과에 따라 권리 또는 이익의 침해 우려가 있는 제3자는 당해 행정소송에 참가할 수 있으며, 이때 참가인인 제3자는 실제로 소송에 참가하여 소송행위를 하였는지 여부를 불문하고 판결의 효력을 받는다. ◯

27 소송참가할 수 있는 행정청이 자기에게 책임 없는 사유로 소송에 참가하지 못함으로써 판결의 결과에 영향을 미칠 공격방어방법을 제출하지 못한 때에는 이를 이유로 확정된 종국판결에 대하여 재심을 청구할 수 있다. ✕

28 행정청의 권한이 위임이 있는 경우 위임청은 그 사무를 처리할 권한을 상실하고 그 사항은 수임청의 권한이 되며 항고소송에서 수임청이 피고가 된다. ◯

29 행정권한을 위탁받은 공공단체 또는 사인이 자신의 이름으로 처분을 한 경우에는 그 공공단체 또는 사인이 항고소송의 피고가 된다. ◯

30 행정처분을 행할 적법한 권한이 있는 상급행정청으로부터 내부위임을 받은 데 불과한 하급행정청이 권한 없이 자신의 이름으로 행정처분을 한 경우에는 하급행정청이 항고소송의 피고가 된다. ◯

31 대외적으로 의사를 표시할 수 없는 내부기관이라도 행정처분의 실질적인 의사가 그 기관에 의하여 결정되는 경우에는 그 내부기관에게 항고소송의 피고적격이 있다. ✕

> 해설 대외적으로 의사를 표시할 수 있는 기관이 아닌 내부기관은 실질적인 의사가 그 기관에 의하여 결정되더라도 피고적격을 갖지 못한다.

32 대리기관이 대리관계를 표시하고 피대리 행정청을 대리하여 행정처분을 한 경우, 행정처분에 대한 항고소송의 피고적격은 피대리 행정청에 있다. ◯

33 대리권을 수여받은 데 불과하여 자신의 명의로는 처분할 권한이 없는 행정청이 그 대리관계인을 밝히지 않고 자신의 명의로 행정처분을 하였다면 처분명의자인 당해 행정청이 항고소송의 피고가 되어야 하는 것이 원칙이다. ◯

34 대리권을 수여받은 행정기관이 대리관계를 명시적으로 밝히지 않고 자신의 명의로 처분을 하였다면, 비록 처분명의자가 피대리 행정청 산하의 처분명의자는 물론 그 상대방도 그 행정처분이 피대리 행정청을 대리하여 한 것임을 알고서 이를 받아들였다 하더라도 그 처분의 취소소송에서의 피고는 처분명의자인 대리 행정기관이 되어야 한다. ✕

> 해설 처분명의자가 피대리 행정청 산하의 행정기관으로서 실제로 피대리 행정청으로부터 대리권한을 수여받아 피대리 행정청을 대리한다는 의사로 행정처분을 하였고 처분명의자는 물론 그 상대방도 그 행정처분이 피대리 행정청을 대리하여 한 것임을 알고서 이를 받아들인 예외적인 경우에는 피대리 행정청이 피고가 되어야 한다.

35 중앙노동위원회의 처분은 중앙노동위원회위원장이 피고가 된다. ◯

36 지방의회의원의 징계의결에 대해서는 지방자치단체장이 피고가 된다. ✕

> 해설 지방의회가 피고이다.

37 처분적 조례에 대한 항고소송의 경우 지방자치단체장이 피고가 된다. ◯

38 교육에 관한 조례가 항고소송의 대상이 되는 경우에는 시·도 교육감이 피고가 된다. ◯

39 거부처분의 처분성을 인정하기 위한 전제요건이 되는 신청권은 신청인이 그 신청에 따른 단순한 응답을 받을 권리를 넘어서 신청의 인용이라는 만족적 결과를 얻을 권리를 의미한다. ✕

40 거부행위의 처분성을 인정하기 위한 전제요건이 되는 신청권의 존부는 구체적 사건에서 신청인이 누구인가를 고려하지 말고 관계법규에서 일반국민에게 그러한 신청권을 인정하고 있는가를 살펴 추상적으로 결정하여야 한다. ◯

41 행정소송은 원칙적으로 행정심판이 기각된 경우 그 기각재결을 대상으로 한다. ✕

> 해설 행정소송법상 재결에 대한 취소소송은 재결 자체에 고유한 위법이 있음을 이유로 하는 경우에 한한다. 행정소송법 제19조에서 말하는 '재결 자체에 고유한 위법'이란 원처분에는 없고 재결에만 있는 재결청의 권한 또는 구성의 위법, 재결의 절차나 형식의 위법, 내용의 위법 등을 뜻한다.

42 행정심판청구가 부적법하지 않음에도 각하한 재결은 심판청구인의 실체심리를 받을 권리를 박탈한 것으로서 재결에 고유한 하자가 있는 경우에 해당하여 재결 자체가 취소소송의 대상이 된다. ◯

43 제3자효 행정행위에 대하여 재결청이 직접 당해 사업계획승인처분을 취소하는 형성적 재결을 한 경우에는 그 재결 외에 그에 따른 행정청의 별도의 처분이 있지 않기 때문에 재결 자체를 쟁송의 대상으로 할 수 있다. ◯

> 해설 제3자효 행정행위에서 인용재결로 인하여 불이익을 입은 자는 그 인용재결에 대하여 항고소송을 제기할 수 있다.

44 처분이 아닌 자기완결적 신고의 수리에 대한 심판청구는 행정심판의 대상이 아니어서 부적법 각하 하여야 함에도 인용재결한 경우 이는 재결 자체에 고유한 위법이 있다고 할 것이다. ◯

45 영업자에 대한 행정제재처분에 대하여 행정심판위원회가 영업자에게 유리한 적극적 변경명령재결을 하고 이에 따라 처분청이 변경처분을 한 경우, 그 변경처분에 의해 유리하게 변경된 행정제재가 위법하다는 이유로 그 취소를 구하려면 변경된 내용의 당초처분을 취소소송의 대상으로 하여야 한다. ◯

46 감액경정처분이 있는 경우, 당초처분이 아니라 감액경정처분이 소송의 대상이 되므로 감액경정처분을 기준으로 제소기간의 준수 여부를 결정하였다. ✕

> 해설 당초처분이 소송의 대상이다.

47 과세관청의 증액경정사유만 다툴 수 있을 뿐이지 당초신고에 관한 과다신고사유는 함께 주장하여 다툴 수 없다. ✕

> 해설 증액경정처분의 취소를 구하는 항고소송에서 과세관청의 증액경정사유뿐만 아니라 당초신고에 관한 과다신고사유도 함께 주장하여 다툴 수 있다(대법원 2013. 4. 18. 2010두11733 전원합의체).

48 과세처분에 대하여 증액경정처분이 있는 경우 당초처분은 증액경정처분에 흡수되어 소멸하므로 소멸한 당초처분의 절차적 하자는 존속하는 증액경정처분에 승계된다. ✕

> 해설 증액경정처분이 있는 경우 당초처분은 증액경정처분에 흡수되어 소멸하고, 소멸한 당초처분의 절차적 하자는 존속하는 증액경정처분에 승계되지 아니한다(대법원 2010. 6. 24. 2007두16493).

49 원처분주의에 반하여 재결에 대해 항고소송을 제기했으나 재결 자체에 고유한 위법이 없다면 각하 판결을 해야 한다. ✕

> 해설 재결 자체에 고유한 위법이 없음에도 재결에 대해 취소소송을 제기한 경우 판례는 이를 기각하여야 한다.

50 지방노동위원회의 구제명령에 대해서는 중앙노동위원회에 재심을 신청한 후 그 재심판정에 대하여 중앙노동위원회를 피고로 하여 재심판정취소의 소를 제기하여야 한다. ✕

> 해설 중앙노동위원회의 장을 피고로 하여 재심판정취소의 소를 제기하여야 한다.

51 토지수용에 대한 수용재결에 불복하는 취소소송을 제기하는 때에는 이의신청을 거친 경우에도 이의신청에 대한 재결 자체에 고유한 위법이 없는 한 수용재결을 한 중앙토지수용위원회 또는 지방토지수용위원회를 피고로 하여 수용재결의 취소를 구하여야 한다. ✕

52 제소시까지 행정심판전치요건을 구비하지 못한 경우 당해 소송은 부적합한 것으로 각하된다. ✕

해설 행정심판전치요건은 소제기시에 갖추지 못하였더라도 사실심변론종결시까지 구비하면 충족된 것으로 본다.

53 무효선언을 구하는 의미의 취소소송에서는 행정심판전치주의는 적용되지 않는다. ✕

54 원고가 전심절차에서 주장하지 아니한 처분의 위법사유를 소송절차에서 새로이 주장한 경우 다시 그 처분에 대하여 별도의 전심절차를 거쳐야 한다. ✕

해설 원고가 전심절차에서 주장하지 아니한 처분의 위법사유를 소송절차에서 새롭게 주장하였다고 하여 다시 그 처분에 대하여 별도의 전심절차를 거쳐야 하는 것은 아니다.

55 집행정지결정을 한 후에라도 본안소송이 취하되어 소송이 계속하지 아니한 것으로 되면 집행정지결정은 당연히 그 효력이 소멸되고 별도의 취소조치를 필요로 하는 것은 아니다. ○

56 개인택시운송사업면허가 거부된 경우, 거부처분에 대해 취소소송과 함께 제기한 갑의 집행정지신청은 법원에 의해 허용된다. ✕

해설 거부처분의 효력정지는 그 거부처분으로 인하여 신청인에게 생길 손해를 방지하는 데에 아무런 소용이 없어 그 효력정지를 구할 이익이 없다.

57 보조금 교부결정의 일부를 취소한 행정청의 처분에 대하여 법원이 효력정지결정을 하면서 주문에서 그 법원에 계속 중인 본안소송의 판결 선고시까지 처분의 효력을 정지한다고 선언하였을 경우, 본안소송의 판결 선고에 의하여 정지결정의 효력은 소멸하지만 당초의 보조금 교부결정 취소처분의 효력이 당연히 되살아나는 것은 아니다. ✕

해설 보조금 교부결정 취소처분에 대하여 법원이 효력정지결정을 하면서 주문에서 그 법원에 계속 중인 본안소송의 판결 선고시까지 처분의 효력을 정지한다고 선언하였을 경우, 본안소송의 판결 선고에 의하여 정지결정의 효력은 소멸하고 이와 동시에 당초의 보조금 교부결정 취소처분의 효력이 당연히 되살아난다. 따라서 보조금 교부결정의 일부를 취소한 행정청의 처분에 대한 효력정지결정의 효력이 소멸하여 보조금 교부결정 취소처분의 효력이 되살아난 경우, 취소처분에 의하여 취소된 부분의 보조사업에 대하여 효력정지기간 동안 교부된 보조금은 반환하여야 한다.

58 취소소송을 제기한 경우 법원은 당사자의 신청이나 직권으로 민사집행법상 가처분을 내릴 수 있다. ✕

해설 항고소송의 대상이 되는 행정처분의 효력이나 집행 혹은 절차속행 등의 정지를 구하는 신청은 행정소송법상 집행정지신청의 방법으로만 가능할 뿐 민사소송법상 가처분의 방법으로는 허용될 수 없다.

59 동일한 행정처분에 대하여 무효확인소송을 제기하였다가 그 후 그 처분에 대한 취소소송을 추가적으로 병합한 경우, 무효확인소송이 취소소송의 제소기간 내에 제기되었다면 제소기간 도과 후 병합된 취소소송도 적법하게 제기된 것으로 볼 수 있다. ○

60 위법성 판단의 시점을 처분시로 볼 경우, 처분 이후에 발생한 새로운 사실적·법적 사유를 추가·변경하고자 하는 것은 허용될 수 없고 이러한 경우에는 계정처분을 직권취소하고 이를 대체하는 새로운 처분을 할 수 있다. ○

61 처분 당시 적시한 구체적 사실을 변경하지 않는 한 처분의 법령상 근거만을 추가·변경하는 것은 허용된다. ○

62 내부적인 의사결정 과정임을 이유로 정보공개를 거부하였다가 정보공개거부처분 취소소송의 계속 중에 개인의 사생활 침해 우려를 공개거부사유로 추가하는 것은 허용되지 않는다. ◯

63 처분청은 원고의 권리방어가 침해되지 않는 한도 내에서 당해 취소소송의 대법원 확정판결이 있기 전까지 처분사유의 추가·변경을 할 수 있다. ✕

> 해설 행정청의 처분사유의 추가·변경은 사실심변론종결시까지 허용된다.

64 추가 또는 변경된 사유가 당초의 처분시 그 사유가 명기되지 않았을 뿐 처분시에 이미 존재하고 있었고 당사자도 그 사실을 알고 있었다면 당초의 처분사유와 동일성이 인정된다. ✕

> 해설 추가 또는 변경된 사유가 당초의 처분시 그 사유를 명기하지 않았을 뿐 처분시에 이미 존재하고 있었고 당사자도 그 사실을 알고 있었다 하여 당초의 처분사유와 동일성이 있는 것이라 할 수 없다.

65 외국인이 법무부장관에게 귀화신청을 하였으나 법무부장관이 '품행 미단정'을 불허사유로 국적법 상의 요건을 갖추지 못하였다며 신청을 받아들이지 않는 처분을 하였는데, 법무부장관이 신청인을 '품행 미단정'이라고 판단한 이유에 대하여 제1심 변론절차에서 자동차 관리법 위반죄로 기소유예 를 받은 전력 등을 고려하였다고 주장한 후, 제2심 변론절차에서 불법체류 전력 등의 제반사정을 추가로 주장할 수 있다. ◯

66 취소소송의 선결문제(구체적 규범심사)로서 명령·규칙이 대법원의 판결에 의하여 헌법 또는 법률 에 위반됨이 확정된 경우에 대법원은 지체 없이 그 사유를 법무부장관에게 통보하여야 한다. ✕

> 해설 행정안전부장관에게 통보하여야 한다.

67 대법원은 처분을 할 것인지 여부와 처분의 정도에 관하여 재량이 인정되는 과징금납부명령에 대하 여 그 명령이 재량권을 일탈하였을 경우, 법원으로서는 재량권의 일탈 여부만 판단할 수 있을 뿐이 지 재량권의 범위 내에서 어느 정도가 적정한 것인지에 관하여는 판단할 수 없어 그 전부를 취소할 수밖에 없고, 법원이 적정하다고 인정하는 부분을 초과한 부분만 취소할 수는 없다고 한다. ◯

68 행정청이 여러 개의 위반행위에 대하여 하나의 제재처분을 하였으나, 위반행위별로 제재처분의 내 용을 구분하는 것이 가능하고 여러 개의 위반행위 중 일부의 위반행위에 대한 제재처분 부분만이 위법하다면, 법원은 제재처분 전부를 취소하여서는 아니 된다. ◯

69 개발부담금 부과처분에 대한 취소소송에서 당사자가 제출한 자료에 의하여 정당한 부과금액을 산 출할 수 없는 경우에도 법원은 증거조사를 통하여 정당한 부과금액을 산출한 후 정당한 부과금액을 초과하는 부분만을 취소하여야 한다. ✕

> 해설 개발부담금 부과처분 취소소송에 있어 당사자가 제출한 자료에 의하여 적법하게 부과될 정당한 부과금액을 산출할 수 없을 경우에는 부과처분 전부를 취소할 수밖에 없으나, 그렇지 않은 경우에는 그 정당한 금액을 초과하는 부분만 취소하여야 한다.

70 취소소송이 기각되어 처분의 적법성이 확정된 이후에도 처분청은 당해 처분이 위법함을 이유로 직 권취소할 수 있다. ◯

71 판결에 의하여 취소되는 처분이 당사자의 신청을 거부하는 것을 내용으로 하는 경우에는 그 처분을 행한 행정청은 판결의 취지에 따라 다시 이전의 신청에 대한 처분을 할 수 있다. ✕

> 해설 처분을 하여야 한다.

Chapter 24 무효등확인소송

> **행정소송법 제35조【무효등 확인소송의 원고적격】** 무효등 확인소송은 처분등의 효력 유무 또는 존재 여부의 확인을 구할 법률상 이익이 있는 자가 제기할 수 있다.

1. 의의

무효등확인소송이란 행정청의 처분 등의 효력 유무 또는 존재 여부를 확인하는 소송을 말한다. 무효등확인소송에는 처분이나 재결의 ① 무효확인소송, ② 유효확인소송, ③ 부존재확인소송, ④ 존재확인소송 및 ⑤ 실효확인소송이 포함된다.

2. 적용법규

행정소송법은 취소소송에 대한 대부분의 규정을 무효등확인소송에 준용하도록 하고 있다. 다만 행정심판전치주의, 제소기간, 간접강제, 사정판결에 관한 규정은 준용되지 않는다.

3. 원고적격

무효등확인소송은 처분 등의 효력 유무 또는 존재 여부의 확인을 구할 법률상 이익이 있는 자가 제기할 수 있다. 이때 원고적격으로서 법률상 이익 외에 민사소송법상 확인의 이익이 필요한지(보충성 여부)에 대해 최근 판례는 확인의 이익을 요구하지 않는다.

> **판례**
>
> **'무효확인을 구할 법률상 이익'이 있는지를 판단할 때 행정처분의 무효를 전제로 한 이행소송 등과 같은 직접적인 구제수단이 있는지를 따질 필요가 없다.**
>
> 행정소송은 행정청의 위법한 처분 등을 취소·변경하거나 그 효력 유무 또는 존재 여부를 확인함으로써 국민의 권리 또는 이익의 침해를 구제하고 공법상의 권리관계 또는 법 적용에 관한 다툼을 적정하게 해결함을 목적으로 하므로, 대등한 주체 사이의 사법상 생활관계에 관한 분쟁을 심판대상으로 하는 민사소송과는 목적, 취지 및 기능 등을 달리한다. 또한 행정소송법 제4조에서는 무효확인소송을 항고소송의 일종으로 규정하고 있고, 행정소송법 제38조 제1항에서는 처분 등을 취소하는 확정판결의 기속력 및 행정청의 재처분 의무에 관한 행정소송법 제30조를 무효확인소송에도 준용하고 있으므로 무효확인판결 자체만으로도 실효성을 확보할 수 있다. 그리고 무효확인소송의 보충성을 규정하고 있는 외국의 일부 입법례와는 달리 우

리나라 행정소송법에는 명문의 규정이 없어 이로 인한 명시적 제한이 존재하지 않는다. 이와 같은 사정을 비롯하여 행정에 대한 사법통제, 권익구제의 확대와 같은 행정소송의 기능 등을 종합하여 보면, 행정처분의 근거 법률에 의하여 보호되는 직접적이고 구체적인 이익이 있는 경우에는 행정소송법 제35조에 규정된 '무효확인을 구할 법률상 이익'이 있다고 보아야 하고, 이와 별도로 무효확인소송의 보충성이 요구되는 것은 아니므로 행정처분의 무효를 전제로 한 이행소송 등과 같은 직접적인 구제수단이 있는지 여부를 따질 필요가 없다고 해석함이 상당하다(대법원 2008. 3. 20. 2007두6342 전원합의체).

4. 소의 변경

법원은 무효등확인소송을 취소소송 또는 당사자소송으로 변경하는 것이 상당하다고 인정할 때에는 청구의 기초에 변경이 없는 한 사실심의 변론종결시까지 원고의 청구에 의하여 결정으로써 소의 변경을 허가할 수 있다(행정소송법 제21조, 제37조). 다만 무효등확인소송을 취소소송으로 변경할 때는 행정심판전치주의 및 제소기간에 의한 제한을 받는다.

5. 입증책임

무효확인을 구하는 행정소송에 있어서는 원고에게 그 행정처분이 무효인 사유를 주장, 입증할 책임이 있다.

6. 선결문제

민사소송(국가배상소송)에서 본안에 대한 판단에 앞서 처분 등의 무효 여부 또는 부존재 여부에 관한 판단이 그 전제문제로서 제기되는 경우에, 이를 선결문제라 한다. 당해 처분의 위법성의 정도가 중대·명백한 경우 당해 처분은 공정력이 없고, 처음부터 효력이 발생하지 아니하므로 민사법원도 그 무효 여부를 스스로 판단할 수 있다.

7. 치유와 전환

치유는 취소사유에, 전환은 무효사유에 적용된다.

8. 행정심판전치주의

개별법상 행정심판전치주의가 적용되는 경우에도 무효등확인소송을 제기함에 있어서는 행정심판을 거치지 않아도 된다. 다만 무효선언적 의미의 취소소송에서는 예외적으로 행정심판전치주의가 적용된다.

9. 취소소송과 무효등확인소송의 관계

1) 무효사유인 행정처분에 대하여 취소소송을 제기한 경우(무효선언적 의미의 취소소송)

무효선언적 의미의 취소판결을 할 수 있다. 다만, 형식적으로 취소소송이 제기되었으므로 취소소송의 소송요건을 준수하여야 한다.

> **판례**
>
> **무효선언적 의미의 취소소송을 제기한 경우에는 취소소송의 소송요건을 준수하여야 한다.**
>
> 원고 주장의 과세처분의 취소를 청구하는 이 사건 소송이 제소기간을 도과하여 제소요건을 갖추지 못한 부적법한 것이라면 소론과 같이 원고의 청구 가운데 위 과세처분의 당연무효를 선언하는 의미에서의 취소를 구하는 취지까지 포함되어 있다 하더라도 이는 결국 제소기간 경과 후에 제소한 부적법한 소송으로서 각하를 면할 수 없다(대법원 1984. 5. 29. 84누175).

2) 취소사유인 행정처분에 무효등확인소송을 제기한 경우

(1) 취소소송의 요건을 갖추지 못한 경우에는 제기된 무효등확인소송에 대하여 기각판결을 내려야 한다.

(2) 무효확인소송을 제기하였으나 그 처분에 취소사유에 불과한 흠이 있고 취소소송의 제기요건을 갖추었다면, 무효가 아니면 취소라도 구하는 취지인지를 석명하여 취소의 소로 변경하도록 한 후 취소판결을 해야 한다.

> **판례**
>
> **무효확인을 구하는 소에는 취소를 구하는 취지도 포함되어 있는 것으로 보아야 한다.**
>
> 일반적으로 행정처분의 무효확인을 구하는 소에는 원고가 그 처분의 취소를 구하지 아니한다고 밝히지 아니한 이상 그 처분이 만약 당연무효가 아니라면 그 취소를 구하는 취지도 포함되어 있는 것으로 보아야 한다(대법원 1994. 12. 23. 94누477).

3) 취소소송과 무효등확인소송의 병합

> **판례**
>
> **행정처분의 무효확인청구와 취소청구는 그 소송의 요건을 달리하므로 예비적으로만 병합할 수 있다.**
>
> 하자 있는 행정처분을 놓고 이를 무효로 볼 것인지 아니면 단순히 취소할 수 있는 처분으로 볼 것인지는 동일한 사실관계를 토대로 한 법률적 평가의 문제에 불과하고, 행정처분의 무효확인을 구하는 소에는 특단의 사정이 없는 한 그 취소를 구하는 취지도 포함되어 있다고 보아야 하는 점 등에 비추어 볼 때, 동일한 행정처분에 대하여 무효확인의 소를 제기하였다가 그 후 그 처분의 취소를 구하는 소를 추가적으로 병합한 경우, 주된 청구인 무효확인의 소가 적법한 제소기간 내에 제기되었다면 추가로 병합된 취소청구의 소도 적법하게 제기된 것으로 봄이 상당하다(대법원 2005. 12. 23. 2005두3554).

확인학습

1 무효인 과세처분에 의하여 세금을 납부한 자는 납부한 금액을 반환받기 위하여 부당이득반환청구소송을 제기하지 않고 곧바로 과세처분 무효확인소송을 제기할 수 있다. Ⓞ

> 해설 처분에 대한 무효확인소송에는 확인소송의 보충성이 요구되지 않으므로 처분의 무효를 전제로 한 부당이득반환청구소송과 같은 직접적인 구제수단이 있는지 여부를 따질 필요가 없다.

2 압류처분에 대해 무효확인소송을 제기하였다가 취소소송으로 소의 종류를 변경하는 경우, 제소기간의 준수 여부는 취소소송으로 변경되는 때를 기준으로 한다. ☒

3 동일한 처분에 대하여 무효확인의 소를 제기하였다가 그 처분의 취소를 구하는 소를 추가적으로 병합한 경우, 주된 청구인 무효확인의 소가 적법한 제소기간 내에 제기되었다면 추가로 병합된 취소청구의 소도 적법하게 제기된 것으로 볼 수 있다. Ⓞ

4 행정처분의 무효확인판결은 확인판결이라고 하여도 행정처분의 취소판결과 같이 소송당사자는 물론 제3자에게도 미치는 것이다. Ⓞ

5 당해 처분의 위법성의 정도가 중대·명백한 경우에는 당해 처분은 공정력이 없고, 처음부터 효력이 발생하지 아니하므로 민사법원도 그 무효 여부를 스스로 판단할 수 있다. Ⓞ

부작위위법확인소송

> **행정소송법**
> **제2조【정의】** ① 이 법에서 사용하는 용어의 정의는 다음과 같다.
> 　2. "부작위"라 함은 행정청이 당사자의 신청에 대하여 상당한 기간내에 일정한 처분을 하여야 할 법률상 의무가 있음에도 불구하고 이를 하지 아니하는 것을 말한다.
> **제36조【부작위위법확인소송의 원고적격】** 부작위위법확인소송은 처분의 신청을 한 자로서 부작위의 위법의 확인을 구할 법률상 이익이 있는 자만이 제기할 수 있다.

1. 의의

행정청의 부작위가 위법하다는 것을 확인하는 소송을 말한다.

2. 적용법규

부작위위법확인소송에는 취소소송의 규정이 대부분 적용된다. 다만 처분변경으로 인한 소의 변경, 집행정지결정, 사정판결은 준용되지 않는다.

3. 부작위의 성립요건

1) 당사자의 신청

판례

국민이 행정청에 대하여 그 신청에 따른 행정행위를 해줄 것을 요구할 수 있는 법규상 또는 조리상의 권리가 있어야 한다.

당사자가 행정청에 대하여 어떠한 행정행위를 하여 줄 것을 신청하지 아니하거나 그러한 신청을 하였더라도 당사자가 행정청에 대하여 그러한 행정행위를 하여 줄 것을 요구할 수 있는 법규상 또는 조리상의 권리를 갖고 있지 아니하든지 또는 행정청이 당사자의 신청에 대하여 거부처분을 한 경우에는 원고적격이 없거나 항고소송의 대상인 위법한 부작위가 있다고 볼 수 없어 그 부작위위법확인의 소는 부적법하다(대법원 1995. 9. 15. 95누7345).

2) 처분을 하여야 할 법률상 의무

> **판례**
>
> **법률상의 의무는 명문으로 인정되는 것뿐만 아니라 법령의 해석상 인정되는 경우도 포함된다.**
>
> 상대방의 적법한 신청이 있는 경우 행정청에게는 그 신청의 내용에 상응하는 일정한 처분을 하여야 할 법률상 의무가 발생하는바, 이러한 법률상의 처분의무에도 불구하고 행정청이 어떠한 처분도 하지 아니하는 것이 부작위가 된다. 법률상의 의무는 명문으로 인정되는 것뿐만 아니라 법령의 해석상 인정되는 경우도 포함된다(대법원 1991. 2. 12. 90누5825).

3) 상당한 기간의 경과

상당한 기간이란 당해 처분의 성질·내용·동종사안에 대한 처리경험 등을 종합적으로 판단하여 구체적으로 결정하여야 할 것이다.

4) 처분을 하지 않았을 것

(1) 법령에서 신청에 대하여 일정 기간 내에 처분이 없으면 거부처분으로 간주한다고 규정하고 있는 경우, 그에 대하여 취소소송은 제기할 수 있으나 부작위위법확인소송은 허용되지 않는다.

(2) 행정입법부작위는 부작위위법확인소송의 대상이 아니다. 따라서 행정입법부작위에 대해서는 헌법소원을 제기하는 것은 별론으로 하고 행정소송을 제기할 수는 없다.

(3) 거부처분은 거부라는 작위가 있기 때문에 행정청이 당사자의 신청에 대하여 거부처분한 경우에는 항고소송의 대상인 위법한 부작위가 있다고 볼 수 없어 그 부작위위법확인의 소는 부적법하다.

(4) 부작위위법확인소송의 변론종결시까지 행정청의 처분으로 부작위 상태가 해소된 경우에는 소의 이익이 상실되어 각하판결을 한다.

4. 제소기간

행정소송법은 부작위위법확인소송의 경우 취소소송의 제소기간을 준용하고 있다.

1) 행정심판을 거쳐 부작위위법확인소송을 제기한 경우에는 제소기간의 제한이 있다. 이 경우 행정심판재결서의 정본을 송달받은 날로부터 90일 이내에 제기하여야 한다. 이 기간은 불변기간이다.

2) 행정심판을 거치지 않고 부작위위법확인소송을 제기한 경우에는 처분이 존재하지 않으므로 부작위가 계속되는 한 제소기간의 도과가 있을 수 없다. 따라서 제소기간의 규정은 적용되지 않는다.

5. 행정심판

개별법에서 행정심판전치주의를 취하고 있는 경우에는 부작위위법확인소송을 제기하기 전에 먼저 의무이행심판을 거쳐야 한다.

6. 위법판단 기준시

부작위위법확인소송은 처분이 존재하지 않으므로, 위법성 판단은 판결시(사실심변론종결시)를 기준으로 한다.

7. 법원의 심리권의 범위

부작위위법확인소송에서 법원의 심리권은 부작위가 위법임을 확인하는 데 그쳐야 하고 그 이상으로 행정청이 발동하여야 할 실체적 처분의 내용까지 심리할 수는 없다. 따라서 부작위위법확인소송에서 인용판결이 확정되어도 행정청은 이전 신청에 대한 거부처분을 할 수 있다.

확인학습

1 행정청이 행한 공사중지명령의 상대방이 그 명령 이후에 그 원인사유가 소멸하였음을 들어 공사중지명령의 철회를 신청하였으나 행정청이 아무런 응답을 하지 않고 있는 경우 행정청의 부작위는 그 자체로 위법하다. O

해설 행정청에게 일정한 처분을 하여야 할 법률상 의무가 있어야 하는데, 이때 법률상 의무란 명문 규정에 의해 인정되는 경우뿐만 아니라 법령의 해석상 인정되는 경우도 포함한다.

2 부작위위법확인소송에서는 사실심변론종결시를 기준으로 부작위의 위법 여부를 판단하여야 하고, 사실상 변론종결 전에 거부처분이 이루어져 부작위 상태가 해소된 경우에는 소의 이익이 소멸하므로 원고가 거부처분 취소소송으로 소변경을 하지 않는 이상 법원은 소를 각하하여야 한다. O

3 부작위위법확인소송은 행정심판 등 전심절차를 거친 경우에도 제소기간의 제한을 받지 않는다. X

해설 부작위위법확인의 소는 부작위상태가 계속되는 한 그 위법의 확인을 구할 이익이 있다고 보아야 하므로 원칙적으로 제소기간의 제한을 받지 않는다. 그러나 행정심판 등 전심절차를 거친 경우에는 행정심판재결서의 정본을 송달받은 날로부터 90일 이내에 제기하여야 한다.

4 부작위위법확인소송에 대해서는 행정소송법상 처분변경으로 인한 소의 변경에 관한 규정이 준용된다. X

구분	당사자소송	무효등확인소송	부작위위법확인소송
재판관할	○	○	○
관련청구소송의 이송·병합	○	○	○
피고적격	×	○	○
피고의 경정	○	○	○
공동소송	○	○	○
제3자 소송참가	○	○	○
행정청의 소송참가	○	○	○
행정심판전치주의	×	×	○
취소소송의 대상	×	○	○
제소기간	×	×	○(행정심판 거친 경우)
소의 변경	○	○	○
처분변경으로 인한 소의 변경	○	○	×
집행정지	×	○	×
행정심판기록 제출명령	○	○	○
직권심리	○	○	○
사정판결	×	×	×
대세효(제3자효)	×	○	○
기속력	○	○	○
재심청구	×	○	○
간접강제	×	×	○

행정사
이준희 행정법

PART

07

행정법각론

행정조직법

1. 행정조직법정주의

헌법상 행정기관의 설치·조직과 직무범위는 법률로 정하여야 한다. 다만, 법률에서 구체적인 범위를 정하여 위임한 경우에는 행정입법으로 세부적인 사항을 규율할 수 있다.

> **헌법 제96조** 행정각부의 설치·조직과 직무범위는 법률로 정한다.
>
> **정부조직법**
> **제2조【중앙행정기관의 설치와 조직 등】** ① 중앙행정기관의 설치와 직무범위는 법률로 정한다.
> ② 중앙행정기관은 이 법에 따라 설치된 부·처·청과 다음 각 호의 행정기관으로 하되, 중앙행정기관은 이 법 및 다음 각 호의 법률에 따르지 아니하고는 설치할 수 없다.
>   1. 「방송통신위원회의 설치 및 운영에 관한 법률」 제3조에 따른 방송통신위원회
>   2. 「독점규제 및 공정거래에 관한 법률」 제54조에 따른 공정거래위원회
>   3. 「부패방지 및 국민권익위원회의 설치와 운영에 관한 법률」 제11조에 따른 국민권익위원회
>   4. 「금융위원회의 설치 등에 관한 법률」 제3조에 따른 금융위원회
>   5. 「개인정보 보호법」 제7조에 따른 개인정보 보호위원회
>   6. 「원자력안전위원회의 설치 및 운영에 관한 법률」 제3조에 따른 원자력안전위원회
>   7. 「우주항공청의 설치 및 운영에 관한 특별법」 제6조에 따른 우주항공청
>   8. 「신행정수도 후속대책을 위한 연기·공주지역 행정중심복합도시 건설을 위한 특별법」 제38조에 따른 행정중심복합도시건설청
>   9. 「새만금사업 추진 및 지원에 관한 특별법」 제34조에 따른 새만금개발청
>
> **제3조【특별지방행정기관의 설치】** ① 중앙행정기관에는 소관사무를 수행하기 위하여 필요한 때에는 특히 법률로 정한 경우를 제외하고는 대통령령으로 정하는 바에 따라 지방행정기관을 둘 수 있다.
> ② 제1항의 지방행정기관은 업무의 관련성이나 지역적인 특수성에 따라 통합하여 수행함이 효율적이라고 인정되는 경우에는 대통령령으로 정하는 바에 따라 관련되는 다른 중앙행정기관의 소관사무를 통합하여 수행할 수 있다.
>
> **제4조【부속기관의 설치】** 행정기관에는 그 소관사무의 범위에서 필요한 때에는 대통령령으로 정하는 바에 따라 시험연구기관·교육훈련기관·문화기관·의료기관·제조기관 및 자문기관 등을 둘 수 있다.
>
> **제5조【합의제행정기관의 설치】** 행정기관에는 그 소관사무의 일부를 독립하여 수행할 필요가 있는 때에는 법률로 정하는 바에 따라 행정위원회 등 합의제행정기관을 둘 수 있다.
>
> **제6조【권한의 위임 또는 위탁】** ① 행정기관은 법령으로 정하는 바에 따라 그 소관사무의 일부를 보조기관 또는 하급행정기관에 위임하거나 다른 행정기관·지방자치단체 또는 그 기관에 위탁 또는 위임할 수 있다. 이 경우 위임 또는 위탁을 받은 기관은 특히 필요한 경우에는 법령으로 정하는 바에 따라 위임 또는 위탁을 받은 사무의 일부를 보조기관 또는 하급행정기관에 재위임할 수 있다.
> ② 보조기관은 제1항에 따라 위임받은 사항에 대하여는 그 범위에서 행정기관으로서 그 사무를 수행한다.

③ 행정기관은 법령으로 정하는 바에 따라 그 소관사무 중 조사·검사·검정·관리 업무 등 국민의 권리·의무와 직접 관계되지 아니하는 사무를 지방자치단체가 아닌 법인·단체 또는 그 기관이나 개인에게 위탁할 수 있다.

제7조【행정기관의 장의 직무권한】 ① 각 행정기관의 장은 소관사무를 통할하고 소속공무원을 지휘·감독한다.

② 차관(제29조 제2항·제34조 제3항 및 제38조 제2항에 따라 과학기술정보통신부·행정안전부 및 산업통상자원부에 두는 본부장을 포함한다. 이하 이 조에서 같다) 또는 차장(국무조정실 차장을 포함한다. 이하 이 조에서 같다)은 그 기관의 장을 보좌하여 소관사무를 처리하고 소속공무원을 지휘·감독하며, 그 기관의 장이 사고로 직무를 수행할 수 없으면 그 직무를 대행한다. 다만, 차관 또는 차장이 2명 이상인 기관의 장이 사고로 직무를 수행할 수 없으면 대통령령으로 정하는 순서에 따라 그 직무를 대행한다.

③ 각 행정기관의 보조기관은 그 기관의 장, 차관 또는 차장을 보좌하여 소관사무를 처리하고 소속공무원을 지휘·감독한다.

④ 제1항과 제2항의 경우에 소속청에 대하여는 중요정책수립에 관하여 그 청의 장을 직접 지휘할 수 있다.

⑤ 부·처의 장은 그 소관사무의 효율적 추진을 위하여 필요한 경우에는 국무총리에게 소관사무와 관련되는 다른 행정기관의 사무에 대한 조정을 요청할 수 있다.

제9조【예산조치와의 병행】 행정기관 또는 소속기관을 설치하거나 공무원의 정원을 증원할 때에는 반드시 예산상의 조치가 병행되어야 한다.

지방자치법

제129조【합의제행정기관】 ① 지방자치단체는 소관 사무의 일부를 독립하여 수행할 필요가 있으면 법령이나 그 지방자치단체의 조례로 정하는 바에 따라 합의제행정기관을 설치할 수 있다.

제130조【자문기관의 설치 등】 ① 지방자치단체는 소관 사무의 범위에서 법령이나 그 지방자치단체의 조례로 정하는 바에 따라 자문기관(소관 사무에 대한 자문에 응하거나 협의, 심의 등을 목적으로 하는 심의회, 위원회 등을 말한다. 이하 같다)을 설치·운영할 수 있다.

② 자문기관은 법령이나 조례에 규정된 기능과 권한을 넘어서 주민의 권리를 제한하거나 의무를 부과하는 내용으로 자문 또는 심의 등을 하여서는 아니 된다.

2. 행정기관의 종류

구분	개념	예
행정관청	행정주체를 위해서 의사를 결정하고 이를 대외적으로 표시하는 기관	각부장관, 지방자치단체의 장, 합의제관청
보조기관	행정청에 소속되어 의사결정이나 표시를 보조하는 기관	차관, 실장, 국장, 과장 등
보좌기관	행정관청 또는 보조기관의 업무를 간접적으로 지원하는 참모적 기능을 담당하는 기관	차관보, 담당관 등
자문기관	행정청의 요청으로 또는 자진하여 행정청의 의사결정에 의견을 제공하는 행정기관	국가안전보장회의, 민주평화통일자문회의, 국가원로자문회의
의결기관	행정에 관한 의사를 결정할 수 있는 권한을 가지는 합의제 행정기관(외부에 표시할 권한을 갖지는 않는다)	징계위원회, 지방의회, 정보공개심의회
집행기관	행정청의 명을 받아 실력행사를 통하여 국가의사를 강제적으로 실현시키는 행정기관	경찰공무원, 세무공무원 등
감사기관	행정기관의 사무처리나 회계를 감시·검사하는 기관	감사원 등
공기업기관·영조물기관	공기업 경영 또는 영조물 관리를 임무로 하는 기관	• 공기업기관(철도관서, 체신관서 등) • 영조물기관(국립병원, 국립대학 등)
부속기관	정부조직에 있어서 행정권의 직접적인 행사를 임무로 하는 기관에 부속하여 그 기관을 지원하는 기관	시험연구기관·교육훈련기관·문화기관 등

✐ 의결기관의 결정은 구속력을 가지므로 행정청이 의결기관의 결정과 다른 결정을 하였다면, 그 결정은 원칙적으로 무효이다.
✐ 의결기관의 결정에 따른 것이라 하더라도 사회통념상 현저히 타당성이 없다면 재량권의 일탈·남용이 될 수 있다.

3. 행정관청의 권한

1) 권한의 의의

행정관청이 행정주체를 위하여 법령상 유효한 의사를 결정하고 이를 대외적으로 표시할 수 있는 범위를 말한다.

2) 권한의 획정

행정관청의 권한은 헌법·법률 또는 법규명령이나 조례 등에 의해 정해진다(행정권한 법정주의).

> **행정절차법 제6조【관할】** ① 행정청이 그 관할에 속하지 아니하는 사안을 접수하였거나 이송받은 경우에는 지체 없이 이를 관할 행정청에 이송하여야 하고 그 사실을 신청인에게 통지하여야 한다. 행정청이 접수하거나 이송받은 후 관할이 변경된 경우에도 또한 같다.
> ② 행정청의 관할이 분명하지 아니한 경우에는 해당 행정청을 공통으로 감독하는 상급 행정청이 그 관할을 결정하며, 공통으로 감독하는 상급 행정청이 없는 경우에는 각 상급 행정청이 협의하여 그 관할을 결정한다.

4. 권한의 대리

1) 개념

행정청이 자신의 권한의 전부 또는 일부를 다른 기관으로 하여금 행사하게 하는 것이다. 이때 그 다른 기관은 피대리청을 위한 것임을 표시하여 자기의 이름으로 행위하고(현명주의), 그 행위의 효과는 직접 피대리청에 발생한다.

2) 구별개념

(1) 위임

대리는 권한의 귀속 자체를 변경한 것이 아니므로 위임청의 권한이 소멸되는 것은 아니다. 반면에 위임은 법령상 정해진 자기의 권한의 일부를 다른 행정청의 권한으로 이전하므로 위임청의 권한이 소멸된다. 이때 위임은 반드시 법적 근거가 있어야 하나, 임의대리의 경우에는 반드시 법적 근거를 요하지는 않는다.

(2) 내부위임(위임전결)

행정청이 보조기관 또는 하급기관에 소관사무의 처리를 위임하면서도, 그 업무에 대한 대외적인 권한행사를 원래 행정청의 명의로 하는 경우이다. 실질적으로 권한을 행사하는 보조기관 또는 하급기관이 외부에 표시되지 않는다는 점에서 대리와 구별된다.

(3) 대결

결재권자의 일시 부재시(출장·휴가 등)에 그 직무를 대리하는 사람이 외부에 표시함이 없이 대신하여 결재하는 경우이다.

(4) 대표

대표자인 행정청의 행위가 직접 국가 또는 지방자치단체의 행위가 된다. 국가를 당사자 또는 참가인으로 하는 소송에 있어서 법무부장관이 국가를 대표하는 것이 그 예이다.

3) 대리의 종류

(1) 임의대리

① **개념**: 피대리관청의 대리권 부여라는 수권행위에 의해 발생하는 대리행위이다.

② **근거**: 대리는 권한의 이전을 가져오는 것은 아니므로 권한의 위임과는 달리 반드시 법적 근거를 요하는 것은 아니다.

③ **대리권의 범위**: 수권은 권한의 일부에 대해서만 인정될 수 있으며, 권한 전부에 대한 대리는 허용되지 않는다. 또한, 법령에서 반드시 특정 기관만이 하도록 규정한 행위도 수권의 대상이 되지 못한다.

④ **대리행위의 효과**: 대리관청의 행위는 피대리관청의 행위로 귀속된다.

⑤ **대리관청과 피대리관청의 관계**: 대리관청은 피대리관청의 권한을 자기의 책임하에 자기의 이름으로 행사하게 된다. 피대리관청은 대리관청의 선임·지휘 및 감독에 대한 권한을 행사할 수 있으며, 또한 그에 대한 책임도 부담한다.

⑥ **복대리**: 복대리는 원칙적으로 허용되지 않는다.

(2) 법정대리·지정대리

① **법정대리**: 법령의 규정에 의하여 일정한 사실이 발생하면 당연히 대리관계가 발생한다.

> **헌법 제71조** 대통령이 궐위되거나 사고로 인하여 직무를 수행할 수 없을 때에는 국무총리, 법률이 정한 국무위원의 순서로 그 권한을 대행한다.
>
> **정부조직법**
> **제12조【국무회의】** ① 대통령은 국무회의 의장으로서 회의를 소집하고 이를 주재한다.
> ② 의장이 사고로 직무를 수행할 수 없는 경우에는 부의장인 국무총리가 그 직무를 대행하고, 의장과 부의장이 모두 사고로 직무를 수행할 수 없는 경우에는 기획재정부장관이 겸임하는 부총리, 교육부장관이 겸임하는 부총리 및 제26조 제1항에 규정된 순서에 따라 국무위원이 그 직무를 대행한다.
>
> **제22조【국무총리의 직무대행】** 국무총리가 사고로 직무를 수행할 수 없는 경우에는 기획재정부장관이 겸임하는 부총리, 교육부장관이 겸임하는 부총리의 순으로 직무를 대행하고, 국무총리와 부총리가 모두 사고로 직무를 수행할 수 없는 경우에는 대통령의 지명이 있으면 그 지명을 받은 국무위원이, 지명이 없는 경우에는 제26조 제1항에 규정된 순서에 따른 국무위원이 그 직무를 대행한다.

② **지정대리** : 법령의 규정에 의하여 일정한 사실이 발생하면 일정한 자가 대리자를 지정함으로써 대리관계가 발생하는 경우이다.

서리란 피대리관청의 지위에 있는 자가 공석인 경우에 정식으로 후임자가 결정되기 전까지 일시적으로 지정하는 대리자이다. 따라서 서리의 경우 지정대리에 해당한다.

③ **대리권의 범위** : 협의의 법정대리와 지정대리 모두 피대리관청의 권한의 전부에 미친다.

④ **대리관청과 피대리관청의 관계** : 대리청은 피대리청의 권한을 자기의 책임하에 행사한다. 그러나 피대리청은 대리청의 선임·지휘·감독에 책임을 지지 않는다는 점에서 임의대리와 다르다.

⑤ **복대리** : 법정대리에서는 신뢰관계가 없으므로 복대리가 가능한 것으로 본다.

5. 권한의 위임

1) 개념

행정청이 그의 권한의 일부를 다른 행정기관에 이전하여, 그 수임기관의 권한으로 행사하게 하는 것을 말한다.

2) 구별개념

(1) 내부위임

권한의 위임은 수임기관이 자신의 명의와 책임으로 위임기관의 권한을 행사한 것이나, 내부위임은 내부적인 사무처리의 편의를 위한 것으로 보조기관 또는 하급기관에 의하여 위임자의 명의로 수임자가 위임자의 권한을 행사하는 것을 말한다. 내부위임의 경우에는 수임관청이 자기의 이름으로 그 권한을 행사하였다면 그 하자는 원칙적으로 무효사유에 해당한다. 내부위임은 권한의 위임과 달리 법적 근거를 요하지 않는다.

`판례`

내부위임은 법률이 위임을 허용하고 있지 아니한 경우에도 가능하다.

행정권한의 위임은 행정관청이 법률에 따라 특정한 권한을 다른 행정관청에 이전하여 수임관청의 권한으로 행사하도록 하는 것이어서 권한의 법적인 귀속을 변경하는 것이므로 법률이 위임을 허용하고 있는 경우에 한하여 인정된다 할 것이고, 이에 반하여 행정권한의 내부위임은 법률이 위임을 허용하고 있지 아니한 경우에도 행정관청의 내부적인 사무처리의 편의를 도모하기 위하여 그의 보조기관 또는 하급행정관청으로 하여금 그의 권한을 사실상 행사하게 하는 것이므로, 권한위임의 경우에는 수임관청이 자기의 이름으로 그 권한행사를 할 수 있지만 내부위임의 경우에는 수임관청은 위임관청의 이름으로만 그 권한을 행사할 수 있을 뿐 자기의 이름으로는 그 권한을 행사할 수 없다(대법원 1995. 11. 28. 94누6475).

(2) 권한의 이양

권한의 이양은 권한 자체가 확정적으로 다른 기관에 이전되는 경우이다.

권한의 위임은 권한에 대한 이전을 의미하지만, 수임청의 권한은 잠정적이고 위임청은 그 권한을 언제나 회수할 수 있다. 그러나 권한의 이양은 수권규범의 변경을 통하여 이루어지므로, 수권규범의 변경이 없는 한 권한의 회수는 불가능하다.

3) 법적 근거

권한의 위임은 반드시 법적 근거를 요한다. 행정권한의 위임에 관한 개별규정이 없는 경우 정부조직법 또는 지방자치법 등의 일반적 규정이 권한의 위임 및 재위임의 법적 근거가 될 수 있다.

판례

권한의 위임·재위임은 반드시 법적 근거를 요한다.

[1] 도시재개발법 제8조, 같은법시행령 제58조 제1항 제12호에 의하면 건설부장관의 권한에 속하는 도시재개발법 제41조의 규정에 의한 관리처분계획의 인가 등 처분권한은 시·도지사에게 위임되었을 뿐 시·도지사가 이를 구청장, 시장, 군수에게 재위임할 수 있는 근거규정은 없으나, 정부조직법 제5조 제1항과 이에 기한 행정권한의 위임 및 위탁에 관한 규정 제4조에 재위임에 관한 일반적인 근거규정이 있으므로, 시·도지사는 그 재위임에 관한 일반적인 규정에 따라 위임받은 위 처분권한을 구청장 등에게 재위임할 수 있다.

[2] 관리처분계획의 인가 등에 관한 사무는 국가사무로서 지방자치단체의 장에게 위임된 이른바 기관위임사무에 해당하므로, 시·도지사가 지방자치단체의 조례에 의하여 이를 구청장 등에게 재위임할 수는 없고, 행정권한의 위임 및 위탁에 관한 규정 제4조에 의하여 위임기관의 장의 승인을 얻은 후 지방자치단체의 장이 제정한 규칙이 정하는 바에 따라 재위임하는 것만이 가능하다(대법원 1995. 8. 22. 94누5694 전원합의체).

4) 위임의 사항

(1) 권한의 일부위임

행정관청의 권한의 위임은 위임청의 권한의 일부에 대해서만 인정된다. 권한의 전부를 위임하거나 본질적인 부분을 위임하는 것은 허용되지 않는다.

(2) 재위임

법령에서 정하는 바에 따라 수임사무의 일부를 재위임할 수 있다. 또한 기관위임사무의 경우도 위임기관 장의 승인을 얻은 후 지방자치단체의 장이 제정한 규칙이 정하는 바에 따라 재위임할 수 있다.

5) 위임의 효과

권한이 위임된 경우에는 위임기관 및 위탁기관은 당해 위임사항을 처리할 수 있는 권한을 잃게 되고, 그 사항은 수임기관의 권한으로 된다. 따라서 위임기관 및 위탁기관은 수임 및 수탁사무 처리에 있어서 수임기관 및 수탁기관에 대하여 사전승인을 받거나 협의할 것을 요구할 수 없다.

위임기관 및 위탁기관은 수임기관 및 수탁기관의 수임 및 수탁처리사무에 대하여 지휘·감독하고, 그 처리가 위법 또는 부당하다고 인정되는 때에는 이를 취소하거나 정지시킬 수 있다.

6) 피고적격

권한의 위임의 경우 수임청이 피고가 된다. 내부위임의 경우 위임청의 이름으로 처분한 때에는 위임청이 피고가 되나, 수임기관이 자신의 이름으로 처분한 때에는 수임기관이 피고가 된다.

6. 행정청 상호 간의 관계

1) 상·하행정청 간의 관계 − 권한감독

(1) 감시

상급행정청이 하급행정청의 사무처리상황을 파악하기 위하여 보고를 받고 서류장부를 검사하는 등 실제로 사무감사를 하는 것을 의미한다. 개별적인 법적 근거는 필요 없다.

(2) 훈령

① **의의** : 상급행정청이 하급행정청의 권한행사를 일반적으로 지휘하기 위하여 내리는 명령이다. 훈령은 상급행정청의 하급행정청에 대한 명령이라는 점에서 상관의 부하공무원에 대한 직무명령과는 다르다.

② **성질** : 훈령은 행정규칙에 해당하며 법규로서의 성질을 가지지 않는다. 따라서 하급행정청이 이를 위반하더라도 내부적 징계사유는 될 수 있으나 위법한 것은 아니다.

③ 종류

종류	내용
협의의 훈령	하급관청에 대하여 장기간에 걸쳐 일반적으로 지시하는 명령
지시	하급관청에 대하여 개별적 · 구체적으로 발하는 명령
예규	하급관청에 대하여 반복적인 행정업무의 처리기준을 제시하는 명령
일일명령	당직 · 출장 · 휴가 등의 일일업무에 관한 명령

(3) 인가 · 승인

하급관청이 일정한 권한을 행사함에 있어 상급관청으로부터 사전에 인가 · 승인 등을 받게 하는 것을 말하며, 보통 예방적 감독수단으로 이루어진다. 상급행정기관의 하급행정기관에 대한 승인 · 동의 · 지시 등은 행정기관 상호 간의 내부행위로서, 국민의 권리의무에 직접 영향을 미치는 것이 아니므로 행정처분이 아니다.

(4) 주관쟁의 결정

상급관청이 그 소속 하급관청 간에 권한에 대한 다툼이 있는 경우 이를 결정할 수 있는 권한이다. 행정관청 간의 권한에 대한 다툼이 있는 경우 공통의 상급관청이 없는 때에는 각각의 상급관청이 협의하여 결정하고, 협의가 이루어지지 않을 때에는 행정각부 간의 권한은 국무회의의 심의를 거쳐 대통령이 결정한다.

(5) 취소 · 정지

상급행정청이 직권으로 또는 당사자의 행정심판 기타 불복신청에 의하여 하급행정청의 위법 · 부당한 행위를 취소하거나 정지하는 권한이다. 이는 사후 교정적 감독수단이다.

2) 대등관청 상호 간의 관계

(1) 권한의 상호존중

대등한 행정관청 상호 간은 서로 권한을 존중하고 협력하여야 한다.

(2) 상호협력관계

① 협의 · 동의: 하나의 업무가 둘 이상의 행정청 간의 권한에 관련되는 경우에는 하나의 행정청이 주된 지위에 있고 다른 행정청이 부차적 지위에 있는 경우 주행정청은 관계행정청과 협의하여 결정한다. 관계행정청의 협의 의견은 주행정청의 의사결정을 구속하지 않는다. 모든 행정청이 주된 지위에 있는 경우에는 의사결정을 하기 위해서는 동의를 받아야 한다. 동의의견은 행정청의 의사결정을 구속한다(실질적으로 동의를 의미하는 협의인 경우에도 행정청의 의사결정을 구속한다).

② **사무위탁·촉탁**: 대등한 행정청 사이에 있어서 어느 행정청의 직무상 필요한 업무가 다른 행정청의 관할에 속한 경우 그 행정청에 업무처리를 위탁하여 처리시키는 것을 말한다.

③ **행정응원**: 대등한 행정청의 일방이 다른 행정청의 요청에 의해 또는 자발적으로 그 다른 행정청의 권한행사에 협력하는 것을 말한다.

1. 지방자치단체의 법적 지위

지방자치단체는 공법상의 법인으로서 권리·의무의 주체가 될 수 있는 권리능력을 가질 뿐만 아니라 행위능력도 갖는다. 그러나 지방자치단체는 기본권의 주체는 아니므로 헌법소원의 청구적격이 없다.

2. 지방자치단체의 종류와 관할

1) 종류

> **지방자치법 제2조【지방자치단체의 종류】** ① 지방자치단체는 다음의 두 가지 종류로 구분한다.
> 1. 특별시, 광역시, 특별자치시, 도, 특별자치도
> 2. 시, 군, 구
> ② 지방자치단체인 구(이하 "자치구"라 한다)는 특별시와 광역시의 관할 구역의 구만을 말하며, 자치구의 자치권의 범위는 법령으로 정하는 바에 따라 시·군과 다르게 할 수 있다.
> ③ 제1항의 지방자치단체 외에 특정한 목적을 수행하기 위하여 필요하면 따로 특별지방자치단체를 설치할 수 있다. 이 경우 특별지방자치단체의 설치 등에 관하여는 제12장에서 정하는 바에 따른다.

2) 법인격과 관할

> **지방자치법 제3조【지방자치단체의 법인격과 관할】** ① 지방자치단체는 법인으로 한다.
> ② 특별시, 광역시, 특별자치시, 도, 특별자치도(이하 "시·도"라 한다)는 정부의 직할(直轄)로 두고, 시는 도 또는 특별자치도의 관할 구역 안에, 군은 광역시·도 또는 특별자치도의 관할 구역 안에 두며, 자치구는 특별시와 광역시의 관할 구역 안에 둔다. 다만, 특별자치도의 경우에는 법률이 정하는 바에 따라 관할 구역 안에 시 또는 군을 두지 아니할 수 있다.
> ③ 특별시·광역시 또는 특별자치시가 아닌 인구 50만 이상의 시에는 자치구가 아닌 구를 둘 수 있고, 군에는 읍·면을 두며, 시와 구(자치구를 포함한다)에는 동을, 읍·면에는 리를 둔다.
> ④ 제10조 제2항에 따라 설치된 시에는 도시의 형태를 갖춘 지역에는 동을, 그 밖의 지역에는 읍·면을 두되, 자치구가 아닌 구를 둘 경우에는 그 구에 읍·면·동을 둘 수 있다.
> ⑤ 특별자치시와 관할 구역 안에 시 또는 군을 두지 아니하는 특별자치도의 하부행정기관에 관한 사항은 따로 법률로 정한다.

3) 관할구역

> **지방자치법**
> **제5조【지방자치단체의 명칭과 구역】** ① 지방자치단체의 명칭과 구역은 종전과 같이 하고, 명칭과 구역을 바꾸거나 지방자치단체를 폐지하거나 설치하거나 나누거나 합칠 때에는 법률로 정한다.
> ② 제1항에도 불구하고 지방자치단체의 구역변경 중 관할 구역 경계변경(이하 "경계변경"이라 한다)과 지방자치단체의 한자 명칭의 변경은 대통령령으로 정한다. 이 경우 경계변경의 절차는 제6조에서 정한 절차에 따른다.
> ③ 다음 각 호의 어느 하나에 해당할 때에는 관계 지방의회의 의견을 들어야 한다. 다만, 「주민투표법」 제8조에 따라 주민투표를 한 경우에는 그러하지 아니하다.
>   1. 지방자치단체를 폐지하거나 설치하거나 나누거나 합칠 때
>   2. 지방자치단체의 구역을 변경할 때(경계변경을 할 때는 제외한다)
>   3. 지방자치단체의 명칭을 변경할 때(한자 명칭을 변경할 때를 포함한다)
> **제6조【지방자치단체의 관할 구역 경계변경 등】** ① 지방자치단체의 장은 관할 구역과 생활권과의 불일치 등으로 인하여 주민생활에 불편이 큰 경우 등 대통령령으로 정하는 사유가 있는 경우에는 행정안전부장관에게 경계변경이 필요한 지역 등을 명시하여 경계변경에 대한 조정을 신청할 수 있다. 이 경우 지방자치단체의 장은 지방의회 재적의원 과반수의 출석과 출석의원 3분의 2 이상의 동의를 받아야 한다.

3. 주민

1) 개념

지방자치단체의 구역에 주소를 가진 자는 그 지방자치단체의 주민이 된다. 주소는 주민등록법에 의한 공법관계의 주소인 주민등록지를 의미한다.

2) 주민의 권리

(1) 공공시설이용권

주민은 법령으로 정하는 바에 따라 소속 지방자치단체의 재산과 공공시설을 이용할 권리와 그 지방자치단체로부터 균등하게 행정의 혜택을 받을 권리를 가진다.

> **판례**
>
> **공공시설이용권의 의미**
> 주민이 지방자치단체로부터 행정적 혜택을 균등하게 받을 수 있다는 권리를 추상적이고 선언적으로 규정한 것으로서, 위 규정에 의하여 주민이 지방자치단체에 대하여 구체적이고 특정한 권리가 발생하는 것이 아닐 뿐만 아니라, 지방자치단체가 주민에 대하여 균등한 행정적 혜택을 부여할 구체적인 법적 의무가 발생하는 것도 아니다(대법원 2008. 6. 12. 2007추42).

(2) 선거권과 피선거권

> **공직선거법**
> **제15조【선거권】** ② 18세 이상으로서 제37조 제1항에 따른 선거인명부작성기준일 현재 다음 각 호의 어느 하나에 해당하는 사람은 그 구역에서 선거하는 지방자치단체의 의회의원 및 장의 선거권이 있다.
> 1. 「주민등록법」 제6조 제1항 제1호 또는 제2호에 해당하는 사람으로서 해당 지방자치단체의 관할 구역에 주민등록이 되어 있는 사람
> 2. 「주민등록법」 제6조 제1항 제3호에 해당하는 사람으로서 주민등록표에 3개월 이상 계속하여 올라 있고 해당 지방자치단체의 관할구역에 주민등록이 되어 있는 사람
> 3. 「출입국관리법」 제10조에 따른 영주의 체류자격 취득일 후 3년이 경과한 외국인으로서 같은 법 제34조에 따라 해당 지방자치단체의 외국인등록대장에 올라 있는 사람
>
> **제16조【피선거권】** ③ 선거일 현재 계속하여 60일 이상 해당 지방자치단체의 관할구역에 주민등록이 되어 있는 주민으로서 18세 이상의 국민은 그 지방의회의원 및 지방자치단체의 장의 피선거권이 있다.

(3) 주민투표권

지방자치단체의 장은 주민에게 과도한 부담을 주거나 중대한 영향을 미치는 지방자치단체의 주요 결정사항 등에 대하여 주민투표에 부칠 수 있다. 주민은 지방자치단체의 장이 실시하는 주민투표에 참여할 권리를 가진다.

판례

주민투표권은 헌법상 보장되는 기본권은 아니다.

우리 헌법은 간접적인 참정권으로 선거권(헌법 제24조), 공무담임권(헌법 제25조)을, 직접적인 참정권으로 국민투표권(헌법 제72조, 제130조)을 규정하고 있을 뿐 주민투표권을 기본권으로 규정한 바가 없고 제117조, 제118조에서 제도적으로 보장하고 있는 지방자치단체의 자치의 내용도 자치단체의 설치와 존속 그리고 그 자치기능 및 자치사무로서 지방자치단체의 자치권의 본질적 사항에 관한 것이므로 주민투표권을 헌법상 보장되는 기본권이라고 하거나 헌법 제37조 제1항의 "헌법에 열거되지 아니한 권리"의 하나로 보기 어렵다(헌재 2005. 12. 22. 2004헌마530).

주민투표권자 **(주민투표법 제5조)**	① 18세 이상의 주민 중 투표인명부 작성기준일 현재 ㉠ 그 지방자치단체의 관할 구역에 주민등록이 되어 있는 사람, ㉡ 출입국관리 관계 법령에 따라 대한민국에 계속 거주할 수 있는 자격을 갖춘 외국인으로서 지방자치단체의 조례로 정한 사람 ② 주민투표권자의 연령은 투표일 현재를 기준으로 산정한다.
주민투표 대상 **(주민투표법 제7조①)**	주민에게 과도한 부담을 주거나 중대한 영향을 미치는 지방자치단체의 주요 결정사항은 주민투표에 부칠 수 있다.

주민투표 대상 제외 (주민투표법 제7조②)	① 법령에 위반되거나 재판 중인 사항 ② 국가 또는 다른 지방자치단체의 권한 또는 사무에 속하는 사항 ③ 지방자치단체가 수행하는 다음에 해당하는 사무의 처리에 관한 사항 　　㉠ 예산 편성·의결 및 집행 　　㉡ 회계·계약 및 재산관리 　　㉢ 지방세·사용료·수수료·분담금 등 각종 공과금의 부과 또는 감면에 　　　관한 사항 ④ 행정기구의 설치·변경에 관한 사항과 공무원의 인사·정원 등 신분과 보수 　에 관한 사항 ⑤ 다른 법률에 의하여 주민대표가 직접 의사결정주체로서 참여할 수 있는 공 　공시설의 설치에 관한 사항. 다만, 지방의회가 주민투표의 실시를 청구하는 　경우에는 그러하지 아니하다. ⑥ 동일한 사항(그 사항과 취지가 동일한 경우를 포함한다)에 대하여 주민투표 　가 실시된 후 2년이 경과되지 아니한 사항
실시요건 (주민투표법 제9조②·⑤·⑥)	① 주민투표청구권자 총수의 20분의 1 이상 5분의 1 이하의 범위에서 지방자치 　단체의 조례로 정하는 수 이상의 서명으로 그 지방자치단체의 장에게 주민 　투표의 실시를 청구하는 경우 ② 지방의회는 재적의원 과반수의 출석과 출석의원 3분의 2 이상의 찬성으로 　그 지방자치단체의 장에게 주민투표의 실시를 청구하는 경우 ③ 지방자치단체의 장은 직권에 의하여 주민투표를 실시하고자 하는 때에는 그 　지방의회 재적의원 과반수의 출석과 출석의원 과반수의 동의를 얻어야 한다.
결과확정 (주민투표법 제24조①)	주민투표권자 총수의 4분의 1 이상의 투표와 유효투표수 과반수의 득표로 확정 된다. 다만, ① 전체 투표수가 주민투표권자 총수의 4분의 1에 미달되는 경우, ② 주민투표에 부쳐진 사항에 관한 유효득표수가 동수인 경우에는 찬성과 반대 양자를 모두 수용하지 아니하거나, 양자택일의 대상이 되는 사항 모두를 선택하 지 아니하기로 확정된 것으로 본다.

(4) 조례의 제정과 개정·폐지 청구

주민조례발안에 관한 법률
제2조【주민조례청구권자】 18세 이상의 주민으로서 다음 각 호의 어느 하나에 해당하는 사람은 해당 지방자치단체의 의회에 조례를 제정하거나 개정 또는 폐지할 것을 청구할 수 있다.
1. 해당 지방자치단체의 관할 구역에 주민등록이 되어 있는 사람
2. 「출입국관리법」 제10조에 따른 영주(永住)할 수 있는 체류자격 취득일 후 3년이 지난 외국인으로서 같은 법 제34조에 따라 해당 지방자치단체의 외국인등록대장에 올라 있는 사람

제4조【주민조례청구 제외 대상】 다음 각 호의 사항은 주민조례청구 대상에서 제외한다.
1. 법령을 위반하는 사항
2. 지방세·사용료·수수료·부담금을 부과·징수 또는 감면하는 사항
3. 행정기구를 설치하거나 변경하는 사항
4. 공공시설의 설치를 반대하는 사항

⑸ 규칙의 제정과 개정·폐지 의견 제출

지방자치법 제20조【규칙의 제정과 개정·폐지 의견 제출】 ① 주민은 제29조에 따른 규칙(권리·의무와 직접 관련되는 사항으로 한정한다)의 제정, 개정 또는 폐지와 관련된 의견을 해당 지방자치단체의 장에게 제출할 수 있다.
② 법령이나 조례를 위반하거나 법령이나 조례에서 위임한 범위를 벗어나는 사항은 제1항에 따른 의견 제출 대상에서 제외한다.
③ 지방자치단체의 장은 제1항에 따라 제출된 의견에 대하여 의견이 제출된 날부터 30일 이내에 검토 결과를 그 의견을 제출한 주민에게 통보하여야 한다.

⑹ 주민감사청구권

지방자치법 제21조【주민의 감사 청구】 ① 지방자치단체의 18세 이상의 주민으로서 다음 각 호의 어느 하나에 해당하는 사람(「공직선거법」 제18조에 따른 선거권이 없는 사람은 제외한다. 이하 이 조에서 "18세 이상의 주민"이라 한다)은 시·도는 300명, 제198조에 따른 인구 50만 이상 대도시는 200명, 그 밖의 시·군 및 자치구는 150명 이내에서 그 지방자치단체의 조례로 정하는 수 이상의 18세 이상의 주민이 연대 서명하여 그 지방자치단체와 그 장의 권한에 속하는 사무의 처리가 법령에 위반되거나 공익을 현저히 해친다고 인정되면 시·도의 경우에는 주무부장관에게, 시·군 및 자치구의 경우에는 시·도지사에게 감사를 청구할 수 있다.
1. 해당 지방자치단체의 관할 구역에 주민등록이 되어 있는 사람
2. 「출입국관리법」 제10조에 따른 영주(永住)할 수 있는 체류자격 취득일 후 3년이 경과한 외국인으로서 같은 법 제34조에 따라 해당 지방자치단체의 외국인등록대장에 올라 있는 사람
② 다음 각 호의 사항은 감사 청구의 대상에서 제외한다.
1. 수사나 재판에 관여하게 되는 사항
2. 개인의 사생활을 침해할 우려가 있는 사항
3. 다른 기관에서 감사하였거나 감사 중인 사항. 다만, 다른 기관에서 감사한 사항이라도 새로운 사항이 발견되거나 중요 사항이 감사에서 누락된 경우와 제22조 제1항에 따라 주민소송의 대상이 되는 경우에는 그러하지 아니하다.
4. 동일한 사항에 대하여 제22조 제2항 각 호의 어느 하나에 해당하는 소송이 진행 중이거나 그 판결이 확정된 사항
③ 제1항에 따른 청구는 사무처리가 있었던 날이나 끝난 날부터 3년이 지나면 제기할 수 없다.

구분	조례제정·개폐청구권	감사청구권
청구권자	18세 이상의 주민 (선거권이 없는 자는 제외)	18세 이상의 주민 (선거권이 없는 자는 제외)
대상 사무	자치사무 + 단체위임사무 (기관위임사무는 제외)	모든 사무 (자치사무 + 단체위임사무 + 기관위임사무)
제외대상	① 법령을 위반하는 사항 ② 지방세·사용료·수수료·부담금의 부과·징수 또는 감면에 관한 사항 ③ 행정기구를 설치하거나 변경하는 것에 관한 사항 ④ 공시설의 설치를 반대하는 사항	① 수사나 재판에 관여하게 되는 사항 ② 사생활을 침해할 우려가 있는 사항 ③ 다른 기관에서 감사하였거나 감사 중인 사항. 다만, 다른 기관에서 감사한 사항이라도 새로운 사항이 발견되거나 중요 사항이 감사에서 누락된 경우와 제17조 제1항에 따라 주민소송의 대상이 되는 경우에는 그러하지 아니하다. ④ 동일한 사항에 대하여 주민소송이 진행 중이거나 그 판결이 확정된 사항 ⑤ 사무처리가 있었던 날이나 끝난 날부터 3년이 지난 업무
상대방	지방의회(지방자치단체장)	① 시·도의 사무는 주무부장관 ② 시·군 및 자치구 사무는 시·도지사

⑺ 주민소송권

> **지방자치법 제22조 【주민소송】** ① 제21조 제1항에 따라 공금의 지출에 관한 사항, 재산의 취득·관리·처분에 관한 사항, 해당 지방자치단체를 당사자로 하는 매매·임차·도급 계약이나 그 밖의 계약의 체결·이행에 관한 사항 또는 지방세·사용료·수수료·과태료 등 공금의 부과·징수를 게을리한 사항을 감사 청구한 주민은 다음 각 호의 어느 하나에 해당하는 경우에 그 감사 청구한 사항과 관련이 있는 위법한 행위나 업무를 게을리한 사실에 대하여 해당 지방자치단체의 장(해당 사항의 사무처리에 관한 권한을 소속 기관의 장에게 위임한 경우에는 그 소속 기관의 장을 말한다. 이하 이 조에서 같다)을 상대방으로 하여 소송을 제기할 수 있다.
>   1. 주무부장관이나 시·도지사가 감사 청구를 수리한 날부터 60일(제21조 제9항 단서에 따라 감사 기간이 연장된 경우에는 연장된 기간이 끝난 날을 말한다)이 지나도 감사를 끝내지 아니한 경우
>   2. 제21조 제9항 및 제10항에 따른 감사 결과 또는 같은 조 제12항에 따른 조치 요구에 불복하는 경우
>   3. 제21조 제12항에 따른 주무부장관이나 시·도지사의 조치 요구를 지방자치단체의 장이 이행하지 아니한 경우
>   4. 제21조 제12항에 따른 지방자치단체의 장의 이행 조치에 불복하는 경우

② 제1항에 따라 주민이 제기할 수 있는 소송은 다음 각 호와 같다.

　1. 해당 행위를 계속하면 회복하기 어려운 손해를 발생시킬 우려가 있는 경우에는 그 행위의 전부나 일부를 중지할 것을 요구하는 소송

　2. 행정처분인 해당 행위의 취소 또는 변경을 요구하거나 그 행위의 효력 유무 또는 존재 여부의 확인을 요구하는 소송

　3. 게을리한 사실의 위법 확인을 요구하는 소송

　4. 해당 지방자치단체의 장 및 직원, 지방의회의원, 해당 행위와 관련이 있는 상대방에게 손해배상청구 또는 부당이득반환청구를 할 것을 요구하는 소송. 다만, 그 지방자치단체의 직원이 「회계관계직원 등의 책임에 관한 법률」 제4조에 따른 변상책임을 져야 하는 경우에는 변상명령을 할 것을 요구하는 소송을 말한다.

③ 제2항 제1호의 중지청구소송은 해당 행위를 중지할 경우 생명이나 신체에 중대한 위해가 생길 우려가 있거나 그 밖에 공공복리를 현저하게 해칠 우려가 있으면 제기할 수 없다.

④ 제2항에 따른 소송은 다음 각 호의 구분에 따른 날부터 90일 이내에 제기하여야 한다.

　1. 제1항 제1호: 해당 60일이 끝난 날(제21조 제9항 단서에 따라 감사기간이 연장된 경우에는 연장기간이 끝난 날을 말한다)

　2. 제1항 제2호: 해당 감사 결과나 조치 요구 내용에 대한 통지를 받은 날

　3. 제1항 제3호: 해당 조치를 요구할 때에 지정한 처리기간이 끝난 날

　4. 제1항 제4호: 해당 이행 조치 결과에 대한 통지를 받은 날

⑤ 제2항 각 호의 소송이 진행 중이면 다른 주민은 같은 사항에 대하여 별도의 소송을 제기할 수 없다.

⑥ 소송의 계속(繫屬) 중에 소송을 제기한 주민이 사망하거나 제16조에 따른 주민의 자격을 잃으면 소송절차는 중단된다. 소송대리인이 있는 경우에도 또한 같다.

⑦ 감사 청구에 연대 서명한 다른 주민은 제6항에 따른 사유가 발생한 사실을 안 날부터 6개월 이내에 소송절차를 수계(受繼)할 수 있다. 이 기간에 수계절차가 이루어지지 아니할 경우 그 소송절차는 종료된다.

⑧ 법원은 제6항에 따라 소송이 중단되면 감사 청구에 연대 서명한 다른 주민에게 소송절차를 중단한 사유와 소송절차 수계방법을 지체 없이 알려야 한다. 이 경우 법원은 감사 청구에 적힌 주소로 통지서를 우편으로 보낼 수 있고, 우편물이 통상 도달할 수 있을 때에 감사 청구에 연대 서명한 다른 주민은 제6항의 사유가 발생한 사실을 안 것으로 본다.

⑨ 제2항에 따른 소송은 해당 지방자치단체의 사무소 소재지를 관할하는 행정법원(행정법원이 설치되지 아니한 지역에서는 행정법원의 권한에 속하는 사건을 관할하는 지방법원 본원을 말한다)의 관할로 한다.

⑩ 해당 지방자치단체의 장은 제2항 제1호부터 제3호까지의 규정에 따른 소송이 제기된 경우 그 소송 결과에 따라 권리나 이익의 침해를 받을 제3자가 있으면 그 제3자에 대하여, 제2항 제4호에 따른 소송이 제기된 경우 그 직원, 지방의회의원 또는 상대방에 대하여 소송고지를 해 줄 것을 법원에 신청하여야 한다.

⑪ 제2항 제4호에 따른 소송이 제기된 경우에 지방자치단체의 장이 한 소송고지신청은 그 소송에 관한 손해배상청구권 또는 부당이득반환청구권의 시효중단에 관하여 「민법」 제168조 제1호에 따른 청구로 본다.

⑫ 제11항에 따른 시효중단의 효력은 그 소송이 끝난 날부터 6개월 이내에 재판상 청구, 파산절차참가, 압류 또는 가압류, 가처분을 하지 아니하면 효력이 생기지 아니한다.

⑬ 국가, 상급 지방자치단체 및 감사 청구에 연대 서명한 다른 주민과 제10항에 따라 소송고지를 받은 자는 법원에서 계속 중인 소송에 참가할 수 있다.

⑭ 제2항에 따른 소송에서 당사자는 법원의 허가를 받지 아니하고는 소의 취하, 소송의 화해 또는 청구의 포기를 할 수 없다.

⑮ 법원은 제14항에 따른 허가를 하기 전에 감사 청구에 연대 서명한 다른 주민에게 그 사실을 알려야 하며, 알린 때부터 1개월 이내에 허가 여부를 결정하여야 한다. 이 경우 통지방법 등에 관하여는 제8항 후단을 준용한다.

⑯ 제2항에 따른 소송은 「민사소송 등 인지법」 제2조 제4항에 따른 비재산권을 목적으로 하는 소송으로 본다.

⑰ 소송을 제기한 주민은 승소(일부 승소를 포함한다)한 경우 그 지방자치단체에 대하여 변호사 보수 등의 소송비용, 감사 청구절차의 진행 등을 위하여 사용된 여비, 그 밖에 실제로 든 비용을 보상할 것을 청구할 수 있다. 이 경우 지방자치단체는 청구된 금액의 범위에서 그 소송을 진행하는 데 객관적으로 사용된 것으로 인정되는 금액을 지급하여야 한다.

⑱ 제1항에 따른 소송에 관하여 이 법에 규정된 것 외에는 「행정소송법」에 따른다.

주민소송은 주민이 지방자치단체의 위법한 재무회계행위를 시정하기 위하여 법원에 제기하는 소송으로 주민의 감사청구권을 실효성 있게 해주는 기능을 가진다.

주민소송은 구체적 권리침해가 없어도 주민이 적법성 통제를 목적으로 제기하는 객관적 소송이며, 공익 목적으로 제기하는 민중소송에 해당한다.

대상 (제소사유)	① 주무부장관이나 시·도지사가 감사청구를 수리한 날부터 60일이 지나도 감사를 끝내지 아니한 경우 ② 감독청의 감사결과 또는 조치 요구에 불복하는 경우 ③ 주무부장관이나 시·도지사의 조치 요구를 지방자치단체의 장이 이행하지 아니한 경우 ④ 지방자치단체의 장의 이행조치에 불복하는 경우
원고적격	① 공금의 지출에 관한 사항, ② 재산의 취득·관리·처분에 관한 사항, ③ 해당 지방자치단체를 당사자로 하는 매매·임차·도급 계약이나 그 밖의 계약의 체결·이행에 관한 사항, ④ 지방세·사용료·수수료·과태료 등 공금의 부과·징수를 게을리한 사항으로 감사청구를 한 주민(1명의 청구도 가능, 감사청구 필요적 전치주의)
피고적격	해당 지방자치단체의 장
소송유형	① 회복하기 어려운 손해를 발생시킬 우려가 있는 행위의 전부나 일부를 중지할 것을 요구하는 소송 ② 행정처분인 해당 행위의 취소 또는 변경을 요구하거나 그 행위의 효력 유무 또는 존재 여부의 확인을 요구하는 소송 ③ 게을리한 사실의 위법 확인을 요구하는 소송 ④ 손해배상청구 또는 부당이득반환청구를 할 것을 요구하는 소송
제소기간	제소사유가 발생한 날로부터 90일 이내

(8) 주민소환권

판례⁺

주민소환법은 주민소환의 청구사유에 제한을 두지 않는다.

주민소환은 주민의 의사에 의하여 공직자를 공직에서 해임시키는 것으로서 직접민주제 원리에 충실한 제도이다. 이러한 주민소환은 주민이 지방의원·지방자치단체장 기타 지방자치단체의 공무원을 임기 중에 주민의 청원과 투표로써 해임하는 제도이고, 이는 주민에 의한 지방행정 통제의 가장 강력한 수단으로서 주민의 참정기회를 확대하고 주민대표의 정책이나 행정처리가 주민의사에 반하지 않도록 주민대표자기관이나 행정기관을 통제하여 주민에 대한 책임성을 확보하는 데 그 목적이 있다.

주민소환제를 규범적인 차원에서 정치적인 절차로 설계할 것인지, 아니면 사법적인 절차로 할 것인지는 현실적인 차원에서 입법자가 여러 가지 사정을 고려하여 정책적으로 결정할 사항이라 할 것이다. 그런데 주민소환법에 주민소환의 청구사유를 두지 않은 것은 입법자가 주민소환을 기본적으로 정치적인 절차로 설정한 것으로 볼 수 있고, 외국의 입법례도 청구사유에 제한을 두지 않는 경우가 많다는 점을 고려할 때 우리의 주민소환제는 기본적으로 정치적인 절차로서의 성격이 강한 것으로 평가될 수 있다 할 것이다(헌재 2009. 3. 26. 2007헌마843).

주민소환 투표권자	① 19세 이상의 주민으로서 당해 지방자치단체 관할구역에 주민등록이 되어 있는 자 ② 19세 이상의 외국인으로서 출입국관리법상 영주의 체류자격 취득일 후 3년이 경과한 자 중 당해 지방자치단체 관할구역의 외국인등록대장에 등재된 자
소환대상	지방자치단체의 장 및 지방의회의원(비례대표 지방의회의원은 제외)
권한행사 정지	주민소환투표대상자는 주민소환투표안을 공고한 때부터 주민소환투표결과를 공표할 때까지 그 권한행사가 정지된다.
투표결과 확정	주민소환투표권자 총수의 3분의 1 이상의 투표와 유효투표 총수 과반수의 찬성으로 확정된다. 다만 전체 주민소환투표자의 수가 주민소환투표권자 총수의 3분의 1에 미달하는 때에는 개표를 하지 아니한다.
투표효력	주민소환이 확정된 때에는 주민소환투표대상자는 그 결과가 공표된 시점부터 그 직을 상실한다. 한편 그 직을 상실한 자는 그로 인하여 실시하는 이 법 또는 공직선거법에 의한 해당 보궐선거에 후보자로 등록할 수 없다.

(9) 청원권

주민은 지방의회에 청원할 수 있다. 지방의회에 청원을 하고자 하는 자는 지방의회의원의 소개를 얻어 청원서를 제출하여야 한다. 다만, 재판에 간섭하거나 법령에 위배되는 내용의 청원은 거부된다.

4. 자치입법권

1) 원칙

지방자치단체가 자치업무에 관하여 필요한 자치법규를 제정할 수 있다. 자치법규로서 조례, 규칙, 그 밖에 교육규칙을 인정하고 있다.

2) 조례제정권

지방자치법
제28조【조례】 ① 지방자치단체는 법령의 범위에서 그 사무에 관하여 조례를 제정할 수 있다. 다만, 주민의 권리 제한 또는 의무 부과에 관한 사항이나 벌칙을 정할 때에는 법률의 위임이 있어야 한다.
② 법령에서 조례로 정하도록 위임한 사항은 그 법령의 하위 법령에서 그 위임의 내용과 범위를 제한하거나 직접 규정할 수 없다.
제32조【조례와 규칙의 제정 절차 등】 ① 조례안이 지방의회에서 의결되면 지방의회의 의장은 의결된 날부터 5일 이내에 그 지방자치단체의 장에게 이송하여야 한다.
② 지방자치단체의 장은 제1항의 조례안을 이송받으면 20일 이내에 공포하여야 한다.
③ 지방자치단체의 장은 이송받은 조례안에 대하여 이의가 있으면 제2항의 기간에 이유를 붙여 지방의회로 환부(還付)하고, 재의(再議)를 요구할 수 있다. 이 경우 지방자치단체의 장은 조례안의 일부에 대하여 또는 조례안을 수정하여 재의를 요구할 수 없다.
④ 지방의회는 제3항에 따라 재의 요구를 받으면 조례안을 재의에 부치고 재적의원 과반수의 출석과 출석의원 3분의 2 이상의 찬성으로 전(前)과 같은 의결을 하면 그 조례안은 조례로서 확정된다.
⑤ 지방자치단체의 장이 제2항의 기간에 공포하지 아니하거나 재의 요구를 하지 아니하더라도 그 조례안은 조례로서 확정된다.
⑥ 지방자치단체의 장은 제4항 또는 제5항에 따라 확정된 조례를 지체 없이 공포하여야 한다. 이 경우 제5항에 따라 조례가 확정된 후 또는 제4항에 따라 확정된 조례가 지방자치단체의 장에게 이송된 후 5일 이내에 지방자치단체의 장이 공포하지 아니하면 지방의회의 의장이 공포한다.
⑦ 제2항 및 제6항 전단에 따라 지방자치단체의 장이 조례를 공포하였을 때에는 즉시 해당 지방의회의 의장에게 통지하여야 하며, 제6항 후단에 따라 지방의회의 의장이 조례를 공포하였을 때에는 그 사실을 즉시 해당 지방자치단체의 장에게 통지하여야 한다.
⑧ 조례와 규칙은 특별한 규정이 없으면 공포한 날부터 20일이 지나면 효력을 발생한다.

(1) 원칙

지방자치단체는 법령의 범위 내에서 지방의회의 의결을 거쳐 그 권한에 속하는 사무에 관하여 조례를 제정할 수 있다.

(2) 조례제정사무

조례제정사무는 자치사무와 단체위임사무이며, 기관위임사무는 원칙적으로 조례제정사무에서 제외된다. 다만 기관위임사무도 법령의 위임이 있는 경우에는 예외적으로 조례제정이 가능하다.

(3) 지방자치단체장의 고유 권한

지방자치단체장의 전속적 권한으로 정한 사항은 조례로써 제한할 수 없고, 그러한 내용의 조례는 무효이다.

(4) 조례제정권의 한계

① **법률유보의 원칙** : 조례는 법령의 범위 안에서 자치에 관한 규정을 정할 수 있다. 따라서 조례의 제정은 법령의 위임이 반드시 필요한 것은 아니다. 다만, 주민의 권리제한 또는 의무부과에 관한 사항이나 벌칙을 정할 때에는 법률의 위임이 있어야 한다.

② **법률우위의 원칙** : 조례는 법령의 범위 안에서 제정할 수 있으므로, 법령에 위반되는 조례는 무효이다.

3) 규칙제정권

> **지방자치법**
> **제29조【규칙】** 지방자치단체의 장은 법령 또는 조례의 범위에서 그 권한에 속하는 사무에 관하여 규칙을 제정할 수 있다.
> **제30조【조례와 규칙의 입법한계】** 시·군 및 자치구의 조례나 규칙은 시·도의 조례나 규칙을 위반해서는 아니 된다.

규칙은 지방자치단체의 장이 자치입법으로서 법령 또는 조례가 위임한 범위 안에서 자기권한에 속하는 사무에 관하여 제정하는 법이다. 따라서 규칙제정권은 법령이나 조례의 개별적·구체적 위임이 있는 경우에 한정된다.

5. 지방자치단체의 사무

1) 자치사무

자치사무는 주민의 복리증진이나 존립목적에 해당하는 지방자치단체의 고유한 업무로서 자기책임하에 처리하는 사무를 말한다.

자치사무를 처리함에 있어서 국가와 지방자치단체는 대등한 법적 지위를 갖는다. 따라서 국가의 위법한 침해에 대하여 지방자치단체는 행정소송을 통한 권리구제를 받을 수 있을 뿐만 아니라, 국가는 감독권 행사에 있어서도 합법성의 통제를 할 수 있음에 그치고 합목적성의 통제는 할 수 없다.

2) 위임사무

(1) 단체위임사무

단체위임사무는 국가나 다른 자치단체가 법령에 의하여 그의 사무를 지방자치단체에 위임한 사무를 말한다.

(2) 기관위임사무

기관위임사무는 국가나 다른 자치단체로부터 지방자치단체의 집행기관의 장에게 위임된 사무를 말한다. 따라서 기관위임사무는 지방자치단체장의 사무에 해당하며 지방자치단체의 사무는 아니다. 그러므로 기관위임사무는 조례로 재위임을 할 수 없으며, 위임기관 장의 승인을 얻어 지방자치단체장이 제정하는 규칙으로 재위임할 수 있다.

✦ 지방자치단체의 각 사무의 구별

구분	자치사무	단체위임사무	기관위임사무
자율성	○	△	×
감독범위	합법성 (위법만 심사)	합법성 + 합목적성 (부당까지 심사)	합법성 + 합목적성 (부당까지 심사)
조례제정	가능	가능	불가
지방의회 관여	가능	가능	불가
국가배상 책임주체	지방자치단체	지방자치단체 + 위임자 (병존책임)	지방자치단체 + 위임자 (병존책임)
비용부담	지방자치단체	위임자	위임자

6. 지방자치단체의 기관

1) 지방의회

(1) 법적 지위

지방자치단체의 의결기관으로서 주민에 의하여 선출된 의원을 구성원으로 하여 설립하는 합의제기관으로서 헌법기관이다.

(2) 지방의회의 권한

지방의회는 ① 의결권, ② 행정사무에 대한 감사·조사권, ③ 단체장 또는 공무원에 대한 출석·답변요구권, ④ 서류제출요구권, ⑤ 예산의 심의·확정, 결산의 승인, ⑥ 청원의 심사·처리권, ⑦ 자율권 등의 권한을 갖는다.

(3) 지방의회의원

지방의회의원은 4년의 임기 동안 법령의 범위 안에서 양심에 따라 지역주민의 공익을 위해 직무를 수행한다. 또한 지방의회의원은 발언권·표결권 및 정보권 등을 보장하고, 직무활동에 대한 월정 수당을 받을 권리를 가진다. 그러나 지방의회의 의원은 국회의원이 아니므로 면책특권이나 불체포특권은 없다.

지방의회의원은 지역주민의 선출에 의한 대표자로서 법적 의무를 지게 된다. 그 의무의 내용으로는 공익우선의 의무·청렴의무·품위유지의무·지위남용금지의 의무·겸직금지의 의무 등이 있다. 이에 위반하는 경우에는 지방의회의 의결로써 징계할 수 있다.

2) 지방자치단체의 장

(1) 법적 지위

지방자치단체의 장은 당해 자치단체의 집행기관과 기관위임사무를 수행하는 국가의 행정기관으로서의 이중적 지위를 가진다. 지방자치단체의 장의 임기는 4년으로 하며, 3기 내에서만 계속 재임할 수 있다.

(2) 지방자치단체의 장의 일반적 권한

> **지방자치법**
> **제114조【지방자치단체의 통할대표권】** 지방자치단체의 장은 지방자치단체를 대표하고, 그 사무를 총괄한다.
> **제115조【국가사무의 위임】** 시·도와 시·군 및 자치구에서 시행하는 국가사무는 시·도지사와 시장·군수 및 자치구의 구청장에게 위임하여 수행하는 것을 원칙으로 한다. 다만, 법령에 다른 규정이 있는 경우에는 그러하지 아니하다.

제116조【사무의 관리 및 집행권】 지방자치단체의 장은 그 지방자치단체의 사무와 법령에 따라 그 지방자치단체의 장에게 위임된 사무를 관리하고 집행한다.

제117조【사무의 위임 등】 ① 지방자치단체의 장은 조례나 규칙으로 정하는 바에 따라 그 권한에 속하는 사무의 일부를 보조기관, 소속 행정기관 또는 하부행정기관에 위임할 수 있다.

② 지방자치단체의 장은 조례나 규칙으로 정하는 바에 따라 그 권한에 속하는 사무의 일부를 관할 지방자치단체나 공공단체 또는 그 기관(사업소·출장소를 포함한다)에 위임하거나 위탁할 수 있다.

③ 지방자치단체의 장은 조례나 규칙으로 정하는 바에 따라 그 권한에 속하는 사무 중 조사·검사·검정·관리업무 등 주민의 권리·의무와 직접 관련되지 아니하는 사무를 법인·단체 또는 그 기관이나 개인에게 위탁할 수 있다.

④ 지방자치단체의 장이 위임받거나 위탁받은 사무의 일부를 제1항부터 제3항까지의 규정에 따라 다시 위임하거나 위탁하려면 미리 그 사무를 위임하거나 위탁한 기관의 장의 승인을 받아야 한다.

제118조【직원에 대한 임면권 등】 지방자치단체의 장은 소속 직원(지방의회의 사무직원은 제외한다)을 지휘·감독하고 법령과 조례·규칙으로 정하는 바에 따라 그 임면·교육훈련·복무·징계 등에 관한 사항을 처리한다.

제119조【사무인계】 지방자치단체의 장이 퇴직할 때에는 소관 사무 일체를 후임자에게 인계하여야 한다.

(3) 지방의회와의 관계

지방자치법

제120조【지방의회의 의결에 대한 재의 요구와 제소】 ① 지방자치단체의 장은 지방의회의 의결이 월권이거나 법령에 위반되거나 공익을 현저히 해친다고 인정되면 그 의결사항을 이송받은 날부터 20일 이내에 이유를 붙여 재의를 요구할 수 있다.

② 제1항의 요구에 대하여 재의한 결과 재적의원 과반수의 출석과 출석의원 3분의 2 이상의 찬성으로 전과 같은 의결을 하면 그 의결사항은 확정된다.

③ 지방자치단체의 장은 제2항에 따라 재의결된 사항이 법령에 위반된다고 인정되면 대법원에 소(訴)를 제기할 수 있다. 이 경우에는 제192조 제4항을 준용한다.

제121조【예산상 집행 불가능한 의결의 재의 요구】 ① 지방자치단체의 장은 지방의회의 의결이 예산상 집행할 수 없는 경비를 포함하고 있다고 인정되면 그 의결사항을 이송받은 날부터 20일 이내에 이유를 붙여 재의를 요구할 수 있다.

② 지방의회가 다음 각 호의 어느 하나에 해당하는 경비를 줄이는 의결을 할 때에도 제1항과 같다.

　1. 법령에 따라 지방자치단체에서 의무적으로 부담하여야 할 경비

　2. 비상재해로 인한 시설의 응급 복구를 위하여 필요한 경비

③ 제1항과 제2항의 경우에는 제120조 제2항을 준용한다.

제122조【지방자치단체의 장의 선결처분】 ① 지방자치단체의 장은 지방의회가 지방의회의원이 구속되는 등의 사유로 제73조에 따른 의결정족수에 미달될 때와 지방의회의 의결사항 중 주민의 생명과 재산 보호를 위하여 긴급하게 필요한 사항으로서 지방의회를 소집할 시간적 여유가 없거나 지방의회에서 의결이 지체되어 의결되지 아니할 때에는 선결처분을 할 수 있다.

② 제1항에 따른 선결처분은 지체 없이 지방의회에 보고하여 승인을 받아야 한다.

③ 지방의회에서 제2항의 승인을 받지 못하면 그 선결처분은 그때부터 효력을 상실한다.

④ 지방자치단체의 장은 제2항이나 제3항에 관한 사항을 지체 없이 공고하여야 한다.

PART 07

(4) 지방자치단체에 대한 국가의 관여

① **입법적 관여**: 지방자치단체의 조직·권한 및 운영에 관한 중요한 사항은 법률로 정한다. 이는 사전적 통제수단으로서의 의미가 있다.

② **사법적 관여**: 법원(행정심판·행정소송)과 헌법재판소(권한쟁의심판·헌법소원)는 재판을 통해 지방자치단체의 권한행사에 대한 적법성 여부를 판단한다. 이는 사후적 통제수단으로서의 의미가 있다.

③ **행정적 관여**

> **지방자치법**
>
> **제185조【국가사무나 시·도 사무 처리의 지도·감독】** ① 지방자치단체나 그 장이 위임받아 처리하는 국가사무에 관하여 시·도에서는 주무부장관, 시·군 및 자치구에서는 1차로 시·도지사, 2차로 주무부장관의 지도·감독을 받는다.
> ② 시·군 및 자치구나 그 장이 위임받아 처리하는 시·도의 사무에 관하여는 시·도지사의 지도·감독을 받는다.
>
> **제188조【위법·부당한 명령이나 처분의 시정】** ① 지방자치단체의 사무에 관한 지방자치단체의 장(제103조 제2항에 따른 사무의 경우에는 지방의회의 의장을 말한다. 이하 이 조에서 같다)의 명령이나 처분이 법령에 위반되거나 현저히 부당하여 공익을 해친다고 인정되면 시·도에 대해서는 주무부장관이, 시·군 및 자치구에 대해서는 시·도지사가 기간을 정하여 서면으로 시정할 것을 명하고, 그 기간에 이행하지 아니하면 이를 취소하거나 정지할 수 있다.
> ② 주무부장관은 지방자치단체의 사무에 관한 시장·군수 및 자치구의 구청장의 명령이나 처분이 법령에 위반되거나 현저히 부당하여 공익을 해침에도 불구하고 시·도지사가 제1항에 따른 시정명령을 하지 아니하면 시·도지사에게 기간을 정하여 시정명령을 하도록 명할 수 있다.
> ③ 주무부장관은 시·도지사가 제2항에 따른 기간에 시정명령을 하지 아니하면 제2항에 따른 기간이 지난 날부터 7일 이내에 직접 시장·군수 및 자치구의 구청장에게 기간을 정하여 서면으로 시정할 것을 명하고, 그 기간에 이행하지 아니하면 주무부장관이 시장·군수 및 자치구의 구청장의 명령이나 처분을 취소하거나 정지할 수 있다.
> ④ 주무부장관은 시·도지사가 시장·군수 및 자치구의 구청장에게 제1항에 따라 시정명령을 하였으나 이를 이행하지 아니한 데 따른 취소·정지를 하지 아니하는 경우에는 시·도지사에게 기간을 정하여 시장·군수 및 자치구의 구청장의 명령이나 처분을 취소하거나 정지할 것을 명하고, 그 기간에 이행하지 아니하면 주무부장관이 이를 직접 취소하거나 정지할 수 있다.
> ⑤ 제1항부터 제4항까지의 규정에 따른 자치사무에 관한 명령이나 처분에 대한 주무부장관 또는 시·도지사의 시정명령, 취소 또는 정지는 법령을 위반한 것에 한정한다.
> ⑥ 지방자치단체의 장은 제1항, 제3항 또는 제4항에 따른 자치사무에 관한 명령이나 처분의 취소 또는 정지에 대하여 이의가 있으면 그 취소처분 또는 정지처분을 통보받은 날부터 15일 이내에 대법원에 소를 제기할 수 있다.
>
> **제189조【지방자치단체의 장에 대한 직무이행명령】** ① 지방자치단체의 장이 법령에 따라 그 의무에 속하는 국가위임사무나 시·도위임사무의 관리와 집행을 명백히 게을리하고 있다고 인정되면 시·도에 대해서는 주무부장관이, 시·군 및 자치구에 대해서는 시·도지사가 기간을 정하여 서면으로 이행할 사항을 명령할 수 있다.

② 주무부장관이나 시·도지사는 해당 지방자치단체의 장이 제1항의 기간에 이행명령을 이행하지 아니하면 그 지방자치단체의 비용부담으로 대집행 또는 행정상·재정상 필요한 조치(이하 이 조에서 "대집행등"이라 한다)를 할 수 있다. 이 경우 행정대집행에 관하여는 「행정대집행법」을 준용한다.

③ 주무부장관은 시장·군수 및 자치구의 구청장이 법령에 따라 그 의무에 속하는 국가위임사무의 관리와 집행을 명백히 게을리하고 있다고 인정됨에도 불구하고 시·도지사가 제1항에 따른 이행명령을 하지 아니하는 경우 시·도지사에게 기간을 정하여 이행명령을 하도록 명할 수 있다.

④ 주무부장관은 시·도지사가 제3항에 따른 기간에 이행명령을 하지 아니하면 제3항에 따른 기간이 지난 날부터 7일 이내에 직접 시장·군수 및 자치구의 구청장에게 기간을 정하여 이행명령을 하고, 그 기간에 이행하지 아니하면 주무부장관이 직접 대집행등을 할 수 있다.

⑤ 주무부장관은 시·도지사가 시장·군수 및 자치구의 구청장에게 제1항에 따라 이행명령을 하였으나 이를 이행하지 아니한 데 따른 대집행등을 하지 아니하는 경우에는 시·도지사에게 기간을 정하여 대집행등을 하도록 명하고, 그 기간에 대집행등을 하지 아니하면 주무부장관이 직접 대집행등을 할 수 있다.

⑥ 지방자치단체의 장은 제1항 또는 제4항에 따른 이행명령에 이의가 있으면 이행명령서를 접수한 날부터 15일 이내에 대법원에 소를 제기할 수 있다. 이 경우 지방자치단체의 장은 이행명령의 집행을 정지하게 하는 집행정지결정을 신청할 수 있다.

제192조 【지방의회 의결의 재의와 제소】 ① 지방의회의 의결이 법령에 위반되거나 공익을 현저히 해친다고 판단되면 시·도에 대해서는 주무부장관이, 시·군 및 자치구에 대해서는 시·도지사가 해당 지방자치단체의 장에게 재의를 요구하게 할 수 있고, 재의 요구 지시를 받은 지방자치단체의 장은 의결사항을 이송받은 날부터 20일 이내에 지방의회에 이유를 붙여 재의를 요구하여야 한다.

② 시·군 및 자치구의회의 의결이 법령에 위반된다고 판단됨에도 불구하고 시·도지사가 제1항에 따라 재의를 요구하게 하지 아니한 경우 주무부장관이 직접 시장·군수 및 자치구의 구청장에게 재의를 요구하게 할 수 있고, 재의 요구 지시를 받은 시장·군수 및 자치구의 구청장은 의결사항을 이송받은 날부터 20일 이내에 지방의회에 이유를 붙여 재의를 요구하여야 한다.

③ 제1항 또는 제2항의 요구에 대하여 재의한 결과 재적의원 과반수의 출석과 출석의원 3분의 2 이상의 찬성으로 전과 같은 의결을 하면 그 의결사항은 확정된다.

④ 지방자치단체의 장은 제3항에 따라 재의결된 사항이 법령에 위반된다고 판단되면 재의결된 날부터 20일 이내에 대법원에 소를 제기할 수 있다. 이 경우 필요하다고 인정되면 그 의결의 집행을 정지하게 하는 집행정지결정을 신청할 수 있다.

⑤ 주무부장관이나 시·도지사는 재의결된 사항이 법령에 위반된다고 판단됨에도 불구하고 해당 지방자치단체의 장이 소를 제기하지 아니하면 시·도에 대해서는 주무부장관이, 시·군 및 자치구에 대해서는 시·도지사(제2항에 따라 주무부장관이 직접 재의 요구 지시를 한 경우에는 주무부장관을 말한다. 이하 이 조에서 같다)가 그 지방자치단체의 장에게 제소를 지시하거나 직접 제소 및 집행정지결정을 신청할 수 있다.

⑥ 제5항에 따른 제소의 지시는 제4항의 기간이 지난 날부터 7일 이내에 하고, 해당 지방자치단체의 장은 제소 지시를 받은 날부터 7일 이내에 제소하여야 한다.

⑦ 주무부장관이나 시·도지사는 제6항의 기간이 지난 날부터 7일 이내에 제5항에 따른 직접 제소 및 집행정지결정을 신청할 수 있다.

⑧ 제1항 또는 제2항에 따라 지방의회의 의결이 법령에 위반된다고 판단되어 주무부장관이나 시·도지사로부터 재의 요구 지시를 받은 해당 지방자치단체의 장이 재의를 요구하지 아니하는 경우(법령에 위반되는 지방의회의 의결사항이 조례안인 경우로서 재의 요구 지시를 받기 전에 그 조례안을 공포한 경우를 포함한다)에는 주무부장관이나 시·도지사는 제1항 또는 제2항에 따른 기간이 지난 날부터 7일 이내에 대법원에 직접 제소 및 집행정지 결정을 신청할 수 있다.

⑨ 제1항 또는 제2항에 따른 지방의회의 의결이나 제3항에 따라 재의결된 사항이 둘 이상의 부처와 관련되거나 주무부장관이 불분명하면 행정안전부장관이 재의 요구 또는 제소를 지시하거나 직접 제소 및 집행정지 결정을 신청할 수 있다.

Chapter 03 공무원법

1. 공무원의 종류

경력직 공무원	일반직	기술·연구·행정 등의 일반 업무를 담당하는 공무원
	특정직	법관, 검사, 외무공무원, 경찰공무원, 소방공무원, 교육공무원, 군인, 군무원, 헌법재판소 헌법연구관, 국가정보원의 직원, 경호공무원과 특수분야의 업무를 담당하는 공무원으로서 다른 법률에서 특정직공무원으로 지정하는 공무원
특수경력직 공무원	정무직	• 선거로 취임하거나 임명할 때 국회의 동의가 필요한 공무원 • 고도의 정책결정 업무를 담당하거나 이러한 업무를 보조하는 공무원으로서 법률이나 대통령령(대통령비서실 및 국가안보실의 조직에 관한 대통령령만 해당한다)에서 정무직으로 지정하는 공무원
	별정직	비서관·비서 등 보좌업무 등을 수행하거나 특정한 업무 수행을 위하여 법령에서 별정직으로 지정하는 공무원

2. 공무원관계의 발생·소멸

1) 임명

(1) 개념

임명은 특정인에게 공무원의 신분을 발생하게 하는 행위이다.

(2) 법적 성질

공무원의 임명은 행정행위(특허)에 해당한다. 다만, 전문직에 종사하는 고용직 공무원의 경우에는 공법상 계약으로 본다.

(3) 임명의 요건

적법한 임명권자에 의하여 결격사유에 해당하지 않고 성적요건을 충족하는 자가 임명된다. 외국인도 국가안보 및 보안·기밀에 관계되는 분야를 제외하고 공무원으로 임용될 수 있다. 결격사유자에 대한 공무원의 임용행위는 당연무효이며, 임용결격자가 공무원으로 임용되어 사실상 근무하였다 하더라도 공무원연금법이나 근로기준법 소정의 퇴직금청구를 할 수 없다. 임용결격사유 여부는 임용 당시에 시행되는 법률을 기준으로 판단한다.

성적요건이 결여된 자에 대한 임용은 취소할 수 있는 행위로 된다.

(4) 임명의 효력발생시기

공무원은 임용장 또는 임용통지서에 기재된 날짜에 임용된 것으로 본다.

2) 직위해제

직위해제사유는 ① 직무수행능력이 부족하거나 근무성적이 극히 불량한 자, ② 징계의결을 요구 중인 자, ③ 형사사건으로 기소된 자 등이다. 직위해제가 된 때에는 직무에 종사하지 못하며 출근할 수도 없다. 직위해제는 잠정적인 조치에 해당하는 징벌적 제재로서의 징계와는 성질이 다르다.

직위해제 중인 공무원은 ① 일정 기간 직무에 종사하지 못하며, ② 임용권자는 직무능력이 부족하거나 근무성적이 극히 불량한 자에 대하여 3월 이내에 능력회복 근무성적향상을 위한 교육훈련 또는 특별연구과제의 부여 등 필요한 조치를 하여야 한다. 그러나 ③ 직위해제의 사유가 소멸한 때에는 임용권자는 지체 없이 그 직위를 부여해야 한다.

직위해제로 대기명령을 받은 자가 그 기간 중에 능력 또는 근무성적의 향상을 기대하기 어렵다고 인정된 때에는 징계위원회의 동의를 얻어 임용권자는 직권면직할 수 있다. 직위해제처분과 직권면직 사이의 하자의 승계는 부정된다.

직위해제 중인 자에 대해 동일한 사유로 직권면직이나 징계처분을 하여도 이중처벌에 해당하는 것이 아니다. 또한 직위해제 중인 자에 대해 파면처분이 있으면 직위해제처분은 효력을 상실한다.

3) 공무원관계의 소멸

(1) 당연퇴직

당연퇴직이란 법률에서 규정하고 있는 일정한 사유의 발생으로 별도의 처분 없이 공무원의 지위가 당연히 소멸되는 것을 말한다.

당연퇴직의 사유에는 ① 공무원임용에 있어서 결격사유 중의 하나가 발생한 경우(예외 존재), ② 정년·사망·임기만료 등이 있다.

당연퇴직의 사유가 발생하면 퇴직발령의 통지를 하나, 이는 퇴직된 사실을 알리는 관념의 통지에 불과하다. 따라서 퇴직발령통보는 항고소송의 대상인 행정처분에 해당하지 아니한다. 만약 당연퇴직의 사유가 없음에도 불구하고 퇴직발령통보를 한 경우에는 공무원지위의 확인을 구하는 공법상 당사자소송을 제기하여야 한다.

(2) 면직

① **의원면직**: 공무원 자신의 자유로운 사직의 의사표시로 공무원관계가 소멸되는 행위를 말한다.

② **징계면직**: 징계차원에서 임용권자가 당해 공무원의 신분을 박탈하는 행위(파면·해임)를 말한다.

③ **직권면직**: 직권면직은 직제와 정원의 개폐·예산의 감소, 직무를 감당할 수 없거나 직무수행 능력이 부족하다고 인정된 때 등의 사유에 해당하는 경우에 임용권자가 직권으로 하는 면직처분을 말한다.

3. 공무원의 징계

1) 징계의 사유

징계사유는 ① 국가공무원법의 위반 및 국가공무원법에 의한 명령을 위반하였을 때, ② 직무상의 의무에 위반하거나 직무를 태만히 한 때, ③ 직무의 내외를 불문하고 그 체면 또는 위신을 손상하는 행위를 한 때가 있다. 징계사유가 있을 때에는 공무원의 고의 또는 과실의 유무와 관계없이 징계할 수 있으며, 또한 감독자도 감독의무의 책임을 진다.

2) 징계의 종류

(1) 파면

공무원의 신분을 박탈하는 것으로 공직에의 취임 제한(5년), 공무원연금법상 연금의 제한이 있다.

(2) 해임

공무원의 신분을 박탈하는 것으로 공직에의 취임 제한(3년)이 있다(연금제한은 없다).

(3) 강등

직급을 1계급 아래로 내린다. 공무원신분은 보유하나 3개월간 직무에 종사하지 못하며 그 기간 중 보수는 전액을 감한다.

(4) 정직

1개월 이상 3개월 이하의 기간으로 하고, 정직처분을 받은 자는 그 기간 중 공무원의 신분은 보유하나 직무에 종사하지 못하며 보수는 전액을 감한다.

(5) 감봉

1개월 이상 3개월 이하의 기간 동안 보수의 3분의 1을 감한다.

(6) 견책

전과에 대하여 훈계하고 회개한다.

3) 징계권자

징계권자는 소속기관의 장이 원칙이지만, 파면과 해임은 임용권자 또는 임용권을 위임한 상급감독기관의 장이 한다. 국무총리 소속으로 설치된 징계위원회(국회·법원·헌법재판소·선거관리위원회에 있어서는 해당 중앙인사관장기관에 설치된 상급 징계위원회)에서 한 징계의결 등에 대하여는 중앙행정기관의 장이 한다.

공무원에게 징계사유가 있어 징계처분을 하는 경우, 어떠한 처분을 할 것인지는 징계권자의 재량사항에 속한다.

4) 징계의 절차

징계사유가 있는 때에는 징계권자는 반드시 징계의결의 요구를 하여야 하며, 징계의결요구권자의 징계요구가 있는 경우에 징계권자는 징계위원회의 의결을 거쳐서 징계의결의 결과에 따라 징계처분을 한다. 징계의결의 요구는 징계사유가 발생한 날로부터 3년(금품·향응의 수수 또는 공금의 횡령·유용의 경우는 5년)이 경과되면 하지 못한다.

4. 불이익처분에 대한 구제

1) 처분사유설명서의 교부

임용권자가 공무원에 대하여 징계처분 등을 할 때와 강임·휴직·직위해제 또는 면직처분을 할 때에는 그 공무원에게 처분의 사유를 적은 설명서를 교부하여야 한다. 다만, 본인의 원(願)에 따른 강임·휴직 또는 면직처분의 경우에는 그러하지 아니하다.

2) 소청심사청구

공무원은 처분사유설명서를 받은 날부터 30일 이내에, 그 밖의 본인의 의사에 반하는 불이익처분을 받았을 때에는 그 처분이 있은 것을 안 날부터 30일 이내에 인사혁신처 산하 소청심사위원회에 심사를 청구할 수 있다.

3) 후임자 보충발령의 제한

본인의 의사에 반하여 파면 또는 해임이나 면직처분을 하였을 때에는 그 처분을 한 날부터 40일 이내에는 후임자를 보충발령하지 못한다. 다만, 인력 관리상 후임자를 보충하여야 할 불가피한 사유가 있는 경우(임시결정을 한 경우는 제외)에는 행정안전부장관 등과 협의를 거쳐서 후임자를 보충발령할 수 있다.

4) 소청심사

소청심사위원회는 소청을 접수하면 지체 없이 심사하여야 하며, 소청사건의 심사에 필요한 경우에 검정·감정 기타 사실조사 또는 증인의 소환질문을 하거나 관계서류의 제출을 명할 수 있고, 징계요구기관이나 관계기관의 소속공무원을 증인으로 소환 등을 할 수 있다. 소청인은 진술권이 부여되고, 진술의 기회를 부여하지 아니한 결정은 무효가 된다.

5) 결정

(1) 결정내용

불이익변경금지원칙이 적용되므로 원징계처분 등에 비해서 무거운 소청심사 결정을 내릴 수는 없다. 이때 소청심사위원회의 결정은 그 이유를 구체적으로 밝힌 결정서로 하여야 한다.

(2) 결정기간

심사위원회는 임시결정을 한 경우 외에는 소청심사청구를 접수한 날부터 60일 이내에 이에 대한 결정을 하여야 한다. 다만, 불가피하다고 인정되면 심사위원회의 의결로 30일을 연장할 수 있다.

(3) 결정정족수

① 소청 사건의 결정은 재적 위원 3분의 2 이상의 출석과 출석 위원 과반수의 합의에 따르되, 의견이 나뉠 경우에는 출석 위원 과반수에 이를 때까지 소청인에게 가장 불리한 의견에 차례로 유리한 의견을 더하여 그중 가장 유리한 의견을 합의된 의견으로 본다.

② 파면·해임·강등 또는 정직에 해당하는 징계처분을 취소 또는 변경하려는 경우와 효력 유무 또는 존재 여부에 대한 확인을 하려는 경우에는 재적 위원 3분의 2 이상의 출석과 출석 위원 3분의 2 이상의 합의가 있어야 한다. 이 경우 구체적인 결정의 내용은 출석 위원 과반수의 합의에 따르되, 의견이 나뉘어 출석 위원 과반수의 합의에 이르지 못하였을 때에는 과반수에 이를 때까지 소청인에게 가장 불리한 의견에 차례로 유리한 의견을 더하여 그중 가장 유리한 의견을 합의된 의견으로 본다.

(4) 결정의 종류

① **임시결정 − 보충발령유예**: 심사청구가 파면 또는 해임이나 면직처분으로 인한 경우에는 심사위원회는 그 청구를 접수한 날부터 5일 이내에 해당 사건의 최종결정이 있을 때까지 후임자의 보충발령을 유예하게 하는 임시결정을 할 수 있다.

심사위원회가 임시결정을 한 경우에는 임시결정을 한 날부터 20일 이내에 최종결정을 하여야 하며, 임용권자는 그 최종결정이 있을 때까지 후임자를 보충발령하지 못한다.

② **종국결정**: 각하결정과 본안결정(기각·인용결정)이 있다.

6) 불복(행정소송)

(1) 소청전치주의

공무원이 그에 대한 불리한 처분을 다투는 경우에는 소청전치주의가 적용된다. 즉, 소청심사위원회의 심사·결정을 거치지 아니하면 행정소송을 제기할 수 없다.

(2) 항고소송의 대상

소청심사위원회의 결정에 불복하여 행정소송을 제기하는 경우, 행정소송은 원징계처분과 소청결정 중 어느 것을 대상으로 하여야 하는가에 대하여 특별한 규정이 없으므로 행정소송법 제19조에 따라 원처분(불이익처분)을 대상으로 하여야 한다. 다만, 소청심사위원회의 결정에 고유한 위법이 있는 경우에는 위원회의 결정을 대상으로 하여야 한다.

1. 경찰권의 근거

1) 경찰법상 개별적 수권조항(표준조치)

경찰권을 발동하기 위한 개별적 수권조항으로 경찰관 직무집행법 제3조 이하에서 전형적인 경찰권 행사를 유형화·표준화하여 규정하고 있다.

경찰관 직무집행법
제3조【불심검문】 ① 경찰관은 다음 각 호의 어느 하나에 해당하는 사람을 정지시켜 질문할 수 있다.
  1. 수상한 행동이나 그 밖의 주위 사정을 합리적으로 판단하여 볼 때 어떠한 죄를 범하였거나 범하려 하고 있다고 의심할 만한 상당한 이유가 있는 사람
  2. 이미 행하여진 범죄나 행하여지려고 하는 범죄행위에 관한 사실을 안다고 인정되는 사람
② 경찰관은 제1항에 따라 같은 항 각 호의 사람을 정지시킨 장소에서 질문을 하는 것이 그 사람에게 불리하거나 교통에 방해가 된다고 인정될 때에는 질문을 하기 위하여 가까운 경찰서·지구대·파출소 또는 출장소(지방해양경찰관서를 포함하며, 이하 "경찰관서"라 한다)로 동행할 것을 요구할 수 있다. 이 경우 동행을 요구받은 사람은 그 요구를 거절할 수 있다.
③ 경찰관은 제1항 각 호의 어느 하나에 해당하는 사람에게 질문을 할 때에 그 사람이 흉기를 가지고 있는지를 조사할 수 있다.
④ 경찰관은 제1항이나 제2항에 따라 질문을 하거나 동행을 요구할 경우 자신의 신분을 표시하는 증표를 제시하면서 소속과 성명을 밝히고 질문이나 동행의 목적과 이유를 설명하여야 하며, 동행을 요구하는 경우에는 동행 장소를 밝혀야 한다.
⑤ 경찰관은 제2항에 따라 동행한 사람의 가족이나 친지 등에게 동행한 경찰관의 신분, 동행 장소, 동행 목적과 이유를 알리거나 본인으로 하여금 즉시 연락할 수 있는 기회를 주어야 하며, 변호인의 도움을 받을 권리가 있음을 알려야 한다.
⑥ 경찰관은 제2항에 따라 동행한 사람을 6시간을 초과하여 경찰관서에 머물게 할 수 없다.
⑦ 제1항부터 제3항까지의 규정에 따라 질문을 받거나 동행을 요구받은 사람은 형사소송에 관한 법률에 따르지 아니하고는 신체를 구속당하지 아니하며, 그 의사에 반하여 답변을 강요당하지 아니한다.
제4조【보호조치 등】 ① 경찰관은 수상한 행동이나 그 밖의 주위 사정을 합리적으로 판단해 볼 때 다음 각 호의 어느 하나에 해당하는 것이 명백하고 응급구호가 필요하다고 믿을 만한 상당한 이유가 있는 사람(이하 "구호대상자"라 한다)을 발견하였을 때에는 보건의료기관이나 공공구호기관에 긴급구호를 요청하거나 경찰관서에 보호하는 등 적절한 조치를 할 수 있다.
  1. 정신착란을 일으키거나 술에 취하여 자신 또는 다른 사람의 생명·신체·재산에 위해를 끼칠 우려가 있는 사람
  2. 자살을 시도하는 사람

3. 미아, 병자, 부상자 등으로서 적당한 보호자가 없으며 응급구호가 필요하다고 인정되는 사람. 다만, 본인이 구호를 거절하는 경우는 제외한다.

② 제1항에 따라 긴급구호를 요청받은 보건의료기관이나 공공구호기관은 정당한 이유 없이 긴급구호를 거절할 수 없다.

③ 경찰관은 제1항의 조치를 하는 경우에 구호대상자가 휴대하고 있는 무기·흉기 등 위험을 일으킬 수 있는 것으로 인정되는 물건을 경찰관서에 임시로 영치(領置)하여 놓을 수 있다.

④ 경찰관은 제1항의 조치를 하였을 때에는 지체 없이 구호대상자의 가족, 친지 또는 그 밖의 연고자에게 그 사실을 알려야 하며, 연고자가 발견되지 아니할 때에는 구호대상자를 적당한 공공보건의료기관이나 공공구호기관에 즉시 인계하여야 한다.

⑤ 경찰관은 제4항에 따라 구호대상자를 공공보건의료기관이나 공공구호기관에 인계하였을 때에는 즉시 그 사실을 소속 경찰서장이나 해양경찰서장에게 보고하여야 한다.

⑥ 제5항에 따라 보고를 받은 소속 경찰서장이나 해양경찰서장은 대통령령으로 정하는 바에 따라 구호대상자를 인계한 사실을 지체 없이 해당 공공보건의료기관 또는 공공구호기관의 장 및 그 감독행정청에 통보하여야 한다.

⑦ 제1항에 따라 구호대상자를 경찰관서에서 보호하는 기간은 24시간을 초과할 수 없고, 제3항에 따라 물건을 경찰관서에 임시로 영치하는 기간은 10일을 초과할 수 없다.

제5조【위험 발생의 방지 등】 ① 경찰관은 사람의 생명 또는 신체에 위해를 끼치거나 재산에 중대한 손해를 끼칠 우려가 있는 천재(天災), 사변(事變), 인공구조물의 파손이나 붕괴, 교통사고, 위험물의 폭발, 위험한 동물 등의 출현, 극도의 혼잡, 그 밖의 위험한 사태가 있을 때에는 다음 각 호의 조치를 할 수 있다.

1. 그 장소에 모인 사람, 사물(事物)의 관리자, 그 밖의 관계인에게 필요한 경고를 하는 것
2. 매우 긴급한 경우에는 위해를 입을 우려가 있는 사람을 필요한 한도에서 억류하거나 피난시키는 것
3. 그 장소에 있는 사람, 사물의 관리자, 그 밖의 관계인에게 위해를 방지하기 위하여 필요하다고 인정되는 조치를 하게 하거나 직접 그 조치를 하는 것

② 경찰관서의 장은 대간첩 작전의 수행이나 소요(騷擾) 사태의 진압을 위하여 필요하다고 인정되는 상당한 이유가 있을 때에는 대간첩 작전지역이나 경찰관서·무기고 등 국가중요시설에 대한 접근 또는 통행을 제한하거나 금지할 수 있다.

제6조【범죄의 예방과 제지】 경찰관은 범죄행위가 목전(目前)에 행하여지려고 하고 있다고 인정될 때에는 이를 예방하기 위하여 관계인에게 필요한 경고를 하고, 그 행위로 인하여 사람의 생명·신체에 위해를 끼치거나 재산에 중대한 손해를 끼칠 우려가 있는 긴급한 경우에는 그 행위를 제지할 수 있다.

제7조【위험 방지를 위한 출입】 ① 경찰관은 제5조 제1항·제2항 및 제6조에 따른 위험한 사태가 발생하여 사람의 생명·신체 또는 재산에 대한 위해가 임박한 때에 그 위해를 방지하거나 피해자를 구조하기 위하여 부득이하다고 인정하면 합리적으로 판단하여 필요한 한도에서 다른 사람의 토지·건물·배 또는 차에 출입할 수 있다.

② 흥행장(興行場), 여관, 음식점, 역, 그 밖에 많은 사람이 출입하는 장소의 관리자나 그에 준하는 관계인은 경찰관이 범죄나 사람의 생명·신체·재산에 대한 위해를 예방하기 위하여 해당 장소의 영업시간이나 해당 장소가 일반인에게 공개된 시간에 그 장소에 출입하겠다고 요구하면 정당한 이유 없이 그 요구를 거절할 수 없다.

③ 경찰관은 대간첩 작전 수행에 필요할 때에는 작전지역에서 제2항에 따른 장소를 검색할 수 있다.

④ 경찰관은 제1항부터 제3항까지의 규정에 따라 필요한 장소에 출입할 때에는 그 신분을 표시하는 증표를 제시하여야 하며, 함부로 관계인이 하는 정당한 업무를 방해해서는 아니 된다.

제8조【사실의 확인 등】① 경찰관서의 장은 직무 수행에 필요하다고 인정되는 상당한 이유가 있을 때에는 국가기관이나 공사(公私) 단체 등에 직무 수행에 관련된 사실을 조회할 수 있다. 다만, 긴급한 경우에는 소속 경찰관으로 하여금 현장에 나가 해당 기관 또는 단체의 장의 협조를 받아 그 사실을 확인하게 할 수 있다.

② 경찰관은 다음 각 호의 직무를 수행하기 위하여 필요하면 관계인에게 출석하여야 하는 사유·일시 및 장소를 명확히 적은 출석 요구서를 보내 경찰관서에 출석할 것을 요구할 수 있다.

1. 미아를 인수할 보호자 확인
2. 유실물을 인수할 권리자 확인
3. 사고로 인한 사상자(死傷者) 확인
4. 행정처분을 위한 교통사고 조사에 필요한 사실 확인

제8조의2【정보의 수집 등】① 경찰관은 범죄·재난·공공갈등 등 공공안녕에 대한 위험의 예방과 대응을 위한 정보의 수집·작성·배포와 이에 수반되는 사실의 확인을 할 수 있다.

제10조【경찰장비의 사용 등】① 경찰관은 직무수행 중 경찰장비를 사용할 수 있다. 다만, 사람의 생명이나 신체에 위해를 끼칠 수 있는 경찰장비(이하 이 조에서 "위해성 경찰장비"라 한다)를 사용할 때에는 필요한 안전교육과 안전검사를 받은 후 사용하여야 한다.

② 제1항 본문에서 "경찰장비"란 무기, 경찰장구(警察裝具), 경찰착용기록장치, 최루제(催淚劑)와 그 발사장치, 살수차, 감식기구(鑑識機具), 해안 감시기구, 통신기기, 차량·선박·항공기 등 경찰이 직무를 수행할 때 필요한 장치와 기구를 말한다.

③ 경찰관은 경찰장비를 함부로 개조하거나 경찰장비에 임의의 장비를 부착하여 일반적인 사용법과 달리 사용함으로써 다른 사람의 생명·신체에 위해를 끼쳐서는 아니 된다.

④ 위해성 경찰장비는 필요한 최소한도에서 사용하여야 한다.

제10조의2【경찰장구의 사용】① 경찰관은 다음 각 호의 직무를 수행하기 위하여 필요하다고 인정되는 상당한 이유가 있을 때에는 그 사태를 합리적으로 판단하여 필요한 한도에서 경찰장구를 사용할 수 있다.

1. 현행범이나 사형·무기 또는 장기 3년 이상의 징역이나 금고에 해당하는 죄를 범한 범인의 체포 또는 도주 방지
2. 자신이나 다른 사람의 생명·신체의 방어 및 보호
3. 공무집행에 대한 항거(抗拒) 제지

② 제1항에서 "경찰장구"란 경찰관이 휴대하여 범인 검거와 범죄 진압 등의 직무 수행에 사용하는 수갑, 포승(捕繩), 경찰봉, 방패 등을 말한다.

제10조의3【분사기 등의 사용】경찰관은 다음 각 호의 직무를 수행하기 위하여 부득이한 경우에는 현장책임자가 판단하여 필요한 최소한의 범위에서 분사기(「총포·도검·화약류 등의 안전관리에 관한 법률」에 따른 분사기를 말하며, 그에 사용하는 최루 등의 작용제를 포함한다. 이하 같다) 또는 최루탄을 사용할 수 있다.

1. 범인의 체포 또는 범인의 도주 방지
2. 불법집회·시위로 인한 자신이나 다른 사람의 생명·신체와 재산 및 공공시설 안전에 대한 현저한 위해의 발생 억제

제10조의4【무기의 사용】① 경찰관은 범인의 체포, 범인의 도주 방지, 자신이나 다른 사람의 생명·신체의 방어 및 보호, 공무집행에 대한 항거의 제지를 위하여 필요하다고 인정되는 상당한 이유가 있을 때에는 그 사태를 합리적으로 판단하여 필요한 한도에서 무기를 사용할 수 있다. 다만, 다음 각 호의 어느 하나에 해당할 때를 제외하고는 사람에게 위해를 끼쳐서는 아니 된다.

1. 「형법」에 규정된 정당방위와 긴급피난에 해당할 때
2. 다음 각 목의 어느 하나에 해당하는 때에 그 행위를 방지하거나 그 행위자를 체포하기 위하여 무기를 사용하지 아니하고는 다른 수단이 없다고 인정되는 상당한 이유가 있을 때
   가. 사형·무기 또는 장기 3년 이상의 징역이나 금고에 해당하는 죄를 범하거나 범하였다고 의심할 만한 충분한 이유가 있는 사람이 경찰관의 직무집행에 항거하거나 도주하려고 할 때
   나. 체포·구속영장과 압수·수색영장을 집행하는 과정에서 경찰관의 직무집행에 항거하거나 도주하려고 할 때
   다. 제3자가 가목 또는 나목에 해당하는 사람을 도주시키려고 경찰관에게 항거할 때
   라. 범인이나 소요를 일으킨 사람이 무기·흉기 등 위험한 물건을 지니고 경찰관으로부터 3회 이상 물건을 버리라는 명령이나 항복하라는 명령을 받고도 따르지 아니하면서 계속 항거할 때
3. 대간첩 작전 수행 과정에서 무장간첩이 항복하라는 경찰관의 명령을 받고도 따르지 아니할 때
② 제1항에서 "무기"란 사람의 생명이나 신체에 위해를 끼칠 수 있도록 제작된 권총·소총·도검 등을 말한다.
③ 대간첩·대테러 작전 등 국가안전에 관련되는 작전을 수행할 때에는 개인화기(個人火器) 외에 공용화기(共用火器)를 사용할 수 있다.

제11조의2 【손실보상】 ① 국가는 경찰관의 적법한 직무집행으로 인하여 다음 각 호의 어느 하나에 해당하는 손실을 입은 자에 대하여 정당한 보상을 하여야 한다.
1. 손실발생의 원인에 대하여 책임이 없는 자가 생명·신체 또는 재산상의 손실을 입은 경우(손실발생의 원인에 대하여 책임이 없는 자가 경찰관의 직무집행에 자발적으로 협조하거나 물건을 제공하여 생명·신체 또는 재산상의 손실을 입은 경우를 포함한다)
2. 손실발생의 원인에 대하여 책임이 있는 자가 자신의 책임에 상응하는 정도를 초과하는 생명·신체 또는 재산상의 손실을 입은 경우
② 제1항에 따른 보상을 청구할 수 있는 권리는 손실이 있음을 안 날부터 3년, 손실이 발생한 날부터 5년간 행사하지 아니하면 시효의 완성으로 소멸한다.

2) 경찰법상 개괄적 수권조항

경찰권 발동을 위한 개별적 수권규범이 규율하지 못하는 예외적인 위험발생사태를 대비하여 마련된 일반적이고 포괄적인 내용의 수권(위임)조항을 말한다. 경찰관 직무집행법 제2조 제7호가 개괄적 수권조항에 해당한다.

경찰관 직무집행법 제2조 【직무의 범위】 경찰관은 다음 각 호의 직무를 수행한다.
1. 국민의 생명·신체 및 재산의 보호
2. 범죄의 예방·진압 및 수사
2의2. 범죄피해자 보호
3. 경비, 주요 인사(人士) 경호 및 대간첩·대테러 작전 수행
4. 공공안녕에 대한 위험의 예방과 대응을 위한 정보의 수집·작성 및 배포
5. 교통 단속과 교통 위해(危害)의 방지
6. 외국 정부기관 및 국제기구와의 국제협력
7. 그 밖에 공공의 안녕과 질서 유지

2. 경찰권의 한계

1) 경찰소극목적의 원칙

경찰권의 행사는 사회공공의 안녕·질서에 대한 위해의 방지·제거라는 소극적 목적을 위해서만 가능하다.

2) 경찰공공의 원칙

경찰권의 행사는 사회공공의 안녕·질서의 유지에만 발동하며, 사회공공의 안녕·질서의 유지와 관계없이 ① 사생활 침해, ② 사주소 침해, ③ 민사관계 침해의 경찰권 행사는 금지된다.

3) 경찰책임의 원칙

(1) 의의

경찰권은 사회공공의 안녕·질서에 대한 위해가 발생하거나 발생할 우려가 있는 경우에 그에 대한 책임이 있는 자에 대해서만 발동되어야 한다.

(2) 행위책임

자신의 행위 또는 자신의 보호·감독하에 있는 자의 행위로 인하여 공공의 안녕과 질서에 대한 위해가 발생한 경우에 있어서의 책임이다. 행위책임은 고의·과실 여부를 묻지 않으며, 행위능력 여부를 불문하고, 성년·미성년자 및 내국인·외국인 여부를 불문한다. 또한 행위에는 작위뿐만 아니라 부작위도 포함한다.

(3) 상태책임

사회공공의 안녕·질서에 대한 위해가 물건·동물로부터 발생된 경우 그 물건·동물의 소유자 또는 현실적인 지배권을 가지고 있는 자에게 그 부담이 귀속되는 책임을 의미한다.

(4) 행위책임과 상태책임이 경합하는 경우

일반적으로 행위책임이 상태책임에 우선한다. 그러나 경찰위반상태를 가장 신속하고 효과적으로 제거할 수 있는 사람에 대하여 경찰권을 발동하여야 한다.

⑸ **제3자에 대한 경찰권 발동의 요건**

긴급한 필요가 인정되고 특별한 법규상의 근거가 있는 경우에 한해서는 경찰책임자 이외의 자에 대해서도 경찰권을 발동할 수 있다.

① 이미 경찰상 장해가 발생하였거나 급박한 위험이 존재하여 경찰권 발동이 불가피하고, ② 경찰책임자에 대해 경찰 스스로는 위해의 제거가 불가능해야 하며, ③ 제3자의 조력이 불가피한 경우에는 ④ 비례의 원칙에 따라 제3자에 대한 경찰권의 발동이 가능하다. 이러한 경우 제3자의 손실에 대해서는 보상이 이루어져야 한다.

4) 경찰비례의 원칙

경찰권의 발동에는 과잉금지의 원칙이 적용된다.

5) 경찰평등의 원칙

경찰권의 발동은 불합리한 차별이 있어서는 아니 된다.

Chapter 05 공물

1. 공물의 종류

행정목적	공공용물	일반공중의 공동사용을 위해 제공된 물건(도로, 공원, 하천 등)
	공용물	행정주체가 직접 사용하기 위해 제공된 물건(행정기관의 청사, 관공서의 각종 비품)
	보존공물	공적 목적을 위해 보존을 목적으로 하는 물건(문화재)
성립과정	인공공물	도로, 공원
	자연공물	하천, 해변, 갯벌
소유권귀속	국유공물	국가가 소유권자
	공유공물	지방자치단체가 소유권자
	사유공물	사인이 소유권자
소유주체와 관리주체	자유공물	관리주체와 소유주체가 일치
	타유공물	관리주체와 소유주체가 불일치
물건의 성질	부동산공물	행정기관의 청사
	동산공물	관공서의 각종 비품, 경찰견

2. 국유재산법

제2조 【정의】 이 법에서 사용하는 용어의 뜻은 다음과 같다.

1. "국유재산"이란 국가의 부담, 기부채납이나 법령 또는 조약에 따라 국가 소유로 된 제5조 제1항 각 호의 재산을 말한다.
2. "기부채납"이란 국가 외의 자가 제5조 제1항 각 호에 해당하는 재산의 소유권을 무상으로 국가에 이전하여 국가가 이를 취득하는 것을 말한다.
3. "관리"란 국유재산의 취득·운용과 유지·보존을 위한 모든 행위를 말한다.
4. "처분"이란 매각, 교환, 양여, 신탁, 현물출자 등의 방법으로 국유재산의 소유권이 국가 외의 자에게 이전되는 것을 말한다.
5. "관리전환"이란 일반회계와 특별회계·기금 간 또는 서로 다른 특별회계·기금 간에 국유재산의 관리권을 넘기는 것을 말한다.
6. "정부출자기업체"란 정부가 출자하였거나 출자할 기업체로서 대통령령으로 정하는 기업체를 말한다.

7. "사용허가"란 행정재산을 국가 외의 자가 일정 기간 유상이나 무상으로 사용·수익할 수 있도록 허용하는 것을 말한다.

8. "대부계약"이란 일반재산을 국가 외의 자가 일정 기간 유상이나 무상으로 사용·수익할 수 있도록 체결하는 계약을 말한다.

9. "변상금"이란 사용허가나 대부계약 없이 국유재산을 사용·수익하거나 점유한 자(사용허가나 대부계약 기간이 끝난 후 다시 사용허가나 대부계약 없이 국유재산을 계속 사용·수익하거나 점유한 자를 포함한다. 이하 "무단점유자"라 한다)에게 부과하는 금액을 말한다.

10. "총괄청"이란 기획재정부장관을 말한다.

11. "중앙관서의 장등"이란 「국가재정법」 제6조에 따른 중앙관서의 장(이하 "중앙관서의 장"이라 한다)과 제42조 제1항에 따라 일반재산의 관리·처분에 관한 사무를 위임·위탁받은 자를 말한다.

제6조【국유재산의 구분과 종류】 ① 국유재산은 그 용도에 따라 행정재산과 일반재산으로 구분한다.

② 행정재산의 종류는 다음 각 호와 같다.

1. 공용재산 : 국가가 직접 사무용·사업용 또는 공무원의 주거용(직무 수행을 위하여 필요한 경우로서 대통령령으로 정하는 경우로 한정한다)으로 사용하거나 대통령령으로 정하는 기한까지 사용하기로 결정한 재산

2. 공공용재산 : 국가가 직접 공공용으로 사용하거나 대통령령으로 정하는 기한까지 사용하기로 결정한 재산

3. 기업용재산 : 정부기업이 직접 사무용·사업용 또는 그 기업에 종사하는 직원의 주거용(직무 수행을 위하여 필요한 경우로서 대통령령으로 정하는 경우로 한정한다)으로 사용하거나 대통령령으로 정하는 기한까지 사용하기로 결정한 재산

4. 보존용재산 : 법령이나 그 밖의 필요에 따라 국가가 보존하는 재산

③ "일반재산"이란 행정재산 외의 모든 국유재산을 말한다.

3. 공물의 성립과 소멸

1) 공물의 성립

(1) 공공용물

① **인공공물의 경우** : 권한 있는 행정기관의 공용지정이 있은 후 사용가능한 형태를 갖춤으로써 성립한다.

② **자연공물의 경우** : 자연적 상태 그대로 공물로서의 성질을 가지므로 공용지정이라는 의사적 요소는 필요가 없다.

(2) 공용물

공용물은 일반 공중의 사용에 제공되는 것은 아니므로 행정주체가 사실상 사용할 수 있는 형태를 갖추면 공물로서 성립한다.

(3) 보존공물

보존공물도 공물로서의 형태와 공용지정을 통하여 성립하게 된다.

2) 공물의 소멸

공물의 소멸은 인공공물·자연공물·공용물·보존공물 모두 공물의 형태적 요소가 소멸되었거나 공물로서의 지위를 상실하였다는 권한 있는 행정기관의 의사표시인 공용폐지에 의해 이루어진다. 공용폐지행위는 반드시 명시적인 의사표시에 의해 이루어지는 것은 아니고, 묵시적으로도 가능하다.

4. 공물의 법적 특색

1) 사권행사의 제한(불융통성)

공물은 법률에 의해 사법상의 거래대상에서 제외된다. 따라서 행정재산은 사권(私權)을 설정하지 못하며, 행정재산의 사법상 거래는 무효이다.

> **국유재산법 제27조【처분의 제한】**① 행정재산은 처분하지 못한다. 다만, 다음 각 호의 어느 하나에 해당하는 경우에는 교환하거나 양여할 수 있다.
> 1. 공유(公有) 또는 사유재산과 교환하여 그 교환받은 재산을 행정재산으로 관리하려는 경우
> 2. 대통령령으로 정하는 행정재산을 직접 공용이나 공공용으로 사용하려는 지방자치단체에 양여하는 경우

2) 강제집행의 제한

국유재산은 사권을 설정할 수 없으므로 강제집행의 대상이 될 수 없다 할 것이다. 다만 사유공물의 경우에는 강제집행이 가능하지만, 강제집행에 의한 소유권 취득 이후에도 공물로서의 제한은 여전히 존속한다.

> **국유재산법 제11조【사권 설정의 제한】**② 국유재산에는 사권을 설정하지 못한다. 다만, 일반재산에 대하여 대통령령으로 정하는 경우에는 그러하지 아니하다.
> **도로법 제4조【사권의 제한】** 도로를 구성하는 부지, 옹벽, 그 밖의 시설물에 대해서는 사권(私權)을 행사할 수 없다. 다만, 소유권을 이전하거나 저당권을 설정하는 경우에는 사권을 행사할 수 있다.

3) 취득시효의 제한

> **국유재산법 제7조【국유재산의 보호】**① 누구든지 이 법 또는 다른 법률에서 정하는 절차와 방법에 따르지 아니하고는 국유재산을 사용하거나 수익하지 못한다.
> ② 행정재산은 「민법」 제245조에도 불구하고 시효취득(時效取得)의 대상이 되지 아니한다.

5. 공물의 사용관계

1) 공물의 일반사용

공공용물은 일반인이 행정청의 특별한 허락을 받지 않고도 본래의 목적에 따라 자유로이 사용한다(예 도로의 통행).

공용물은 예외적으로 공용물 본래의 목적에 방해받지 않는 한도 내에서는 일반사용이 허용된다.

2) 공물의 허가사용

공공질서의 유지 차원에서 공물사용을 금지하면서 특정한 경우에 그 제한을 해제하여 사용을 허용하는 것을 의미한다.

3) 공물의 특허사용

일반인에게는 허용되지 않는 특별한 사용권을 설정해 특정인이 공물을 사용하도록 하는 것을 의미한다(예 도로점용허가). 일반적으로 사용허가기간은 5년 이내로 하며, 5년을 초과하지 않는 범위에서 허가기간을 갱신할 수 있다.

4) 관습법상의 특별사용

지역적 관행 또는 민중적 관습법에 의해 공물사용권이 인정되는 경우를 의미한다(예 하천의 용수권, 수산업법상 입어권).

5) 행정재산의 목적 외 사용

행정재산은 행정목적에 제공된 것이므로 이를 대부·매각·교환·양여 또는 신탁 등을 하는 것은 허용될 수 없다. 다만 행정재산이라도 그 용도와 목적에 장애가 되지 아니하는 범위 안에서 그 사용 또는 수익을 허가할 수 있다(예 관공서건물에서 식당이나 매점 운영). 또한 중앙관서의 장은 사용 또는 수익을 허가한 행정재산에 대하여 국가가 직접 공용으로 사용할 필요가 있는 경우에는 사용허가를 철회할 수 있다.

이러한 행정재산의 목적 외 사용·수익에 대한 허가는 강학상 특허로서 공법관계에 해당한다.

6. 변상금부과처분

중앙관서의 장은 무단점유자에게 사용료나 대부료의 100분의 120에 상당하는 변상금을 부과한다.

국유재산법에 의하여 국유재산의 무단점유자에게 변상금을 부과하는 것은 행정주체의 재량이 허용되지 않는 기속행위로서, 행정주체의 선택에 의하여 부과 여부가 결정될 수 있는 성질의 것도 아니다(대법원 2014. 7. 16. 2011다76402 전원합의체).

2025 박문각 행정사 1차
이준희 행정법 기본서

초판인쇄 | 2024. 9. 1. **초판발행** | 2024. 9. 5. **편저자** | 이준희

발행인 | 박 용 **발행처** | (주)박문각출판 **등록** | 2015년 4월 29일 제2019-000137호

주소 | 06654 서울시 서초구 효령로 283 서경 B/D 4층 **팩스** | (02)584-2927

전화 | 교재 문의 (02)6466-7202

저자와의
협의하에
인지생략

정가 36,000원

ISBN 979-11-7262-184-1